Christian Werner
RELAX Guide 2022
Österreich

RELAX Guide & Magazin
Werner Medien GmbH, Wien
www.relax-guide.com

Die Deutsche Bibliothek – CIP-Einheitsaufnahme
Werner, Christian:
RELAX Guide 2022 Österreich/Christian Werner. – Wien:
Werner Medien GmbH, 2021
ISBN: 978-3-902115-79-9

Redaktionsanschrift: Breitenfelder Gasse 10/5, 1080 Wien, Austria
redaktion@relax-guide.com, www.relax-guide.com

Geschäftsführung:
Eva Maria Werner, ewerner@relax-guide.com

Anzeigenverkauf:
Melanie Schmidt, key@relax-guide.com
Alexandra Jungbauer, sales@relax-guide.com
Martina Salzmann, sales2@relax-guide.com

Chef vom Dienst: Ulrike Karl
Layout: Markus Pölzl
Produktion: grapple.at, Wolfgang Stecher
Covergestaltung: Nicola Reber
Coverfoto: Am Holand, Matak Studios OG
Landkartendaten https://www.openstreetmap.org
Hintergrunddaten Topografie http://srtm.csi.cgiar.org
Herstellung: Samson, St. Margarethen

ISBN: 978-3-902115-79-9

Christian Werner

RELAX Guide 2022

Alle Hotels für Wellness und Gesundheit

1.116 Adressen
in Österreich

Getestet und bewertet

RELAX
GUIDE

SPA AWARD
2022

BWT

Medicleantec
Chemiefreie Reinigung und Keimreduktion mit Mikrotrockendampf
Mit unserer ausgereiften und zukunftsweisenden „Green-Cleaning-Concept Technologie“ stellen wir seit vielen Jahren Betriebe weltweit erfolgreich und effizient auf einen neuen Standard von Hygiene und Sauberkeit um. Während vielerorts noch das herkömmliche „Wegputzen“ von Schmutz mit giftigen Chemikalien im Vordergrund steht, reinigt Medicleantec mit bis zu 200°C erhitztem Wasser und dem daraus entstehenden Mikrotrockendampf die Oberflächen ganz schonend für Mitarbeiter, Gäste und die Natur - ohne chemische Rückstände oder Allergene.
Mit einer gleichzeitigen Keimreduzierung von bis zu 99,9%!
The green cleaning revolution!
Mit weniger sollten Sie sich nicht zufrieden geben...
MediCleanTEC
Medicleantec Handels GmbH
Auen-Süduferstraße 67, 9220 Velden
+49 8031 290610
office@medeco-cleantec.com
www.medeco-cleantec.com
SATISFACTION GUARANTEED
BEST QUALITY
GREEN
CLEANING

Liebe Leserin, lieber Leser,

Testet seit mehr als 20 Jahren Spa-Hotels in Europa und Asien: **Christian Werner**

während ich diese Zeilen schreibe, sorge ich mich offen gestanden ein bisschen. Steht ein neuerlicher Lockdown bevor? Corona-Maßnahmen und kein Ende? Dazu muss man freilich wissen, dass uns die langen Schließzeiten ganz schön auf Trab gehalten haben. Was darauf folgte, nämlich wochenlang ausgebuchte Hotels, hat die Branche dringend nötig gehabt, unseren Stress freilich nochmals erhöht.

Wir haben zwar unser Bestes gegeben, aber es dennoch nicht ganz geschafft, restlos alle Häuser bis zum Redaktionsschluss standardgemäß zu überprüfen. In mehreren Fällen mussten wir das mit Day-Spa-Besuchen wettmachen. Blieb ein Hotel aber weiterhin geschlossen, so konnten wir nichts weiter tun, als eventuelle Bauvorhaben oder Modernisierungen zu recherchieren und dann auf die Bewertung des Vorjahres zu verweisen.

Aber Spaß gemacht hat uns das Testen dafür wie schon lange nicht – nach gefühlt elendslanger „Abstinenz"! Und schön war es auch zu sehen, dass sich die meisten Gäste überaus dankbar und geduldig gezeigt haben, trotz so mancher Unzulänglichkeiten. Ja, die bisweilen recht skurrilen und lebensfernen Corona-Maßnahmen haben der Hotellerie stark zugesetzt, und vor allem kleinere Betriebe kamen heftig ins Schleudern, nicht zuletzt in Sachen Mitarbeiter, bei denen im Durchschnitt gleich ein Drittel nicht mehr verfügbar war! Speziell in puncto Service und Küche war das immer wieder etwas schmerzlich zu erleben, in einzelnen Fällen glaubten wir sogar, das Hotel kaum wiederzuerkennen. Wir haben das allerdings als vorübergehende Mängel, als Ausrutscher, eingestuft und in der Regel ein Auge ein bisschen zugedrückt. Dafür hoffen wir auf Ihr Verständnis.

Sie halten nun bereits die 23. Ausgabe in Händen. Erneut haben wir den gesamten Spa-Hotel-Markt unter die Lupe genommen, wir machen das übrigens bereits seit dem Jahr 1999. Freilich nicht wie bei Medien und Influencern üblich mit Gratisaufenthalten inklusive rotem Teppich und Champagner, denn wir ermitteln sozusagen verdeckt, nämlich anonym und auf unsere Kosten! Nur so kann unsere Unabhängigkeit gewahrt und unser Urteil ehrlich bleiben.

Alle 1.116 Hotels mit Wellness- und Gesundheitsangeboten in Österreich haben wir untersucht, nur 22 Prozent konnten mit mindestens einer Lilie ausgezeichnet werden. 16 Hotels haben sich – teilweise beträchtlich – verbessert, 20 wurden schlechter bewertet als im Vorjahr. 18 sind neu hinzugekommen, 10 haben zugesperrt – nein, Lilien-Hotels waren wie immer keine darunter!

Letzteres zeigt, dass am Ende des Tages doch die Qualität siegt. Zudem: In Corona-Zeiten kommt der Lilien-Qualität natürlich noch eine besondere Bedeutung hinzu, ist man doch in Lilien-Hotels stets auf der sicheren Seite.

248 Lilien-Hotels gibt es nun in Österreich, zum Thema schnelles Finden erinnere ich an unsere kostenlose App, mit der Sie mehrere Hotelanfragen mit vielen hilfreichen Filtern gleichzeitig durchführen können. Mit einem einzigen Klick erhalten Sie so von allen gewünschten Hotels Angebote. Damit sparen Sie sich zeitraubende Telefonate und E-Mails.

Bitte beachten Sie, dass sich unsere Angaben auf den Normalbetrieb beziehen, es coronabedingt aber eventuell zu Angebotseinschränkungen kommen könnte.

Mein Dank gilt meinem großartigen Team und Ihnen: für Ihr Vertrauen, für Ihr Lob, Ihre Anregungen sowie für die vielen Gastbewertungen auf relax-guide.com.

Und nun viel Freude mit Ihrem neuen RELAX Guide 2022. Schönen Urlaub!

Christian Werner

Inhalt

So verwenden Sie die Foto-Scan-App von RELAX Guide:
Fotografieren Sie Bilder und Hotelinserate im RELAX Guide und sehen Sie sofort viele weitere Fotos dieser Hotels, dazu die kritischen Kommentare und mehr. Auch ohne Buch ist das Finden von passenden Wellnesshotels schnell und einfach! Sie suchen nach Ihren Wunschkriterien oder erhalten sofort die neuesten Angebote in Ihrer gewünschten Region. Speichern Sie Hotels in Ihrer Merkliste, indem Sie das Herzsymbol anklicken. Fragen Sie mit einem einzigen Klick gleichzeitig mehrere Hotels an und ersparen Sie sich damit viele zeitraubende Telefonate und E-Mails! Versenden Sie die Merkliste auch an Ihre Liebsten und Ihre Mitreisenden.

So kommen Sie zu Ihrem eBook:
Beim RELAX Guide ist auch ein kostenloses eBook dabei, Sie erhalten es in wenigen Sekunden. Und zwar so: 1. Auf www.relax-guide.com/eBook gehen. 2. Webformular ausfüllen: mit dem 12-stelligen Registrierungscode (siehe Lesezeichen). 3. Download starten und sofort speichern. 4. Auf Tablet oder Smartphone übertragen – fertig!

Lilien und Punkte: das Bewertungssystem im RELAX Guide

20 Punkte – vier Lilien: Höchstnote
19 Punkte – vier Lilien: Spitzenbetrieb

17 und 18 Punkte – drei Lilien: hervorragend

15 und 16 Punkte – zwei Lilien: außergewöhnlich

13 und 14 Punkte – eine Lilie: sehr gute Leistungen

12 Punkte – guter Durchschnitt
11 Punkte – durchschnittlich
10 Punkte – unterdurchschnittlich
9 Punkte – unangenehm

Die Küchenbewertung

1++	„hervorragend", Höchstnote
1+	„ausgezeichnet", hohes Niveau
1	„sehr gut"
2	„gut"
3	„durchschnittlich", wird nicht erwähnt, bei Premium-Hotels: „enttäuschend"
4	„enttäuschend", bei Premium-Hotels: „stark enttäuschend"
5	„stark enttäuschend"

Zeichen und Symbole

NF	Nächtigung mit Frühstück
HP	Nächtigung mit Halbpension
5 NHP	fünf Nächtigungen mit Halbpension
AI	Nächtigung mit All-inclusive-VP
VP	Nächtigung mit Vollpension
5 NVP	fünf Nächtigungen mit Vollpension
30 Liegen	Anzahl der Ruheliegen im Spa-Indoor-Bereich

Die Auswahl der Hotels unterliegt zeitlich unserem Redaktionsschluss (15. Juni 2021) und kann nicht zuletzt auch deshalb keinen Anspruch auf absolute Vollständigkeit erheben. Irrtümer bei der Bewertung sowie Fehler bei Satz und Druck vorbehalten.

Was wir gar nicht mögen, aber häufig erleben ...

> Irreführende Lockangebote mit unrealistisch tiefen Ab-Preisen, die es in der Praxis gar nicht gibt.

> Das Fehlen von Zimmerpreislisten, womöglich noch mit dem zynischen Hinweis „Die Preise entnehmen Sie bitte unserer Buchungsmaschine.“ Weil: genau das ist nicht möglich.

> Hoteliers, die nur mit Fotos von neuen Zimmern werben und mit den Zimmergrößen schwindeln.

> Fragebögen, mit denen wir nach langer Anreise vor dem Check-in gequält werden. Auch das Meldeformular sollte längst vom Hotel ausgefüllt sein.

> Hintergrundmusik im gesamten Haus, als Ganztagesberieselung.

> Unpassende Hintergrundmusik. Pop zum Abendessen etwa, Techno in der Lobby. Radio mit Werbung und Nachrichten in der Bar. Zillertaler Schürzenjäger im Asia-Spa zur Balimassage.

> Das Fehlen einer Garage bei praller Sonne – und im Winter erst recht.

> Spa-Bereiche, die in Wahrheit deutlich kleiner sind, als in der Werbung versprochen wurde.

> Bademäntel und Liegetücher aus Polyester.

> Ruheliegen in Durchgangszonen, vor allem, wenn diese schlecht temperiert sind.

> Gestresste, nach Schweiß und Zigarettenrauch riechende Kosmetikerinnen und Masseure.

> Stümperhaft durchgeführte Massagen, die uns zudem teuer verkauft werden.

> Die Verwendung von klebrigen Billigölen bei der Massage.

> Kosmetikerinnen, die massieren: ohne Sachkenntnis, aber mit langen Fingernägeln.

> Therapeuten, die unaufgefordert ihre Probleme erzählen und dann noch viele Fragen stellen.

> Haare, Hautschuppen und anderen Schmutz auf dem Gestänge von Massageliegen.

> Hotels ohne eigenes Spa, mit Anschluss an öffentliche Thermen und Kureinrichtungen.

> Schwarzalgen und Schmutzränder in den Pools, Chlorgeruch in den Badezonen.

> Veraltete Fitnessgeräte in miefigen, tageslichtlosen Kellerräumen mit Spannteppich.

> Zerschlissene und viel zu kleine – oder viel zu große – Bademäntel.

> Hotels, die an unterschiedliche Zielgruppen zu differenzierten Preisen verkaufen. Nur bedingt lustvoll teilen etwa junge Leute Restaurant und Nacktbereich mit in Bussen angereisten, wanderfreudigen Rentnergruppen aus Osteuropa. Noch unangenehmer wird es, wenn sie dann erfahren, dass diese nur die Hälfte bezahlt haben.

> Hotels, die alle Zielgruppen bewerben. Wer mit dem Aston Martin vorfährt, wird sich nicht wohlfühlen, wenn in der Garage nur Autos der Billigmarke Logan stehen. Und umgekehrt!

> Hotels, die mehrere Zielgruppen gleichzeitig bedienen: etwa Familien mit Kindern, Alleinreisende, Tagungsteilnehmer und „Einbandagierte“ (nach plastisch-chirurgischen Eingriffen).

> Reinigungsdamen, die frühmorgens mehrmals klopfen oder gar ins Zimmer platzen.

> Mitarbeiter, die selbst bei kleinsten Sonderwünschen genervt die Augen rollen.

> Mitarbeiter, die sagen: „Dafür bin ich nicht zuständig.“

> Mitarbeiter, die unserer Sprache nicht mächtig sind und keine Ahnung von der Region haben – nicht einmal den Namen des nächsten Berges kennen.

> Hotelküchen, die fabrikmäßig vorgefertigte Speisen („Convenience-Food“) verwenden.

> Luxushotels – die ganz besonders –, wenn sie ungelernte Mitarbeiter beschäftigen.

> Hoteliers, die uns über die Herkunft ihrer Küchenzutaten belügen.

> Üppige Buffets ohne ernährungsphysiologische Qualität und ohne guten Geschmack.

> Dresscodes – weil man in einem Relax-Urlaub ohne Kleidungszwang entspannen können sollte.

> Ein Management, das das Wort Sozialkompetenz für marxistisches Vokabular hält

Was wir mögen, aber eher selten erleben ...

> Ruhe, Ruhe, Ruhe: Denn an der Straße oder gar an der Eisenbahnlinie ist's nicht wirklich zum Entspannen geeignet. Auch Fluglärm oder Events im Haus kommen nicht gut.

> Eine Rezeption, die uns schon bei der Buchung auf Engpässe bei den Behandlungsterminen hinweist und natürlich auch das Spa-Menü zu erklären weiß.

> Wenn man beim Check-in gleich über die gebuchten Behandlungen informiert wird.

> Mitarbeiter, die aufs Zimmer begleiten und dabei auch mit dem Gepäck behilflich sind.

> Stimmige Beleuchtung, die Atmosphäre schafft. Im Wellnessbereich, im Restaurant und auch überall sonst.

> Eine Küche für Gourmets, nicht für Gourmands: weniger, aber besser. Vornehmlich mit Zutaten aus biologischer Landwirtschaft. Sonnengereifte Früchte, saisonales Gemüse.

> Am Frühstückstisch: Sauerteigbrot (echtes!), nur frische, regionale Produkte, nichts aus der Fabrik, auch keine billigen Marmeladen oder gar „Multivitaminsäfte".

> Lange Frühstückszeiten: Ab 10.30 Uhr wird's gemütlich.

> Das Frühstücksei aus biologischer Freilandhaltung – Käfighaltung ist leider keine Ausnahme, besonders bei Kettenhotels.

> Ein winziges, federleichtes Häppchen als Light Lunch im Preis inkludiert, beispielsweise gute Süppchen oder Salate.

> Etwas frisches Obst sowie Quellwasser im Zimmer, täglich ergänzt.

> In der Sauna: einen ordentlichen Frischluftraum sowie ein möglichst großes Kaltwasserbecken. Auch ein dicker Kneippschlauch gehört dazu.

> Ruheliegen für alle, sowohl im Innen- als auch im Außenbereich.

> Wenn die Behandlung vorher kurz erklärt wird oder – ganz besonders bei umfangreicheren Beauty- oder Physio-Treatments – eine Beratung stattfindet.

> Musik im Behandlungsraum, die man sich selbst aussuchen kann. Auf jeden Fall sollte zumindest die Lautstärke regulierbar – oder die Berieselung abschaltbar – sein.

> Eine kleine Auswahl an feinen Tees und an frischem, gewaschenem (!) Obst im Spa.

> Hallenbad rund um die Uhr (gerne auch bei kleiner Beleuchtung), Sauna bis 23.30 Uhr.

> Kleine Badetücher vor dem Dampfbad (Sitztücher).

> Wohltemperierte Therapieräume, speziell bei Anwendungen, die abkühlen, also etwa bei Lomi Lomi Nui oder ayurvedischen Massagen und Güssen.

> Nicht nur im Spa: echte Pflanzen und Blumen. Plastik ist unwürdig und stillos.

> Ein helles Leselicht am Bett, aber auch im Ruheraum.

> Ausreichende Zahl an Kleiderhaken, Hosenbügeln und Ablageflächen im Badezimmer.

> Gratisgarage für alle: Ein Parkplatz im Freien ist für Fahrer von teuren Limousinen eine Zumutung, dafür noch Geld zu verlangen Abzocke.

> Mitarbeiter, die das Wort Dienstleistung verstanden haben: als Dienen plus Leistung.

> Mitarbeiter, die genau daran Freude haben und am Umgang mit dem Gast wachsen.

> Wenn unsere Beschwerden ernst genommen werden und entsprechend reagiert wird.

> Wenn Kritik nicht bis zur Abreise mit reservierten Blicken geahndet, sondern mit einem Dankeschön als wertvoller Beitrag zur Produktverbesserung aufgefasst wird.

> Strahlende Sauberkeit im ganzen Haus.

> Im Spa und in der Lobby: statt Boulevard und Werbeprospekten eine Auswahl an niveauvollen Zeitungen und Magazinen.

> Wenn uns anstelle von dressiertem Personal menschliche Persönlichkeiten bedienen.

WIR
MACHT'S
MÖGLICH.
Es ist nicht der Einzelne, der die Welt verändert. Es ist die Gemeinschaft, die stärker ist als alles andere. Das Wir, das füreinander sorgt und füreinander Mehrwert schafft. Aus der Region und für die Region und die Menschen, die darin leben. So ermöglichen wir die Verwirklichung großer Träume und gestalten eine nachhaltige Zukunft.
wirmachtsmöglich.a

Mehr über die Bewertungskriterien

Zur Bewertung der Hotels in den Kategorien Wellness („ohne Arzt"), Kur („Arzt für chronisch Kranke"), Gesundheit (Prävention – „Arzt für Gesunde") und Beauty (Schönheitsfarmen) haben wir die „RELAX-Guide-Lilie" geschaffen. In alten Zeiten und in vielen Kulturen galt die Lilie als Symbol der Reinheit, aber auch der Erneuerung. Seit Herbst 1999 schmücken unsere Lilien die besten Hotels – als Symbol für die überdurchschnittlich gute Befindlichkeit ihrer Gäste.

Lilien als Qualitätsgütesiegel
Das gesamte Angebot wird im RELAX Guide in die vier Kategorien Kur, Gesundheit, Wellness und Beauty eingeteilt. Kur bedeutet dabei einen zumindest einwöchigen Aufenthalt und inkludiert ärztliche Diagnostik sowie überwachte Therapieabläufe. Wellness heißt im Regelfall „ohne Arzt".

Die Leistungen von Gesundheitshotels richten sich an Gesunde, reichen von Prävention über medizinische Check-ups bis hin zur Therapie von Stressfolgen und eher harmloseren Gesundheitsstörungen – unter ärztlicher Aufsicht. Typische Vertreter dieser Kategorie sind Heilfasten-, Mayr- und Ayurvedakurhäuser sowie auf Traditionelle Chinesische Medizin spezialisierte Hotels.

Wellness, Gesundheit, Kur und Beauty
Unter der Kategorie Beauty sind im RELAX Guide nur „echte" Schönheitsfarmen gelistet. Diese nehmen keine normalen Feriengäste auf und offerieren nur Wochenarrangements.

Bitte beachten Sie, dass Kurhotels keine Wellness-Oasen sind, sondern völlig andere Gäste – nämlich chronisch Kranke – sowie andere Ziele haben als Wellnesshotels. Daher gelten für diese Betriebe auch geringfügig modifizierte Bewertungskriterien; zudem werden Kurhotels natürlich nur mit anderen Kurhotels verglichen. Ergeben sich dann hohe Lilien-Anzahlen, bedeutet dies natürlich nicht, dass ein solches Haus mit einem Top-Wellnesshotel vergleichbar wäre.

Kriterien für einen Spa-Urlaub
Alle Hotels werden ausschließlich nach unseren Wellness- oder Kururlaubskriterien beurteilt. Das bringt mit sich, dass luxuriöse Stadthotels, perfekte „Tagungspaläste" oder auch exklusive Fünfsternhäuser mit kleinem Spa nicht hoch bewertet werden können, selbst wenn sie im normalen Beherbergungsbereich eine regionale Spitzenstellung innehaben.

Daher kann ein luxuriöses Stadthotel mit perfektem Service und gutem Spa beispielsweise nur mit maximal 16 Punkten beurteilt werden. Für unsere Bewertung maßgeblich ist jedenfalls stets unser persönliches Wohlfühlerlebnis, das sich auf die folgenden Kriterien bezieht.

Natur & Lage
Besonders für Großstadtbewohner – übrigens der weitaus größte Anteil an der Bevölkerung – ist die Lage in belebender Natur einer der wichtigsten Relax-Faktoren überhaupt. Blumenübersäte Almwiesen, stille Bergseen oder ein herrlicher Fernblick können sowohl psychisch als auch somatisch bereits kleine Wunder bewirken. Und das nicht nur beim ganz normalen „Stresspatienten".

Eine schöne Lage ist uns daher sehr wichtig, deswegen gilt: Auch das allerschönste Wellnesshotel mit sauberen Dienstleistungen wird, wenn es in einem Gewerbegebiet oder direkt an der Autobahn liegt, kaum über 12 Punkte hinauskommen, also keine Lilie erhalten können.

Ambiente

Nicht jeder notdürftig adaptierte Kellerraum eignet sich zum Wohlfühlen. Wenn Sie auf Körper und Sinne hören wollen, dann finden Sie sich in niedrigen, verwinkelten und unharmonisch gestalteten Räumen in einer paradoxen Situation gefangen. Der Erholungseffekt bleibt aus, der Spa-Urlaub geht an Ihren Bedürfnissen vorbei! Die höchsten Bewertungen vergeben wir jedenfalls für ein stilvolles Ambiente mit reduzierten visuellen Reizen, das es dem (ohnedies reizüberfluteten) Entspannungssuchenden ermöglicht, wieder ein bisschen zu sich selbst zu finden. Sagenhaft inszenierte „Erlebniswelten" gehören nach Disneyland, in die Ordner „Freizeitstress" oder „Kollektive Verdummung" und punkten im RELAX Guide nur schlecht – oder gar nicht!

Ausstattung & Dienstleistung

Ähnlich ist das bei Wellnesszonen, die mit allerlei überflüssigem Schnickschnack aufgemotzt wurden. Auf Dinge wie Massagemaschinen, künstliche „Strände" oder gar einen Klimaapparat, der „einen dreistündigen Spaziergang am Strand ersetzt", wollen wir liebend gerne verzichten. Fazit: Qualität geht vor Quantität, Schmonzes drückt die Bewertung nach unten. Die Ausstattung muss aber dem heutigen Standard entsprechen. Und Sie dürfen nicht für jede Kleinigkeit extra zur Kasse gebeten werden.

Besonderes Augenmerk legen wir auf die Anzahl der Ruheliegen im Spa. Die vor der Bettenanzahl angeführte Liegenanzahl bezieht sich stets nur auf den Innenbereich, abhängig von der Jahreszeit kann sie abweichen, da im Sommer häufig Liegen nach draußen gestellt werden.

Mehr noch als die harten Fakten zählt für uns aber die Dienstleistungsqualität, die wesentlich von Ausbildung und Motivation abhängt. Bei den Mitarbeitern eine echte Wohlfühlatmosphäre von Freundlichkeit und ungekünsteltem Gut-drauf-Sein entstehen zu lassen, zählt zu den wichtigsten Aufgaben in der Gesundheitshotellerie. Wer sie beherrscht, kommt im RELAX Guide auch mit einer weniger guten Ausstattung auf respektable Lilien-Werte. Familienbetriebe haben es hier übrigens leichter als große Bettenburgen und zentral verwaltete Kettenhotels.

Weiters wichtig sind kompetente Therapeuten und nicht zuletzt die Küchenleistung. Auch bei ihr gilt für uns: Qualität vor Quantität, möglichst aus biologischer Herkunft, frisch zubereitet und für höchste Ansprüche. Bewertet wird – so angeboten – die Halbpensionsküche. Denn zahlreiche Hotels haben neben dem regulären Beherbergungsbetrieb noch ein À-la-carte-Restaurant, das nicht selten mit einer ausgezeichneten Küche aufwartet. Aber immer wieder erleben wir, dass man als Halbpensionsgast mit deutlich geringeren Speisenqualitäten konfrontiert wird.

Locker & Easy

Nach unserer Auffassung verträgt sich ein Relax-Urlaub kaum mit Seminar-, Veranstaltungs- oder Bustourismus. Das Frühstück im Bademantel neben einer Gruppe von businessmäßigen Krawattenträgern empfinden wir nicht als angenehm, außerdem ist es in derartigen Häusern meist auch gar nicht gestattet. Wer sich auf die Zielgruppe Wellnessurlauber spezialisiert und nicht zusätzlich in alle Geschäftsrichtungen gleichzeitig losläuft, der hat es viel leichter, auf eine hohe Anzahl von Lilien zu kommen. Dasselbe gilt für Hoteliers, die ihren Gästen beispielsweise das Frühstück bis 13 Uhr oder den Zugang zum Hallenbad 24 Stunden am Tag gewähren – also einen völlig zwanglosen Aufenthalt garantieren.

Beratung & Verkauf

Sie werden kaum frohlocken, wenn Ihnen ständig irgendwelche Schönheitsbehandlungen aufgedrängt werden. Speziell im Kosmetikbereich sollte vor jedem Treatment eine Beratung mit Behandlungsplan erfolgen, bevor man mit unkoordinierten Therapieabläufen beginnt. Gute Verkäufer sind oft schlechte Berater, und

Bio g'spritzt
FRANZ JOSEF
RAUCH
RAUCH
BIO
nach
EG-Öko-Verordnung
Bio Apfel naturtrüb
Bio Schwarze Johannisbeere

Letztere müssen bei uns mit einem Punkteabzug rechnen.

Preis & Wert

Alle Hotels können ihre Einstufung durch besonders preiswürdige Angebote verbessern. Betriebe mit schlechtem Preis-Leistungs-Verhältnis erhalten dagegen einen Punkteabzug. Die Anzahl der Lilien ist übrigens nicht unbedingt von einer luxuriösen Ausstattung abhängig.

Achtung: Auch die teuersten Luxushotels unterliegen den allgemeinen Bewertungsrichtlinien. Umgekehrt ist es deshalb auch möglich, dass Dreisternhotels hohe Bewertungen erhalten.

Preisangaben

Die angeführten Preise beziehen sich im Regelfall auf den Tagespreis pro Person im Doppelzimmer mit Halbpension (HP, einfachste Zimmerkategorie, günstigste Saison). Häufig gibt es bereits ab zwei bis vier Nächtigungen Rabatte. Immer mehr Hotels veröffentlichen keine Preislisten mehr, sondern setzen – ähnlich wie Fluglinien – auf einen sogenannten Flex-Tarif, der von der Auslastung abhängig ist und einer Buchungsmaschine zu entnehmen ist. Einerseits erschwert uns das die genaue Preisermittlung ungemein, andererseits wird dann oft mit Preisen geworben, die in der Praxis fast niemals erzielbar sind – wir können's leider nicht ändern!

Auch Packages, also mehrtägige Arrangements mit Behandlungen und anderen Zusatzangeboten, werden als Ab-Preis in der günstigsten Zimmervariante (pro Person im Doppelzimmer) angegeben.

Achtung: In Alpinregionen können die Winterpreise ganz beträchtlich über denen des Sommers liegen, genau umgekehrt ist das in den Seengebieten des Flachlandes.

Zur Beachtung

Alle Preise wurden im Juli 2021 erhoben. Bei Betrieben, die keine Angaben für das Jahr 2022 machen konnten, haben wir die zum Erhebungszeitpunkt gültigen Preise herangezogen. Für die abgedruckten Ab-Preise können wir jedenfalls keine Gewähr übernehmen.

Hotelsterne

Hotelnamen tragen die Sterneanzahl, mit der sie von der Wirtschaftskammer eingestuft wurden. Bei Hotels, die sich nicht kategorisieren ließen, fehlen die Sterne neben dem Hotelnamen.

Hundefreundlich, kinderfreundlich, familienfreundlich, Adults only

Die Attribute „hundefreundlich", „kinderfreundlich" und „familienfreundlich" sollen schon beim „Überfliegen" der Texte ins Auge springen. Sie stehen daher jeweils am Beginn des Kommentars. „Hundefreundlich" meint ein Hotel, das Ihrem Vierbeiner Extras bietet. „Familienfreundlich" bezeichnet ein Hotel, das eine gewisse Infrastruktur für Kinder zur Verfügung stellen kann. „Kinderfreundlich" ist mehr, nämlich das gleichzeitige Vorhandensein von Infrastruktur und (im Logispreis inkludierter) Kinderbetreuung, dies ganzjährig.

„Kinderhotels" hingegen sind reine Spezialisten und ohne Kids gar nicht buchbar. Sie bieten Betreuung und häufig große Spielareale, im Regelfall aber ein kleineres Spa.

Adults only: Hier werden Kinder – zumeist unter 14 Jahren – nicht als Gäste akzeptiert.

Mogelpackung Spa-Fläche

Immer mehr Hotels werben mit geradezu phantastischen Spa-Flächen, 5.000 m^2 und mehr werden da nicht selten vollmundig genannt. Man erwartet sich dann diese Fläche für Pools, Sauna- und Ruhezonen – und wundert sich über unwürdig enge Raumverhältnisse!

Wir haben jedenfalls nachgemessen. Und fanden Wellnessbereiche, die um vieles kleiner waren als beworben – „Schrumpfungen" um mehr als drei Viertel fanden sich auch darunter!

Zum Bestpreis buchen

Die Web- und E-Mail-Adressen aller Spa-Hotels finden Sie auf www.relax-guide.com. Alle Hotels können außerdem zum Bestpreis (!) über dieses Portal gebucht werden, ohne dass für Sie oder das Hotel irgendwelche Gebühren oder Provisionen anfallen.

Auch die Anforderung von Prospekten und Angeboten funktioniert für alle Hotels auf www.relax-guide.com schnell und problemlos.

Anonyme Hoteltests bedeuten verdeckte Ermittlung. Unsere Wohlfühl-Detektive agieren freilich nicht im Trenchcoat, sondern im Bademantel. Sie vermessen Pools wie Spa-Flächen und überprüfen das Wasser in den Becken. Besonders spannend: das Ruheliegenzählen. Da kann man ganz schön ins Schwitzen kommen, selbst wenn der Bademantel nicht aus Polyester ist. All das macht sonst niemand. Nur wir vom RELAX Guide!

Die Bewertungsmathematik

Die Bewertungen im RELAX Guide werden dynamisch durchgeführt, das heißt, dass wir Punkte und Lilien alljährlich am Branchenniveau ausrichten. Denn wir wollen für Sie jene Hotels „herausfiltern", deren Niveau den Durchschnitt übertrifft, Ihnen Hotels empfehlen, die zu den besten gehören – Hotels mit Lilien.

Das Punkteminimum im Guide sind 9 Punkte, es wird für ungepflegte Häuser oder solche vergeben, die nur über ein höchst bescheidenes Wellnessangebot verfügen. Durchschnittliche Wellnesshotels liegen bei 11 bis 12 Punkten (keine Lilie). Hotels ohne eigenen Wellnessbereich – mit Anbindung an eine öffentliche Therme – punkten mit etwa 12, können aber durch eine gute Küche, entsprechende Service- oder Ausstattungsqualitäten um etwa 1 bis 2 Punkte besser abschneiden.

Das Maximum sind 20 Punkte, es wird nur an Häuser vergeben, die, von kleineren „Ausrutschern" abgesehen, in allen Bereichen – vor allem auch in der Küche – Höchstleistungen erbringen. Für das Bewertungssystem sind folgende Faktoren maßgeblich: Lage (max. 3,5 von 20 Punkten), Software (Ambiente, Dienstleistung, Küche; max. 8 von 20 Punkten), Hardware (Architektur, Infrastruktur, Ausstattung; max. 4,5 von 20 Punkten), „Locker & Easy" (Wohlfühlkriterien; max. 3 von 20 Punkten), Preis-Leistungs-Verhältnis (max. 1 von 20 Punkten).

Das Bewertungsbeispiel

Aktuelle Bewertung eines Hotels mit 13 Punkten (eine Lilie):

> **Lage:** Grünruhelage am Ortsrand, mit Fernblick

3 Punkte

> **Software:** Ambiente besser als regionaltypischer Durchschnitt, sehr sauberes Haus, dezente Dekoration, freundliche Mitarbeiter mit höherer Aufmerksamkeit, sehr gute Küche, kaum industriell vorgefertigte Speisen, hochkompetent durchgeführte Treatments

6 Punkte

> **Hardware:** zeitgemäße Zimmer, Spa-Fläche etwa 30 m² pro Zimmer, Freibecken (ganzjährig), Hallenbad, Sauna, Dampfbad, Massagen, Kosmetik, moderne Fitnessgeräte mit Laufband, Ruheliegen im Indoorbereich mindestens 30 Prozent der Bettenanzahl

2,5 Punkte

> **Locker & Easy:** kein Bus- oder Tagungstourismus, angenehme Frühstückszeiten

1,5 Punkte

> **Preis-Leistungs-Verhältnis:** regionaler Durchschnitt plus maximal fünf Prozent

0 Punkte

> **Summe Punkte:** 13 Punkte

LILIEN-HOTELS MIT GEBERIT AQUACLEAN

Hotelname	Bundesland	PLZ	Ort
Vollererhof ****	Salzburg	5412	Puch
Das Edelweiss Mountain Resort ****s	Salzburg	5611	Großarl
Das Goldberg ****s	Salzburg	5630	Bad Hofgastein
Forsthofalm Holzhotel ****s	Salzburg	5771	Leogang
Krallerhof ****s	Salzburg	5771	Leogang
Priesteregg Premium Eco Resort	Salzburg	5771	Leogang
Lanserhof Lans	Tirol	6072	Lans
Astoria Resort *****s	Tirol	6100	Seefeld
Klosterbräu *****	Tirol	6100	Seefeld
Quellenhof Leutasch ****s	Tirol	6105	Leutasch
Mooshaus Winterresort ****s	Tirol	6183	Kühtai
Das Rieser ****s	Tirol	6213	Pertisau
Reiterhof Natur- & Aktiv-Resort ****s	Tirol	6215	Achenkirch
Das Kaiserblick ****s	Tirol	6352	Ellmau
Interalpen-Hotel Tyrol *****s	Tirol	6410	Telfs-Buchen
Waldklause Naturhotel *****	Tirol	6444	Längenfeld
Zürserhof *****s	Vorarlberg	6763	Zürs
Aurelio Hotel & Chalet *****s	Vorarlberg	6764	Lech
The Original FX Mayr ****	Kärnten	9082	Maria Wörth-Dellach
Werzer's Resort ****s	Kärnten	9210	Pörtschach
Falkensteiner Schloss Velden *****	Kärnten	9220	Velden
Warmbaderhof *****	Kärnten	9504	Warmbad-Villach
Pulverer Thermenwelt *****	Kärnten	9546	Bad Kleinkirchheim
Hochschober ****s	Kärnten	9565	Turracher Höhe

Die Top-Rankings nach Themen

Die Aufsteiger: Wer es in die Lilien-Klasse geschafft oder sich verbessert hat.

Mit Kindern: Die 15 Top-Hotels für die ganze Familie. Mit Betreuung für Kids.

Adults only: Erwachsene unter sich. Wonnevolle Ruhe ohne Kinder.

Zimmer mit Sauna: Wenn man Privacy liebt und überfüllte Saunazonen gerne meidet.

Entspannungsprogramm: So schnell wie möglich runterkommen: Yoga, Qi Gong und anderes.

Gourmet: Die 15 Besten in puncto Halbpensionsküche. Auf drei Ex-aequo-Rängen, zumeist haarscharf nebeneinander. Es gilt: Qualität vor Quantität, möglichst aus biologischer Herkunft, frisch zubereitet und für höchste Ansprüche. Echtes Handwerk siegt.

Thermenhotels: Nur ganz wenige Spa-Hotels bieten Thermalwasser: die Top 15.

Am Wasser: Reizvoll zu jeder Jahreszeit: Spa-Hotels mit Ausblick auf den See.

Bike: Zum Radfahren, Mountainbiken: schöne Strecken, gutes Service.

Wandern: Herrliche Natur ringsum, Leihausrüstung und gute Beratung.

Wintersport: Gutes Skigebiet und direkt am Lift. Aber ein feines Spa muss auch sein!

Spa-Fläche: Genügend Platz im Spa – der Wellnessbereich im Verhältnis zur Bettenanzahl.

Forsthofgut Naturhotel *****

Leogang (Salzburg), Seite 134

19 von 20 Punkten

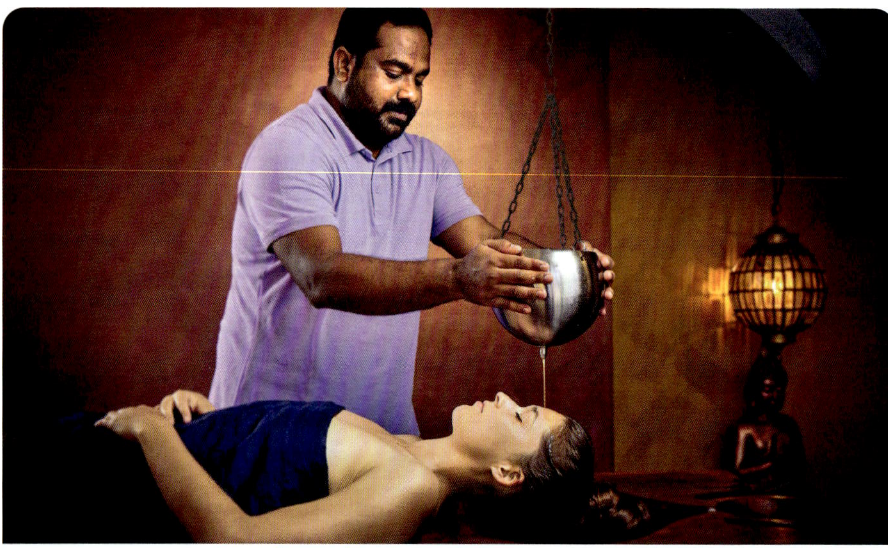

Mandira Ayurveda Resort ****S

Bad Waltersdorf (Steiermark), Seite 247

15 von 20 Punkten

LaPosch – Dein Bergaway

Biberwier (Tirol), Seite 209

13 von 20 Punkten

DIE AUFSTEIGER

	Hotelname	Kategorie	PLZ	Ort	Seite
1.	**Forsthofgut Naturhotel** *****	Wellness	5771	Leogang	134
2.	**Moar Gut Familien Natur Resort** *****	Wellness	5611	Großarl	115
3.	**Bergblick Grän** ****S	Wellness	6673	Grän	210
	Malisgarten *****S	Wellness	6280	Zell am Ziller	164
	Mandira Ayurveda Resort ****S	Gesundheit/Wellness	8271	Bad Waltersdorf	247
4.	**Berghaus Alpinhotel** ****	Wellness	6293	Tux	169
	Cortisen am See ****S	Wellness	5360	St. Wolfgang	89
	Rehbach Natur- & Ruhehotel	Wellness	6677	Schattwald	213
5.	**Einwaller Seehotel**	Wellness	6213	Pertisau	153
	Kraftalm	Wellness	6305	Itter	173
	LaPosch – Dein Bergaway	Wellness	6633	Biberwier	209
	Magdalensberg ****	Wellness	9064	Magdalensberg	268
	Seevilla Wolfgangsee ****	Wellness	5360	St. Wolfgang	90

Reiters Reserve Finest Family ****S

Bad Tatzmannsdorf (Burgenland), Seite 237

18 von 20 Punkten

Almhof Family Resort & Spa ****S

Gerlos (Tirol), Seite 165

17 von 20 Punkten

Paradiso ****S

Bad Schallerbach (Oberösterreich), Seite 83

15 von 20 Punkten

MIT KINDERN TOP 15

	Hotelname	Kategorie	PLZ	Ort	Seite
1.	**Reiters Reserve Finest Family** ****S	Wellness	7431	Bad Tatzmannsdorf	237
2.	**Reiters Resort Stegersbach** ****	Wellness	7551	Stegersbach	240
3.	**Almhof Family Resort & Spa** ****S	Wellness	6281	Gerlos	165
4.	**Feuerberg Mountain Resort** ****S	Wellness	9551	Bodensdorf	278
5.	**Moar Gut Familien Natur Resort** *****	Wellness	5611	Großarl	115
6.	**Paradiso** ****S	Wellness	4701	Bad Schallerbach	83
7.	**Stock Resort** *****	Wellness	6292	Finkenberg	168
8.	**Gut Weissenhof** ****S	Wellness	5550	Radstadt	103
9.	**Schalber Wellness-Residenz** *****S	Wellness	6534	Serfaus	198
10.	**Brennseehof Familien-Sport-Hotel** ****S	Wellness	9544	Feld am See	275
11.	**Die Seitenalm Kinderhotel** ****	Wellness	5550	Radstadt	103
12.	**Post Family Resort** ****S	Wellness	5091	Unken	94
13.	**Forsthofgut Naturhotel** *****	Wellness	5771	Leogang	134
14.	**Vila Vita Pannonia** ****	Wellness	7152	Pamhagen	234
15.	**Schwarz Alpenresort** *****	Wellness	6414	Mieming	187

Juffing ****S

Thiersee (Tirol), Seite 175

18 von 20 Punkten

Guglwald ****S

Schönegg (Oberösterreich), Seite 79

17 von 20 Punkten

Schlosspark Mauerbach ****S

Mauerbach bei Wien (Niederösterreich), Seite 68

15 von 20 Punkten

ADULTS ONLY TOP 15

	Hotelname	Kategorie	PLZ	Ort	Seite
1.	**Reiters Reserve Supreme** *****	Wellness	7431	Bad Tatzmannsdorf	238
	Posthotel Achenkirch *****	Wellness	6215	Achenkirch	155
2.	**Juffing** ****S	Wellness	6335	Thiersee	175
	Wasnerin G'sund & Natur ****S	Wellness	8990	Bad Aussee	264
3.	**Am Holand** ***	Wellness	6883	Au	227
	Guglwald ****S	Wellness	4191	Schönegg	79
4.	**Haldensee** ****	Wellness	6672	Haldensee	209
	Kristall Verwöhnhotel ****S	Wellness	6213	Pertisau	154
	La Pura Women's Health Resort ****S	Wellness	3571	Gars am Kamp	71
	Schlosspark Mauerbach ****S	Wellness	3001	Mauerbach bei Wien	68
5.	**Cortisen am See** ****S	Wellness	5360	St. Wolfgang	89
	Das Schäfer ****S	Wellness	6733	Fontanella	220
	Rehbach Natur- & Ruhehotel	Wellness	6677	Schattwald	213
6.	**LaPosch – Dein Bergaway**	Wellness	6633	Biberwier	209
	Villa Postillion am See ****	Wellness	9872	Millstatt	288

Gmachl Genussdorf ****S

Bergheim (Salzburg), Seite 94

20 von 20 Punkten

Klosterbräu *****

Seefeld (Tirol), Seite 143

16 von 20 Punkten

Reiterhof Natur- & Aktiv-Resort ****S

Achenkirch (Tirol), Seite 156

16 von 20 Punkten

ZIMMER MIT SAUNA TOP 15

	Hotelname	Kategorie	PLZ	Ort	Seite
1.	**Gmachl Genussdorf** ****S	Wellness	5101	Bergheim	94
2.	**Geinberg5 Private Spa Villas**	Wellness	4943	Geinberg	87
	Wiesergut	Wellness	5754	Saalbach-Hinterglemm	131
3.	**Juffing** ****S	Wellness	6335	Thiersee	175
	Priesteregg Premium Eco Resort	Wellness	5771	Leogang	136
	Stock Resort *****	Wellness	6292	Finkenberg	168
4.	**Guglwald** ****S	Wellness	4191	Schönegg	79
	Lürzerhof Alpin Life Resort ****S	Wellness	5561	Untertauern	104
	Pierer Almwellness ****S	Wellness	8163	Fladnitz	244
	Schwarz Alpenresort *****	Wellness	6414	Mieming	187
	Waldklause Naturhotel *****	Wellness	6444	Längenfeld	189
5.	**Der Bär**	Wellness	6352	Ellmau	177
	Klosterbräu *****	Wellness	6100	Seefeld	143
	Reiterhof Natur- & Aktiv-Resort ****S	Wellness	6215	Achenkirch	156
6.	**Burg Vital Resort** *****S	Wellness	6764	Lech	222

Der Daberer – das Biohotel ****S

Dellach im Gailtal (Kärnten), Seite 281

18 von 20 Punkten

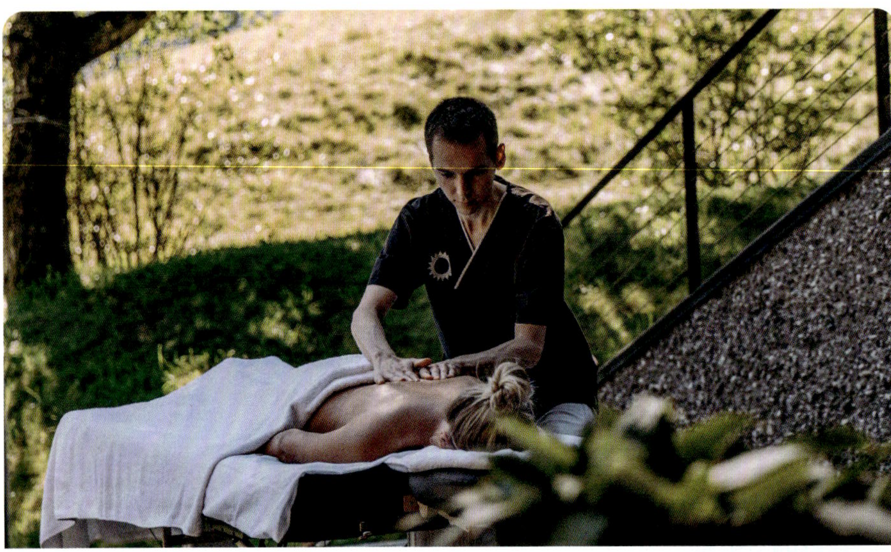

Chesa Valisa Naturhotel ****

Hirschegg (Vorarlberg), Seite 231

15 von 20 Punkten

Sonnhof Ayurveda Resort ****

Thiersee (Tirol), Seite 176

15 von 20 Punkten

ENTSPANNUNGSPROGRAMM TOP 15

	Hotelname	Kategorie	PLZ	Ort	Seite
1.	**Der Steirerhof** *****	Wellness	8271	Bad Waltersdorf	245
	Posthotel Achenkirch *****	Wellness	6215	Achenkirch	155
	Der Daberer – das Biohotel ****S	Wellness	9635	Dellach im Gailtal	281
2.	**Engel** ****S	Wellness	6673	Grän	211
	Priesteregg Premium Eco Resort	Wellness	5771	Leogang	136
	Wasnerin G'sund & Natur ****S	Wellness	8990	Bad Aussee	264
3.	**Guglwald** ****S	Wellness	4191	Schönegg	79
	Höflehner Naturhotel ****S	Wellness	8967	Haus	258
	Quellenhof Leutasch ****S	Wellness	6105	Leutasch	145
	Schwarz Alpenresort *****	Wellness	6414	Mieming	187
4.	**Chesa Valisa Naturhotel** ****	Wellness	6992	Hirschegg	231
	La Pura Women's Health Resort ****S	Gesundheit	3571	Gars am Kamp	71
	Mandira Ayurveda Resort ****S	Gesundheit/Wellness	8271	Bad Waltersdorf	247
	Sonnhof Ayurveda Resort ****	Gesundheit/Wellness	6335	Thiersee	176
5.	**Alpenrose Naturhotel** ****	Wellness	9872	Maurach	286

Geinberg5 Private Spa Villas

Geinberg (Oberösterreich), Seite 87

19 von 20 Punkten

Der Bär

Ellmau (Tirol), Seite 177

16 von 20 Punkten

Post Lermoos ****S

Lermoos (Tirol), Seite 207

17 von 20 Punkten

GOURMET TOP 15 (HALBPENSION, EX AEQUO)

	Hotelname	Kategorie	PLZ	Ort	Seite
1.	**Die Forelle Genießerhotel** ****	Wellness	9762	Weißensee	282
	Die Riederalm ****S	Wellness	5771	Leogang	133
	Geinberg5 Private Spa Villas	Wellness	4943	Geinberg	87
	Kaiserhof Ellmau *****S	Wellness	6352	Ellmau	178
	Kollers ****S	Wellness	9871	Seeboden	285
	Reiters Reserve Supreme *****	Wellness	7431	Bad Tatzmannsdorf	238
	Wiesergut	Wellness	5754	Saalbach-Hinterglemm	131
2.	**Am Holand** ***	Wellness	6883	Au	227
	Der Bär	Wellness	6352	Ellmau	177
	Der Daberer – das Biohotel ****S	Wellness	9635	Dellach im Gailtal	281
	Juffing ****S	Wellness	6335	Thiersee	175
	Posthotel Achenkirch *****	Wellness	6215	Achenkirch	155
	Singer ****S	Wellness	6622	Berwang	206
3.	**Gmachl Genussdorf** ****S	Wellness	5101	Bergheim	94
	Post Lermoos ****S	Wellness	6631	Lermoos	207

Der Steirerhof *****

Bad Waltersdorf (Steiermark), Seite 245

20 von 20 Punkten

Reiters Resort Stegersbach ****

Stegersbach (Burgenland), Seite 240

17 von 20 Punkten

Royal Bad Ischl ****S

Bad Ischl (Oberösterreich), Seite 85

15 von 20 Punkten

THERMENHOTELS TOP 15

	Hotelname	Kategorie	PLZ	Ort	Seite
1.	**Der Steirerhof** *****	Wellness	8271	Bad Waltersdorf	245
	Reiters Reserve Supreme *****	Wellness	7431	Bad Tatzmannsdorf	238
2.	**Geinberg5 Private Spa Villas**	Wellness	4943	Geinberg	87
	Reiters Reserve Finest Family ****S	Wellness	7431	Bad Tatzmannsdorf	237
3.	**Das Ronacher Therme & Spa** *****	Wellness	9546	Bad Kleinkirchheim	276
	Reiters Resort Stegersbach ****	Wellness	7551	Stegersbach	240
4.	**Larimar** ****S	Wellness	7551	Stegersbach	240
5.	**Mandira Ayurveda Resort** ****S	Gesundheit/Wellness	8271	Bad Waltersdorf	247
	Paradiso ****S	Wellness	4701	Bad Schallerbach	83
	Quellenhotel Heiltherme ****	Wellness	8271	Bad Waltersdorf	248
	Royal Bad Ischl ****S	Wellness/Kur	4820	Bad Ischl	85
	Warmbaderhof *****	Wellness/Kur	9504	Warmbad-Villach	274
6.	**Pulverer Thermenwelt** *****	Wellness/Gesundheit	9546	Bad Kleinkirchheim	278
	St. Martins Therme & Lodge ****S	Wellness	7132	Frauenkirchen	234
	Stoiser Thermenhotel ****S	Wellness	8282	Loipersdorf Therme	249

Cortisen am See ****S

St. Wolfgang (Oberösterreich), Seite 89

14 von 20 Punkten

Ebners Waldhof am See ****S

Fuschl am See (Salzburg), Seite 97

14 von 20 Punkten

Grandhotel Zell am See ****S

Zell am See (Salzburg), Seite 121

14 von 20 Punkten

AM WASSER TOP 15

	Hotelname	Kategorie	PLZ	Ort	Seite
1.	**Hochschober** ****S	Wellness	9565	Turracher Höhe	280
	Kollers ****S	Wellness	9871	Seeboden	285
	Schloss Seefels *****	Wellness	9212	Pörtschach	271
2.	**Haldensee** ****	Wellness	6672	Haldensee	209
3.	**Brennseehof Familien-Sport-Hotel** ****S	Wellness	9544	Feld am See	275
	Cortisen am See ****S	Wellness	5360	St. Wolfgang	89
	Die Forelle Genießerhotel ****	Wellness	9762	Weißensee	282
	Ebners Waldhof am See ****S	Wellness	5330	Fuschl am See	97
	Enzian Seehotel ****	Wellness	9762	Weißensee	283
	Grandhotel Zell am See ****S	Wellness	5700	Zell am See	121
	Parkhotel Pörtschach ****S	Wellness	9210	Pörtschach	270
	Seevilla Romantik-Hotel ****S	Wellness	8992	Altaussee	265
	St. Martins Therme & Lodge ****S	Wellness	7132	Frauenkirchen	234
4.	**Forelle Millstatt** ****S	Wellness	9872	Millstatt	287
	Seevilla Wolfgangsee ****	Wellness	5360	St. Wolfgang	90

Haldensee ****

Haldensee (Tirol), Seite 209

15 von 20 Punkten

Schütterhof ****

Schladming-Rohrmoos (Steiermark), Seite 260

15 von 20 Punkten

Berghof Ramsau ****

Ramsau (Steiermark), Seite 262

13 von 20 Punkten

BIKE TOP 15

	Hotelname	Kategorie	PLZ	Ort	Seite
1.	**Forsthofgut Naturhotel** *****	Wellness	5771	Leogang	134
2.	**Eggerwirt** ****S	Wellness	5582	St. Michael	108
	Juffing ****S	Wellness	6335	Thiersee	175
	Nesslerhof ****S	Wellness	5611	Großarl	115
	Reiters Reserve Finest Family ****S	Wellness	7431	Bad Tatzmannsdorf	237
3.	**Die Riederalm** ****S	Wellness	5771	Leogang	133
	Tuxerhof Alpin Spa ****S	Wellness	6293	Tux	169
4.	**Haldensee** ****	Wellness	6672	Haldensee	209
	Molzbachhof ****	Wellness	2880	Kirchberg	67
	Schütterhof ****	Wellness	8971	Schladming-Rohrmoos	260
	Wöscherhof ****S	Wellness	6271	Uderns	161
5.	**Die Forelle Genießerhotel** ****	Wellness	9762	Weißensee	282
	Salzburger Hof Leogang ****S	Wellness	5771	Leogang	137
	Schwaigerhof ****S	Wellness	8971	Schladming-Rohrmoos	260
6.	**Berghof Ramsau** ****	Wellness	8972	Ramsau	262

Engel ****S

Grän (Tirol), Seite 211

18 von 20 Punkten

Gut Weissenhof ****S

Radstadt (Salzburg), Seite 103

17 von 20 Punkten

Lürzerhof Alpin Life Resort ****S

Untertauern (Salzburg), Seite 104

17 von 20 Punkten

WANDERN TOP 15

	Hotelname	Kategorie	PLZ	Ort	Seite
1.	**Der Daberer – das Biohotel** ****S	Wellness	9635	Dellach im Gailtal	281
	Engel ****S	Wellness	6673	Grän	211
	Fasching Dorfhotel ****S	Wellness	8654	Fischbach	255
	Juffing ****S	Wellness	6335	Thiersee	175
	Schalber Wellness-Residenz *****S	Wellness	6534	Serfaus	198
	Wasnerin G'sund & Natur ****S	Wellness	8990	Bad Aussee	264
	Guglwald ****S	Wellness	4191	Schönegg	79
2.	**Gut Weissenhof** ****S	Wellness	5550	Radstadt	103
	Lürzerhof Alpin Life Resort ****S	Wellness	5561	Untertauern	104
	Pierer Almwellness ****S	Wellness	8163	Fladnitz	244
	Quellenhof Leutasch ****S	Wellness	6105	Leutasch	145
3.	**Mein Almhof** ****S	Wellness	6543	Nauders	199
	Molzbachhof ****	Wellness	2880	Kirchberg	67
4.	**Poppengut** ****	Wellness	4573	Hinterstoder	82
	Taurerwirt Wanderhotel ****	Wellness	9981	Kals am Großglockner	217

Die Riederalm ****S

Leogang (Salzburg), Seite 133

16 von 20 Punkten

Kaiserhof Ellmau *****S

Ellmau (Tirol), Seite 178

19 von 20 Punkten

Schütterhof ****

Schladming-Rohrmoos (Steiermark), Seite 260

15 von 20 Punkten

WINTERSPORT TOP 15

	Hotelname	Kategorie	PLZ	Ort	Seite
1.	**Burg Vital Resort** *****S	Wellness	6764	Lech	222
	Der Bär	Wellness	6352	Ellmau	177
	Die Riederalm ****S	Wellness	5771	Leogang	133
	Edelweiss Naturhotel Wagrain ****	Wellness	5602	Wagrain	110
	Forsthofgut Naturhotel *****	Wellness	5771	Leogang	134
	Höflehner Naturhotel ****S	Wellness	8967	Haus	258
	Kaiserhof Ellmau *****S	Wellness	6352	Leogang	178
	Nesslerhof ****S	Wellness	5611	Großarl	115
	Schütterhof ****	Wellness	8971	Schladming-Rohrmoos	260
	Tuxerhof Alpin Spa ****S	Wellness	6293	Tux	169
2.	**Enzian Sölden** ****S	Wellness	6450	Sölden	189
	Kraftalm	Wellness	6305	Itter	173
	Schalber Wellness-Residenz *****S	Wellness	6534	Serfaus	198
	Schöne Aussicht ****S	Wellness	6450	Sölden	190
3.	**Jerzner Hof** ****	Wellness	6474	Jerzens	191

Gmachl Genussdorf ****S

Bergheim (Salzburg), Seite 94

20 von 20 Punkten

Reiters Reserve Supreme *****

Bad Tatzmannsdorf (Burgenland), Seite 238

20 von 20 Punkten

Fasching Dorfhotel ****s

Fischbach (Steiermark), Seite 255

18 von 20 Punkten

SPA-FLÄCHE TOP 15

	Hotelname	Kategorie	PLZ	Ort	Seite
1.	**Der Steirerhof** *****	Wellness	8271	Bad Waltersdorf	245
	Feuerberg Mountain Resort ****s	Wellness	9551	Bodensdorf	278
	Gmachl Genussdorf ****s	Wellness	5101	Bergheim	94
	Reiters Reserve Supreme *****	Wellness	7431	Bad Tatzmannsdorf	238
2.	**Forsthofgut Naturhotel** *****	Wellness	5771	Leogang	134
	Posthotel Achenkirch *****	Wellness	6215	Achenkirch	155
3.	**Eggerwirt** ****s	Wellness	5582	St. Michael	108
	Engel ****s	Wellness	6673	Grän	211
	Fasching Dorfhotel ****s	Wellness	8654	Fischbach	255
	Juffing ****s	Wellness	6335	Thiersee	175
	Nesslerhof ****s	Wellness	5611	Großarl	115
	Stock Resort *****	Wellness	6292	Finkenberg	168
4.	**Guglwald** ****s	Wellness	4191	Schönegg	79
	Lürzerhof Alpin Life Resort ****s	Wellness	5561	Untertauern	104
5.	**Stanglwirt Bio-Hotel** *****	Wellness	6353	Going	179

VIER LILIEN

Hotelname	Kategorie	Punkte	PLZ	Ort	Seite
Der Steirerhof *****	Wellness	20	8271	Bad Waltersdorf	245
Feuerberg Mountain Resort ****	Wellness	20	9551	Bodensdorf	278
Gmachl Genussdorf ****	Wellness	20	5101	Bergheim	94
Lanserhof Lans	Gesundheit	20	6072	Lans	140
Reiters Reserve Supreme *****	Wellness	20	7431	Bad Tatzmannsdorf	238
Forsthofgut Naturhotel *****	Wellness	19	5771	Leogang	134
Geinberg5 Private Spa Villas	Wellness	19	4943	Geinberg	87
Kaiserhof Ellmau *****	Wellness	19	6352	Ellmau	178
Posthotel Achenkirch *****	Wellness	19	6215	Achenkirch	155
Wiesergut	Wellness	19	5754	Saalbach-Hinterglemm	131

DREI LILIEN

Hotelname	Kategorie	Punkte	PLZ	Ort	Seite
Astoria Resort *****	Wellness	18	6100	Seefeld	142
Der Daberer – das Biohotel ****	Wellness	18	9635	Dellach im Gailtal	281
Die Klause Gesundheitsgut	Gesundheit	18	8344	Bad Gleichenberg	250
Eggerwirt ****	Wellness	18	5582	St. Michael	108
Engel ****	Wellness	18	6673	Grän	211
Fasching Dorfhotel ****	Wellness	18	8654	Fischbach	255
Juffing ****	Wellness	18	6335	Thiersee	175
Nesslerhof ****	Wellness	18	5611	Großarl	115
Priesteregg Premium Eco Resort	Wellness	18	5771	Leogang	136
Reiters Reserve Finest Family ****	Wellness	18	7431	Bad Tatzmannsdorf	237
Schalber Wellness-Residenz *****	Wellness	18	6534	Serfaus	198
Stock Resort *****	Wellness	18	6292	Finkenberg	168
Wasnerin G'sund & Natur ****	Wellness	18	8990	Bad Aussee	264
Almhof Family Resort & Spa ****	Wellness	17	6281	Gerlos	165
Am Holand ***	Wellness	17	6883	Au	227
Das Ronacher Therme & Spa *****	Wellness	17	9546	Bad Kleinkirchheim	276
Fernblick Montafon ****	Wellness	17	6781	Schruns-Bartholomäberg	224
Guglwald ****	Wellness	17	4191	Schönegg	79
Gut Weissenhof ****	Wellness	17	5550	Radstadt	103
Hochschober ****	Wellness	17	9565	Turracher Höhe	280
Höflehner Naturhotel ****	Wellness	17	8967	Haus	258
Jagdhof Neustift *****	Wellness	17	6167	Neustift	148
Kollers ****	Wellness	17	9871	Seeboden	285
Lürzerhof Alpin Life Resort ****	Wellness	17	5561	Untertauern	104
Moar Gut Familien Natur Resort *****	Wellness	17	5611	Großarl	115
Pierer Almwellness ****	Wellness	17	8163	Fladnitz	244

Hotelname	Kategorie	Punkte	PLZ	Ort	Seite
Post Lech *****	Wellness	17	6764	Lech	223
Post Lermoos ****s	Wellness	17	6631	Lermoos	207
Quellenhof Leutasch ****s	Wellness	17	6105	Leutasch	145
Reiters Resort Stegersbach ****	Wellness	17	7551	Stegersbach	240
Salzburgerhof *****s	Wellness	17	5700	Zell am See	122
Schloss Seefels *****	Wellness	17	9212	Pörtschach	271
Schwarz Alpenresort *****	Wellness	17	6414	Mieming	187
Theresa Genießer-Hotel ****s	Wellness	17	6280	Zell am Ziller	165
Waldklause Naturhotel *****	Wellness	17	6444	Längenfeld	189

ZWEI LILIEN

Hotelname	Kategorie	Punkte	PLZ	Ort	Seite
Alpenrose Maurach *****	Wellness	16	6212	Maurach	149
Bergfried Tux *****	Wellness	16	6293	Tux	168
Cervosa Gourmet & Spa *****	Wellness	16	6534	Serfaus	196
Das Edelweiss Mountain Resort *****	Wellness	16	5611	Großarl	114
Das Rieser ****s	Wellness	16	6213	Pertisau	152
Der Alpbacherhof Natur & Spa ****s	Wellness	16	6236	Alpbach	157
Der Bär	Wellness	16	6352	Ellmau	177
Die Post ****s	Wellness	16	9546	Bad Kleinkirchheim	277
Die Riederalm ****s	Wellness	16	5771	Leogang	133
Herz-Kreislauf-Zentrum Groß Gerungs ****	Kur/Gesundheit	16	3920	Groß Gerungs	73
Holzleiten Bio-Hotel ****	Wellness	16	6416	Obsteig	187
Jerzner Hof ****	Wellness	16	6474	Jerzens	191
Karwendel ****s	Wellness	16	6213	Pertisau	153
Klinik Pirawarth	Kur/Rehabilitation	16	2222	Bad Pirawarth	63
Klosterbräu *****	Wellness	16	6100	Seefeld	143
Larimar ****s	Wellness/Kur	16	7551	Stegersbach	240
Reiterhof Natur- & Aktiv-Resort ****s	Wellness	16	6215	Achenkirch	156
Rickatschwende F. X. Mayr Health Retreat	Gesundheit/Wellness	16	6850	Dornbirn	225
Romantik-Hotel im Park ****s	Wellness/Kur	16	8490	Bad Radkersburg	254
Schrothkur	Gesundheit/Kur	16	9821	Obervellach	284
Sonnberghof Landhotel-Gut ****	Wellness	16	5730	Mittersill	127
Tannenhof St. Anton *****s	Wellness	16	6580	St. Anton	205
The Original FX Mayr ****	Gesundheit	16	9082	Maria Wörth-Dellach	268
Tuxerhof Alpin Spa ****s	Wellness	16	6293	Tux	169
Vivea Bad Traunstein ****	Kur/Gesundheit	16	3632	Bad Traunstein	72
Aurelio Hotel & Chalet *****s	Wellness	15	6764	Lech	222
Bergblick Grän ****s	Wellness	15	6673	Grän	210
Bismarck Verwöhnhotel ****s	Wellness/Kur	15	5630	Bad Hofgastein	117
Burg Vital Resort *****s	Wellness	15	6764	Lech	222

Hotelname	Kategorie	Punkte	PLZ	Ort	Seite
Chesa Valisa Naturhotel ****	Wellness	15	6992	Hirschegg	231
Das Schiff Romantik-Hotel ****	Wellness	15	6952	Hittisau	229
Der Lärchenhof Erpfendorf *****	Wellness	15	6383	Erpfendorf	183
Die Hochkönigin ****	Wellness	15	5761	Maria Alm	131
Edelweiss Naturhotel Wagrain ****	Wellness	15	5602	Wagrain	110
Enzian Sölden ****	Wellness	15	6450	Sölden	189
Gridlon ****	Wellness	15	6574	Pettneu	204
G'Schlössl Murtal	Wellness	15	8734	Großlobming	257
Gugerbauer ****	Gesundheit	15	4780	Schärding	84
Haldensee ****	Wellness	15	6672	Nesselwängle	209
Interalpen-Hotel Tyrol *****	Wellness	15	6410	Telfs-Buchen	186
Jungbrunn – Der Gutzeitort	Wellness	15	6675	Tannheim	212
Kristall Verwöhnhotel ****	Wellness	15	6213	Pertisau	154
La Pura Women's Health Resort ****	Gesundheit	15	3571	Gars am Kamp	71
Malisgarten *****	Wellness	15	6280	Zell am Ziller	164
Mandira Ayurveda Resort ****	Gesundheit/Wellness	15	8271	Bad Waltersdorf	247
Mein Almhof ****	Wellness	15	6543	Nauders	199
Molzbachhof ****	Wellness	15	2880	Kirchberg	67
Panorama Royal ****	Wellness	15	6323	Bad Häring	174
Paradiso ****	Wellness	15	4701	Bad Schallerbach	83
Park Igls Gesundheitszentrum ****	Gesundheit	15	6080	Igls	141
Quellenhotel Heiltherme ****	Wellness	15	8271	Bad Waltersdorf	248
Royal Bad Ischl ****	Wellness/Kur	15	4820	Bad Ischl	85
Schlosshotel Fiss *****	Wellness	15	6533	Fiss	193
Schlosspark Mauerbach ****	Wellness	15	3001	Mauerbach bei Wien	68
Schütterhof ****	Wellness	15	8971	Schladming-Rohrmoos	260
Singer ****	Wellness	15	6622	Berwang	206
Sonnhof Ayurveda Resort ****	Gesundheit/Wellness	15	6335	Thiersee	176
Stanglwirt Bio-Hotel *****	Wellness	15	6353	Going	179
Vila Vita Pannonia ****	Wellness	15	7152	Pamhagen	234
Villa Gleichenberg	Wellness	15	8344	Bad Gleichenberg	252
Vivea Bad Eisenkappel ****	Kur/Gesundheit	15	9135	Bad Eisenkappel	269
Warmbaderhof *****	Wellness/Kur	15	9504	Warmbad-Villach	274
Wöscherhof ****	Wellness	15	6271	Uderns	161

EINE LILIE

Hotelname	Kategorie	Punkte	PLZ	Ort	Seite
Alpenhof Flachau ****	Wellness	14	5542	Flachau	102
Alpenhof Hintertux *****	Wellness	14	6294	Tux	172
Alpenrose Naturhotel ****	Wellness	14	9872	Millstatt	286
Bär Kinderhotel ****	Wellness	14	6534	Serfaus	196
Berghaus Alpinhotel ****	Wellness	14	6293	Tux	169

Hotelname	Kategorie	Punkte	PLZ	Ort	Seite
Bergwiesenglück	Wellness	14	6553	See	200
Brennseehof Familien-Sport-Hotel ****S	Wellness	14	9544	Feld am See	275
Cortisen am See ****S	Wellness	14	5360	St. Wolfgang	89
Dachsteinkönig Familux Resort	Wellness	14	4824	Gosau	86
Das Balance Pörtschach ****S	Wellness	14	9210	Pörtschach	270
Das Goldberg ****S	Wellness	14	5630	Bad Hofgastein	118
Das Schäfer ****S	Wellness	14	6733	Fontanella	220
Das Seekarhaus *****	Wellness	14	5562	Obertauern	105
Das Sieben ****S	Gesundheit	14	6323	Bad Häring	173
Der Wiesenhof Pertisau ****S	Wellness	14	6213	Pertisau	152
Die Forelle Genießerhotel ****	Wellness	14	9762	Weißensee	282
Die Seitenalm Kinderhotel ****	Wellness	14	5550	Radstadt	103
Ebners Waldhof am See ****S	Wellness	14	5330	Fuschl am See	97
Edelweiss Vitalhotel ****S	Wellness	14	6167	Neustift	148
Enzian Seehotel ****	Wellness	14	9762	Weißensee	283
Erzherzog Johann ****	Wellness	14	8990	Bad Aussee	263
Falkensteiner Balance Resort *****	Wellness	14	7551	Stegersbach	240
Falkensteiner Schloss Velden *****	Wellness	14	9220	Velden	272
Gradonna Mountain Resort ****S	Wellness	14	9981	Kals am Großglockner	217
Grandhotel Lienz *****	Wellness	14	9900	Lienz	213
Grandhotel Zell am See ****S	Wellness	14	5700	Zell am See	121
Haidachhof Aktiv & Wellness ****	Wellness	14	6263	Fügen	159
Haus Hirt Alpine Spa ****	Wellness	14	5640	Bad Gastein	120
Haus Rosalia ****	Kur	14	7202	Bad Sauerbrunn	235
Hohenfels Genießerhotel ****	Wellness	14	6675	Tannheim	212
Karawankenhof Thermenhotel ****	Wellness	14	9504	Warmbad-Villach	273
Krallerhof ****S	Wellness	14	5771	Leogang	135
Lebensquell Gesundheitsresort ****S	Kur/Wellness	14	4283	Bad Zell	80
Linde Gartenhotel ****S	Wellness	14	6531	Ried	192
Lindenhof Ramsau ****	Wellness	14	8972	Ramsau	263
Mohr Life Resort ****S	Wellness	14	6631	Lermoos	207
Nidum Casual Luxury	Wellness	14	6100	Mösern	141
Pacheiner ****	Wellness	14	9521	Treffen	274
Parkhotel Pörtschach ****S	Wellness	14	9210	Pörtschach	270
Penzinghof ****	Wellness	14	6372	Oberndorf	182
Poppengut ****	Wellness	14	4573	Hinterstoder	82
Pulverer Thermenwelt *****	Wellness/Gesundheit	14	9546	Bad Kleinkirchheim	278
Reduce Hotel Thermal ****S	Kur/Wellness	14	7431	Bad Tatzmannsdorf	237
Reduce Hotel Vital ****S	Wellness/Kur	14	7431	Bad Tatzmannsdorf	237
Rehbach Natur- & Ruhehotel	Wellness	14	6677	Schattwald	213
Salzburger Hof Leogang ****S	Wellness	14	5771	Leogang	137
Schloss Mittersill ****S	Wellness	14	5730	Mittersill	127
Schöne Aussicht ****S	Wellness	14	6450	Sölden	190
Schwaigerhof ****S	Wellness	14	8971	Schladming-Rohrmoos	260
Seefischer Romantik-Hotel ****S	Wellness	14	9873	Döbriach	289

Hotelname	Kategorie	Punkte	PLZ	Ort	Seite
Seevilla Romantik-Hotel ****S	Wellness	14	8992	Altaussee	265
Sonnenpark ****S	Wellness	14	7361	Lutzmannsburg	235
Sonnhof Alpendorf ****S	Wellness	14	5600	St. Johann	110
Spielmann Romantik-Hotel ****	Wellness	14	6632	Ehrwald	208
St. Martins Therme & Lodge ****S	Wellness	14	7132	Frauenkirchen	234
Stoiser Thermenhotel ****S	Wellness	14	8282	Loipersdorf Therme	249
Streklhof ****	Wellness	14	9220	Velden	273
Taurerwirt Wanderhotel ****	Wellness	14	9981	Kals am Großglockner	217
Trofana Royal *****S	Wellness	14	6561	Ischgl	201
Tuffbad Almwellness-Resort ****S	Wellness	14	9654	St. Lorenzen im Lesachtal	282
Übergossene Alm Resort ****S	Wellness	14	5652	Dienten am Hochkönig	120
Vivea Umhausen ****	Kur/Gesundheit	14	6441	Umhausen	188
Vivea Zum Landsknecht ****	Kur	14	2853	Bad Schönau	67
Vivea Zur Quelle ****	Kur/Gesundheit	14	2853	Bad Schönau	67
Adler Au ****	Wellness	13	6883	Au	227
Almdorf Seinerzeit	Wellness	13	9564	Patergassen	279
Alpenrose Zauchensee ****	Wellness	13	5541	Altenmarkt	99
Althof Retz ****	Wellness	13	2070	Retz	62
Amerika-Holzer am See ****S	Wellness	13	9122	St. Kanzian	269
Aqua Dome ****S	Wellness	13	6444	Längenfeld	188
Avita Resort ****S	Wellness	13	7431	Bad Tatzmannsdorf	236
Bergergut ****S	Wellness	13	4170	Afiesl	78
Berghof Hintertux ****	Wellness	13	6294	Tux	172
Berghof Ramsau ****	Wellness	13	8972	Ramsau	262
Berghof Verwöhnhotel ****S	Wellness	13	5600	St. Johann	109
Bichlhof ****S	Wellness	13	6370	Kitzbühel	181
Birkenhöhe ****	Wellness	13	6992	Hirschegg	230
Curhaus Bad Kreuzen ***	Kur	13	4362	Bad Kreuzen	80
Curhaus Bad Mühllacken ***	Gesundheit	13	4101	Feldkirchen	78
Das Kaiserblick ****S	Wellness	13	6352	Ellmau	177
Das Kappel Winzer-Wellness ****	Wellness	13	8442	Kitzeck	253
Die Wälderin ****	Wellness	13	6881	Mellau	226
Eichingerbauer ****S	Wellness	13	5310	Mondsee-St. Lorenz	89
Einwaller Seehotel	Wellness	13	6213	Pertisau	153
Elisabeth Fügen ****	Wellness	13	6263	Fügen	158
Elixhauser Wirt Romantik-Hotel ****S	Wellness	13	5161	Elixhausen	95
Enzian Obertauern ****S	Wellness	13	5562	Obertauern	105
Falkensteiner Schladming ****S	Wellness	13	8970	Schladming	259
Forelle Millstatt ****S	Wellness	13	9872	Millstatt	287
Forsthofalm Holzhotel ****S	Wellness	13	5771	Leogang	134
Fritsch am Berg ****	Wellness	13	6911	Lochau	228
Held ****S	Wellness	13	6263	Fügen	160
Jennys Schlössl ****S	Wellness/Gesundheit	13	6534	Serfaus	197
Kempinski Das Tirol *****	Wellness	13	6373	Jochberg	182
Kitzspitz Naturhotel ****	Wellness	13	6392	St. Jakob	186

Hotelname	Kategorie	Punkte	PLZ	Ort	Seite
Klammers Kärnten ****	Wellness/Kur	13	5630	Bad Hofgastein	119
Kleinsasserhof	Wellness	13	9800	Spittal an der Drau	284
Kothmühle Relax-Resort ****	Wellness	13	3364	Neuhofen an der Ybbs	70
Kowald ****	Wellness	13	8282	Loipersdorf Therme	249
Kraftalm	Wellness	13	6305	Itter	173
LaPosch – Dein Bergaway	Wellness	13	6633	Biberwier	209
Loisium Wine & Spa Langenlois ****S	Wellness	13	3550	Langenlois	71
Loisium Wine & Spa Südsteiermark ****	Wellness	13	8461	Ehrenhausen	254
Magdalensberg ****	Wellness	13	9064	Magdalensberg	268
Miraverde ****	Wellness/Kur	13	4540	Bad Hall	81
Mooshaus Winterresort ****S	Wellness	13	6183	Kühtai	149
Oberforsthof ****S	Wellness	13	5600	St. Johann	109
Panorama Obertauern ****S	Wellness	13	5562	Obertauern	106
Parkhotel Tristachersee ****S	Wellness	13	9908	Amlach bei Lienz	216
Peternhof ****S	Wellness	13	6345	Kössen	176
Post Family Resort ****S	Wellness	13	5091	Unken	94
Prechtlgut Chaletdorf	Wellness	13	5602	Wagrain	111
Rogner Bad Blumau ****	Wellness	13	8283	Bad Blumau	250
Rudolfshütte Berghotel ***	Wellness	13	5723	Uttendorf	126
Schermer Landhotel ****S	Wellness	13	6363	Westendorf	180
Schloss Fuschl *****S	Wellness	13	5322	Hof bei Salzburg	96
Schloss Pichlarn *****	Wellness	13	8943	Aigen	257
Schneider ****S	Wellness	13	5562	Obertauern	107
Seehotel Europa ****	Wellness	13	9220	Velden	272
Seetal Alpin Family Resort ****	Wellness	13	6272	Kaltenbach	164
Seevilla Wolfgangsee ****	Wellness	13	5360	St. Wolfgang	90
Sonne Lifestyle Resort ****S	Wellness	13	6881	Mellau	226
Sonnhof by Vitus Winkler ****	Wellness	13	5621	St. Veit	117
Spanberger Gesundheitshotel ****	Gesundheit	13	8962	Gröbming	258
Spa Resort Styria ****S	Wellness	13	8271	Bad Waltersdorf	248
Sport-Residenz Zillertal ****S	Wellness	13	6271	Uderns	160
Tauern Spa ****S	Wellness	13	5710	Kaprun	126
Therme Geinberg Spa Resort ****S	Wellness	13	4943	Geinberg	88
Therme Laa ****S	Wellness	13	2136	Laa an der Thaya	62
Tirolerhof Flachau ****	Wellness	13	5542	Flachau	102
Travel Charme Fürstenhaus ****S	Wellness	13	6213	Pertisau	155
Unterschwarzachhof ****S	Wellness	13	5754	Saalbach-Hinterglemm	130
Villa Postillion am See ****	Wellness	13	9872	Millstatt	288
Villa Seilern ****S	Wellness/Kur	13	4820	Bad Ischl	85
Vitalhotel Wolfgangsee ****	Wellness	13	5360	St. Wolfgang	91
Vivea Bad Bleiberg ****	Kur/Gesundheit	13	9530	Bad Bleiberg	275
Vivea Bad Vöslau ****	Kur/Gesundheit	13	2540	Bad Vöslau	66
Vollererhof ****	Gesundheit/Wellness	13	5412	Puch	98
Werzer's Resort ****S	Wellness	13	9210	Pörtschach	271
Zürserhof *****S	Wellness	13	6763	Zürs	220

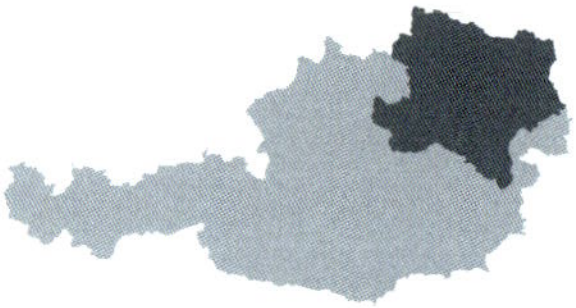

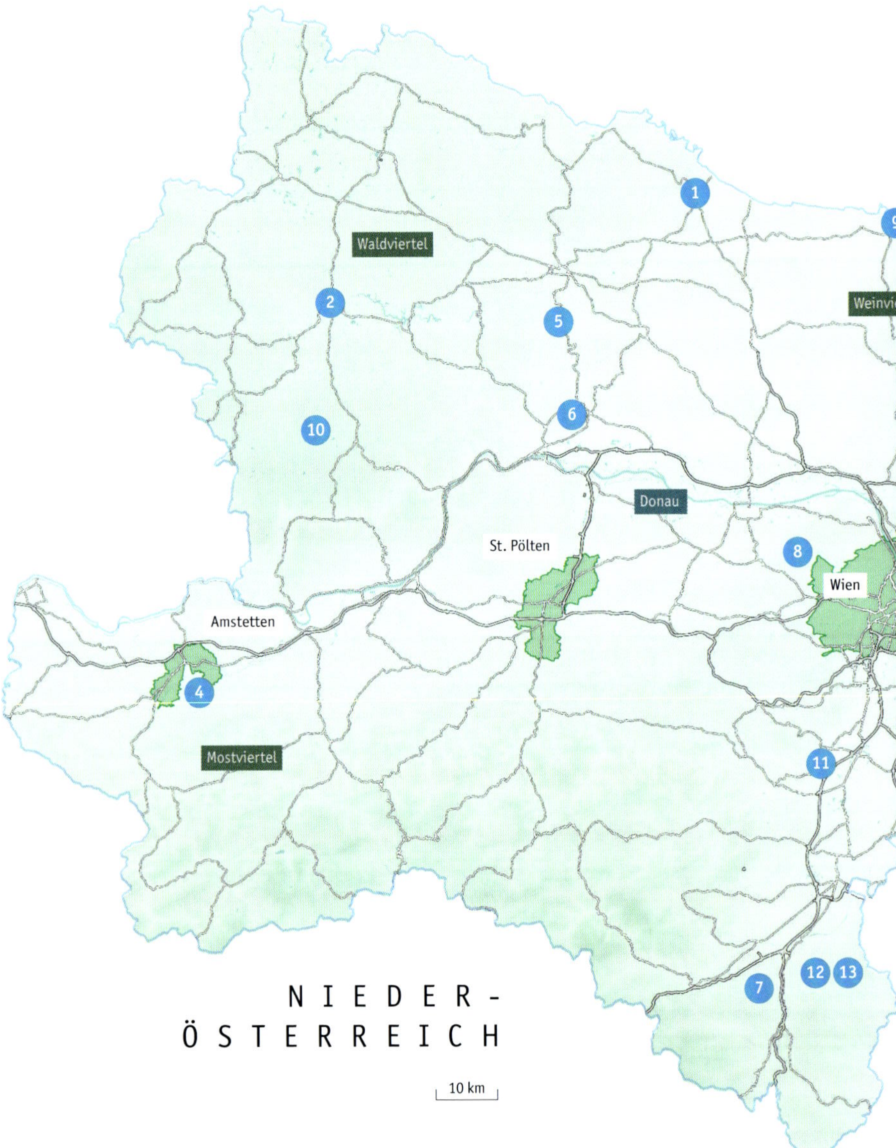

NIEDER-ÖSTERREICH

ALLE LILIEN-HOTELS IN **NIEDERÖSTERREICH**

	Hotel	Seite
1	**Althof Retz** ****	62
2	**Herz-Kreislauf-Zentrum Groß Gerungs** ****	73
3	**Klinik Pirawarth**	63
4	**Kothmühle Relax-Resort** ****	70
5	**La Pura Women's Health Resort** ****S	71
6	**Loisium Wine & Spa Langenlois** ****S	71
7	**Molzbachhof** ****	67
8	**Schlosspark Mauerbach** ****S	68
9	**Therme Laa** ****S	62
10	**Vivea Bad Traunstein** ****	72
11	**Vivea Bad Vöslau** ****	66
12	**Vivea Zum Landsknecht** ****	67
13	**Vivea Zur Quelle** ****	67

WELLNESS 11

Nexenhof Ayurveda-Verein

Absolute Grünruhelage bei Hollabrunn – 50 km von Wien

2041 Grund, Nr. 100, 02951-2813

WELLNESS 13

Althof Retz ****

Ruhige Zentrumslage in Retz – Weinviertel

2070 Retz, Althofgasse 14, 02942-3711

Hundefreundlich. Historischer Spa-Tower mit Dachpool in Infinity-Bauweise: Ein Business-, Event- und Spa-Hotel, es besteht aus mehreren Gebäuden, die zum Teil in 700 Jahre alten Burgmauern integriert sind und zudem zwei begrünte Innenhöfe bilden. Die Zimmer (sieben Kategorien, DZ von 22 bis 40 m^2) sind stark unterschiedlich gestaltet, unsere Empfehlung gilt vor allem jenen im renovierten „Winzerhaus“, die günstigen Budget-Zimmer hingegen wird man als Wohlfühlurlauber wohl eher meiden. Das Spa ist in einem alten Wehrturm auf fünf mittels Aufzug erreichbaren Ebenen untergebracht, am Dach befindet sich ein knapp 10 m langer Infinity-Außenpool, von dort genießt man einen schönen Ausblick auf die historische Retzer Windmühle und die umliegenden Weingärten. Weiters geboten werden vier Saunen sowie sehr gute Massagen (neuerdings auch Akupunktmassagen nach Penzel und Bürstenmassagen). Kleine Ausflüge lohnen sich, etwa Wanderungen im Nationalpark Thayatal oder, worauf wir uns stets freuen, zu den vielen guten Winzern der Umgebung. Aber auch im Hotel gibt es einen Heurigen sowie eine Vinothek mit regionalen Gewächsen, die Preise sind fair, die Auswahl ist beträchtlich. Präsenter Gastgeber, viele freundliche Mitarbeiter, nettes, unkompliziertes Umfeld. Die Zimmerpreise (ein auslastungsabhängiger Flex-Tarif) können hingegen nur über eine mühsame Onlineabfrage eruiert werden. Direktbucher können das Spa an Anreise- und Abreisetag ohne Zusatzkosten uneingeschränkt nutzen. 42 Liegen, 220 Betten.

Freibecken, Sauna, Dampfbad, Massagen, Kosmetik, Fitnessgeräte.

HP ab € 101,–.

WELLNESS 13

Therme Laa ****S

Grünlage am Ortsrand in Laa – 65 km von Wien

2136 Laa an der Thaya, Thermenplatz 3
02522-84700-733

Familienfreundlich. Viele Gäste aus Wien und den östlichen Nachbarländern: ein Großhotel der

Vamed-Kette im Gebäudeverbund mit der öffentlichen Therme gleichen Namens. Das Ambiente präsentiert sich zeitgemäß, luftig und unaufgeregt. Alle Zimmer (sechs Varianten, DZ von 30 bis 60 m^2) sind großzügig geschnitten und mit Holzböden und Balkon ausgestattet – jene der Kategorie „Silent Club" offerieren Boxspringbetten sowie Entspannungsmusik von Schallplatten. Neben einem kleinen Hotel-Spa mit drei Saunen stehen Hotelgästen auch noch die Therme (der Eintritt ist im Zimmerpreis enthalten) sowie der exklusive Wellnessbereich „Silent Spa" offen. Dieser bietet neben 140 reservierbaren Liegen und weiteren Sauna- und Wasserflächen ein Aktivprogramm mit Yoga und Meditationen – verlangt jedoch nach einem stolzen Aufpreis, nämlich bis zu 69 Euro pro Tag. Hier wird neuerdings auch unter dem werblichen Claim „Bachelorette Spa" Poltern angeboten, und das während des regulären Betriebes. Wie sich das mit der formulierten Spezialisierung auf Stille vereinbaren lässt, sei freilich dahingestellt. Die Küche hat noch etwas Luft nach oben, das Service ist nicht an jedem Tag in Bestform. Für Detoxkuren gibt es mehrere Packages bis hin zu dreiwöchigen Aufenthalten. Die Nutzung der Therme ist am Anreisetag bereits ab 9 Uhr möglich. Gratisgarage für Elektroautos, ansonsten gegen 6,90 Euro pro Tag. Hunde erlaubt. 114 Liegen, 250 Betten.

Thermalhallenbad, Sauna, Dampfbad, Massagen, Kosmetik, Fitnessgeräte. In der Therme: Solefreibecken, Freibecken, Thermalhallenbad, Sauna, Dampfbad, Fitnessgeräte.

HP ab € 125,–.

KUR/REHABILITATION 16

Klinik Pirawarth
Grünruhelage in Bad Pirawarth – Weinviertel

2222 Bad Pirawarth, Kurhausstraße 100

02574-29160

Mitten im Grünen: Ein modernes und renommiertes Kur- und Rehabilitationszentrum, es liegt eine knappe halbe Autostunde von Wien entfernt sehr ruhig am Ortsrand. Die Schwerpunkte liegen bei Neurologie, Orthopädie und Psychosomatik. Die Anlage besteht aus drei Gebäuden (Klinik, Kurhotel und Gartenvilla, die Letzteren sind Nebengebäude mit Hotelcharakter). Das Ambiente zeigt sich geradlinig und hell, hinzu kommen sehr saubere Zimmer (teilweise mit Loggia) und ein ruhevoller Ausblick auf Äcker und Wiesen. Das Spa ist ausnahmslos Hotelgästen vorbehalten, unter anderem bietet es Hallenbad, Whirlpool sowie drei Saunen. Unter anderem fokussiert das Haus schon seit geraumer Zeit auf Menschen, die unter Stress und Burnout leiden. Speziell für jene, die ihren Arbeitsplatz nicht verlieren wollen (beispielsweise Gewerbetreibende und Freiberufler) und deswegen schnelle Hilfe suchen, wird unter dem Label „Burnout-Soforthilfe" ein psychosomatischer Assessment-Kurzaufenthalt angeboten, und zwar zur multidisziplinären Abklärung des Zustandes ebenso wie zum Herausfinden der bestmöglichen Behandlungsstrategie. Damit ersparen sich Betroffene Wochen und Monate, in denen sie erfolglos von einem Behandler zum anderen pilgern oder auf ihren Reha-Aufenthalt von der Krankenkasse wartend gar nichts unternehmen. Alle erforderlichen Checks können direkt im Haus durchgeführt werden. Der fünftägige Aufenthalt kostet 1.350 Euro – modernes Einzelzimmer und Vollpension inklusive. Außerordentlich breites Diagnose- und Therapiespektrum, es reicht von Diätologie über Psychologie bis hin zu medizinischen Komplementärmethoden, auch Yoga-Einzelstunden, Akupunktur und cranio-sacrale Therapie werden angeboten. Ruhevolles Umfeld, freundliches und hilfsbereites Team, einsame Spazierwege ohne Zahl. 34 Liegen, 360 Betten.

Hallenbad, Sauna, Massagen, Ayurveda, Fitnessgeräte.

Pauschalen, etwa „Burnout-Soforthilfe" (4 NVP inkl. Arzt und Therapien) ab € 1.350,–, „Parkinson-Privatkur" (7 NVP inkl. Arzt und Therapien) ab € 1.790,–. Tagespauschale Neurologie ab € 398,–, Orthopädie ab € 275,–, Psychosomatik ab € 290,–.

WELLNESS 10

Pyramide Eventhotel ****
Südliche Stadtrandnähe – Wien

2334 Vösendorf, Parkallee 2, 01-69900

KUR 11

Kaiserbad ***
Grünruhelage in Bad Deutsch-Altenburg – 50 km von Wien

2405 Bad Deutsch-Altenburg, Badgasse 21-24

02165-62617-0

KUR 10

Parkhotel ***
Grünruhelage in Bad Deutsch-Altenburg – 50 km von Wien

2405 Bad Deutsch-Altenburg, Badgasse 21

02165-62617-0

KUR 11

Badener Hof ****
Ruhelage am Ortsrand in Baden bei Wien

2500 Baden bei Wien, Pelzgasse 30, 02252-48580

GUT WEISSENHOF ****S

So fühlt sich Urlaub an: Sonne, frische Luft, Freiheit, viel Natur, eine Abkühlung im Pool und wohltuende Massagen. Hoch zu Ross und mit einem Schlag am Grün. Alles tun können!

WELLNESS 10

Herzoghof ****
Unmittelbare Casinonähe in Baden bei Wien

2500 Baden bei Wien, Kaiser-Franz-Ring 10
02252-87297

WELLNESS 11

Schloss Weikersdorf
Grünruhelage am Ortsrand in Baden bei Wien

2500 Baden bei Wien, Schlossgasse 9-11
02252-48301-0

KUR/GESUNDHEIT 13

Vivea Bad Vöslau ****
Grünruhelage am Ortsrand – 35 km südlich von Wien

2540 Bad Vöslau, Badner Straße 7-9
02252-90600

Vor Weinbergkulisse: Ein vor 15 Jahren eröffnetes Kurhotel im XXL-Format, es liegt recht ruhig inmitten eines Parks mit alten Bäumen und besteht aus insgesamt sechs Gebäuden, die durch lange Gänge miteinander verbunden sind. Spezialisiert ist man auf die Therapie von Erkrankungen des Bewegungsapparates, das Spektrum der Anwendungen ist breit, auch etwa die Ganzkörperkältetherapie (minus 110 Grad) ist zu haben. Zimmer wählt man aus sechs Kategorien (DZ von 30 bis 40 m^2), sie sind großzügig geschnitten, hell und sauber, haben alle Balkon und Teppichböden, sind allerdings, wie so manch anderes in diesem Haus, nicht mehr ganz taufrisch. Das ausschließlich Hotelgästen zugängliche Spa bietet unter anderem einen 20 m langen, auch im Winter nutzbaren Außenpool sowie vier Saunen. Überwiegend Sozialversicherungsgäste, im Angebot stehen aber auch privat buchbare „Gesundheitswochen“ (Light-Kuren) sowie Packages ohne Arzt- oder Therapieleistungen. Freundliche und hilfsbereite Mitarbeiter, von der Küche darf man sich nicht allzu viel erwarten. Ernährungsberatung, Tanzabende, viele Stammgäste, viele Alleinreisende. Abends gibt es Quiz, Bingo und Tanzveranstaltungen, auch Einheimische – auf der Pirsch nach einem Kurschatten – finden sich dazu ein. Schöne Wanderwege beginnen hinter dem Haus, der Wienerwald ist nur einen Steinwurf entfernt. Gutes Preis-Leistungs-Verhältnis, Gratisgarage für alle. Ungeeignet für Kinder. 141 Liegen, 400 Betten.

Thermalfreibecken, Hallenbad, Sauna, Dampfbad, Massagen, Fitnessgeräte.

VP ab € 130,–.

WELLNESS 10

Hirschwang Seminar-Parkhotel ****
Ortsrandlage in Reichenau – 95 km südlich von Wien

2651 Reichenau an der Rax, Trautenberg-Straße 1
02666-58110

WELLNESS 12

Knappenhof
Absolute Grünruhelage an der Rax – 100 km von Wien

2651 Reichenau an der Rax, Kleinau 34
02666-53633

WELLNESS 10

Marienhof
Ortslage in Reichenau an der Rax – 100 km von Wien

2651 Reichenau an der Rax, Hauptstraße 71-73
02666-52995

WELLNESS 11

Raxalpenhof
Grünruhelage am Ortsrand – 100 km südlich von Wien

2654 Prein an der Rax, Preinrotte 9
02665-526

WELLNESS 9

Sporthotel am Semmering ***
Grünruhelage mit Fernblick – 95 km südlich von Wien

2680 Semmering, Carolusstraße 10
02664-8641-0

WELLNESS 12

Wagner Panoramahotel
Grünruhelage mit Fernblick – 95 km südlich von Wien

2680 Semmering, Hochstraße 62
02664-2512

WELLNESS/GESUNDHEIT 10

Paradiesquelle ****
Grünruhelage in Puchberg – 80 km südlich von Wien

2734 Puchberg am Schneeberg, Paradiesweg 4
02636-2310

WELLNESS 12

Schneeberghof ****S
Grünlage am Ortsrand – 80 km südlich von Wien

2734 Puchberg am Schneeberg
Wiener Neustädter Straße 24
02636-3500

WELLNESS 12

Linsberg Asia ****S
Grünruhelage am Ortsrand – 70 km südlich von Wien

2822 Bad Erlach, Thermenplatz 1
02627-48000

KUR/REHABILITATION 11

Königsberg Gesundheitsresort ****

Grünruhelage in Bad Schönau – Bucklige Welt

2853 Bad Schönau, Am Kurpark 1, 02646-8251-0

KUR 14

Vivea Zum Landsknecht ****

Grünruhelage in Bad Schönau – Bucklige Welt

2853 Bad Schönau, Kurhausstraße 11

02646-90500-1501

Modern und ruhevoll: Ein Kurhotel der Tiroler Vivea-Kette, es fokussiert auf Kuren mit Kohlensäuregas und liegt mitten im Ort, allerdings unweit der Bundesstraße, die man vor allem in den Morgenstunden hören kann. Das Ambiente zeigt sich nach einer groß angelegten Modernisierung vor drei Jahren nun mit zeitgemäßem Auftritt, was auch für die Zimmer gilt. Sie stehen in fünf Varianten (DZ von 22 bis 40 m²), wahlweise mit Teppich- oder Parkettboden, zur Auswahl. Alle haben Balkon und neoalpine Anmutung, wie sie anderswo eher im Westen Österreichs anzutreffen ist. Gemütliche Ohrensessel und schöne Lampen laden zum Lesen ein, etwa das Buch „Erfolg ist kein Geheimnis", das im Zimmer aufliegt. Herzstück des Angebots ist ein großes Therapiezentrum, das auch externen Gästen offen steht, auf Durchblutungsstörungen und Herz-Kreislauf-Erkrankungen spezialisiert ist und ein breites Behandlungsspektrum anbietet. Der Wellnessbereich steht nur Hausgästen offen, er bietet unter anderem ein 20 m langes, auch im Winter nutzbares Außenbecken, einen 13 m langen Innenpool und einen schönen Saunabereich mit insgesamt fünf Saunen. Viele Sozialversicherungsgäste, im Angebot stehen aber auch privat buchbare Kuren (etwa das derzeit angesagte Intervallfasten 16/8) sowie Aufenthalte ohne medizinische Leistungen, all das mit recht passablem Preis-Leistungs-Verhältnis. Die Küche ist zumeist recht gut, die Mitarbeiter sind bemüht und sehr freundlich – auch die Therapeuten. Gratisgarage für alle. Ungeeignet für Kinder. 79 Liegen, 213 Betten.

Freibecken, Hallenbad, Sauna, Dampfbad, Massagen, Fitnessgeräte.Außensauna,

VP ab € 130,–.

KUR/GESUNDHEIT 14

Vivea Zur Quelle ****

Grünruhelage in Bad Schönau – Bucklige Welt

2853 Bad Schönau, Landsknechteplatz 1

02646-90500-2501

Inmitten der Buckligen Welt im südlichen Niederösterreich: Das zweite Kurhotel der Vivea-Kette in Bad Schönau, auch hier ist man spezialisiert auf Therapien mit Kohlensäuregas, dem natürlichen Heilvorkommen des Orts, sie helfen vornehmlich bei Durchblutungsstörungen. Das Haus wurde vor kurzem zum größten Teil renoviert, das Ambiente ist gemütlich und zeigt sich für ein Kurhotel, das vorwiegend von Sozialversicherungsgästen lebt, ungewohnt modern und zeitgemäß. Zimmer sind aus sechs Kategorien (DZ von 24 bis 41 m²) wählbar, alle haben Balkon. Das nur Hausgästen zugängliche Spa bietet unter anderem ein 20 m langes, ganzjährig nutzbares Außenbecken, drei Saunen, Liegewiese mit Ausblick in die Natur sowie einen gut ausgestatteten Fitnessraum. Yoga und Pilates sind gegen Gebühr erhältlich. Breites Therapiespektrum, im Angebot stehen aber auch privat buchbare „Gesundheitswochen" (Light-Kuren) sowie Packages ohne Arzt- und Therapieleistungen. Ein Highlight ist die Kältekammer zur Ganzkörperbehandlung bei minus 110 Grad – sie ist nicht nur bei zahlreichen chronischen Leiden höchst erfolgreich, sondern auch für Gesunde ein fabelhafter Frischekick. Sehr freundliches Team. Gutes Preis-Leistungs-Verhältnis, Gratisgarage für alle. Ungeeignet für Kinder. Hunde erlaubt. 63 Liegen, 240 Betten.

Freibecken, Hallenbad, Sauna, Dampfbad, Massagen, Kosmetik, Fitnessgeräte.

VP ab € 130,–.

WELLNESS 9

Thier

Zentrumslage in Mönichkirchen am Wechsel

2872 Mönichkirchen, Mönichkirchen 243

02649-281

WELLNESS 15

Molzbachhof ****

Grünruhelage bei Kirchberg am Wechsel

2880 Kirchberg, Tratten 36

02641-2203

Hundefreundlich. Sympathisches Haus mit schönem Garten und Naturbadeteich: Ein herzlicher Familienbetrieb in angenehm überschaubarer Größe, umringt von Wiesen und Wäldern liegt er ruhig auf 581 m Seehöhe. Das Ambiente zeigt sich über weite Strecken sehr einladend, Zimmer sind aus 10 recht unterschiedlichen Varianten (DZ von 23 bis 50 m²) wählbar. Jene im Stammhaus sind zumeist einfach gestaltet, während jene im neuen Trakt („Holzbach")

naturgemäß moderner und gemütlicher sind, die Kategorie „Baumgeflüster“ überzeugt mit frischem Zeitgeist – duftendes Holz inklusive. Das Spa steht nur Hausgästen offen, es bietet unter anderem drei kleine Saunen sowie einen 15 m langen, auch im Winter nutzbaren Außenpool mit feinen Ruhezonen. Die Treatments tragen geheimnisvolle Namen, etwa Feel the Gart'l oder Hiata-Madl, auch Ernährungsberatung und Personal Training stehen im Angebot. Entzückend ist das Paradiesgartl: Ein Park neben dem Haus, hier gibt es Beeren, Küchenkräuter- und Gemüsebeete sowie einen Naturbadeteich mit Wasserfall. Reichhaltiges Frühstücksbuffet mit hausgemachter Wildschwein-, Hirsch- und Lammwurst, sehr gute Küche, der Juniorchef kocht selbst, er fokussiert auf regionale Produkte aus der Umgebung, ein Light Lunch ist im Preis inkludiert, alternativ wird auch eine Vollpension angeboten. Schöne Weinkarte, das Bier stammt aus der kleinen Privatbrauerei Wolfsbräu in der Nähe. Familiäres Umfeld, gutes Preis-Leistungs-Verhältnis. Feine Laufstrecke, Wanderwege ohne Zahl, E-Bikes und Langlaufausrüstung gibt es zur Gratisleihe. Das Spa kann an An- und Abreisetag ohne Aufpreis genutzt werden, für Hunde zahlt man pauschal und nicht pro Tag. Gratisgarage für alle. Ungeeignet für Kinder. 52 Liegen, 94 Betten.

Naturbadeteich, Freibecken, Sauna, Dampfbad, Massagen, Kosmetik, Fitnessgeräte.

HP ab € 84,–.

WELLNESS 15

Schlosspark Mauerbach ****S

Grünruhelage im Wienerwald – Nähe Wien

3001 Mauerbach bei Wien, Herzog-Friedrich-Platz 1

01-97030-100

Hundefreundlich, Adults only (ab 18). An der Stadtgrenze von Wien: Eine großzügige Anlage inmitten eines fünf Hektar großen, historischen Parks, neben Wellness sind vor allem Tagungen und Festlichkeiten die Domäne des Hauses. Klare Linien und viel Tageslicht kennzeichnen das stilvoll reduzierte Ambiente, was auch für die Zimmer (drei Kategorien, DZ mit 34 oder 45 m^2) gilt, alle haben Holzböden und Klimaanlage, das W-Lan ist superschnell, der Bademantel aus reiner Baumwolle – und die Schnur schon eingefädelt! Auch im Spa wird die gestalterische Linie konsequent beibehalten, es erfreut unter anderem mit einem 14 m langen, auch im Winter nutzbaren Außenpool, einem 11 m langen Innenpool sowie fünf Saunen. Schöner Außenbereich mit Waldsauna, kleines Aktivprogramm, darunter auch Waldbaden und Yoga. Fabelhafte Restaurantterrasse mit Morgensonne, Frühstück am Wochenende bis 11 Uhr. Bei Küche und Service gibt es noch etwas Luft nach oben, eine kleine süße Nachmittagsjause im Spa-Bistro ist im Preis inkludiert. Direktbucher erhalten zahlreiche Vorteile, wie etwa Gratisgarage (ansonsten 20 Euro) oder die kostenfreie Spa-Nutzung am Abreisetag. Wer absolute Ruhe sucht, sollte sich vor der Buchung erkundigen, ob nicht gerade eine Hochzeit oder ein anderes Event stattfindet. Erquickende Wanderwege und Laufstrecken ohne Zahl – der Wienerwald ist maximal einen Steinwurf entfernt. 90 Liegen, 172 Betten.

Freibecken, Hallenbad, Außensauna, Sauna, Dampfbad, Massagen, Kosmetik, Fitnessgeräte.

HP ab € 144,–.

WELLNESS 10

Tulbingerkogel ****
Grünruhelage im Wienerwald – Stadtrandnähe Wien

3001 Mauerbach bei Wien, Tulbingerkogel 1
02273-7391

WELLNESS 11

Lengbachhof ****
Grünlage an der Hauptstraße – westlich von Wien

3033 Altlengbach, Steinhäusl 8
02774-2224-0

WELLNESS 9

Steinberger ****
Grünlage an der Hauptstraße – westlich von Wien

3033 Altlengbach, Hauptstraße 52
02774-2289

WELLNESS 12

Alpenhotel Gösing ****
Absolute Naturlage mit Fernblick – Ötschergebiet

3221 Gösing, Nr. 4, 02728-217

KUR 10

Dr. Lumper Kneippkurhau[s]
Grünruhelage am Ortsrand – Nähe Scheibbs

3251 Purgstall an der Erlauf, Unternberg 6
07489-2328

WELLNESS 9

Exel ****
Zentrale Ortslage in Amstetten

3300 Amstetten, Alte Zeile 14, 07472-25888

Schlosspark Mauerbach

WELLNESS 10

Schloss an der Eisenstraße ****

Zentrale Ortslage in Waidhofen an der Ybbs

3340 Waidhofen an der Ybbs, Am Schlossplatz 1

07442-505

WELLNESS 13

Kothmühle Relax-Resort ****

Grünruhelage – 10 km südlich von Amstetten

3364 Neuhofen an der Ybbs, Kothmühle 1

07475-52112

Hundefreundlich. Die Weekend-Ausstiegshilfe für Wiener: Ein nettes Wellness- und Tagungshotel ländlicher Prägung, es liegt solitär an einer schmalen, wenig befahrenen Landstraße – wer umweltfreundlich mit Öffis anreist, bekommt als Willkommensgeschenk eine Packung „Kaffee Mostviertel". Zahlreiche Zimmer wurden im neoalpinen Stil neu gestaltet, man kann nun aus insgesamt acht Kategorien (DZ von 20 bis 38 m^2) wählen, viele haben Holzböden und Balkon, eine Schmusekatze fürs Bett kostet nur 25 Euro Aufpreis – sie ist aus Plüsch. Zum inwendig nur kleinen Wellnessbereich gehören ein 9 m langer Indoorpool sowie vier Saunen, im Freien erfreut ein wunderschöner Garten mit Rosenlauben, großem Naturbadeteich und Liegewiese, der naturgemäß seine Vorzüge vor allem im Sommer ausspielt, die Kombination aus FKK-Zone mit Außensauna und Teich zum Abkühlen ist freilich selbst im kältesten Winter wunderbar. Für eine romantische Auszeit wird das Spa mit Rosendekoration und Kerzenbeleuchtung exklusiv angeboten, lediglich die anwesende Geigenspielerin kann der angeregten Zweisamkeit im Wege stehen. Ein reichhaltiges Frühstücksbuffet gibt es bereits ab 6.30 Uhr, die Küche ist zumeist recht gut, sie bietet auch vegane Varianten. Viele freundliche und junge Mitarbeiter, das Service ist aber nicht an jedem Tag in Bestform. Gemütliche Bar, hier kann man auch die hochprozentigen Spezialitäten des Hauses genießen, die selbstgebrannten Schnäpse mit Obst aus der eigenen Landwirtschaft nämlich, sie sind herrlich. Check-out bereits um 10 Uhr, das Spa kann am Abreisetag ohne Aufpreis noch ganztägig genutzt werden. Gute Laufstrecken ab der Hoteltür. Ungeeignet für Kinder. 34 Liegen, 185 Betten.

Naturbadeteich, Freibecken, Hallenbad, Außensauna, Sauna, Dampfbad, Massagen, Kosmetik, Fitnessgeräte. 18-Loch-Parcours in 11 km, 20 % Greenfee-Rabatt. Tennisplätze.

HP ab € 120,–.

WELLNESS 11

Steigenberger Krems

Grünruhelage am Weinberg oberhalb von Krems

3500 Krems, Am Goldberg 2

02732-71010

WELLNESS 13

Loisium Wine & Spa Langenlois ****S

Grünlage am Ortsrand in Langenlois – Nähe Krems

3550 Langenlois, Loisium-Allee 2

02734-77100

Hundefreundlich. Mit Fokus auf Tagungen und Events: Für uns das Gegenteil von Wohlfühlarchitektur, es handelt sich um ein Opus des New Yorker Star-Architekten Steven Holl, das vor 17 Jahren eröffnet wurde und mit Fassaden begrüßt, die aus einem Sci-Fi-Movie mit unerfreulichem Ausgang stammen könnten. Das Haus liegt zwischen Weingärten und Wohnsiedlungen erhöht über dem Ort, inwendig zeigt es sich ziemlich urban und ausgesprochen nüchtern, allerdings sollte ein Teil der öffentlichen Räume ein Makeover erhalten, dies jedoch weit nach Redaktionsschluss, sodass wir erst in der nächsten Ausgabe berichten können. Bis dahin sollte auch ein neues Gebäude fertiggestellt sein, das weitere 30 Zimmer und zusätzliche Tagungs- und Eventräumlichkeiten beherbergen wird, all das wird ebenso die kompromisslose Handschrift von Steven Holl tragen. Bis dahin wählt man jedenfalls Zimmer aus vier Kategorien (DZ von 24 bis 50 m²), sie zeigen Sichtbeton und poesielose Interieurs, alle haben Holzböden. Das Spa bietet indoor fünf Saunen, im Außenbereich gibt es ein 20 m langes Freibecken sowie eine Liegewiese mit Schwimmteich, ein „Spa-Butler" serviert hier Getränke, das ist fein. Restaurantterrasse, reichhaltiges Frühstücksbuffet, zumeist gute Küche. Viele junge und sehr freundliche Mitarbeiter, an der Professionalität und so manchen Details sollte allerdings noch ordentlich gefeilt werden. Ungeeignet für Kinder. 93 Liegen, 225 Betten.

Naturbadeteich, Freibecken, Sauna, Dampfbad, Massagen, Kosmetik, Fitnessgeräte. 18-Loch-Parcours in 8 und 29 km, 20 % Greenfee-Rabatt.

HP ab € 132,–.

GESUNDHEIT 15

La Pura Women's Health Resort ****S

Ruhige Ortslage in Gars am Kamp – 80 km von Wien

3571 Gars am Kamp, Hauptplatz 58

02985-2666-742

„Women only (ab 16)" heißt das Motto des Hauses, Männer und Hunde müssen draußen bleiben. Ein

RELAX Guide App App Store

La Pura Women's Health Resort

Gesundheitshotel nur für Frauen, es fokussiert auf Sport, Fastenkuren, ganzheitliche Regeneration und typischen Frauenanliegen (etwa Behandlung von Problemzonen), eignet sich aber genauso gut für ein erholsames Wellnesswochenende mit Freundinnen. Alles zeigt sich einfühlsam auf femininen Geschmack und weibliche Bedürfnisse abgestimmt – angenehmer Geruch und Ablagen für die Handtasche im Restaurant inklusive. Die Zimmer (fünf Varianten, DZ von 24 bis 76 m²) verströmen mehrheitlich unprätentiöse Gemütlichkeit, alle haben Holzböden, nicht wenige auch Balkon, die Minibar (nur Alkoholfreies) ist im Preis inkludiert, ein Einzelzimmerzuschlag wird nicht verrechnet. Das Spa ist absolut kein Riese, es bietet einen 9 m langen Innenpool, fünf Saunen sowie täglich ein umfangreiches Aktiv- und Entspannungsprogramm, darunter auch Wandern und Yoga. Sehr gute Behandlungen und Treatments, angenehm sind die Vorhänge in den Behandlungsräumen, die ein Umkleiden ermöglichen, ohne dass man fremden Blicken ausgesetzt ist. Wunderschönes Restaurant, gesunde und zumeist gute Küche mit saisonalen Zutaten aus der Region, ein Light Lunch und eine Nachmittagsjause sind inkludiert. Auch Fasten- und Mayrkuren sowie Kochkurse werden angeboten. Engagierte und präsente Gastgeberin, das Service ist zuvorkommend und freundlich, die männlichen Mitarbeiter sind es sogar ganz besonders. Valet Parking, Abholung aus Wien kostenlos, Check-out um 12 Uhr. 71 Liegen, 160 Betten.

Hallenbad, Sauna, Dampfbad, Massagen, Kosmetik, Fitnessgeräte, Personal Trainer. 36-Loch-Parcours in 26 km, 18-Loch-Parcours in 31 km, bis zu 20 % Greenfee-Rabatt.

VP ab € 189,–.

WELLNESS 10

Pfeffel Gartenhotel

Grünlage an der B3 bei Dürnstein – Wachau

3601 Dürnstein, Zur Himmelsstiege 122, 02711-206

WELLNESS 12

Schloss Dürnstein *****

Grünruhelage in Dürnstein – Wachau

3601 Dürnstein, Nr. 2, 02711-212

KUR/GESUNDHEIT 12

Lebens-Resort Ottenschlag

Grünruhelage am Ortsrand in Ottenschlag – Waldviertel

3631 Ottenschlag, Xundheitsstraße 1

02872-20020

KUR/GESUNDHEIT 16

Vivea Bad Traunstein ****

Grünruhelage 20 km südlich von Zwettl – Waldviertel

3632 Bad Traunstein, Kurhausstraße 50

02878-25050

Naturlage auf 900 m Seehöhe: Ein Kurhotel der Tiroler Vivea-Kette, es wurde vor 12 Jahren eröffnet und liegt ruhig, umgeben von Wiesen und Wäldern, vom Zentrum des Dörfchens sind es etwa zehn Gehminuten. Der medizinische Fokus liegt auf Krampfadern, Durchblutungsstörungen und Stoffwechselleiden, auch Therapien mit Heilmoor, dem Naturheilvorkommen des Orts, und die Ganzkörperkältetherapie bei minus 110 Grad werden dazu angewandt. Die öffentlichen Räume sind gut durchdacht und großzügig angelegt, auch die Zimmer sind großzügig geschnitten (sieben Kategorien, DZ von 33 bis 60 m²) und zudem erwähnenswert sauber. Alle haben Balkon, verstellbare Komfortledersessel und Parkettboden gibt es gegen Aufpreis. Das Spa steht nur Hausgästen offen, es bietet ein knapp 20 m langes, auch im Winter nutzbares Freibecken sowie fünf Saunen – dreimal die Woche exklusiv für Frauen. Für Privatgäste buchbar sind „Gesundheitswochen" (Light-Kuren) sowie mehrere Packages ohne Arzt- und Therapieleistungen. Freundliche und flinke, junge Mitarbeiter, stets präsenter und engagierter Gastgeber. Kostenloser Bustransfer aus fünf Städten, Gratisgarage für alle. Sehr gutes Preis-Leistungs-Verhältnis. Herrliche Wanderwege ohne Zahl. Ungeeignet für Kinder. 63 Liegen, 178 Betten.

Freibecken, Hallenbad, Sauna, Dampfbad, Massagen, Fitnessgeräte.

VP ab € 130,–.

GESUNDHEIT 10

Kloster Pernegg Fastenzentrum

Grünruhelage bei Pernegg – Waldviertel

3753 Pernegg, Nr. 1, 02913-614

WELLNESS 10

Liebnitzmühle ****

Grünruhelage bei Raabs an der Thaya – Waldviertel

3820 Raabs an der Thaya, Liebnitz 38

02846-7501

WELLNESS 10

Haugschlag Golfresort

Absolute Grünruhelage bei Haugschlag – Waldviertel

3874 Haugschlag, Nr. 160

02865-8441-0

SCHALBER WELLNESS-RESIDENZ *****S

Exklusiver Traumurlaub im 5-Sterne-superior-Tophotel von Serfaus. Gönnen Sie sich etwas Besonderes! Ein einzigartiges Ferienresort mit einem grandiosen Ausblick auf die Tiroler Bergwelt.

WELLNESS 12

Schwarz Alm ****

Absolute Grünruhelage Nähe Zwettl – Waldviertel

3910 Zwettl, Almweg 1
02822-53173

KUR/GESUNDHEIT 16

Herz-Kreislauf-Zentrum Groß Gerungs ****

Grünlage am Ortsrand – Waldviertel

3920 Groß Gerungs, Kreuzberg 310
02812-8681-0

Medizinische Kompetenz von internationalem Format: Die größte Herz-Kreislauf-Klinik des Landes, sie musste übrigens im Zuge der Corona-Maßnahmen erstmalig geschlossen werden, eine neue Kapelle zur Heiligen Corona erinnert nun an diese seltsame Zeit. Das Haus liegt auf 675 m Seehöhe außerhalb des Ortes und ist auf chronische Herzkrankheiten, auf die Behandlung nach einem Herzinfarkt sowie die Rehabilitation nach chirurgischen Eingriffen spezialisiert – die meisten Gäste kommen über die Sozialversicherung. Zudem eignet sich das Haus für Urlaub auf einer „Herzfarm", wie das etwa in den USA schon seit geraumer Zeit gebräuchlich ist, und zwar zur Vorbeugung von Infarkt und Arterienverkalkung. Neben einem großen älteren Gebäudetrakt gibt es einen kleinen neueren Teil, der über die besseren Zimmer verfügt und vornehmlich für Privatzahler genutzt wird, die nahe Bundesstraße ist jedoch ausgerechnet hier noch etwas deutlicher zu hören. Der Wellnessbereich steht nur Hausgästen offen, er bietet unter anderem einen 12 m langen Innenpool und zwei Saunen. Einige Behandlungsbereiche wurden kürzlich renoviert und modernisiert, mit einem Zubau neue Therapie- und Bewegungsräume geschaffen. Hochkompetentes Ärzte- und Therapeutenteam, ausgesprochen freundliche Mitarbeiter. Privatgäste (wie wir) essen in einem eigenen Restaurant, das Frühstück ist reichhaltig und qualitativ überraschend hochwertig, die Küche sehr gut. Schon seit langem legt man hier größten Wert auf biologische Zutaten, auch Lamm, Karpfen und Hirsch aus dem Waldviertel sind regelmäßig auf der Karte zu finden. Ernährungsberatung, auch Yoga und Qi Gong. Langlaufloipen, Wanderwege und Radwege in unmittelbarer Umgebung. Ungeeignet für Kinder. 22 Liegen, 254 Betten.

Hallenbad, Sauna, Dampfbad, Massagen, Fitnessgeräte. 18-Loch-Parcours in 21 km. Tennisplätze.

HP ab € 83,–.

GESUNDHEIT/WELLNESS 12

Klosterberg ****

Grünruhelage am Ortsrand – Waldviertel

3921 Langschlag, Am Berg 170, 02814-8276

WELLNESS 10

Schloss Rosenau ****S

Grünruhelage bei Zwettl – Waldviertel

3924 Schloss Rosenau, Nr. 1
02822-58221-0

KUR/WELLNESS 10

Leonardo Kurhotel ****

Grünlage in der Nähe von Gmünd – Waldviertel

3945 Hoheneich, Nondorf Hauptstraße 110
02855-500

WELLNESS 11

Sole-Felsen-Welt ****

Ortsrandlage an der B41 in Gmünd – Waldviertel

3950 Gmünd, Albrechtser Straße 14
02852-20203-203

KUR/GESUNDHEIT 12

Moorheilbad Harbach

Grünlage bei Weitra – Waldviertel

3970 Moorbad Harbach, Manfred-Pascher-Straße 1
02858-5255-0

WELLNESS 10

Brauhotel Weitra

Am Stadtplatz in Weitra – Waldviertel

3970 Weitra, Rathausplatz 6
02856-2936-0

KUR 12

Moorbad Großpertholz ****

Grünruhelage am Ortsrand – Waldviertel

3972 Bad Großpertholz, Nr. 72
02857-2273

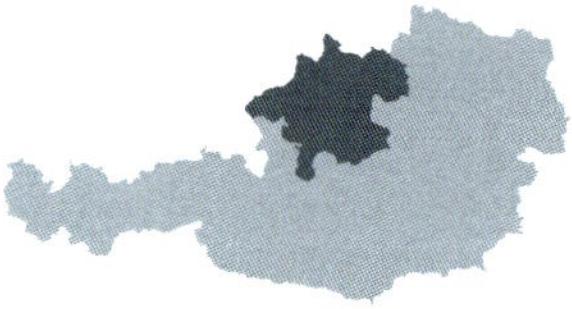

OBER-
ÖSTERREICH

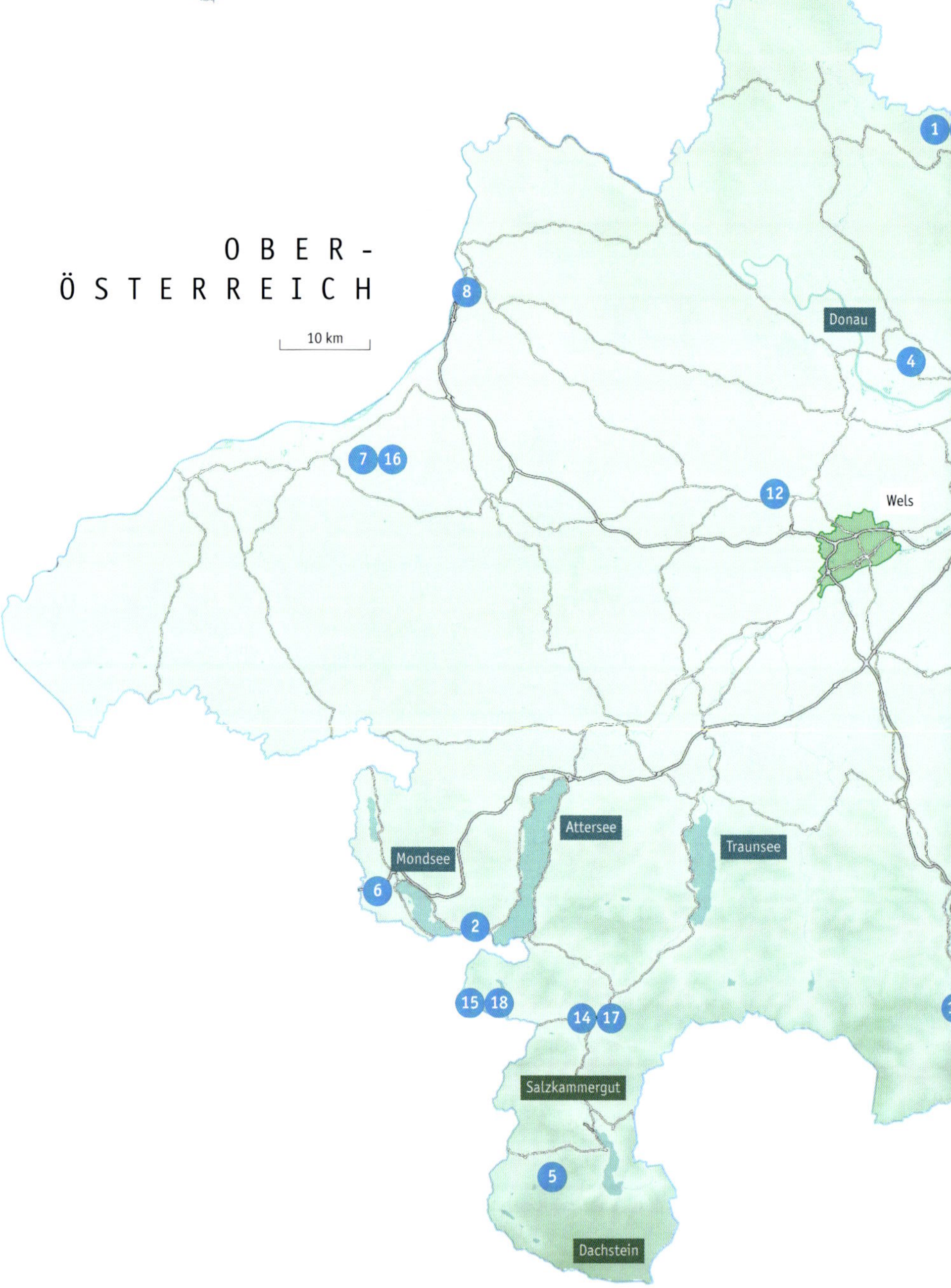

ALLE LILIEN-HOTELS IN **OBERÖSTERREICH**

	Hotel	Seite
1	**Bergergut** ****S	78
2	**Cortisen am See** ****S	89
3	**Curhaus Bad Kreuzen** ***	80
4	**Curhaus Bad Mühllacken** ***	78
5	**Dachsteinkönig Familux Resort**	86
6	**Eichingerbauer** ****S	89
7	**Geinberg5 Private Spa Villas**	87
8	**Gugerbauer** ****	84
9	**Guglwald** ****S	79
10	**Lebensquell Gesundheitsresort** ****S	80
11	**Miraverde** ****	81
12	**Paradiso** ****S	83
13	**Poppengut** ****	82
14	**Royal Bad Ischl** ****S	85
15	**Seevilla Wolfgangsee** ****	90
16	**Therme Geinberg Spa Resort** ****S	88
17	**Villa Seilern** ****S	85
18	**Vitalhotel Wolfgangsee** ****	91

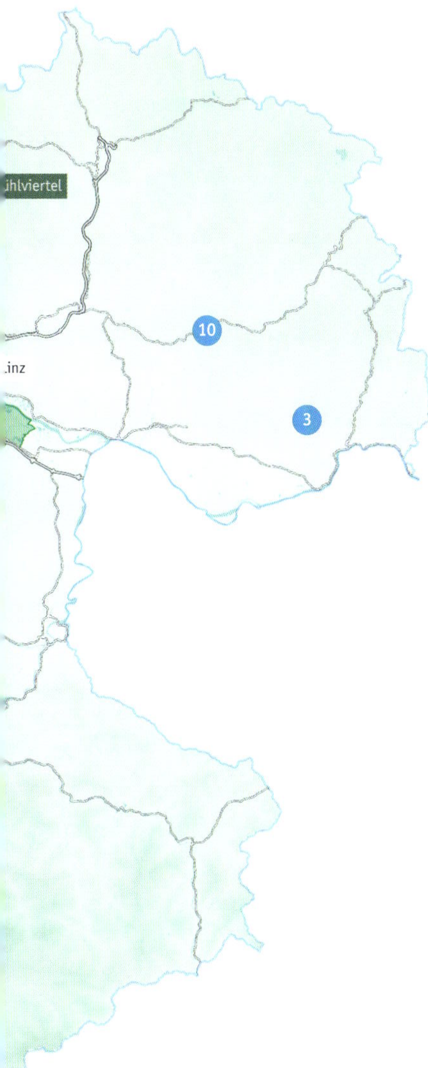

WELLNESS 11

Donauschlinge ****
Grünlage am Donauufer – 40 km nordwestlich von Linz

4083 Haibach, Schlögen 2
07279-8212

WELLNESS 12

Kocher Revita ****
Grünlage am Ortsrand – 35 km nordwestlich von Linz

4084 St. Agatha, Stefan-Fadinger-Straße 6
07277-8308

GESUNDHEIT 13

Curhaus Bad Mühllacken ***
Grünruhelage in Bad Mühllacken – Mühlviertel

4101 Feldkirchen, Bad Mühllacken 55
07233-7215

Fernab vom Mainstream: Ein Fasten- und Kneippkurklassiker der Marienschwestern vom Karmel, er nennt sich im Namenszusatz schon seit geraumer Zeit Zentrum für Traditionelle Europäische Medizin („TEM“). Geboten werden ein ruhevolles Ambiente sowie saubere, aber mehrheitlich eher spartanische Zimmer ohne Balkon, teilweise noch mit Etagendusche/WC – und einem Kreuz über dem Bett. Das Spa steht nur Hausgästen offen, ist recht klein, dazu gehören ein 6 m langer Innenpool sowie drei Saunen. Umfangreiche naturheilkundliche Diagnose- und Therapiemethoden, darunter etwa auch Aderlass und Zungendiagnostik, ein Gespräch mit den humorvollen Klosterschwestern ersetzt so manche Medikation. Eine weitere Spezialität des Hauses sind frühmorgendliche Wickel, man genießt sie im eigenen Bett. Beschaulicher Kräutergarten, herrliches Quellwasser, hauseigene Kapelle, täglich Abendmesse und Chorgebet. Das Haus bietet ausschließlich Vollpension (inklusive einer Jause am Nachmittag), die regionale Küche mit biologischen Zutaten ist gut, auf Wunsch gibt es auch basische Entschlackungskost und vegane Varianten. Sauberes Preis-Leistungs-Verhältnis. Schöne Wanderwege (im Winter gibt es Schneeschuhe zur Gratisleihe), sensible Menschen werden so manchen Ort in der umgebenden Natur als Kraftplatz empfinden. Ungeeignet für Kinder. 14 Liegen, 48 Betten.

Hallenbad, Sauna, Dampfbad, Massagen.

VP ab € 108,–.

WELLNESS 12

Mühltalhof ****
Grünruhelage am Ortsrand – Mühlviertel

4120 Neufelden, Unternberg 6, 07282-6258

WELLNESS 10

Bruckwirt Kinderhotel ***
Grünruhelage bei Obermühl an der Donau – Mühlviertel

4131 Obermühl, Graben 6
07286-8321-0

WELLNESS 10

Lembacher Hof
Zentrumslage in Lembach – Mühlviertel

4132 Lembach, Falkensteinstraße 4
07286-8257

WELLNESS 11

Aigo Familotel ****S
Grünruhelage am Ortsrand in Aigen – Mühlviertel

4160 Aigen, Berghäusl 40, 07281-6758-0

WELLNESS 12

Almesberger ****S
Zentrale Ortslage in Aigen – Mühlviertel

4160 Aigen, Marktplatz 4, 07281-8713-0

WELLNESS 11

Inns Holz ****
Grünlage am Ortsrand bei Ulrichsberg – Mühlviertel

4161 Ulrichsberg, Schöneben 10, 07288-70600

WELLNESS 13

Bergergut ****S
Grünruhelage am Ortsrand in Afiesl – Mühlviertel

4170 Afiesl, Oberafiesl 7
07216-4451

Hundefreundlich, Adults only (ab 18). Das „Genießerhotel für Paare“ (Werbung) ist ein familiengeführtes, auf Pärchen und Hochzeiten spezialisiertes Haus von angenehmer Größe, es liegt ruhevoll im Grünen, nur einen Steinwurf von der Grenze zu Tschechien entfernt. Das Ambiente zelebriert schwülstige Extravaganz in üppigen Dimensionen, Zimmer sind aus 11 Varianten (DZ von 18 bis 160 m^2) wählbar, sie haben verspielte und gewöhnungsbedürftig romantisierende Interieurs und mitunter sogar riesige Spiegel über dem Bett. Es gibt mehrere zubuchbare Extras, etwa Sekt, Schokofrüchte, Massagekerzen oder einen professionellen Fotografen, der für Erinnerungsbilder sorgt. Glitzernd behübscht ist auch das kleine Spa, es steht nur Hotelgästen offen und bietet unter anderem einen auch im Winter nutzbaren, knapp 8 m langen Außenpool sowie fünf Saunen. Gute Massagen (neuerdings auch cranio-sacrale Therapie), um den Partner selbst mit den Händen verwöhnen zu können, werden zudem „Massage Coachings“ angeboten. Das Frühstück wird auf einer Etagere ser-

viert, die Küche von Haubenkoch Thomas Hofer ist gut bis sehr gut, eine Nachmittagsjause ist im Preis enthalten. Großartige Bierkarte mit 31 verschiedenen Sorten, darunter etwa das „G'froren's Iced IPA" mit 10,5 Volumenprozenten. Präsente Gastgeber, viele freundliche und hilfsbereite Mitarbeiter, viele Stammgäste. Für Hochzeiten stehen Kapelle, Trauungssaal sowie umfangreiche Serviceleistungen im Angebot, Vespa und Harley-Davidson stehen für Ausfahrten bereit (gegen Aufpreis). Das Spa kann am Abreisetag noch ganztägig genutzt werden. 66 Liegen, 72 Betten.

Freibecken, Hallenbad, Sauna, Dampfbad, Massagen, Kosmetik, Fitnessgeräte, Personal Trainer. 18-Loch-Parcours in 28 km.

HP ab € 145,–.

WELLNESS 12

Aviva make friends ****S

Grünruhelage mit Fernblick bei St. Stefan – Mühlviertel

4170 St. Stefan am Walde, Höhenweg 1, 07216-3760-0

KUR/WELLNESS 12

Bründl ****

Grünruhelage am Ortsrand in Bad Leonfelden – Mühlviertel

4190 Bad Leonfelden, Badweg 1, 07213-61177

WELLNESS 12

Falkensteiner Bad Leonfelden ****

Grünlage am Ortsrand in Bad Leonfelden – Mühlviertel

4190 Bad Leonfelden, Wallseerstraße 10

07213-2068-7911

BEAUTY 10

Sternsteinhof Schönheitsfarm

Grünruhelage bei Bad Leonfelden – Mühlviertel

4190 Bad Leonfelden, Oberlaimbach 20, 07213-6365

KUR/REHABILITATION 12

Vortuna Gesundheitsresort

Grünruhelage bei Bad Leonfelden – Mühlviertel

4190 Bad Leonfelden, Spielau 8

07213-6363

WELLNESS 17

Guglwald ****S

Grünruhelage Nähe Bad Leonfelden – Mühlviertel

4191 Schönegg, Guglwald 8

07219-7007

Adults only (ab 14). Ein gediegener Familienbetrieb in angenehmer Größe, er liegt so ruhevoll wie wunderschön auf einer bewaldeten Anhöhe ganz nahe an der Grenze zu Tschechien und begrüßt schon von Weitem mit türmchenverbrämter

Neo-Schlösschenanmutung, was Wunder, wenn man sich hier auch auf Hochzeiten versteht und sogar eine Kapelle hat. Das Hotel besteht aus drei miteinander verbundenen Logiergebäuden (Stammhaus, Schlössl, Landhaus), Zimmer sind in nicht weniger als 22 höchst unterschiedlichen und zumeist sehr schönen Varianten zu haben (DZ von 20 bis 60 m²), viele haben Balkon, einige sogar Sauna, Whirlpool und Dachterrasse, das W-Lan ist aber schwach. Der Wellnessbereich wurde im Vorjahr modernisiert und erweitert, unter anderem zu genießen sind ein 17 m langer, auch im Winter nutzbarer Außenpool, ein Whirlpool im Freien, neun Saunen, gefällige Ruhezonen und ein Schneeraum (minus 10 Grad) zum Abkühlen nach der Sauna. Ausgezeichnete Massagen sind anderswo nicht so leicht zu finden, hier hingegen sind Angebot und Kompetenz wunderbar, die Preise zudem ausgesprochen fair. Täglich Aktivprogramm, auch Yoga, Pilates und geführte Wanderungen zu mystischen Kraftplätzen. Schöner Park mit Teehaus und lauschigen Möglichkeiten zum Sitzen unter freiem Himmel. Gemütliches Restaurant, reichhaltiges Frühstücksbuffet in feiner Qualität, unter anderem gibt es Biofreilandeier, tolle Teemischungen aus dem eigenen Heilkräutergarten und wunderbare, selbstgekochte Marmeladen. Die Küche ist gut, sie bevorzugt biologische Zutaten aus der Umgebung, ein Light Lunch ist im Preis inkludiert. Nette Tischkultur, Turn-down-Service, junge, ausgesprochen freundliche und gut gelaunte Mitarbeiter, die meisten stammen aus dem Umland. Als Gast wird man hier geduzt, und die Gäste kommen mehrheitlich aus der Region. Schöne Wanderwege und Laufstrecken ohne Zahl, zahlreiche lohnenswerte Ausflugsziele in der Umgebung. Hunde erlaubt. 128 Liegen, 160 Betten.

Naturbadeteich, Freibecken, Hallenbad, Außensauna, Sauna, Dampfbad, Massagen, Kosmetik, Ayurveda, Fitnessgeräte. 18-Loch-Parcours in 20 km.

HP ab € 116,–.

KUR 10

Kurhotel Bad Zell

Grünruhelage am Ortsrand in Bad Zell – Mühlviertel

4283 Bad Zell, Kurhausstraße 9, 07263-6365

KUR/WELLNESS 14

Lebensquell Gesundheitsresort *****

Grünruhelage am Ortsrand in Bad Zell – Mühlviertel

4283 Bad Zell, Lebensquellplatz 1, 07263-7515

Modernes Kurhotel, das auch mit Wellness wirbt. Das Haus liegt ruhig in einem verschlafenen Kurort und ist mit dem Therapiezentrum und einer öffentlichen Badeanlage baulich verbunden. Das Ambiente zeigt sich unprätentiös und auf nüchterne Art solide, was auch für die Zimmer gilt: schlicht, sehr sauber und stets geräumig (vier Kategorien, DZ von 28 bis 55 m²), alle haben Balkon. Therapeutischer Schwerpunkt sind Radonwasserkuren gegen rheumatische Erkrankungen, demzufolge sind vor allem Senioren und ältere Paare – mitunter auch mit Krücken und Rollatoren – unter den Gästen zu finden. Das überschaubar große Spa wird besonders an Wochenenden von vielen Tagesgästen frequentiert, es bietet unter anderem einen 14 m langen Innenpool, einen 8 m langen Außenpool sowie einen FKK-Pool im Freien. Saunafreunden werden acht Saunen sowie ein für Hotelgäste reservierter Ruheraum geboten. Zahlreiche Anwendungen, darunter auch die wirkungsvolle Ganzkörperkältetherapie (minus 110 Grad). Zumeist gute Küche, sie verwendet vorwiegend regionale und saisonale Zutaten, eine süße Nachmittagsjause ist im Preis enthalten, die Getränkepreise sind fair – bezahlt wird mit einem bargeldlosen Chipsystem am Handgelenk. Viele freundliche und zuvorkommende Mitarbeiter. Garage gegen 5 Euro pro Tag, bei den Suiten ist sie inkludiert. Ungeeignet für Kinder. 225 Liegen, 156 Betten.

Freibecken, Hallenbad, Außensauna, Sauna, Dampfbad, Massagen, Kosmetik, Fitnessgeräte. 18-Loch-Parcours in 24 km.

HP ab € 145,–.

WELLNESS 12

Aumühle

Grünruhelage bei Grein an der Donau – Mühlviertel

4360 Grein, Panholz 17

07268-8130

KUR 13

Curhaus Bad Kreuzen ***

Grünruhelage in Bad Kreuzen – Mühlviertel

4362 Bad Kreuzen, Nr. 106

07266-6281

Adults only (ab 18). Herzliches Umfeld: In den 1970er Jahren eröffnetes „Kneippkloster" der Marienschwestern vom Karmel, es nennt sich heute im Namenszusatz Zentrum für Traditionelle Europäische Medizin (TEM). Das terrassenförmig in den Hang gebaute Kurhaus liegt auf einer Anhöhe und bietet Zimmer in fünf Varianten (EZ 15 m², DZ 18 m²), sie sind nach Süden ausgerichtet und schlicht gestaltet, haben Teppichböden und

ein Kreuz über dem Bett sowie Balkon mit feinem Ausblick in die umgebende Landschaft. Das kleine Spa steht ausnahmslos Hotelgästen zur Verfügung, es offeriert einen 10 m langen Innenpool sowie drei Saunen, im Freien wartet ein Schwimmteich mit Liegewiese und großem Kneippgarten. Ausgezeichnete Behandlungen, viele alternative Diagnose- und Heilmethoden, darunter etwa Aderlass und Fasten- und Kneippkuren sowie ein umfangreiches Aktivprogramm mit Kräuterwanderungen, Tee-Ritualen, Räuchervorträgen und Meditationen. Gute Küche mit biologischer und regionaler Ausrichtung – auf Wunsch kann auch mitgekocht werden. Privatsphäre gibt es für Paare beim Essen keine, man wird in Gruppen an großen Tischen platziert. Ausgesprochen freundliche und hilfsbereite Mitarbeiter, viele alte Stammgäste. Hunde erlaubt. 10 Liegen, 83 Betten.

Naturbadeteich, Hallenbad, Sauna, Dampfbad, Massagen.

VP ab € 108,–.

GESUNDHEIT 11

Fessler Heilfasteninstitut

Grünlage oberhalb von Losenstein – südlich von Steyr

4460 Losenstein, Kirchenberg 15, 07255-4344

WELLNESS/KUR 13

Miraverde ****

Grünruhelage im Kurpark von Bad Hall

4540 Bad Hall, Parkstraße 4

07258-799-6600

Nicht nur für Baumliebhaber: Ein traditionsreiches, nicht allzu großes Haus der oberösterreichischen Eurothermenresorts, es liegt am Rand eines 35 Hektar großen Parks mit wunderbarer Flora. Japanische Fächertannen, Sumpfzypressen und viele andere exotische Bäume lassen sich hier entdecken und bestaunen. Zimmer sind aus 11 Kategorien (DZ von 16 bis 120 m^2) wählbar, sie sind gut gepflegt, viele haben Balkon und Holzböden, einige sogar Dampfbad und Whirlpool, vor allem jenen der preisgünstigeren Varianten merkt man ihr Alter jedoch bereits deutlich an. Das hauseigene Spa steht nur Hotelgästen offen und ist nicht allzu weitläufig, es bietet einen kleinen Thermalpool sowie vier Saunen. Die öffentliche Therme ist in etwa sieben Gehminuten erreichbar, ebendort gibt es eine Vielzahl an weiteren Pools und Saunen. Neben Wellness stehen unter anderem auch Heilfasten nach Buchinger, Trinkkuren mit dem natürlichen Heilmittel Jodsole sowie Therapieprogramme gegen Augenbeschwerden und

Augenkrankheiten im Angebot. Sehr nett: Das Frühstücksbuffet gibt es bis 12 Uhr, die Küche ist zumeist gut, sie bietet auf Wunsch auch eine basische Entlastungsvariante, eine süße Nachmittagsjause ist im Preis inkludiert. Gegen einen Aufpreis ist ein All-inclusive-Paket zubuchbar, es beinhaltet Light Lunch, alle Getränke bis Mitternacht (darunter auch Flaschenweine, Cocktails und Spirituosen) sowie eine Wellnessbehandlung pro Tag. Viele freundliche Mitarbeiter. Erquickende Spaziergänge und Jogging-Strecken vom Feinsten. Check-out um 12 Uhr, die öffentliche Therme sowie das hauseigene Spa können an An- und Abreisetag ohne Aufpreis ganztägig genutzt werden. Gratisgarage für (fast) alle. Ungeeignet für Kinder, Hunde erlaubt. 75 Liegen, 125 Betten.

Thermalhallenbad, Sauna, Dampfbad, Massagen, Kosmetik, Fitnessgeräte. 18-Loch-Parcours in 3 km.

HP ab € 138,–.

KUR/WELLNESS 10

Parkhotel Zur Klause ****

Grünruhelage am Ortsrand – Bad Hall

4540 Bad Hall, Am Sulzbach 10
07258-4900

KUR 11

Vitana Kurhotel

Ruhelage in Kurparknähe – Bad Hall

4540 Bad Hall, Dr.-Karl-Renner-Straße 6
07258-799-5500

WELLNESS 10

Berghotel Hinterstoder ****

Absolute Grünruhelage am Ortsrand in Hinterstoder

4573 Hinterstoder, Hutterer Böden 70
07564-5421-0

WELLNESS 14

Poppengut ****

Grünruhelage am Ortsrand in Hinterstoder

4573 Hinterstoder, Mitterstoder 20
07564-5268

Aktivurlaub in gemütlicher Atmosphäre: Ein liebevoll geführtes „Wanderhotel" in angenehmer Größe, es liegt auf 600 m Seehöhe ruhig und umgeben von Wiesen und Wäldern am Ortsrand. Im Winter hält der Skibus praktisch direkt vor dem Haus, zur Gondelbahn ist es rund ein Kilometer, das Skigebiet umfasst 40 Pistenkilometer und 14 Lifte. Neben einigen ganz einfachen Zimmern der Dreisternkategorie im Altbau (der unten angeführte Ab-Preis bezieht sich nicht auf diese) bietet es mehrheitlich große und nette in insgesamt sieben Varianten (DZ von 18 bis 60 m²), alle haben Holzböden sowie meist Balkon oder Terrasse, die Sauberkeit ist wunderbar, das Kreuz an der Wand sowie das Bad in der Raummitte empfanden wir jedoch etwas gewöhnungsbedürftig. Das Spa steht nur Hotelgästen offen und ist inwendig klein, es bietet unter anderem sechs Saunen, einen 7 m langen, im Winter nur am Nachmittag nutzbaren Außenpool und eine Liegewiese. Die Massagen sind sehr gut, die Spezialität des Hauses sind Bäder mit Gebirgsheu aus der Gegend. Reichhaltiges Frühstücksbuffet, sehr, sehr gute Küche, eine Nachmittagsjause ist im Preis inkludiert. Präsente Gastgeber, viele freundliche Mitarbeiter, das Service ist aber nicht an jedem Tag in Bestform. Herrliche Wanderwege gibt es ringsum ohne Zahl, geführte Wanderungen in vielen Variationen (bei entsprechender Witterung auch mit Schneeschuhen), im Winter gelangt man mit ein paar guten Schritten zur 1,2 km langen Naturrodelbahn mit Flutlichtbeleuchtung. Hotelgästen steht der Wellnessbereich am Abreisetag bis 15 Uhr ohne Aufpreis zur Verfügung. Ungeeignet für Kinder, Hunde erlaubt. 48 Liegen, 94 Betten.

Freibecken, Hallenbad, Außensauna, Sauna, Dampfbad, Massagen, Kosmetik.

HP ab € 106,–.

WELLNESS 10

Stoderhof ***S

Zentrumslage in Hinterstoder

4573 Hinterstoder, Nr. 10
07564-5266

WELLNESS 11

Dilly Familotel ****S

Grünlage am Ortsrand in Windischgarsten

4580 Windischgarsten, Pyhrnstraße 14
07562-5264-0

WELLNESS 11

Lavendel ****

Grünruhelage am Ortsrand in Windischgarsten

4580 Windischgarsten, Svetlinstraße 7
07562-7977

WELLNESS 11

Almtalhof ****

Grünlage am Ortsrand – Almtal

4645 Grünau im Almtal, Almeggstraße 1
07616-6004

WELLNESS ✿✿ 15

Paradiso ****s

Grünruhelage am Ortsrand in Bad Schallerbach

4701 Bad Schallerbach, Promenade 1

07249-440-710

Kinderfreundlich. Spiel und Spaß für Groß und Klein: Großes Thermenhotel in der Nähe von Wels, es liegt inmitten einer 22 Hektar großen Parkanlage und ist als Teil des Bad Schallerbacher Eurothermen-Resorts mit der öffentlichen Therme verbunden. Das Ambiente zeigt sich hell und farbenfroh, was auch für die Zimmer (14 Kategorien, DZ von 27 bis 120 m²) gilt. Sie haben entweder Laminat- oder Teppichböden sowie stets Balkon oder Terrasse – ein bisschen mehr Augenmerk auf die Instandhaltung könnte aber nicht schaden. Über einen kurzen Bademantelgang, der morgens um 9 Uhr öffnet, gelangt man in die öffentliche Therme, sie ist die größte Einrichtung dieser Art in Österreich und verfügt teilweise über ein Dach, das bei entsprechendem Wetter geöffnet werden kann. Zudem gibt es ein weitläufiges Areal mit zahlreichen Attraktionen für Kinder („Aquapulco"), unter anderem warten eine Piratenwasserwelt mit 5D-Kino, mehrere schnelle Wasserrutschen und viele Wasserkanonen. Das Saunadorf („Auszeit") offeriert 15 Saunen mit zusätzlichem Pool. Trotz aller Weitläufigkeit ist jedoch vor allem an Wochenenden mit Menschenmassen in nur wenig erbaulichen Dimensionen zu rechnen – mit einer freien Liege hingegen weniger. Das Hotel bietet seinen Gästen allerdings auch einen eigenen, ausgesprochen großzügigen und deutlich ruhigeren Wellnessbereich, hier gibt es unter anderem einen 24 m langen Thermalaußenpool, eine feine FKK-Zone (indoor und outdoor) sowie sechs Saunen. Viele freundliche Mitarbeiter, reichhaltiges Frühstücksbuffet (bis 12 Uhr), zumeist gute Küche, eine Nachmittagsjause ist inkludiert. Neu ist eine Lounge „The Blood of Scotland" mit knapp 100 Sorten Whisky. Wie das Hotel-Spa kann auch die öffentliche Therme an Anreise- und Abreisetag ohne Aufpreis ganztägig (bis 22 Uhr) genutzt werden. Täglich mindestens sechs Stunden Betreuung für Kinder ab drei Jahren. Für Ruhesuchende und Paare nur bedingt geeignet. 210 Liegen, 300 Betten.

Thermalfreibecken, Außensauna, Sauna, Dampfbad, Massagen, Kosmetik, Ayurveda, Fitnessgeräte. 18-Loch-Parcours in 27 und 34 km, bis zu 25 % Greenfee-Rabatt.

HP ab € 188,–.

WELLNESS 12

Parkhotel Bad Schallerbach ****

Ruhige Zentrumslage in Bad Schallerbach

4701 Bad Schallerbach, Badstraße 2

07249-48781

GESUNDHEIT 15

Gugerbauer ****

Grünruhelage am Innufer in Schärding

4780 Schärding, Kurhausstraße 4

07712-3191-0

Ruheoase: In netter Lage am Ufer des Inns befindet sich dieser sympathische Familienbetrieb, er fokussiert auf Fastenkuren (Heil-, Basen- und Intervallfasten) sowie Yoga-Retreats. Das wunderbar gepflegte Haus ist voll von zeitgenössischen Kunstwerken, es bietet Zimmer in sieben geradlinigen Varianten, sie zeigen sich mit freundlichen Vollholzinterieurs, alle haben feine Eichenböden, aus vielen blickt man hinaus auf den Inn. Das ausschließlich Hotelgästen zugängliche Spa ist modern gestaltet, es offeriert unter anderem einen knapp 13 m langen Innenpool, vier Saunen und eine Liegewiese. Die Massagen sind wie alle anderen Treatments sehr gut, es gibt zudem ein umfangreiches Aktivprogramm, das auch Qi Gong, Pilates und Yoga miteinschließt. Die schöne Lage animiert zu ausgedehnten Spaziergängen oder zum Laufen in der Au. Fabelhafte Terrasse direkt am Wasser, sehr gute Slow-Food-Küche mit vegetarischen und veganen Alternativen. Präsente, junge und herzliche Gastgeber, die Mitarbeiter agieren sehr freundlich und zuvorkommend. Sauberes Preis-Leistungs-Verhältnis, viele, viele Stammgäste, niveauvolles und ruhevolles Umfeld – sofern keine Seminargäste anwesend sind. Gratisgarage für (fast) alle. Ungeeignet für Kinder. Hunde erlaubt. 17 Liegen, 60 Betten.

Hallenbad, Sauna, Dampfbad, Massagen, Kosmetik, Fitnessgeräte. 18-Loch-Parcours in 13 km, 25 % Greenfee-Rabatt.

HP ab € 114,–.

KUR 11

Kurhaus Barmherzige Brüder ****

Grünruhelage am Innufer in Schärding

4780 Schärding, Kurhausstraße 6

07712-3221

WELLNESS 12

Das Traunsee ****S

Grünlage am Traunseeufer – Salzkammergut

4801 Traunkirchen, Klosterplatz 4, 07617-2216

WELLNESS 10

Der Hubertushof ****

Neben der Kaiservilla in Bad Ischl – Salzkammergut

4820 Bad Ischl, Götzstraße 1

06132-24445-0

WELLNESS 11

Goldener Ochs

Zentrumslage in Bad Ischl – Salzkammergut

4820 Bad Ischl, Grazer Straße 4

06132-23529-0

WELLNESS 10

Goldenes Schiff ****

Zentrumslage in Bad Ischl – Salzkammergut

4820 Bad Ischl, Adalbert-Stifter-Kai 3

06132-24241

WELLNESS/KUR 15

Royal Bad Ischl ****S

Zentrumslage in Bad Ischl – Salzkammergut

4820 Bad Ischl, Voglhuberstraße 10

06132-204-2600

Guter Wellness-Mainstream mit Kaiserzeit-Feeling: Ein Großhotel der oberösterreichischen Spa-Marke Eurothermen-Resorts, es liegt mitten im Ortszentrum unweit des Bahnhofs, zur renommierten Konditorei Zauner ist's nicht weit. Das Ambiente zeigt wenig Zurückhaltung, es ist sogar etwas pompös – „Mehr ist mehr" dürfte hier das gestalterische Motto lauten. Zimmer sind aus 14 Kategorien (DZ von 23 bis 81 m²) wählbar, alle haben Balkon, W-Lan und Klimaanlage, viele Teppichböden. Drei opulente Kaisersuiten versprechen „Luxus pur" (werblicher O-Ton), sie sind verspielt mit viel Gold, Stuck und Kristallkronleuchtern gestaltet und bieten unter anderem Doppelwhirlpool und Infrarotkabine. Das hoteleigene Spa ist klein, es befindet sich auf dem Dach im neunten Stock, hier findet man zwei Saunen, atmosphärisch gestaltete Ruheräume und einen knapp 8 m langen, auch im Winter nutzbaren Infinity-Außenpool mit tollem Ausblick. Über einen Bademantelgang gelangt man in die öffentliche Salzkammergut-Therme, wo Hotelgästen ein abgetrennter Ruhebereich geboten wird. Weiters gibt es eine abwechslungsreiche Saunawelt sowie einen Strömungskanal mit Salzwasser, in dem man sich schwerelos dahintreiben lassen kann. Für den Sommer existiert ein privater Badestrand am Wolfgangsee, dieser ist in rund 20 Autominuten erreichbar. Frühstück und Check-out bis 12 Uhr, eine Nachmittagsjause ist im Preis inkludiert, die Therme kann an Anreise- und Abreisetag ohne Aufpreis ganztägig genutzt werden. Freundliche, aber nicht selten überforderte Crew, in puncto Aufmerksamkeit und Herzlichkeit gibt es noch Luft nach oben. Gratisgarage für alle. Ungeeignet für Kinder, Hunde erlaubt. 100 Liegen (im „Hotelbereich" der Therme und im Sky-Spa), 240 Betten.

In der Therme: Thermalsolefreibecken, Thermalsolehallenbad, Außensauna, Sauna, Dampfbad, Massagen, Kosmetik. 18-Loch-Parcours in 7 km.

HP ab € 167,–.

WELLNESS/KUR 13

Villa Seilern ****S

Ruhige Zentrumslage in Bad Ischl – Salzkammergut

4820 Bad Ischl, Tänzlgasse 11

06132-24132

Ein schönes Haus – jedenfalls zum Ansehen –, vom Konzept her allerdings ein ziemlicher Spagat zwischen Event- und Tagungs-Location, Wellnesshotel und Sozialversicherungskurhaus für Lehrer. Die Anlage besteht aus einer klassizistischen Villa aus 1881 und einem modernen Zubau. Das Ambiente der öffentlichen Räume zeigt sich etwas flairlos, die Zimmer haben hingegen schöne Zirbenholzinterieurs und zudem eine überdurchschnittliche Größe (DZ von 37 bis 58 m²), das ist für Sozialversicherungsgäste geradezu luxuriös, selbst wenn der Ausblick zumeist weniger erbaulich ist. Als anspruchsvoller Wellnessgast hingegen wird man hier so manches vermissen, was bei einem Vierstern-superior-Hotel anderswo einfach dazugehört – vor allem bei Küche, Service und im Spa. Selbiges wurde vor kurzem gefällig aufgefrischt und steht ausschließlich Hotelgästen offen, es ist aber nicht gerade weitläufig und inwendig auch etwas bescheiden ausgestattet. Unter anderem offeriert es einen 12 m langen Indoorpool, Liegewiese sowie fünf Saunen. Ausgezeichnete Massagen, auch Behandlungen mit Heilmoor und Sole, kleines Aktivprogramm. Frühstück bis 10.30 Uhr, das in ein Langschläfer- und Brunchbuffet (mit Suppe, Weißwurst und Eintopf) bis 13 Uhr übergeht. Bei Küche und Service gibt es noch etwas Luft nach oben. Garage gegen 5 Euro pro Tag. Ungeeignet für Kinder. 46 Liegen, 176 Betten. (Foto siehe nächste Seite.)

Hallenbad, Sauna, Dampfbad, Massagen, Kosmetik, Ayurveda, Fitnessgeräte, Personal Trainer. 18-Loch-Parcours in 7 km, bis zu 25 % Greenfee-Rabatt.

HP ab € 140,–.

WELLNESS 10

Agathawirt

Ortslage an der B145 in Bad Goisern – Salzkammergut

4822 Bad Goisern, St. Agatha 10

06135-8341

WELLNESS 14

Dachsteinkönig Familux Resort

Grünruhelage am Ortsrand in Gosau – Salzkammergut

4824 Gosau, Am Hornspitz 1

06136-8888

Baby- und Kinderhotel. Ein erst vor wenigen Jahren eröffnetes, ganz großes Haus für Eltern mit Kids aller Altersgruppen, es liegt auf etwa 770 m Seehöhe am Fuße des Gosaukamms, im Winter ist man hier ganz nahe beim Hornspitz-Sessellift, dem Einstieg in 140 Pistenkilometer. Außen wie innen zeigt sich das Haus in gefälliger neoalpiner Ländlichkeit, Zimmer und 12 Chalets stehen in insgesamt fünf Varianten (DZ von 40 bis 157 m²) zur Auswahl. Sind hell und gemütlich gestaltet, haben ein separates Kinderzimmer sowie Holzböden und Balkon – fabelhafter Ausblick auf den Dachstein inklusive. Das Spa ist für diese Hotelgröße flächenmäßig viel zu klein geraten, geboten werden eine Kombination aus Außen- und Innenpool, ein Babybecken, eine Familiensauna sowie Wasserkanonen und eine 100 m lange Reifen-Wasserrutsche. Fein hingegen ist der Adults-only-Bereich mit sechs Saunen, den wir hier im Kontrast zum Rest des Hauses als regelrechte Ruheoase empfanden. Die Highlights sind jedoch den Kindern gewidmet, dazu zählen etwa Hüpfburg, Abenteuerspielplatz, Streichelzoo mit Schafen, Ponys und Eseln sowie ein Gokart-Parcours. Essen wird kindergerecht nahezu durchgehend von 7.30 bis 20.30 Uhr geboten, es kommt stets in Buffetform und ist zumeist gut, nicht alkoholische Getränke sowie Tee und Kaffee sind rund um die Uhr inkludiert. Freundliche Mitarbeiter, nicht wenige vom Typ „Hausfrau“ oder „ungelernt“, was wir hier eher als charmant denn störend empfunden haben. Täglich Kinderbetreuung ab dem siebten Lebenstag (!) von 8 bis 21 Uhr (samstags ab 9.30 Uhr). Gratisgarage für alle, in Sachen Wellness jedoch ein wenig berauschendes Preis-Leistungs-Verhältnis. Ringsum schöne Wanderwege, im Winter beginnen 50 km Loipen vor der Haustüre. Hunde erlaubt. 112 Liegen, 500 Betten.

Freibecken, Hallenbad, Kinderhallenbad, Außensauna, Sauna, Dampfbad, Massagen, Kosmetik, Fitnessgeräte.

VP (inkl. alkoholfreier Getränke) ab € 187,–.

WELLNESS 10

Sommerhof ****

Grünruhelage am Ortsrand in Gosau – Salzkammergut

4824 Gosau, Gosauseestraße 34
06136-8258

WELLNESS 10

Aldiana Club Ampflwang

Grünruhelage – 75 km westlich von Linz

4843 Ampflwang, Wörmannsedt 1, 07675-4020-0

WELLNESS 11

Aichinger ****

Ortslage in Nußdorf – Nähe Attersee

4865 Nußdorf am Attersee, Am Anger 1
07666-8007

WELLNESS 12

Winzer ****

Grünlage außerhalb von St. Georgen im Attergau

4880 St. Georgen im Attergau, Kogl 66
07667-6387

WELLNESS 11

Hofer ***S

Grünruhelage mit Fernblick Nähe Attersee

4881 Straß im Attergau, Kronberg 33, 07667-6396

KUR 11

Dr. Petershofer Kurhaus ****

Grünlage in Wolfsegg – Hausruckviertel

4902 Wolfsegg am Hausruck, Schulstraße 5
07676-7303

WELLNESS 19

Geinberg5 Private Spa Villas

Grünruhelage am Ortsrand in Geinberg – Innviertel

4943 Geinberg, Thermenplatz 1
07723-8500-5555

Eines der ganz wenigen echten Hideaways, ein kleines Bungalow-Dörfchen nämlich, mit Luxusanmutung auf allen Ebenen. Es liegt unweit der gleichnamigen öffentlichen Therme und bietet 21 außerordentlich große Suiten (drei Kategorien, 114, 145 und 300 m²), diese sind in 11 Villas, also in Bungalows, untergebracht. Sie zeigen sich in niveauvoller, etwas maskuliner Modernität und bieten zunächst einmal Freiraum im Überfluss. Dazu ein fabelhaftes Wohngefühl. Stets verfügen sie über feine Holzböden und übergroße Betten mit besonders hochwertigen Matratzen. Alle Suiten haben eine Terrasse mit Thermalwhirlpool – vor fremden Blicken ist man relativ gut, wenn auch mitunter nicht vollständig geschützt –, weiters einen offenen Kamin, ein

Geinberg5 Private Spa Villas

eigenes Spa und einen Badesteg über einen der zwei Naturbadeteiche. Ein zusätzlicher Wellnessbereich ist in einem zweistöckigen Badehaus untergebracht, dort findet man unter anderem zwei große Thermalwasserpools (leider ohne wirklich schwimmbare Grundrisse – wem fällt heute noch so etwas ein?), eine Saunazone auf der Dachterrasse und einen schönen Hamam, der allerdings auch den Gästen des benachbarten Viersternhotels offen steht. Für Massagen und Kosmetik gelangt man über einen Verbindungsgang in die Therapiezone der Therme, wen dabei aufkommende „Back to the real world"-Gefühle stören, der kann alle Anwendungen allerdings auch in seiner Suite genießen. Genauso wie die Mahlzeiten, die vom Butler gebracht werden, so man sie nicht im Fine-Dining-Restaurant des Dörfchens einnehmen möchte. Das Frühstück wird dort serviert, auf Wunsch sogar bis 18 Uhr. Die Küche ist ausgezeichnet, versteht sich zudem auf ansprechende Präsentation der Speisen, und auch weiterhin gibt es unser Lieblingsgericht auf der Karte: das in geklärter Butter herausgebackene Kalbsschnitzerl! Die Mitarbeiter agieren zuvorkommend und sehr freundlich, allerdings nicht immer rasend professionell, ärgern muss man sich jedoch nicht. Einen gravierenden Nachteil hat das Ganze aber dann doch: Wer einmal diese räumliche Großzügigkeit und dieses Ausmaß an Privatsphäre erlebt hat, findet's in einem normalen Hotel nur mehr halb so schön! Hunde erlaubt. 46 Liegen, 54 Betten.

Naturbadeteich, Thermalfreibecken, Thermalhallenbad, Sauna, Dampfbad, Massagen, Kosmetik, Fitnessgeräte. 18-Loch-Parcours in 15 und 20 km. Tennishalle, Tennisplätze.

HP ab € 375,–.

WELLNESS 13

Therme Geinberg Spa Resort ****S

Grünruhelage am Ortsrand in Geinberg – Innviertel

4943 Geinberg, Thermenallee 1

07723-8501-3017

Hundefreundlich. Jubel, Trubel, Heiterkeit: Ein modernes Großhotel an der öffentliche Therme, es ist mit dieser über einen abschüssigen Bademantelgang von erstaunlicher Länge verbunden. Das Ambiente verströmt eher die Sachlichkeit eines Tagungshotels, die Zimmer (fünf Kategorien, DZ ab 27 m²) sind so sauber wie zeitgemäß gestaltet, viele haben Teppichböden, alle Balkon oder Terrasse. Die Therme ist nicht selten heillos überlaufen, aber sie hat außerordentlich viel anzubieten, dazu gehören zahlreiche Pools, 11 Saunen, Liegewiese sowie eine Karibik-Lagune mit Sandstrand und Cocktailbar – Barhocker im Wasser inklusive. Hotelgäste erhalten gewisse Privilegien in puncto Öffnungszeiten und separater Liegeplätze, der Eintritt in einen luxuriös anmutenden Hamam mit Ruhezonen und Außensauna auf dem Dach ist neuerdings im Zimmerpreis enthalten. Feine Restaurantterrasse, reichhaltiges Frühstücksbuffet bis 12 Uhr (Nussbrot und Mohnstrudel waren ein Genuss), bei Küche und Service gibt es noch Luft nach oben, so manch freundlicher Mitarbeiter könnte mit mehr Eifer an die Sache gehen, etwa um die Wartezeiten im Restaurant zu verkürzen. Check-out bis 12 Uhr, die Nutzung der Therme ist am Anreisetag bereits ab 8 Uhr möglich, angesichts mehrerer kleiner Unzulänglichkeiten erscheint uns jedoch das Preis-Leistungs-Verhältnis als etwas unrund. Gratisgarage für (fast) alle. Ungeeignet für Kinder. 1.060 Liegen (davon 180 exklusiv für Hotelgäste), 470 Betten.

Freibecken (Sommer). In der Therme: Thermalfreibecken, Solefreibecken, Thermalhallenbad, Außensauna, Sauna, Dampfbad, Massagen, Kosmetik, Ayurveda, Fitnessstudio., Personal Trainer. 18-Loch-Parcours in 15 und 20 km. Tennishalle, Tennisplätze.

HP ab € 150,–.

WELLNESS 10

Moorhof Landhotel ****

Grünruhelage beim Ibmer Moor – Innviertel

5131 Franking, Dorfibm 2
06277-8188

WELLNESS 12

Iris Porsche

Zentrale Ortslage in Mondsee – 30 km von Salzburg

5310 Mondsee, Marktplatz 1
06232-2237-0

WELLNESS 10

Schloss Mondsee ****

Ruhige Ortslage in Mondsee – 30 km von Salzburg

5310 Mondsee, Schlosshof 1a, 06232-5001

WELLNESS 13

Eichingerbauer ****S

Grünlage bei Mondsee – 30 km von Salzburg

5310 Mondsee-St. Lorenz, Eich 34
06232-2658-0

Gemütlich, ruhig und familiär: Ein sympathischer Traditionsbetrieb von angenehmer Größe, er liegt etwas außerhalb des Ortes, zum See sind es sieben Autominuten. Das Hotel besteht aus drei miteinander verbundenen Gebäuden, das Ambiente zelebriert geschmackvoll arrangierten Landhausstil, alles zeigt sich sehr gepflegt. Die Zimmer (11 Kategorien, DZ von 30 bis 80 m^2) sind großzügig geschnitten und recht stilvoll gestaltet, einige sind auch mit Eichenholzböden und Sauna ausgestattet. Eine befüllte Minibar sucht man zwar vergeblich, dafür macht ein persönliches Zimmerservice von 7 bis 23 Uhr Freude. Das Spa ist auf vier auseinanderliegende Bereiche aufgeteilt, es bietet unter anderem drei Saunen, eine Liegewiese und einen 8,5 m langen, im Winter zeitlich nur eingeschränkt nutzbaren Außenpool – während der Badesaison ist der Eintritt in das Alpenseebad Mondsee im Zimmerpreis inkludiert. Restaurantterrasse, reichhaltiges Frühstücksbuffet (Langschläfer bekommen bis 12 Uhr eine Etagere in der gemütlichen Schafbergstube serviert), sehr gute Küche, sie legt großen Wert auf regionale Zutaten, Wild kommt aus der eigenen Jagd, Forellen von der hauseigenen Angel. Präsente Gastgeber, ausgesprochen freundliche Mitarbeiter, herzliches und unkompliziertes Umfeld. Ruhesuchenden sei empfohlen, eventuell stattfindende Tagungen vor der Buchung abzuklären. Check-out um 10.30 Uhr, der Wellnessbereich steht Hotelgästen an An- und Abreisetag ohne Aufpreis zur Verfügung. Loipen, Laufstrecken und Wanderwege ohne Zahl. Anmerkung: Sonntag ist Ruhetag, dann gibt es im Rahmen der Halbpension kein Abendessen. Eher ungeeignet für Kinder. 41 Liegen, 100 Betten.

Freibecken, Sauna, Dampfbad, Massagen, Kosmetik, Fitnessgeräte. 18-Loch-Parcours in 1 und 4,5 km, bis zu 30 % Greenfee-Rabatt. Tennishalle, Tennisplätze.

HP ab € 120,–.

WELLNESS 12

Seehof Mondsee *****

Grünruhelage am Mondsee – 30 km von Salzburg

5311 Loibichl am Mondsee, Auhof 1
06232-5031

WELLNESS 14

Cortisen am See ****S

Grünlage am Wolfgangsee – Salzkammergut

5360 St. Wolfgang, Markt 15
06138-2376-0

Adults only (ab 12). Ein eigenwillig geführtes Haus in reizvoller Lage am Seeufer, es ist

übrigens das erste Hotel des Landes, das sich auf Erwachsene spezialisiert hat. Das ist mehr als eineinhalb Jahrzehnte her und natürlich völlig legitim, löste damals freilich dennoch einen Sturm der Empörung aus. Das Haus wurde vor kurzem teilmodernisiert und erweitert, am Interieurkonzept hat man auch weiterhin festgehalten und überrascht mit der Absenz von jedweder Biederkeit und Ländlichkeit, alles zeigt sich farbenfroh, unkonventionell und urbanwohnlich, was auch für die meisten Zimmer (DZ von 20 bis 70 m^2) gilt. Kaum eines gleicht dem anderen – nicht weniger als 14 Kategorien (bei 35 Zimmern) sind zu haben –, allerdings sind die Unterschiede auch in Bezug auf Seeblick und Preise mitunter gewaltig, jene zur Straßenseite hin sollte unbedingt meiden, wer bei offenem Fenster schlafen will. Neu ist eine Suite in einem „Bootshaus" direkt am Wasser, über ihr befindet sich eine Außensauna, die man auch für sich allein buchen kann. Das bislang sehr kleine Spa wurde vor kurzem um einen 25 m langen Indoorpool erweitert, das ist natürlich fabelhaft, verringert allerdings die ohnedies begrenzten Raumverhältnisse auf der Liegewiese. Schöner Ausblick und chillige Atmosphäre über allem, Zigarrenlounge, feine Auswahl an Malts, Rums und Puros. Freundliche Mitarbeiter, zumeist sehr gute Küche, eine süße Nachmittagsjause ist im Preis inkludiert. Nervige Parkverhältnisse. Hunde erlaubt. 15 Liegen, 70 Betten.

Seebadestrand, Hallenbad, Außensauna, Sauna, Dampfbad, Massagen, Kosmetik, Fitnessgeräte.

HP ab € 140,–.

WELLNESS 11

Im Weissen Rössl Romantik-Hotel ****S

Ruhelage am Wolfgangsee – Salzkammergut

5360 St. Wolfgang, Am Markt 74

06138-2306-0

WELLNESS 13

Seevilla Wolfgangsee ****

Grünlage am Wolfgangsee – Salzkammergut

5360 St. Wolfgang, Markt 17

06138-20055

Ganz klein, ganz fein: Ein beherbergungsmäßiges Kleinod unter Familienführung, zudem in prominenter Lage direkt am See. Das blitzsaubere Haus liegt ein paar Gehminuten vom Zentrum entfernt, die öffentlichen Räume zeigen sich mit Niveau und großer Liebe gestaltet. Kaum ein Zimmer (14 Varianten, DZ von 19 bis 65 m^2) gleicht dem anderen, die meisten haben Holzböden, Balkon und bieten einen wunderbaren Ausblick auf den See, viele sind wunderschön, nicht alle begeistern vollends, eines ist sogar mit Sauna zu haben. Das nicht allzu große, aber so richtig zum Wohlfühlen gemachte Spa bietet unter anderem drei Saunen mit direktem Seezugang – echt fein, das! –, einen auch im Winter nutzbaren, 10 m langen Außenpool sowie sehr angenehme Ruhezonen. Fabelhafte Restaurantterrasse mit Morgen- und Abendsonne, reichhaltiges Frühstücksbuffet bis 11.30 Uhr mittags, eine Halbpension wird nicht angeboten, man kann aber im hauseigenen Restaurant à la carte essen, die Küche fokussiert auf regionale Zutaten und ist zumeist sehr gut. Gemütliche Bar, freundliche und sehr zuvorkommende Mitarbeiter, präsente Gastgeber. Eher ungeeignet für Kinder, Hunde erlaubt. 20 Liegen, 60 Betten.

Seebadestrand, Freibecken, Sauna, Dampfbad, Massagen, Fitnessgeräte.

NF ab € 95,–.

WELLNESS 13

Vitalhotel Wolfgangsee ****

Grünruhelage am Ortsrand – Salzkammergut

5360 St. Wolfgang, Au 53
06138-2277-0

Hunde- und familienfreundlich. Mit Fokus auf Tennis: Ein netter, kleiner Familienbetrieb in schöner Ruhelage, nämlich auf einem Berghang über dem Ort, das Zentrum von St. Wolfgang und der hoteleigene Badeplatz am See sind fußläufig in 10 Minuten erreichbar. Das Ambiente verströmt gepflegte Gemütlichkeit ländlicher Prägung, Zimmer wählt man aus sechs Varianten (DZ von 24 bis 50 m²), einige haben feine Holzböden, alle Vollholzmöbel und Balkon, viele bieten Ausblick auf den See und die Bergwelt. Der Wellnessbereich ist Hotelgästen vorbehalten, er bietet unter anderem einen 9 m langen Innenpool und ein 12 m langes, allerdings nur während der warmen Jahreszeit nutzbares Freibecken sowie fünf Saunen. Gute Massagen, Essenzen aus selbstgezogenen Kräutern werden für Spa-Treatments eingesetzt. Herzliche Gastgeber, freundliche Crew, gemütliches Restaurant mit legerer, der Sportart angepasster Etikette. Der Juniorchef kocht selbst, die Küche ist sehr gut, eine anderswo in Lilien-Hotels fast immer zu findende inkludierte Nachmittagsjause gibt es hier neuerdings nicht mehr. Erwachsenen werden sechs Tennisplätze und Tenniskurse geboten, auf Kids warten ein großer Spielplatz, ein Fußballplatz und ein Kinderbauernhof mit Hasen, Eseln und Ziegen. Viele Stammgäste, Check-out um 10.30 Uhr. 28 Liegen, 62 Betten.

Freibecken (Sommer), Hallenbad, Sauna, Dampfbad, Massagen, Kosmetik, Fitnessgeräte. 18-Loch-Parcours in 9 km. Tennishalle, Tennisplätze.

HP ab € 144,–.

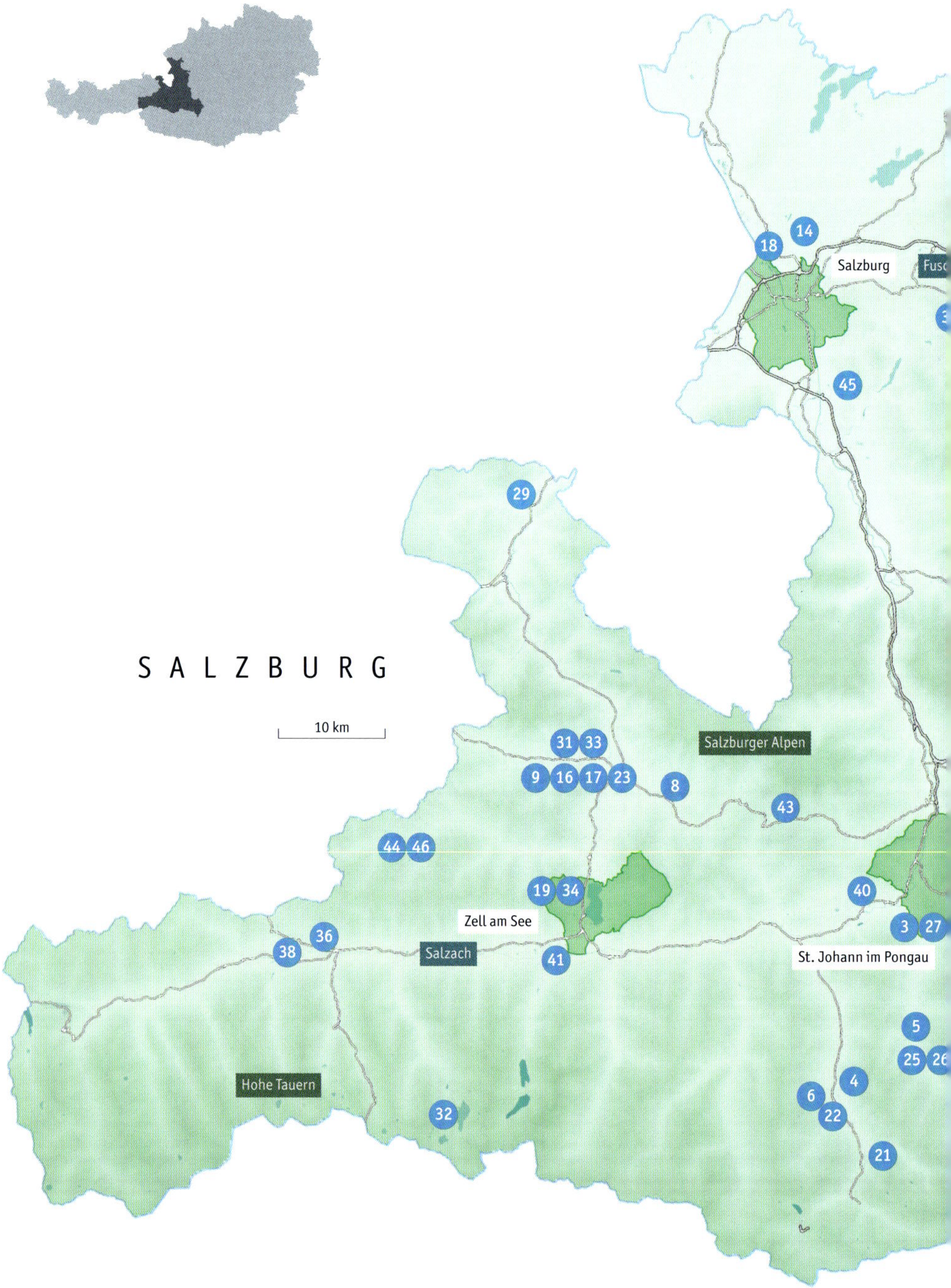
SALZBURG
10 km
Salzburg
Fusc
Salzburger Alpen
Zell am See
Salzach
St. Johann im Pongau
Hohe Tauern
18
14
45
29
31
33
9
16
17
23
8
43
44
46
19
34
40
3
27
36
38
41
5
25
26
4
6
22
21
32

ALLE LILIEN-HOTELS IN **SALZBURG**

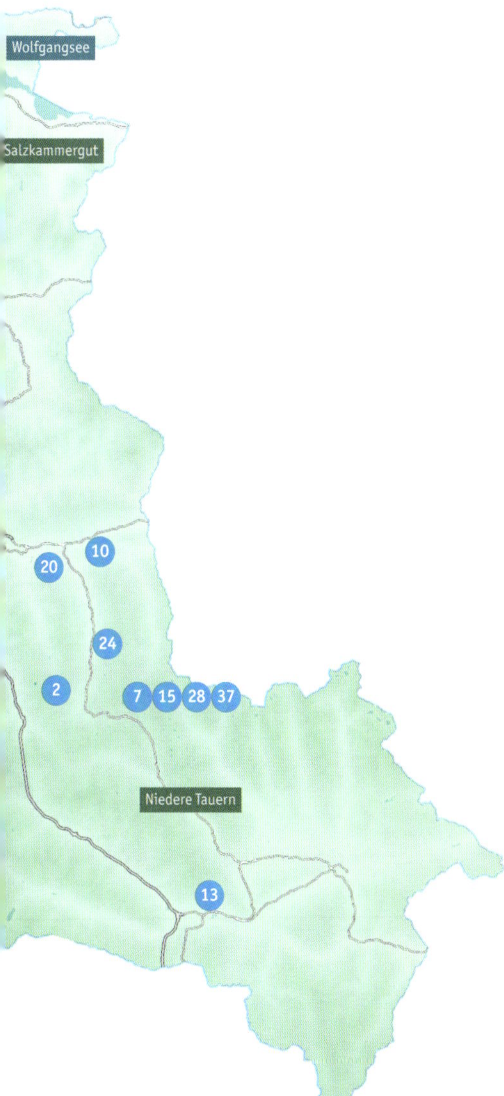

	Hotel	Seite
1	**Alpenhof Flachau** ****S	102
2	**Alpenrose Zauchensee** ****	99
3	**Berghof Verwöhnhotel** ****S	109
4	**Bismarck Verwöhnhotel** ****S	117
5	**Das Edelweiss Mountain Resort** *****	114
6	**Das Goldberg** ****S	118
7	**Das Seekarhaus** *****	105
8	**Die Hochkönigin** ****S	131
9	**Die Riederalm** ****S	133
10	**Die Seitenalm Kinderhotel** ****	103
11	**Ebners Waldhof am See** ****S	97
12	**Edelweiss Naturhotel Wagrain** ****	110
13	**Eggerwirt** ****S	108
14	**Elixhauser Wirt Romantik-Hotel** ****S	95
15	**Enzian Obertauern** ****S	105
16	**Forsthofalm Holzhotel** ****S	134
17	**Forsthofgut Naturhotel** *****	134
18	**Gmachl Genussdorf** ****S	94
19	**Grandhotel Zell am See** ****S	121
20	**Gut Weissenhof** ****S	103
21	**Haus Hirt Alpine Spa** ****	120
22	**Klammers Kärnten** ****	119
23	**Krallerhof** ****S	135
24	**Lürzerhof Alpin Life Resort** ****S	104
25	**Moar Gut Familien Natur Resort** *****	115
26	**Nesslerhof** ****S	115
27	**Oberforsthof** ****S	109
28	**Panorama Obertauern** ****S	106
29	**Post Family Resort** ****S	94
30	**Prechtlgut Chaletdorf**	111
31	**Priesteregg Premium Eco Resort**	136
32	**Rudolfshütte Berghotel** ***	126
33	**Salzburger Hof Leogang** ****S	137
34	**Salzburgerhof** *****S	122
35	**Schloss Fuschl** *****S	96
36	**Schloss Mittersill** ****S	127
37	**Schneider** ****S	107
38	**Sonnberghof Landhotel-Gut** ****	127
39	**Sonnhof Alpendorf** ****S	110
40	**Sonnhof by Vitus Winkler** ****	117
41	**Tauern Spa** ****S	126
42	**Tirolerhof Flachau** ****	102
43	**Übergossene Alm Resort** ****S	120
44	**Unterschwarzachhof** ****S	130
45	**Vollererhof** ****	98
46	**Wiesergut**	131

WELLNESS 10

H+ Hotel Salzburg

Zentrumslage am Hauptbahnhof in Salzburg

5020 Salzburg, Südtiroler Platz 13

0662-2285-0

WELLNESS 12

Schloss Mönchstein *****S

Zentrumsnahe Grünruhelage in Salzburg

5020 Salzburg, Mönchsbergpark 26, 0662-848555-0

WELLNESS 12

Grünauerhof ****

Grünruhelage am Ortsrand in Wals bei Salzburg

5071 Wals, Grünauer Straße 90

0662-850464

WELLNESS 12

Gabi garni ****

Grünruhelage am Ortsrand in Wals bei Salzburg

5071 Wals-Siezenheim, Steinerstraße 1

0662-853655

BUSINESS/WELLNESS 12

Melanie garni ****

Grünruhelage in Wals bei Salzburg

5071 Wals-Siezenheim, Käferheimer Straße 130

0662-265138

WELLNESS 12

Laschenskyhof ****

Grünlage am Ortsrand in Wals bei Salzburg

5071 Wals-Viehhausen, Josef-Hauthaler-Straße 2

0662-852361

WELLNESS 12

Friesacher ****S

Zentrale Ortslage in Anif bei Salzburg

5081 Anif bei Salzburg, Hellbrunner Straße 17

06246-8977

WELLNESS 13

Post Family Resort ****S

Grünlage an der Ortsstraße – Nähe Lofer im Pinzgau

5091 Unken, Niederland 28

06589-4226

Hundefreundlich, Kinder- und Babyhotel. Wunderbarer Außenbereich, der Kinderherzen höherschlagen lässt: Ein familiengeführtes Traditionshaus in angenehmer Größe, es liegt zwischen einem Wäldchen und der Hauptstraße des Orts auf 565 m Seehöhe. Die Zimmer (10 Kategorien, DZ von 25 bis 80 m²) befinden sich im kleinen Stammhaus sowie in einem größeren Zubau („Sonnenbogen"), sie sind ansprechend ländlich-modern gestaltet, fast alle haben separate Kinderzimmer, Vollholzinterieurs sowie Balkon. Das Spa bietet drei Saunen sowie im Freien einen knapp 13 m langen, auch im Winter nutzbaren Außenpool mit Thermalwasser, das aus der Umgebung stammt und mit dem Tankwagen gebracht wird. Das Highlight des Hauses ist den Kindern gewidmet, ein großer Außenbereich nämlich: Auf sechs Hektar finden sich unter anderem Badesee mit langer Wasserrutsche, Angelteich, Fußballplatz, Kletterturm, Reitstall, Streichelzoo sowie im Winter sogar ein kleiner Skilift und ein Eislaufplatz. Frühstück bis 11 Uhr, gute Küche, ein Light Lunch und eine Nachmittagsjause sind inkludiert – ebenso alkoholfreie Getränke, Kaffee und Tee. Das ganztägige Eisbuffet gefiel unserer jüngsten Hoteltesterin übrigens ganz besonders. Zumeist freundliche und bemühte Mitarbeiter, Check-out um 10.30 Uhr. Wintersportausrüstung (Skischuhe, Eisstöcke, Eishockeyschläger und mehr) gibt es zur Gratisleihe. Täglich 11 Stunden Baby- und Kinderbetreuung. 36 Liegen, 150 Betten.

Naturbadeteich mit Wasserrutsche, Thermalfreibecken, Hallenbad, Babybecken, Sauna, Dampfbad, Massagen, Kosmetik, Fitnessgeräte. 18-Loch-Parcours in 25 und 46 km, bis zu 20 % Greenfee-Rabatt. Tennisplätze.

VP (inkl. alkoholfreier Getränke) ab € 152,–.

WELLNESS 12

Zu den drei Brüdern ****

Grünlage am Ortsrand – Nähe Lofer im Pinzgau

5091 Unken, Reith 11, 06589-4522

KUR 10

Bad Hochmoos Gasthof ***S

Grünruhelage am Ortsrand – Nähe Lofer im Pinzgau

5092 St. Martin bei Lofer, Wildmoos 3

06588-8226-0

WELLNESS 20

Gmachl Genussdorf ****S

Grünruhelage am Ortsrand in Bergheim – Nähe Salzburg

5101 Bergheim, Dorfstraße 35

0662-452124-0

Familienfreundlich. Gute Vibes! Ein sympathischstimmiger Familienbetrieb, er liegt ein paar Kilometer außerhalb der Mozartstadt und wird bereits in der siebenten Generation geführt. Gleich vorweg: Die Belästigung mit Baulärm, die im Vorjahr so manchen Gast vergrämt haben dürfte, ist vorbei. Gewaltig wurde umgebaut und erweitert, die Fertigstellung erfolgte allerdings erst weit nach unserem Redaktionsschluss (Mitte Juli). Das Ergeb-

nis kann sich jedenfalls sehen lassen, Spa, Zimmer und Garten glänzen wie nie zuvor. Alles ist ebenso stilvoll wie heimelig arrangiert, und alles verströmt Harmonie mit einer unerlässlichen Portion Bodenhaftung und erinnert damit unweigerlich an die Gastgeberfamilie. Zimmer kann man nun aus neun Varianten (DZ von 20 bis 80 m²) wählen, alle haben feine Holzböden, nicht wenige auch Whirlpool und Sauna plus Biosauna und IR-Bank. Brandneu sind traumhafte Suiten mit eigenem Spa – Außensauna inklusive! War das Highlight des (auch externen Gästen offen stehenden) Wellnessbereichs bislang im vierten Stock auf dem Dach angesiedelt – hier gibt es innen und außen feine Ruhezonen und einen 14 m langen Außenpool mit traumhaftem Ausblick, man sieht sogar auf die Festung Hohensalzburg! –, so sind nun zwei weitere Spa-Ebenen hinzugekommen, die sowohl mit ihrer Funktionaliät als auch mit ihrer Ästhetik einfach begeistern. Insgesamt gibt es nun 12 Saunen, unter anderem neu: eine feine FKK-Zone samt zweitem Naturbadeteich, ein sensationell gestalteter Raum mit Hängematten, Sandboden und Tropenklima, wunderschöne Ruhebereiche innen und außen sowie ein mit granitähnlichem Material ausgekleideter, auch im Winter nutzbarer Außenpool von 25 m Länge. Für uns dagegen entbehrlich: die Dauerbeschallung mit Musik und Vogelgezwitscher vom Band. Großartiges Frühstücksbuffet, fabelhafte Restaurantterrasse mit Ausblick auf die Berge, sehr gute Küche, eine Nachmittagsjause ist inkludiert. Neben Metzgerei, Brauerei und Delikatessenladen wartet das Gmachl auch mit einem Wirtshaus auf, man kann also wählen, ob man im Rahmen der Genusspension speisen möchte oder sich auch einmal ins Wirtshaus zu den Einheimischen setzt, auf ein deftig-würziges Rindsgulasch und ein ungefiltertes Zwickl aus den hoteleigenen Braukesseln. Herzliche, ungekünstelt und recht professionell agierende Mitarbeiter. Tolle Bar, Gratisgarage für alle. Hunde erlaubt. 186 Liegen, 214 Betten.

Naturbadeteich, Freibecken, Hallenbad, Außensauna, Sauna, Dampfbad, Massagen, Kosmetik, Ayurveda, Fitnessstudio. Vier 9-Loch-Parcours in 10 bis 30 km, fünf 18-Loch-Parcours in 12 bis 30 km. Tennisplatz.

HP ab € 146,–.

WELLNESS 13

Elixhauser Wirt Romantik-Hotel ****S

Ruhige Ortslage in Elixhausen – Nähe Salzburg

5161 Elixhausen, Dorfstraße 14, 0662-480212-0

Ein familiengeführtes Traditionshaus – vor kurzem war man noch das Romantikhotel Gmachl –, es liegt unweit von Salzburg mitten im Ortszentrum und besteht aus Altbau und Neubau („Klosterhof"), die durch eine Straße getrennt und mit einem unterirdischen Gang verbunden sind. Innen zeigt sich vieles sehr gemütlich, ansprechende Zimmer stehen in 11 Kategorien (DZ von 25 bis 70 m²) zur Auswahl. Unsere Favoriten sind jedenfalls die neuen Varianten im Stammhaus, alle haben Holzböden und liebevoll platzierte Details. Die Glocken der katholischen Kirche melden sich mit großer Pünktlichkeit um 7 Uhr, und auch der Straßenverkehr ist bei offenem Fenster nicht zu überhören. Der Wellnessbereich bietet ein Ladys-Spa, einen 11 m langen Innenpool mit herrlichem Ausblick sowie drei Saunen. Gute Massagen, kleines Aktivprogramm, darunter auch achtmal pro Woche Yoga – bei Schönwetter sogar im Freien. Gemütliche Stuben, kulinarisches Highlight ist das reichhaltige Frühstücksbuffet mit Wurstwaren aus der eigenen Fleischerei und vielen Bauernprodukten aus der Region, die Küche ist gut. Präsente Gastgeber (das Haus wird bereits in der 23. Generation geführt), viele freundliche Mitarbeiter, mitunter lange Wartezeiten beim Essen. Laufstrecken, sechs Tennisplätze, E-Bikes gibt es zur Gratisleihe. Gratisgarage für (fast) alle. Ungeeignet für Kinder. Hunde erlaubt. 48 Liegen, 150 Betten.

Freibecken (Sommer), Hallenbad, Sauna, Dampfbad, Massagen, Kosmetik, Fitnessgeräte, Personal Trainer. 18-Loch-Parcours in 6, 7, 8, 11 und 13 km. Tennishalle, Tennisplätze.

HP ab € 119,–.

WELLNESS 10

Iglhauser Schlosshotel ****

Grünruhelage am See in Mattsee – Nähe Salzburg

5163 Mattsee, Schlossbergweg 1
06217-5205

WELLNESS 12

Seewirt Mattsee

Grünruhelage am See in Mattsee – Nähe Salzburg

5163 Mattsee, Seestraße 4, 06217-5271

WELLNESS 10

Drei Eichen Landhotel ****

Grünlage an der B1 bei Eugendorf – Nähe Salzburg

5301 Eugendorf, Kirchbergstraße 1
06225-8521

WELLNESS 10

Gastagwirt ****

Grünlage am Ortsrand in Eugendorf – Nähe Salzburg

5301 Eugendorf, Alte Wiener Straße 37, 06225-8231-0

WELLNESS 10

Gschirnwirt Landhotel ****

Grünlage am Ortsrand in Eugendorf – Nähe Salzburg

5301 Eugendorf, Alte Wiener Straße 49, 06225-8229

WELLNESS 10

Holznerwirt ****

Grünruhelage in Eugendorf – Nähe Salzburg

5301 Eugendorf, Dorf 4, 06225-8205

WELLNESS 13

Schloss Fuschl *****S

Absolute Grünruhelage am See – 20 km von Salzburg

5322 Hof bei Salzburg, Schlossstraße 19, 06229-22530

Hundefreundlich. In Traumlage am See: Ein traditionsreiches Luxushotel unter Kettenflagge, es liegt auf 680 m Seehöhe wunderschön auf einer Anhöhe am Westufer. Die öffentlichen Räume sind zwar längst nicht mehr taufrisch, aber doch in einem ordentlichen Zustand, was auch für die Zimmer gilt. Sie sind aus 12 Kategorien (DZ von 23 bis 240 m²) wählbar, offerieren Klimaanlage und eine inkludierte Minibar, aber auch ein tendenziell gehobenes Hotelkettenlieblosflair – vor allem die Standardzimmer können enttäuschen –, ein bisschen mehr Sauberkeit dürfte zudem nicht schaden. Das Spa ist sehr bescheiden, es bietet einen kleinen Innenpool, einen Außenwhirlpool sowie drei Saunen, der anderswo so erquickende „Nach der Sauna in den See"-Sprung ist hier leider nicht möglich. Fabelhafte Terrasse, gute Küche, großartige Weinkarte, gemütliche Bar. Beim Service gibt es noch Luft nach oben, so manchem Mitarbeiter stünde ein ausbildungsmäßiges Fünfstern-superior-Update gar nicht schlecht. Internationale Gästeschar, Check-out um 12 Uhr. Schöne Wanderwege um den See. Ungeeignet für Kinder. Garage (alternativlos) gegen 20 Euro pro Aufenthalt. 33 Liegen, 240 Betten.

Seebadesteg, Hallenbad, Außensauna, Sauna, Dampfbad, Massagen, Kosmetik, Fitnessgeräte, Personal Trainer. 9-Loch-Parcours, bis zu 50 % Greenfee-Rabatt, vier weitere Golfplätze in der Nähe.

HP ab € 245,–.

WELLNESS 11

Sheraton Jagdhof Fuschlsee ****S

Grünlage an der B158 – 20 km von Salzburg

5322 Hof bei Salzburg, Schlossstraße 1, 06229-2372-0

WELLNESS 11

Alte Post Faistenau ****

Zentrale Ortslage in Faistenau – 25 km von Salzburg

5324 Faistenau, Am Lindenplatz 5, 06228-2205

WELLNESS 14

Ebners Waldhof am See ****S

Grünruhelage am Fuschlsee – 25 km von Salzburg

5330 Fuschl am See, Seestraße 30

06226-8264

Kinderfreundlich. Ein familiengeführtes Traditionshaus in idyllischer Lage am See. Das Ambiente spielt mit romantisierendem Salzkammergutbarock in unterschiedlichen Reifestufen, ist aber ziemlich uneinheitlich – so wie die Gästeschar: Tagungsgäste, Festspielschwärmer, Busgruppen, Familien, Singles und viele langjährige Stammbucher. Das Hotel liegt auf 670 m Seehöhe und ist vom Seeufer und dem hoteleigenen Badestrand durch eine (wenig befahrene) Straße getrennt. Die Zimmer (17 stark unterschiedliche Kategorien, DZ von 27 bis 100 m^2) sind auf vier miteinander durch zumeist lange Gänge verbundene Logiergebäude („Stammhaus", „Villa", „Gütl", „Ansitz") verteilt, der Resortplan ist zur Orientierung unerlässlich. Der weitläufige Wellnessbereich besteht aus einem älteren und einem neueren Teil, er bietet unter anderem sechs Pools mit insgesamt 400 m^2 Wasserfläche, ein Ladys-Spa sowie sieben Saunen – die Düfte für die Aufgüsse stammen aus der hauseigenen Kräuterküche. Zahlreiche Outdoormöglichkeiten, darunter Badestrand, Ruderboote, Fitnessparcours im Wald, Golfplatz (mit geringem Greenfee), eine 70 m lange Reifenrutsche sowie im Winter ein kleiner Skilift und Rodelwiese. Auch Tiere zum Streicheln gibt es, etwa die Ponys Max und Moritz, die Alpakas José und Fernando oder die Zwergesel Gandalf und Frodo. Fabelhafte Restaurantterrassen, Frühstück bis 11 Uhr, Light Lunch und süße Jause sind im Preis inkludiert. Viele freundliche Mitarbeiter, herzliches Umfeld, viele langjährige Stammgäste. Geführte Wanderungen, Betreuung von Kindern ab drei Jahren von 9.30 bis 17.30 Uhr (Di bis Sa). Garage gegen 4 Euro pro Tag. Hunde erlaubt. 92 Liegen, 260 Betten.

Seebadestrand, Freibecken, Solefreibecken, Hallenbad, Außensauna, Sauna, Dampfbad, Massagen, Kosmetik, Damensauna, Fitnessstudio, Personal Trainer. 9-Loch-Parcours, Driving Range, Putting Green, acht weitere Golfplätze im Umkreis von 25 km. Golfschule, Tennisplatz, Tennishalle, Leihfahrräder, Ruderboote.

HP ab € 149,–.

WELLNESS 11

Hollweger ****

Ortsrandlage an der B158 – Wolfgangsee

5340 St. Gilgen, Mondsee Bundesstraße 2

06227-2226

WELLNESS 11

Bergrose Hideaway ****

Ortslage Nähe Strobl – Wolfgangsee

5350 Strobl, Weißenbachtalstraße 15

06137-5431

WELLNESS 12

Brandauers Villen ****S

Grünruhelage am Seeufer in Strobl – Wolfgangsee

5350 Strobl, Moosgasse 6

06137-7205

WELLNESS 10

Strobler Hof ****

Ortslage in Strobl – Wolfgangsee

5350 Strobl, Ischler Straße 7

06137-7308

WELLNESS 10

Kirchenwirt ***S

Ortslage an der Hauptstraße – 20 km südlich von Salzburg

5412 Puch, Halleiner Landesstraße 116

06245-83134

GESUNDHEIT/WELLNESS 13

Vollererhof ****

Absolute Grünruhelage mit Fernblick – Nähe Salzburg

5412 Puch, Vollererhofstraße 158

06245-8991-0

Hundefreundlich. Vor zwei Jahrzehnten noch mit vier Lilien: Auf 800 m Seehöhe, hoch über dem Salzachtal und dennoch ganz nah bei der Mozartstadt liegt dieses Gesundheitshotel mit Luxuspanorama, es fokussiert seit vielen Jahren auf Traditionelle Chinesische Medizin und Entgiftungskuren nach F. X. Mayr. Hinter traditionellen, blumengeschmückten Alpenlandfassaden zeigt sich der Charme unaufgeregter, gehaltvoller Gediegenheit, allerdings mitunter etwas auffrischungsbedürftig. Zimmer gibt es in sechs Kategorien (DZ ab 44 m^2), sie sind in dezenten Farben mit Vollholzinterieurs ansprechend gestaltet und stets außergewöhnlich großzügig geschnitten, alle haben Holzböden sowie Balkon, in puncto Sauberkeit und Erhaltungszustand könnte man aber sicher noch etwas zulegen. Auch das Spa ist etwas in die Jahre gekommen, es offeriert unter anderem einen 10 m langen, auch im Winter nutzbaren Soleaußenpool und drei Saunen. Sehr gute Treatments, täglich Aktivprogramm, darunter auch Waldbaden, Qi Gong, Pilates und Yoga. Küche und Service enttäuschen, hier hat das Haus in den letzten Jahren sukzessive an Terrain verloren, was sich übrigens auch an sozusagen im Jahresrhythmus wechselnden Führungskräften zeigt. Fabelhafte Restaurantterrasse mit Abendsonne, ein Light Lunch ist im Zimmerpreis enthalten. Viele alte Stammgäste, ungeeignet für Kinder. 30 Liegen, 130 Betten.

Solefreibecken, Hallenbad, Sauna, Dampfbad, Massagen, Kosmetik, Ayurveda, Fitnessstudio, Personal Trainer. Acht Golfplätze in max. 45 Autominuten, bis zu 50 % Greenfee-Rabatt.

HP ab € 140,–.

WELLNESS/GESUNDHEIT 11

Sommerau Bio-Vital

Ruhige Hochtallage – 30 km südlich von Salzburg

5423 St. Koloman, Sommeraustraße 231

06241-212

KUR/WELLNESS 11

Bad Vigaun ****

Grünruhelage bei Hallein – 25 km südlich von Salzburg

5424 Bad Vigaun, Karl-Rödhammer-Weg 91

06245-8999-0

WELLNESS 10

Langwies ****

Grünlage bei Hallein – 25 km südlich von Salzburg

5424 Bad Vigaun, Langwies 22

06245-8956

WELLNESS 12

Gutjahr ****S

Ortslage in Abtenau – 50 km südlich von Salzburg

5441 Abtenau, Markt 187, 06243-2434

WELLNESS 10

Moisl ****

Ortslage in Abtenau – 50 km südlich von Salzburg

5441 Abtenau, Markt 26, 06243-2232-0

WELLNESS 11

Elisabeth Werfenweng ****

Grünlage mit Fernblick in Werfenweng – Pongau

5453 Werfenweng, Weng 41, 06466-400

WELLNESS 11

Travel Charme Bergresort ****S

Grünruhelage am Ortsrand in Werfenweng – Pongau

5453 Werfenweng, Weng 195-198

06466-391-0

WELLNESS 11

Bischofsmütze ****

Zentrale Ortslage in Filzmoos – Pongau

5532 Filzmoos, Nr. 30, 06453-8224-0

WELLNESS 10

Hanneshof ****

Zentrale Ortslage in Filzmoos – Pongau

5532 Filzmoos, Nr. 126

06453-8275

WELLNESS 12

Neubergerhof ****

Absolute Grünruhelage mit Fernblick bei Filzmoos – Pongau

5532 Filzmoos, Neuberg 84

06453-8381

WELLNESS 13

Alpenrose Zauchensee ****

Grünruhelage in Zauchensee bei Altenmarkt – Pongau

5541 Altenmarkt, Zauchensee 24

06452-4027

Familienfreundlich. Ein ebenso sympathischer wie gemütlicher Familienbetrieb in angenehmer Größe, er liegt auf 1.350 m Seehöhe beinahe am Talschluss, im Winter ist man hier buchstäblich mitten auf der Piste und unweit der Talstation der Unterbergriedl-Sesselbahn, dem direkten Anschluss an 110 Pistenkilometer. Hinter blumengeschmückten Fassaden herrscht gepflegte Gemütlichkeit ländlicher Prägung, Zimmer wählt man aus sieben Varianten (DZ von 20 bis 40 m^2) in unterschiedlichen Reifestadien, sie sind stets sauber, haben Vollholzmöbel, Teppichböden und Balkon. Das Spa steht ausschließlich Hotelgästen offen und ist auf vier Ebenen aufgeteilt. Es bietet unter anderem sechs Saunen, einen 10 m langen Innenpool sowie eine große Liegeterrasse mit Whirlpool auf dem Dach – es ist unterhaltsam, die Après-Ski-Besucher auf ihren letzten Schwüngen ins Tal zu beobachten. Die Küche serviert viel Deftiges in gutbürgerlicher Manier, Light Lunch und Nachmittagsjause (diese nur im Winter) sind inkludiert, alkoholfreie Getränke zu den Mahlzeiten ebenso. Für Veganer und Allergiker wird nichts geboten, man kommuniziert das allerdings schon vorab unmissverständlich, das ist anderswo nur höchst selten zu finden und ausgesprochen sympathisch! Frühstück bis 10.30 Uhr, Check-out allerdings bereits eine halbe Stunde früher. Wunderbare Gastgeber, erfrischend herzliches und sehr familiäres Umfeld, viele langjährige Stammgäste. Mit ein paar guten Schritten gelangt man zu einem naturbelassenen Gebirgssee (mit 18 Grad Wassertemperatur im Sommer ziemlich frisch, das!), Ruderboote, Tretboote, Kindersegelboote sowie SUP-Boards gibt's zur Gratisleihe. Während der Sommerferien (externe) Kinderbetreuung von 9.30

POSTHOTEL ACHENKIRCH *****

Das Erwachsenen-Resort in Tirol. Spielraum für das Ich. Hier steht die Welt für einen Augenblick still. Reichlich Raum für das Ich und wohltuende Wellness bringen Körper und Geist in Einklang.

bis 17 Uhr (So bis Fr). Gratisgarage für (fast) alle. 45 Liegen, 100 Betten.

Hallenbad, Außensauna, Sauna, Dampfbad, Massagen, Kosmetik, Fitnessgeräte.

HP ab € 101,–.

WELLNESS 10

Brückenwirt

Zentrale Ortslage in Altenmarkt – Pongau

5541 Altenmarkt, Oberndorfer Straße 53

06452-5529

WELLNESS 12

Salzburger Hof Zauchensee *****S

Grünruhelage in Zauchensee bei Altenmarkt – Pongau

5541 Altenmarkt, Zauchensee 22

06452-4015-0

WELLNESS 10

Scheffer's ****

An der Durchzugsstraße in Altenmarkt – Pongau

5541 Altenmarkt, Zauchenseestraße 27

06452-5506

WELLNESS 10

Zauchenseehof Familotel ****

Grünruhelage in Zauchensee bei Altenmarkt – Pongau

5541 Altenmarkt, Zauchensee 12

06452-4012

WELLNESS 14

Alpenhof Flachau ****S

Grünlage am Ortsrand in Flachau – Pongau

5542 Flachau, Flachauer Straße 98

06457-2205

Familienfreundlich. Für uns eine willkommene optische Abwechslung: Schönes und sehr gepflegtes Hotel unter Familienführung, es liegt auf 950 m Seehöhe direkt an der Gemeindestraße. Im Winter hält der öffentliche Skibus direkt vor der Tür und bringt einen zur 900 m entfernten Talstation Achter Jet, dem direkten Anschluss an 269 weitere Skilifte und insgesamt 760 Pistenkilometer. Hinter einer unscheinbaren Alpenlandfassade überrascht eine zumeist geradlinige und reduzierte Modernität, was auch für die Zimmer gilt. Sie sind aus 11 unterschiedlichen Kategorien (DZ von 30 bis 200 m^2) wählbar, fast alle haben Teppichböden und Balkon, vor allem jene mit hellem Eichenholz und verglastem Bad begeistern. Das flächenmäßig eher bescheidene Spa ist nur Hotelgästen zugänglich, es ist puristisch mit Holz und Naturstein ansprechend gestaltet und bietet unter anderem vier Saunen, einen sehr kleinen Innenpool und einen 7 m langen, im Winter zeitlich nur eingeschränkt nutzbaren Außenpool, die Massagen sind sehr gut. Freundliche Mitarbeiter, ausgezeichnetes Frühstücksbuffet, sehr gute Küche, sie legt großen Wert auf regionale Zutaten, Wild kommt aus der eigenen Jagd, Eier aus der eigenen Landwirtschaft. Feiner Weinkeller, eine Nachmittagsjause mit Kaffee und Tee ist im Preis inkludiert, im Sommer ist das Hotel nur mit Frühstück buchbar. E-Bikes gibt es zur Gratisleihe. Anmerkung: Das Hotel war während unseres Beobachtungszeitraumes geschlossen, somit konnte kein Hoteltest durchgeführt werden, es gilt die Bewertung des Vorjahres. Gratisgarage für alle. Hunde erlaubt. 34 Liegen, 130 Betten.

Freibecken, Hallenbad, Außensauna, Sauna, Dampfbad, Massagen, Kosmetik, Fitnessgeräte.

HP ab € 140,–.

WELLNESS 10

Hartl ****

Grünlage am Ortsrand in Flachau – Pongau

5542 Flachau, Unterberggasse 214

06457-2716

WELLNESS 10

Lacknerhof Schlosshotel ****S

Grünlage am Ortsrand in Flachau – Pongau

5542 Flachau, Unterberggasse 172

06457-2379-0

WELLNESS 12

Tauernhof Flachau ****

Grünlage am Ortsrand in Flachau – Pongau

5542 Flachau, Flachauer Straße 163

06457-2311

WELLNESS 13

Tirolerhof Flachau ****

Grünlage am Ortsrand in Flachau – Pongau

5542 Flachau, Hofgasse 214

06457-2779

Familienfreundlich. Ganz nahe an der Piste: Ein sympathischer Familienbetrieb, er liegt auf 950 m Seehöhe etwas abseits der Hauptstraße und für Skifahrer recht günstig, nämlich nur ein paar Schritte von Piste und Star-Jet-Eins-Sechsersesselbahn entfernt – dem direkten Einstieg in 120 Pistenkilometer. Das kleine Resort besteht aus drei Häusern, die durch unterirdische Gänge miteinander verbunden sind. Die öffentlichen Räume verströmen liebevoll gestaltete Alpenländlichkeit, was auch für die Zimmer gilt. Sie sind aus 12 Kategorien (DZ von

19 bis 50 m²) wählbar, sie haben Vollholzmöbel, Teppich- oder Holzböden sowie zumeist Balkon oder Terrasse, manche sind nicht mehr ganz taufrisch, die neuen Suiten hingegen wunderschön. Das Spa ist in zwei Bereiche aufgeteilt: Jener für Familien umfasst Hallenbad, Babybecken und zwei ganztägig nutzbare Textilsaunen. Der Adults-only-Bereich bietet unter anderem einen 9 m langen, auch im Winter nutzbaren Außenpool auf dem Dach, fünf Saunen, feine Ruheräume sowie ein Sonnendeck mit Ausblick auf die Berge. Gute Küche, freundliche Mitarbeiter – auch langjährige finden sich zahlreich darunter –, präsente Gastgeber, viele, viele Stammgäste. Check-out bereits um 10 Uhr. Im Winter ist man hier direkt an einer der vielen Loipen sowie unweit von fünf Rodelbahnen (Schlitten gibt es zur Gratisleihe). Indoor- und Outdoor-Zonen für die Kleinen (Spielplatz, Fun-Court, Gokarts), zudem täglich sechs Stunden Betreuung für Kinder ab vier Jahren (Mo bis Fr, mit starken saisonalen Einschränkungen). Garage gegen 15 Euro pro Tag. Hunde erlaubt. 38 Liegen, 150 Betten.

Freibecken, Hallenbad, Babybecken, Sauna, Dampfbad, Massagen, Kosmetik, Ayurveda, Fitnessgeräte.

HP ab € 88,–.

WELLNESS 11

Winterbauer ****

Grünruhelage mit Fernblick bei Flachau – Pongau

5542 Flachau, Feuersangweg 28

06452-4248

WELLNESS 11

Felsenhof Flachau ****

Grünlage am Ortsrand in Flachau – Pongau

5542 Flachau-Reitdorf, Kreuzmoosstraße 88

06457-22510

WELLNESS 14

Die Seitenalm Kinderhotel ****

Grünruhelage mit Fernblick bei Radstadt – Pongau

5550 Radstadt, Forstauerstraße 17

06452-6789

Kinder- und Babyhotel. Ein familiengeführtes Haus in wunderbarer Lage, es liegt auf 1.150 m Seehöhe ruhig und umgeben von Wiesen und Wäldern auf einem vier Hektar großen Grundstück an einem Südhang. Der Ausblick ist herrlich, das Innenleben präsentiert sich sehr sauber und heimelig gestaltet. Zimmer sind aus 12 Kategorien (DZ von 27 bis 90 m²) wählbar, recht nette mit Holzböden und neoalpinem Design finden sich ebenso darunter wie einfache mit rustikalem Charme und Teppichboden, nicht selten in kräftigen Farben. Das indoor etwas zu klein dimensionierte Spa steht ausschließlich Hotelgästen offen, es bietet unter anderem einen 11 m langen Innenpool sowie fünf Saunen (eine davon textil). Groß hingegen ist der Außenbereich: mit 20 m langem, von Mai bis November beheiztem Freibecken, Babypool, Wasserspielplatz, Breitrutsche sowie, ein paar gute Schritte entfernt, einem schönen Naturteich – Tret- und Ruderboote inklusive. Kinderherzen höherschlagen lassen zahlreiche Indoor- und Outdoor-Spielareale, darunter etwa Röhrenrutsche, Fußballplatz, Indianerzelte (mit Marterpfahl), ein überdachter Sandspielplatz sowie im Winter ein kleiner Schlepplift. Auch Tiere zum Streicheln gibt es – begehrter Star ist Hahn Hugo – außerdem Ponys, auf denen man ausgiebig reiten darf. Reichhaltiges Frühstücksbuffet, umfangreiches Speisenangebot für Kids, Mittagstisch, Nachmittagsjause, Softdrinks und Heißgetränke sind im Preis enthalten. Präsente Gastgeber (Hanni, Peter und ihre vier Töchter), viele freundliche und zuvorkommende Mitarbeiter. Tägliche Betreuung von Babys (42 Wochenstunden), Kindern ab einem Jahr (77 Wochenstunden) sowie Teenies (40 Wochenstunden). Und für Papas gibt es eine kostenlose Autowaschbox. 60 Liegen, 180 Betten.

Freibecken (Sommer), Hallenbad, Babybecken, Außensauna, Sauna, Dampfbad, Massagen, Kosmetik, Ayurveda, Fitnessgeräte. 18-Loch-Parcours in 4 km, 10 % Greenfee-Rabatt. Tennisplatz.

VP (inkl. alkoholfreier Getränke) ab € 183,–.

WELLNESS 12

Gründlers ****

Grünruhelage am Ortsrand in Radstadt – Pongau

5550 Radstadt, Schlossstraße 45

06452-5590-0

WELLNESS 17

Gut Weissenhof ****S

Grünruhelage am Golfplatz in Radstadt – Pongau

5550 Radstadt, Weissenhof 6

06452-7001

Hunde-, kinder- und babyfreundlich. Kein Wellness-Muskelprotz, aber ein Ort zum Wohlfühlen par excellence: ein Landgut fast wie aus dem Bilderbuch, ein sympathischer Familienbetrieb, der auf Familien, Reiter und Golfer fokussiert. Er liegt ebenso schön wie direkt an einem 27-Loch-Parcours auf 860 m Seehöhe, im Winter ist man hier gleich an der Loipe, und eine Talstation der Skischaukel Radstadt-Altenmarkt-Zauchensee ist nur 500 m entfernt. Das schmucke Gut Weissen-

hof besteht aus drei durch Gänge miteinander verbundenen Gebäuden, das Ambiente zelebriert Landhausstil auf hohem ästhetischen Niveau, Deko mit Naturmaterialien, dunkle Eichenböden, Sofas mit Hussen aus Leinen, Wände in gedeckten Farben, weißer Stuck und Kristallluster gehören dazu. Wunderschöne Zimmer sind aus 15 Kategorien wählbar (DZ von 24 bis 100 m²), alle haben Holzboden und Balkon. Der Wellnessbereich ist indoor nicht unbedingt riesig, unter anderem bietet er einen 12 m langen Innenpool und einen auch im Winter nutzbaren Außenpool von 11 m Länge, weiters einen netten Außenbereich mit Liegewiese, insgesamt fünf Saunen sowie sehr gute Massagen. Laufstrecken gibt es ringsum, geführte Wanderungen zählen zum Programm. Der Reitstall ist groß und verfügt über Dressur- und Springplatz, sehr nett sind die Familienausritte, die auch für Anfänger und Kinder angeboten werden. Für Letztere locken zudem weitere Attraktionen, etwa Ponyreiten, Lagerfeuer am Fischteich und Picknick auf der Alm – um nur einige zu nennen. Reichhaltiges Frühstücksbuffet bis 11 Uhr, sehr gute bis ausgezeichnete Küche mit Zutaten aus der eigenen Biolandwirtschaft, Light Lunch und Nachmittagsjause sind im Preis enthalten. Herzliches Umfeld mit stets präsenten Gastgebern und vielen freundlichen Mitarbeitern – nur im Reitstall trägt so mancher die Nase ein bisschen hoch. Niveauvolles Publikum, viele langjährige Stammgäste. Täglich 12 Stunden Kinderbetreuung (mit saisonalen Einschränkungen). Gratisgarage für (fast) alle. 54 Liegen, 160 Betten.

Freibecken, Hallenbad, Kinderbecken, Außensauna, Sauna, Dampfbad, Massagen, Kosmetik, Ayurveda, Fitnessstudio. Putting Green, Driving Range, 27-Loch-Parcours, bis zu 30 % Greenfee-Rabatt. Tennishalle, Tennisplätze, Fußballplatz.

HP ab € 143,–.

WELLNESS 12

Zum Jungen Römer ****

Grünruhelage am Ortsrand in Radstadt – Pongau

5550 Radstadt, Römerstraße 18

06452-6712

WELLNESS 17

Lürzerhof Alpin Life Resort ****S

Grünlage am Ortsrand in Untertauern – 80 km von Salzburg

5561 Untertauern, Dorfstraße 23

06455-251

Familienfreundlich. Ein sauber geführter Familienbetrieb, er liegt ganz nahe an der Katschberg-Bundesstraße und keine 15 Autominuten vom Skigebiet Obertauern entfernt, ein kostenloser Skibus hält alle 30 Minuten vor dem Hotel. Das auf 1.010 m Seehöhe gelegene Haus zeigt sich innen in neoalpiner Trendigkeit und besteht aus einem größeren älteren Teil mit traditioneller Alpenlandfassade sowie einem kleineren modernen Zubau, in dem sich große und recht aufreizend gestaltete Suiten befinden, deren größte im Dachgeschoß liegt und über eine 110 m² große Terrasse plus Außensauna verfügt. Zimmer kann man aus 17 Kategorien wählen (DZ von 28 bis 96 m²), alle sind modern gestaltet und haben Holzböden, die meisten Balkon. Das in getrennte Bereiche für Familien und Ruhesuchende unterteilte, allerdings auch externen Gästen zugängliche Spa wurde im Vorjahr erweitert, es bietet sieben Saunen, einen 18 m langen Innenpool, einen 10 m langen Außenpool und sehr gute Massagen. Unter anderem neu sind Outdoor-FKK-Bereich mit großem Whirlpool sowie ein zusätzlicher, eiskalter Naturbadeteich, eine Eventsauna sowie ein Ruheraum mit luxuriösen, aber nur bedingt bequemen Liegen. Reichhaltiges Frühstücksbuffet, zumeist gute Küche – sie verwendet auch Zutaten aus der eigenen Landwirtschaft –, Light Lunch (reichlich), Nachmittagsjause (reichlich) sowie alkoholfreie Getränke (bis 17 Uhr) sind im Preis inkludiert, die Weinpreise dafür sportlich gehalten. Frühstück und Jause kann man übrigens auch auf der hoteleigenen Gnadenalm einnehmen. Bowlingbahn, Gratisgarage für (fast) alle. Kinderbetreuung zu Ferienzeiten. Hunde erlaubt. 90 Liegen, 160 Betten.

Naturbadeteich, Freibecken, Hallenbad, Babybecken, Außensauna, Sauna, Dampfbad, Massagen, Kosmetik, Fitnessgeräte, Personal Trainer. 18-Loch-Parcours in 10 km.

HP ab € 168,–.

WELLNESS 12

Alpenland ****

Zentrale Ortslage in Obertauern – 100 km von Salzburg

5562 Obertauern, Seekarstraße 15
06456-7345

WELLNESS 12

Cinderella *****

Ortsrandlage in Obertauern – 100 km von Salzburg

5562 Obertauern, Mozartgasse 1, 06456-7800

WELLNESS 11

Das Barbara garni

Ortsrandlage in Obertauern – 100 km von Salzburg

5562 Obertauern, Sonnhofweg 1, 06456-7275

WELLNESS 12

Das Kohlmayr ****S

Zentrale Ortslage in Obertauern – 100 km von Salzburg

5562 Obertauern, Ringstraße 5, 06456-72720

WELLNESS 14

Das Seekarhaus *****

Grünruhelage mit Fernblick bei Obertauern

5562 Obertauern, Seekarstraße 32
06456-20010

Kinderfreundlich. In außergewöhnlich privilegierter Lage, besser geht es für Skifahrer wohl kaum: Ein familiengeführtes Wintersporthotel, es liegt auf 1.800 m Seehöhe wunderbar hoch über dem Ort, mitten im Skigebiet und direkt an der Talstation von drei Liften – was freilich auch bezahlt sein will. Die Zimmer (23 Varianten, DZ von 22 bis 60 m²) zeigen sich so schön wie gemütlich, sie haben zum Teil feine Eichenböden, mit etwas Glück auch Balkon, andernfalls gewähren sie mitunter nur den Ausblick auf eine nahe Schneewand. Das Spa ist auf zwei relativ weit auseinanderliegende Bereiche aufgeteilt, es gibt einen Familienbereich mit zwei Indoorpools (beide knapp 11 m lang) und zwei Saunen sowie einen Bereich für Erwachsene mit vier Saunen. Grenzgeniale Sonnenterrasse, die allerdings auch zahlreich von Tagesgästen frequentiert wird. Reichhaltiges Frühstücksbuffet, gute Küche, eine Nachmittagsjause ist inkludiert. Beim Service – vor allem an der Rezeption – gibt es noch etwas Luft nach oben, lupenreines Fünfsternfeeling darf man sich nicht erwarten. Anmerkung: Das Hotel war während unseres Beobachtungszeitraums geschlossen, somit konnte kein Hoteltest durchgeführt werden, es gilt die Bewertung des Vorjahres. Täglich 14,5 Stunden Betreuung für Kinder ab 12 Monaten. Gratisgarage für alle. Hunde erlaubt (um 45 Euro pro Tag!). 90 Liegen, 200 Betten.

Freibecken, Hallenbad, Kinderbecken, Sauna, Dampfbad, Massagen, Kosmetik, Ayurveda, Fitnessgeräte.

HP ab € 165,–.

WELLNESS 11

Edelweiss Obertauern ****S

Zentrumslage in Obertauern – 100 km von Salzburg

5562 Obertauern, Römerstraße 75, 06456-7245

WELLNESS 13

Enzian Obertauern ****S

Ortsrandlage in Obertauern – 100 km von Salzburg

5562 Obertauern, Gamsleitenstraße 7, 06456-72070

Direkt an der Skipiste: Ein sympathischer Familienbetrieb, man hatte hier vor knapp 70 Jahren als kleine Frühstückspension mit der Vermietung von 15 Betten begonnen, heute steht hier ein schönes Wintersporthotel in angenehm überschaubarer Größe. Das Haus liegt auf 1.664 m Seehöhe fernab vom Trubel am Ortsrand, mit ein paar guten Schritten gelangt man zum Gamsleiten-Lift, dem Anschluss an 25 weitere Lifte und rund 100 Pistenkilometer. Im Inneren zeigt sich neoalpine Modernität gemütlicher Prägung, was auch für die Zimmer (acht Kategorien, DZ von 25 bis 140 m^2) gilt. Sie sind mehrheitlich sehr großzügig geschnitten, Teppichböden und Zirbenholzinterieurs herrschen vor. Es gibt mehrere zubuchbare Extras, etwa Butterkekse, Luftbefeuchter, Winterpflegeset (mit Lippenbalsam und Taschentüchern), Oropax oder eine Innen-Autoreinigung – Letzteres ist für alle, die mit Kindern anreisen, sehr praktisch! Das ausschließlich Hausgästen zugängliche Spa ist auf vier Ebenen aufgeteilt, es bietet einen knapp 8 m langen Innenpool, sechs Saunen sowie einen besonders schön gestalteten Nacktbereich („Zirben-Spa"). Nettes Zirbenstüberl und schöner Wintergarten, gute bis sehr gute Küche, feine Weinkarte, eine Nachmittagsjause ist im Preis inkludiert. Frühstück bis 10.30 Uhr, Check-out bereits eine halbe Stunde früher, der Wellnessbereich kann an An- und Abreisetag ohne Aufpreis ganztägig genutzt werden. Präsente Gastgeber, sehr freundliche und hilfsbereite Mitarbeiter. Gemütliche Bar mit offenem Kamin, unter anderem offeriert sie, zum Hotelnamen passend, auch besten Enzianschnaps. Anmerkung: Das Hotel war während unseres Beobachtungszeitraums geschlossen, somit konnte kein Hoteltest durchgeführt werden, es gilt daher die Bewertung aus dem Vorjahr. Valet Parking, Gratisgarage für alle (auch am Abreisetag). Für Kinder eher ungeeignet. 59 Liegen, 140 Betten.

Hallenbad, Sauna, Dampfbad, Massagen, Kosmetik, Fitnessgeräte.

HP ab € 134,–.

WELLNESS 11

Kesselspitze *****

Ortsrandlage in Obertauern – 100 km von Salzburg

5562 Obertauern, Alpenstraße 1

06456-7400

WELLNESS 12

Manggei garni

Ortslage in Obertauern – 100 km von Salzburg

5562 Obertauern, Seekarstraße 8

06456-20040

WELLNESS 10

Marietta

Ortsrandlage in Obertauern – 100 km von Salzburg

5562 Obertauern, Ringstraße 8

06456-7262-0

WELLNESS 13

Panorama Obertauern ****S

Ortsrandlage in Obertauern – 100 km von Salzburg

5562 Obertauern, Brettsteinstraße 1

06456-7432

Auf 1.664 m Seehöhe Ski-in, Ski-out: ein bestens geführter Familienbetrieb in angenehmer Größe und komfortabler Lage für Skifahrer, nämlich direkt an der Talstation des Gamsleiten-Sesselliftes, dem Anschluss an 25 weitere Lifte und rund 100 Pistenkilometer. Das Ambiente verströmt gehoben-heimeliges Alpenflair, die Zimmer (13 Kategorien, DZ von 20 bis 55 m^2) sind entweder traditionell oder neoalpin gestaltet, alle haben Teppichböden, einige Balkon. Unser Favorit ist die Kuschelsuite mit freistehender Badewanne am Fenster. Die Liste der zubuchbaren „Liebesüberraschungen" ist lang, darunter zu finden sind zum Beispiel Badezusätze, Blütenduft, Kerzenschein und eine Love-Box (mit Champagner und Schokolade). Das Spa ist ausschließlich Hotelgästen zugänglich und ist über mehrere Ebenen verteilt, es bietet unter anderem einen 9 m langen Innenpool und sechs Saunen – darunter eine feine Panoramasauna mit Ausblick auf die Piste. Außerordentlich freundliche und zuvorkommende Mitarbeiter, ebensolche Gastgeber, die zudem stets präsent sind und den Gästen hilfreich zur Seite stehen. Frühstücksbuffet bis 11.30 Uhr, sehr gute bis ausgezeichnete Küche, das Halbpensionsmenü kann auf Wunsch tageweise gegen 38 Euro flexibel zum NF-Preis hinzugebucht werden. Gratisgarage für (fast) alle. 37 Liegen, 85 Betten.

Hallenbad, Sauna, Dampfbad, Massagen.

HP ab € 123,–.

WELLNESS 12

Perner ****

Ortslage in Obertauern – 100 km von Salzburg

5562 Obertauern, Römerstraße 61

06456-7236

WELLNESS 11

Rigele Royal ****S

Ortslage in Obertauern – 100 km von Salzburg

5562 Obertauern, Rosenweg 1

06456-73540

WELLNESS 10

Römerhof Alpenhotel ****S

Ortsrandlage in Obertauern – 100 km von Salzburg

5562 Obertauern, Römerstraße 41, 06456-72380

WELLNESS 13

Schneider ****S

Ortsrandlage in Obertauern – 100 km von Salzburg

5562 Obertauern, Brettsteinstraße 2
06456-7314-0

Familienfreundlich. Nett und heimelig: Ein Familienbetrieb von mittlerer Größe, er liegt auf 1.664 m Seehöhe neben dem Gamsleiten-Sessellift, dem Anschluss an knapp 100 Pistenkilometer, im Winter geht die Abfahrt bis zum Haus. Das Hotel besteht aus dem Stammhaus und einer ein paar Schritte entfernt gelegenen Dreistern-Dependance, deren Gäste Zugang zu Spa und Restaurant haben. Das Ambiente zelebriert Skihotelklassik mit massiven Vollholzinterieurs, schweren Teppichen und schönen Stuben. Zimmer gibt es in 13 Kategorien (DZ von 22 bis 98 m^2), sie haben Teppichböden und häufig Balkon, zwei Varianten sollten nach Redaktionsschluss dieser Ausgabe teilmodernisiert werden. Das Spa steht nur Hotelgästen offen und ist nicht gerade weitläufig, also eher als Add-on für Skifahrer gedacht. Es bietet unter anderem einen 15 m langen Innenpool und drei Saunen. Langschläferfrühstück bis 11.30 Uhr, sehr gute Küche mit Fleisch aus der eigenen Landwirtschaft, gemütliche Stuben, feine Tischkultur. Viele freundliche Mitarbeiter, die Gastgeber sehen penibel nach dem Rechten. Hauseigene „Turmbar" direkt an der Piste, sie ist unterirdisch mit dem Hotel verbunden. Geführte Schneeschuhwanderungen und Skirunden. Anmerkung: Das Hotel war während unseres Beobachtungszeitraums geschlossen, somit konnte kein Hoteltest durchgeführt werden, daher gilt die Bewertung aus dem Vorjahr. Gratisgarage für alle. 46 Liegen, 190 Betten.

Hallenbad, Sauna, Dampfbad, Massagen, Kosmetik, Ayurveda, Fitnessgeräte.

HP ab € 137,–.

WELLNESS 12

Steiner ****S

Ortsrandlage in Obertauern – 100 km von Salzburg

5562 Obertauern, Römerstraße 45, 06456-7306

WELLNESS 10

Karla ****

Grünlage am Ortsrand in Mauterndorf – Lungau

5570 Mauterndorf, Markt 274, 06472-7365

WELLNESS 9

Neuwirt ***

Ortslage in Mauterndorf – Lungau

5570 Mauterndorf, Markt 39
06472-7268

WELLNESS 11

Almgut ****S

Grünruhelage am Ortsrand in St. Margarethen – Lungau

5581 St. Margarethen, Liftstraße 166
06476-429-0

WELLNESS 18

Eggerwirt ****S

Zentrale Grünruhelage in St. Michael – Lungau

5582 St. Michael, Kaltbachstraße 5
06477-8224-0

Kinderfreundlich. Unkompliziert, familiär und blitzsauber: ein netter Familienbetrieb, der zwar mitten im Ort (Seehöhe 1.075 m), aber dennoch ausgesprochen ruhig gelegen ist. Innen ist's durch zahlreiche Ausbaustufen geheimnisvoll verwinkelt, dennoch fühlt sich alles nach ländlicher Gemütlichkeit an, auch die Zimmer. Man kann sie aus 22 Varianten auswählen (DZ von 30 bis 100 m²), wer Extravaganz und Avantgarde sucht, wird hier nicht fündig, denn sie haben helle und freundliche Vollholzinterieurs, zumeist – zumindest französischen – Balkon, feine Holzböden und ausgezeichnete Betten, die Mehrzahl ist zudem nach Süden ausgerichtet, ein gewisser Teil geht lagebedingt freilich auf gegenüberliegende Häuser. Das Spa ist laut Werbung sagenhafte 12.500 m² groß, die für Pools, Saunen und Indoor-Ruhezonen verfügbare Fläche misst allerdings nur einen Bruchteil davon. Hervorzuheben sind gemütliche Ruheräume, ein gut ausgestattetes Fitnessstudio mit Ausblick, ein Außenbereich mit ganz tiefem Schwimmteich und Liegendecks ringsum sowie die zumeist sehr guten Massagen. Weiters geboten werden ein knapp 13 m langer Innenpool mit seidenweichem, pH-neutralem Perlwasser und ein etwas kürzerer, ganzjährig nutzbarer Außenpool, ein Ladys-Spa, eine große Eventsauna plus feiner FKK-Zone im Freien und insgesamt 10 Saunen. Täglich Aktivprogramm, auch geführte Wanderungen. Restaurantterrasse, reichhaltiges Frühstücksbuffet, zumeist gute Küche, sie versteht sich auch auf gefällige Präsentation und ausgezeichnete Süßspeisen, und sie bietet auf Wunsch auch vegane und vegetarische Alternativen an. Light Lunch, Softdrinks sowie Heißgetränke sind inkludiert. Viele langjährige, freundliche und aufmerksame Mitarbeiter, stets präsente Gastgeber. Kinderbetreuung von 9 bis 19.30 Uhr (Mo bis Fr, zu

Ferienzeiten auch täglich, auch nach dem Abgang von Barbara weiterhin sehr nett). Das Spa kann an An- und Abreisetag ohne Aufpreis genutzt werden. Viele, viele Stammgäste. Gratisgarage für alle. Valet Parking. Hunde erlaubt. 100 Liegen, 200 Betten.

Naturbadeteich, Freibecken, Hallenbad, Solehallenbad, Kinderbecken, Sauna, Dampfbad, Massagen, Kosmetik, Ayurveda, Fitnessstudio, Personal Trainer. 9- und 18-Loch-Parcours in 4 km, 30 % Greenfee-Rabatt.

HP ab € 200,–.

WELLNESS 10

Stofflerwirt Landhotel
An der B96 bei St. Michael – Lungau

5582 St. Michael, Hutterstraße 11

06477-8293

WELLNESS 10

Wastlwirt ****
Zentrale Ortslage in St. Michael – Lungau

5582 St. Michael, Poststraße 13

06477-7155-0

WELLNESS 11

Alpendorf ****
Grünlage mit Fernblick bei St. Johann – Pongau

5600 St. Johann, Alpendorf 9

06412-6259

WELLNESS 11

Alpenschlössl St. Johann ****
Grünruhelage mit Fernblick bei St. Johann – Pongau

5600 St. Johann, Alpendorf 3a

06412-40600

WELLNESS 12

Alpina Kinderhotel ****S
Grünlage bei St. Johann – Pongau

5600 St. Johann, Alpendorf 8

06412-8282

WELLNESS 13

Berghof Verwöhnhotel ****S
Grünlage bei St. Johann – Pongau

5600 St. Johann, Alpendorf 1

06412-6181

Kinderfreundlich. Ein familiengeführtes Wintersport- und Wanderhotel, auf 740 m Seehöhe liegt es in einer Straßenkehre und gegenüber dem Parkplatz der Gondelbahn, die im Winter einen direkten Anschluss an 120 zusammenhängende Pistenkilometer und zahlreiche Liftanlagen bildet. Das Hotel besteht aus zwei unterirdisch miteinander verbundenen Gebäuden, inwendig herrscht traditionelle Alpenländlichkeit in unterschiedlichen Reifestadien. Zimmer sind aus 10 Kategorien (DZ von 20 bis 50 m^2) wählbar, sie sind mehrheitlich stilvoll und zeitgemäß mit Holzvertäfelungen und anderen Naturmaterialien gestaltet, alle haben Balkon, Terrasse oder Loggia, viele auch Holzböden und neue Bäder. Der nur Hotelgästen zugängliche Wellnessbereich ist recht schön anzusehen, aber indoor nicht allzu groß, er bietet einen 15 m langen Innenpool sowie fünf Saunen. Im Sommer erfreut ein netter Garten mit Liegewiese, Hängematten und einem knapp 13 m langen Außenpool mit Wasserrutsche. Kleines Aktivprogramm, darunter auch geführte Wanderungen und Yoga, für Kinder gibt es einen schönen Spielplatz. Nette Restaurantterrasse, reichhaltiges Frühstücksbuffet, gute bis sehr gute Küche, eine Nachmittagsjause ist im Preis inkludiert. Viele junge Mitarbeiter, denen es mitunter etwas an Professionalität mangelt, deren ungekünstelte Freundlichkeit aber vieles verzeihen lässt. Zahlreiche Stammgäste, Betreuung für Kinder ab drei Jahren täglich (So bis Fr, mit saisonalen Einschränkungen). Hunde erlaubt. 47 Liegen, 155 Betten.

Freibecken (Sommer), Kinderfreibecken (Sommer), Hallenbad, Sauna, Dampfbad, Massagen, Kosmetik, Fitnessgeräte. 18-Loch-Parcours in 12 km.

HP ab € 115,–.

WELLNESS 11

Brückenwirt ****
Zentrale Ortslage in St. Johann – Pongau

5600 St. Johann, Hauptstraße 78

06412-4259

WELLNESS 12

Gut Berg Naturhotel ****
Grünruhelage mit Fernblick bei St. Johann – Pongau

5600 St. Johann, Alpendorfstraße 31

0642-5646

WELLNESS 13

Oberforsthof ****S
Grünruhelage mit Fernblick bei St. Johann – Pongau

5600 St. Johann, Alpendorf 11

06412-6171

Kinderfreundlich. Ein familiengeführtes Haus, es liegt auf 760 m Seehöhe am talseitigen Ortsrand, zur Talstation der Gernkogel-Sechsersesselbahn sind es nur ein paar gute Schritte, im Winter bedeutet das den direkten Anschluss an 210 Pistenkilometer. Das Innenleben präsentiert sich in gehobener und durchwegs kontemporärer Ländlichkeit. Auch die Zimmer (10 Kategorien, DZ von 22 bis 90 m²) folgen diesem Stil, sie sind alle renoviert und mit feinen Holzböden ausgestattet, alle haben Balkon oder Terrasse, der grundsätzlich schöne Ausblick über das Salzachtal ist allerdings wegen des Grundrisses mehrheitlich nicht zu haben. Das etwas in die Jahre gekommene Spa bietet unter anderem einen 16 m langen Pool sowie fünf Saunen. Highlight im Sommer ist ein Garten mit Liegewiese und kleinem Schwimmteich – Yoga auf SUP-Boards inklusive. Ein Langschläferfrühstück wird bis 12 Uhr ohne Aufpreis ans Bett gebracht (sehr nett), gute Küche bei feiner Tischkultur, eine Nachmittagsjause ist im Preis inkludiert. Viele freundliche Mitarbeiter, beim Service gibt es bisweilen noch etwas Luft nach oben. Für die Kleinen gibt es auch Tiere zum Streicheln, etwa die beiden Alpakas Apollo und Paolo, sowie täglich 12 Stunden Betreuung (ab drei Jahren). Ruhesuchenden sei empfohlen, eventuell stattfindende Tagungen, Events oder Gruppenreisen vor der Buchung abzuklären. Gratisgarage für Direktbucher. Hunde erlaubt. 41 Liegen, 180 Betten.

Naturbadeteich, Hallenbad, Außensauna, Sauna, Dampfbad, Massagen, Kosmetik, Ayurveda, Fitnessgeräte. 18-Loch-Parcours in 12 km. Tennisplatz.

HP ab € 119,–.

WELLNESS 14

Sonnhof Alpendorf ****s

Grünruhelage mit Fernblick bei St. Johann – Pongau

5600 St. Johann, Alpendorf 16

06412-7271

„Adults preferred“ lautet hier das Motto, das finden wir ein bisschen unentschlossen, zumal doch zahlreiche Familien unter den Gästen zu finden sind. Das Haus mit seinem jugendlich-flotten Marketing ist das Schwesterhotel des gegenüberliegenden Oberforsthofs, es liegt auf 750 m Seehöhe etwas erhöht über dem Ort, im Winter ist man direkt an der Skipiste, und es ist nur ein kurzes Stück zur Sechsersesselbahn, dem direkten Anschluss an 120 zusammenhängende Pistenkilometer und zahlreiche Liftanlagen. Inwendig zeigt sich zeitgemäße Alpenländlichkeit, Zimmer stehen in 25 Kategorien zur Auswahl (DZ von 20 bis 70 m²), sie sind allesamt stilvoll und neoalpin gestaltet, haben Holzböden, einige offene Kamine, die meisten Balkone mit schönem Ausblick – Südseite gibt es gegen Aufpreis. Das Spa ist atmosphärisch gestaltet, es bietet unter anderem einen 15 m langen, auch im Winter nutzbaren Außenpool, fünf Saunen sowie einen schönen Garten mit Liegewiese und lauschigen Ruheplätzen. Kleines Aktivprogramm, Yoga gibt es bis zu viermal die Woche im neuen Aktivraum. Fabelhafte Restaurantterrasse, umfangreiches Frühstücksangebot bis 11 Uhr, Porridge, Smoothies und Palatschinken gehören auch dazu. Gute Küche, eine Nachmittagsjause ist im Preis inkludiert. Nette Bar, die zudem gut sortiert ist (vor allem mit Gin und Rum). Viele freundliche Mitarbeiter, präsente Gastgeber, die den Stammgästen viel Aufmerksamkeit widmen. Breites Service für Biker (Reparaturecke, Wäscheservice etc.), im Winter gibt es Rodeln und Schneeschuhe zur Gratisleihe. Garage im Partnerhotel gegen 8 Euro pro Tag. Ungeeignet für Kinder, Hunde erlaubt. 48 Liegen, 75 Betten.

Freibecken, Hallenbad, Sauna, Dampfbad, Massagen, Kosmetik, Ayurveda, Fitnessgeräte. 18-Loch-Parcours in 12 km.

HP ab € 106,–.

WELLNESS 11

Tannenhof St. Johann ****s

Grünlage bei St. Johann – Pongau

5600 St. Johann, Alpendorf 3

06412-5231-0

WELLNESS 12

Zinnkrügl ****s

Grünruhelage mit Fernblick bei St. Johann – Pongau

5600 St. Johann, Alpendorf 7

06412-6179

WELLNESS 11

Adapura Wagrain ****

Grünlage am Ortsrand in Wagrain – Pongau

5602 Wagrain, Markt 58b

06413-20555

WELLNESS 11

Alpina Wagrain ****

Grünlage am Ortsrand in Wagrain – Pongau

5602 Wagrain, Kirchboden 97

06413-8337

WELLNESS 15

Edelweiss Naturhotel Wagrain ****

Naturlage mit herrlichem Panorama – Pongau

5602 Wagrain, Weberlandl 65

06413-8447

Hunde- und familienfreundlich. Umweltbewusst in privilegierter Lage: Ein sympathischer und auf ökologisches Wirtschaften achtender Familienbetrieb von angenehm überschaubarer Größe, er liegt ruhevoll auf einer Alm auf 1.200 m Seehöhe,

im Winter ist man hier buchstäblich mitten auf der Piste und unweit der Talstation der Rote-Achter-Gondelbahn, dem direkten Anschluss an 120 zusammenhängende Pistenkilometer und zahlreiche Liftanlagen. Die Architektur passt sich der schönen Landschaft gut an und wird mit ihrer modernen Holzfassade auch dem Namenszusatz „Naturhotel“ gerecht. Das Ambiente verströmt Geborgenheit und zeigt liebevoll gestaltete Modernität, aus vielen Räumen genießt man einen traumhaften Ausblick. Die Zimmer (sieben Varianten, DZ von 22 bis 68 m²) sind mit Naturmaterialien wohnlich arrangiert sowie mitunter etwas hellhörig, alle haben Balkon und Holzböden. Das kleine Spa wird zur Gänze mit Erdwärme und daher zukunftsweisend umweltfreundlich betrieben, es bietet unter anderem zwei Innenpools (einer ist für Familien), Schwimmteich mit Liegewiese, fünf Saunen (zwei davon textil) sowie ausgezeichnete Massagen. Fabelhafte Restaurantterrasse, reichhaltiges Frühstücksbuffet, eine Nachmittagsjause ist im Preis enthalten. Die Küche legt großes Augenmerk auf biologische und regionale Zutaten, für vegane Varianten werden 15 Euro extra verrechnet. Freundliche Mitarbeiter, ebensolche Gastgeber, viele Stammgäste. Geführte Wanderungen, Wanderwege ohne Zahl. Sechs Stunden Betreuung für Kinder ab vier Jahren (mit saisonalen Einschränkungen). 40 Liegen, 80 Betten.

Naturbadeteich, Hallenbad, Kinderhallenbad, Sauna, Dampfbad, Massagen, Ayurveda, Fitnessgeräte. 18-Loch-Parcours in 19 km. Tennisplatz.

HP ab € 130,–.

WELLNESS 13

Prechtlgut Chaletdorf

Grünlage am Ortsrand in Wagrain – Pongau

5602 Wagrain, Hofmark 1

0676-7301911

Ein familiengeführtes Chaletdorf, es liegt auf 840 m Seehöhe am Talboden gegenüber vom Parkplatz der Grafenberg-Gondelbahn, dem direkten Anschluss an 210 Pistenkilometer und zahlreiche weitere Liftanlagen. Das Mini-Resort verfügt über acht Holzhäuschen (5 Kategorien, 85 bis 150 m²) in Stadel-Optik, sie bieten maximal sechs Personen Platz und sind mit liebevollen Details ausgestaltet. Alle haben einen offenen Kamin in der Raummitte sowie einen kleinen Wellnessbereich mit Softsauna, freistehender Badewanne, Ruhezone und einem heißen Badezuber im Freien – allerdings ohne Sichtschutz zum Nachbarn, das erschien uns für nächtliche Wasservergnügungen nicht wirklich geeignet. Auf

JUFFING HOTEL & SPA ****S

Mittendrin im satten Grün zeigen wir einen naturverbundenen Weg zu Ausgeglichenheit und frohem Sinn. Sie erfahren Ganzheitlichkeit und ein besonderes Wohlgefühl im Erleben von Wellness.

JUFFING

Wunsch kommt eine Masseurin ins Chalet, die junge Gastgeberin Carina bietet autogenes Training, Meditation und Life-Style-Analysen an. Das Frühstück wird bis 11 Uhr ins Chalet geliefert, der Tisch auf Wunsch eingedeckt. Die Küche serviert gegen Aufpreis in einem zentralen Restaurant viel Deftiges in gutbürgerlicher Manier, ein nachmittägliches Kuchenbuffet ist zweimal pro Woche inkludiert. Präsente und bemühte Gastgeber, viele freundliche Mitarbeiter. Wermutstropfen: Hintergrundmusik in Permanenz, zudem verbesserungsfähiges Service. Check-in ab 16 Uhr, Check-out bereits um 10 Uhr. Keine saisonalen Preisschwankungen (Ausnahme: Weihnachten und Silvester). Eher ungeeignet für Kinder, Hunde erlaubt. Gratisgarage für alle. 64 Betten.

Naturbadeteich, Sauna, Massagen, Kosmetik. 27-Loch-Parcours in 17 km.

HP ab € 255,–.

WELLNESS 11

Wagrain Sporthotel *****S

Grünlage am Ortsrand in Wagrain – Pongau

5602 Wagrain, Hofmark 9

06413-7333

WELLNESS 10

Wagrainerhof ****

Zentrale Ortslage in Wagrain – Pongau

5602 Wagrain, Markt 23

06413-8204

WELLNESS 12

Guggenberger ****

Zentrale Ortslage in Kleinarl – Pongau

5603 Kleinarl, Dorf 45

06418-222

WELLNESS 12

Robinson Club Amadé ****

Grünlage am Ortsrand in Kleinarl – Pongau

5603 Kleinarl, Dorf 16, 06418-2111-0

WELLNESS 11

Tauernhof Kleinarl

Grünlage am Ortsrand in Kleinarl – Pongau

5603 Kleinarl, Jägerseestraße 5

06418-247

WELLNESS 11

Alpenklang ****

Grünruhelage mit Fernblick bei St. Johann – Pongau

5611 Großarl, Schiedweg 47, 06414-575

WELLNESS 11

Berg-Leben

Ortslage in Großarl bei St. Johann – Pongau

5611 Großarl, Marktplatz 13

06414-251

WELLNESS 16

Das Edelweiss Mountain Resort *****

Grünlage in Großarl bei St. Johann – Pongau

5611 Großarl, Unterbergstraße 65

06414-3000

Kinderfreundlich. Einst einmal ein Hotel für Busgruppen, neuerdings mit fünf Sternen: Ein inhabergeführtes Großhotel, es führt im Namenszusatz „Mountain Resort“, liegt jedoch überraschenderweise im Tal – tiefer geht es kaum –, und zwar an der Hauptstraße. Was würde man wohl sagen, wenn nächstens ein Berghotel als „Valley Resort“ auftritt? Na ja, nichts ist so tief wie die Oberfläche, das wusste schon Andy Warhol. Im Winter jedenfalls sind es nur ein paar Schritte zur Talstation der Panorama-Gondelbahn, dem Anschluss an 16 weitere Liftanlagen und 73 zusammenhängende Pistenkilometer. Die Anlage besteht aus dem Stammhaus und einem modernen Zubau („Panoramaflügel“), die Grundrisse sind dabei so stark verwinkelt, dass man eigentlich einen Plan zur Orientierung benötigen würde. Die öffentlichen Räume verströmen kontemporär interpretierten Alpenlandchic, Zimmer sind aus 13 unterschiedlichen Varianten (DZ von 25 bis 115 m^2) wählbar, jene im neuen Trakt zeigen sich in feiner, naturnaher Modernität, sie sind mit Holzböden ausgestattet, die Erstbefüllung der Minibar ist inkludiert. Erwähnenswert ist die Suite Edelweiss im achten Stock, sie präsentiert sich mit großer Terrasse, Sauna und privatem 7 m langen Infinity-Pool – der Preis für diesen Luxus liegt bei rund 1.320 Euro pro Nacht. Das Spa bietet unter anderem insgesamt neun Saunen, zwei auch im Winter nutzbare Außenpools – der längste misst 25 m –, einen Familienbereich mit Kinderbecken, Textilsaunen und fünf abenteuerlichen Wasserrutschen sowie ein weitläufiges Adults-only-Spa. Kleines Aktivprogramm, auch viermal pro Woche Yoga (einmal davon speziell für Kinder). Ansprechende Stuben von klassisch bis modern, kulinarisches Highlight ist das reichhaltige Frühstücksbuffet mit Wurstwaren aus der eigenen Fleischerei und vielen Produkten aus der Region, die Küche ist gut. Nette Tischkultur, feine Weinkarte mit guter Beratung, eine Nachmittagsjause ist inkludiert. Präsente

Gastgeber – zahlreiche Familienmitglieder packen hier tüchtig mit an –, zumeist freundliche Mitarbeiter, viele Stammgäste. Das Spa kann am Abreisetag ohne Aufpreis ganztägig genutzt werden. Gratisgarage für alle. 71 Wochenstunden Betreuung für Kinder ab drei Jahren (Mo bis So). Hunde erlaubt. 281 Liegen, 375 Betten.

Freibecken, Solefreibecken, Hallenbad, Kinderbecken, Babybecken, Außensauna, Sauna, Dampfbad, Massagen, Kosmetik, Fitnessgeräte, Personal Trainer. 18-Loch-Parcours in 25 km, 20 % Greenfee-Rabatt. Leihfahrräder gratis.

HP ab € 180,–.

WELLNESS 11

Großarler Hof ****s

Ortslage in Großarl bei St. Johann – Pongau

5611 Großarl, Unterbergstraße 76

06414-8384

WELLNESS 11

Holzleb'n Feriendorf

Grünlage am Ortsrand in Großarl bei St. Johann – Pongau

5611 Großarl, Unterbergstraße 1

06414-213-0

WELLNESS 10

Hubertushof Großarl

Ruhige Ortslage in Großarl bei St. Johann – Pongau

5611 Großarl, Marktstraße 18, 06414-227

WELLNESS ✿✿✿ 17

Moar Gut Familien Natur Resort *****

Grünruhelage am Ortsrand bei Großarl – Pongau

5611 Großarl, Moargasse 22

06414-318

Kinder- und Babyhotel. Viel Neues zu entdecken: Ein wunderschöner Familienbetrieb mit nur 48 Zimmern, er liegt auf 900 m Seehöhe umgeben von Wiesen und Wäldern am Ende einer Sackgasse. Das seit vielen Jahren als naturnahes Kinderhotel beliebte Haus mit einfachen Zimmern, angeschlossenem Biobauernhof und Mini-Spa wurde in den vergangenen zehn Jahren sukzessive modernisiert und erweitert, dies zuletzt im Vorjahr (nach unserem Redaktionsschluss), und zwar in gewaltigen Dimensionen. Neu sind unter anderem ein zusätzlicher Adults-only-Wellnessbereich, Restaurant, Bar, Sport-, Kletter- und Reithalle, zwei kleine fünfgeschoßige „Wohntürme" sowie Tiefgarage mit Waschanlage, vieles ist optisch ein richtiger Hingucker geworden. Die bauernhofähnliche Rustikalidylle von ehedem ist damit endgültig Geschichte, die Preise haben freilich ganz schön angezogen, auch weil das Haus neuerdings mit fünf Sternen kategorisiert ist. Die ganze Anlage ist weitläufig und zeigt sich nunmehr mit so etwas wie naturnaher Mondänität. Zimmer (DZ von 25 bis 115 m^2) stehen in nicht weniger als 26 Kategorien zur Auswahl, sie sind meist großzügig geschnitten und in warmen Farben gestaltet, alle haben Holzböden und Terrasse oder Balkon. 12 neue „Natursuiten" erfreuen das Auge, viel Holz und Leinen sorgen dafür. Alle haben Klimaanlage, die meisten eine freistehende Badewanne – und einen Aufzug, der direkt ins Zimmer führt. Das Spa präsentiert sich stilvoll arrangiert, unter anderem bietet es einen neuen 25 m langen, auch im Winter nutzbaren Außenpool, sieben Saunen, einen Familienbereich mit Wellenrutsche und Textilsauna sowie im Freien schöne Ruhezonen um einen 28 m langen FKK-Schwimmteich. Highlight für die Kleinen ist ein neuer Natur-Kinderhof mit Werkstatt, Malatelier, Kletternetz (aus Naturfasern) sowie zum Ausruhen Zirbenholz-Bettchen – alles aus reinem Holz, Plastik wird man hier keines finden. Reichhaltiges Frühstücksbuffet, sehr gute Küche, sie legt Wert auf regionale Lieferanten, Light Lunch und eine Nachmittagsjause mit alkoholfreien Getränken, Tee und Kaffee sind inkludiert. Freundliche und zuvorkommende Mitarbeiter, präsente Gastgeber. Gratisgarage für alle. Täglich Kinderbetreuung ab dem 30. Lebenstag (!) von 9 bis 21 Uhr. Anmerkung: Bedingt durch die Corona-Maßnahmen hatten wir nicht ausreichend Zeit, das Haus umfassend zu testen, die Bewertung ist daher möglicherweise noch etwas unscharf. 67 Liegen, 150 Betten.

Naturbadeteich, Freibecken, Hallenbad mit Rutsche, Kinderbecken mit Rutsche, Sauna, Dampfbad, Massagen, Kosmetik, Fitnessgeräte, Personal Trainer. Reithalle mit Schule, Tennisplatz.

VP ab € 213,–.

WELLNESS ✿✿✿ 18

Nesslerhof ****s

Grünruhelage am Ortsrand bei Großarl – Pongau

5611 Großarl, Unterbergstraße 50

06414-81200

Familienfreundlich. Im Winter direkt an der Skipiste: Auf 930 m Seehöhe, gleich gegenüber der Talstation der Kabinenbahn Hochbrand, liegt dieses familiengeführte Hotel, was im Winter einen bequemen Anschluss an 70 zusammenhängende Pistenkilometer bedeutet. Das Haus wurde vor zehn Jahren als kompletter Neubau eröffnet, was

sich übrigens an einer überdurchschnittlich guten Trittschalldämmung zeigt. Seit einer großen Erweiterung im Jahr 2016 besteht der Nesslerhof aus zwei miteinander verbundenen Logiergebäuden und einer kleinen Dependance (Haus „Ursprung“), die über einen unterirdischen Gang zu erreichen ist. Die öffentlichen Räume zelebrieren neoalpine Ländlichkeit – mal reduzierter, mal verspielter –, Zimmer sind aus 10 Varianten wählbar (DZ von 35 bis 68 m^2), viele haben Holzböden, alle Balkon. Der auch externen Gästen zugängliche Wellnessbereich ist in Zonen für Familien und Ruhesuchende geteilt, mit viel Holz atmosphärisch gestaltet und schlechthin eine Augenweide. Unter anderem geboten werden ein 12 m langer Innenpool und ein 15 m langer, auch im Winter nutzbarer Außenpool, insgesamt acht Saunen – vier davon allerdings textil und im Familienbereich –, edle Ruheräume und eine feine Outdoor-Zone mit Badeteich und Kaltwasserteich, in den man nach der Sauna springt – herrlich – auch die Massagen sind es. Schöner Fitnessraum mit Ausblick, Aktivprogramm an fünf Tagen die Woche, auch Yoga und geführte Wanderungen. Fabelhafte Terrasse, großartiges Frühstücksbuffet, sehr gute bis ausgezeichnete Küche, sie favorisiert Produkte aus der Region und versteht sich auch auf optische Präsentation, Light Lunch und Nachmittagsjause sind im Preis enthalten. Nette Bar mit ebensolchen Preisen, großartige Schnäpse, viele freundliche Mitarbeiter, präsente und hilfsbereite Gastgeber. Kids können sich über einen Streichelzoo mit Hasen und Schafen freuen. 124 Liegen, 180 Betten.

Naturbadeteich, Freibecken, Solefreibecken, Hallenbad, Außensauna, Sauna, Dampfbad, Massagen, Kosmetik, Fitnessgeräte, Personal Trainer. 18-Loch-Parcours in 25 km.

HP ab € 200,–.

WELLNESS 11

Sonnhof Großarl garni ***

Grünruhelage am Ortsrand in Großarl – Pongau

5611 Großarl, Bergstraße 6, 6414-3560

WELLNESS 12

Tauernhof Großarl

Ortslage in Großarl bei St. Johann – Pongau

5611 Großarl, Unterbergstraße 55, 06414-264

WELLNESS 12

Waldhof Kinderhotel

Ortsrandlage in Großarl bei St. Johann – Pongau

5611 Großarl, Marktstraße 111, 06414-8866

WELLNESS 13

Sonnhof by Vitus Winkler ****

Grünlage am Ortsrand in St. Veit – Pongau

5621 St. Veit, Kirchweg 2

06415-4323

Ein sehr persönlich geführter Familienbetrieb in Kleinformat, er liegt auf 760 m Seehöhe am Rande eines Luftkurorts. Hinter einer unscheinbaren Fassade zeigt sich traditionelle Ländlichkeit mit stilsicher gesetzten modernen Akzenten und einem Hauch von Industrial Style. Die Zimmer (9 Varianten, DZ von 20 bis 40 m^2) sind mehrheitlich renoviert, sie haben stets nette Vollholzinterieurs und in Grautönen abgestimmte Details, die meisten auch Holzböden und Balkon. Wer bei offenem Fenster schlafen möchte, sollte sich vor der Buchung nach einem ruhig gelegenen erkundigen, denn der Verkehr ist vor allem frühmorgens und abends nicht zu überhören. Das Spa steht ausschließlich Hotelgästen offen und ist atmosphärisch gestaltet, Holz, Stein und andere Naturmaterialien regieren. Es bietet unter anderem ein 13 m langes, auch im Winter nutzbares Freibecken, drei Saunen sowie Ruhebereich samt Liegewiese, irritierend nur die falsch angeschlossenen Duschen: Kalt ist heiß und umgekehrt, lechts und rinks müssen für den Installateur wohl ganz eng nebeneinander gelegen sein. Nette Terrasse mit Ausblick, Frühstücksbuffet in feiner Qualität, der weit über die Landesgrenzen hinaus bekannte Herdvirtuose Vitus Winkler kocht von donnerstags bis montags selbst, die Küche ist allerdings nur dann sehr gut, wie immer bezieht sich die Bewertung auf die Halbpension und nicht auf das À-la-carte-Restaurant Kräuterreich. Spezielle Ernährungswünsche werden sorgfältig berücksichtigt, einmal pro Woche gibt es am Nachmittag hausgemachte Bauernkrapfen. Erfrischend herzliche, ungekünstelt agierende Mitarbeiter, sympathische Gastgeber. Ruhesuchenden sei empfohlen, eventuell stattfindende Hochzeiten und Feierlichkeiten vor der Buchung abzuklären. Ungeeignet für Kinder, Hunde erlaubt. 20 Liegen, 56 Betten.

Freibecken, Sauna, Dampfbad, Massagen. 18-Loch-Parcours in 9 km, 20 % Greenfee-Rabatt.

HP ab € 131,–.

WELLNESS 10

Zur Post ****

Grünlage in Goldegg – Pongau

5622 Goldegg, Hofmark 9

06415-8103

WELLNESS 11

Alpenhaus Gasteinertal ****

Grünruhelage in Zentrumsnähe in Bad Hofgastein

5630 Bad Hofgastein, Kurgartenstraße 26

06432-6356

WELLNESS 9

Alpina Bad Hofgastein ****

Ortsrandlage in Bad Hofgastein

5630 Bad Hofgastein, Parkstraße 5-15

06432-8475

WELLNESS 10

Alte Post Bad Hofgastein ****

Ruhige Zentrumslage in Bad Hofgastein

5630 Bad Hofgastein, Kirchenplatz 4

06432-6260

WELLNESS/KUR 15

Bismarck Verwöhnhotel ****S

Grünruhelage in Zentrumsnähe in Bad Hofgastein

5630 Bad Hofgastein, Alpenstraße 4

06432-6681

Familienfreundlich. Herzlichkeit und gutes Service: Ein solides, familiengeführtes Haus in angenehmer Größe, es trägt den Namenszusatz Verwöhnhotel, der naturgemäß große Erwartungen weckt, die man hier aber auch einzulösen versteht. Das Gasteiner Traditionshaus liegt auf 859 m Seehöhe ruhig an einem weitläufigen Park und besteht aus drei unterirdisch miteinander verbundenen Logiergebäuden. Die öffentlichen Räume zeigen sich in klassischer, geschmackvoll arrangierter Gediegenheit, und auf Schritt und Tritt erfreut Blumenschmuck das Auge. Zimmer sind aus nicht weniger als 19 Kategorien (DZ von 20 bis 80 m^2) wählbar, sie zeigen sich in eleganter Landhausklassik oder mit neoalpiner Anmutung, alle haben Balkon oder Terrasse. Der Wellnessbereich ist ausschließlich Hotelgästen zugänglich, vor kurzem wurde er teilmodernisiert und erweitert, neu sind unter anderem eine zusätzliche Panoramasauna sowie ein Dampfbad, somit gibt es nun insgesamt sieben Saunen (mit separatem Ladys-Spa). Weiters geboten werden vier Thermalpools, denn sowohl Außen- als auch Innenpool von jeweils rund 10 m Länge sind gleich doppelt vorhanden, nämlich einmal für Ruhesuchende und einmal für Familien. Das Haus ist ein staatlich anerkannter Kurbetrieb, ärztliche Untersuchungen werden hier genauso geboten wie die wirkungsvollen Radonwannenbäder. Ausgezeichnete Massagen (neuerdings auch Dorntherapie), zweimal wöchentlich Yoga, ein netter Hausbrauch ist abends das Baden bei

Kerzenschein. Präsente Gastgeber, ausgesprochen freundliche Mitarbeiter, sehr gute Küche, sie setzt neben der optischen Präsentation auf regionale Produkte und hochwertige Qualität, Light Lunch und Nachmittagsjause sind inkludiert. Gemütliche Stuben, viele, viele langjährige Stammgäste. Garage gegen 4,50 Euro pro Tag im Sommer, 8 Euro im Winter. Hunde erlaubt. 54 Liegen, 145 Betten.

Thermalfreibecken, Thermalhallenbad, Sauna, Dampfbad, Radonbäder, Massagen, Kosmetik, Fitnessgeräte. 18-Loch-Parcours in 6 km.

HP ab € 127,–.

WELLNESS 10

Blü

Ruhige Zentrumslage in Bad Hofgastein

5630 Bad Hofgastein, Kaiser-Franz-Platz 1

06432-6230

WELLNESS 14

Das Goldberg ****S

Grünlage mit Fernblick in Bad Hofgastein

5630 Bad Hofgastein, Haltestellenweg 23

06432-6444

Auf einem Logenplatz an einem Steilhang auf 985 m Seehöhe: Ein familiengeführtes Hotel in herrlicher, nahezu solitärer Lage, man ist hier erhöht über dem Tal, im Winter direkt an der Skipiste sowie unweit der Schlossalm-Talstation, dem direkten Anschluss an 87 Pistenkilometer. Die öffentlichen Räume zeigen sich sehr modisch, aber zumindest streckenweise etwas beliebig und nur bedingt sensibel gestaltet. Die Zimmer (13 Varianten, DZ von 26 bis 90 m²) haben alle Balkon oder Terrasse, die höheren Kategorien auch feine Holzböden, offene Kamine, private Saunen sowie freistehende Badewannen. Die Fenster haben übrigens eine Dreifachverglasung, da das Haus gefühlt zum Greifen nah über der Bahnlinie liegt – schlafen bei offenem Fenster unmöglich. Das Spa ist wunderschön gestaltet, hat vornehmlich superfeine Ruhezonen, fünf Saunen und einen „Goldstollen", der dem einzigartigen Gasteiner Heilstollen nachempfunden ist, freilich ohne die therapeutische Wirksamkeit des Originals – warum das Ganze? Highlights sind jedenfalls der 15 m lange Außenpool in Infinity-Bauweise und im Sommer ein glasklarer Badeteich mit Sandstrand und neuer Beach-Bar – herrlicher Ausblick über das Gasteinertal inklusive. Die Massagen sind gut (Ayurveda wird neuerdings nicht mehr angeboten), kleines Aktivprogramm, darunter auch Yoga – zu bestimmten Terminen werden zudem Yoga-Retreats angeboten. Fabelhafte Restaurantterrasse,

Frühstück bis 11 Uhr (mit Kaffee aus der hauseigenen Rösterei und selbstgebackenem Brot), die Küche versteht sich bestens auf optische Präsentation. Viele freundliche Mitarbeiter, die meisten kommen aus der Region, beim Service gibt es aber noch etwas Spielraum nach oben. Im Winter befindet sich eine Naturrodelbahn ganz in der Nähe, Rodeln gibt es zur Gratisleihe. Ungeeignet für Kinder, Hunde erlaubt. 93 Liegen, 140 Betten.

Naturbadeteich, Freibecken, Außensauna, Sauna, Dampfbad, Massagen, Kosmetik, Fitnessgeräte. 18-Loch-Parcours in 8 km, bis zu 100 % Greenfee-Rabatt.

HP ab € 160,–.

KUR/WELLNESS 12

Impuls Tirol ****S

Am Ortsrand in Bad Hofgastein

5630 Bad Hofgastein, Grünlandstraße 5
06432-6394-0

WELLNESS/KUR 10

Johannesbad Palace ****

Grünruhelage in Bad Hofgastein

5630 Bad Hofgastein, Alexander-Moser-Allee 13
06432-6715-0

KUR/WELLNESS 11

Johannesbad St. Georg ****

Ruhelage in Zentrumsnähe in Bad Hofgastein

5630 Bad Hofgastein, Dr.-Zimmermann-Straße 7
06432-6100

WELLNESS/KUR 13

Klammers Kärnten ****

Ruhige Zentrumslage in Bad Hofgastein

5630 Bad Hofgastein, Dr.-Zimmermann-Straße 9
06432-67110

Familienfreundlich. 1962 eröffnetes Traditionshaus an der Gasteiner Ache: Ein sehr persönlich geführter Familienbetrieb, er liegt auf 859 m Seehöhe direkt an der Promenade, die öffentliche Therme ist in etwa fünf Gehminuten erreichbar. Hinter blumengeschmückten Fassaden herrscht gepflegte Gemütlichkeit ländlicher Prägung. Die Zimmer (14 Kategorien, DZ von 26 bis 57 m^2) verharren noch ein wenig im Dornröschenschlaf, sie haben Vollholzmöbel und zumeist Balkon – der Bach murmelt im Hintergrund. Auch das Spa ist nicht mehr ganz taufrisch, es bietet unter anderem vier Saunen, einen knapp 10 m langen Thermalaußenpool mit kleiner Liegewiese, ausgezeichnete Massagen und herrliche Radonwannenbäder. Im Frühling und Herbst gibt es übrigens stets ein 10-tägiges Yoga-Retreat. Kleine Frühstücksterrasse, reichhaltiges Frühstücksbuffet, gute bis sehr gute Küche – ohne Chichi –, eine süße Nachmittagsjause ist inkludiert. Heimelige Bar, freundliche und kompetente Mitarbeiter, präsente und hilfsbereite Gastgeber. Viele langjährige Stammgäste, sauberes Preis-Leistungs-Verhältnis. Überdachte Parkplätze für alle, Garage gegen 3 Euro pro Tag. Hunde erlaubt. 34 Liegen, 123 Betten.

Thermalfreibecken, Hallenbad, Sauna, Dampfbad, Radonbäder, Massagen, Kosmetik, Fitnessgeräte. 18-Loch-Parcours in 6 km, 50 % Greenfee-Rabatt.

HP ab € 95,–.

WELLNESS 10

Norica ****S

Zentrumslage in Bad Hofgastein

5630 Bad Hofgastein, Kaiser-Franz-Platz 3
06432-8391-0

WELLNESS/KUR 10

Österreichischer Hof ****

Zentrumslage in Bad Hofgastein

5630 Bad Hofgastein, Kurgartenstraße 9
06432-6216-0

WELLNESS/KUR 12

Sendlhof Thermenhotel ****

Grünruhelage am Ortsrand in Bad Hofgastein

5630 Bad Hofgastein, Pyrkerstraße 34
06432-3838-0

WELLNESS/KUR 10

Völserhof ****

Ruhige Zentrumslage in Bad Hofgastein

5630 Bad Hofgastein, Pyrkerstraße 28
06432-8288

WELLNESS 12

Zum Stern ****S

Grünlage in Bad Hofgastein

5630 Bad Hofgastein, Weitmoserstraße 33
06432-8450

WELLNESS 11

Römerhof ****

Zentrumslage in Dorfgastein

5632 Dorfgastein, Römerplatz 2, 06433-7777

KUR 11

Badehospiz Kurtherme

Ruhelage am Ortsrand in Bad Gastein

5640 Bad Gastein, Badbergstraße 1, 06434-2006-0

KUR 11

Bärenhof Gesundheitszentrum

Ruhige Zentrumslage in Bad Gastein

5640 Bad Gastein, Pyrkershöhenstraße 11
06434-3366

WELLNESS/KUR 10

Cesta Grand *****S

Grünruhelage am Golfplatz unterhalb von Bad Gastein

5640 Bad Gastein, Miesbichlstraße 20
06434-2526-0

WELLNESS 10

Elisabethpark ****

Casinonähe in Bad Gastein

5640 Bad Gastein, Kaiser-Franz-Josef-Straße 5
06434-2551-0

WELLNESS 14

Haus Hirt Alpine Spa ****

Grünruhelage mit Fernblick am Ortsrand – Bad Gastein

5640 Bad Gastein, Kaiserhofstraße 14
06434-2797

Hunde- und kinderfreundlich. Auf 1.000 m Seehöhe, schlechthin die Ausblicksidylle im Gasteinertal: Ein charaktervoller, kleiner Familienbetrieb fernab des Mainstreams, er fokussiert auf Familien, Aktivurlaub und Yoga. Zu den besonderen Kennzeichen zählen eine herzerfrischende Atmosphäre und ein höchst selten anzutreffendes Ambiente, das Stilsicherheit, lebensfreudige Improvisation und kulturelles Niveau verströmt, und all das mit einer Prise Shabby Chic vereint. Vieles hier wirkt ein bisserl so wie einer Architekturzeitschrift entnommen, was Wunder, der Gastgeber ist tatsächlich Architekt. Die Zimmer (DZ von 19 bis 40 m^2) sind von stilsicherer Hand gestaltet, so manches könnte aber mitunter eine Auffrischung benötigen. Das Spa ist ausschließlich Hotelgästen zugänglich und nicht gerade weitläufig. Es bietet unter anderem einen kleinen Innenpool (zumeist fest in Kinderhand), zwei Saunen sowie Radonbäder in der Wanne. Yoga wird täglich morgens und abends angeboten, feine Laufstrecken beginnen am Haus. Chillige Bar, reichhaltiges Frühstücksbuffet, gute Küche mit biologischer Orientierung, eine Nachmittagsjause (reichlich) ist von 13 bis 17 Uhr im Preis enthalten. Präsente Gastgeber, junge Mitarbeiter, denen es nicht selten an Professionalität mangelt, deren ungekünstelte Freundlichkeit aber unweigerlich vieles verzeihen lässt. Viele Kinder unter den Gästen, ebenso zahlreich Hipster und Bobos aus der Münchener und Berliner Szene. Stammgäste werden hofiert. Täglich bis zu 11 Stunden Betreuung für Kinder ab drei Jahren. 21 Liegen, 70 Betten.

Hallenbad, Sauna, Dampfbad, Radonbäder, Massagen, Kosmetik, Ayurveda. 18-Loch-Parcours in 2 km.

HP ab € 95,–.

WELLNESS 12

Miramonte ****

Grünruhelage mit Fernblick am Ortsrand – Bad Gastein

5640 Bad Gastein, Reitlpromenade 3, 06434-2577-0

WELLNESS 9

Mondi Bellevue Gastein ****

Casinonähe in Bad Gastein

5640 Bad Gastein, Karl-Heinrich-Waggerl-Straße 9
06434-6006

WELLNESS 10

Salzburger Hof Bad Gastein ****

Ruhige Zentrumslage in Bad Gastein

5640 Bad Gastein, Grillparzerstraße 1, 06434-2037-0

WELLNESS 11

Sonngastein Familotel ****

Grünruhelage unterhalb von Bad Gastein

5640 Bad Gastein, Sonnleitenstraße 6, 06434-3326-0

WELLNESS 11

Mitterwirt ****

Ortslage in Dienten am Hochkönig – Pinzgau

5652 Dienten am Hochkönig, Dorf 2, 06461-204

WELLNESS 14

Übergossene Alm Resort *****S

Grünlage bei Dienten am Hochkönig – Pinzgau

5652 Dienten am Hochkönig, Sonnberg 23, 06461-230-0

Kinderfreundlich. Resort mit vielen Eigenschaften: Ein familiengeführtes Landhotel, es fokussiert auf Wellness und Aktivurlaub und liegt auf 1.240 m Seehöhe direkt an einer Landstraße, im Winter gelangt man mit ein paar Schritten zum Schlepplift Liebenau, der Anbindung an 33 weitere Lifte und insgesamt 120 Pistenkilometer. Das Ambiente ist von verschiedenartigsten Einrichtungsstilen geprägt, verströmt aber dennoch Gemütlichkeit. Zimmer stehen in sieben unterschiedlichen Varianten (DZ von 25 bis 90 m^2) zur Auswahl, neben einigen ganz einfachen gibt es freilich auch moderne und schöne, sie zeigen sich mit neoalpinen Interieurs, alle haben Balkon, unser Tipp gilt den Gartenzimmern im Neubau, sie liegen nicht an der Straßenseite, wo der Morgenverkehr gut zu hören ist. Das Spa ist ausschließlich Hotelgästen zugänglich, es bietet

unter anderem sieben Saunen (eine davon textil), zwei kleine Pools sowie einen ansprechenden Außenbereich mit Liegewiese und Badeteich. Ein paar gute Schritte abseits befindet sich zudem ein kleiner Almsee mit Floß, Tretboot und SUP-Boards gibt es zur Gratisleihe. Aktivprogramm, auch Yoga und zahlreiche geführte Bike-Touren und Wanderungen. Reichhaltiges Frühstücksbuffet, zumeist gute Küche, ein Light Lunch mit alkoholfreien Getränken, Tee und Kaffee sind inkludiert, von den Schnäpsen waren wir begeistert. Viele freundliche Mitarbeiter, an der Professionalität und so manchen Details sollte allerdings noch ordentlich gefeilt werden. Für die Kleinen gibt es unter anderem einen großen Spielplatz (dieser gefiel übrigens unserer jüngsten Hoteltesterin ganz besonders) sowie täglich acht Stunden Betreuung für Kinder ab drei Jahren. Gratisgarage für (fast) alle. Anmerkung: Der angegebene Ab-Preis ist ein Flex-Tarif und kann in der Praxis deutlich höher ausfallen. Hunde erlaubt. 68 Liegen, 170 Betten.

Naturbadeteich, Freibecken, Hallenbad, Außensauna, Sauna, Dampfbad, Massagen, Kosmetik, Fitnessgeräte. Sechs 18-Loch-Parcours im Umkreis von 60 km, bis zu 30 % Greenfee-Rabatt. Tennishalle, Tennisplätze.

HP ab € 155,–.

WELLNESS 11

Bellevue Seehotel ****S

Grünlage am Ortsrand in Zell am See – Pinzgau

5700 Thumersbach, Seeuferstraße 41, 06542-21828

WELLNESS 11

Berghotel Schmittenhöhe

An der Bergstation der Schmittenhöhe-Seilbahn

5700 Zell am See, Schmittenhöhe 20, 06542-53690

WELLNESS 10

Der Waldhof Zell am See ****

Grünlage am Ortsrand in Zell am See – Pinzgau

5700 Zell am See, Schmittenstraße 47

06542-775

WELLNESS 14

Grandhotel Zell am See ****S

Grünlage am Seeufer in Zell am See – Pinzgau

5700 Zell am See, Esplanade 4-6

06542-7880

Kinderfreundlich. Schmuckstück in privilegierter Lage direkt am See: Ein inhabergeführtes Grandhotel mit imperialer Anmutung und Spielcasino, es liegt auf 757 m Seehöhe in nahezu konkurrenzlos schöner Lage am See, auf einer privaten „Halbinsel" nämlich. Das Haus besteht aus zwei Gebäuden

mit Zimmern in 16 Kategorien (20 bis 85 m²), sie haben Böden aus Holz, Laminat oder Marmor sowie Kristallleuchten, aus manchen ist die nahe Eisenbahn gut zu hören, empfehlenswert ist es daher, die etwas teurere Variante zur Seeseite zu nehmen. Im Neubau befinden sich naturgemäß die schöneren Zimmer (mit Sauna oder Dampfbad), im dortigen Dachgeschoß liegt auch der luxuriöse Teil des Wellnessbereichs Grand Spa: wunderschön gestaltet, mit überwältigendem Ausblick. Der zweite Teil heißt Classic Spa und befindet sich im Erdgeschoß, er bietet Familien Innenpool und Saunazone, von dort gelangt man auch an den hoteleigenen Badestrand (flacher Kies) mit Liegewiese und Badesteg. Insgesamt stehen sieben Saunen zur Auswahl, die Massagen sind sehr gut. Feine Seeterrasse, gute Küche mit drei Linien: traditionell-österreichisch, vegetarisch und kalorienarm, eine Nachmittagsjause ist im Preis enthalten. Neues „Pinzga Bräu am See" mit Bier aus hauseigenen Braukesseln, es wird stilgerecht in Tonkrügen serviert – im großen Gastgarten mit Tischen unter Kastanienbäumen oder direkt am Wasser. Viele freundliche und bemühte Mitarbeiter, viele Stammgäste, im Sommer kommen nicht wenige aus dem arabischen Raum. Check-out um 10.30 Uhr. Breites Service für Biker (Bike-Garage, Lunchpaket, Wäscheservice, Tourenkarten etc.), Tretboote gibt es zur Gratisleihe. Herausfordernde Parkverhältnisse, Garage gegen 10 Euro pro Tag. Täglich bis zu 12,5 Stunden Betreuung für Kinder ab drei Jahren (Mo bis Sa, mit saisonalen Einschränkungen). Hunde erlaubt. 40 Liegen, 230 Betten.

Seebadestrand, Hallenbad, Kinderbecken, Sauna, Dampfbad, Massagen, Kosmetik, Fitnessgeräte. 36-Loch-Parcours in 5 km, 30 % Greenfee-Rabatt, acht weitere Plätze im Umkreis einer Autostunde.

HP ab € 115,–.

WELLNESS 12

Romantik-Hotel Zell am See ****

Zentrale Ortslage in Zell am See – Pinzgau

5700 Zell am See, Sebastian-Hörl-Straße 11, 06542-72520

WELLNESS 17

Salzburgerhof *****S

Grünruhelage in Seenähe in Zell am See – Pinzgau

5700 Zell am See, Auerspergstraße 11

06542-765-0

Lupenreiner Klassiker: Als beherbergungsmäßiges Kleinod, sozusagen beinahe als eine eigene Kategorie weitab vom Mainstream, zeigt sich dieses von der 91-jährigen Hotelière Gisela Holleis geführte Haus. Es liegt nahezu zentral, gleichzeitig aber nur ein paar gute Schritte vom Seeufer entfernt, ebendort kann man den Badestrand vom Schwesterhotel nutzen. Knapp zwei Jahrzehnte lang konnte das Hotel mit vier Lilien bewertet werden, sieben Jahre sogar mit der Höchstwertung von 20 Punkten. Mittlerweile hat so mancher Mitbewerber den Salzburgerhof überholt, vor allem in Sachen Spa. Geblieben ist freilich die Atmosphäre: charaktervoll, gediegen, warm und gemütlich. Die öffentlichen Räume verströmen unaufgeregte Behaglichkeit im Sinne österreichischer Landhausklassik, auch die Zimmer (neun Kategorien, DZ von 30 bis 170 m²) verharren stilvoll ohne modische Gebärden, sie zeigen sich gepflegt, großzügig geschnitten, haben Marmorbäder mit Bidet und Pflege-Amenities von Chopard, häufig auch feine Holzböden, offenen Kamin und Dampfbad. Unsere Empfehlung gilt jedenfalls jenen Zimmern mit Ausblick in den Garten, der mit seiner belebenden Blütenpracht (mehr als 100 Blumenarten) zu den schönsten Hotelgärten Mitteleuropas zählt. Das erfreut Auge und Gemüt mit jedem Hinsehen, außerdem stören in den wenigen Zimmern an der Straßenseite Autos und Eisenbahn so stark, dass das Schlafen bei offenem Fenster bestenfalls nur mit kolossaleren Gehörschäden möglich ist. Der nur Hausgästen zugängliche Wellnessbereich ist auf drei Zonen verteilt und mutet in Sachen Saunen (insgesamt vier) ein klein wenig aus der Zeit gefallen an, sehr fein hingegen sind etwa ein auch im Winter wohlig warmes Außenbecken von 20 m Länge, ein kristallklarer Naturschwimmteich, das Liegedeck am Dach sowie die Massagen, die man bei entsprechender Witterung auch im Freien genießen kann. Täglich kleines Aktivprogramm, auch Pilates, Qi Gong, Yoga und geführte Wanderungen. Fabelhafte Terrasse, reichhaltiges Frühstücksbuffet, nachmittags gibt es Light Lunch (recht einfach) und feine Mehlspeisen, freitags stets den Dessertklassiker des Hauses: die altösterreichischen Süßspeisen – mit tollen Sachen, die man anderswo schon seit Ewigkeiten nicht mehr bekommt! Wein- und Barkarte mit zahlreichen Schätzen, sehr gute Küche bei hochfeiner Tischkultur. Viele ausgesprochen freundliche Mitarbeiter, niveauvolles Publikum, viele langjährige Stammgäste. Aufmerksames Turndown-Service, Gratisgarage für alle. Ungeeignet für Kinder. 60 Liegen, 130 Betten.

Seebadestrand, Naturbadeteich, Freibecken, Hallenbad, Außensauna, Dampfbad, Massagen, Kosmetik, Ayurveda, Fitnessgeräte, Personal Trainer. 36-Loch-Parcours in 5 km, 30 % Greenfee-Rabatt, acht weitere Plätze im Umkreis einer Autostunde.

HP ab € 165,–.

WELLNESS 11

Seevilla Freiberg ****

Ortsrandlage am Seeufer in Zell am See – Pinzgau

5700 Zell am See, Esplanade 22

06542-72643

WELLNESS 11

Tirolerhof Zell am See ****S

Zentrumslage in Zell am See – Pinzgau

5700 Zell am See, Auerspergstraße 5

06542-772

WELLNESS 12

Alpenblick Sportresort ****S

An der Durchzugsstraße bei Zell am See – Pinzgau

5700 Zell am See-Schüttdorf, Alte Landstraße 6

06542-5433

WELLNESS 12

Amiamo Familotel ****

Grünlage am Ortsrand bei Zell am See – Pinzgau

5700 Zell am See-Schüttdorf, Salzachtal Bundesstraße 20

06542-55355-0

WELLNESS 10

Haidvogl Kinderhotel ****

Ortslage in Schüttdorf bei Zell am See – Pinzgau

5700 Zell am See-Schüttdorf, Karl-Flieher-Straße 1

06542-57187

WELLNESS 11

Haidvogl Mavida

Grünlage am Ortsrand bei Zell am See – Pinzgau

5700 Zell am See-Schüttdorf, Kirchenweg 11

06542-5410

WELLNESS 11

Latini ****

Ortslage bei Zell am See – Pinzgau

5700 Zell am See-Schüttdorf

Kitzsteinhornstraße 4

06542-5425

WELLNESS 11

Active by Leitner's ****

Grünruhelage am Ortsrand in Kaprun – Pinzgau

5710 Kaprun, Kitzsteinhornstraße 10

06547-8782

WELLNESS 12

Alpenhaus Kaprun ****

Zentrale Ortslage in Kaprun bei Zell am See – Pinzgau

5710 Kaprun, Schlossstraße 2

06547-7647

WELLNESS 11

Barbarahof ****S

Ortslage in Kaprun bei Zell am See – Pinzgau

5710 Kaprun, Nikolaus-Gassner-Straße 11

06547-7248-0

WELLNESS 11

Das Falkenstein ****

Grünlage in Kaprun – Pinzgau

5710 Kaprun, Nikolaus-Gassner-Straße 79

06547-7122

WELLNESS 11

Der Kaprunerhof ****

Zentrale Ortslage in Kaprun – Pinzgau

5710 Kaprun, Schulstraße 21

06547-7234

WELLNESS 13

Tauern Spa ****S

Grünruhelage am Ortsrand in Kaprun – Pinzgau

5710 Kaprun, Tauern-Spa-Platz 1

06547-2040-0

Kinderfreundlich. Ein modernes Großhotel der Vamed-Kette, es liegt auf 786 m Seehöhe und befindet sich im Gebäudeverbund mit der gleichnamigen öffentlichen Therme, der Eintritt ist im Zimmerpreis inkludiert. Holz, Stein und Glas prägen ein geradliniges, reduziertes Ambiente, eine offene Feuerstelle empfängt in der Lobby. Zimmer kann man aus neun Kategorien (31 bis 73 m²) wählen, sie sind zeitgemäß und in warmen Farben arrangiert, alle haben Holzböden, eine inkludierte Minibar mit alkoholfreien Getränken sowie Balkon oder Terrasse mit Aussicht ins Grüne oder auf das Kitzsteinhorn. Die öffentliche Therme ist weitläufig – unter anderem vier große Außenpools und eine Wasserrutsche –, allerdings häufig eine nicht gerade erbauliche Massenveranstaltung. Es gibt jedoch auch zwei hoteleigene Wellnessbereiche: Neben dem bisherigen Adults-only-Bereich mit drei Saunen und einem gläsernen, auch im Winter nutzbaren, 15 m langen Außenpool im Dachgeschoß gibt es neuerdings auch einen Familienbereich, der ebenfalls einen „gläsernen", allerdings unwürdig kleinen Außenpool und eine kleine Textilsauna sowie Ruhezonen bietet. Breites therapeutisches Spektrum, darunter Aderlass, Akupunktur, Leberwickel und Infusionen, ebenso medizinische Check-ups. Treatments und Fitness gibt es nur in der Therme, das bedeutet weite Wege, dasselbe gilt für die Kinderbetreuung (täglich von 11 bis 19 Uhr, leider nur indoor). Außerordentlich reichhaltiges Frühstücksbuffet, gute Küche. Freundliche und professionell agierende Mitarbeiter – mitunter mit kleinen Verständigungsschwierigkeiten. Gratisgarage für Direktbucher, die Nutzung der Therme ist am Anreisetag bereits ab 9 Uhr möglich, für Suitengäste auch das hoteleigene Spa. Hunde erlaubt. 147 Liegen (in den Hotel-Spa-Bereichen), 500 Betten.

Freibecken, Hallenbad, Sauna, Dampfbad. In der öffentlichen Therme: Solefreibecken, Freibecken, Kinderfreibecken, Hallenbad, Babybecken, Außensauna, Sauna, Dampfbad, Massagen, Kosmetik, Fitnessgeräte. 36-Loch-Parcours in 4 km, 25 % Greenfee-Rabatt.

HP ab € 134,–.

WELLNESS 11

Tauernhof Kaprun ****

Zentrale Ortslage in Kaprun – Pinzgau

5710 Kaprun, Nikolaus-Gassner-Straße 9

06547-8235-0

WELLNESS 11

Vier Jahreszeiten Kaprun ****

Grünruhelage am Ortsrand in Kaprun – Pinzgau

5710 Kaprun, Schlossstraße 38

06547-8316

WELLNESS 11

Sonja Alpine Resort ****

Grünlage am Ortsrand Nähe Kaprun – Pinzgau

5721 Piesendorf, Talblick 1

06549-20200

WELLNESS 13

Rudolfshütte Berghotel ***

Absolute Naturlage Nähe Zell am See – Pinzgau

5723 Uttendorf, Stubach 82

06563-8221-0

Familienfreundlich. Außer Konkurrenz: Absolut kein normales Wellnesshotel, sondern eine Art riesige Berghütte mit kleinem Wellnessbereich, die absolute Besonderheit, die wir mit einer Lilie bedenken, besteht in der hochalpinen Lage: auf 2.315 m Seehöhe, umgeben von zwei Gletschern und 22 Gipfeln, direkt am Ufer eines Sees – das kann kein anderes Hotel bieten! Das Haus ist nur mit der Seilbahn zu erreichen, die einzige Alternative ist wohl rein theoretischer Natur: ein dreistündiger Aufstieg! Im Winter ist man praktisch direkt an der Skipiste (acht Lifte und 23 Pistenkilometer). Zimmer gibt es in fünf Kategorien, sie sind einfach und klein (DZ von 17 bis 24 m²), die meisten haben Laminatböden, viele auch Stockbetten, für Gruppenkuschler gibt's ein alpines Lager für 11 Personen. Das Haus wird demnächst großzügig erweitert, geplant sind unter anderem ein Veranstaltungssaal, Kegelbahn mit Bar sowie 37 zusätzliche Zimmer mit höherwertiger Ausstattung, das Datum der Fertigstellung ist aber ungewiss, die Bauarbeiten wurden noch vor unserem Redaktionsschluss unterbrochen. Das Spa steht nur Hotelgästen offen, es ist recht schön anzusehen und für ein Berghotel auch richtig nett ausgestattet. Es bietet unter anderem einen 11 m langen Innenpool, gute Massagen sowie drei Saunen – der Ausblick aus der Panoramasauna ist phantastisch! Fabelhafte Restaurantterrasse (im Winter allerdings voll mit Skifahrern), die Mahlzeiten werden in Buffetform offeriert, die Küche ist recht einfach, im Sommer sind ab drei Übernachtungen eine süße Nachmittagsjause sowie eine Saftbar von 6.30 bis 18 Uhr inkludiert. Das Service ist bemüht, mitunter gibt es sprachliche Barrieren, ab und an hätten wir uns über mehr Freundlichkeit gefreut. Für Wanderer und Tourengeher gibt es ringsum fabelhafte Möglichkeiten, während der Wintermonate eine Skischule am Haus, ganzjährig eine Indoor-Kletterwand für Kinder und Jugendliche. Ruhesuchenden sei das Haus jedoch nur in der Nebensaison empfohlen. Kinder bis 12 Jahre wohnen kostenlos, im Sommer gibt es knapp 38 Wochenstunden Betreuung ab sechs Jahren (Mo bis Fr, mit saisonalen Einschränkungen). Hunde erlaubt. 35 Liegen, 380 Betten.

Hallenbad, Sauna, Dampfbad, Massagen, Fitnessgeräte.

HP ab € 52,–.

WELLNESS 11

Scharler's Boutiquehotel

Zentrumslage in Uttendorf bei Mittersill – Pinzgau

5723 Uttendorf, Dorfplatz 1

06563-8218

WELLNESS 11

Felben Kinderhotel

Grünruhelage am Ortsrand in Mittersill – Pinzgau

5730 Mittersill, Felberstraße 51

06562-4407

WELLNESS 14

Schloss Mittersill ****S

Grünruhelage mit Fernblick in Mittersill – Pinzgau

5730 Mittersill, Thalbach 1

06562-20200

Mit großer Vergangenheit und 900-jähriger Geschichte: Ein Schlosshotel von sympathischer Größe, es liegt auf 850 m Seehöhe in fabelhafter Aussichtslage über dem Ort, allerdings auch unweit einer Kehre der Durchzugsstraße zum Pass Thurn. Bis in die 1960er Jahre hinein war es ein Treff von hochkarätigen Prominenzen aus aller Welt, heute sind Tagungen, Events und Hochzeiten ein großer Teil des Geschäfts. Das Ambiente zeigt sich so einnehmend stilvoll wie charmant verwinkelt, Zimmer gibt es in sechs Varianten (DZ von 25 bis 60 m²), sie sind kontemporär oder historisch, aber jedenfalls stets angenehm wohnlich arrangiert. Unser Favorit ist jedenfalls das Jagdzimmer mit historischen Interieurs – Hirschgeweih und uralter Parkettboden inklusive. Das Spa ist ausschließlich Hotelgästen zugänglich, es ist klein, aber recht schön gestaltet, unter anderem bietet es einen ganzjährig beheizten, im Winter jedoch zeitlich nur eingeschränkt nutzbaren Außenpool von knapp 11 m Länge sowie vier Saunen. Fabelhafte Restaurantterrasse, zum Frühstück gibt es eine kleine Auswahl in hoher Qualität. Zumeist sehr gute Küche, versprochen werden dabei „vorwiegend regionale und heimische Produkte". Präsente Gastgeberin, viele freundliche und zuvorkommende Mitarbeiter. Geführte Wanderungen. Gratisgarage für Suitengäste, ansonsten gegen 14 Euro pro Tag. Für Ruhesuchende und Kinder nur bedingt geeignet. Hunde erlaubt. 35 Liegen, 126 Betten.

Freibecken, Außensauna, Sauna, Dampfbad, Massagen, Kosmetik, Fitnessgeräte. 18-Loch-Parcours in 5 und 22 km, 36-Loch-Parcours in 25 km.

HP ab € 164,–.

WELLNESS 16

Sonnberghof Landhotel-Gut ****

Grünruhelage mit Fernblick Nähe Mittersill – Pinzgau

5730 Mittersill, Lämmerbichl 8

06562-8311

Abgeschieden und ruhevoll: Umringt von Wiesen und Wäldern steht hier auf 900 m Seehöhe ein sympathischer Familienbetrieb in angenehmer Größe. Das Ambiente präsentiert zeitgemäße Ländlichkeit, Zimmer stehen in 13 Kategorien (DZ von 20 bis 60 m²) zur Auswahl. Sie sind hell und gemütlich gestaltet, bieten einnehmend schlichte Vollholzinterieurs und Holzböden, teilweise zudem nette Extras wie Infrarotkabine und Hängeliege, (fast) alle auch Balkon mit Ausblick auf die Hohen Tauern. Das Spa ist ausschließlich Hotelgästen zugänglich, es bietet einen 18 m langen, auch im Winter nutzbaren Außenpool, Naturbadeteich, fünf Saunen sowie gute Massagen (neuerdings auch Tuina, Dorntherapie und Osteopathie). Kleines Aktivprogramm, vor allem geführte Wanderungen, zu bestimmten Terminen werden auch Fastenkuren (das derzeit angesagte Intervallfasten 16/8) sowie

Yoga-Retreats angeboten. Fabelhafte Restaurantterrasse mit Morgen- und Abendsonne, sehr gute Küche, sie ist regional ausgerichtet und verwendet so manches vom eigenen Biobauernhof (Fleisch, Wurst, Käse, Marmeladen), eine Nachmittagsjause ist inkludiert. Frühstück bis 10.30 Uhr, Check-out allerdings bereits eine halbe Stunde früher. Der Wellnessbereich kann am Abreisetag ohne Aufpreis ganztägig genutzt werden. Viele Stammgäste, die meisten Mitarbeiter kommen aus der Umgebung, sie agieren so wie die stets präsenten Gastgeber, nämlich erfrischend bodenständig, bemüht und echt herzlich. Geführte Wanderungen (Schneeschuhe gibt es zur Gratisleihe), ringsum Wanderwege ohne Zahl. Garage gegen 7 Euro pro Tag. Hunde erlaubt. 51 Liegen, 134 Betten.

Naturbadeteich, Freibecken, Hallenbad, Außensauna, Sauna, Dampfbad, Massagen, Kosmetik. 18-Loch-Parcours in 9 km.

HP ab € 124,–.

WELLNESS 11

Habachklause Kinderhotel ****
Absolute Grünruhelage Nähe Mittersill – Pinzgau

5733 Bramberg am Wildkogel, Habach 17
06566-7390-0

WELLNESS 12

Buasen
Grünruhelage mit Fernblick Nähe Mittersill – Pinzgau

5741 Neukirchen, Rossberg 122
06565-6265

WELLNESS 12

Gassner ****S
Grünruhelage am Ortsrand Nähe Mittersill – Pinzgau

5741 Neukirchen, Hadergasse 167
06565-6232

WELLNESS 10

Castello Königsleiten ****
Ruhige Ortslage Nähe Mittersill – Pinzgau

5742 Wald, Königsleiten 24, 06564-20272

WELLNESS 10

Königsleiten ****
Ruhige Ortslage Nähe Mittersill – Pinzgau

5742 Wald, Königsleiten 61, 06564-8216-0

WELLNESS 10

Ronach Mountainclub ****
Grünlage mit Fernblick Nähe Mittersill – Pinzgau

5742 Wald, Hinterwaldberg 35
06564-8388

WELLNESS 11

Das Alpenwelt Resort ****S
Grünruhelage Nähe Mittersill – Pinzgau

5742 Wald-Königsleiten, Königsleiten 81
06564-8282

WELLNESS 10

Schloss Kammer Landgasthof ****
Grünruhelage Nähe Zell am See – Pinzgau

5751 Maishofen, Kammererstraße 22, 06542-68202

WELLNESS 12

Alpinresort ****
Zentrale Ortslage in Saalbach – Pinzgau

5753 Saalbach, Schischulstraße 277
06541-6682

WELLNESS 10

Eva Village ****S
Zentrumslage in Saalbach – Pinzgau

5753 Saalbach, Oberdorf 218, 06541-6262

WELLNESS 11

Hinterhag Art & Ski-In ****
Grünruhelage am Ortsrand in Saalbach – Pinzgau

5753 Saalbach, Hinterhagweg 43
06541-6291

WELLNESS 12

Kendler ****S
Zentrale Ortslage in Saalbach – Pinzgau

5753 Saalbach, Oberdorf 39
06541-6225-0

WELLNESS 12

Neuhaus Sport & Spa ****S
Zentrale Ortslage in Saalbach – Pinzgau

5753 Saalbach, Oberdorf 38, 06541-7151-0

WELLNESS 11

Saalbacher Hof ****
Zentrale Ortslage in Saalbach – Pinzgau

5753 Saalbach, Dorfplatz 27, 06541-7111-0

WELLNESS 11

Sonne ****S
Grünlage am Ortsrand in Saalbach – Pinzgau

5753 Saalbach, Altachweg 334, 06541-7202

WELLNESS 12

Alpen-Karawanserai ****
Zentrumslage in Hinterglemm – Pinzgau

5754 Saalbach-Hinterglemm, Hasenbachweg 222
06541-6497

WELLNESS 12

Alpin Juwel ****S
Ortsrandlage in Hinterglemm – Pinzgau

5754 Saalbach-Hinterglemm, Haidweg 357
06541-7226

WELLNESS 11

Alpine Palace *****S
Zentrale Ortslage in Hinterglemm – Pinzgau

5754 Saalbach-Hinterglemm, Reiterkogelweg 169
06541-6346

WELLNESS 10

Birkenhof Hinterglemm
Grünlage am Ortsrand in Hinterglemm – Pinzgau

5754 Saalbach-Hinterglemm, Haidweg 312
06541-6257

WELLNESS 10

Dorfschmiede ****
Zentrale Ortslage in Hinterglemm – Pinzgau

5754 Saalbach-Hinterglemm, Dorfstraße 129
06541-7408

WELLNESS 11

Egger ****
Ortslage in Hinterglemm – Pinzgau

5754 Saalbach-Hinterglemm, Haidweg 170
06541-6322-0

WELLNESS 12

Ellmauhof Kinderhotel ****S
Grünruhelage am Ortsrand in Hinterglemm – Pinzgau

5754 Saalbach-Hinterglemm, Ellmauweg 35
06541-6432-0

WELLNESS 10

Gollinger Hof
Ortslage in Hinterglemm – Pinzgau

5754 Saalbach-Hinterglemm
Schwarzacherweg 376
06541-7292

WELLNESS 11

Hasenauer ****
Ortslage in Hinterglemm – Pinzgau

5754 Saalbach-Hinterglemm, Schwarzacherweg 157
06541-6332

WELLNESS 10

Lengauer Hof Familotel ****
Grünruhelage am Ortsrand in Hinterglemm – Pinzgau

5754 Saalbach-Hinterglemm, Lengauerweg 1
06541-7255-0

WELLNESS 10

Marten ****

Grünruhelage am Ortsrand in Hinterglemm – Pinzgau

5754 Saalbach-Hinterglemm, Martenweg 9
06541-6493

WELLNESS 12

Theresia Gartenhotel ****S

Grünlage am Ortsrand in Hinterglemm – Pinzgau

5754 Saalbach-Hinterglemm, Glemmtaler Landesstraße 208
06541-7414-0

WELLNESS 13

Unterschwarzachhof ****S

Grünlage am Ortsrand in Hinterglemm – Pinzgau

5754 Saalbach-Hinterglemm, Schwarzacherweg 40
06541-6633

Kinderfreundlich. Ein sympathischer Familienbetrieb in angenehmer Größe, er fokussiert auf Wellness, Reiten, Wandern und Wintersport. Das Hotel liegt auf 1.010 m Seehöhe am Ortsrand und für Skifahrer optimal, nämlich direkt an der Unterschwarzachbahn, dem Anschluss an 59 weitere Lifte und insgesamt 270 Pistenkilometer. Das Haus offeriert ein zeitgemäßes und gepflegtes Ambiente, Zimmer sind aus 12 unterschiedlichen Kategorien wählbar, sie sind wohnlich eingerichtet und überaus großzügig geschnitten (DZ von 28 bis 90 m^2), alle haben Balkon, einige sogar private Sauna, Kachelofen und offenen Kamin. Zudem gibt es zwei weitere Möglichkeiten: zum einen das vier Autominuten vom Hotel entfernte, recht einfache Ferienwohnungshaus für Selbstversorger, zum anderen ein Luxuschalet mit 6 m langem Außenpool und eigener Sauna. Das Hotel-Spa bietet unter anderem ein auch im Winter nutzbares, 9 m langes Außenbecken, zwei Whirlpools und vier Saunen. Erwähnenswert ist ein Ruheraum, in dem Brot gebacken wird – die Sauerteig-Enzyme in der Luft sollen angeblich den Stoffwechsel anregen. Sehr freundliche Mitarbeiter, feiner Weinkeller, wunderschönes Restaurant mit fabelhafter Terrasse, gute, biologisch orientierte Küche, die auch Fleisch und Käse vom eigenen Biobauernhof verwendet, eine Nachmittagsjause ist inkludiert. Neuer Reitstall mit acht Pferden, die Mini-Ponys gefielen übrigens unserer jüngsten Hoteltesterin ganz besonders. Sehr netter Spielbauernhof, täglich 12 Stunden Betreuung für Kinder ab drei Jahren (mit saisonalen Einschränkungen). Hunde erlaubt. 26 Liegen, 154 Betten.

Freibecken, Hallenbad, Kinderbecken, Außensauna, Sauna, Dampfbad, Massagen, Kosmetik, Fitnessgeräte.

HP ab € 159,–.

WELLNESS ✿✿✿✿ 19

Wiesergut

Grünlage am Ortsrand in Hinterglemm – Pinzgau

5754 Saalbach-Hinterglemm, Wiesern 48

06541-6308

Hundefreundlich. Unvergleichliche Ästhetik: Ein familiengeführtes Boutique-Hotel, unweit des Talschlusses liegt es auf 1.010 m Seehöhe am westlichen Ortsrand, im Winter ist man hier ganz nah an Skipiste und Zwölferkogelbahn, dem direkten Anschluss an die 270 Pistenkilometer des Skicircus Saalbach-Hinterglemm-Leogang-Fieberbrunn. Das Ambiente begeistert. Zum einen die völlige Absenz jeglichen Dekorationshorrors, zum anderen die besten Materialien, wohin man auch blickt. Und ganz entscheidend: die räumliche Großzügigkeit sowie die hochwertige Anmutung mit archaisch angehauchten Zügen. Zur Auswahl stehen 17 Suiten (35 oder 45 m^2) im Haupthaus und sieben außergewöhnliche Gartensuiten mit 55 m^2, Letztere haben vier Meter hohe Glasfassaden, offenen Kamin, eine freistehende Badewanne sowie auf der Terrasse einen dampfenden Badezuber, einige auch eine eigene Außensauna. Auch das Spa erfreut mit ausgesprochenem Wohlfühlcharakter, es ist zwar kein Muskelprotz in Sachen Infrastruktur, jedoch ruhig und zum Entschleunigen bestens geeignet. Zu den Highlights zählen ein 15 m langer Innenpool und ein 18 m langes, auch im Winter nutzbares Freibecken, die Massagen sind ausgezeichnet, man kann sie auch am Zimmer genießen. Yoga und Meditation sind gegen Gebühr erhältlich. Niveauvolle Zeitungen, ausgesprochen freundliche und aufmerksame Mitarbeiter, wir wurden stets mit dem Namen angesprochen. Feine Tischkultur, wunderbares Frühstück, es wird bis 11 Uhr serviert – selbstgemachte Milchprodukte, selbstgebackenes Brot, Smoothies und feinste Köstlichkeiten inklusive. Ausgezeichnete Küche mit sympathischem Regionalbezug, sie verzichtet zur Gänze auf Convenience-Produkte, so manches kommt sogar aus eigener Landwirtschaft. Kleine Wermutströpfchen: keine Garage und kein so traumhafter Ausblick wie etwa im Priesteregg. Ungeeignet für Kinder. 24 Liegen, 50 Betten.

Freibecken, Hallenbad, Sauna, Dampfbad, Massagen, Kosmetik, Fitnessgeräte. 36-Loch-Parcours in 27 km.

NF ab € 200,–.

WELLNESS 12

Brandlhof *****

Grünlage an der B311 bei Saalfelden – Pinzgau

5760 Saalfelden, Hohlwegen 4

06582-7800-0

WELLNESS 12

Ritzenhof ****S

Grünruhelage am Ortsrand in Saalfelden – Pinzgau

5760 Saalfelden, Ritzenseestraße 33

06582-73806

WELLNESS 11

Saliter Hof

Grünlage an der B164 bei Saalfelden – Pinzgau

5760 Saalfelden, Uttenhofen 5

06582-73381

WELLNESS 10

Schörhof ****

Grünlage an der B311 bei Saalfelden – Pinzgau

5760 Saalfelden, Marzon 10

06582-792

WELLNESS ✿✿ 15

Die Hochkönigin ****S

Grünlage an der B164 in Maria Alm – Pinzgau

5761 Maria Alm, Hochkönigstraße 27

06584-7447

Familienfreundlich. Ein engagiert geführter Familienbetrieb, im Winter sind es fünf Gehminuten zur Talstation des Natrun-Sessellifts, der Anbindung an 33 weitere Lifte und insgesamt 120 Pistenkilometer. Das Haus trägt seit kurzem Mountain Resort im Namenszusatz (das Magic ist inzwischen wieder verschwunden) und befindet sich „am Fuße des Hochkönigs“ (Werbung), etwas genauer gesagt auf 802 m Seehöhe mitten im Ort Maria Alm, zum Gipfel des Hochkönigs wären es übrigens 12 km Luftlinie. Die Anlage besteht aus dem Stammhaus und einem im Zuge einer groß angelegten Modernisierung errichteten Zubau („Lodge“). Zimmer stehen nunmehr in neun überwiegend großzügig geschnittenen und gefällig-modern gestalteten Kategorien (DZ von 25 bis 109 m^2) zur Auswahl, alle haben Balkon oder eine (kleine) Loggia, jene im Stammhaus erhielten vor wenigen Monaten ein Makeover, die Teppichböden sind nun Geschichte. Das ausschließlich Hotelgästen zugängliche Spa bietet neben einem winzigen Innenpool, Liegendecks und einem großen Whirlpool im Freien einen 17 m langen Infinity-Außenpool, der zwischen 13 und 17 Uhr auch mit Kindern genutzt werden kann. Weiters insgesamt sieben Saunen (drei davon im Family-Spa), ein gut ausgestattetes Fitnessstudio und gute Massagen, neuerdings ist auch die Dorntherapie erhältlich. Täglich Aktivprogramm, auch Yoga und geführte Wanderungen. Sehr gute Küche – Juniorchef Thomas Hörl kocht selbst, manche Zutaten stammen

vom eigenen Biobauernhof –, Light Lunch und Nachmittagsjause sind inkludiert. Frühstück bis 10.30 Uhr, Check-out bereits eine halbe Stunde früher. Sehr freundliche und zuvorkommende Mitarbeiter, präsente Gastgeber, stimmungsvolle Bar. Zu bestimmten Terminen werden Yoga-Retreats angeboten. Für Kids gibt es ein größeres Indoor-Spielareal mit allerlei Attraktionen sowie täglich acht Stunden Betreuung zu Ferienzeiten. Gratisgarage für Suitengäste, ansonsten gegen 15 Euro pro Tag. Hunde erlaubt. 74 Liegen, 190 Betten.

Freibecken, Hallenbad, Sauna, Dampfbad, Massagen, Fitnessstudio.

HP ab € 126,–.

WELLNESS 11

Eder Hochkönig ****
Zentrale Ortslage in Maria Alm – Pinzgau

5761 Maria Alm, Am Dorfplatz 5, 06584-7738

WELLNESS 9

Lohningerhof ****
Ortslage an der B164 in Maria Alm – Pinzgau

5761 Maria Alm, Hochkönigstraße 29
06584-7855

WELLNESS 10

Sepp ****
Ortsrandlage an der B164 in Maria Alm

5761 Maria Alm, Urchen 8
06584-7738

WELLNESS 10

Schafhuber Landhotel
Grünlage in Maria Alm – Pinzgau

5761 Maria Alm-Hinterthal, Urslaustraße 4-6
06584-8147

WELLNESS 12

Urslauerhof ****
Ortslage an der B164 Nähe Saalfelden – Pinzgau

5761 Maria Alm-Hinterthal, Urslaustraße 2, 06584-8164

WELLNESS 11

Wachtelhof Hinterthal
Ruhige Ortslage Nähe Saalfelden – Pinzgau

5761 Maria Alm-Hinterthal, Urslaustraße 7
06584-23888

WELLNESS 11

Bacher
Grünlage bei Leogang Nähe Saalfelden – Pinzgau

5771 Leogang, Hütten 33, 06583-8556

WELLNESS 12

Der Löwe ****S

Zentrale Ortslage an der B164 in Leogang – Pinzgau

5771 Leogang, Nr. 119
06583-7428

WELLNESS 16

Die Riederalm ****S

Grünlage bei Leogang Nähe Saalfelden – Pinzgau

5771 Leogang, Rain 100
06583-7342

Familienfreundlich. Auf 800 m Seehöhe, für Skifahrer in bester Lage: Ein sympathischer Familienbetrieb mit toller Küche, er liegt im Sommer direkt neben dem Bikepark Leogang, im Winter ist man hier buchstäblich mitten auf der Piste und ganz nah an der Talstation der Asitzbahn, dem direkten Anschluss an 270 Pistenkilometer und 69 weitere Lifte. Die Grundrisse des Hotels zeigen sich geheimnisvoll verwinkelt, das Ambiente unentschlossen, drei Stile – traditionell, modern-ländlich und modern-urban – herrschen vor, aber alles verströmt Gemütlichkeit. Zimmer stehen in 14 Varianten (DZ von 22 bis 45 m^2) zur Auswahl, sie sind mehrheitlich stilvoll und zeitgemäß mit Naturmaterialien gestaltet, alle haben Balkon oder Terrasse, das W-Lan ist schnell. Das Spa ist in Bereiche für Familien und Ruhesuchende geteilt, Ersterer verfügt unter anderem über einen 20 m langen, ganzjährig nutzbaren Außenpool plus toller Wasserrutsche, Letzterer über einen ebensolchen mit 15 m Länge und Thermalwasser, das mit dem Tankwagen aus der Heilquelle im nahen St. Martin angeliefert wird. Weiters gibt es sechs Saunen (eine davon textil), bei den Massagen hat man zuletzt etwas an Terrain verloren. Reichhaltiges Frühstücksbuffet, serviertes Langschläferfrühstück bis 11.30 Uhr, ausgezeichnete Küche – der Juniorchef kocht selbst –, die sich zudem auf optische Präsentation versteht, eine Nachmittagsjause ist inkludiert. Das Haus trägt den Namenszusatz Good Life Resort, und das ist auch Programm: Stets präsente und gut gelaunte Gastgeber – gleich sechs Familienmitglieder packen hier tüchtig mit an –, freundliche und hilfsbereite Mitarbeiter. Check-out um 10.30 Uhr. Abenteuerspielplatz für die Kleinen, Loipen, Laufstrecken und Wanderwege beginnen vor der Haustür. Gratisgarage für alle. Hunde erlaubt. 87 Liegen, 180 Betten.

Thermalfreibecken, Freibecken, Hallenbad, Babybecken, Sauna, Dampfbad, Massagen, Kosmetik, Fitnessgeräte. 18-Loch-Parcours in 13 und 15 km, bis zu 30 % Greenfee-Rabatt.

HP ab € 156,–.

Die Riederalm

WELLNESS 13

Forsthofalm Holzhotel ****S

Absolute Naturlage Nähe Saalfelden – Pinzgau

5771 Leogang, Hütten 37

06583-8545

Ein Familienbetrieb mit jugendlich-flottem Marketingauftritt und einer gehörigen Portion Party-Flair, er liegt auf 1.050 m Seehöhe solitär mitten auf der Alm, im Winter ist man hier direkt an der Skipiste und neben der Talstation des Almlifts, dem Anschluss an 69 weitere Lifte und 270 Pistenkilometer. Die beiden Logiergebäude wurden ohne Verwendung von Metall oder Leim aus sogenanntem Mondholz errichtet, was für ein wunderbares Raumklima sorgt. Zimmer gibt es in acht Varianten, sie sind ausnahmslos großzügig geschnitten (DZ von 34 bis 80 m^2) und einnehmend schlicht gestaltet. Erwähnenswert ist die Suite „Secret Forest" mit Hängebett aus Zirbenholz, offenem Kamin, freistehender Badewanne und privater Sauna. Das ausschließlich Hotelgästen zugängliche Spa bietet unter anderem drei Saunen, ein Außenbecken im Miniformat, Ruhezonen mit belebendem Ausblick in die Natur sowie einen Badeteich mit Liegewiese. Yoga gibt es dreimal täglich, eine „Poolparty" mit DJ und Cocktails findet einmal pro Woche statt. Restaurantterrasse (im Winter allerdings voll mit Skifahrern und ambitioniert beschallt), reichhaltiges Frühstücksbuffet, die Küche bietet auch Veganes, könnte sich aber abseits der gefälligen Präsentation etwas mehr auf die Qualität konzentrieren, eine Nachmittagsjause ist im Preis inkludiert, beim Service gibt es noch Luft nach oben. Das Spa kann am Abreisetag ohne Aufpreis ganztägig genutzt werden. Angesichts mehrerer kleiner Unzulänglichkeiten erscheint uns das Preis-Leistungs-Verhältnis nicht wirklich stimmig. Eher ungeeignet für Kinder und Ruhesuchende. Garage gegen 5 Euro pro Tag. Hunde erlaubt. 31 Liegen, 130 Betten.

Naturbadeteich, Freibecken, Außensauna, Sauna, Dampfbad, Massagen, Kosmetik, Fitnessgeräte, Personal Trainer. 18-Loch-Parcours in 16 und 17 km.

HP ab € 176,–.

WELLNESS 19

Forsthofgut Naturhotel *****

Grünlage bei Leogang Nähe Saalfelden – Pinzgau

5771 Leogang, Hütten 2

06583-8561

Hunde- und kinderfreundlich. Achtung Verwechslungsgefahr! Mit dem nahem Hotel Forsthofalm nämlich, das freilich ein gänzlich anderes Produkt ist. Ein engagiert geführter, großer Familienbetrieb mit brillantem Marketing, er liegt auf 790 m Seehöhe am Ortsrand unweit der B164, im Winter ist man hier direkt an der Skipiste, zudem keinen Steinwurf entfernt von der Talstation der Asitz-Gondelbahn, der Anbindung an die 270 Pistenkilometer des Skicircus Saalbach-Hinterglemm-Leogang-Fieberbrunn. Das Hotel besteht aus mehreren miteinander verbundenen Logiergebäuden, im Inneren zeigen sich unübersichtliche Grundrisse und moderne Ländlichkeit in glanzvoll gelungenen Dimensionen. Zimmer stehen in insgesamt 11 Varianten (DZ von 21 bis 145 m^2) zur Auswahl, sie zeigen sich durchwegs sehr wohnlich, alle haben Holzböden, aus manchen genießt man einen schönen Ausblick auf die Berge, ganz neu sind luxuriöse Suiten, die sich in einem Badehaus am See befinden. Der Bademantel ist aus reiner Baumwolle, das W-Lan schnell. Das Spa nennt man verheißungsvoll „Wald-Spa" – allerdings ist hier gar kein Wald, nirgendwo –, es wurde wenige Monate vor Erscheinen dieser Ausgabe großzügig erweitert. Unter anderem gibt es nun einen 42 Grad warmen Onsen, eine große Seesauna (leider textil), deutlich mehr Liegen (das war dringend nötig), und auch der bislang existierende Badesee wurde vergrößert. Highlight bleibt freilich der herrliche, auch im Winter nutzbare Außenpool von 25 m Länge. Weniger fein für Saunafans: Es gibt keinen Nacktbereich im Freien! Und dann das schwarz gefärbte Holz in den neuen Saunen (looks good), das sich unfasslich aufheizt (feels bad). Auch im Familien-Spa hat sich viel getan: ein größerer Innenpool, Wasserrutschen (die längste mit 70 m) und eine große Saunalandschaft. Allerdings: alles textil! Täglich breites Aktivprogramm, auch Yoga und geführte Wanderungen. Sehr freundliche, aber nicht immer rasend professionell wirkende Mitarbeiter, reichhaltiges Frühstücksbuffet, zumeist sehr gute bis ausgezeichnete Küche mit regionaler und biologischer Ausrichtung, eine Nachmittagsjause ist inkludiert. Feine Tischkultur, kompetente Weinberatung, hochambitionierte Getränkepreise, coole Hotelbar mit sagenhaften Rums und Malts. Zum Abschied erhielten wir übrigens einen kleinen Jutesack mit Bioerdäpfeln – endlich wieder einmal etwas Vernünftiges, Chapeau! Garage gegen 15 Euro pro Tag. Für Kinder ab zwei Jahren gibt es unter anderem einen großen Spielplatz, einen weitläufigen Spielbauernhof mit Ziegen, Hasen, Ponys und vielen anderen Tieren sowie pro Woche 67 Stunden Betreuung (So bis Fr, teilweise mit saisonalen Einschränkungen). 144 Liegen, 290 Betten.

Naturbadeteich, Freibecken, Hallenbad, Sauna, Dampfbad, Massagen, Kosmetik, Fitnessstudio, Personal Trainer. 18-Loch-Parcours in 15 und 16 km, bis zu 30 % Greenfee-Rabatt.

HP ab € 220,–.

WELLNESS 14

Krallerhof ****S

Grünruhelage bei Leogang Nähe Saalfelden – Pinzgau

5771 Leogang, Rain 6

06583-8246

Kinderfreundlich. Ein Familienbetrieb im Großformat, er befindet sich auf 850 m Seehöhe in fabelhafter Panoramalage über dem Ort, im Winter ist man durch die Steinbergbahn neben dem Hotel mit dem Skigebiet von Saalbach-Hinterglemm-Leogang (70 Lifte und 270 Pistenkilometer) verbunden. Das Haus ist durch zahlreiche Anbauten sehr unübersichtlich geworden, das Ambiente zelebriert Ländlichkeit in verschiedenen Reife- und Gefälligkeitsstadien, die mitunter durch aufreizend Modisches sowie durch bildnerische Kunstwerke akzentuiert werden, wobei Letztere nur bedingt inspirierend wirken und kaum Wohlgefühl erzeugen. Zimmer sind in nicht weniger als 30 unterschiedlichen Varianten und Reifestadien (DZ von 27 bis 114 m^2) wählbar, es herrschen verspielte Dekorationen und mitunter üppig aufgetragene Extravaganz. Das Spa ist in puncto sinnlicher Gestaltung zumindest streckenweise etwas holprig angelegt, es bietet unter anderem fünf Saunen, einen 18 m langen Innenpool und einen deutlich kleineren Außenpool, der allerdings nur während der warmen Jahreszeit nutzbar ist. Die Ruhezonen sind etwas spärlich bemessen, und ob man vor den riesigen blutroten Schüttbildern von Hermann Nitsch entspannen kann, sei dahingestellt. Täglich kleines Aktivprogramm, etwa auch Yoga. Restaurantterrasse, reichhaltiges Frühstücksbuffet, Light Lunch und Nachmittagsjause (im Sommer mit Softdrinks, Kaffee und Tee) sind inkludiert, Küche und Service sind längst nicht an allen Tagen in Höchstform. Präsente Gastgeber, die sich gerne den Stammgästen widmen. Für Kinder gibt es unter anderem Abenteuerwanderungen, Ponyreiten, einen Streichelzoo sowie täglich bis zu 10 Stunden Betreuung (ab zweieinhalb Jahren, mit saisonalen Einschränkungen). Wer absolute Ruhe sucht, sollte sich vor der Buchung erkundigen, ob nicht gerade eine Hochzeit oder ein anderes Event stattfindet.

Garage gegen 10 Euro pro Tag. Hunde erlaubt. 93 Liegen, 360 Betten.

Freibecken, Freibecken (Sommer), Hallenbad, Sauna, Dampfbad, Massagen, Kosmetik, Ayurveda, Fitnessstudio, Personal Trainer. 18-Loch-Parcours in 14 und 15 km, bis zu 25 % Greenfee-Rabatt. Tennisplatz.

HP ab € 200,–.

WELLNESS 11

Leonhard ****

Ortsrandlage an der B164 in Leogang – Pinzgau

5771 Leogang, Sonnberg 140
06583-8542

WELLNESS 18

Priesteregg Premium Eco Resort

Grünruhelage mit Fernblick bei Leogang – Pinzgau

5771 Leogang, Sonnberg 22
06583-825520

Hundefreundlich. Bezauberndes Hideaway mitten in der Natur: Ein familiengeführtes Chalet-Dorf, es liegt auf 1.100 m Seehöhe ruhig am Waldrand und bietet einzigartig arrangierte Berghüttenromantik gepaart mit Luxus – grandioses Panorama inklusive. Man wohnt in einem von 18 Holzhäuschen (sechs Kategorien, 100 bis 250 m^2), die bis zu 10 Personen Platz geben. Alle sind mit liebevollen Details naturnah und gemütlich gestaltet, bei jedem sind eine urige Außensauna und ein dampfender Badezuber dabei, allein der Bademantel mit seinem stattlichen Polyesterfaseranteil passt da nicht ganz ins Bild. Beherbergungsmäßige Sensationen mit nahezu archaischer Anmutung sind die Wilderer-Villa, sie hat zwei Schlafzimmer mit Betten in extravaganten „Zirbenröhren", weiters Dachterrasse und Sauna, sowie die Villa Etaner. Letztere offeriert neben „Baumstammküche" und offenem Kamin ein auch im Winter nutzbares, 14 m langes Außenbecken, auch ein zweites Chalet gibt es mit privatem Pool von ebensolcher Größe. Das vor kurzem errichtete Spa-Haus ist inwendig eine Augenweide, unter anderem verfügt es über einen 25 m langen Außenpool mit atemberaubendem Ausblick. Die Massagen sind großartig, auch die Yogadecks im Wald, die nach dem Sonnenaufgang ausgerichtet sind, zählen zum Besten, das wir diesbezüglich jemals gesehen haben. Das Frühstück mit vielen Produkten aus der Region wird ins Chalet geliefert, abends isst man bodenständig à la carte bei legerer Tischkultur im urigen Gasthof (sofern dieser nicht durch Hochzeiten oder ähnliche Feiern besetzt ist) oder auf einem romantischen Hochsitz. Als Gast wird man – wie das halt am Berg so ist – geduzt, die Mitarbeiter sind freundlich und äußerst zuvorkommend. Kinder bis sechs Jahre nächtigen kostenfrei. Bei der Anreise sollte man sich keinesfalls auf das Navi verlassen, sondern der Beschilderung vor Ort folgen. Gratis-Carports für alle. Eher ungeeignet für Kinder. 16 Liegen, 90 Betten.

Naturbadeteich, Freibecken, Hallenbad, Außensauna, Sauna, Massagen, Kosmetik. 18-Loch-Parcours in 12 und 14 km.

NF ab € 299,–.

WELLNESS 12

Puradies *****S

Grünruhelage bei Leogang Nähe Saalfelden – Pinzgau

5771 Leogang, Rain 9

06583-8275

WELLNESS 12

Rupertus Biohotel ****

Grünlage bei Leogang Nähe Saalfelden – Pinzgau

5771 Leogang, Hütten 40

06583-8466

WELLNESS 14

Salzburger Hof Leogang ****S

Ortsrandlage an der B164 in Leogang – Pinzgau

5771 Leogang, Sonnberg 170

06583-7310-0

Familienfreundlich. Besonders auch für Biker und Skifahrer: ein größerer Familienbetrieb, nun erstmals in seiner Geschichte mit der Lilie ausgezeichnet, was bedeutet: Hier strengt man sich an. Das Haus liegt direkt neben dem Bikepark Leogang, im Winter sind's nur ein paar Schritte zur Talstation der Asitzbahn, dem direkten Anschluss an 270 Pistenkilometer und 69 weitere Lifte. Das Haus besteht aus zwei Logiergebäuden, im fünften Stock dazwischen ein Fitnesskubus, der scheinbar hängt, und noch dazu schief! Künstlerisch verbrämt geben sich aber nicht nur die Fassaden, auch inwendig akzentuieren allerlei Dekostücke die zeitgemäße Ländlichkeit – gefühlt bis an den Horizont reichende Fleckerlteppiche inklusive. Recht nette Zimmer stehen in 10 Kategorien (DZ von 24 bis 60 m^2) zur Auswahl, alle haben Balkon, fast alle Holzböden, der Polyesteranteil im Bademantel ist stattlich. Das bislang nur winzige Spa im Untergeschoß steht neuerdings mitsamt dem Außenbereich und einem 10 m langen Outdoorpool Familien zur Verfügung, erwähnenswert ist, dass es hier auch weiterhin einen Saunanacktbereich gibt, der von dem seit einiger Zeit grassierenden Textilsauna-Virus verschont geblieben ist. Erweitert wird das Family Spa um einen brandneuen, deutlich größeren Wellnessbereich im fünften und sechsten Stock, der als Adults-only-Zone (ab 14) konzipiert ist. Ebendort kann man nun unter anderem einen Schneeraum, Außensauna sowie das Highlight des Hauses genießen, nämlich einen knapp 21 m langen Infinity-Außenpool mit tollem Ausblick. Absolutes Unikat ist ein Ruheraum, der ebenso als Bewegungsraum genutzt werden kann – hochklappbare Liegen à la Schrankbetten machen es möglich, so etwas haben wir noch nirgendwo gesehen. Insgesamt gibt es nunmehr 10 Saunen (vier davon textil), weiters ein umfangreiches Aktivprogramm, auch Yoga, Pilates und geführte Wanderungen sowie ebensolche Biketouren. Biker finden hier übrigens ein gutes Service, das Werkstätte, Waschplatz, Wäscheservice und anderes miteinschließt. Reichhaltiges Frühstücksbuffet, zumeist gute Küche, sie versteht sich auch auf Vegetarisches, eine Nachmittagsjause (reichlich) ist inkludiert. Im Service recht bemühte und aufmerksame Mitarbeiter, aber nicht alle mit Expertise in der deutschen Sprache. Gemütliche, gut bestückte Bar. Hunde erlaubt. 81 Liegen, 220 Betten.

Freibecken, Außensauna, Sauna, Dampfbad, Massagen, Kosmetik, Fitnessgeräte, Personal Trainer. 18-Loch-Parcours in 18 km, 30 % Greenfee-Rabatt.

HP ab € 143,–.

ALLE LILIEN-HOTELS IN **TIROL**

	Hotel	Seite
1	**Almhof Family Resort & Spa** ****S	165
2	**Alpenhof Hintertux** ****S	172
3	**Alpenrose Maurach** *****	149
4	**Aqua Dome** ****S	188
5	**Astoria Resort** *****S	142
6	**Bär Kinderhotel** ****S	196
7	**Bergblick Grän** ****S	210
8	**Bergfried Tux** *****	168
9	**Berghaus Alpinhotel** ****	169
10	**Berghof Hintertux** ****	172
11	**Bergwiesenglück**	200
12	**Bichlhof** ****S	181
13	**Cervosa Gourmet & Spa** *****	196
14	**Das Kaiserblick** ****S	177
15	**Das Rieser** ****S	152
16	**Das Sieben** ****S	173
17	**Der Alpbacherhof Natur & Spa** ****S	157
18	**Der Bär**	177
19	**Der Lärchenhof Erpfendorf** *****	183
20	**Der Wiesenhof Pertisau** ****S	152
21	**Edelweiss Vitalhotel** ****S	148
22	**Einwaller Seehotel**	153
23	**Elisabeth Fügen** ****	158
24	**Engel** ****S	211

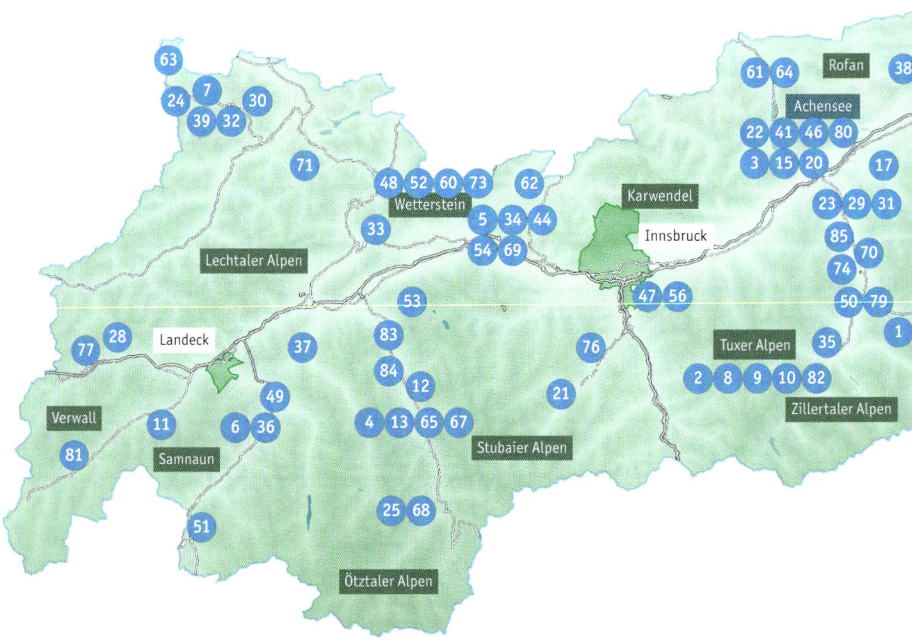

	Hotel	Seite
25	**Enzian Sölden** ****S	189
26	**Gradonna Mountain Resort** ****S	217
27	**Grandhotel Lienz** *****	213
28	**Gridlon** ****	204
29	**Haidachhof Aktiv & Wellness** ****	159
30	**Haldensee** ****	209
31	**Held** ****S	160
32	**Hohenfels Genießerhotel** ****	212
33	**Holzleiten Bio-Hotel** ****	187
34	**Interalpen-Hotel Tyrol** *****S	186
35	**Jagdhof Neustift** *****	148
36	**Jennys Schlössl** ****S	197
37	**Jerzner Hof** ****	191
38	**Juffing** ****S	175
39	**Jungbrunn – Der Gutzeitort**	212
40	**Kaiserhof Ellmau** *****S	178

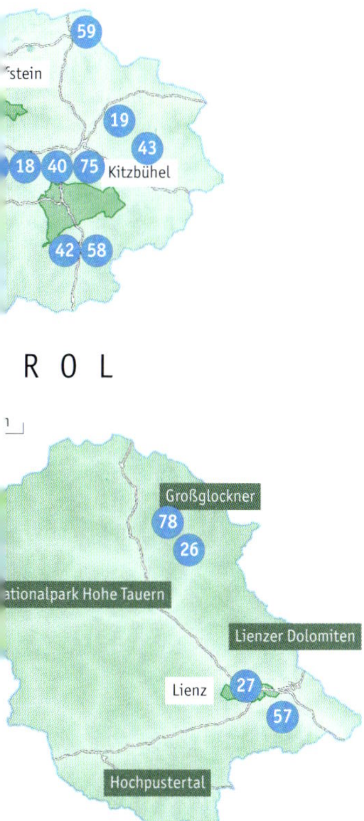

	Hotel	Seite
41	**Karwendel** ****S	153
42	**Kempinski Das Tirol** *****S	182
43	**Kitzspitz Naturhotel** ****	186
44	**Klosterbräu** *****	143
45	**Kraftalm**	173
46	**Kristall Verwöhnhotel** ****S	154
47	**Lanserhof Lans**	140
48	**LaPosch – Dein Bergaway**	209
49	**Linde Gartenhotel** ****S	192
50	**Malisgarten** *****S	164
51	**Mein Almhof** ****S	199
52	**Mohr Life Resort** ****S	207
53	**Mooshaus Winterresort** ****S	149
54	**Nidum Casual Luxury**	141
55	**Panorama Royal** ****S	174
56	**Park Igls Gesundheitszentrum** ****	141
57	**Parkhotel Tristachersee** ****S	216
58	**Penzinghof** ****	182
59	**Peternhof** ****S	176
60	**Post Lermoos** ****S	207
61	**Posthotel Achenkirch** *****	155
62	**Quellenhof Leutasch** ****S	145
63	**Rehbach Natur- & Ruhehotel**	213
64	**Reiterhof Natur- & Aktiv-Resort** ****S	156
65	**Schalber Wellness-Residenz** *****S	198
66	**Schermer Landhotel** ****S	180
67	**Schlosshotel Fiss** *****	193
68	**Schöne Aussicht** ****S	190
69	**Schwarz Alpenresort** *****	187
70	**Seetal Alpin Family Resort** ****	164
71	**Singer** ****S	206
72	**Sonnhof Ayurveda Resort** ****	176
73	**Spielmann Romantik-Hotel** ****	208
74	**Sport-Residenz Zillertal** ****S	160
75	**Stanglwirt Bio-Hotel** *****	179
76	**Stock Resort** *****	168
77	**Tannenhof St. Anton** *****S	205
78	**Taurerwirt Wanderhotel** ****	217
79	**Theresa Genießer-Hotel** ****S	165
80	**Travel Charme Fürstenhaus** ****S	155
81	**Trofana Royal** *****S	201
82	**Tuxerhof Alpin Spa** ****S	169
83	**Vivea Umhausen** ****	188
84	**Waldklause Naturhotel** *****	189
85	**Wöscherhof** ****S	161

WELLNESS 11

Innsbruck ****
Zentrumslage in Innsbruck
6020 Innsbruck, Innrain 3, 0512-59868-0

WELLNESS 11

Schwarzer Adler Innsbruck
Zentrumslage in Innsbruck
6020 Innsbruck, Kaiserjägerstraße 2, 0512-587109

BUSINESS/WELLNESS 11

Parkhotel Hall ****
Ortslage am Kurpark in Hall bei Innsbruck
6060 Hall, Thurnfeldgasse 1, 05223-53769

WELLNESS 11

Speckbacherhof ****
Grünlage am Ortsrand Nähe Innsbruck – Inntal
6069 Gnadenwald, St. Martin 2, 05223-52511

GESUNDHEIT 20

Lanserhof Lans
Grünruhelage am Ortsrand in Lans – Nähe Innsbruck
6072 Lans, Kochholzweg 153
0512-38666-0

Immer schon etwas Besonderes, avancierte der vor knapp 40 Jahren eröffnete Lanserhof in den letzten Jahren zur europäischen Luxusmarke für Detox, also in Sachen Entgiftung und Entschlackung, was die „Ableger“ Tegernsee, Sylt, Hamburg und neuerdings auch London eindrucksvoll dokumentieren. Hier jedenfalls steht das Stammhaus, es ist zudem jenes mit den „günstigsten“ Preisen, die Zuflucht für Ausgepowerte (im gehobenen Volksmund auch: neubürgerliche Repräsentationsaskese) ist freilich auch hier alles andere als ein Schnäppchen, so man sich nicht zur Klasse der reiferen Milliardärinnen und russischen Oligarchen zugehörig fühlen will. Das Haus liegt ebenso schön wie ruhevoll, das Ambiente zelebriert geradlinige Ästhetik und viel Tageslicht, zudem vermag es ein fabelhaftes Wohlgefühl entstehen zu lassen, was auch für die Zimmer (17 Varianten, DZ von 25 bis 100 m^2) gilt. Sie sind einfach wunderschön, fast alle haben Balkon und feinste Holzböden, manche auch begrünte Dachterrassen mit eigenem Liegebereich, das teuerste schlägt pro Nacht mit 1.900 Euro zu Buche. Einnehmend feine Bettwäsche, den Bademantel mit stattlichem Polyesteranteil empfanden wir allerdings ein bisschen enttäuschend, selbst wenn die Mantelschnur bereits eingefädelt war. Der Wellnessbereich bietet unter anderem drei Saunen, einen 18 m langen, auch im Winter nutzbaren Außenpool, einen 10 m langen Innenpool, eine Kältekammer zur Ganzkörperbehandlung bei minus 110 Grad – ein herrlicher Frischekick! – sowie täglich ein kleines Aktivprogramm, auch Yoga, Qi Gong und Pilates. Für ein belebendes Gefühl sorgen freilich auch die Lage am Waldrand sowie der unvergleichliche Ausblick auf die Berge. Freundliches, niveauvolles Umfeld, internationales, bisweilen erstaunlich junges Publikum. Neben Detox stehen etwa auch Schmerztherapie, medizinische Check-ups und Burnout-Prävention im Angebot. Kleiner Wermutstropfen: nur wochenweise buchbar – und zumeist ausgebucht! Ungeeignet für Kinder. 10 Liegen, 120 Betten.

Solefreibecken, Solehallenbad, Sauna, Dampfbad, Massagen, Kosmetik, Fitnessgeräte, Personal Trainer. 9- und 18-Loch-Parcours in 1 und 7 km.

Pauschalen, etwa „Lanserhof Kur Classic"-Woche inkl. Diät, Arzt und Therapien ab € 4.576,–.

WELLNESS 11

Igls Sporthotel

Zentrumslage in Igls – Nähe Innsbruck

6080 Igls, Hilberstraße 17, 0512-377241

GESUNDHEIT 15

Park Igls Gesundheitszentrum ****

Grünlage am Ortsrand in Igls – Nähe Innsbruck

6080 Igls, Iglerstraße 51
0512-377305

Ernährung, Bewegung, Entspannung: Eine renommierte Adresse für Entgiftungs- und Entschlackungskuren nach F. X. Mayr. Das Haus liegt auf 870 m Seehöhe auf einem Sonnenplateau und ist von alten Bäumen und Kieswegen umgeben. Das Ambiente präsentiert sich sehr geschmackvoll und zeitgemäß, Zimmer kann man aus 11 Varianten (DZ von 28 bis 64 m²) wählen. Sie zeigen sich klassisch-gediegen arrangiert, viele haben Klimaanlage, alle feine Holzböden und Balkon, in jenen an der Westseite genießt man die Nachmittagssonne, muss allerdings bei offenem Fenster schon frühmorgens mit Verkehrslärm rechnen. Das Spa ist auf drei Ebenen verteilt, es bietet unter anderem einen 15 m langen Innenpool, einen luxuriösen Fitnessraum mit grandiosem Ausblick, weiters ausgezeichnete Massagen sowie insgesamt vier Saunen. Breites therapeutisches Spektrum, darunter Aderlass, Colon-Hydro-Therapie und Infusionen mit Ozon, ebenso medizinische Check-ups. Die Pauschalen enthalten übrigens deutlich zu wenige der zentralen Mayrtherapien („manuelle Bauchbehandlung" durch den Arzt), zubuchen ist wärmstens anzuraten, mit Mehrkosten darf demnach gerechnet werden. Gute Diätküche, wunderbar freundliches und zuvorkommendes Team. Gratisgarage für (fast) alle. Ungeeignet für Kinder, Hunde erlaubt. 20 Liegen, 78 Betten.

Hallenbad, Sauna, Dampfbad, Massagen, Kosmetik, Fitnessstudio, Personal Trainer. 9- und 18-Loch-Parcours in 2 und 9 km.

Pauschalen, etwa „Mayr-Klassik"-Woche inkl. Diät, Arzt und Therapien ab € 2.648,–, NF ab € 158,–.

WELLNESS 9

Der Reschenhof ****

Ortsrandlage an der B171 – Nähe Innsbruck

6080 Mills, Bundesstraße 7, 05223-5860-0

WELLNESS 14

Nidum Casual Luxury

Grünruhelage mit Fernblick Nähe Seefeld

6100 Mösern, Am Wiesenhang 1
05212-20300

Mit jugendlich-flottem Auftritt: Ein stylisches, inhabergeführtes Hotel, es wirbt mit dem Claim „Created for a new generation of travellers" und liegt auf 1.200 m Seehöhe erhöht an einem Hang am Waldrand. Die öffentlichen Räume zeigen betulich cool interpretierten Alpenlandchic, den allgegenwärtig zelebrierten, vor Anglizismen strotzenden und stets instagramtauglich in Szene gesetzten „Lifestyle" könnte man durchaus als etwas gewöhnungsbedürftig empfinden. Zimmer stehen in sechs Kategorien (DZ von 35 bis 118 m²) zur Auswahl, sie sind mehrheitlich zweckmäßig und modern, alle haben Holzinterieurs, feine Holzböden, Schafwollteppiche und bodentiefe, nach Süden ausgerichtete Glasfronten, manche auch Sauna und Whirlpool. Das Spa ist nur Hotelgästen zugänglich, ist aber zu klein dimensioniert, es bietet unter anderem vier Saunen, einen auch im Winter nutzbaren Außenpool von knapp 9 m Länge und einen Whirlpool im Freien. Ein Unikat ist die „Sauna in the rocks": eine Außensauna im Fels, die nur über eine Hängebrücke zu erreichen ist. Nette Tischkultur, gute Küche, ambitionierte Getränkepreise (auch in der Minibar). Die Mitarbeiter glänzen vor allen mit ihrem gestylten Aussehen, was der durchwegs jung-urbanen Gästeschar zu gefallen scheint. Auch Hochzeiten und Events, mitunter sogar ganze Fußballmannschaften unter den Gästen. Gratisgarage für alle. Ungeeignet für Kinder, Hunde erlaubt. 45 Liegen, 150 Betten.

Freibecken, Hallenbad, Außensauna, Sauna, Dampfbad, Massagen, Kosmetik, Fitnessgeräte. 18-Loch-Parcours in 4 km, 20 % Greenfee-Rabatt.

HP ab € 168,–.

WELLNESS 10

Alpenhotel Fall in Love ****

Ruhige Zentrumslage in Seefeld

6100 Seefeld, Dorfplatz 28, 05212-2191

WELLNESS 11

Alpenpark Resort ****S

Grünruhelage in Seefeld

6100 Seefeld, Speckbacherstraße 182, 05212-2951

WELLNESS 10

Alte Schmiede Seefeld ****

Zentrale Ortslage in Seefeld

6100 Seefeld, Innsbrucker Straße 18
05212-2253

WELLNESS 18

Astoria Resort *****S

Grünruhelage am Ortsrand in Seefeld

6100 Seefeld, Geigenbühelstraße 185
05212-2272-0

Hundefreundlich. In wohl der schönsten Lage über dem Ort, auf 1.200 m Seehöhe: Alter Hoteladel, er hat sich vor kurzem einer umfassenden Verjüngungskur unterzogen, gehört der Wiener Sacher-Hotelière Elisabeth Gürtler und wird schon seit geraumer Zeit auch von ihr geführt. Die öffentlichen Räume zeigen sich neuerdings in opulenter neoalpiner Modernität in außergewöhnlich hochwertiger Anmutung, das Design stammt von dem gleichen französischen Grandhotel-Innenarchitekten, der etwa auch das St. Regis in Rom gestaltet hat. Zimmer sind aus 10 Kategorien (DZ von 30 bis 100 m^2) wählbar, sie glänzen vor Sauberkeit, wobei die neuen geradezu vor luxuriöser Eleganz sprühen und zum Teil auch über eine eigene Sauna verfügen. Man sollte übrigens unbedingt ein südostseitiges Zimmer wählen, denn nur hier lässt sich die reizvolle Lage über dem Ort in vollen Zügen genießen. Wie das Restaurant ist leider auch das indoor ohnedies nicht rasend weitläufige Spa für externe Gäste zugänglich, es besteht aus einem neuen Bereich als Nacktzone – pompös und geradezu aufreizend modisch – und einem knapp zwei Jahrzehnte alten und für das Auge wesentlich ruhigeren Bereich, in dem sich Innenpool und eine Textilsaunazone befinden. Der Außenbereich ist entzückend angelegt, hier findet man unter anderem einen 20 m langen, ganzjährig nutzbaren Außenpool, einen Soleaußenwhirlpool und einen netten Naturpool, der laut Werbung „ein 800 m^2 großer Naturbadesee“ sein soll, tatsächlich aber bestenfalls ein Viertel davon umfasst! Saunafans kommen hingegen nur bedingt auf ihre Rechnung, denn von den insgesamt sechs

Saunen sind vier nur in Badekleidung nutzbar! Schöne Liegewiese, täglich kleines Aktivprogramm, auch Qi Gong, autogenes Training und Pilates. Fabelhafte Restaurantterrasse mit Morgensonne, Dresscode im Restaurant, ebendort sind die Tische mitunter ziemlich klein und auch zu eng gestellt. Eigener Speisebereich für Gäste mit Hunden. Viele zuvorkommende Mitarbeiter, zumeist sehr gute Küche (abends), Light Lunch und Nachmittagsjause sind im Preis enthalten, für die Garage zahlt man dagegen Aufpreis, nämlich 18 Euro pro Tag. Ungeeignet für Kinder. 104 Liegen, 180 Betten.

Naturbadeteich, Freibecken, Solefreibecken, Hallenbad, Sauna, Dampfbad, Massagen, Kosmetik, Fitnessgeräte, Personal Trainer. 18-Loch-Parcours in 7 km, Putting Green.

HP ab € 209,–.

WELLNESS 10

Bergland Seefeld ****

Ortsrandlage an der Durchzugsstraße in Seefeld

6100 Seefeld, Innsbrucker Straße 3, 05212-2293

WELLNESS 12

Bergresort Seefeld ****S

Grünruhelage am Ortsrand in Seefeld

6100 Seefeld, Münchner Straße 215, 05212-2191

WELLNESS 10

Central Seefeld ****

Zentrale Ortslage in Seefeld

6100 Seefeld, Münchner Straße 41, 05212-3288

WELLNESS 11

Charlotte ***S

Ruhige Zentrumslage in Seefeld

6100 Seefeld, Haspingerstraße 475, 05212-2652

WELLNESS 10

Das Kaltschmid Familotel ****

Zentrale Ortslage in Seefeld

6100 Seefeld, Olympiastraße 101, 05212-2191

WELLNESS 12

Eden ****S

Zentrale Ortslage in Seefeld

6100 Seefeld, Münchner Straße 136, 05212-50495

WELLNESS 10

Elite ****

Zentrale Ortslage in Seefeld

6100 Seefeld, Andreas-Hofer-Straße 39
05212-2901

WELLNESS 11

Inntaler Hof ****

Grünlage am Ortsrand bei Seefeld

6100 Seefeld, Möserer Dorfstraße 2, 05212-4747

WELLNESS 10

Kaiserhof Seefeld ****

Grünruhelage am Ortsrand bei Seefeld

6100 Seefeld, Albrecht-Dürer-Weg 9, 05212-52509

WELLNESS 16

Klosterbräu *****

Ruhige Zentrumslage in Seefeld

6100 Seefeld, Klosterstraße 30
05212-2621-0

Hunde- und kinderfreundlich. Ein familiengeführtes Fünfsternhaus, es liegt auf 1.180 m Seehöhe mitten im Ort, im Winter ist man hier mit ein paar guten Schritten direkt an einer der vielen Loipen (247 Kilometer), für Skifahrer gibt es ein kostenloses Shuttle zu den Skigebieten der Umgebung. Bis zu unserem Redaktionsschluss wurde das Haus zu einem Teil modernisiert, viele öffentliche Räume erstrahlen nun in neuem Glanz. Zimmer wählt man aus 19 stark unterschiedlichen Kategorien (DZ von 30 bis 110 m²), neben ganz modernen finden sich auch noch einige im Stil der 1990er Jahre, manche haben sogar private Sauna, freistehende Badewanne und „Bierbrunnen“ – Hallelujah! Das Spa erhielt mit einem neuen Hallenbad ebenfalls ein Facelift, weiters geboten werden sechs Saunen (eine davon textil), im Freien Liegewiese, Außensauna, Whirlpool sowie ein 17 m langer, auch im Winter nutzbarer Pool. Für die Erfrischung zwischendurch gibt es auch hier einen Brunnen mit Bier zum Selbstzapfen – gratis. Kleines Aktivprogramm, auch Yoga, Pilates und Qi Gong. Die Küche ist gut, Light Lunch und Nachmittagsjause sind im Preis inkludiert (auch am Abreisetag, ebenso die ganztägige Spa-Nutzung). Viele freundliche Mitarbeiter, präsente Gastgeber, die Stammgästen viel Aufmerksamkeit widmen, das Service ist aber nicht an jedem Tag in Bestform. Gästen mit Hunden wird ein eigener Restaurantbereich sowie ein kostenfreies Dogsitting-Service geboten, für Kids gibt es einen neuen Streichelzoo, weiters Rodelhang sowie täglich (Mo bis Sa) acht Stunden Betreuung (ab drei Jahren, während der Ferien auch So). Valet Parking, Garage für 25 Euro pro Tag. 80 Liegen, 180 Betten.

Freibecken, Hallenbad, Außensauna, Sauna, Massagen, Kosmetik, Fitnessgeräte. 18-Loch-Parcours in 6 km, 35 % Greenfee-Rabatt.

HP ab € 211,–.

WELLNESS 12

Krumers Alpin ****S
Grünlage außerhalb von Seefeld
6100 Seefeld, Krinz 32, 05212-53333

WELLNESS 11

Krumers Post ****S
Ruhige Zentrumslage in Seefeld
6100 Seefeld, Dorfplatz 25, 05212-2201

WELLNESS 11

Lärchenhof Seefeld ****S
Grünruhelage am Ortsrand in Seefeld
6100 Seefeld, Geigenbühelstraße 203
05212-2383

WELLNESS 10

Oasis Bergfrieden garni
Grünruhelage in Seefeld
6100 Seefeld, Milser Straße 274
072088-0556

WELLNESS 10

Parkhotel ****
Grünlage in Seefeld
6100 Seefeld, Riehlweg 404
05212-2484-0

WELLNESS 11

Schönruh Seefeld ****
Grünruhelage an der Golfschule in Seefeld
6100 Seefeld, Reitherspitzstraße 356
05212-2447

WELLNESS 12

Seespitz ****S
Grünlage am Ortsrand in Seefeld
6100 Seefeld, Innsbrucker Straße 1, 05212-2217

WELLNESS 10

Solstein ****
Ruhige Ortslage in Seefeld
6100 Seefeld, Hermannstalstraße 558
05212-2741

WELLNESS 11

St. Peter ****
Ortsrandlage an der Hauptstraße in Seefeld
6100 Seefeld, Mösererstraße 53, 05212-4555-0

WELLNESS 11

Veronika ****
Zentrumsnahe Grünlage in Seefeld
6100 Seefeld, Riehlweg 161
05212-2105

WELLNESS 11

Zum Gourmet ****

Grünlage im Ortszentrum von Seefeld

6100 Seefeld, Geigenbühelstraße 158, 05212-2383

WELLNESS 12

Kristall Leutasch ****

Zentrumslage in Leutasch – Nähe Seefeld

6105 Leutasch, Weidach 300 m, 05214-6319

WELLNESS 10

Leutascherhof Biohotel ****

Ruhige Ortslage in Leutasch – Nähe Seefeld

6105 Leutasch, Weidach 305, 05214-6208

WELLNESS ⚜⚜⚜ 17

Quellenhof Leutasch ****S

Grünruhelage in Leutasch – Nähe Seefeld

6105 Leutasch, Weidach 288
05214-67820

Hundefreundlich. Keine externen Gäste, keine Reisegruppen und keine Tagungen: Ein niveauvolles und ruhiges Hotel, es liegt sehr schön am Ortsrand auf 1.136 m Seehöhe, ringsum Spazier- und Wandermöglichkeiten, und auf der straßenabgewandten Seite genießt man ein traumhaftes Bergpanorama. Das Haus empfängt mit blumengeschmückten Alpenlandfassaden, dahinter zeigt sich sympathisch-konservative Modernität, die bisweilen zu überraschendem Crossover neigt. Gute Zeitungen liegen auf, es gibt eine gemütliche Bibliothek und sogar ein hauseigenes Kino. Die Zimmer zelebrieren schlicht-kontemporären Landhausstil in nicht weniger als 20 Varianten (DZ von 20 bis 80 m²), alle sind mit viel Holz gestaltet und haben feine Holzböden. Das Spa bietet viel Gutes, unter anderem sechs Saunen, großzügige FKK-Zonen, einen wunderschönen Außenbereich mit Solewhirlpool und einen 25 m langen, auch im Winter nutzbaren Außenpool sowie einen Raum mit weichem, stets frischem Schnee – mit minus 8 Grad herrlichst zum Abkühlen nach der Sauna! Täglich (außer So) gibt es ein Aktivprogramm, auch Yoga, Fünf Tibeter, Pilates, Meditation und geführte Wanderungen. Schöne Restaurantterrassen, Frühstücksbuffet in guter Qualität, sehr gute Küche, sie versteht sich auch auf Veganes und Vegetarisches und ist zudem biologisch und regional ausgerichtet. Stets frische Blumen auf dem Tisch, kompetente Weinberatung, hervorragender, großer Weinkeller, hier kann man mit der Zimmerkarte auch selbst ein Gläschen zapfen, und das rund um die Uhr, noch dazu zu absolut fairen Preisen! Light Lunch und Nachmittagsjause sind im Preis enthalten, das Spa kann man ohne Aufpreis am Abreisetag nutzen. Viele, viele Stammgäste (vornehmlich aus der Schweiz). Schöne Wanderwege, endlose Laufstrecken, im Winter beginnen 280 km Loipen vor der Haustüre. Sauberes Preis-Leistungs-Verhältnis, Gratisgarage für Suitengäste. Ungeeignet für Kinder. 128 Liegen, 210 Betten.

Freibecken, Hallenbad, Außensauna, Sauna, Dampfbad, Massagen, Kosmetik, Ayurveda, Fitnessstudio, Personal Trainer. 18-Loch-Parcours in 13 km.

HP ab € 152,–.

WELLNESS 10

Xander Sporthotel ****

Grünruhelage am Ortsrand in Leutasch – Nähe Seefeld

6105 Leutasch, Kirchplatzl 147, 05214-6581

WELLNESS 12

Friedheim Sonnenresidenz ****S

Grünruhelage oberhalb von Weerberg bei Schwaz – Inntal

6133 Weerberg, Högweg 3, 05224-68590

WELLNESS 11

Der Brandstetterhof ****

Ruhige Ortslage in Stans – Inntal

6135 Stans, Oberdorf 74, 05242-63582

WELLNESS 11

Schwarzbrunn ****S

Ruhige Ortslage in Stans – Inntal

6135 Stans, Vogelsang 208, 05242-6909

WELLNESS 12

Grafenast Biohotel

Absolute Grünruhelage mit Fernblick bei Schwaz – Inntal

6136 Pill, Pillbergstraße 205, 05242-63209

WELLNESS 11

Das Mei ****

Grünlage am Ortsrand in Mutters – Nähe Innsbruck

6162 Mutters, Natterer Straße 20-22
0512-548888

WELLNESS 10

Seppl ****

Grünlage am Ortsrand in Mutters – Nähe Innsbruck

6162 Mutters, Natterer Straße 8
0512-548455

WELLNESS 11

Stubaier Hof ****

Zentrale Ortslage in Fulpmes – Stubaital

6166 Fulpmes, Herrengasse 9, 05225-62266-0

WELLNESS-, GOLF- & GENIESSERHOTEL SALZBURGERHOF*****S

Familiengeführter Lieblingsplatz für Individualisten: märchenhafter Garten, erstklassiges Wellnessangebot, ausgezeichnete Gourmetküche, Wohnkultur auf höchstem Niveau und zeitloser Eleganz.

WELLNESS 12

Bergcristall ****

Grünruhelage am Ortsrand in Neustift – Stubaital

6167 Neustift, Volderau 5, 05226-30099

WELLNESS 11

Bergkönig Activehotel ****

Zentrale Ortslage in Neustift – Stubaital

6167 Neustift, Schulweg 9, 05226-2558

WELLNESS 14

Edelweiss Vitalhotel ****S

Grünlage außerhalb von Neustift – Stubaital

6167 Neustift, Krößbach 1, 05226-2280

Familienfreundlich. Ein sympathisches, familiengeführtes Haus, es liegt auf 1.100 m Seehöhe an der Bundesstraße, zur Talstation des Stubaier Gletschers, dem Anschluss an 26 Lifte und insgesamt 63 Pistenkilometer, sind es etwa 15 Autominuten, ein Ski-Shuttle fährt mehrmals pro Tag. Hinter blumengeschmückten Alpenlandfassaden zeigt sich gehoben arrangierte Gemütlichkeit. Zimmer gibt es in 19 unterschiedlichen Varianten (DZ von 19 bis 80 m^2), das Spektrum reicht von sympathisch-einfach bis hin zu modern-alpin, jene im neuen Trakt („Landhaus") haben helle Vollholzinterieurs, Holzböden sowie teilweise auch Kamin und Sauna. Das Spa steht nur Hotelgästen offen und ist indoor nicht allzu groß, es bietet vier Saunen (eine davon textil), einen 10 m langen Innenpool sowie einen etwas größeren Außenpool, der im Winter jedoch nur sehr eingeschränkt nutzbar ist. Ansprechende Ruheräume, kleines Aktivprogramm, auch geführte Wanderungen (im Winter mit Schneeschuhen) und Yoga. Schöne Caféterrasse, reichhaltiges Frühstücksbuffet bereits ab 7 Uhr, sehr gute Küche bei netter Tischkultur, eine Nachmittagsjause ist inkludiert. Ausgesprochen freundliche Mitarbeiter, präsente Gastgeber, die auch selbst mit anpacken. Im Winter beginnen Loipen vor der Haustür, für Kinder gibt es Spielplatz, Kinderkino, kostenloses Ponyreiten sowie in den Sommerferien täglich sechs Stunden Betreuung (Mo bis Fr, extern). Garage gegen 10 Euro pro Tag. Hunde erlaubt. 50 Liegen, 140 Betten.

Freibecken, Hallenbad, Babybecken, Sauna, Dampfbad, Massagen, Kosmetik, Fitnessgeräte. Tennisplatz. Leihfahrräder gratis.

HP ab € 101,–.

WELLNESS 10

Fernau Alpenhotel ****

Grünruhelage mit Fernblick in Neustift – Stubaital

6167 Neustift, Scheibe 66, 05226-2717

WELLNESS 12

Forster's Naturresort ****

Grünlage am Ortsrand in Neustift – Stubaital

6167 Neustift, Pinnisweg 2, 05226-2600

WELLNESS 17

Jagdhof Neustift *****

Grünruhelage mit Fernblick in Neustift – Stubaital

6167 Neustift, Scheibe 44, 05226-2666

Kinderfreundlich. Herzlich, zuvorkommend und heimelig: Ein bestens geführter Familienbetrieb mit Tradition und Klasse, er feiert demnächst sein 45-jähriges Bestehen, und er liegt sehr ruhig unweit des Ortszentrums. Das Ambiente verströmt so wunderbar gemütlichen wie edelrustikalen Old Style – Kassettendecken, weidmännische Motive, rustikale Stoffe und massive heimische Hölzer. Das verleiht dem Haus einen ganz besonderen Charme, der sich wohltuend von den vielen ach so trendigen neoalpin gestylten Interieurs anderswo – und von den damit zumeist verbundenen hauchdünnen Furnieren über Pressspanplatten! – abhebt. Zimmer wählt man aus 14 fabelhaft großen Varianten (DZ von 40 bis 115 m^2), sie haben gute Betten, zumeist Holzböden und zeigen sich in der für das Haus so typischen Edelländlichkeit. Die Bettwäsche schmeichelt der Haut, das W-Lan ist schnell und die Bademantelschnur bereits eingefädelt. Das auch externen Gästen offen stehende Spa besteht aus einem alten und einem modernen Teil, bietet viel Abwechslung, unter anderem vier Saunen, Whirlpools innen und außen, einen auch im Winter nutzbaren, 12 m langen Außenpool, einen FKK-Außenbereich mit Tauchbecken sowie ein edel gestaltetes Ruhe-Chalet, zudem einen schönen Garten mit Liegewiese vor herrlicher Bergkulisse. Die Massagen sind sehr gut, täglich gibt es ein Aktivprogramm, auch Yoga, Pilates und geführte Wanderungen. Ausgesprochen freundliche Mitarbeiter und Gastgeber – ja, genau so wünscht man sich das: zuvorkommend, aufrichtig, herzlich –, fabelhafte Stimmung im ganzen Haus. Wunderbare Restaurantterrasse, feine Tischkultur, Frühstück bis 11 Uhr, sehr gute Küche, superber Weinkeller, eine süße Nachmittagsjause ist im Preis inkludiert, der Wellnessbereich auch an An- und Abreisetag ohne Einschränkung nutzbar. Täglich 11 Stunden Betreuung für Kinder ab vier Jahren (So bis Fr, mit saisonalen Einschränkungen). Hunde erlaubt. 90 Liegen, 200 Betten.

Freibecken, Hallenbad, Außensauna, Sauna, Dampfbad, Massagen, Kosmetik, Fitnessstudio, Personal Trainer. 18-Loch-Parcours in 27 km. Tennisplätze.

HP ab € 201,–.

WELLNESS 12

Milderer Hof *****S*

Grünlage am Ortsrand in Neustift – Stubaital

6167 Neustift, Franz-Senn-Straße 166, 05226-2219

WELLNESS 9

Mutterberg Alpensporthotel ****

Grünruhelage am Ortsrand Nähe Neustift – Stubaital

6167 Neustift, Mutterberg 1, 05226-8116

WELLNESS 12

Neustift Sporthotel ****S

Grünruhelage am Ortsrand in Neustift – Stubaital

6167 Neustift, Moos 7, 05226-2510

WELLNESS 11

Rastbichlhof ****

Grünruhelage am Ortsrand in Neustift – Stubaital

6167 Neustift-Kampl, Rastbichl 1, 05226-2373

WELLNESS 10

Kindl Alpenhotel ****

Grünlage am Ortsrand in Neustift – Stubaital

6167 Neustift-Milders, Franz-Senn-Straße 66, 05226-2241

WELLNESS 11

Alpenrose Kühtai ****

Grünruhelage in Kühtai – 45 km westlich von Innsbruck

6183 Kühtai, Nr. 24, 05239-5205

WELLNESS 9

Kühtai Sporthotel ****

Grünruhelage in Kühtai – 45 km westlich von Innsbruck

6183 Kühtai, Nr. 9, 05239-5217

WELLNESS 13

Mooshaus Winterresort ****S

Grünruhelage in Kühtai – 45 km westlich von Innsbruck

6183 Kühtai, Nr. 40, 05239-5207

Kinderfreundlich. Ein inhabergeführtes Großhotel, es liegt auf 2.020 m Seehöhe, im Winter direkt an der Piste und Talstation der sogenannten Start-Sesselbahn, dem Anschluss an sieben weitere Lifte und insgesamt 40 Pistenkilometer. Das Haus empfängt mit streckenweise üppig aufgetragenem neoalpinen Chic, Zimmer sind aus 19 stark unterschiedlichen Varianten (DZ von 26 bis 75 m²) wählbar, sie zeigen alpenländische Interieurs in unterschiedlichen Reifestadien, die meisten haben Teppichböden (teilweise hochflorig), einige auch Vinylböden in Holzoptik, das W-Lan ist schwach. Das Spa steht ausschließlich Hotelgästen offen, ein Hingucker ist jedenfalls ein schmaler, aber immerhin 90 m langer, angenehm warmer Infinity-Pool für Erwachsene, der im Rechteck um die Sky-Lounge im Dachgeschoß verläuft. Weniger erbaulich: Die fünf Saunen befinden sich in einem kleinen, wenig einladenden Bereich im Kellergeschoß, der Zugang erfolgt über die Garage! Fabelhafte Sonnenterrasse (das Restaurant muss hingegen weitgehend ohne Tageslicht auskommen), die Küche versteht sich auf optische Präsentation, die Getränkepreise sind ambitioniert. Freundlich bemühte Mitarbeiter, Stammgäste werden hofiert. Bargeld braucht man übrigens zunächst keines, denn die Zimmerkarte ist zugleich Skipass und Zahlungsmittel in allen Gerber-Betrieben – vom Pizza-Restaurant bis hin zum Skiverleih. Täglich neun Stunden Betreuung für Kinder ab vier Jahren (So bis Fr). Gratisgarage für alle. 67 Liegen, 350 Betten.

Freibecken, Hallenbad, Babybecken, Sauna, Dampfbad, Massagen, Kosmetik.

HP ab € 136,–.

WELLNESS 16

Alpenrose Maurach *****

Grünruhelage in Maurach – Achensee

6212 Maurach, Mühltalweg 10

05243-5293-0

Kinderfreundlich. Ein inhabergeführtes Großhotel, es wird seit rund drei Jahren mit fünf Sternen kategorisiert. „Der alpine Kraftplatz“ (werblicher O-Ton) erscheint uns vor allem für jene interessant, die werbliche Mogelpackungen nicht befremdlich finden und sich über Valet Parking und Gepäckservice freuen, ohne zu wissen, dass diese Dienstleistungen für ein Fünfsternhotel verpflichtend sind, ebenso wie etwa eine rund um die Uhr geöffnete Rezeption, die hier freilich nur 13 Stunden (laut Website) besetzt ist. Das Hotel besteht aus der großen „Wellnessresidenz“ (mit den meisten Zimmern) und einem kleineren Gebäude („Cocoon“), das auf der anderen Straßenseite liegt. In Letzterem befinden sich mehrere Suiten und ein zusätzlicher Wellnessbereich für Erwachsene. Die Grundrisse sind geheimnisvoll verwinkelt, das Ambiente gibt sich sehr uneinheitlich, das stilistische Spektrum reicht von romantisierender Ländlichkeit bis hin zu protziger Extravaganz. Zimmer sind aus 17 blitzsauberen und zumeist sehr schönen Varianten (DZ von 19 bis 160 m²) wählbar, viele haben Balkon, alle Holzböden. Der Wellnessbereich ist auf zahlreiche, mitunter ziemlich weit auseinanderliegende Zonen aufgeteilt und laut Werbung 8.500 m² groß, das grenzt indoor freilich bereits an Verhöhnung, denn bei Vollbelegung fühlt sich alles sogar etwas eng an, nicht zuletzt in Sachen schwimmbarer Pools.

NATURHOTEL FORSTHOFGUT *****

Find me at my happy place. Ein Haus mit 400 Jahre alten Wurzeln, ein Naturhotel mit einzigartigem waldSPA auf 5.700 m², eingebettet zwischen majestätischen Steinbergen, Wald und Wiesen.

Zu den Highlights zählen jedenfalls sieben Saunen, ein 20 m langer Innenpool (Werbung: 23 m), ein kleiner Soleaußenpool und ein Garten mit schönem Schwimmteich (Werbung: 800 m², er ist aber nur halb so groß). Ausgezeichnete Massagen, täglich Aktivprogramm. Restaurantbereiche teilweise ohne Tageslicht, Light Lunch (reichlich) und Nachmittagsjause sind, ebenso wie Alkoholfreies (auch aus der Minibar), im Zimmerpreis inkludiert. Regelmäßig Schmuckpräsentationen und Tanzabende, langjährige Stammgäste sind zahlreich, sie kommen mehrheitlich aus der Schweiz und aus Deutschland. Viele freundliche und zuvorkommende Mitarbeiter. Mehrere Spielareale für Kids, täglich 12 Stunden Betreuung für Kinder ab drei Jahren. Gratisgarage für alle. Hunde erlaubt. 160 Liegen, 280 Betten.

Naturbadeteich, Freibecken, Solefreibecken, Hallenbad, Babybecken, Außensauna, Sauna, Dampfbad, Massagen, Kosmetik, Ayurveda, Fitnessstudio, Personal Trainer. 18-Loch-Parcours in 5 km. Leih-E-Bikes gratis.

HP ab € 212,–.

WELLNESS 12

Buchau Familienresort *****S

Grünlage an der B181 bei Maurach – Achensee

6212 Maurach, Buchauer Straße 3, 05243-5210

WELLNESS 10

Rotspitz ***

Grünlage am Ortsrand in Maurach – Achensee

6212 Maurach, Eggweg 5, 05243-5391

WELLNESS 10

Sonnalp ****

Zentrale Ortslage in Maurach – Achensee

6212 Maurach, Dorfstraße 104, 05243-5440

WELLNESS 10

Vier Jahreszeiten Maurach ****

Ortslage an der B181 in Maurach – Achensee

6212 Maurach, Eggweg 2-3, 05243-5375

WELLNESS 11

St. Georg zum See ****

Grünlage an der B181 in Maurach – Achensee

6212 Maurach-Eben, Achenseestraße 18, 05243-5332

WELLNESS 16

Das Rieser ****S

Grünruhelage in Pertisau – Achensee

6213 Pertisau, Karwendelstraße 40, 05243-5251

Hunde- und familienfreundlich. Nur wenige Gehminuten vom Achensee entfernt und gleichzeitig unweit vom Zentrum und Golfplatz, im Winter ist man hier direkt an einer der vielen Loipen: Ein sympathischer Familienbetrieb auf 952 m Seehöhe, vor 70 Jahren hatte man hier mit der Vermietung von Gästezimmern begonnen, den unfasslichen Luxus einer eigenen Badewanne gab es nur gegen einen Aufpreis von 3 Schilling. Heute steht hier ein schönes Hotel mittlerer Größe, die öffentlichen Räume zeigen sich in konservativ-gemütlicher Ländlichkeit. Zimmer wählt man aus 12 Varianten (DZ von 25 bis 75 m²), alle haben Balkon, Terrasse oder Loggia, fabelhaft wohnlich sind die neuen Lofts und Turmsuiten mit ihrer unaufdringlichen neoalpinen Eleganz und dem schönen Ausblick. Das Spa punktet mit seiner dezenten Atmosphäre, es bietet einen 12 m langen, auch im Winter nutzbaren Außenpool, einen großen Badeteich mit Liegewiese (und einem Bereich für Hunde) und sechs Saunen, bei den Massagen hat man neuerdings leider etwas an Terrain verloren. Umfangreiches Aktivprogramm an sechs Tagen der Woche, auch Pilates, Yoga und Fünf Tibeter sowie geführte Wanderungen. Zumeist sehr gute Küche bei netter Tischkultur, Light Lunch und Nachmittagsjause sind im Preis enthalten. Viele freundliche Mitarbeiter, präsente Gastgeber. Check-out um 10.30 Uhr, das Spa kann an An- und Abreisetag ohne Aufpreis ganztägig genutzt werden. Breites Service für Biker (Garage, Trockenraum, Tourenkarten etc.), Schneeschuhe gibt es zur Gratisleihe. Gratisgarage für alle. In den Sommerferien täglich sechs Stunden Kinderbetreuung (Mo bis Fr, extern). 95 Liegen, 210 Betten.

Naturbadeteich, Freibecken, Hallenbad, Sauna, Dampfbad, Massagen, Kosmetik, Fitnessstudio, Personal Trainer. 18-Loch-Parcours in 1 km, 20 % Greenfee-Rabatt. Tennishalle, Tennisplätze.

HP ab € 166,–.

WELLNESS 14

Der Wiesenhof Pertisau ****S

Grünruhelage am Ortsrand in Pertisau – Achensee

6213 Pertisau, Naturparkstraße 20
05243-52460

Hunde- und familienfreundlich. Ein sympathischer und solider Familienbetrieb, er liegt auf 952 m Seehöhe ruhig und sehr nett auf der namensgebenden, sieben Hektar großen Wiese am Ortsrand, zum Seeufer sind es nur ein paar Schritte, im Winter ist man hier direkt an der Loipe. Die öffentlichen Räume präsentieren sich in klassisch-eleganter Gediegenheit, Zimmer wählt man aus neun Kategorien (DZ von 25 bis 60 m²), sie sind ländlich oder dezent romantisierend arrangiert, bieten schlichte

Vollholzinterieurs und Holzböden sowie zumeist auch Balkon. Das laut Prospekt 2.300 m² große Spa ist inwendig in Wirklichkeit viel kleiner, herausragend sind die zahlreichen Fitnessgeräte und ein 25 m langes Schwimmbecken in einem wunderschönen „Glashaus“ mit historischer Anmutung, die Seitenteile lassen sich bei entsprechender Witterung öffnen, sodass es beinahe wie ein Außenpool wirkt. Restaurantterrasse, Frühstück bis 11 Uhr, das zeitlich vorverlegte Abendessen (17 bis 20 Uhr) soll für einen erholsamen Schlaf sorgen. Bar mit Flair eines Wiener Kaffeehauses, hilfsbereite Gastgeber, freundliches Umfeld, viele Stammgäste. Auf Kinder wartet ein neuer Spielraum mit Kletterwand, Wobbleboards und Holzspielsachen, das Ambiente vereint dabei Stilsicherheit und Ursprünglichkeit – sehr nett! Bemerkenswert: Keine saisonalen Preisschwankungen, lediglich zwischen Weihnachten und Silvester wird ein einmaliger Feiertagszuschlag von 90 Euro berechnet. Und der Haushund heißt Pikas. 83 Liegen, 165 Betten.

Hallenbad, Sauna, Dampfbad, Massagen, Kosmetik, Fitnessstudio. 18-Loch-Parcours in 0,5 km.

HP ab € 155,–.

WELLNESS ✿ 13

Einwaller Seehotel

An der Uferstraße in Pertisau – Achensee

6213 Pertisau, Seepromenade 15
05243-5366

Klein und fein: Ein familiengeführtes Boutique-Hotel in prominenter Lage, es ist vom Seeufer nur durch eine Straße getrennt, verfügt aber ebendort über eine recht nette Badeplattform mit Liegendeck. Das Haus wurde vor drei Jahren nahezu komplett neu errichtet, im Inneren zeigt es sich zeitgemäß und durchwegs angenehm gestaltet, was auch für die Zimmer (sechs Kategorien, DZ 30 bis 40 m²) gilt. Alle haben bodentiefe Fenster, Balkon, so manches scheint zudem schlechthin zum Wohlfühlen gemacht. Eine schöne Besonderheit, wie wir sie vor allem aus Südtirol kennen, ist das sogenannte Tausend-Sterne-Zimmer, das freilich gar keines ist: Gegen Aufpreis schläft man hier unter freiem Himmel – neben dem Spa. Das ist nicht gerade billig, aber allemal ein schönes Erlebnis. Der Wellnessbereich ist spärlich ausgestattet, aber recht atmosphärisch arrangiert, er befindet sich im Dachgeschoß, hier genießt man zunächst einmal ein fabelhaftes Panorama sowie weiters Ruheraum, Sonnendeck und insgesamt drei Saunen, schade nur, dass der Weg zum See zu weit ist, um danach beherzt ins kühle Nass zu springen. Die Massagen sind ausgezeichnet. Restaurantterrasse, reichhaltiges Frühstücksbuffet, zumeist gute Küche bei gehobener Tischkultur. Viele freundliche Mitarbeiter, präsente Gastgeberin. Eher ungeeignet für Kinder. 20 Liegen, 50 Betten.

Sauna, Dampfbad, Massagen. 18-Loch-Parcours in 2 km, 20 % Greenfee-Rabatt.

HP ab € 131,–.

WELLNESS 12

Entners am See ****S

An der Uferstraße in Pertisau – Achensee

6213 Pertisau, Seepromenade 17-19, 05243-5559-0

WELLNESS 12

Gramai Alm

Grünruhelage mit Fernblick Nähe Pertisau – Achensee

6213 Pertisau, Gramaistraße 1, 05243-5166

WELLNESS 10

Karlwirt ****

Grünlage in Pertisau – Achensee

6213 Pertisau, Golfplatzstraße 1, 05243-5206

WELLNESS ✿✿ 16

Karwendel ****S

Grünlage in Pertisau – Achensee

6213 Pertisau, Karwendelstraße 1
05243-5284

Hunde- und familienfreundlich. Ein sympathisch-solider Familienbetrieb – gleich fünf Familienmitglieder packen hier tüchtig mit an –, er liegt auf 952 m Seehöhe südseitig vor einer großen Wiese und nur ein paar gute Schritte vom Ufer des Achensees entfernt. Das Ambiente zeigt sich traditionell-ländlich, Zimmer kann man aus nicht weniger als 23 Varianten (DZ von 26 bis 85 m²) wählen, einige haben Kachelöfen, viele schöne Holzböden und Zirbenholzvertäfelungen, Loden, Naturstein und Altholz herrschen in den neuen Zimmern vor. Alles zeigt sich blitzsauber und sehr gemütlich – und die Bademantelschnur ist bereits eingefädelt! Der Wellnessbereich ist geteilt, es gibt einen für Familien und einen ganz modernen zweiten für Ruhesuchende (Zugang ab 16 Jahren), Letzterer befindet sich im vierten Stock auf dem Dach. Dort findet man auch das Highlight der Anlage: einen tollen, 20 m langen und auch im Winter, allerdings zeitlich etwas eingeschränkt – nutzbaren Infinity-Außenpool plus Liegeflächen, all das mit belebendem Ausblick in die Berge. Weiters genießt man insgesamt sieben Saunen,

sehr gute Massagen sowie ein kleines Aktivprogramm, das auch Wassergymnastik und geführte Wanderungen miteinschließt. Das Spa kann an An- und Abreisetag ohne Aufpreis genutzt werden. Restaurantterrasse mit Morgen- und Abendsonne, gemütliche Stuben, gute bis sehr gute Küche, sie bevorzugt regionale Lieferanten, ein Light Lunch ist im Preis inkludiert. Nette Tischkultur, große Weinkarte, ambitionierte Getränkepreise. Viermal pro Woche gibt's abends Musik und Tanz. Präsente Gastgeber, ausgesprochen freundliche und zuvorkommende Mitarbeiter, guter Schlaf. Viele, viele Stammgäste. 75 Liegen, 150 Betten.

Freibecken, Hallenbad, Sauna, Dampfbad, Massagen, Kosmetik, Ayurveda, Fitnessgeräte, Personal Trainer. 18-Loch-Parcours in 0,6 km, 20 % Greenfee-Rabatt.

HP ab € 169,–.

WELLNESS 15

Kristall Verwöhnhotel ****S

Grünruhelage am Ortsrand in Pertisau – Achensee

6213 Pertisau, Seebergstraße 10

05243-5490

Adults only (ab 14). Fabelhaft für Ruhesuchende: Ein sympathischer Familienbetrieb von ebensolcher Größe, er nennt sich im Namenszusatz „Wellnesshotel für Erwachsene" und liegt auf 952 m Seehöhe am Waldrand, ein paar Schritte vom Seeufer entfernt. Hinter einer modernen Alpenfassade waltet stimmungsvoll arrangierte Gemütlichkeit ländlicher Prägung, Zimmer stehen in 15 unterschiedlichen Kategorien (DZ von 22 bis 66 m²) zur Auswahl. Neben einigen recht einfachen werden mehrheitlich moderne und gemütliche Varianten geboten, sie haben Interieurs aus heimischen Hölzern und feine Holzböden, einige sogar Sauna, Whirlpool und offenen Kamin. Das nur Hausgästen zugängliche Spa besteht ebenso aus einer alten und einer neuen Zone, beide Bereiche liegen allerdings in unterschiedlichen Teilen der Anlage. Unter anderem geboten werden insgesamt acht Saunen, Außenwhirlpool, ein netter Badeteich, ein 8 m langes Freibecken sowie sehr gute Massagen. Umfangreiches Aktivprogramm, darunter Yoga und Waldbaden, im Winter auch Schneeschuhwanderungen, Langlaufen und gemeinsames Rodeln. Urige und gemütliche Stuben, wunderbar reichhaltiges Frühstücksbuffet, sehr gute Küche, Light Lunch und Nachmittagsjause sind im Preis enthalten – Zimmerservice bis Mitternacht ebenso! Präsente Gastgeber, viele freundliche und hilfsbereite Mitarbeiter. Das Spa kann an An- und Abreisetag ohne Aufpreis ganztägig genutzt werden, E-Bikes und Schneeschuhe gibt es zur Gratisleihe. Hunde erlaubt. 59 Liegen, 130 Betten.

Naturbadeteich, Freibecken (Sommer), Hallenbad, Außensauna, Sauna, Dampfbad, Massagen, Kosmetik, Ayurveda, Fitnessgeräte. 18-Loch-Parcours in 1,5 km, 20 % Greenfee-Rabatt.

HP ab € 157,–.

WELLNESS 11

Pfandler ****

Grünruhelage in Pertisau – Achensee

6213 Pertisau, Naturparkstraße 28, 05243-5223

WELLNESS 11

Post am See ****

An der Uferstraße in Pertisau – Achensee

6213 Pertisau, Seepromenade 14, 05243-5207

WELLNESS 13

Travel Charme Fürstenhaus ****S

Seeuferlage in Pertisau – Achensee

6213 Pertisau, Seepromenade 26
05243-5442-0

Auf 952 m Seehöhe. Einst ein historisches Jagdschloss von Kaiser Maximilian, heute ein typisches Kettenhotel, allerdings in schöner Lage am See, was freilich auch punkten muss. Das Ambiente ist hell und geradlinig, aber weder eine Augenweide noch gemütlich gestaltet, was auch für die Zimmer (acht Varianten, DZ von 25 bis 81 m^2) gilt. Alle haben Teppichböden, fast alle Balkon, viele bieten Ausblick auf den See und die dahinterliegenden Berge, der Geräuschpegel – ein Großparkplatz und die Ausflugsdampferanlegestelle sind nah – könnte mitunter etwas herausfordernd werden. Das Spa bietet unter anderem fünf Saunen, ein kleines Innenbecken, ein 15 m langes, ganzjährig nutzbares Freibecken sowie einen Außenwhirlpool mit feinem Seeblick. Schöne Restaurantterrasse, reichhaltiges Frühstücksbuffet bis 11 Uhr, Service und Küche konnten uns jedoch nicht restlos überzeugen. Ungeeignet für Kinder. Anmerkung: Der angeführte Zimmerpreis ist ein auslastungsabhängiger Flex-Tarif, er kann in der Praxis auf mehr als das Doppelte ansteigen (Wochenende, Ferienzeiten etc.). Parkplatz (unbedingt nötig) gegen 9 Euro pro Tag. Hunde erlaubt. 84 Liegen, 240 Betten.

Freibecken, Hallenbad, Sauna, Dampfbad, Massagen, Kosmetik, Ayurveda, Fitnessgeräte, Personal Trainer. 18-Loch-Parcours in 1 km, 20 % Greenfee-Rabatt.

HP ab € 127,–.

WELLNESS 12

Achensee Sporthotel ****

Grünlage am Ortsrand in Achenkirch – Achensee

6215 Achenkirch, Nr. 114
05246-6561

WELLNESS 12

Das Kronthaler ****S

Grünruhelage mit Fernblick in Achenkirch – Achensee

6215 Achenkirch, Am Waldweg 105a
05246-6389

WELLNESS 19

Posthotel Achenkirch *****

Grünruhelage in Achenkirch – Achensee

6215 Achenkirch, Nr. 382
05246-6522

Hundefreundlich, Adults only (ab 18). Ein weit über die Landesgrenzen hinaus bekannter Familienbetrieb auf 920 m Seehöhe, es handelt sich um Tirols ältestes und zweifellos auch renommiertestes Spa-Hotel. Vor mehr als dreieinhalb Jahrzehnten hat hier der virtuose Gastgeber Karl Reiter mit seiner Leidenschaft für perfektes Service das Eichmaß des Wohlfühlens geschaffen, heute wird die oftmals erweiterte Anlage von seinem Sohn geführt, freilich mit derselben Verve. Sie liegt auf 36 Hektar ruhig mitten im Ort und besteht mittlerweile aus mehreren nicht allzu großen miteinander verbundenen Logiergebäuden unterschiedlichen Alters, was mitunter zu geheimnisvollen Grundrissen führen kann. Das Ambiente präsentiert sich atmosphärisch und stilvoll gestaltet, Zimmer stehen in 17 blitzsauberen Kategorien zur Auswahl (DZ von 30 bis 102 m^2), sie zeigen sich in niveauvoller, dezenter Modernität und sind bestens ausgestattet, die meisten wurden vor kurzem renoviert, es gibt übrigens auch solche, deren Wände mit Lehm verputzt sind, was für ein besonders wohliges Raumklima sorgt. Die Bettwäsche ist superfein, der Ausblick geht jedoch nicht selten auf das Innenareal mit seinen Garten- und Poolanlagen. Der ausschließlich Hotelgästen zugängliche und vor kurzem fast gänzlich neu gestaltete Wellnessbereich ist außerordentlich weitläufig, unter anderem bietet er acht Saunen, sechs schwimmbare Pools, zwei Whirlpools, konkurrenzlos tolle Fitnesszonen, Liegewiese, ein Ladys-Spa und ein Zentrum für Traditionelle Chinesische Medizin („TCM“). Hinzu kommt eine einzigartige Fülle an täglichen Entspannungs- und Aktivprogrammen, darunter Meditation, Qi Gong, Tai Chi, Pilates, Yoga und Kung Fu – mit einem Shaolin-Meister aus China! Wunderbar freundliche und zuvorkommende Mitarbeiter, grandioses

Frühstücksbuffet. Ausgezeichnete Küche mit biologischer Ausrichtung, vieles kommt aus der eigenen Landwirtschaft oder wird selbstgemacht, auch Veganes kommt auf Wunsch an den Tisch. Light Lunch und Nachmittagsjause sind im Preis inkludiert. Dank eines eigenen TCM-Restaurants ist es auch möglich, alle Mahlzeiten nach der Fünf-Elemente-Lehre zubereitet zu erhalten, das nennt sich Tenzo-Pension. Großartiger Weinkeller, Gratisgarage mit kostenloser Autowaschanlage für alle. Höchst sauberes Preis-Leistungs-Verhältnis. Hunde erlaubt. 150 Liegen, 300 Betten.

Freibecken, Hallenbad, Außensauna, Sauna, Dampfbad, Massagen, Kosmetik, Fitnessstudio, Personal Trainer. 9-Loch-Parcours in 0,7 km, bis zu 25 % Greenfee-Rabatt. Tennisplätze, Reitstall, Lipizzanergestüt.

HP ab € 159,–.

WELLNESS 16

Reiterhof Natur- & Aktiv-Resort ****S

Grünruhelage am Ortsrand in Achenkirch – Achensee

6215 Achenkirch, Nr. 380

05246-6600

Ein gepflegter Familienbetrieb mittlerer Größe, er liegt ein paar Kilometer vom Achensee entfernt auf einer kleinen Anhöhe am Waldrand (Seehöhe 950 m). Hinter einer ansprechenden Tiroler Fassade herrscht stimmungsvoll arrangierte Gemütlichkeit, Zimmer kann man aus insgesamt 10 stark unterschiedlichen Varianten (DZ von 28 bis 160 m²) wählen, mehrheitlich sind sie ausgesprochen großzügig geschnitten, alle haben Balkon, ziemlich neu sind wunderschöne Suiten, die sich vom Bestand deutlich abheben. Sie haben feine Holzböden, teilweise freistehende Badewanne und Sauna, und sie gewähren einen herrlichen Ausblick auf das Karwendelgebirge. Das inwendig nicht allzu große Spa bietet unter anderem fünf Saunen, einen 25 m langen, auch im Winter nutzbaren Außenpool, einen kleinen Schwimmteich und großartige Möglichkeiten zum Saunieren – ein Zillertaler Bier ist inkludiert! Großartige Massagen, kleines Aktivprogramm, auch Yoga, Fünf Tibeter und geführte Wanderungen. Schöne Terrasse, reichhaltiges Frühstücksbuffet, sehr gute Küche mit gepflegter Tischkultur, Light Lunch und Nachmittagsjause mit alkoholfreien Getränken, Tee und Kaffee sind inkludiert, von den hausgemachten Strudeln waren wir begeistert. Präsente Gastgeber, viele freundliche Mitarbeiter, beim Service gibt es aber noch etwas Spielraum nach oben. Schöne Wanderwege, endlose Laufstrecken, im Winter gibt es ein kostenloses Shuttle zum Skigebiet Achenkirch. Viele langjährige Stammgäste. Ungeeignet für Kinder, Hunde erlaubt. 85 Liegen, 170 Betten.

Naturbadeteich, Freibecken, Hallenbad, Außensauna, Sauna, Dampfbad, Massagen, Kosmetik, Ayurveda, Fitnessgeräte, Personal Trainer. 18-Loch-Parcours in 2 km, 20 % Greenfee-Rabatt.

HP ab € 167,–.

WELLNESS 10

Resort Achensee

An der B181 in Achenkirch – Achensee

6215 Achenkirch, Nr. 177
05246-6644

WELLNESS 12

Pirchner Hof ****

Grünruhelage am Ortsrand in Reith – Alpbachtal

6235 Reith im Alpbachtal, Neudorf 42
05337-62749

WELLNESS 12

Böglerhof ****S

Zentrumslage in Alpbach – Alpbachtal

6236 Alpbach, Nr. 166
05336-5227-0

WELLNESS 16

Der Alpbacherhof Natur & Spa ****S

Grünruhelage in Alpbach – Alpbachtal

6236 Alpbach, Nr. 564, 05336-5237

Mit Vorteilen für Direktbucher: Ein sympathischer Familienbetrieb von ebensolcher Größe, er liegt auf 1.000 m Seehöhe am talseitigen Ortsrand, was einen herrlichen Ausblick ermöglicht. Hinter einer klassischen Alpenlandfassade mit blumengeschmückten Balkonen herrscht gefällige neoalpine Optik, lediglich Rezeption und Lobby verharren optisch noch im Dornröschenschlaf – dunkle Holztäfelungen und rote Teppiche inklusive. Zimmer sind aus 19 stark unterschiedlichen Kategorien (DZ von 22 bis 64 m^2) wählbar, neben solchen in wunderschönem zeitgemäßen Landhausstil mit Zirbenholzvertäfelungen gibt es auch noch einige wenige rustikale mit Teppichböden, diese werden jedoch schrittweise renoviert. Wer bei offenem Fenster schlafen möchte, sollte sich vor einem straßenseitig gelegenen Zimmer hüten, denn der Morgenverkehr übernimmt schon frühzeitig die Weckfunktion. Das Spa hat zwei Bereiche: Neben einem neuen Adults-only-Spa mit FKK-Whirlpool, Liegewiese und drei Saunen gibt es auch einen Familienbereich mit Innen- und Außenbecken, fünf Saunen und Garten. Kleines Aktivprogramm, auch Waldbaden,

Reiterhof Natur- & Aktiv-Resort

geführte Wanderungen (mit dem Urgestein Tom) und Yoga, zu bestimmten Terminen werden auch Yoga-Retreats angeboten. Fabelhafte Restaurantterrasse, reichhaltiges Frühstücksbuffet, sehr gute Küche, sie legt großen Wert auf regionale Zutaten, Wild kommt aus der eigenen Jagd, Light Lunch (reichlich) und Nachmittagsjause sind inkludiert. Herzliches, erfrischend bodenständiges Umfeld, viele freundliche Mitarbeiter. Direktbucher können das Spa am Abreisetag ganztägig ohne Aufpreis nutzen und erhalten zudem einen 20-Euro-Behandlungsgutschein. Eher ungeeignet für Kinder, Hunde erlaubt. 66 Liegen, 150 Betten.

Freibecken, Hallenbad, Außensauna, Sauna, Dampfbad, Massagen, Kosmetik, Fitnessgeräte.

HP ab € 126,–.

WELLNESS 12

Galtenberg Kinderhotel ****S

Grünruhelage am Ortsrand in Alpbach – Alpbachtal

6236 Alpbach, Alpbach 40, 05336-5610

WELLNESS 12

Alpina Zillertal Kinderhotel ****S

Grünlage am Ortsrand in Fügen – Zillertal

6263 Fügen, Pankrazbergstraße 32, 05288-62030

WELLNESS 12

Crystal Gartenhotel ****S

Grünlage in Fügen – Zillertal

6263 Fügen, Hochfügener Straße 63
05288-62425

WELLNESS 13

Elisabeth Fügen ****

Grünlage in Fügen – Zillertal

6263 Fügen, Hochfügener Straße 67
05288-62972

Ein freundlicher, nicht allzu großer Familienbetrieb, er liegt auf 550 m Seehöhe zwar an der Hauptstraße, grenzt aber an der Rückseite an Wiesen – schöner Ausblick inklusive. Im Winter sind es hier übrigens nur ein paar gute Schritte zur Talstation der Spieljochbahn, dem Anschluss an die Skigebiete Hochfügen-Hochzillertal mit insgesamt knapp 500 Pistenkilometern. Das Haus offeriert ein zeitgemäßes und gepflegtes Ambiente, die Zimmer (fünf Kategorien, DZ von 18 bis 45 m^2) sind hingegen teilweise in die Jahre gekommen und mehrheitlich sehr klein geschnitten. Sie haben helle Vollholzinterieurs, Teppichböden sowie zumeist Balkon oder Terrasse, Bademäntel gibt es nur gegen Kaution an der Rezeption. Das Spa bietet unter anderem einen 18 m langen, auch im Winter nutzbaren Außenpool mit recht beschränkten Öffnungszeiten, einen etwas kleineren Innenpool, eine feine Liegewiese, vier Saunen sowie sehr gute Massagen. Fabelhafte Restaurantterrasse für alle Mahlzeiten, die Küche ist gut, eine kleine Nachmittagsjause montags bis freitags inkludiert. Präsente Gastgeber, viele freundliche Mitarbeiter. Frühstück nur bis 10 Uhr, Check-out ebenso. Kleiner Kinderskihang in unmittelbarer Nähe. Hunde erlaubt. 24 Liegen, 75 Betten.

Freibecken, Hallenbad, Sauna, Dampfbad, Massagen, Fitnessgeräte. 18-Loch-Parcours in 4 km.

HP ab € 122,–.

WELLNESS 14

Haidachhof Aktiv & Wellness ****

Ortslage in Fügen – Zillertal

6263 Fügen, Haidach 2

05288-62380

Ein feiner Familienbetrieb in Kleinformat, er liegt auf 550 m Seehöhe, im Winter sind es nur ein paar gute Schritte zur Talstation der Spieljochbahn – dem Anschluss an die Skigebiete Hochfügen-Hochzillertal mit insgesamt 500 Pistenkilometern. Hinter blumengeschmückten Alpenlandfassaden erfreut das Haus mit gepflegter Gemütlichkeit, Zimmer sind aus sieben Kategorien (DZ von 20 bis 45 m²) wählbar, alle sind im neoalpinen Stil gestaltet, manche etwas schlichter, andere etwas heimeliger, viele haben Balkon, alle feine Holzböden, die meisten „Suiten“ sind allerdings gar keine Suiten, sondern einfach größere Doppelzimmer, das ist freilich auch anderswo zu finden, bleibt aber dennoch Mogelpackung. Das indoor recht knapp bemessene Spa ist ausschließlich Hotelgästen gewidmet, es bietet unter anderem einen 15 m langen, auch im Winter nutzbaren Außenpool, vier Saunen und einen netten Garten. Kleines Aktivprogramm, darunter geführte Wanderungen (im Winter auch mit Schneeschuhen, das jedoch gegen Gebühr) und mehrmals pro Woche Yoga. Schöne Terrasse für alle Mahlzeiten, herrlicher Ausblick aus dem Restaurant, viel Auswahl beim Frühstücksbuffet, sehr gute bis ausgezeichnete Küche bei feiner Tischkultur, eine Nachmittagsjause ist inkludiert – alkoholfreie Getränke zu allen Mahlzeiten ebenso. Stimmungsvolle Bar, herzliche und zuvorkommende Mitarbeiter, stets präsente Gastgeber. Viele, viele Stammgäste. Das Spa kann an An- und Abreisetag ohne Aufpreis ganztägig genutzt

werden. Eher ungeeignet für Kinder, Hunde erlaubt. 46 Liegen, 75 Betten.

Freibecken, Hallenbad, Sauna, Dampfbad, Massagen, Kosmetik, Ayurveda, Fitnessgeräte. 18-Loch-Parcours in 4 km.

HP ab € 126,–.

WELLNESS 13

Held *****S

Grünlage am Ortsrand in Fügen – Zillertal

6263 Fügen, Kleinbodener Straße 6
05288-62386

Hundefreundlich. Aus Stammhaus, Neubau und einer etwa 200 m entfernten Dependance mit Zweisterncharakter bestehender Familienbetrieb, er liegt auf 500 m Seehöhe am Ortsrand unweit der Bundesstraße. Zur Talstation der Spieljochbahn, dem Anschluss an die Skigebiete Hochfügen-Hochzillertal mit 500 Pistenkilometern, sind es etwa drei Autominuten, ein Ski-Shuttle fährt mehrmals pro Tag. Das Ambiente lässt sich als Mischung aus urban angehauchtem Flair und kontemporär interpretierter Alpenländlichkeit beschreiben, Zimmer sind aus 19 Kategorien (DZ von 18 bis 70 m^2) wählbar. Sie sind von klassisch-rustikal bis modern arrangiert, alle befinden sich in einem guten Zustand, haben Balkon oder Terrasse sowie Bergpanorama. Die Suiten bieten mitunter dick aufgetragene Extravaganz, sie haben feine Holzböden, plüschige Interieurs, stimmungsvolle Beleuchtung, einige sogar private Sauna und freistehende Badewanne. Das indoor recht klein dimensionierte Spa offeriert unter anderem einen Badeteich, einen 10 m langen, auch im Winter nutzbaren Außenpool sowie sieben Saunen. Schöne Restaurantterrasse, gute Küche, für kalorienarme und allergikerfreundliche Varianten muss man 10 Euro drauflegen. Ambitionierte Getränkepreise, Light Lunch und Nachmittagsjause sind inkludiert, in puncto Service gibt es noch etwas Luft nach oben. Präsente Gastgeberin, viele freundliche Mitarbeiter, viele Stammgäste. Breites Service für Biker (Garage, Tourenkarten, Mountainbikes zur Gratisleihe etc.). Wer umweltfreundlich mit Öffis anreist, bekommt pro gefahrenem Kilometer einen Behandlungsgutschein im Wert von 10 Cent. Der Wellnessbereich kann bei Direktbuchung auch an An- und Abreisetag ohne Aufpreis ganztägig genutzt werden. 76 Liegen, 200 Betten.

Naturbadeteich, Freibecken, Hallenbad, Außensauna, Sauna, Dampfbad, Massagen, Kosmetik, Fitnessgeräte. 18-Loch-Parcours in 3 km.

HP ab € 144,–.

WELLNESS 12

Kohlerhof ****

Zentrale Ortslage in Fügen – Zillertal

6263 Fügen, Hochfügener Straße 84, 05288-62962

WELLNESS 10

Malerhaus ****

Ortsrandlage an der B169 in Fügen – Zillertal

6263 Fügen, Bahnhofstraße , 05288-62278

WELLNESS 10

Hoppet ****

Ruhige Ortslage in Hart – Zillertal

6263 Hart, Kirchplatz 6, 05288-62220-0

WELLNESS 12

Schiestl ****

Grünlage am Ortsrand in Fügen – Zillertal

6264 Fügenberg, Hochfügener Straße 107, 05288-62326-0

WELLNESS 9

Erzherzog Johann Uderns ***

Zentrale Ortslage in Uderns – Zillertal

6271 Uderns, Dorfstraße 32, 05288-62590

WELLNESS 13

Sport-Residenz Zillertal ****S

Grünlage am Ortsrand in Uderns – Zillertal

6271 Uderns, Golfstraße 1, 05288-63000

Direkt am Golfplatz, aber auch unweit der Bundesstraße gelegenes Kleinhotel, es wurde vor sieben Jahren eröffnet und bietet im Winter ein kostenloses Shuttle zur Talstation des Skigebiets Hochzillertal, dem Anschluss an insgesamt knapp 500 Pistenkilometer. Die Zimmer sind allesamt großzügig geschnitten und aus sechs Varianten wählbar (DZ von 31 bis 90 m^2,) sie sind stilvoll und zeitgemäß mit Holz und anderen Naturmaterialien gestaltet, alle haben schöne Holzböden, Sauna oder Infrarotkabine sowie eine inkludierte Minibar, die allerdings nur mit Alkoholfreiem befüllt ist. Das Spa verströmt wohltuende Ästhetik, es offeriert einen vergleichsweise riesigen Badeteich, drei Saunen sowie einen 9 m langen, auch im Winter nutzbaren Pool auf dem Dach – mit Sonnenterrasse und Ausblick in die Berge. Täglich kleines Aktivprogramm, auch Yoga. Das Restaurant wird von einem externen Gastronomen betrieben, die Küche ist gut bis sehr gut, die Bewertung bezieht sich dabei wie immer auf die Halbpension und nicht auf die À-la-carte-Küche, eine Nachmittagsjause ist im Preis inkludiert. Frühstück bis 10.30 Uhr, Check-out ebenso. Golfcart für jedes Zimmer, Golfshop, Indoor-Golfanlage, Gratisgarage für alle.

Ruhesuchenden sei empfohlen, eventuell stattfindende Golfturniere und Tagungen vor der Buchung abzuklären. Ungeeignet für Kinder, Hunde erlaubt. 28 Liegen, 90 Betten.

Naturbadeteich, Freibecken, Sauna, Dampfbad, Massagen, Kosmetik, Fitnessgeräte. 18-Loch-Parcours, 20 % Greenfee-Rabatt.

HP ab € 149,–.

WELLNESS 15

Wöscherhof ****S

Grünlage am Ortsrand in Uderns – Zillertal

6271 Uderns, Kirchweg 26

05288-63054

Hunde- und familienfreundlich. Stimmiges Preis-Leistungs-Verhältnis: Ein sympathisch-solider Familienbetrieb, er liegt auf 550 m Seehöhe ganz in der Nähe des örtlichen Golfplatzes, im Winter hält der kostenlose Skibus beinahe vor der Tür. Das Haus empfängt mit blumengeschmückten Alpenlandfassaden, dahinter wartet traditionelle Alpenländlichkeit in unterschiedlichsten Reifestadien. Zimmer gibt es im Stammhaus, Zubau („Wellness-Residenz") und in der ein paar Schritte entfernten Dependance, insgesamt stehen 18 Varianten (DZ von 17 bis 62 m²) zur Auswahl, alle sind im Landhausstil gestaltet, mal etwas rustikaler, mal ganz modern, alle haben Balkon. Highlight sind die neuen Suiten, sie haben ansprechende Interieurs, feine Holzböden, private Sauna und freistehende Badewanne, jene im Erdgeschoß einen direkten Einstieg in einen Badeteich. Das Spa bietet insgesamt acht Saunen, ein schönes Hallenbad in Stadloptik, einen knapp 12 m langen, im Winter zeitlich nur sehr eingeschränkt nutzbaren Außenpool sowie ein nettes Adults-only-Spa im Dachgeschoß. Restaurantterrasse, gute Küche mit regionaler Ausrichtung – Milch, Fleisch und Speck kommen aus der eigenen Landwirtschaft –, Light Lunch und Nachmittagsjause sind im Preis enthalten. Präsente Gastgeber, viele freundliche und hilfsbereite Mitarbeiter. Breites Service für Golfer und Biker, auch Angebote für Jäger – es gibt ein hoteleigenes Revier, ein Sechser-Rehbock kann laut Preisliste um 980 Euro abgeschossen werden. Check-out um 10.30 Uhr, Direktbucher können das Spa am Abreisetag ohne Aufpreis nutzen. 79 Liegen, 160 Betten.

Naturbadeteich, Freibecken, Hallenbad, Sauna, Dampfbad, Massagen, Kosmetik, Fitnessgeräte. 18-Loch-Parcours in 0,4 km, 20 % Greenfee-Rabatt.

HP ab € 117,–.

HOTEL & SPA DER STEIRERHOF BAD WALTERSDORF *****

Das schöne Leben!

WELLNESS 11

Das Kaltenbach Aparthotel ****

Grünlage am Ortsrand von Kaltenbach – Zillertal

6272 Kaltenbach, Reisrachweg 18, 05283-3536-0

WELLNESS 12

Post Kaltenbach ****

Zentrale Ortslage in Kaltenbach – Zillertal

6272 Kaltenbach, Dorfplatz 4, 05283-2411

WELLNESS 13

Seetal Alpin Family Resort ****

Grünlage mit Fernblick am Ortsrand – Zillertal

6272 Kaltenbach, Innere Embergstraße 6, 05283-2713

Kinderfreundlich. Ein Familienbetrieb in schöner Lage, nämlich am Hang über dem Ort auf 600 m Seehöhe, im Winter, bei entsprechenden Schneeverhältnissen, außerdem an der Skiabfahrt und nahe der Talstation der Gondelbahn Hochzillertal, dem direkten Anschluss an Skigebiete mit insgesamt rund 500 Pistenkilometern. Die öffentlichen Räume zeigen sich meist in gemütlicher Ländlichkeit mit modernen Akzenten, was auch für die Zimmer gilt. Sie sind mehrheitlich renoviert und aus 14 Kategorien (DZ von 20 bis 75 m^2) wählbar, die neuen haben Zirbenholzinterieurs und Holzböden, viele Infrarotliegen und Klimaanlage, alle Balkon. Außerdem gibt es die Möglichkeit, in zwei Chalets mit urigen Zimmern und Ferienwohnungen zu übernachten. Das Spa ist indoor sehr knapp bemessen, es offeriert einen winzigen Innenpool, einen 12 m langen, auch im Winter nutzbaren Außenpool, Badeteich mit Außensauna sowie insgesamt sechs Saunen. Kleines Aktivprogramm, darunter auch geführte Wanderungen, im Winter auch mit Schneeschuhen. Frühstück im Sommer erst ab 8 Uhr (das ist etwas unpassend für Kinder), zumeist gute Küche, eine Nachmittagsjause ist im Preis enthalten, im Sommer auch alkoholfreie Getränke vom Automaten. Zumeist freundliche Mitarbeiter, das Service ist nicht jeden Tag in Bestform. Check-out bereits um 10 Uhr, das Spa kann am Abreisetag ganztägig ohne Aufpreis genutzt werden. Liegewiese, Streichelzoo, Kinderspielplatz mit Kletterturm, bis zu 78 Stunden Kinderbetreuung pro Woche (mit saisonalen Einschränkungen). Hunde erlaubt – Katzen, Hasen und Hamster ebenso. 40 Liegen, 140 Betten.

Naturbadeteich, Freibecken, Hallenbad, Kinderbecken, Außensauna, Sauna, Dampfbad, Massagen, Kosmetik, Fitnessgeräte. 18-Loch-Parcours in 5 km, 20 % Greenfee-Rabatt.

HP ab € 135,–.

WELLNESS 11

Mari Pop

Zentrale Ortslage in Ried – Zillertal

6272 Ried, Großriedstraße 16
05283-2250

WELLNESS 11

Magdalena Gartenhotel ****

Grünruhelage am Ortsrand in Ried – Zillertal

6273 Ried, Großriedstraße 23, 05283-2243

WELLNESS 9

Pinzger ***

Zentrale Ortslage in Stumm – Zillertal

6275 Stumm, Dorf 18, 05283-2265

WELLNESS 11

Riedl ****

Grünlage am Ortsrand in Stumm – Zillertal

6275 Stumm, Dorfstraße 9, 05283-2227

WELLNESS 11

Das Posthotel Zillertal *****

Zentrale Ortslage in Zell am Ziller – Zillertal

6280 Zell am Ziller, Rohrerstraße 4
05282-2236

WELLNESS 15

Malisgarten *****S

Ortslage in Zell am Ziller – Zillertal

6280 Zell am Ziller, Rohrerstraße 5
05282-2236

Adults only (ab 16). Ein im Vorjahr nach Redaktionsschluss eröffnetes Fünfstern-superior-Hotel in angenehmer Größe, es liegt nur bedingt charmant, nämlich unmittelbar zwischen Zillertalbahn und Friedhof. Das vierstöckige Haus mit dem Namenszusatz Green Spa Hotel ist architektonisch eine kleine Sensation, zum einen vom Stararchitekten Matteo Thun entworfen, zum anderen komplett aus Holz gebaut – von der Bodenplatte bis hin zu den Liftschächten, auf die anderswo heute so stark zum Einsatz kommenden bauchemischen Hilfsmaterialien wurde gänzlich verzichtet. All das sorgt für ein spürbar tolles Raumklima, das man einfach einmal erlebt haben muss. Das Ambiente gibt sich erfrischend und unaufdringlich elegant, was auch für die Zimmer (sechs Kategorien, DZ von 26 bis 74 m^2) gilt, deren Modernität mitunter durch alte Tiroler Kleiderschränke kontrastiert wird. Alle Zimmer haben feine Holzböden, aus vielen kann man sich abends dem Ausblick auf brennende Grablichter hingeben, das W-Lan ist schnell. Das nicht allzu große Spa ist auf zwei Ebenen untergebracht und einnehmend schön gestaltet, es bietet unter anderem vier Saunen, eine 22 m lange Kombination aus Außen- und Innenpool sowie einen Freibereich im Garten. Reichhaltiges Frühstücksbuffet, gute Küche, viele freundliche Mitarbeiter, an der Servicequalität sollte aber noch etwas gefeilt werden. Hunde erlaubt. 36 Liegen, 70 Betten.

Freibecken, Hallenbad, Sauna, Dampfbad, Massagen, Kosmetik, Fitnessgeräte, Personal Trainer. 18-Loch-Parcours in 12 km.

HP ab € 197,–.

WELLNESS 12

Sonnenhof Zell ****s

Grünlage am Ortsrand in Zell am Ziller – Zillertal

6280 Zell am Ziller, Rohrerstraße 47, 05282-7125

WELLNESS 17

Theresa Genießer-Hotel ****s

Grünruhelage in Zell am Ziller – Zillertal

6280 Zell am Ziller, Bahnhofstraße 15

05282-2286-0

Kinderfreundlich. Ein ebenso charmanter wie gut geführter Familienbetrieb, er besteht aus vier aneinandergereihten Logiergebäuden und liegt auf 575 m Seehöhe direkt an der Station der Zillertalbahn, im Winter hält hier der kostenlose Skibus. Die öffentlichen Räume zeigen gehoben konservatives Wohlfühlflair. Altholzvertäfelungen, Antiquitäten, Wandteppiche und viele Blumen verleihen dem Ambiente eine besondere Art rustikaler Aristokratie, die sich überaus einnehmend vom Zillertal-Mainstream abhebt. Zimmer wählt man aus 17 Kategorien (DZ von 27 bis 115 m^2), einige wurden vor wenigen Monaten erneuert, viele sind wunderschön gestaltet, alle haben Balkon oder Terrasse, manche feine Holzböden. Wer bei offenem Fenster schlafen möchte, sollte übrigens nicht jene wählen, die straßenseitig liegen – hier ist die Bahnlinie gut zu hören. Der Wellnessbereich steht auch externen Gästen offen, er lebt sozusagen vom schönen Wetter, wird doch die beworbene „3.500 m^2 Spa-Landschaft“ im Hinblick auf Pools, Saunen und Indoor-Ruhezonen bestenfalls zu einem Viertel erreicht. Unter anderem geboten werden fünf Saunen, ein 25 m langes, auch im Winter nutzbares Außenbecken inmitten eines schönen Gartens, feine Ruhezonen sowie täglich ein breites Aktiv- und Entspannungsprogramm, das auch geführte Wanderungen beinhaltet. Reichhaltiges Frühstücksbuffet, sehr gute Küche mit biologischer Orientierung, feine Tischkultur, gut gestaltete Weinkarte. Light Lunch (reichlich) und Nachmittagsjause sind im Preis inkludiert. Ganztägige Kinderbetreuung an sechs Tagen der Woche (9.30 bis 18.30 Uhr). Viele, viele langjährige Stammgäste, Valet Parking, Gratisgarage für alle, und eine Harley-Davidson kann man kostenlos ausleihen. Hunde erlaubt. 98 Liegen, 160 Betten.

Freibecken, Hallenbad, Außensauna, Sauna, Dampfbad, Massagen, Kosmetik, Ayurveda, Fitnessstudio, Personal Trainer. 18-Loch-Parcours in 12 km, 20 % Greenfee-Rabatt. Tennisplätze. Leihfahrräder gratis.

HP ab € 173,–.

WELLNESS 10

Tuxerhof Aktivhotel

Grünlage am Ortsrand in Zell am Ziller – Zillertal

6280 Zell am Ziller, Rohr 20

05282-7168

WELLNESS 10

Zapfenhof Landgut ****

Grünlage am Ortsrand in Zell am Ziller – Zillertal

6280 Zell am Ziller, Zellbergeben 64

05282-2349

WELLNESS 17

Almhof Family Resort & Spa ****s

Grünlage am Ortsrand in Gerlos – Zillertal

6281 Gerlos, Gmünd 45

05284-5323

Kinder- und Babyhotel. Schön für Familien: Mit Herz und Hirn geführter Familienbetrieb, er liegt auf 1.200 m Seehöhe unweit der Bundesstraße an einem Südhang, im Winter direkt an Kinderpiste und Schlepplift. Inwendig zeigt sich das Haus durchgängig zeitgemäß und angenehm gestaltet, was auch für die Zimmer (19 Kategorien, von 26 bis 95 m^2) gilt. Diese sind zudem sehr praktisch eingerichtet, haben alle feine Holzböden sowie zumeist auch Balkon oder Terrasse, das W-Lan ist schnell. Das für ein Kinderhotel recht großzügige Spa verfügt über einen wunderschönen und gut ausgestatteten Bereich, der ausnahmslos Erwachsenen vorbehalten ist. Er befindet sich in einem gläsernen Turm, der auf fünf Etagen unter anderem mit einem Ladys-Spa, mit luxuriösen Ruhezonen, Außenwhirlpool und Außensauna erfreut, all das mit schönem Ausblick in die Natur. Das zweite Spa ist für Familien gedacht, hier befinden sich zwei Außenpools, ein 17 m langer Innenpool, ein Babypool sowie eine Textilsaunazone, insgesamt stehen sieben Saunen zur Verfügung. Kleines Aktivprogramm, auch geführte Wanderungen sowie Yoga und Pilates. Für die Kleinen gibt es ein Füllhorn von Attraktionen, dar-

unter Kreativ- und Toberäume, eine Wasserwelt mit spektakulären Rutschen – die längste misst 110 m –, Lagerfeuer, Bauernhof, ein Streichelzoo mit Ziegen und Eseln, ein Gokart-Parcours und ein Trampolinpark. Stimmungsvolle Bar, Restaurantterrasse, gute bis sehr gute Küche mit biologischer Ausrichtung, ihr Credo sind naturbelassene, vollwertige Zutaten aus der Region, Geschmacksverstärker, Aromen und alles andere aus dem ABC der Lebensmittelindustrie sind tabu. Zudem ist man bemüht, auch den Kids eine gesunde Küche näherzubringen, also zu zeigen, dass es sich jenseits von Pommes, Nudeln und Chicken-Nuggets gut essen lässt – einnehmend, das. Bravo! Ausgesprochen freundliche und hilfsbereite Mitarbeiter, präsente Gastgeber. Light Lunch (reichlich), Nachmittagsjause und alkoholfreie Getränke sind im Preis enthalten, die zahlreichen Inklusivleistungen ergeben unterm Strich ein höchst sauberes Preis-Leistungs-Verhältnis. Täglich rund 12 Stunden Kinderbetreuung (in vier Altersgruppen, echt nett, auch für Babys und Teenies). 90 Liegen, 220 Betten.

Freibecken, Hallenbad, Babybecken, Außensauna, Sauna, Dampfbad, Massagen, Kosmetik, Fitnessgeräte, Personal Trainer. 18-Loch-Parcours in 26 km.

HP (inkl. alkoholfreier Getränke) ab € 125,–.

WELLNESS 11

Alpenhof Gerlos ****

Grünlage am Ortsrand in Gerlos – Zillertal

6281 Gerlos, Nr. 125
05284-5374

WELLNESS 12

Alpina Traumhotel ****S

Ortsrandlage an der B165 in Gerlos – Zillertal

6281 Gerlos, Nr. 298
05284-5305

WELLNESS 10

Central Gerlos ****

Ortslage an der B165 in Gerlos – Zillertal

6281 Gerlos, Nr. 179, 05284-5300

WELLNESS 11

Gaspingerhof ****S

Ortslage an der B165 in Gerlos – Zillertal

6281 Gerlos, Nr. 153, 05284-5216-0

WELLNESS 10

Gerloserhof ***S

Ortslage in Gerlos – Zillertal

6281 Gerlos, Nr. 226
05284-5224

WELLNESS 10
Glockenstuhl ****
Ortslage in Gerlos – Zillertal
6281 Gerlos, Oberhof 250, 05284-5217

WELLNESS 10
Jägerhof ****
Ortslage an der B165 in Gerlos – Zillertal
6281 Gerlos, Nr. 163, 05284-5203

WELLNESS 10
Kristall Gerlos ****
Grünlage am Ortsrand in Gerlos – Zillertal
6281 Gerlos, Nr. 124, 05284-5248

WELLNESS 12
Kröller Kinderhotel
Grünlage am Ortsrand in Gerlos – Zillertal
6281 Gerlos, Gmünd 21, 05284-5202

WELLNESS 12
Platzer ****S
Ortslage an der B165 in Gerlos – Zillertal
6281 Gerlos, Nr. 198, 05284-5204

WELLNESS 11
Schönruh Gerlos ****
Grünruhelage am Ortsrand in Gerlos – Zillertal
6281 Gerlos, Innertal 285, 05284-5368

WELLNESS 11
Neue Post ****
Zentrale Ortslage in Hippach – Zillertal
6283 Hippach, Johann-Sponring-Straße 81, 05282-2968

WELLNESS 11
Stefanie Alpenhotel ****
Grünruhelage in Hippach – Zillertal
6283 Hippach, Johann-Sponring-Straße 90, 05282-3634

WELLNESS 11
Zenzerwirt Landhotel ****
Zentrale Ortslage in Hippach – Zillertal
6283 Hippach, Dorf 14, 05282-3602

WELLNESS 9
Denggerhof Landhotel
Grünlage am Ortsrand in Mayrhofen – Zillertal
6290 Mayrhofen, Laubichl 127, 05285-62580-52

WELLNESS 12
Edenlehen ****
An der B169 am Ortsrand in Mayrhofen – Zillertal
6290 Mayrhofen, Edenlehen 676, 05285-62300

WELLNESS 12
Elisabeth-Hotel ****S
Ortsrandlage in Mayrhofen – Zillertal
6290 Mayrhofen, Einfahrt Mitte 432, 05285-6767

WELLNESS 9
Glockenstuhl garni ***
Grünlage am Ortsrand in Mayrhofen – Zillertal
6290 Mayrhofen, Einfahrt Mitte 431, 05285-63128

WELLNESS 11
Huber's Boutiquehotel ****
Grünlage am Ortsrand in Mayrhofen – Zillertal
6290 Mayrhofen, Dornaustraße 612, 05285-62569

WELLNESS 10
Kramerwirt ****
Zentrumslage in Mayrhofen – Zillertal
6290 Mayrhofen, Am Marienbrunnen 346, 05285-6700

WELLNESS 10
Manni ****
In der Fußgängerzone von Mayrhofen – Zillertal
6290 Mayrhofen, Hauptstraße 439, 05285-63301-0

WELLNESS 11
Neuhaus ****
Zentrale Ortslage in Mayrhofen – Zillertal
6290 Mayrhofen, Am Marktplatz 202, 05285-6703

WELLNESS 10
Oblasser Ferienhof garni ***
Grünlage am Ortsrand von Mayrhofen – Zillertal
6290 Mayrhofen, Hochstegen 835, 05285-64666

WELLNESS 10
Strass Sport & Spa ****
Zentrale Ortslage in Mayrhofen – Zillertal
6290 Mayrhofen, Hauptstraße 470, 05285-6705

WELLNESS 12
Zillergrund Alpin Lodge ****S
Grünruhelage bei Mayrhofen – Zillertal
6290 Mayrhofen, Zillergrund 903, 05285-62377

WELLNESS 11
Dornauhof ****
Grünruhelage am Ortsrand in Finkenberg – Zillertal
6292 Finkenberg, Dornau 308, 05285-62696

WELLNESS 10
Kristall Finkenberg ****
Zentrale Ortslage in Finkenberg – Zillertal
6292 Finkenberg, Dorf 143, 05285-62840

WELLNESS 11

Olympia-Relax ****

Grünruhelage am Ortsrand in Finkenberg – Zillertal

6292 Finkenberg, Dorf 151

05285-62688

WELLNESS 18

Stock Resort *****

Grünlage mit Fernblick in Finkenberg – Zillertal

6292 Finkenberg, Dorf 142

05285-6775

Kinderfreundlich. Ein luxuriöses Großhotel unter Familienführung, es liegt auf 875 m Seehöhe am Hang hoch über dem Tal, gleichzeitig aber auch an der vor allem frühmorgens und abends stark befahrenen Durchzugsstraße ins Tuxertal. Die in den vergangenen Jahren stark gewachsene und dicht verbaute Anlage ist inwendig etwas unübersichtlich, das Ambiente dem Luxuslevel stilvoll entsprechend, jedoch nicht einheitlich. Denn das bislang bestimmende opulente Prunklandhausflair mit seinen holzgetäfelten Stuben wird allmählich ersetzt, nämlich durch extravagante Modernität, die sich mitunter auch ziemlich urban gibt. Zumeist wunderschöne Zimmer sind aus nicht weniger als 35 Varianten (DZ von 25 bis 95 m²) wählbar, viele haben Balkon und Holzböden, alle eine Nespresso-Maschine, das W-Lan ist schnell. Auch das Spa ist einnehmend gestaltet, zudem bietet es außerordentlich viel, Highlights sind etwa ein 25 m langer Außenpool mit grandiosem Ausblick, ein Ladys-Spa, feine Ruheräume und ein Kinderbadebereich mit 70 m langer Reifenrutsche. Großartiges Fitnessstudio mit Geräten auch im Freien, täglich gibt es ein Aktivprogramm, unter anderem Yoga und geführte Wanderungen. Fabelhafte Terrasse, Frühstück bis 12.30 Uhr, gute bis sehr gute Küche (auch vegane Varianten), sie versteht sich bestens auf optische Präsentation, Light Lunch und Nachmittagsjause sind – wie vieles andere – inkludiert. Ambitionierte Getränkepreise, präsente Gastgeber, viele freundliche Mitarbeiter, aber gute Nerven sind nicht von Nachteil: zum einen für den fröhlichen Trubel, der durch die vielen Kinder entsteht, zum anderen für den Alles-Stock-Branding-Kult. Dieser ist omnipräsent und reicht von Stock Diamond (der Kosmetikmarke „by Stock") über Stock Team, Stock Wear, Stock Eat (mit Stock-Aufdruck auf dem Frühstücksei) bis hin zu Stock-Kondomen. Und am Zimmer läuft das „Komm mit ins Stock, Stock Wellnesshotel, denn hier im Stock, Stock erholst du dich schnell"-Video in Endlosschleife – beinahe stockte uns der Atem! Täglich mindestens 12,5 Stunden Betreuung für Kinder ab drei Jahren. Raucherlounge, Valet Parking, Gratisgarage für alle. 120 Liegen, 300 Betten.

Freibecken, Hallenbad, Kinderbecken, Außensauna, Sauna, Massagen, Kosmetik, Ayurveda, Fitnessstudio, Personal Trainer. 18-Loch-Parcours in 24 km. Tennisplatz.

HP (inkl. alkoholfreier Getränke) ab € 211,–.

WELLNESS 10

Alpenjuwel Jäger ****

Ortslage in Lanersbach – Zillertal

6293 Tux, Vorderlanersbach 282

05287-87217

WELLNESS 16

Bergfried Tux *****

Grünruhelage am Ortsrand in Lanersbach – Zillertal

6293 Tux, Lanersbach 483

05287-87239

Kinderfreundlich. Fünfsternhaus, das auch Kinderherzen höherschlagen lässt! Ein sympathischer Familienbetrieb, er liegt auf 1.300 m Seehöhe ein paar gute Schritte abseits der zur Gletscherbahn führenden Hauptstraße, im Winter sind es keine 400 m zur Eggalm-Gondelbahn, dem Anschluss an 200 Pistenkilometer. Das Hotel besteht aus dem Stammhaus, einem modernen Zubau sowie einer ein paar Schritte entfernt gelegenen Dependance. Im Inneren zeigt sich neoalpine Modernität, Holz, Stein, Leder und Glas prägen das Ambiente. Zimmer (DZ von 24 bis 66 m²) gibt es in 22 Kategorien, sie zeigen sich gepflegt, wohnlich und zeitgemäß, fast alle haben Balkon, unsere Lieblinge sind jedenfalls jene im Chaletstil mit eigener Dachterrasse. Das Spa steht ausschließlich Hotelgästen offen, es verfügt über edle Ruhezonen, Innen- und Außenbecken, vier Saunen (eine davon textil) sowie einen weitläufigen Fitnessbereich. Highlights sind ein 15 m langer, auch im Winter nutzbarer Außenpool auf der Dachterrasse im fünften Stock und – noch ein Geschoß darüber – ein wohlig warmer Whirlpool, all das mit grandiosem Ausblick. Für Kinder gibt es eigene Pools, einen Wasserspielpark sowie eine 47 m lange Wasserrutsche. Reichhaltiges Frühstücksbuffet, sehr gute Küche, Light Lunch und Nachmittagsjause mit Tee und Kaffee sind inkludiert, alkoholfreie Getränke zu allen Mahlzeiten ebenso. Präsente Gastgeber – gleich sieben Familienmitglieder packen hier schwungvoll mit an –, freundliche und zuvorkommende Mitarbeiter. Schneeschuhe und Rodeln gibt es zur Gratisleihe, für die Kleinen einen großen Indoor-Spielplatz sowie täglich (So bis Fr) 9 bis 11 Stunden Betreuung für Kinder ab zwei Jahren – sehr nett! Gratisgarage für (fast) alle. Hunde erlaubt. 66 Liegen, 190 Betten.

Freibecken, Hallenbad, Kinderbecken, Babybecken, Sauna, Dampfbad, Massagen, Kosmetik, Fitnessstudio. 18-Loch-Parcours in 33 km.

HP (inkl. alkoholfreier Getränke) ab € 169,–.

WELLNESS 14

Berghaus Alpinhotel ****

Grünlage in Madseit – Zillertal

6293 Tux, Madseit 711, 05287-87364

Ein herzlicher, sehr sauberer Familienbetrieb – gleich fünf Familienmitglieder packen hier tüchtig mit an –, er liegt auf etwa 1.500 m Seehöhe direkt an der Durchzugsstraße zum Hintertuxer Gletscher. Der Skibus hält vor dem Haus, zur Gletscherbahn, dem direkten Anschluss an rund 20 weitere Skilifte und insgesamt 60 Pistenkilometer, sind es knapp zwei Kilometer. Das Hotel besteht aus zwei Logiergebäuden, die durch die Hauptstraße getrennt und mittels eines unterirdischen Verbindungsgangs miteinander verbunden sind. Das Ambiente der öffentlichen Räume zeigt sich in gepflegter traditioneller Ländlichkeit, auch die vor kurzem modernisierten Bereiche – etwa ein Restaurant mit Ausblick auf den Gletscher – verströmen Gemütlichkeit. Die Zimmer (11 Kategorien, DZ von 25 bis 143 m^2) sind stark unterschiedlich gestaltet, haben alle Balkon, vor allem die vor zwei Jahren renovierten vermögen zu begeistern, das W-Lan ist schnell. Das indoor nicht allzu groß geratene Spa bietet unter anderem fünf Saunen (eine sogar mit Ausblick auf den Gletscher), einen knapp 18 m langen Innenpool, einen recht kleinen Naturpool mit Liegewiese und Sonnendecks, ein paar Ruhezonen mehr wären aber wünschenswert. Fabelhafte Terrasse mit Morgen- und Abendsonne, reichhaltiges Frühstücksbuffet, zumeist sehr gute Küche – der Juniorchef ist Küchenmeister, und so manches Fleisch kommt aus der eigenen Landwirtschaft, eine Nachmittagsjause (reichlich) ist inkludiert. Die Mitarbeiter agieren wunderbar freundlich, die omnipräsenten Gastgeber ebenso. Eher ungeeignet für Kinder. 37 Liegen, 150 Betten.

Naturbadeteich, Hallenbad, Außensauna, Sauna, Dampfbad, Massagen, Fitnessgeräte.

HP ab € 100,–.

WELLNESS 12

Central Tux

Zentrale Ortslage in Lanersbach – Zillertal

6293 Tux, Lanersbach 433, 05287-8504-0

WELLNESS 11

Jäger Tux ***S

Ortsrandlage in Lanersbach – Zillertal

6293 Tux, Lanersbach 480

05287-87234

WELLNESS 11

Lanersbacher Hof ****

Ortslage in Lanersbach – Zillertal

6293 Tux, Lanersbach 388

05287-87256

WELLNESS 16

Tuxerhof Alpin Spa ****S

Zentrale Ortslage in Vorderlanersbach – Zillertal

6293 Tux, Vorderlanersbach 80

05287-8511

Kinderfreundlich. Herzliches Umfeld mit feiner Küche: Ein sehr gemütlicher Familienbetrieb, er liegt auf 1.300 m Seehöhe unweit der Durchzugsstraße zum Hintertuxer Gletscher – eine Skibushaltestelle befindet sich in unmittelbarer Nähe und 150 m sind es zur Talstation der Rastkogelbahn, dem direkten Anschluss an 200 zusammenhängende Pistenkilometer. Das Hotel besteht aus dem Stammhaus und einer ein paar Schritte entfernt gelegenen Dependance, deren Gäste Zutritt zu Spa und Restaurant haben. Hinter einer mit Holz gedeckten Fassade empfängt sympathisch-gemütliche Modernität, die mitunter zu Crossover tendiert. Das Hotel bietet mehrheitlich renovierte und sehr nette Zimmer in 20 Varianten (DZ von 24 bis 77 m^2), alle sind im Landhausstil gestaltet, mal etwas rustikaler, mal modern, die meisten haben Balkon, viele auch offenen Kamin und Infrarotkabine. Das Hotelgästen exklusiv zur Verfügung stehende Spa ist auf drei Ebenen aufgeteilt, es bietet sechs Saunen, einen kleinen Garten mit Liegewiese, Außensauna und Whirlpool und als Highlight einen 14 m langen, ganzjährig nutzbaren Infinity-Außenpool auf dem Dach. Umfangreiches Aktivprogramm, auch Yoga, Meditation sowie geführte Wanderungen und E-Bike-Touren. Stimmungsvoll gestaltetes Restaurant und Bar, die Küche ist biologisch ausgerichtet und sehr gut, Light Lunch und Nachmittagsjause mit Tee und Kaffee sowie alkoholfreie Getränke zu allen Mahlzeiten sind inkludiert. Frühstück bis 10.30 Uhr, Check-out ebenso. Feiner Weinkeller, freundliche und aufmerksame Mitarbeiter, präsente Gastgeber, viele, viele Stammgäste. Breites Service für Biker (Garage, Radwaschplatz etc.), im Winter ist man hier gleich an der Loipe. Garage gegen 16 Euro pro Tag. Täglich bis zu 8,5 Stunden Betreuung für

DIE WASNERIN G'SUND & NATUR HOTEL ****S

Auszeiteln® in der familiären Wasnerin direkt am Hochplateau von Bad Aussee mit traumhaftem 360 Grad Panorama-Bergblick. Ein traditioneller Kraftplatz, wo der Mensch im Mittelpunkt steht.

Kinder ab zwei Jahren (So bis Fr, mit saisonalen Einschränkungen). Hunde erlaubt. 59 Liegen, 180 Betten.

Freibecken, Hallenbad, Außensauna, Sauna, Dampfbad, Massagen, Kosmetik, Fitnessgeräte, Personal Trainer. 18-Loch-Parcours in 30 km, 20 % Greenfee-Rabatt.

HP ab € 156,–.

WELLNESS 12

Tuxertal ****

Ortslage in Lanersbach – Zillertal

6293 Tux, Lanersbach 338, 05287-8577

WELLNESS 14

Alpenhof Hintertux ****S

Grünlage am Ortsrand in Hintertux – Zillertal

6294 Tux, Hintertux 750

05287-8550

Familienfreundlich. Ein sympathischer Familienbetrieb in ebensolcher Größe, er liegt auf etwa 1.500 m Seehöhe direkt an der Durchzugsstraße zum Hintertuxer Gletscher. Eine Skibushaltestelle befindet sich in unmittelbarer Nähe, zur Gletscherbahn, dem direkten Anschluss an rund 20 weitere Skilifte und insgesamt 60 Pistenkilometer, sind es nur knapp 1,5 Kilometer. Hinter blumengeschmückten Alpenlandfassaden waltet liebevoll gestaltete Tiroler Ländlichkeit. Zimmer wählt man aus acht Varianten, sie zeigen sich so zeitgemäß wie wohnlich, alle sind großzügig geschnitten (DZ von 38 bis 77 m^2), haben Vollholzinterieurs, Kachelofen, Balkon oder Terrasse, die neuen Juniorsuiten duftende Fichtenholzvertäfelungen, Teppichböden und Boxspringbetten. Das Spa bietet unter anderem einen 15 m langen Innenpool, einen kleinen Garten mit Liegewiese und Whirlpool sowie sechs Saunen (zwei davon textil). Umfangreiches Aktivprogramm, darunter auch geführte Wanderungen, im Winter begleitetes Skifahren und Rodelabende. Reichhaltiges Frühstücksbuffet, die Küche ist sehr gut, sie legt Wert auf regionale Produkte, so manches kommt aus der eigenen Landwirtschaft. Light Lunch und Nachmittagsjause sind inkludiert (auch am Abreisetag, Spa-Zutritt ebenso). Präsente Gastgeber, herzliches Umfeld, viele wunderbar freundliche und sehr zuvorkommende Mitarbeiter. Viele Stammgäste, zahlreiche Indoor- und Outdoor-Spielareale für Kids. Gratisgarage für alle. Hunde erlaubt. 55 Liegen, 125 Betten.

Hallenbad, Kinderbecken, Sauna, Dampfbad, Massagen, Kosmetik, Fitnessgeräte. 18-Loch-Parcours in 38 km.

HP ab € 150,–.

WELLNESS 13

Berghof Hintertux ****

Ortslage in Hintertux – Zillertal

6294 Tux, Hintertux 754

05287-8585

Familienfreundlich. Je höher, desto besser: Kaum einen Kilometer von der Gletscherbahn, dem Anschluss an 25 weitere Lifte und insgesamt 63 Pistenkilometer, entfernt gelegener Familienbetrieb auf knapp 1.500 m Seehöhe, er besteht aus drei Gebäuden unterschiedlichen Alters, die hintereinander in den Hang gebaut wurden, der oberste Trakt ist der neueste, er will jedoch über neun Ebenen erklommen werden, was bei diesen labyrinthischen Grundrissen gar nicht so einfach ist – nicht selten muss man mehrmals den Aufzug wechseln, um irgendwohin zu gelangen. Inwendig zeigt sich alpinrurale Gemütlichkeit in unterschiedlichen Reifestufen – schöne holzgetäfelte Stuben inklusive. Die Zimmer (16 Varianten, DZ von 27 bis 107 m^2) sind stark unterschiedlich gestaltet, viele haben Teppichböden, die meisten Balkon, dank sukzessiver Renovierung sind die gröbsten optischen Altlasten nunmehr Geschichte. Das recht nett gestaltete, aber indoor etwas klein geratene Spa steht Hotelgästen exklusiv zur Verfügung, es ist auf mehrere Ebenen verteilt und in Bereiche für Ruhesuchende und Familien unterteilt, in Letzterem gibt es zwei Textilsaunen und einen 15 m langen Innenpool, der mit einem auch im Winter nutzbaren Außenbecken verbunden ist, aber bestenfalls einigen größeren Zierfischen Platz bietet. Spa-Highlight ist die FKK-Zone mit sechs Saunen und einem Whirlpool auf der Dachterrasse. Die Küche ist zumeist gut, eine Nachmittagsjause im Preis inkludiert. Viele freundliche Mitarbeiter, mitunter auch solche, die der deutschen Sprache nicht ganz mächtig sind. Check-out bereits um 10 Uhr. Gratisgarage für alle. Hunde erlaubt. 59 Liegen, 145 Betten.

Freibecken, Hallenbad, Außensauna, Sauna, Dampfbad, Massagen, Kosmetik, Fitnessgeräte. 18-Loch-Parcours in 38 km.

HP ab € 112,–.

WELLNESS 11

Das Adler Inn ****S

Ortslage in Madseit – Zillertal

6294 Tux, Madseit 690, 05287-8500-777

WELLNESS 10

Hohenhaus Alpenbad ****

Ortsrandlage in Hintertux – Zillertal

6294 Tux, Hintertux 774, 05287-8501

WELLNESS 10

Kirchler Thermal Badhotel ****

Zentrale Ortslage in Hintertux – Zillertal

6294 Tux, Hintertux 765, 05287-8570

WELLNESS 12

Klausnerhof ****

Grünlage am Ortsrand in Hintertux – Zillertal

6294 Tux, Hintertux 770, 05287-8588

WELLNESS 10

Neuhintertux ****

An der Gletscherbahn-Talstation Hintertux – Zillertal

6294 Tux, Hintertux 783, 05287-8580

WELLNESS 13

Kraftalm

Naturlage mit Fernblick bei Itter – Nähe Inntal

6305 Itter, Barmerberg 24, 05332-75152

Familienfreundlich. Mitten auf der Alm, mit herrlichem Ausblick: Ein auf 1.355 m Seehöhe gelegener Familienbetrieb, er wird bereits in der fünften Generation betrieben und liegt an der Mittelstation der Salvista Bergbahn, dem direkten Anschluss an das Skigebiet Wilder Kaiser-Brixental mit 280 Pistenkilometern und insgesamt 90 Liften im Winter. Das Hotel, das übrigens nur mit der Gondelbahn erreichbar ist (das Auto lässt man derweil an der Talstation geparkt), wurde vor kurzem komplett neu errichtet, das Ambiente zeigt sich in stilvoller moderner Ländlichkeit, was auch für die Zimmer (12 Kategorien, 26 bis 55 m^2) gilt, die in Grautönen gehalten und mit viel Holz gestaltet sind, was zusammen mit den zumeist bodentiefen Fenstern für eine gehörige Portion von so etwas wie gehobenem Almhüttenfeeling sorgt. Das Spa bietet nicht gerade rasend viel, das aber in berauschender Schönheit, dazu gehören Außensauna sowie eine 12 m lange Poolkombi, von derem Außenpool in Infinity-Bauweise man buchstäblich in den Himmel hinausschwimmt. Terrasse mit Morgensonne und Ausblick auf die Hohe Salve, das Frühstück wird zum Teil serviert, über die Küchenqualität können wir mangels coronabedingtem Nur-kurz-Besuch diesmal leider kein Urteil abgeben, ein Nachmittagssnack ist inkludiert. Die Gastrozonen des Hauses sind freilich auch für Tagesgäste zugänglich, schließlich ist man auch Skihütte, zudem auf Hochzeiten spezialisiert. Wer also alltagsabgewandtes Relaxen sucht, sollte die Situation vor der Buchung abklären. Freundliches Umfeld. 25 Liegen, 80 Betten.

Freibecken, Hallenbad, Sauna.

HP ab € 136,–.

WELLNESS 10

Alpenschlössl Söll ****

Grünruhelage mit Fernblick in Söll – Nähe Inntal

6306 Söll, Reit 15, 05333-640-0

WELLNESS 11

Beim Hochfilzer

Grünruhelage mit Fernblick in Söll – Nähe Inntal

6306 Söll, Reit 1, 05333-5491

WELLNESS 12

Greil ****

Grünruhelage mit Fernblick am Ortsrand – Nähe Inntal

6306 Söll, Pirchmoos 26, 05333-5289

WELLNESS 11

Strasser Landhaus garni

Grünruhelage mit Fernblick in Söll – Nähe Inntal

6306 Söll, Pirchmoos 15, 05333-5459

WELLNESS 11

Tyrol Söll ****

Ortsrandlage in Söll – Nähe Inntal

6306 Söll, Wies 10, 05333-5273

WELLNESS 10

Silberberger ****

Grünruhelage am Ortsrand mit Fernblick – Wildschönau

6311 Wildschönau-Oberau, Roggenboden 216
05339-8407

WELLNESS 10

Tirolerhof Wildschönau ***

Ortslage in Wildschönau

6311 Wildschönau-Oberau, Kirchen 275, 05339-8118-0

WELLNESS 9

Sonnschein ****

Grünruhelage am Ortsrand – Wildschönau

6314 Wildschönau-Niederau, Sonnhangweg 5
05339-8353

WELLNESS 11

Wastlhof ****

Grünlage am Ortsrand – Wildschönau

6314 Wildschönau-Niederau, Wildschönauer Straße 206
05339-8247

GESUNDHEIT 14

Das Sieben ****S

Grünruhelage am Ortsrand in Bad Häring – Inntal

6323 Bad Häring, Kurstraße 14, 05332-20800

Adults only (ab 16). Ein modernes Gesundheitshotel mittlerer Größe, es liegt auf 650 m Seehöhe

ruhig und umgeben von Wiesen am Ortsrand und gehört zur Tiroler Kurhotelkette Vivea. Hinter gelben und grünen Fassaden empfängt zweckmäßige Modernität, die Zimmer (sieben Kategorien, 25 bis 52 m²) haben Balkon sowie wahlweise Zirbenholzinterieurs mit Teppichböden oder Eichenholzmöbel mit Parkett, die Minibar (auch mit alkoholischen Getränken) ist in den Suitenkategorien inkludiert. Das Spa ist nicht gerade weitläufig, unter anderem geboten werden sieben Saunen, ein knapp 15 m langer Innenpool und ein 20 m langer, auch im Winter nutzbarer Außenpool. Täglich Aktivprogramm, auch Tai Chi und Yoga, gute Massagen, außerordentlich breites Therapiespektrum, dafür steht ein Team aus Ärzten, Diätologen, Sportwissenschaftern und Physiotherapeuten im Einsatz. Im Angebot stehen zahlreiche Gesundheitspauschalen mit mehr oder weniger umfangreicher ärztlicher Betreuung, etwa zu den Themen Bewegung, Gewichtsreduktion und Aufbau mentaler Stärke. Restaurantterrasse, reichhaltiges Frühstücksbuffet, bei Küche und Service gibt es noch etwas Luft nach oben. Breites Service für Biker (Garage, Radwaschplatz, Reparaturpaket etc.) – der Fokus liegt auf Rennrädern. Ruhesuchenden sei empfohlen, eventuell stattfindende Tagungen und Feiern vor der Buchung abzuklären. Gratisgarage mit kostenloser Autowaschanlage für alle. 60 Liegen, 200 Betten.

Freibecken, Hallenbad, Außensauna, Sauna, Dampfbad, Massagen, Kosmetik, Fitnessstudio, Personal Trainer.

HP ab € 118,–.

WELLNESS 15

Panorama Royal ****S

Grünruhelage mit Fernblick in Bad Häring – Inntal

6323 Bad Häring, Panoramastraße 2, 05332-77117

Ein freundlicher Familienbetrieb mit gehobener Anmutung, auf etwa 670 m Seehöhe liegt er erhöht über dem Inntal, sein Name ist Programm, ein schöner Ausblick aus vielen Räumen, aus dem Spa und von der Restaurantterrasse garantiert. Das Ambiente verströmt feine Gediegenheit, unbehandeltes Holz, rauer Stein und Perserteppiche auf weißem Marmor verströmen einen unverwechselbaren Reiz, etwas verstörend nur die zahlreichen Überwachungskameras in allen Bereichen – wofür? Zimmer sind aus neun Kategorien (DZ von 28 bis 80 m²) wählbar, nicht alle sind ganz taufrisch, zahlreich gibt es jedoch auch solche mit feinen neoalpinen Interieurs, viele haben Holzböden, alle Balkon. Das Spa bietet unter anderem einen 15 m langen Innenpool, ein 14 m langes, auch im Winter nutzbares Freibecken und sehr feine Treatment- und Ruheräume. Die Saunazone ist überschaubar, verfügt aber über sechs Saunen sowie über eine nette FKK-Zone im Freien, ebendort fanden wir ein kühles Tauchbecken und einen Nacktwhirlpool. Gute Massagen, umfangreiches Ayurveda-Angebot, darunter 7-, 10- und 14-tägige Panchakarmakuren. Fabelhafte Terrasse, reichhaltiges Frühstücksbuffet, zumeist gute Küche, Light Lunch und Nachmittagsjause sind im Preis inkludiert, alternativ ist auch eine ayurvedische Vollpension zu haben. Viele freundliche und zuvorkommende Mitarbeiter. Garage gegen 8 Euro pro Tag (bei manchen Kategorien ist sie inkludiert). Kinder bis fünf Jahre nächtigen kostenfrei, dennoch für Kids eher ungeeignet. Hunde erlaubt. 107 Liegen, 210 Betten.

Freibecken, Freibecken (Sommer), Hallenbad, Sauna, Dampfbad, Massagen, Kosmetik, Ayurveda, Fitnessgeräte.

HP ab € 154,–.

KUR/GESUNDHEIT 12

Vivea Bad Häring ****

Grünruhelage am Ortsrand in Bad Häring – Inntal

6323 Bad Häring, Kurstraße 1, 05332-90500

WELLNESS 18

Juffing ****S

Grünruhelage am Ortsrand bei Thiersee – Nähe Kufstein

6335 Thiersee, Hinterthiersee 79

05376-5585-0

Adults only (ab 16). Für Ruhesuchende und Feinsinnige: Ein außergewöhnlicher Familienbetrieb, er liegt unweit von Kufstein auf 856 m Seehöhe, und zwar in einem idyllischen Dörfchen gleich neben dem Kirchlein, im Winter hat man hier den direkten Anschluss an 100 km gespurte Langlaufloipen. Zu den besonderen Kennzeichen zählen wir vor allem die ungekünstelte Herzlichkeit des Teams sowie die niveauvolle Leichtigkeit der Atmosphäre, die heute anderswo nur noch mit der Lupe zu finden ist. Bücher hierher mitzunehmen, kann man übrigens getrost bleiben lassen, denn es gibt drei bestens sortierte Bibliotheken und regelmäßig sogar Autorenlesungen – und niemand hier wird Arthur Schopenhauer oder Max Horkheimer jemals für Fitness-Coaches oder Bergführer halten. Zimmer kann man aus 17 Varianten (DZ von 33 bis 95 m^2) wählen, sie zelebrieren zeitlos klassische Wohnlichkeit ohne aufreizende Verrenkungen, und sie haben alle Balkon, feine Eichenböden, hochwertige Betten, Tablets, Wanderrucksäcke und sensibel platzierte Lichtquellen, für besten

Juffing

Schlaf kann zudem eines von 12 verschiedenen Kissen geordert werden. Auch der vor kurzem vergrößerte Wellnessbereich präsentiert sich sehr einnehmend, hellgrauer Marmor herrscht vor. Unter anderem gibt es sieben Saunen, darunter eine Panoramaaußensauna mit Tauchbecken und schönen Rückzugsmöglichkeiten, weiters einen 12 m langen, auch im Winter nutzbaren Außenpool mit Liegewiese und Daybeds. Ausgezeichnete Massagen, täglich Aktivprogramm, darunter Yoga, Tai Chi, Faszientraining und geführte Wanderungen mit Qi Gong im Wald. Fabelhafte Restaurantterrasse, wunderbares Frühstücksbuffet, sehr gute bis ausgezeichnete Küche mit biologischer und regionaler Orientierung, wirklich wunderbar sind auch die vegetarischen Speisen – Chapeau! Motivierte und flinke junge Mitarbeiter, präsenter Gastgeber und omnipräsente Gastgeberin. Ausgesprochen angenehmes Publikum, internationale Zeitungen, eine Nachmittagsjause (reichlich, das!) ist im Preis inkludiert, der Verleih von Mountainbikes und E-Bikes (zum Teil gegen eine geringe Gebühr) ebenso. Höchst sauberes Preis-Leistungs-Verhältnis. Gratisgarage für (fast) alle. 50 Liegen, 105 Betten.

Freibecken, Hallenbad, Sauna, Dampfbad, Massagen, Kosmetik, Fitnessgeräte.

HP ab € 148,–.

WELLNESS 10

Seethaler Bio-Hotel ***

Grünruhelage bei Thiersee – Nähe Kufstein

6335 Thiersee, Kirchdorf 77

05376-5400

GESUNDHEIT/WELLNESS 15

Sonnhof Ayurveda Resort ****

Grünlage bei Thiersee – Nähe Kufstein

6335 Thiersee, Hinterthiersee 16

05376-5502

Ein gemütliches Kleinhotel – aber kein Resort, wie der Name vermuten ließe –, jedenfalls ein sympathischer Familienbetrieb, der schon seit langen Jahren auf Ayurveda spezialisiert ist und auf 680 m Seehöhe in einem Dörfchen direkt an der (nächtens kaum befahrenen) Ortsstraße liegt. Inwendig herrscht neoalpine Modernität im Verbund mit farbenfrohen Akzenten, was auch für die Zimmer gilt. Sie sind aus neun Varianten (DZ von 25 bis 45 m²) wählbar, haben alle Holzböden und Balkon, die schöneren und größeren befinden sich im Neubautrakt. Das Spa ist mit asiatischen Akzenten gestaltet, es bietet unter anderem einen knapp 6 m langen Innenpool und fünf Saunen. Umfangreiches Aktivprogramm (vieles in englischer Sprache), darunter Yoga, Pranayama, Achtsamkeitswanderungen und Meditation, Yoga-Retreats finden mehrmals im Jahr statt. Die Spezialität des Hauses sind jedoch entgiftende Panchakarmakuren (7-, 10-, 14- und 21-tägig), die von Dr. Gaurav Sharma aus Indien begleitet werden. Frühstück ab 8 Uhr, sehr gute Ayurvedaküche, viele Zutaten (Brot, Kräuter, Eier) stammen vom eigenen Bauernhof in der Nähe, Light Lunch und Nachmittagsjause sind im Preis inkludiert. Ausgesprochen freundliche Mitarbeiter, präsente Gastgeber. Gratisgarage für alle. Ungeeignet für Kinder. 23 Liegen, 63 Betten.

Hallenbad, Sauna, Dampfbad, Massagen, Kosmetik, Ayurveda, Fitnessgeräte.

HP ab € 170,–. Ayurvedakurpauschalen, etwa 21-tägige Panchakarmakur ab € 9.167,–.

WELLNESS 9

Bellevue Ferienclub ****

Grünlage am Seeufer in Walchsee – Nähe Kufstein

6344 Walchsee, Johannesstraße 20

05374-5731-0

WELLNESS 11

Alpina Wellness & Spa ****S

An der B172 in Kössen – Nähe Kufstein

6345 Kössen, Außerkapelle 2a

05375-2146

WELLNESS 13

Peternhof ****S

Grünruhelage außerhalb von Kössen – Nähe Kufstein

6345 Kössen, Moserbergweg 60

05375-6285

Kinderfreundlich. Alpenbarock-Mittelklasse im XXL-Format mit außerordentlicher Angebotsvielfalt: Ein inhabergeführtes Großhotel in schöner Lage, es versucht praktisch jede nur erdenkliche Zielgruppe zu bedienen – darunter Familien, Golfer, Reiter, Pärchen und Tennisspieler, die Zahl der gebotenen Einrichtungen ist jedenfalls so unübersichtlich wie die Anlage. Sie besteht aus sechs Gebäuden, die über mitunter recht lange Gänge miteinander verbunden sind. Das Ambiente könnte man mit ein wenig Übertreibung als Ästhetik-Härtetest beschreiben: innen ein Stelldichein aller Farben und Formen dieser Welt, außen abends rosa beleuchtete Türmchen und Fassaden. Zimmer (DZ von 30 bis 124 m²) sind aus 27 stark unterschiedlichen Varianten wählbar, sie zeigen sich großzügig geschnitten, rustikale Interieurs mit Teppichböden finden sich ebenso neoalpine, manche verströmen sogar ein romantisierend-imperiales Flair. Das Spa ist im Hinblick auf die Bettenanzahl indoor kein Riese, es bietet unter anderem 16 Saunen (drei davon textil), einen 20 m langen Innenpool, einen 6 m langen – also tatsächlich mikroskopisch kleinen –, auch im Winter nutzbaren Außenpool, ein Kinderbecken mit Rutsche sowie zwei weitere Außenpools, allerdings nur in der warmen Jahreszeit. Bestens ausgestattetes Fitnessstudio, umfangreiche Treatments, darunter auch Botox-Behandlungen und Fettweg-Spritze. Schöne Stuben, nette Tischkultur, bei Küche und Service gibt es noch etwas Luft nach oben. Mehrere Sporteinrichtungen, darunter Tennisplätze und Reitstall, verschiedene Kinderareale (Almbauernhof, Rodelhang, Kletterhalle), täglich bis zu 10 Stunden Betreuung für Kinder ab drei Jahren. Viele, viele Stammgäste. Nur bedingt erquickend: Umbau- und Instandhaltungsarbeiten werden stets bei laufendem Betrieb durchgeführt. Gratisgarage für alle. Hunde erlaubt. 155 Liegen, 420 Betten.

Freibecken, Freibecken (Sommer), Hallenbad, Kinderbecken, Außensauna, Sauna, Dampfbad, Massagen, Kosmetik, Ayurveda, Fitnessstudio, Personal Trainer. 18-Loch-Platz mit Driving Range und Schule, 40 % Greenfee-Rabatt. Tennishalle, Tennisplätze.

HP ab € 120,–.

WELLNESS 10

Riedl ****

Grünruhelage am Ortsrand in Kössen – Nähe Kufstein

6345 Kössen, Bichlach 10

05375-6268

WELLNESS 11

Seehof Walchsee ****S

Ortslage an der B172 in Walchsee – Nähe Kufstein

6345 Kössen, Kranzach 20

05374-5661

WELLNESS 10

Sonneck ****

Ortsrandlage an der B172 in Kössen – Nähe Kufstein

6345 Kössen, Außerkapelle 2

05375-6453

WELLNESS 11

Kaiser in Tirol ****

Grünlage am Ortsrand in Scheffau – Nähe Kufstein

6351 Scheffau, Dorf 11

05358-8000-0

WELLNESS 13

Das Kaiserblick ****S

Grünlage am Ortsrand in Ellmau – Nähe Kitzbühel

6352 Ellmau, Kirchbichl 5

05358-2230

Familienfreundlich. Mit Ausblick auf den Wilden Kaiser: Ein Familienbetrieb mittlerer Größe, er liegt ein paar gute Schritte vom Zentrum entfernt etwas erhöht über dem Ort (Seehöhe 830 m), im Winter ist man hier praktisch direkt an der Skipiste und in der Nähe der Hartkaiserbahn-Talstation, dem direkten Anschluss an 280 Pistenkilometer. Das Hotel besteht aus zwei Gebäuden, die durch eine Straße getrennt und mit einem unterirdischen Gang verbunden sind. Das Ambiente zeigt kontemporär interpretierten Alpenstil in einer nüchternen Form, was auch für die Zimmer gilt. Sie stehen in 14 Kategorien (DZ von 21 bis 65 m^2) zur Auswahl, viele haben PVC-Böden in Holzoptik sowie Balkon mit dem für das Haus so typischen Panorama. Das Spa ist ebenfalls zweigeteilt: neben dem Familienwellnessbereich mit kleinem Innenpool, Liegewiese und ganzjährig nutzbarem Außenpool von 10 m Länge gibt es auch eine Adults-only-Zone mit einem 19 m langen, aber recht schmalen Infinity-Sky-Pool plus Liegendecks auf dem Dach – allerdings just auf jenem des Gebäudes auf der anderen Straßenseite. Weiters geboten werden 11 (mehrheitlich ziemlich kleinteilige) Saunen, ausgezeichnete Massagen und täglich ein kleines Aktivprogramm. Reichhaltiges Frühstücksbuffet, gute Küche bei gehobener Tischkultur, Light Lunch und Nachmittagsjause sind inkludiert. Spannende Weinkarte mit glasweisen Raritäten – 33 Euro für ein Achterl Roten war auch für uns ein Novum. Viele, viele Stammgäste, Kinder bis fünf Jahre nächtigen kostenfrei. Gratisgarage für (fast) alle. Hunde erlaubt. 75 Liegen, 230 Betten.

Freibecken, Hallenbad, Sauna, Dampfbad, Massagen, Kosmetik, Fitnessgeräte. 27-Loch-Parcours in 1 km, bis zu 30 % Greenfee-Rabatt.

HP ab € 110,–.

WELLNESS 16

Der Bär

Grünruhelage am Ortsrand in Ellmau – Nähe Kitzbühel

6352 Ellmau, Kirchbichl 9

05358-2395

Familienfreundlich. Ein niveauvoller Familienbetrieb, er liegt auf 850 m schön auf einer Anhöhe über dem Ort, im Winter ist man hier praktisch direkt an der Skipiste und ganz in der Nähe der Hartkaiserbahn-Talstation, des direkten Anschlusses an 280 Pistenkilometer. Das Hotel be-

steht aus mehreren Gebäuden unterschiedlichen Alters, die um einen lieblichen Garten angeordnet sind. Inwendig zeigt sich traditionelle gehobene Alpenländlichkeit mit zahlreichen modernen Akzenten, schöne alte Bauernmöbel, viele Pflanzen sowie große Glasflächen mit herrlichem Ausblick erfreuen das Auge immer wieder aufs Neue. Zimmer sind aus 13 Kategorien (DZ von 20 bis 90 m^2) wählbar, einfache findet man ebenso wie wahre Wohnträume mit bodentiefen Fenstern, feinen Holzböden und Balkon mit luxuriösem Fernblick, auch solche mit Sauna sind zu haben. Der nur Hotelgästen zugängliche Wellnessbereich erfreut mit vier Saunen, einem urigen Brechlbad im Freien sowie mit einem 13 m langen und einem 20 m langen Außenpool in Infinity-Bauweise, Letzterer ist auch im Winter nutzbar, der Ausblick hier ist schlechthin wunderschön. Reichhaltiges Frühstücksbuffet bis 11 Uhr, heimelige Stuben, sehr gute Küche bei feiner Tischkultur, Light Lunch und Nachmittagsjause sind im Preis inkludiert. Kompetente Weinberatung, gemütliche Bar. Präsente und sympathische Gastgeber, ausgesprochen freundliche und zuvorkommende Mitarbeiter. Internationale Gästeschar, viele, viele Stammgäste. Gratisgarage für (fast) alle. Täglich drei Stunden Betreuung für Kinder ab drei Jahren während der Ferienzeiten (So bis Fr). Hunde erlaubt. 40 Liegen, 160 Betten.

Freibecken, Freibecken (Sommer), Hallenbad, Außensauna, Sauna, Dampfbad, Massagen, Kosmetik, Fitnessgeräte. 27-Loch-Parcours in 0,6 km, 30 % Greenfee-Rabatt.

HP ab € 135,–.

WELLNESS 10

Hochfilzer ****

Zentrale Ortslage in Ellmau – Nähe Kitzbühel

6352 Ellmau, Dorf 33, 05358-2501

WELLNESS ⚜⚜⚜⚜ 19

Kaiserhof Ellmau *****S

Grünruhelage mit Fernblick bei Ellmau – Nähe Kitzbühel

6352 Ellmau, Harmstätt 8

05358-2022

Familienfreundlich. Irgendwie das genaue Gegenteil vom Stanglwirt, nämlich einerseits ein familiengeführtes Gerade-noch-Kleinhotel und andererseits in bester Lage, nämlich nahezu solitär auf 883 m Seehöhe und im Winter direkt an der Skipiste, zudem unweit der Hartkaiserbahn-Talstation, des direkten Anschlusses an 280 Pistenkilometer. Eine großangelegte Modernisierung und Spa-Erweiterung katapultierte das Haus bereits im Vorjahr in den

Lilien-Olymp, allerdings haben wir angemerkt, dass die Bewertung eventuell noch etwas unscharf sein könnte, da die Fertigstellung erst nach unserem Besuch erfolgte. Gleich vorweg: Die Bewertung war korrekt, innen wie außen ist alles sogar noch ein bisschen schöner geworden als erwartet. Nur zwölf neue Zimmer sind hinzugekommen, jene aus dem Bestand erhielten ein porentiefes Facelift, das bisherige Konzept der unterschiedlichen Interieurstile wurde aber beibehalten, sodass auch weiterhin kaum ein Zimmer dem anderen gleicht, gemeinsam ist ihnen bestenfalls die Tendenz zu niveauvoller Schlichtheit. Man kann nun aus 18 Kategorien (DZ von 40 bis 75 m²) auswählen, sie sind äußerst großzügig geschnitten, fast alle haben Klimaanlage sowie Böden aus Eichenparkett (die anderen aus Marmor), alle Balkone mit dem für das Haus so typischen grandiosen Ausblick, das W-Lan ist schnell. Das Spa ist nun ein Schmuckstück mit insgesamt acht Saunen, neben dem alten Bereich mit dem Hallenbad gibt es nun ein fabelhaftes Spa-Gebäude mit zahlreichen Sonnendecks, feinen Ruheräumen und dem Highlight eines 18 m langen, auch im Winter nutzbaren Dachpools in Infinity-Bauweise, der Ausblick auf den Wilden Kaiser ist natürlich auch hier absolut grandios. In dieser Hinsicht wunderbar ist auch die Restaurantterrasse, hier geraten Gaumenschmaus plus Bilderbuchpanorama zu einem ganz besonderen Erlebnis. Sehr freundliche, zuvorkommende Mitarbeiter, stets präsente Gastgeberin, der Hausherr kocht selbst, und das mit Verve: ausgezeichnetes Frühstücksbuffet, ausgezeichnete Küche, die Tischkultur ist aber rather casual. Feine Weinkarte mit hochkompetenter Beratung, eine Nachmittagsjause ist im Zimmerpreis enthalten. Stimmungsvolle Bar, viele, viele Stammgäste. Gratisgarage für alle. Hunde erlaubt. 72 Liegen, 130 Betten.

Naturbadeteich, Hallenbad, Sauna, Dampfbad, Massagen, Kosmetik, Ayurveda, Fitnessgeräte, Personal Trainer. 27-Loch-Parcours in 3 km, 30 % Greenfee-Rabatt.

HP ab € 195,–.

WELLNESS 12

Seiwald Going *****S

Grünruhelage am Ortsrand in Going – Nähe Kitzbühel

6353 Going, Kapellenweg 22, 05358-2485

WELLNESS 15

Stanglwirt Bio-Hotel *****

Grünlage an der B178 in Going – Nähe Kitzbühel

6353 Going, Kaiserweg 1, 05358-2000

Kinderfreundlich. „Biobauernhof und Luxushotel in einem" (werbliche Selbstdarstellung), jedenfalls ein Beherbergungsgigant, der im ganzen Land bestens bekannt ist – aus der Klatschpresse nämlich. Es handelt sich um eine etwas unpersönlich und in die Jahre gekommene Riesenanlage mit ebensolchen Wellness-, Tagungs- und Eventbereichen, sie liegt auf 772 m Seehöhe direkt an der Bundesstraße, was aus so manchem Zimmer auch nicht zu überhören ist. Inwendig vereinen sich verwinkelte Grundrisse mit gemütlich arrangierter Edelländlichkeit. Zimmer kann man aus 28 unterschiedlichen Kategorien (DZ von 20 bis 128 m²) wählen, sie sind winzig bis wunderbar wohnlich, haben stets klassische alpenländische Interieurs aus hellem Vollholz, feine Holzböden, und die Bademantelschnur ist bereits eingefädelt. Im Spa fanden wir unter anderem insgesamt acht Saunen, FKK-Badeteich und mehrere großartige Pools – der längst misst 25 m –, zudem gibt es zwei Bereiche, nämlich einen für Familien und einen für Ruhesuchende. Kinder haben indoor eine „Kinderwasserwelt" mit Schwimmkanal, 120 m langer Rutsche – und der Dauerberieselung mit Filmchen auf einem Megabildschirm. Reichhaltiges Frühstücksbuffet bis 11 Uhr, die Küche sollte sich aber, ebenso wie das Service, noch deutlich mehr anstrengen – bei diesen Preisen (die auf der Homepage angegebenen Zimmerpreise beinhalten nur das Frühstück). Valet Parking, die angebotene Gratisgarage kann aber nur einen kleinen Teil der Gästeautos aufnehmen. Auch nicht gerade erquickend: Umbau- und Instandhaltungsarbeiten werden stets bei laufendem Betrieb durchgeführt. Spielbauernhof, täglich neuneinhalb Stunden Betreuung für Kinder ab drei Jahren (mit saisonalen Einschränkungen). Hunde erlaubt. 220 Liegen, 420 Betten.

Naturbadeteich, Solefreibecken, Freibecken, Solehallenbad, Hallenbad, Außensauna, Sauna, Dampfbad, Massagen, Kosmetik, Ayurveda, Fitnessstudio, Personal Trainer. 27-Loch-Parcours in 4 km, 30 % Greenfee-Rabatt. Hoteleigene Driving Range, Reithalle mit Schule, Tennisplätze, Tennishalle.

HP ab € 206,–.

WELLNESS 12

Hohe Salve Sportresort

Grünlage am Ortsrand – 20 km westlich von Kitzbühel

6361 Hopfgarten, Meierhofgasse 26

05335-2420

WELLNESS 12

Hopfgarten Familotel ****

Grünlage am Ortsrand – 20 km westlich von Kitzbühel

6361 Hopfgarten, Brixentaler Straße 39

05335-392-0

WELLNESS 13

Schermer Landhotel ****S

Grünruhelage am Ortsrand – Nähe Kitzbühel

6363 Westendorf, Dorfstraße 106

05334-6268

Kinderfreundlich. Ein solider und freundlicher Familienbetrieb von angenehm überschaubarer Größe, er liegt auf 780 m Seehöhe am Ortsrand, etwa 400 m von der Choralm-Gondelbahn, dem Anschluss an superbe 280 Pistenkilometer, entfernt, im Winter geht die Abfahrt bis zum Haus. Inwendig zeigen sich geheimnisvoll verschlungene Grundrisse und gutbürgerliche Gemütlichkeit. Zimmer sind aus sechs Kategorien (DZ von 17 bis 50 m²) wählbar, sie sind mehrheitlich eher schlicht gestaltet und mitunter etwas hellhörig, alle haben Balkon, die meisten Teppichböden, die neuen Suiten im Dachgeschoß sind neoalpin arrangiert, sie haben Holzböden und bodentiefe Fenster, die für einen belebenden Ausblick sorgen. Das kleine Spa bietet insgesamt sieben ebensolche Saunen (zwei davon textil), einen 7 m langen Innenpool sowie einen ebenso langen, auch im Winter nutzbaren Außenpool, weiters Außensauna und Liegewiese, im netten Garten fanden wir auch Barfußweg, Zierteich mit Springbrunnen sowie einen Kinderspielplatz. Kleines Aktivprogramm, auch Yoga und Qi Gong. Gemütliche Stuben, gute Küche, so manches stammt aus der eigenen Landwirtschaft, Light Lunch und Nachmittagsjause sind im Preis inbegriffen. Präsente Gastgeber, freundliche und zuvorkommende Mitarbeiter. Geführte Wanderungen, das Spa kann am Abreisetag ohne Aufpreis ganztägig genutzt werden. Täglich bis zu 10 Stunden Betreuung für Kinder ab drei Jahren (mit saisonalen Einschränkungen). Gratisgarage für alle. Hunde erlaubt. 43 Liegen, 166 Betten.

Freibecken, Hallenbad, Außensauna, Sauna, Dampfbad, Massagen, Kosmetik, Fitnessgeräte. 18-Loch-Parcours in 1,5 km, 40 % Greenfee-Rabatt.

HP ab € 113,–.

WELLNESS 10

Sporthotel Brixen ****

Grünlage an der B170 – Nähe Kitzbühel

6364 Brixen im Thale, Dorfstraße 13

05334-8191

WELLNESS 9

Alexander ****

Ortslage in Kirchberg – Nähe Kitzbühel

6365 Kirchberg, Lendstraße 4, 05357-2222

WELLNESS 11
Elisabeth Kirchberg ****S
An der Hauptstraße in Kirchberg – Nähe Kitzbühel

6365 Kirchberg, Aschauer Straße 75, 05357-2277

WELLNESS 10
Kirchberger Hof Alpenglück ****
Zentrale Ortslage in Kirchberg – Nähe Kitzbühel

6365 Kirchberg, Seestraße 3, 05357-2397

WELLNESS 12
Maierl Alm & Chalets
Absolute Grünruhelage bei Kirchberg – Nähe Kitzbühel

6365 Kirchberg, Krinberg 14, 05357-2109-0

WELLNESS 12
Minglers Sportalm Gourmethotel
Grünlage am Ortsrand in Kirchberg

6365 Kirchberg, Brandseitweg 26, 05357-2778

WELLNESS 12
Rosengarten *****
Grünlage am Ortsrand in Kirchberg – Nähe Kitzbühel

6365 Kirchberg, Aschauer Straße 46, 05357-4201

WELLNESS 11
Sonne Aktivhotel ****
Zentrale Ortslage in Kirchberg – Nähe Kitzbühel

6365 Kirchberg, Seestraße 15, 05357-2402-0

WELLNESS 10
Zentral Kirchberg ****S
Zentrale Ortslage in Kirchberg – Nähe Kitzbühel

6365 Kirchberg, Stöcklfeld 7, 05357-2535

WELLNESS 12
A-Rosa Kitzbühel *****
Grünruhelage am Ortsrand in Kitzbühel

6370 Kitzbühel, Ried Kaps 7, 05356-65660

WELLNESS 9
Alpenhotel Kitzbühel ****
Grünruhelage am Schwarzsee – Nähe Kitzbühel

6370 Kitzbühel, Seebichlweg 37a, 05356-64254-0

WELLNESS 13
Bichlhof ****S
Grünruhelage mit Fernblick bei Kitzbühel

6370 Kitzbühel, Bichlnweg 153, 05356-64022

Hundefreundlich. Mit Ausblick auf die Streif: Ein gemütlicher Familienbetrieb von angenehmer Größe, er ist nur sieben Autominuten von Kitzbühel entfernt und liegt auf 903 m Seehöhe auf einem Sonnenplateau. Im Winter fährt ein Ski-Shuttle zur Talstation der Hahnenkammbahn mehrmals pro Tag, ein Sessellift auf die Bichlalm befindet sich hingegen direkt am Hotel, Tourengeher können direkt von der Haustür losstarten. Das Haus empfängt mit blumengeschmückten Fassaden, dahinter waltet durchwegs kontemporäre Ländlichkeit, in den Stuben sorgt Zirbenholz für eine heimelige Anmutung. Zimmer sind aus 15 Kategorien (DZ von 24 bis 96 m²) wählbar, sie zeigen sich in stilvoller neoalpiner Modernität, alle haben Balkon oder Terrasse und gute Betten in Übergröße. Das Spa ist inwendig nicht allzu groß, geboten werden unter anderem vier Saunen, ein 15 m langer Innenpool, sehr gute Massagen sowie im Freien ein wunderschöner Garten mit einem 20 m langen, im Winter zeitlich nur sehr eingeschränkt nutzbaren Außenpool mit Liegewiese und feinem Ausblick. Reichhaltiges Frühstück, gute Küche mit Augenmerk auf regionale und saisonale Zutaten (auch: erstklassiger Fisch aus eigenem Wasser), eine Nachmittagsjause mit Tee und Kaffee ist inkludiert. Fabelhafte Restaurantterrasse, große Weinkarte, ruhevolles Umfeld. Achtung: Die auf der Homepage angegebenen Zimmerpreise beinhalten nur das Frühstück, gegen einen Aufpreis von 45 Euro ist ein Halbpensionsmenü zubuchbar. Das Spa kann am Abreisetag ganztägig kostenfrei genutzt werden. Garage gegen 10 Euro pro Tag. Ungeeignet für Kinder. 18 Liegen, 118 Betten.

Freibecken, Hallenbad, Sauna, Dampfbad, Massagen, Kosmetik, Fitnessgeräte. 18-Loch-Parcours in 1 und 8 km, bis zu 30 % Greenfee-Rabatt. Tennisplätze.

HP ab € 140,–.

WELLNESS 12
Erika Boutiquehotel
Ortslage an der B161 in Kitzbühel

6370 Kitzbühel, Josef-Pirchl-Straße 21, 05356-64885

WELLNESS 11
Grand Tirolia by Hilton
Grünruhelage am Golfplatz bei Kitzbühel

6370 Kitzbühel, Eichenheim 10, 05356-66615

WELLNESS 11
Kitzhof ****S
Grünlage am Ortsrand in Kitzbühel

6370 Kitzbühel, Schwarzseestraße 8-10, 05356-63211-0

WELLNESS 12
Rasmushof ****
Grünlage am Ortsrand in Kitzbühel

6370 Kitzbühel, Hermann-Reisch-Weg 15, 05356-65252

WELLNESS 11

Schloss Lebenberg ****S

Grünruhelage am Ortsrand in Kitzbühel

6370 Kitzbühel, Lebenbergstraße 17
05356-6901-777

WELLNESS 11

Schwarzer Adler Kitzbühel ****S

Zentrale Ortslage in Kitzbühel

6370 Kitzbühel, Florianigasse 15, 05356-6911-777

WELLNESS 11

Schweizerhof ****

Ortsrandlage in Kitzbühel

6370 Kitzbühel, Hahnenkammstraße 4
05356-62735

WELLNESS 12

Tennerhof *****

Grünruhelage mit Fernblick am Ortsrand in Kitzbühel

6370 Kitzbühel, Griesenauweg 26, 05356-63181

WELLNESS 12

Weisses Rössl *****

Zentrumslage in Kitzbühel

6370 Kitzbühel, Bichlstraße 5, 05356-71900

WELLNESS 11

Zur Tenne ****

Zentrumslage in Kitzbühel

6370 Kitzbühel, Vorderstadt 8-10, 05356-64444-0

WELLNESS 11

Lisi Family Hotel

Grünlage am Ortsrand in Reith bei Kitzbühel

6370 Reith bei Kitzbühel, Cordialplatz 1, 05356-66477-0

WELLNESS 14

Penzinghof ****

Grünlage am Ortsrand in Oberndorf – Nähe Kitzbühel

6372 Oberndorf, Penzingweg 14
05352-62905

Hunde- und familienfreundlich. Mit eigenem Bauernhof: Ein ebenso sympathischer wie solider Familienbetrieb, er liegt auf 710 m Seehöhe direkt am Talende zweier Skipisten sowie neben der Gondelbahn Bauernalm, dem direkten Anschluss an weitere 16 Liftanlagen und insgesamt 43 Pistenkilometer. Das Ambiente gibt sich uneinheitlich, Altes und viel Neues existieren nebeneinander. Zimmer wählt man aus 11 Kategorien (DZ von 20 bis 55 m²), jene im Stammhaus und in den drei Dependancen sind einfacher und haben zumeist Teppichböden, die im neuen Zubau sind deutlich moderner, sie haben bodentiefe Fenster und gewähren fast immer einen traumhaften Ausblick auf den Wilden Kaiser. Highlight des Hauses ist das Spa, es bietet unter anderem einen knapp 18 m langen, auch im Winter nutzbaren Außenpool, einen kleinen Badeteich mit Liegewiese, fünf Saunen und sehr gute Massagen. Reichhaltiges Frühstücksbuffet (mit der Möglichkeit, sich eine Ski- oder Wanderjause mitzunehmen), meist gute Küche mit strikt regionaler Ausrichtung – Fleisch, Eier, Milchprodukte und Schnaps kommen aus eigener Landwirtschaft. Nette und zuvorkommende Gastgeber, viele freundliche Mitarbeiter. Wanderwege ohne Zahl, breites Service für Biker (Garage, Werkzeug, Waschplatz etc.), für Kinder gibt es Spielplatz, Kletterwand und Gokart-Parcours. Ruhesuchenden sei von den straßenseitigen Zimmern abzuraten, vor der Buchung sollte man zudem eventuell stattfindende Tagungen und Events abklären. Garage gegen 10 Euro pro Tag. 46 Liegen, 150 Betten.

Naturbadeteich, Freibecken, Sauna, Dampfbad, Massagen, Kosmetik, Fitnessgeräte. 9- und 18-Loch-Parcours in 14 und 27 km, 30 % Greenfee-Rabatt.

HP ab € 98,–.

WELLNESS 13

Kempinski Das Tirol *****S

Grünlage an der B161 in Jochberg – Nähe Kitzbühel

6373 Jochberg, Kitzbüheler Straße 48
05355-50100

Familienfreundlich. Fünfstern-superior-Haus mit internationaler Gästeschar: Ein Großhotel der Kempinski-Kette, es liegt direkt an der Bundesstraße auf 900 m Seehöhe, im Winter ist man durch den Schlepplift Hausleiten neben dem Hotel mit dem Skigebiet von Kitzbühel-Kirchberg (57 Lifte und 234 Pistenkilometer) verbunden. Viele öffentliche Räume zeigen sich mit einnehmend hochwertiger Anmutung, die Zimmer hingegen können da nicht ganz mithalten. Eine Besonderheit ist allerdings die Penthouse-Suite. Denn mit beeindruckenden 520 m² ist sie nicht nur das größte Hotelzimmer in Österreich, sondern sie bietet auch eine eigene Sauna und ein Dampfbad. Die restlichen Zimmer (neun Varianten, DZ von 36 m² bis 220 m²) sind großzügig geschnitten, sie haben zumeist blitzrote Teppiche, Vollholzinterieurs, Terrasse oder Balkon. Letzterer macht freilich auf der Bundesstraßenseite – hier findet sich die günstigste Kategorie, sie wird übrigens mit „Genießen Sie die herrliche Aussicht direkt vom Balkon" beworben – bestenfalls für Dauerkopfhörerträger oder Menschen mit gröberen Gehörschäden Sinn. Das Spa kann kaum als planerische

Spitzenleistung eingestuft werden, es bietet unter anderem vier Saunen, einen 8 m langen Innenpool sowie einen 20 m langen, ganzjährig nutzbaren Außenpool. Wunderbares Frühstücksbuffet bis 11 Uhr, bei Küche und Service gibt es noch Luft nach oben. Check-out bis 12 Uhr. Ruhesuchenden sei empfohlen, eventuell stattfindende Tagungen und Feierlichkeiten vor der Buchung abzuklären. Garage gegen 20 Euro pro Tag. Täglich (Mi bis So) acht Stunden Betreuung für Kinder ab drei Jahren (mit saisonalen Einschränkungen). Hunde erlaubt. 90 Liegen, 310 Betten.

Freibecken, Solefreibecken, Hallenbad, Außensauna, Sauna, Dampfbad, Massagen, Kosmetik, Fitnessgeräte, Personal Trainer. 18-Loch-Parcours in 6 und 13 km.

HP ab € 171,50.

WELLNESS 10

LTI Alpenhotel Kaiserfels ****

Grünlage am Ortsrand an der B164 – Nähe Kitzbühel

6380 St. Johann, Winkl-Schattseite 6b, 05352-63610

WELLNESS 12

Babymio ****

Grünlage am Ortsrand in Kirchdorf – Nähe Kitzbühel

6382 Kirchdorf, Habach 10, 05352-63165

WELLNESS 11

Furtherwirt Familotel ****

An der B178 in Kirchdorf – Nähe Kitzbühel

6382 Kirchdorf, Innsbrucker Straße 62, 05352-63150

WELLNESS 10

Seiwald Kirchdorf ****

Grünlage am Ortsrand in Kirchdorf – Nähe Kitzbühel

6382 Kirchdorf, Habach 8, 05352-63156-0

WELLNESS 11

Berghof Ferienhotel ****

Zentrale Ortslage in Erpfendorf – Nähe Kitzbühel

6383 Erpfendorf, Dorf 24, 05352-8221

WELLNESS 15

Der Lärchenhof Erpfendorf *****

Grünruhelage am Ortsrand in Erpfendorf – Nähe Kitzbühel

6383 Erpfendorf, Lärchenweg 11
05352-8138-0

Kinderfreundlich. Ein sympathisch-solider Familienbetrieb in Großformat, er liegt auf 650 m Seehöhe am Waldrand auf einer Anhöhe. Das Hoteldörfchen besteht aus mehreren, unterirdisch miteinander verbundenen Gebäuden, was zu labyrinthischen Grundrissen und langen Wegen führt. Das Ambiente verströmt alpin-barocke Anmutung in unterschiedlichen Reifestufen, Zimmer wählt man aus nicht weniger als 29 Kategorien (DZ von 24 bis 125 m²). Sie sind entweder klassisch, ländlich, kontemporär oder dezent romantisierend arrangiert, haben alle Balkon oder Terrasse, die meisten Teppichböden – nicht selten in kräftigen Farben. Es gibt mehrere zubuchbare Extras, etwa Wärmeflaschen oder Franzbranntwein für müde Füße. Das Spa steht ausschließlich Hausgästen offen, Highlight ist ein superber Logenplatz mit traumhaftem Ausblick am Waldrand, ebendort genießt man Sauna, Liegewiese und Außenwhirlpool, all das ist über eine Rolltreppe zu erreichen, was besonders nach der Sauna eine tolle Sache ist. Zudem gibt es sechs weitere Saunen, zwei größere Innenpools, einen kleinen Solepool sowie einen 20 m langen Außenpool, der allerdings nur in der warmen Jahreszeit nutzbar ist. Sehr gute Massagen, umfangreiches Aktivprogramm, auch Pilates, Qi Gong und Yoga gehören dazu. Viele sehr freundliche Mitarbeiter, reichhaltiges Frühstücksbuffet, zumeist sehr gute Küche, eine inkludierte Nachmittagsjause gibt es nur einmal die Woche. Breites Service für Biker (Garage, Radwaschplatz, Wäscheservice etc.), im Winter beginnen die Loipen vor der Haustür. Erwachsenen werden zudem acht Tennisplätze und zwei hauseigene Golfparcours geboten, Kindern unter anderem Skilift, Rodelbahn, Reitstall, Streichelzoo sowie täglich mindestens acht Stunden Betreuung (ab drei Jahren). Garage gegen 9 Euro pro Tag. Hunde erlaubt. 110 Liegen, 320 Betten.

Freibecken (Sommer), Hallenbad, Solehallenbad, Außensauna, Sauna, Dampfbad, Massagen, Kosmetik, Ayurveda, Fitnessstudio, Personal Trainer. 9-Loch-Parcours in 1 km (30 % Greenfee-Rabatt), 18-Loch-Parcours in 17 km. Tennishalle, Tennisplätze.

HP ab € 134,–.

WELLNESS 10

Kuhotel by Rilano ****

Grünlage am Ortsrand in Waidring – 25 km von Kitzbühel

6384 Waidring, Sonnwendstraße 13b, 05353-20100

WELLNESS 11

Waidringer Hof Glückshotel ****S

Zentrale Ortslage in Waidring – 25 km von Kitzbühel

6384 Waidring, Dorfstraße 16, 05353-5228

WELLNESS 11

Alte Post Fieberbrunn ****

Zentrumslage in Fieberbrunn – 25 km östlich von Kitzbühel

6391 Fieberbrunn, Dorfstraße 21, 05354-56257

WALD & SCHLOSSHOTEL FRIEDRICHSRUHE *****S

Die Seele baumeln lassen und dem Körper Gutes tun – wer Ruhe, Entspannung und Gourmet-Genuss auf höchstem Niveau sucht, ist im wundervollen Friedrichsruher Resort am perfekten Ort!

WELLNESS 10

Fontana Sporthotel ****

Ortsrandlage in Fieberbrunn – 25 km östlich von Kitzbühel

6391 Fieberbrunn, Lindau 15
05354-56453

WELLNESS 11

Tui Blue Fieberbrunn ****

Ortsrandlage in Fieberbrunn – 25 km östlich von Kitzbühel

6391 Fieberbrunn, Lindau 18
05354-56086

WELLNESS 13

Kitzspitz Naturhotel ****

Grünruhelage im Pillerseetal – 25 km östlich von Kitzbühel

6392 St. Jakob, Reith 18
05354-88165

Familienfreundlich. Bodenständig: Ein familiengeführtes Landhotel, es liegt auf 855 m Seehöhe, im Winter ist man hier direkt an der Skipiste und ganz nahe der Talstation der Vierersesselbahn Buchensteinwand, dem Anschluss an 20 Pistenkilometer. Das Hotel besteht aus dem Stammhaus und einem kleineren modernen Zubau, der vor vier Jahren errichtet wurde. Die öffentlichen Räume zeigen sich unprätentiös, was auch für die meisten Zimmer (10 Kategorien, DZ von 17 bis 70 m²) gilt. Das W-Lan ist schnell, der Bademantel aus reiner Baumwolle. Das indoor nicht allzu große Spa steht nur Hotelgästen offen, es umfasst einen Bereich für Kinder und einen für Erwachsene, unter anderem geboten werden ein erfrischender kleiner Badeteich, ein 15 m langer, auch im Winter nutzbarer Außenpool, Liegewiese, atmosphärisch gestaltete Ruheräume sowie sechs Saunen mit schönem Ausblick. Das Frühstücksbuffet ist „über 20 m lang“ (werblicher O-Ton), was missliebige Zeitgenossen wohl als Betonung auf Quantität anstatt auf Qualität interpretieren könnten. Light Lunch und Nachmittagsjause mit Tee und Kaffee sind inkludiert, Softdrinks vom Automaten zu allen Mahlzeiten ebenso.
Zu bestimmten Terminen werden Basenfasten-Wochen und Detoxkuren angeboten, ob das mit der Ausrichtung auf Familien zusammengeht, sei dahingestellt. Kleiner Spielplatz, im Winter gibt es Rodeln zur Gratisleihe, die Loipen beginnen vor der Haustür. Gratis-Carports für Suitengäste, ansonsten gegen 6 Euro pro Tag. Hunde erlaubt. 52 Liegen, 140 Betten.

Naturbadeteich, Freibecken, Hallenbad, Kinderbecken, Babybecken, Außensauna, Sauna, Dampfbad, Massagen, Kosmetik, Fitnessgeräte. Tennisplatz.

HP ab € 106,–.

WELLNESS 12

Unterlechner ****

Grünruhelage im Pillerseetal – 25 km östlich von Kitzbühel

6392 St. Jakob in Haus, Reith 23
05354-88291-0

WELLNESS 15

Interalpen-Hotel Tyrol *****S

Absolute Grünruhelage mit Fernblick bei Seefeld

6410 Telfs-Buchen, Dr.-Hans-Liebherr-Alpenstraße 1
050809-30

Kinderfreundlich. Mitten im Naturschutzgebiet, mit traumhaftem Alpenpanorama: Ein Tagungs-, Event- und Wellnesshotel mit gigantischen Ausmaßen, es liegt ruhevoll auf 1.300 m Seehöhe und ist von Wäldern umgeben, im Winter ist man hier direkt an einer der vielen Loipen. Schon der Empfang in der Garage ist beeindruckend, hinzu kommen die räumliche Großzügigkeit, die riesenhafte Halle mit ihrem Tischlerbarock aus faszinierend massivem Holz und ein Panorama, an dem man sich kaum sattsehen kann. Zimmer sind aus 13 Kategorien (DZ von 45 bis 200 m²) wählbar, sie sind riesengroß und entweder in konservativer oder kontemporärer Ländlichkeit arrangiert, kommen aber schön langsam in die Jahre. Alle haben Balkon, wem es aber um den Ausblick geht, dem sei die Südseite empfohlen, sie ist den Aufpreis wert. Das Spa steht ausschließlich Hotelgästen offen, es bietet unter anderem einen 50 m langen Innenpool und ein knapp 18 m langes Freibecken, ein Ladys-Spa und einen optisch und ausstattungsmäßig nur wenig begeisternden Saunabereich mit lediglich drei „echten“ Saunen – Textilsaunen sind weder in unserer Tradition verankert noch ein erbauliches Erlebnis, sie werden vornehmlich für Gäste aus anderen Kulturkreisen errichtet, das muss ganz nebenbei auch einmal gesagt werden! Wunderbare Sonnenterrasse, fabelhaftes Frühstücksbuffet, dabei kann es bisweilen zu Gedränge kommen, da vor allem das internationale Publikum nicht selten in Form von recht großen Tagungs- und Reisegruppen auftritt. Gute Küche, eine anderswo in Lilien-Hotels fast immer zu findende inkludierte Nachmittagsjause ist jedoch nicht zu haben. Viele freundliche Mitarbeiter, in puncto Professionalität gibt es aber noch deutlich Luft nach oben, gegenüber dem Niveau von früher hat man schon seit mehreren Jahren sukzessive an Terrain verloren. Für die Kleinen gibt es Basketballplatz und Abenteuerspielplatz sowie täglich 10 Stunden Betreuung für Kinder ab drei Jahren. Check-out bis 12 Uhr. Gratisgarage für alle. Hunde erlaubt. 169 Liegen, 600 Betten.

Freibecken, Hallenbad, Kinderbecken, Sauna, Dampfbad, Massagen, Kosmetik, Fitnessstudio, Personal Trainer. 18-Loch-Parcours in 10 km, 15 % Greenfee-Rabatt. Tennisplätze.

HP ab € 259,–.

WELLNESS 17

Schwarz Alpenresort *****

Grünruhelage am Ortsrand in Mieming – Nähe Imst

6414 Mieming, Obermieming 141
05264-5212-0

Kinder- und babyfreundlich. Ein großer, familiengeführter Allrounder (Sporthotel, Golfhotel, Wanderhotel, Kinderhotel und sogar Privatklinik für ästhetische Chirurgie) in schöner Panoramalage auf einem Plateau in 890 m Seehöhe, er befindet sich inmitten eines bezaubernden Gärtleins, gleichzeitig auch direkt neben dem hoteleigenen 27-Loch-Golfplatz. Die Anlage wurde immer wieder erweitert, gerade erst wurde ein neuer Bettentrakt eröffnet, und eine Frage drängt sich unweigerlich auf: Wann wird das gesamte Areal zugebaut sein? Man wohnt nun jedenfalls in einem der fünf miteinander durch zumeist lange unterirdische Gänge verbundenen Logiergebäude, was zu gehobener Irrgartenanmutung mit endlos erscheinenden Wegstrecken führen kann. Alles zeigt sich sehr sauber, allerdings stilistisch weder konsistent noch besonders feinfühlig arrangiert. Auch die Zimmer (27 Kategorien, DZ von 35 bis 220 m^2) könnten unterschiedlicher nicht sein, neben etwas älteren Interieurs gibt es so etwa auch wunderbare, teils zweigeschoßige Suiten in neoländlicher Luxusanmutung, die ein offener Kamin, eine Sauna und ein Außenwhirlpool auf der Terrasse nochmals unterstreichen. Das auch externen Gästen offenstehende Spa ist auf vier Ebenen untergebracht, es bietet unter anderem 10 Saunen (zwei davon textil), einen schönen Außenbereich sowie eine eigene Kinderzone mit Pool und superlanger Wasserrutsche sowie einen 25 m langen, auch im Winter nutzbaren Außenpool. Die Liste der angebotenen Treatments ist gefühlt unendlich, so sind etwa sogar Fettabsaugung, „Peniskorrekturen" oder eine Hodensackstraffung buchbar, worauf wir freilich keine allzu große Lust verspürten. Erwähnenswert in Sachen Angebot erscheint uns allerdings der Umstand, dass das momentan so im Trend liegende Anal-Bleaching („Poloch-Aufhellung") hier – noch – nicht zu haben ist. Aber die Massagen waren durchwegs sehr gut. Laufstrecken, täglich Aktivprogramm, auch Yoga, Faszientraining und Pilates. Reichhaltiges Frühstücksbuffet, gute bis sehr gute Küche, sie offeriert auch Veganes, ein üppiges Mittagsbuffet ist im Preis enthalten, Heißgetränke gibt es, wie schon morgens, ohne Luxusanmutung – am Automaten. Ambitionierte Getränkepreise, viele junge Mitarbeiter, nicht alle agieren den fünf Sternen entsprechend. Abends Tanz und Modeschauen, Gratisgarage für alle. Mitunter große Kinderschar, dann ist's nur bedingt ein Hort für alltagsabgewandtes Relaxen. Täglich 11 Stunden Betreuung für Kinder ab drei Jahren, Babybetreuung täglich drei Stunden (Mo bis Fr). Hunde erlaubt. 174 Liegen, 390 Betten.

Naturbadeteich, Freibecken, Hallenbad, Kinderhallenbad, Babybecken, Außensauna, Sauna, Dampfbad, Massagen, Ayurveda, Kosmetik, Fitnessstudio, Personal Trainer. 27-Loch-Parcours, 20 % Greenfee-Rabatt. Tennisplätze.

HP ab € 224,–.

WELLNESS 11

Schweitzer Biohotel ***

Grünruhelage am Ortsrand in Mieming – Nähe Imst

6414 Mieming, Barwies 292, 05264-5285

WELLNESS 16

Holzleiten Bio-Hotel ****

Grünlage an der B189 bei Mieming – Nähe Imst

6416 Obsteig, Holzleiten 84
05264-8244

Ein ebenso moderner wie gemütlicher Familienbetrieb, er liegt auf 997 m Seehöhe an der Bundesstraße am Rand des Mieminger Plateaus. Das Haus bietet ein mit viel Holz naturnah und heimelig gestaltetes Umfeld, sogar das ohnedies nur in der Lobby zur Verfügung stehende W-Lan wird nächtens abgeschaltet. Die Zimmer sind aus neun Kategorien (DZ von 20 bis 80 m^2) wählbar, sie sind zeitgemäß mit Zirbenholz und anderen Naturmaterialien gestaltet und haben alle Holzböden und Balkon, in jenen, die auf die Gartenseite hinausgehen (der Mehrheit), hört man übrigens die Straße auch bei offenem Fenster kaum. Erwähnenswert sind drei brandneue Zimmervarianten, sie präsentieren sich in warmen Farben, haben bodentiefe Fenster und sensibel platzierte Lichtquellen, manche auch eine freistehende Badewanne und private Sauna. Das Spa bietet unter anderem sechs Saunen, einen 15 m langen, ganzjährig nutzbaren Außenpool, einen etwas kleineren Badeteich, wunderschöne Ruheräume sowie eine feine Saunazone mit Kalt- und Warmbecken. Die Massagen sind gut, täglich gibt es ein kleines Aktivprogramm – auch Yoga, Pilates, Räucher-Workshops und geführte Wanderungen. Schönes Restaurant, reichhaltiges Frühstücksbuffet, die Küche ist naturnah und gut, sie verwendet vornehmlich biologische Zutaten und bietet auch Veganes und Vegetarisches, Light Lunch und Nachmittagsjause mit Tee und Kaffee sind inkludiert. Zuvorkommendes Umfeld, viele freundliche Mitarbeiter, ungeeignet für Kinder. Im Winter gibt es Schneeschuhe und Rodeln zur Gratisleihe. Hunde erlaubt. 72 Liegen, 100 Betten.

Naturbadeteich, Freibecken, Außensauna, Dampfbad, Massagen, Kosmetik, Fitnessgeräte. 27-Loch-Parcours in 8 km, 20 % Greenfee-Rabatt. Tennisplatz.

HP ab € 131,–.

WELLNESS 10

Lärchenhof Familotel

Grünlage bei Mieming – Nähe Imst

6416 Obsteig, Holzleiten 86, 05264-8234

WELLNESS 12

Ritzlerhof *****

Grünruhelage mit Fernblick bei Sautens – Ötztal

6432 Sautens, Ritzlerhof 1, 05252-6268-0

WELLNESS 10

Posthotel Kassl *****

Ortslage an der Durchzugsstraße in Oetz – Ötztal

6433 Oetz, Hauptstraße 70, 05252-6303

WELLNESS 10

Tauferberg ***

Grünruhelage am Ortsrand in Niederthai – Ötztal

6441 Umhausen, Niederthai 12a, 05255-5509

KUR/GESUNDHEIT 14

Vivea Umhausen ****

Grünruhelage am Ortsrand in Umhausen – Ötztal

6441 Umhausen, Lehgasse 50
05255-50160

Ein Kurhotel der Tiroler Kurzentrum-Kette, die sich schon seit einiger Zeit Vivea Gesundheitshotels nennt. Das vor elf Jahren eröffnete Haus liegt auf 1.031 m Seehöhe auf einer nach Süden ausgerichteten Anhöhe über dem Ort, was mit einem schönen Ausblick verbunden ist. Kuren gegen Erkrankungen des Stütz- und Bewegungsapparates sowie der Atemwege sind die Domäne des Hotels, das örtlich vorhandene Radonheilwasser kommt dabei zum Einsatz. Bereits von Weitem ist die auffällige gelb-orange gefärbelte Fassade sichtbar, inwendig waltet zweckmäßige Modernität. Die Zimmer (fünf Kategorien, DZ mit 26 oder 40 m²) kommen allmählich in die Jahre, zeigen sich aber stets sauber und gepflegt, alle haben Teppichböden und Balkon. Das Spa bietet unter anderem einen 20 m langen, auch im Winter nutzbaren Außenpool und drei Saunen mit großzügigen Öffnungszeiten. Sozialversicherungsgäste überwiegen, für Privatgäste gibt es auch „Gesundheitswochen" (Light-Kuren) sowie Packages ohne Arzt- oder Therapieleistungen – stets mit passablen Preisen. Sehr freundliche Mitarbeiter, an Frühstücksbuffet und Küche darf man aber keine besonderen Ansprüche stellen. Abends gibt es Tanz, ringsum Wanderwege ohne Zahl. Gratisgarage für alle. Ungeeignet für Kinder. 62 Liegen, 200 Betten.

Freibecken, Hallenbad, Sauna, Dampfbad, Massagen, Kosmetik, Fitnessgeräte.

VP ab € 130,–.

WELLNESS 13

Aqua Dome *****

Grünruhelage am Ortsrand in Längenfeld – Ötztal

6444 Längenfeld, Oberlängenfeld 140
05253-6400

Kinderfreundlich. Breiter Wellness-Mainstream: Vor 17 Jahren eröffnetes Vamed-Großhotel, es liegt auf 1.180 m Seehöhe nahe der Straße und direkt an der öffentlichen Therme gleichen Namens und bietet schöne, mitunter auch ein klein wenig angejahrte Zimmer mit alpinem Flair (14 Varianten, DZ von 33 bis 90 m²), alle haben Balkon. Für Wellness muss man über einen endlos scheinenden Bademantelgang in die zumeist heillos überlaufene öffentliche Therme, dort findet man unter anderem sieben größere Pools und ebenso viele Saunen. Im Dachgeschoß der Therme wird eine zusätzliche hoteleigene Saunazone („Spa 3000") geboten, sie steht allerdings auch externen Gästen offen und ist daher nicht selten genauso überlaufen. Ebendort gibt es mehrere kleine Außenwhirlpools mit Ausblick, einen Innenpool („Moosgumpe") sowie zwei Saunen. Frühstück bis 11 Uhr, bei Küche und Service gibt es noch Luft nach oben, die Nutzung der Therme ist am Anreisetag bereits ab 9 Uhr möglich. Täglich sieben Stunden Betreuung für Kinder ab drei Jahren, allerdings an der dem Hotel abgewandten Seite der Therme, das bedeutet bis zu etwa acht Minuten Gehzeit mit den Kleinen. Gratisgarage für alle, unterm Strich aber ein sehr schwaches Preis-Leistungs-Verhältnis. 915 Liegen (in der Therme), 440 Betten.

Im „Hotel-Spa": Sauna, Dampfbad. In der Therme: Thermalfreibecken, Thermalhallenbad, Kinderbecken, Sauna, Dampfbad, Massagen, Kosmetik, Fitnessstudio, Personal Trainer.

HP ab € 164,–.

WELLNESS 11

Burgstein ****

Grünruhelage am Ortsrand mit Fernblick – Ötztal

6444 Längenfeld, Burgstein 64
05253-5213

WELLNESS 17

Waldklause Naturhotel *****

Grünruhelage am Ortsrand in Längenfeld – Ötztal

6444 Längenfeld, Unterlängenfeld 190
05253-5455

Mit der warmen Ausstrahlung von Holz: Ein ganz besonderer Familienbetrieb, er liegt auf 1.179 m Seehöhe und ist nahezu ausnahmslos aus Holz gebaut. Das Innere verströmt ein hohes Maß an Geborgenheit, Lehm, Stein, Glas sowie Zirbe und Tanne bestimmen das Ambiente, viel Tageslicht, eine sorgsam durchdachte Beleuchtung und begrünte Dächer und Terrassen sorgen zudem für atmosphärische Akzente. Kaum eines der insgesamt 56 Zimmer gleicht dem anderen, man kann aus nicht weniger als 19 Kategorien (DZ von 32 bis 160 m²) wählen, alle haben gute Betten, Balkon, Loggia oder Terrasse sowie einen „Quellwasserbrunnen", ins Internet gelangt man aber nur über Lan-Kabel, denn W-Lan gibt es nur in Bar und Lobby, auf Wunsch erhält man allerdings einen Router, den man nächtens ausschalten sollte – der Strahlenfrei-Philosophie des Hauses zuliebe. Beherbergungsmäßiges Highlight ist jedenfalls die Poolsuite unter dem Dach, ebendort kommt man in den Genuss einer Außensauna und ist zudem vom Außenbecken nur ein paar Schritte entfernt. Das inwendig nicht unbedingt großzügig dimensionierte Spa bietet unter anderem sechs Saunen (zwei davon textil), einen knapp 15 m langen, ganzjährig nutzbaren Außenpool, feine Ruheräume (allerdings mit begrenzter Anzahl von Liegen) und fabelhafte Rückzugszonen im Außenbereich, die Massagen sind sehr gut. Vinothek, Bar und Restaurantterrasse, stimmungsvoll gestaltetes Restaurant. Reichhaltiges Frühstücksbuffet mit regionaler und biologischer Ausrichtung, sehr gute Küche, sie favorisiert regionale Zutaten und versteht sich auch auf Vegetarisches und Veganes, eine Nachmittagsjause (mit alkoholfreien Getränken) ist im Preis inkludiert. Freundliche Mitarbeiter, präsente Gastgeber, Gratisgarage für alle, bester Schlaf. Ungeeignet für Kinder, Hunde erlaubt. 35 Liegen, 135 Betten.

Freibecken, Sauna, Dampfbad, Massagen, Kosmetik, Fitnessgeräte. Tennisplatz.

HP ab € 175,–.

WELLNESS 11

Bergland Sölden *****

Ortslage an der B186 in Sölden – Ötztal

6450 Sölden, Dorfstraße 114, 05254-2240-0

WELLNESS 12

Das Central Sölden *****

Zentrale Ortslage in Sölden – Ötztal

6450 Sölden, Auweg 3, 05254-2260-0

WELLNESS 10

Elisabeth Sölden ***S

Grünlage am Ortsrand in Sölden – Ötztal

6450 Sölden, Adlerweg 2, 05254-2534

WELLNESS 15

Enzian Sölden ****S

Grünruhelage mit Fernblick in Hochsölden – Ötztal

6450 Sölden, Hochsöldenstraße 7
05254-2252

Kinderfreundlich. Mitten in der Natur auf 2.090 m Seehöhe und direkt an der Piste – besser geht es für Skifahrer wohl kaum! Ein modernes Wintersporthotel, es besteht aus dem Stammhaus und einer 100 m entfernt gelegenen Dependance, deren Gäste Zugang zu Spa und Restaurant haben. Trotz seiner Größe fühlt sich das Haus erstaunlich gemütlich an, das Ambiente zeigt sich heimelig und mit Naturmaterialien gestaltet, eine Besonderheit ist der herrliche Ausblick auf Pisten und Berge, der hier aus vielen Räumen zu genießen ist. Zimmer sind aus 12 Kategorien (DZ von 25 bis 85 m²) wählbar, sie sind zeitgemäß gestaltet, haben ausgezeichnete Betten, Soundsysteme von Bose und Balkon. Das Spa ist für ein Skihotel wunderbar geraten, es bietet unter anderem zwei getrennte, aber nahezu gleiche Saunabereiche (einmal textil – für Familien, einmal nackt – für Ruhesuchende) mit insgesamt sieben Saunen. Neben einem 11 m langen Innenpool gibt es einen ebenso langen Infinity-Außenpool, der ab 13 Uhr textilfrei genutzt werden kann. Schöne Stuben mit großen Panoramafenstern, zumeist sehr gute Küche bei netter Tischkultur, eine Nachmittagsjause ist inkludiert. Frühstück bis 10.30 Uhr, Check-out bereits eine halbe Stunde früher. Fabelhafte Sonnenterrasse, entspanntes Umfeld, viele freundliche und gut gelaunte Mitarbeiter, internationales Publikum. Anmerkung: Das Hotel war im Beobachtungszeitraum coronabedingt geschlossen, somit konnte kein Hoteltest durchgeführt werden, es gilt daher die Bewertung vom Vorjahr. Valet Parking, garantierter Tiefgaragenplatz gegen 15 Euro pro Tag. Acht Stunden Betreuung von Kindern ab drei Jahren (Mo bis Fr). Hunde erlaubt. 41 Liegen, 200 Betten.

Freibecken, Hallenbad, Sauna, Dampfbad, Massagen, Kosmetik, Fitnessgeräte.

HP ab € 140,–.

WELLNESS 12

Hochsölden Sonnenhotel ****

Grünruhelage mit Fernblick in Hochsölden – Ötztal

6450 Sölden, Hochsöldenstraße 24, 05254-2229

WELLNESS 11

Liebe Sonne ****S

Zentrale Ortslage in Sölden – Ötztal

6450 Sölden, Dorfstraße 58, 05254-2203

WELLNESS 11

Regina ****S

Ortslage an der B186 in Sölden – Ötztal

6450 Sölden, Dorfstraße 101, 05254-2301

WELLNESS 14

Schöne Aussicht ****S

Grünruhelage mit Fernblick in Hochsölden – Ötztal

6450 Sölden, Hochsöldenstraße 3
05254-2221

Familienfreundlich. Der Name ist Programm: Ein Wintersporthotel von feiner Größe, es liegt auf 2.090 m Seehöhe direkt an der Piste im Skigebiet Sölden, das 144 km Pistenkilometer und 31 Lifte umfasst – besonderes Kennzeichen ist der herrliche Ausblick, der hier aus vielen Räumen zu genießen ist. Das Haus wurde vor kurzem von einer russischen Investorengruppe übernommen (wie auch das nahe gelegene Hotel Enzian), mit umfangreicher Modernisierung soll dem Vernehmen nach noch vor Drucklegung dieser Ausgabe begonnen werden. Zimmer sind bislang aus acht Kategorien wählbar, sie sind mehrheitlich eher klein geschnitten (DZ von 23 bis 55 m²) und haben zumeist Balkon. Das Spa bietet fünf Saunen (eine davon textil), ein 11 m langes Infinity-Freibecken sowie sehr gute Massagen. Erhalten bleiben hoffentlich die gute Küche und die freundlichen Mitarbeiter – wir können naturgemäß erst in unserer nächsten Ausgabe darüber berichten. Gemütliche Bar im Dachgeschoß, eine Nachmittagsjause ist im Preis inkludiert. Anmerkung: Das Hotel war im Beobachtungszeitraum coronabedingt geschlossen, somit konnte kein Hoteltest durchgeführt werden, es gilt die Bewertung vom Vorjahr. Garage gegen 19 Euro pro Tag. Hunde erlaubt. 38 Liegen, 110 Betten.

Freibecken, Sauna, Dampfbad, Massagen, Fitnessgeräte.

HP ab € 152,–.

WELLNESS 11

Stefan ****

Zentrale Ortslage an der B186 in Sölden – Ötztal

6450 Sölden, Dorfstraße 50, 05254-2237

WELLNESS 11

Tyrolerhof Sölden ****

Zentrale Ortslage an der B186 in Sölden – Ötztal

6450 Sölden, Dorfstraße 70, 05254-2288

WELLNESS 12

Angerer Alm ****

Grünruhelage in Hochgurgl – Ötztal

6456 Hochgurgl, Hochgurgler Straße 3, 05256-6241

WELLNESS 11

Olymp ****

Grünlage in Hochgurgl – Ötztal

6456 Hochgurgl, Hochgurgler Straße 1, 05256-6491

WELLNESS 12

Riml ****S

Grünruhelage mit Fernblick in Hochgurgl – Ötztal

6456 Hochgurgl, Hochgurgler Straße 16, 05256-6261

WELLNESS 12

Top Hochgurgl *****S

Grünruhelage in Hochgurgl – Ötztal

6456 Hochgurgl, Hochgurgler Straße 8, 05256-6265

WELLNESS 11

Alpina Obergurgl ****S

In der Hotelzone in Obergurgl – Ötztal

6456 Obergurgl, Kressbrunnenweg 12, 05256-600

WELLNESS 12

Bellevue ****S

In der Hotelzone von Obergurgl – Ötztal

6456 Obergurgl, Kressbrunnenweg 3, 05256-6289

WELLNESS 12

Bergwelt ****S

In der Hotelzone von Obergurgl – Ötztal

6456 Obergurgl, Kressbrunnenweg 9, 05256-6274

WELLNESS 12

Edelweiss & Gurgl ****S

In der Hotelzone von Obergurgl – Ötztal

6456 Obergurgl, Ramolweg 5, 05256-6223

WELLNESS 12

Gotthard Zeit ****S

In der Hotelzone von Obergurgl – Ötztal

6456 Obergurgl, Hohe Mutweg 4, 05256-6292-0

WELLNESS 12
Hochfirst *****
Ortsrandlage in Obergurgl – Ötztal
6456 Obergurgl, Gurgler Straße 123, 05256-6325-0

WELLNESS 10
Jenewein ****
In der Hotelzone in Obergurgl – Ötztal
6456 Obergurgl, Ramolweg 15, 05256-6203

WELLNESS 11
Josl Mountain Lounging ****
In der Hotelzone von Obergurgl – Ötztal
6456 Obergurgl, Ramolweg 18
05256-6545-200

WELLNESS 10
Mühle Resort 1900 ****S
An der Straße nach Hochgurgl – Ötztal
6456 Obergurgl, Gurgler Straße 87
05256-6767

WELLNESS 12
The Crystal ****S
Ortsrandlage in Obergurgl – Ötztal
6456 Obergurgl, Gurgler Straße 90
05256-6454

WELLNESS 11
Macun
Grünruhelage am Ortsrand – Ötztal
6458 Vent, Marzellweg 17, 05254-8196

WELLNESS 10
Sailer Familotel ***
Grünlage am Ortsrand in Wenns – Pitztal
6473 Wenns, St. Margarethen 643, 05414-87215

WELLNESS 12
Andy ****S
Grünlage mit Fernblick in Jerzens – Pitztal
6474 Jerzens, Liss 244, 05414-8610-0

WELLNESS 16
Jerzner Hof ****
Grünlage mit Fernblick in Jerzens – Pitztal
6474 Jerzens, Oberfeld 170
05414-8510
Familienfreundlich. Herzlichkeit und gutes Service: Ein äußerst sympathischer Familienbetrieb, er zählt für uns zu den absolut freundlichsten des Landes. Das Haus liegt auf 1.150 m Seehöhe an einem Sonnenhang hoch über dem Pitztal, gleichzeitig aber auch an der Durchzugsstraße zur Talstation der Hochzeigerbahn, dem direkten Anschluss an

sieben weitere Skilifte und insgesamt 54 Pistenkilometer. Hinter traditionellen, blumengeschmückten Alpenlandfassaden walten große Sauberkeit und heimelige Gemütlichkeit. Die Zimmer (12 Kategorien, DZ von 24 bis 50 m²) sind hell und gemütlich gestaltet, haben einnehmend schlichte Vollholzinterieurs, fast alle Balkon oder Terrasse, mehrere auch feine Holzböden und Kachelöfen. Das Spa ist nur Hotelgästen zugänglich, unter anderem bietet es sechs Saunen, feine Ruhezonen, einen 18 m langen Innenpool, einen Panoramawhirlpool im Freien, eine Paarsauna (mit Fernseher und DVD-Player) sowie, mit einem Hüpfer über die Straße erreichbar, eine große Liegewiese mit Schwimmteich. Freundliches, harmonisches und gut eingespieltes Team, präsente und sehr hilfsbereite Gastgeber – der Hausherr hat stets ein unterhaltsames Wort auf den Lippen und packt bei Bedarf selbst beim Gepäck mit an. Reichhaltiges Frühstücksbuffet, sehr gute Küche bei liebevoller Tischkultur, Light Lunch und süße Nachmittagsjause sind im Preis enthalten. Stimmungsvolle Bar, faire Getränkepreise, sauberes Preis-Leistungs-Verhältnis. Überdachte Stellplätze gegen 4 Euro pro Tag. Hunde sind nur in einer Zimmerkategorie erlaubt. 52 Liegen, 90 Betten.

Naturbadeteich, Hallenbad, Sauna, Dampfbad, Massagen, Kosmetik, Fitnessstudio, Personal Trainer.

HP ab € 143,–.

WELLNESS 9

Andreas Hofer ****

Zentrale Ortslage in St. Leonhard – Pitztal

6481 St. Leonhard, Mandarfen 23, 05413-86214

WELLNESS 10

Pure Resort Pitztal

An der Gletscherbahn-Talstation – Pitztal

6481 St. Leonhard, Mittelberg 83, 0664-3842250

WELLNESS 11

Seppl Sport & Vital ****

Grünruhelage bei St. Leonhard – Pitztal

6481 St. Leonhard, Weißwald 41, 05413-86220

WELLNESS 11

Sportalm St. Leonhard ****

Grünlage bei St. Leonhard – Pitztal

6481 St. Leonhard, Plangeroß 36, 05413-86203

WELLNESS 12

Vier Jahreszeiten Pitztal ****S

Grünruhelage bei St. Leonhard – Pitztal

6481 St. Leonhard, Mandarfen 73, 05413-86361

WELLNESS 12

Wildspitze ****S

Grünruhelage am Ortsrand – Pitztal

6481 St. Leonhard, Mandarfen 46
05413-86207

WELLNESS 10

Lärchenhof Feichten

Ruhige Ortslage in Feichten – Kaunertal

6524 Feichten, Nr. 114, 05475-240

WELLNESS 14

Linde Gartenhotel ****S

Zentrale Ortslage in Ried – Oberinntal

6531 Ried, Nr. 80
05472-6270

Familienfreundlich. Ein solider, familiengeführter Traditionsbetrieb, er liegt auf 875 m Seehöhe direkt an der Ortsstraße, von der Ried-Seilbahn, dem Anschluss an 54 Pistenkilometer und 14 weitere Lifte, ist man hier drei Autominuten entfernt. Das Haus begrüßt mit blumengeschmückten Alpenlandfassaden und gemütlicher Ländlichkeit – holzgetäfelte Stuben inklusive. Zimmer wählt man aus 14 stark unterschiedlichen Kategorien (DZ von 20 bis 65 m²), auch solche mit kontemporären Interieurs und Holzböden finden sich darunter, fast alle haben zudem Balkon, alles zeigt sich sauber und gepflegt. Das Spa ist auf drei Geschoße und vier Zonen sowie in getrennte Bereiche für Familien und Ruhesuchende aufgeteilt, es bietet unter anderem sechs Saunen (zwei davon textil), feine Ruhezonen indoor und outdoor, einen 10 m langen Innenpool und einen sehr kleinen, auch im Winter nutzbaren Außenpool, zudem einen warmen Whirlpool auf dem Dach. Der namensgebende Garten ist übrigens laut Werbung ein halbes Hektar groß, tatsächlich aber um etwa drei Viertel kleiner. Freundliche Mitarbeiter, gemütliche Bar, die Küche ist regional ausgerichtet und verwendet auch so manches aus der eigenen Landwirtschaft, eine Nachmittagsjause mit alkoholfreien Getränken, Tee und Kaffee ist inkludiert. Check-out um 10.30 Uhr. 84 Liegen, 190 Betten.

Naturbadeteich, Freibecken, Hallenbad, Babyhallenbad, Außensauna, Sauna, Dampfbad, Massagen, Kosmetik, Ayurveda, Fitnessgeräte.

HP ab € 103,–.

WELLNESS 12

Mozart Vital ****

Grünlage am Ortsrand in Ried – Oberinntal

6531 Ried, Nr. 147, 05472-6937

WELLNESS 12

Riederhof ****
Grünlage am Ortsrand in Ried – Oberinntal
6531 Ried, Truyen 113, 05472-6214

WELLNESS 12

Truyenhof ****
Grünlage am Ortsrand in Ried – Oberinntal
6531 Ried, Truyen 168, 05472-6513

WELLNESS 12

Alpen-Herz Romantik & Spa ****
Grünlage am Ortsrand in Ladis – Nähe Serfaus
6532 Ladis, Dorfstraße 40, 05472-28065

WELLNESS 11

Laderhof Kinderhotel ****
Ruhige Ortslage in Ladis – Nähe Serfaus
6532 Ladis, Greit 1, 05472-6996

WELLNESS 11

Panorama Ladis ****
Grünlage am Ortsrand in Ladis – Nähe Serfaus
6532 Ladis, Dorfstraße 56, 05472-2444

WELLNESS 10

Puint ****
Grünlage am Ortsrand in Ladis – Nähe Serfaus
6532 Ladis, Unterdorf 27, 05472-6626

WELLNESS 10

Sonnleiten ****
Grünlage am Ortsrand in Ladis – Nähe Serfaus
6532 Ladis, Dorfstraße 42, 05472-2660

WELLNESS 12

Goies Alpine Resort ****S
Ruhige Ortslage in Ladis – Nähe Serfaus
6532 Ladis-Obladis, Grunesweg 2, 05472-6133-0

WELLNESS 11

Alps Lodge garni
Grünlage am Ortsrand in Fiss – Nähe Serfaus
6533 Fiss, Kelleweg 5, 05476-20307

WELLNESS 11

Bergblick Fiss ****
Ortslage in Fiss – Nähe Serfaus
6533 Fiss, Latschthayaweg 3, 05476-6364

WELLNESS 9

Bergfrieden ***
Grünruhelage am Ortsrand in Fiss – Nähe Serfaus
6533 Fiss, Laurschweg 5, 05476-6361

WELLNESS 12

Chesa Monte ****
Zentrale Ortslage in Fiss – Nähe Serfaus
6533 Fiss, Platzergasse 4, 05476-6406

WELLNESS 12

Das Marent
Grünlage am Ortsrand mit Fernblick – Nähe Serfaus
6533 Fiss, Oberer Spelsweg 6
05476-20320

WELLNESS 11

Das Naturjuwel garni ****
Zentrale Ortslage in Fiss – Nähe Serfaus
6533 Fiss, Via Claudia Augusta 44
05476-6611

WELLNESS 12

Fisser Hof ****
An der Dorfstraße in Fiss – Nähe Serfaus
6533 Fiss, Fisser Straße 24
05476-6353

WELLNESS 12

Laurentius Kinderhotel ****S
Ortslage in Fiss – Nähe Serfaus
6533 Fiss, Leiteweg 26, 05476-6714

WELLNESS 10

Montes garni ****
Ortslage in Fiss – Nähe Serfaus
6533 Fiss, Angerweg 4, 05476-20054

WELLNESS 11

Nagalu garni ****
Ortslage in Fiss – Nähe Serfaus
6533 Fiss, Leiteweg 12
05476-60669

WELLNESS 11

Natürlich garni ****
Grünruhelage oberhalb von Fiss – Nähe Serfaus
6533 Fiss, Laurschweg 33
05476-60302

WELLNESS 15

Schlosshotel Fiss *****
Grünruhelage oberhalb von Fiss – Nähe Serfaus
6533 Fiss, Laurschweg 28
05476-6397

Kinderfreundlich. Kein Schloss, hingegen ein familiengeführtes Großhotel, es liegt auf 1.436 m Seehöhe am Ortsrand, im Winter ist man hier praktisch direkt an der Piste und nur ein paar Schritte von

REISCHLHOF ****S

Luxury Wellness: Eine der besten Wellnessadressen Deutschlands mit 100 % Weiterempfehlungsrate! Über 5.000 m² Wellness & Spa sowie eine ausgezeichnete Gourmetküche erwarten Sie!

www.reischlhof.de
94110 Wegscheid
Bayern, Deutschland
T. +49 8592 9390-100

der Talstation Möseralmbahn entfernt, das steht für den direkten Anschluss an 67 weitere Lifte und insgesamt 200 Pistenkilometer. Die Anlage besteht aus drei miteinander verbundenen Logiergebäuden unterschiedlichen Alters, was zu geheimnisvoll verwinkelten Grundrissen führt. Die öffentlichen Räume zelebrieren gehobene ländliche Klassik, schöne Holzvertäfelungen schaffen ein ebenso stimmungsvolles wie elegantes Umfeld. Zimmer gibt es in 22 verschiedenen Varianten (DZ von 32 bis 75 m^2), sie zeigen sich zumeist in neoalpinem Landhausstil. Das atmosphärisch gestaltete Spa ist in Bereiche für Ruhesuchende und Familien unterteilt, es bietet unter anderem einen 37 m langen kombinierten Innen- und Außenpool, weiters FKK-Whirlpool, Babybecken und Wasserspielpark mit 48 m langer Wasserrutsche und insgesamt sieben Saunen (drei davon textil), die Massagen sind sehr gut. Feine Tischkultur, große Weinkarte, bei Küche und Service hat man neuerdings etwas an Terrain verloren, Light Lunch und Nachmittagsjause sind inkludiert. Check-in um 16 Uhr, ambitioniertes Preis-Leistungs-Verhältnis. Valet Parking, Gratisgarage für alle. Täglich bis zu 13 Stunden Betreuung für Kinder ab zwei Jahren. Hunde erlaubt. 121 Liegen, 425 Betten.

Freibecken, Hallenbad, Kinderbecken, Sauna, Dampfbad, Massagen, Kosmetik, Fitnessstudio, Personal Trainer.

HP ab € 202,–.

WELLNESS 12

Tirol Fiss *****

Ortslage in Fiss – Nähe Serfaus

6533 Fiss, Angerweg 1
05476-6358

WELLNESS 11

Toalstock ****

Zentrale Ortslage in Fiss – Nähe Serfaus

6533 Fiss, Obere Dorfstraße 27, 05476-6623

WELLNESS 10

Alpenjuwel garni ****

Zentrale Ortslage in Serfaus

6534 Serfaus, Dorfbahnstraße 73
05476-53544

WELLNESS 10

Alpenjuwel Residenz garni ****

Ortsrandlage in Serfaus

6534 Serfaus, Dorfbahnstraße 21
05476-60663

WELLNESS 9

Alte Schmiede Serfaus ****

Zentrale Ortslage in Serfaus

6534 Serfaus, Dorfbahnstraße 64
05476-6492-0

WELLNESS 14

Bär Kinderhotel *****

Grünruhelage am Ortsrand in Serfaus

6534 Serfaus, Herrenanger 9
05476-6228

Kinder- und Babyhotel. Ein familiengeführtes Haus, es liegt auf 1.430 m Seehöhe ruhig am bergseitigen Ortsrand, zur Dorfbahn, mit der man im Winter direkt zu den Talstationen dreier Gondelbahnen – dem Anschluss an 200 Pistenkilometer – gelangt, sind es nur ein paar Schritte. Das Ambiente zelebriert konservative Eleganz in unterschiedlichen Reifestadien, Zimmer sind aus 13 Kategorien (DZ von 32 bis 123 m^2) wählbar, sie zeigen sich mehrheitlich ländlich-modern, haben Teppich- oder Holzböden, die meisten Balkon oder Loggia und tragen kindergerechte Namen wie Balu oder Mogli. Das Spa bietet unter anderem vier Saunen (eine davon textil), kinderfreie Zonen, ein 10 m langes, auch im Winter nutzbares Freibecken, eine knapp 100 m lange Wasserrutsche sowie einen 15 m langen Sommeraußenpool mit Sandstrand, Hüpfburg und sonnengeschütztem Sandspielplatz. Richtig paradiesisch wird es für die Kinder am neuen Biobauernhof, finden diese dort ein Füllhorn an Möglichkeiten – zum Entdecken, zum Austoben und Vergnügtsein. Neben Brot backen, töpfern und Gemüse ernten gibt es auch Tiere zum Streicheln, etwa Esel, Ziegen, Schafe und Schweine. Viele freundliche Mitarbeiter, gemütliche Stuben, Frühstück erst ab 8 Uhr (nicht ganz optimal für Kinder und Skifahrer), zumeist sehr gute Küche, Light Lunch und Nachmittagsjause sind inkludiert, alkoholfreie Getränke vom Automaten ebenso. Täglich bis zu 12,5 Stunden Betreuung für Kinder von null bis 13 Jahren. Gratisgarage für alle. Hunde erlaubt. 50 Liegen, 230 Betten.

Freibecken, Freibecken (Sommer), Babyfreibecken, Hallenbad, Babybecken, Sauna, Dampfbad, Massagen, Kosmetik, Fitnessgeräte.

HP (inkl. alkoholfreier Getränke) ab € 128,–.

WELLNESS 16

Cervosa Gourmet & Spa *****

Grünruhelage mit Fernblick am Ortsrand in Serfaus

6534 Serfaus, Herrenanger 11, 05476-6211

Familienfreundlich. Ein traditionsreicher Familienbetrieb auf 1.430 m Seehöhe, er liegt ruhig am bergseitigen Ortsrand, zur Dorfbahn, mit der man im Winter direkt zu den Talstationen dreier Gondelbahnen und damit zum Anschluss an 200 Pistenkilometer gelangt, sind es nur ein paar Schritte. Das Haus gewährt großartige Ausblicke, und das aus vielen Räumen, im Inneren walten mehrere Stile sozusagen ex aequo, von traditioneller, gehoben-konservativer Ländlichkeit bis hin zu aufreizender „Alpine Lifestyle"-Modernität geben sich allerlei Interieurfacetten hier ein Stelldichein. Zimmer sind aus 26 stark unterschiedlichen Kategorien (DZ von 25 bis 80 m²) wählbar, die meisten haben Teppichböden und Balkon, aus vielen genießt man den für das Haus so typischen schönen Ausblick auf die Berge. Das Spa ist auf drei Bereiche aufgeteilt, es bietet unter anderem 11 Saunen, zwei auch im Winter nutzbare Außenpools von 9 und 11 m Länge, drei Whirlpools, einen kleinen Garten mit Ruheliegen und Sonnenschirmen sowie gute Massagen. Kleines Aktivprogramm, auch Pilates und geführte Wanderungen. Fabelhafte Sonnenterrasse für Frühstück und Abendessen, schöne Stuben, gute Küche bei feiner Tischkultur, eine Nachmittagsjause ist im Preis inkludiert – Mineralwasser zum Abendessen ebenso. Großartige Bierkarte, gemütliche Bar, die zudem außerordentlich gut sortiert ist und für uns recht schnell zu einem Lieblingsplatz avancierte. Stets präsente Gastgeber, sehr freundliche und bemühte Mitarbeiter. Valet Parking, externe ganztägige Kinderbetreuung (So bis Fr). Hunde erlaubt. 76 Liegen, 180 Betten.

Freibecken, Hallenbad, Sauna, Dampfbad, Massagen, Kosmetik, Fitnessgeräte, Personal Trainer.

HP ab € 144,–.

WELLNESS 11

Das Köhle garni ****

Zentrale Ortslage in Serfaus

6534 Serfaus, Dorfbahnstraße 24

05476-6244

WELLNESS 11

Drei Sonnen ****S

Zentrale Ortslage in Serfaus

6534 Serfaus, Untere Dorfstraße 17, 05476-6207

WELLNESS/GESUNDHEIT 13

Jennys Schlössl ****S

Grünruhelage mit Fernblick am Ortsrand in Serfaus

6534 Serfaus, Plojenweg 9, 05476-6654

Hundefreundlich. Ein nicht allzu großer, eigenwillig geführter Familienbetrieb, er liegt auf 1.430 m Seehöhe am bergseitigen Ortsrand, im Winter sind es fünf Gehminuten zur Talstation der Komperdellbahn, dem direkten Anschluss an 67 weitere Skilifte und 200 Pistenkilometer. Wer hier erwartet, ein Schlösschen vorzufinden, könnte enttäuscht sein. Look und Feel sowohl drinnen als auch draußen sprechen eine andere Formensprache, nicht weniges wirkt zumindest streckenweise etwas nüchtern – Fliesenböden, Plastikpflanzen, furniertes Holz und wuchtige Kunstlederfauteuils verströmen eben einen eigenen Charme, die Fußmatten, die wie in einem Motel vor jedem Zimmer liegen, ebenso. Zimmer sind aus 15 Kategorien (DZ von 25 bis 75 m²) wählbar, haben dunkel furnierte Interieurs, zumeist helle Laminatböden sowie alle Balkon oder Terrasse. Das nur Hausgästen zugängliche Spa ist laut Werbung 2.000 m² groß, tatsächlich aber sehr klein, zudem labyrinthisch angelegt. Es erstreckt sich über vier Ebenen, bietet unter anderem zwei Außensaunen sowie einen 9 m langen, auch im Winter nutzbaren Infinity-Außenpool auf der Dachterrasse, einen winzigen Indoor-Solepool, ausgezeichnete Massagen und insgesamt sechs Saunen. Gute Küche, eine kleine Nachmittagsjause ist im Preis enthalten. Viele freundliche und langjährige Mitarbeiter. Check-out um 10.30 Uhr. Gratisgarage für (fast) alle. Eher ungeeignet für Kinder. 57 Liegen, 120 Betten.

Freibecken, Solebecken, Außensauna, Sauna, Dampfbad, Massagen, Kosmetik, Ayurveda, Fitnessgeräte.

HP ab € 107,–.

WELLNESS 12

Löwe Kinderhotel ****S

Zentrale Ortslage in Serfaus

6534 Serfaus, Untere Dorfstraße 5

05476-6204

WELLNESS 11

Maximilian ****

Grünruhelage mit Fernblick am Ortsrand in Serfaus

6534 Serfaus, Herrenanger 4

05476-6520

WELLNESS 11

Posthotel ****

Zentrale Ortslage in Serfaus

6534 Serfaus, Dorfbahnstraße 47

05476-6261

WELLNESS

18

Schalber Wellness-Residenz *****S

Grünruhelage mit Fernblick am Ortsrand in Serfaus

6534 Serfaus, Dorfbahnstraße 15

05476-6770

Kinderfreundlich. Was für ein Ausblick: Ein familiengeführtes Luxushaus mit fünfeinhalb Sternen, es liegt auf 1.430 m Seehöhe an einem Sonnenhang am talseitigen Ortsrand und nur ein paar gute Schritte entfernt von der kleinsten und höchstgelegenen U-Bahn der Welt, die einen im Winter direkt zu den drei Gondelbahnen – dem Anschluss an 200 Pistenkilometer – bringt, ebendort erhalten die Gäste übrigens auch ein Depot für ihre Skiausrüstung. Im Inneren zeigt sich das Haus in erfrischend zeitloser und stilvoll arrangierter Edelländlichkeit, deren Heimeligkeitsfaktor wohl kaum zu übertreffen ist. Die Zimmer (29 Kategorien, DZ von 33 bis 120 m²) haben alle Balkon oder Terrasse sowie zumeist Teppichböden, viele gewähren – wie das Spa und viele andere Bereiche – einen absolut herrlichen Ausblick in die Bergwelt. Alles blitzt geradezu vor Sauberkeit, das W-Lan ist schnell. Das Spa ist auf mehreren Ebenen untergebracht, immer wieder erfordert es die Hanglage, die eine oder andere Treppe zu überwinden. Doch die Vielfalt an Einrichtungen fasziniert, es gibt neun Saunen, einen Familienbereich mit zwei Innenpools, ein Ladys-Spa und einen wesentlich größeren Bereich für Ruhesuchende (ab 16 Jahren). Ebendort: feine FKK- und Liegezonen, drei Panoramapools – einer davon ist fabelhafte 20 m lang und in Infinity-Bauweise ausgeführt, sodass man buchstäblich in die Berge hinausschwimmt – und ein wunderschöner Garten mit Liegeterrassen, Springbrunnen und Badeteich plus Sonnendecks. Die Massagen sind sehr gut, täglich gibt es ein kleines Aktivprogramm, auch Yoga, Faszientraining und geführte Wanderungen. Traumhafte Restaurantterrasse, innen bietet das Restaurant fünf Räume mit jeweils unterschiedlichem Ambiente und stets wunderbarer Atmosphäre. Ausgezeichnetes Frühstücksbuffet, sehr gute Küche bei feiner Tischkultur, großartiger Weinkeller. Light Lunch (nur im Sommer) und Nachmittagsjause sind im Preis enthalten. Präsente Gastgeber, vornehmlich junges, aber dennoch gut geschultes und ausgesprochen zuvorkommendes Team, sehr gutes Service. Valet Parking, Garage gegen 10 Euro pro Tag. Indoor steht Kids ein abwechslungsreiches Fun-Areal offen, zudem gibt es täglich 12 Stunden Betreuung für Kinder ab drei Jahren. 100 Liegen, 270 Betten.

Naturbadeteich, Freibecken, Solefreibecken, Freibecken (Sommer), Kinderfreibecken, Hallenbad, Kinderhallenbad, Sauna, Dampfbad, Massagen, Kosmetik, Ayurveda, Fitnessstudio, Personal Trainer. Tennishalle.

HP ab € 210,–.

WELLNESS 11

Universo garni ***
Zentrale Ortslage in Serfaus

6534 Serfaus, Dorfbahnstraße 52, 05476-6977

WELLNESS 10

Das Lafairs ****
Grünruhelage am Ortsrand in Pfunds – Oberinntal

6542 Pfunds, Lafairs 373, 05474-5757

WELLNESS 10

Traube ****
Ortslage in Pfunds – Oberinntal

6542 Pfunds, Stuben 10, 05474-5210

WELLNESS 10

Tyrol Pfunds ****
Ortslage in Pfunds – Oberinntal

6542 Pfunds, Stubenerstraße 296
05474-5247

WELLNESS 10

Berghof Nauders ****
Grünruhelage am Ortsrand in Nauders – Oberinntal

6543 Nauders, Nr. 321, 05473-87365

WELLNESS 10

Central Nauders ****
Zentrale Ortslage in Nauders – Oberinntal

6543 Nauders, Unterdorfstraße 196, 05473-87221

WELLNESS 15

Mein Almhof *****S
Grünlage am Ortsrand in Nauders – Oberinntal

6543 Nauders, Dr.-Tschiggfrey-Straße 314
05473-87313

Familienfreundlich. Ein gemütlicher Familienbetrieb, er liegt auf 1.394 m Seehöhe inmitten einer Eintausendfünfhundert-Seelen-Gemeinde, die sich im Dreiländereck unweit von Reschenpass und Schweizer Grenze befindet. Das Haus wurde bis weit nach Redaktionsschluss dieser Ausgabe modernisiert, neu sind unter anderem Eingangsbereich, Lobby, Restaurant, Bar und Zigarrenlounge. Die Zimmer (12 Kategorien, DZ von 20 bis 120 m²) zeigen sich mit stark unterschiedlichen Interieurs, neben preisgünstig-einfachen und etwas in die Jahre gekommenen findet man jedoch auch

Mein Almhof

viele sehr schöne, sogar solche mit Holzböden und Whirlwannen. Das Spa bietet unter anderem acht Saunen, ein puristisch arrangiertes Hallenbad sowie Ruheräume mit wunderschönem Ausblick auf die Burg Naudersberg, weiters gibt es am Dach, also im fünften Geschoß, einen 16,5 m langen, ganzjährig nutzbaren Infinity-Außenpool mit superbem Bergpanorama. Reichhaltiges Frühstücksbuffet mit regionaler Ausrichtung – so manches stammt aus der eigenen Landwirtschaft –, zumeist sehr gute Küche, das Abendmenü kann à la carte aus 13 täglich variierenden Gerichten zusammengestellt werden, eine fixe Anzahl an Gängen gibt es keine. Stets präsenter Gastgeber, sehr freundliche und zuvorkommende Mitarbeiter. Geführte Wanderungen, Wanderwege ohne Zahl, im Winter befinden sich die Loipen direkt vor der Haustür. Garage gegen 10 Euro, Kinderbetreuung zu Ferienzeiten. Hunde erlaubt. 50 Liegen, 250 Betten.

Freibecken, Hallenbad, Außensauna, Sauna, Dampfbad, Massagen, Kosmetik, Ayurveda, Fitnessgeräte.

HP ab € 145,–.

WELLNESS 12

Naudererhof Alpin Art & Spa ****S

Zentrale Ortslage in Nauders – Oberinntal

6543 Nauders, Dr.-Tschiggfrey-Straße 160, 05473-87704

WELLNESS 11

Tirolerhof Nauders ****

Zentrale Ortslage in Nauders – Oberinntal

6543 Nauders, Dr.-Tschiggfrey-Straße 27, 05473-86111

WELLNESS 14

Bergwiesenglück

Grünruhelage am Ortsrand – Paznauntal

6553 See, Neder 400, 05441-20077

Ein kleines Chaletdorf mit nur 14 Wohneinheiten, es liegt auf 1.250 m Seehöhe ruhevoll auf einem steilen Hang über dem Tal, im Winter fährt ein Shuttle zur Talstation der Medrigjoch-Gondelbahn, das kleine Familienskigebiet See umfasst 41 Pistenkilometer und 9 Lifte – nach Ischgl sind es 20 Autominuten. Neben zwei 60 m² großen Suiten im Haupthaus verfügt das Resort über 12 jeweils 108 m² große Holzhäuschen in Stadel-Optik, sie haben stets drei Geschoße und sind für maximal sechs Personen ausgelegt. Im Obergeschoß befinden sich die Schlafräume, im mittleren der Wohnbereich mit Küche sowie ein Kinderschlafzimmer, die Interieurs zeigen sich in neoalpiner Modernität – feine, geölte Eichenholzböden inklusive. Im Untergeschoß warten Sauna, Dusche sowie heißer Badezuber auf einer kleinen Terrasse, so hat jedes Häuschen sein eigenes Private Spa, auch der Masseur kommt ins Haus. Auf dem Dach des Hauptgebäudes gibt es zudem einen 12 m langen, ganzjährig nutzbaren Außenpool in Infinity-Bauweise, der Ausblick ist herrlich. Das Frühstück wird ins Chalet gebracht, die restlichen Mahlzeiten auf Wunsch ebenso, alternativ kann man à la carte im Restaurant des Resorts speisen – oder selber kochen, eine Halbpension wird nicht mehr angeboten. Legeres „per Du"-Umfeld, beim Service sollte man aber noch nachbessern. Für Kinder gibt es einen urigen Spielstadel zum Entdecken und Austoben. Check-in ab 16 Uhr, Check-out bereits um 10 Uhr. Überdachte Parkplätze für alle. Hunde (nur sehr eingeschränkt) erlaubt. Null Liegen, 76 Betten.

Freibecken, Sauna, Massagen, Kosmetik.

HP ab € 210,–.

WELLNESS 11

Mallaun

Zentrale Ortslage an der B188 – Paznauntal

6553 See, Silvrettastraße 89, 05441-8217

WELLNESS 10

Post See ****

Ortslage an der B188 – Paznauntal

6553 See, Au 164, 05441-8219

WELLNESS 11

Zhero *****

Grünlage an der B188 Nähe Ischgl – Paznauntal

6555 Kappl, Wiese 687, 05445-61200

WELLNESS 10

Angela garni ****

Ortsrandlage an der B188 in Ischgl – Pazauntal

6561 Ischgl, Pasnatschweg 21, 05444-5170

WELLNESS 11

Brigitte ****S

Zentrale Ortslage in Ischgl – Paznauntal

6561 Ischgl, Oberer Kirchenweg 3, 05444-5646

WELLNESS 10

Eldorado ****

Zentrale Ortslage in Ischgl – Paznauntal

6561 Ischgl, Dorfstraße 41a, 05444-50070

WELLNESS 11

Elizabeth Arthotel *****

Grünlage am Ortsrand in Ischgl – Paznauntal

6561 Ischgl, Fimbabahnweg 4, 05444-5411

WELLNESS 12

Fliana ****S

Grünruhelage am Ortsrand in Ischgl – Paznauntal

6561 Ischgl, Fimbabahnweg 8, 05444-5543

WELLNESS 10

Madlein ****

Ortslage in Ischgl – Paznauntal

6561 Ischgl, Madleinweg 2, 05444-5226

WELLNESS 10

Piz Tasna ****S

Grünruhelage am Ortsrand in Ischgl – Paznauntal

6561 Ischgl, Stöckwaldweg 5, 05444-5277

WELLNESS 12

Post Ischgl ****S

Zentrale Ortslage in Ischgl – Paznauntal

6561 Ischgl, Dorfstraße 67, 05444-5232

WELLNESS 11

Salnerhof ****S

Zentrale Ortslage in Ischgl – Paznauntal

6561 Ischgl, Dorfstraße 98, 05444-5272-0

WELLNESS 10

Seiblishof ****

Zentrale Ortslage in Ischgl – Paznauntal

6561 Ischgl, Pasnatschweg 1, 05444-5425

WELLNESS 9

Tannenhof Ischgl ***S

Grünlage an der B188 bei Ischgl – Paznauntal

6561 Ischgl, Silvrettastraße 3, 05444-5472

WELLNESS 11

Tirol Ischgl ****

Zentrale Ortslage in Ischgl – Paznauntal

6561 Ischgl, Dorfstraße 77, 05444-5216

WELLNESS 10

Trofana ****

Zentrale Ortslage in Ischgl – Paznauntal

6561 Ischgl, Bachweg 14, 05444-601

WELLNESS 14

Trofana Royal *****S

Zentrale Ortslage in Ischgl – Paznauntal

6561 Ischgl, Dorfstraße 95

05444-600

Kinderfreundlich. Schlechthin die Fünfstern-superior-Renommieradresse von Ischgl, sie scheint auf betuchtes Wintersportpublikum aus Deutschland, Belgien und Russland wie ein Magnet zu wirken. Das Haus liegt auf etwa 1.380 m Seehöhe mitten im Ort, im Winter sind es ein paar Schritte zur Talstation der Silvretta-Seilbahn, dem direkten Anschluss an 44 weitere Skilifte und insgesamt 239 Pistenkilometer. Hinter stilisierter Alpenlandfassade bietet sie sehr gut ausgestattete Zimmer in 15 Kategorien (DZ von 28 bis 130 m^2), die meisten zeigen gediegen-ländliche Interieurs, die im Südflügel sind mit kontemporärem Chic gestaltet, alle haben Teppichböden, die meisten Balkon oder Terrasse, der Ausblick ist aber nicht selten recht bescheiden. Das nicht allzu große Spa bietet unter anderem sehr gute Massagen, acht Saunen (drei davon textil), einen Soleaußenwhirlpool und ein 16 m langes, ganzjährig nutzbares Freibecken, es liegt allerdings nachmittags im Schatten und ist zudem uncharmant in den Innenhof hineingezwängt, zudem von fünfgeschoßigen Logiergebäuden umringt. Sehr gute Küche – die Bewertung bezieht sich wie immer auf die Halbpension, nicht auf das À-la-carte-Restaurant „Paznaunerstube" des Herdvirtuosen Martin Sieberer –, fabelhafter Weinkeller, außerordentlich ambitionierte Getränkepreise, hauseigene Après-Ski-Bar. Viele freundliche Mitarbeiter, viele, viele Stammgäste. Täglich (So bis Fr) 7,5 Stunden Betreuung für Kinder ab drei Jahren (mit saisonalen Einschränkungen). Check-in ab 16 Uhr, Valet Parking, Gratisgarage für alle. 60 Liegen, 250 Betten.

Freibecken, Hallenbad, Sauna, Dampfbad, Massagen, Kosmetik, Fitnessstudio, Personal Trainer.

HP ab € 190,–.

WELLNESS 10

Almhof ****

Grünlage am Ortsrand in Galtür – Paznauntal

6563 Galtür, Wirl 4a, 05443-8253

WELLNESS 11

Ballunspitze Kinderhotel ****

An der B188-Ortsdurchfahrt in Galtür – Paznauntal

6563 Galtür, Nr. 20, 05443-8214

WELLNESS 9

Fluchthorn Alpenresort ****

An der B188-Ortsdurchfahrt in Galtür – Paznauntal

6563 Galtür, Platz 42, 05443-8202

WELLNESS 10

Luggi

An der B188-Ortsdurchfahrt in Galtür – Paznauntal

6563 Galtür, Winkl 23e

05443-8386

WELLNESSHOTEL JAGDHOF *****

Alles können, nichts müssen. Erleben Sie eine völlig neue Dimension der Symbiose aus Wellness, Sport und Kulinarik. In Ihrem Urlaubs-Zuhause. Dem Jagdhof.

*** Visualisierungen | Neu ab Dez. '21

www.jagdhof-roehrnbach.de
94133 Röhrnbach, Bayerischer Wald
Bayern, Deutschland
T. +49 8582 9159-4631

jaGDHOF ★★★★★ WELLNESSHOTEL

WELLNESS 10

Vaya ****
An der B188-Ortsdurchfahrt in Galtür – Paznauntal
6563 Galtür, Nr. 47b, 0720-229763

WELLNESS 11

Wirlerhof ****
Grünlage an der B188 am Ortsrand in Galtür – Paznauntal
6563 Galtür, Nr. 8, 05443-8231

WELLNESS 15

Gridlon ****
Grünruhelage am Ortsrand in Pettneu am Arlberg
6574 Pettneu, Garnen 36
05448-8208

Fernab vom Trubel: Ein sympathischer, sehr persönlich geführter Familienbetrieb in angenehm überschaubarer Größe, er liegt auf 1.222 m Seehöhe am Rande einer Tausendfünfhundert-Seelen-Gemeinde im Wohngebiet, nach St. Anton sind es knapp 10 Autominuten, ein Ski-Shuttle fährt im Viertelstundentakt. Das Ambiente steht in starkem Kontrast zur ältlichen Fassade, es ist nämlich so heimelig wie stilvoll und hochwertig anmutend. Tiroler Charme prägt auch die stark unterschiedlichen Zimmer (7 Kategorien, DZ von 25 bis 50 m^2), neben einigen recht einfachen werden mehrheitlich solche in wunderschönem neoalpinen Landhausstil mit Altholzvertäfelungen geboten, einige haben sogar Dampfbad und offenen Kamin. Das Spa ist nicht allzu groß, aber recht schön gestaltet, es bietet einen 12 m langen Innenpool in Kombination mit einem auch im Winter nutzbaren Außenpool, sehr gute Massagen sowie vier kleine Saunen. Die Küche ist ausgezeichnet, der Hausherr kocht selbst, er setzt auf regionale Produkte und hochwertige Zutaten. Im Winter ist eine Nachmittagsjause im Preis inkludiert, im Sommer zusätzlich ein Light Lunch sowie Tee, Kaffee und alkoholfreie Getränke zu den Mahlzeiten. Schöne Terrasse, stimmungsvolle Stuben, wunderbares Käsebuffet. Präsente und hilfsbereite Gastgeber, viele freundliche und zuvorkommende Mitarbeiter. Im Winter wird nahe der Talstation der Galzigbahn in St. Anton ein kostenfreies Ski- und Schuhdepot geboten. Sehr gutes Preis-Leistungs-Verhältnis – stünde das Haus in Lech oder Zürs, wären die Preise wohl dreimal so hoch! Für Kinder eher ungeeignet. Hunde erlaubt. 34 Liegen, 100 Betten.

Freibecken, Hallenbad, Sauna, Dampfbad, Massagen, Kosmetik, Fitnessgeräte. 18-Loch-Parcours in 39 km. Tennisplatz.

HP ab € 115,–.

WELLNESS 11

Alpenhotel St. Christoph ****
Grünruhelage mit Fernblick in St. Christoph am Arlberg
6580 St. Anton, St. Christoph 34, 05446-3666

WELLNESS 11

Alte Post St. Anton ****S
Zentrumslage in St. Anton am Arlberg
6580 St. Anton, Dorfstraße 11, 05446-2553-0

WELLNESS 10

Anthony's Life & Style ****
Zentrumslage in St. Anton am Arlberg
6580 St. Anton, Dorfstraße 3, 05446-42600

WELLNESS 11

Anton Aparthotel garni ****
Ortslage in St. Anton am Arlberg
6580 St. Anton, Kandaharweg 4, 05446-2408

WELLNESS 11

Arlberg Hospiz *****
Grünlage in St. Christoph am Arlberg
6580 St. Anton, St. Christoph 1, 05446-2611-0

WELLNESS 12

Arlmont ****S
Grünruhelage am Ortsrand in St. Anton am Arlberg
6580 St. Anton, Am alten Hof 1, 05446-42525

WELLNESS 11

Banyan garni ****
Zentrumslage in St. Anton am Arlberg
6580 St. Anton, Dorfstraße 55, 05446-30361

WELLNESS 11

Galzig Skihotel garni ****
Ortslage in St. Anton am Arlberg
6580 St. Anton, Hannes-Schneider-Weg 5, 05446-42770

WELLNESS 10

Grieshof ****
Ortslage in St. Anton am Arlberg
6580 St. Anton, Im Gries 20, 05446-2331

WELLNESS 11

Grischuna garni
Ortslage in St. Anton am Arlberg
6580 St. Anton, Gastigweg 32, 05446-2304

WELLNESS 11

Lux Alpinae ****
Ortsrandlage an der B197 in St. Anton am Arlberg
6580 St. Anton, Arlbergstraße 41, 05446-30108

WELLNESS 11

Maiensee ****
Grünruhelage in St. Christoph am Arlberg

6580 St. Anton, St. Christoph 24, 05446-2804

WELLNESS 11

Post St. Anton ****
Zentrumslage in St. Anton am Arlberg

6580 St. Anton, Walter-Schuler-Weg 2, 05446-2213-0

WELLNESS 11

Raffl's St. Antoner Hof *****
Zentrale Ortslage an der B197 in St. Anton am Arlberg

6580 St. Anton, Arlbergstraße 69, 05446-2910

WELLNESS 10

Rundeck garni ****
Zentrumslage an der B197 in St. Anton am Arlberg

6580 St. Anton, Arlbergstraße 59, 05446-3133

WELLNESS 12

Schwarzer Adler St. Anton ****S
Zentrumslage in St. Anton am Arlberg

6580 St. Anton, Dorfstraße 35, 05446-2244-0

WELLNESS 16

Tannenhof St. Anton *****S
Grünruhelage am Ortsrand in St. Anton am Arlberg

6580 St. Anton, Nassereinerstraße 98
05446-30311

Hundefreundlich. Hideaway, und was für eines! Ein Luxushotel im Miniformat, es besteht aus nur sieben Suiten und liegt auf 1.350 Seehöhe etwas erhöht über dem Ort, wodurch man einen herrlichen Ausblick ins Tal genießen kann. Im Winter sind es 800 m zur Talstation der Nasserein-Seilbahn, dem direkten Anschluss an 87 weitere Skilifte und insgesamt 305 Pistenkilometer – Skipass, Limousine und Chauffeur für Fahrten innerorts und im gesamten Arlberggebiet sind inkludiert. Das von stilsicherer Hand gestaltete Ambiente begeistert, und die Zimmer (80 oder 200 m^2) erfreuen das Auge. Alle haben feine Eichenholzböden, offenen Kamin, Betten in Überlänge, handgefertigte Kopfkissen, wunderbare Bettwäsche und eine inkludierte Minibar – ein rund um die Uhr erreichbarer Personal Assistant kann zusätzlich gebucht werden. Das Spa verfügt über einen Whirlpool, einen 15 m langen Innenpool sowie drei Saunen. Restaurantterrasse mit traumhaftem Ausblick in die Berge, großartiges Frühstück, ausgezeichnete Küche bei feiner Tischkultur, Mittagessen (Menü oder à la carte), Afternoon Tea, alkoholfreie Getränke, Tee und Kaffee sind im Zimmerpreis enthalten. Auch das Service ist so, wie man es bei fünfeinhalb Sternen eigentlich erwarten dürfte, heute anderswo allerdings nur noch selten findet: zuvorkommend, perfekt und dabei erstaunlich unverkrampft und charmant. Internationales Publikum, ungeeignet für Kinder. Kein Schnäppchen, aber good value for the money. Anmerkung: Das Hotel war im Beobachtungszeitraum geschlossen, somit konnte kein Hoteltest durchgeführt werden, es gilt die Bewertung aus dem Vorjahr. 4 Liegen, 16 Betten.

Hallenbad, Außensauna, Sauna, Dampfbad, Massagen, Kosmetik, Fitnessgeräte, Personal Trainer.

NF ab € 620,–.

WELLNESS 11

Valluga ****
Zentrale Ortslage an der B197 in St. Anton am Arlberg

6580 St. Anton, Arlbergstraße 79, 05446-3263

WELLNESS 10

Zum Mohren ****
Zentrumslage in Reutte

6600 Reutte, Untermarkt 26, 05672-62345

WELLNESS 10

Moserhof Reutte ****
Grünlage am Ortsrand in Reutte

6600 Reutte-Breitenwang, Planseestraße 44, 05672-62020

WELLNESS 9

Maximilian ***
Grünlage am Ortsrand in Reutte

6600 Reutte-Ehenbichl, Reuttener Straße 1, 05672-62585

WELLNESS 10

Lechlife Naturhotel ****
Grünruhelage am Ortsrand in Wängle – Nähe Reutte

6610 Wängle, Holz 1a, 05672-64234

WELLNESS 9

Talhof ****
Grünruhelage am Ortsrand in Wängle – Nähe Reutte

6610 Wängle, Holz 8, 05672-62280-0

WELLNESS 11

Fischer am See ****
Grünruhelage am Heiterwanger See – Nähe Reutte

6611 Heiterwang, Fischer am See 1, 05674-5116

WELLNESS 11

Kaiserhof Familotel ****
Grünruhelage am Ortsrand in Berwang – Nähe Reutte

6622 Berwang, Nr. 78, 05674-8285

WELLNESS 15

Singer ****S

Grünlage an der Dorfstraße in Berwang – Nähe Reutte

6622 Berwang, Nr. 52

05674-8181

Familienfreundlich. Charaktervoll, und das seit 1928: Ein sympathischer Familienbetrieb von ebensolcher Größe, er liegt auf 1.340 m Seehöhe am Ortsrand, im Winter ist man hier buchstäblich mitten auf der Piste und unweit der Talstation der Sonnalmbergbahn, dem direkten Anschluss an 36 Pistenkilometer. Das Haus begrüßt mit einem wogenden Blumenmeer auf den Balkonen, inwendig mit einer wunderbar nostalgisch anmutenden Lobby, die jedem 1960er-Heimatfilm zur Ehre gereichen würde. Zimmer wählt man aus 14 Kategorien (DZ von 22 bis 75 m^2), die meisten haben Teppichböden, fast alle heimelig-gediegene Interieurs aus heimischem Vollholz. Unser Favorit ist jedenfalls die Juniorsuite Grubig-Panorama, sie ist hell und einnehmend gestaltet und hat zudem nette Extras wie freistehende Badewanne und Terrasse mit heißem Badezuber. Das Spa befindet sich in einem eigenen Gebäude, das über einen unter der Dorfstraße geführten Gang zu erreichen ist und auch über einen schönen Garten verfügt. Dazu gehören unter anderem ein einladender Saunabereich mit drei Saunen, Ruhezonen mit offenem Kamin sowie ein knapp 12 m langer, ganzjährig nutzbarer Außenpool. Aktivprogramm, auch Yoga, Meditation und geführte Wanderungen. Schöne Frühstücksterrasse mit Morgensonne (die Straße hört man allerdings), sehr gute bis ausgezeichnete Küche bei feiner Tischkultur, ebensolche Auswahl an – auch offenen – Weinen. Präsente Gastgeber, den freundlichen und hilfsbereiten Mitarbeitern verzeiht man gerne das ein oder andere Missgeschick. Viele Stammgäste, zahlreich kommen sie auch aus Frankreich. Turn-down-Service, das Spa kann am Abreisetag ganztägig ohne Aufpreis genutzt werden. Garage gegen 14 Euro im Sommer und 16 Euro im Winter. 50 Liegen, 160 Betten.

Freibecken, Hallenbad, Sauna, Dampfbad, Massagen, Kosmetik, Fitnessgeräte, Personal Trainer. 9-Loch-Parcours in 15 km, 20 % Greenfee-Rabatt.

HP ab € 155,–.

WELLNESS 12

Alpenrose Kinderhotel ****S

Zentrumsnähe in Lermoos – Nähe Ehrwald

6631 Lermoos, Danielstraße 3

05673-2424

WELLNESS 9

Lärchenhof Lermoos ****

An der Hauptstraße in Lermoos – Nähe Ehrwald

6631 Lermoos, Gries 16, 05673-2197

WELLNESS 14

Mohr Life Resort ****S

Grünlage mit Fernblick am Ortsrand – Nähe Ehrwald

6631 Lermoos, Innsbrucker Straße 40, 05673-2362

Familienfreundlich. Ein optisch betulich auf Lifestyle getrimmtes Haus in bester Panoramalage, mit freiem Ausblick auf die Zugspitze nämlich, es liegt auf 1.004 m Seehöhe, im Winter sind es nur ein paar gute Schritte zur Talstation Hochmoosexpress, dem Anschluss an sieben weitere Lifte und 27 Pistenkilometer. Die öffentlichen Räume sind sozusagen effekthaschend gestaltet und haben dadurch einen eigenen Charme, Zimmer gibt es in 20 stark unterschiedlichen Kategorien (DZ von 24 bis 124 m^2), sie tragen ungewöhnliche Namen wie Ranch, Sun Valley oder Adlerhorst und sind zumeist sehr extravagant arrangiert. Seit kurzem gibt es zudem die Möglichkeit, in der fünf Autominuten vom Hotel entfernten Dependance Mohr Backstage zu übernachten: Drei Penthouse-Wohnungen im Stil einer typischen Mountain Lodge bieten für zwei bis sechs Personen Platz, sie haben Klimaanlage und Whirlpool, teilweise auch private Sauna und offenen Kamin. Das Spa ist auf drei Bereiche verteilt, es bietet unter anderem eine Adults-only-Zone mit einem auch im Winter nutzbaren Außenpool mit allerlei Licht- und Klanginstallationen, einen schönen, 16 m langen Innenpool, sieben Saunen (zwei davon textil) und unglaublich phantasievoll gestaltete Ruhezonen, die fürs Auge freilich nur bedingt beruhigend wirken. Täglich (außer So) Aktivprogramm, auch Yoga und geführte Wanderungen, großzügiges Fitnessstudio. Fabelhafte Restaurantterrasse, Light Lunch und Nachmittagsjause sind im Preis enthalten, bei Küche und Service gibt es noch deutlich Luft nach oben. Hunde erlaubt. 133 Liegen, 195 Betten.

Freibecken, Solefreibecken, Hallenbad, Kinderhallenbad, Außensauna, Sauna, Dampfbad, Massagen, Kosmetik, Ayurveda, Fitnessgeräte, Personal Trainer. 9-Loch-Parcours in 3 km.

HP ab € 142,–.

WELLNESS 17

Post Lermoos ****S

Zentrumslage in Lermoos – Nähe Ehrwald

6631 Lermoos, Kirchplatz 6, 05673-2281-0

Logenplatz mit Zugspitzblick: Ein schöner Familienbetrieb mit Charme und Tradition, er liegt auf

Post Lermoos

1.009 m Seehöhe neben dem Kirchlein des Dorfes und zeigt sich fürs Auge als das ziemlich genaue Gegenteil vom postmodernen Alpin-Chic des zuvor kommentierten Mohr Life Resort, ist aber ebenso wie dieses ein Logenplatz mit freiem Ausblick auf das Zugspitzmassiv. Das Hotel besteht aus dem Stammhaus mit 60 Suiten und zwei Dependancen („Postschlössel“, „Gartenhaus“), die einige Schritte entfernt liegen. Alles fühlt sich sauber und gemütlich an, genüsslich zelebriert das Ambiente heimelige Edelländlichkeit tirolerischer Prägung – jenseits aller modischen Verrenkungen –, was auch für die Zimmer (10 Kategorien, DZ von 42 bis 127 m^2) gilt. Alle sind blitzsauber, sie haben Teppichböden und sind wunderbar großzügig geschnitten, aus jenen, die nicht an der Straßenseite liegen (das sind die meisten), genießt man das für das Haus so typische herrliche Panorama, das übrigens auch im Spa zu haben ist. Auch dieses zeigt sich so alpenländisch-elegant wie gemütlich, es verfügt zusätzlich über einen Adults-only-Bereich. Dazu gehören unter anderem neun Saunen (zwei davon textil), offene Kamine in Hallenbad und Ruheraum, zwei auch im Winter nutzbare Außenpools (9 und 10 m lang), eine feine Außensauna aus Altholz und sehr gute Massagen. Täglich gibt es ein kleines Aktivprogramm, auch Meditation, Yoga und Pilates, E-Bikes gibt es zur Gratisleihe. Ausgesprochen freundliche Mitarbeiter, präsente – und sehr charmante – Gastgeberin. Fabelhafte Restaurantterrasse, herrliches Frühstücksbuffet, sehr gute Küche bei feiner Tischkultur – Fleisch, Eier und Milch kommen aus der eigenen Landwirtschaft –, ein Light Lunch ist ebenso wie eine süße Jause im Preis inkludiert. Großartige Weinkarte mit kompetenter Beratung, stimmungsvolle Bar. Auch Angebote für Jäger – großes hoteleigenes Revier. Eher ungeeignet für Kinder. Hunde erlaubt. 84 Liegen, 226 Betten.

Freibecken, Solefreibecken, Hallenbad, Außensauna, Sauna, Dampfbad, Massagen, Kosmetik, Ayurveda, Fitnessgeräte, Personal Trainer. 9-Loch-Parcours in 2 km, 30 % Greenfee-Rabatt.

HP ab € 210,–.

WELLNESS 10

Unser Loisach

Zentral an der B187 in Lermoos – Nähe Ehrwald

6631 Lermoos, Unterdorf 6, 05673-2394

WELLNESS 10

Alpenhof Ehrwald ****

Grünruhelage am Ortsrand in Ehrwald

6632 Ehrwald, Alpenhofstraße 13, 05673-2345

WELLNESS 10

Der Grüne Baum ***

Zentrale Ortslage in Ehrwald

6632 Ehrwald, Innsbrucker Straße 2, 05673-2302

WELLNESS 11

Sonnenspitze ****

Ruhige Zentrumslage in Ehrwald

6632 Ehrwald, Kirchplatz 14
05673-2208-0

WELLNESS 14

Spielmann Romantik-Hotel ****

Grünruhelage am Ortsrand in Ehrwald

6632 Ehrwald, Wettersteinstraße 24
05673-2225

Hundefreundlich. Schmuckes Haus: Ein entzückender Familienbetrieb in angenehmer Größe, er liegt auf 994 m Seehöhe ruhig am Ortsrand und ist von Wiesen umgeben, im Winter ist man hier ganz nahe beim Sonnenhang-Sessellift, dem Einstieg in 23 Pistenkilometer. Rot-weiß-rote Fensterläden sowie blumengeschmückte und efeuumrankte Fassaden begrüßen bei der Anreise, im Inneren erfreuen heimeliger Stil und eine rundum gemütliche Atmosphäre. Zimmer gibt es in 11 Kategorien (DZ von 20 bis 65 m^2), sie sind in urig-rustikaler oder kontemporärer Ländlichkeit recht wohnlich arrangiert, haben Vollholzmöbel, Holz- oder Teppichböden sowie stets Balkon – belebender Ausblick auf das Wettersteingebirge mit dem Zugspitzegipfel inklusive. Das Spa bietet unter anderem fünf Saunen (eine davon textil), einen knapp 10 m langen, auch im Winter nutzbaren Außenpool, wohltuend atmosphärisch gestaltete Ruhezonen, ausgezeichnete Massagen sowie einen schönen Garten mit Liegewiese. Fabelhafte Terrasse mit Abendsonne, urgemütliche Stuben, gute Küche, sie favorisiert Zutaten von Bauern aus der Region, stimmungsvolle Bar. Familiäres, freundliches Umfeld. Wanderwege ohne Zahl, breites Service für Biker (Bike-Garage, Bike-Waschplatz, Tourenkarten etc.). Garage gegen 7 Euro pro Tag im Sommer, 15 Euro im Winter. 56 Liegen, 100 Betten.

Freibecken, Hallenbad, Sauna, Dampfbad, Massagen, Kosmetik, Fitnessgeräte. 9-Loch-Parcours in 3 km, 20 % Greenfee-Rabatt.

HP ab € 122,–.

WELLNESS 9

Stern Ehrwald ***

Zentrumslage in Ehrwald

6632 Ehrwald, Innsbrucker Straße 8, 05673-2287-0

WELLNESS 10

Tirolerhof Ehrwald ****

Ruhelage am Ortsrand in Ehrwald

6632 Ehrwald, Reinhard-Spielmann-Straße 16

05673-2308

WELLNESS 11

Zugspitz Resort ****S

Grünruhelage außerhalb von Ehrwald

6632 Ehrwald, Obermoos 1, 05673-2309

WELLNESS 13

LaPosch – Dein Bergaway

Grünruhelage am Ortsrand – Nähe Lermoos

6633 Biberwier, Schmitte 12

05673-21021

Adults only (ab 15). Ein familiengeführtes Chaletdörfchen, es liegt nicht wie etwa die Pendants Seinerzeit und Priesteregg in völliger Abgeschiedenheit, sondern am Ortsrand neben einem Campingplatz, die Blickidylle wird zudem durch sehr nahe Hochspannungsleitungen etwas beeinträchtigt. Das kleine Resort besteht aus 16 Chalets, die in fünf Kategorien (85 bis 130 m^2) buchbar sind und bis zu sieben Personen Platz bieten, zumeist aber recht dicht aneinander gebaut sind. Innen sind sie so heimelig wie schön gestaltet, haben alle eine Sauna, manche auch einen Whirlpool auf der Terrasse, zwei verfügen zudem über einen eigenen kleinen Außenpool. Auch eine Küche steht in jedem Häuschen zur Verfügung, sie ist mit allem Notwendigen ausgestattet, das W-Lan ist schnell. Einen separaten Wellnessbereich gibt es nicht, geboten werden aber ein Naturschwimmteich – laut Werbung ein 1.500 m^2 großer „Kristallsee", der in Wirklichkeit leider deutlich kleiner ist – sowie Massagen und Yogastunden. Das Frühstück kommt in einem Korb, der zur vereinbarten Zeit vor die Chalettür gestellt wird, abends kann man entweder im resorteigenen Restaurant speisen oder sich von diesem das Essen im Chalet servieren lassen, sofern man sich nicht selbst versorgt. Über die Küchenqualität können wir mangels coronabedingtem Nur-kurz-Besuch diesmal leider kein Urteil abgeben, eine süße Nachmittagsjause ist inkludiert. Sehr freundliches Team, präsente Gastgeber, nettes Umfeld. 60 Betten.

Naturbadeteich, Sauna, Massagen.

NF ab € 190,–.

WELLNESS 11

My Tirol

Grünlage am Ortsrand Nähe Lermoos

6633 Biberwier, Fernpassstraße 71-72, 05673-22565

WELLNESS 11

Alpenrose ****S

An der B198 in Elbigenalp – Lechtal

6652 Elbigenalp, Unterelbigen 21

05634-6651

WELLNESS 10

Stern Elbigenalp ****

Ortsruhelage in Elbigenalp – Lechtal

6652 Elbigenalp, Nr. 7

05634-6202

WELLNESS 10

Neue Post Holzgau ***

Ortslage an der B198 – Lechtal

6654 Holzgau, Nr. 47

05633-5204

WELLNESS 12

Laterndl Hof ****S

Grünlage an der B199 – Tannheimer Tal

6672 Haller, Nr. 16

05675-8267

WELLNESS 15

Haldensee ****

Grünruhelage am Haldensee – Tannheimer Tal

6672 Nesselwängle, Haller 27

05675-20727

Adults only (ab 16). In herrlicher Lage am Seeufer: Ein familiengeführtes Hotel in netter Größe, es wurde vor drei Jahren eröffnet, liegt auf 1.125 m Seehöhe am Ufer des Haldensees und damit ein paar gute Schritte von der Bundesstraße entfernt. Von dieser bekommt man kaum etwas mit, befinden sich doch alle Zimmer sowie Restaurant und Wellnessbereich auf der straßenabgewandten Seite. Hinter modernen Fassaden empfängt ein reduziertes und zeitgemäßes Ambiente, Zimmer sind aus acht Kategorien (DZ von 34 bis 49 m^2) wählbar. Sie haben neoalpine Interieurs, Holzböden sowie Loggia oder Terrasse, die Variante Bergluft Glück eine 130 m^2 große Dachterrasse, der Ausblick ist wunderschön. Das Spa ist nur Hotelgästen zugänglich, es bietet drei Saunen, eine 22 m lange Kombination aus Außen- und Innenpool, einen wohlig warmen Whirlpool im Freien, dazu Liegewiese und natürlich den direkten Zugang zum eiskalten See, der übrigens im Winter meistens zufriert – Neoprenanzüge und SUP-Boards gibt es zur Gratisleihe. Aktivprogramm, auch Yoga und Pilates. Große Restaurantterrasse mit Ausblick sowie Morgen- und Abendsonne, reichhaltiges Frühstücksbuffet, schöne Weinkarte mit fairen Preisen, Light Lunch und Nachmittags-

jause – reichlich, das – sind inkludiert. Präsente Gastgeberin, viele freundliche Mitarbeiter, beim Service gibt es aber noch etwas Luft nach oben. Check-out um 10.30 Uhr. Laufstrecken und Wanderwege ohne Zahl, im Winter beginnen Loipen vor der Haustür. Gratisgarage für alle. Hunde erlaubt. 81 Liegen, 120 Betten.

Freibecken, Hallenbad, Sauna, Dampfbad, Massagen, Kosmetik, Fitnessgeräte. Leihfahrräder gratis.

HP ab € 142,–.

WELLNESS 12

Via Salina ****

Grünlage am Haldensee – Tannheimer Tal

6672 Nesselwängle, Haller 11

05675-201040

WELLNESS 15

Bergblick Grän ****S

Grünruhelage am Ortsrand in Grän – Tannheimer Tal

6673 Grän, Am Lumberg 20

05675-6396

Ein grundsolider Familienbetrieb in angenehmer Größe, er liegt auf 1.100 m Seehöhe wunderschön und etwas erhöht am Ortsrand, Durchzugsverkehr gibt es keinen, und der Ausblick ist genauso, wie es der Name erwarten lässt. Im Winter sind es kaum drei Autominuten zur Talstation der Sonnenbergbahnen zum Füssener Jöchle mit insgesamt rund 10 Pistenkilometern, ein kostenloser Skibus hält vor dem Haus. Nach einer im Vorjahr erst weit nach unserem Redaktionsschluss erfolgten, großangelegten Modernisierung zeigen sich die öffentlichen Räume nun in sehr gemütlicher Ländlichkeit, die wohltuend ohne effekthaschende Akzente auskommt. Das Ambiente präsentiert zudem sozusagen viel Zeit – eine eindrucksvolle Sammlung historischer Uhren nämlich, die einer Leidenschaft des Gastgebers geschuldet ist. Eine weitere Besonderheit ist der „Salon", hier findet man Billardtisch sowie Brettspieltische für Mühle und Schach. Die Zimmer (DZ von 30 bis 90 m²) sind zeitgemäß gestaltet und aus zehn Kategorien wählbar, mit Ausnahme der günstigen Variante haben alle Balkon, die meisten zudem Holzboden. Ganz neu sind fünf feine Suiten, die größte befindet sich unter dem Dach. Der bislang höchst bescheidene Wellnessbereich wurde im Zuge des Umbaus deutlich erweitert, schade nur, dass die Ruhezonen auch weiterhin etwas unterdimensioniert sind. Unter anderem gibt es nun vier Saunen, Yogaraum, Innenpool und ein mit ihm verbundenes 17 m langes, auch im Winter nutzbares Freibecken mit dem für das Haus so typischen Ausblick. Fabelhafte Terrasse mit Abendsonne, reichhaltiges Frühstücksbuffet, gute Küche bei netter Tischkultur, sie bietet auch Veganes und Vegetarisches, ein kleiner Nachmittagsimbiss ist inkludiert. Freundliche Mitarbeiter, stimmungsvolle Bar. Ringsum Wanderwege ohne Zahl. Hunde erlaubt. 44 Liegen, 105 Betten.

Freibecken, Hallenbad, Sauna, Dampfbad, Massagen, Kosmetik, Fitnessgeräte.

HP ab € 125,–.

WELLNESS 18

Engel ****S

Ruhige Ortslage in Grän – Tannheimer Tal

6673 Grän, Dorfstraße 35

05675-6423

Familienfreundlich. Gutes Haus mit ebensolchem Marketing: Ein Familienbetrieb par excellence – gleich sechs Familienmitglieder packen hier tüchtig mit an –, er liegt auf 1.100 m Seehöhe, besteht aus dem Haupthaus sowie einer ein paar Schritte entfernten, kleinen Dependance und ist nach zahlreichen Erweiterungen doch etwas groß und unübersichtlich geworden, vermag es aber dennoch, ein hohes Maß an Wohlfühlflair zu bieten. Das Ambiente ist – wie die Werbung – allerdings betulich auf Zeitgeistigkeit getrimmt, alles verströmt romantisierende, betont urige Wärme, wobei mit effekthaschenden „Hinguckern" nicht unbedingt gespart wurde. Stark unterschiedliche Zimmer stehen in nicht weniger als 28 Varianten (DZ von 33 bis 95 m²) zur Auswahl, sie zeigen sich zumeist in charmant-heimeliger Wohnlichkeit und sind auch mit Holzböden und offenem Kamin zu haben, das W-Lan ist schnell. Das Spa wurde vor kurzem neuerlich vergrößert, seither bietet auch der Wellnessbereich einen Hingucker, und was für einen! Ein geradezu sensationell gestaltetes Badehaus, dessen Name, Pure Organic, Programm ist: Alles fühlt sich wunderbar organisch und echt an. Unter anderem geboten werden neun Saunen (zwei davon textil), ein knapp 18 m langer, auch im Winter nutzbarer Außenpool, wunderschöne Ruhezonen, ein nicht allzu großer Garten mit Badeteich sowie ein Eventdampfbad und eine Eventsauna für 30 Personen, na ja. Umfangreiches Aktivprogramm, auch Meditation, Pilates und geführte Wanderungen. Fabelhafte Restaurantterrasse, Frühstücksbuffet von einnehmender Qualität, kompetente Weinberatung, gute bis sehr gute Küche, Light Lunch (sehr reichlich, das) und Nachmittagsjause sind inkludiert. Omnipräsente Gastgeber, zahlreiche freundliche Mitarbeiter, außerordentlich hoher Anteil an Stammgästen. Und alle lieben das Animations-Faktotum des

Engel

Hauses: Poldi. Er unternimmt mit ihnen Ausflüge, spielt Karten und Ziehharmonika, erzählt Witze und tröstet gekränkte Seelen. Tanzabende, Valet Parking, Gratisgarage für Suitengäste. Kinderbetreuung zu Ferienzeiten. Hunde erlaubt. 146 Liegen, 230 Betten.

Naturbadeteich, Freibecken, Hallenbad, Sauna, Dampfbad, Massagen, Kosmetik, Ayurveda, Fitnessstudio, Personal Trainer.

HP ab € 150,–.

WELLNESS 12

Liebes Rot-Flüh

Grünlage am Ortsrand in Grän – Tannheimer Tal

6673 Grän, Seestraße 26, 05675-6431

WELLNESS 11

Lumberger Hof ****

Ortslage in Grän am Haldensee – Tannheimer Tal

6673 Grän, Am Lumberg 1, 05675-6392

WELLNESS 11

Sonnenhof Grän ****

Grünruhelage am Ortsrand in Grän – Tannheimer Tal

6673 Grän, Füssner-Jöchle-Straße 5, 05675-6375

WELLNESS 11

Told Almhotel ***s

Grünlage am Ortsrand in Grän – Tannheimer Tal

6673 Grän, Engetalstraße 1, 05675-6294

WELLNESS 12

Tyrol am Haldensee ****

Ortslage in Grän am Haldensee – Tannheimer Tal

6673 Haldensee, Seestraße 24, 05675-6245

WELLNESS 14

Hohenfels Genießerhotel ****

Grünlage am Ortsrand – Tannheimer Tal

6675 Tannheim, Kreuzgasse 8
05675-6286

Ein gemütlicher Familienbetrieb von angenehm überschaubarer Größe, er liegt auf 1.100 m Seehöhe auf einer kleinen Anhöhe außerhalb des Orts, im Winter ist man hier von der Talstation der Neunerköpfle-Gondelbahn, dem Anschluss an fünf weitere Lifte und insgesamt knapp 20 Pistenkilometer, nur einen Steinwurf entfernt, ein kleiner Kinderskihang befindet sich fast direkt am Haus. Das Ambiente zeigt heimelige Ländlichkeit in unterschiedlichen Reifestadien, was auch für die Zimmer gilt. Sie sind aus fünf Varianten (DZ von 30 bis 55 m^2) wählbar, alle haben Balkon und helle Vollholzmöbel, einige auch Holzböden. Das Spa ist exklusiv für Hotelgäste, es fokussiert auf das Wesentliche, nämlich Liegewiese mit belebendem Ausblick, Außensauna und einen auch im Winter nutzbaren, 15 m langen Außenpool, es gibt drei „echte" Saunen und sehr gute Massagen. Fabelhafte Restaurantterrasse mit Morgen- und Abendsonne, sehr gute Küche – die Bewertung gilt wie immer der Halbpension und nicht dem À-la-carte-Restaurant Tannheimer Stube – sie setzt auf saisonale Zutaten aus der Region, Light Lunch und Nachmittagsjause mit alkoholfreien Getränken, Tee und Kaffee sind im Preis enthalten. Präsente Gastgeber, viele freundliche und langjährige Mitarbeiter. Schneeschuhe gibt es zur Gratisleihe, im Winter steigt man vor der Haustüre direkt in das Loipennetz ein. Ungeeignet für Kinder. Hunde erlaubt. 23 Liegen, 86 Betten.

Freibecken, Außensauna, Sauna, Dampfbad, Massagen, Kosmetik.

HP ab € 150,–.

WELLNESS 15

Jungbrunn – Der Gutzeitort

Grünruhelage am Ortsrand – Tannheimer Tal

6675 Tannheim, Oberhöfen 25, 05675-6248

Ein familiengeführter Marketingkünstler, er liegt auf 1.100 m Seehöhe ruhig und etwas erhöht über dem Ort, im Winter, bei entsprechender Schneelage, ist man hier buchstäblich mitten auf der Piste und unweit der Talstation der Neunerköpfle-Gondelbahn, des Anschlusses an neun weitere Lifte und insgesamt knapp 20 Pistenkilometer. Das Haus nennt sich neuerdings Gutzeitort, zu den besonderen Kennzeichen zählen Mut zur Überdekoration, labyrinthische, durch zahllose Anbauten entstandene Grundrisse, externe Gäste in Spa und Restaurants sowie ein mit 8.000 m^2 beworbener Wellnessbereich, der indoor in Sachen Pools, Saunen und Ruhezonen aber nur ziemlich durchschnittlich daherkommt. Zimmer gibt es in 13 stark unterschiedlichen Varianten (DZ von 18 bis 97 m^2), winzige, angejahrte und biedere mit Teppichböden findet man ebenso wie Wohnträume mit feinen Holzböden und offenem Kamin. Das Spa offeriert unter anderem acht Saunen, ein 20 m langes, auch im Winter nutzbares Außenbecken, einen Garten mit feiner Außensauna und Badeteich, eine bestens ausgestattete Fitnesszone sowie sehr gute Massagen. Langschläferfrühstück bis 12 Uhr mittags, gute bis sehr gute Küche, Light Lunch und Nachmittagsjause sind im Preis inkludiert (auch am Abreisetag, die ganztägige Spa-Nutzung ebenso). Viele freundliche Mitarbeiter, so manchem stünden aber ein wenig mehr Herzlichkeit und Professionalität nicht schlecht. Garage gegen 10 Euro pro Tag. Ungeeignet für Kinder, Hunde erlaubt. 130 Liegen, 230 Betten.

Naturbadeteich, Freibecken, Solefreibecken, Hallenbad, Außensauna, Dampfbad, Massagen, Kosmetik, Ayurveda, Fitnessstudio, Personal Trainer. Tennishalle, Tennisplatz.

HP ab € 180,–.

WELLNESS 10

Sägerhof ****
Ruhige Ortslage in Tannheim – Tannheimer Tal

6675 Tannheim, Geist 43, 05675-6239-0

WELLNESS 11

Schwarzer Adler Tannheim ****
Ruhige Ortslage in Tannheim – Tannheimer Tal

6675 Tannheim, St. Nikolaus 1, 05675-6204

WELLNESS 10

Zum Ritter ****
Zentrale Ortslage in Tannheim – Tannheimer Tal

6675 Tannheim, Unterhöfen 44, 05675-6219-0

WELLNESS 14

Rehbach Natur- & Ruhehotel
Naturlage mit Fernblick bei Grän – Tannheimer Tal

6677 Schattwald, Rehbach 1
05675-6694

Adults only (ab 14). Vor wenigen Jahren noch ein Berggasthof und beliebtes Ziel für Ausflügler, heute ein familiengeführtes Kleinod für Erwachsene, abgeschieden am Rande des Tannheimer Tales liegt es ruhevoll inmitten der Natur, der Ausblick ist herrlich, im Winter steigt man hier direkt in das Loipennetz des Tales ein. Vor kurzem wurde das Haus, in dem man großen Wert auf nachhaltiges Wirtschaften legt und sogar über eine eigene Kläranlage verfügt, modernisiert und großzügig erweitert, die Zimmer (11 Kategorien, DZ von 29 bis 58 m^2) sind mehrheitlich nahezu neuwertig und verströmen gefällige alpine Modernität, fast alle haben Holzböden und bodentiefe Fenster, alle Balkon. Der Wellnessbereich ist auch nach dem Umbau nicht allzu groß geraten, jedoch schön gestaltet, unter anderem geboten werden vier Saunen, sehr gute Massagen, Liegewiese und ein schmaler, aber gut schwimmbarer Außenpool von knapp 17 m Länge. Fabelhafte Restaurantterrasse, reichhaltiges Frühstücksbuffet, gute bis sehr gute Küche, eine Nachmittagsjause ist inkludiert. Viele freundliche Mitarbeiter, präsente Gastgeber. Klitzekleiner Wermutstropfen: Mitunter viele Tagesgäste im Restaurant, das hätten wir für ein „Ruhehotel", wie sich das Haus im Namenszusatz tituliert, nicht erwartet. 20 Liegen, 90 Betten.

Freibecken, Sauna, Dampfbad, Massagen, Fitnessgeräte.

HP ab € 144,–.

WELLNESS 11

Bergzeit Natur- & Biohotel
Grünlage am Ortsrand – Tannheimer Tal

6677 Zöblen, Katzensteig 48, 05675-20704

WELLNESS 12

Dolomitengolf ****S
Grünruhelage am Ortsrand bei Lienz – Osttirol

9900 Lavant, Am Golfplatz 1, 04852-61122

WELLNESS 14

Grandhotel Lienz *****
Zentrumsnahe Ruhelage in Lienz – Osttirol

9900 Lienz, Fanny-Wibmer-Pedit-Straße 2
04852-64070

Hundefreundlich. Ein inhabergeführtes Neo-Grandhotel, es liegt auf 673 m Seehöhe ruhig unweit des Bahnhofs der Stadt, direkt am Ufer der Isel, kurz vor deren Einmündung in die Drau. Das Ambiente empfängt stilistisch absolut konsistent, fein und leise, zudem einnehmend konservativ, das ist für uns Tester nach all dem aufgeregten Lifestyle-Getue andernorts immer wieder erfrischend. Eine weitläufige Lobby, englische Ohrensessel, Goldrahmen, opulente Stoffe, breite Gänge und eine mondäne Bar mit Terrasse verströmen eben einen ganz besonderen Reiz – und beinahe wähnt man sich in einem dieser Luxushäuser in der Lombardei. Zimmer (DZ von 38 bis 78 m^2) stehen in sieben Kategorien zur Auswahl, alle sind großzügig geschnitten, sie haben Interieurs von zeitloser Klassik, Teppichböden, Kaffeemaschine sowie zumeist sehr große Bäder und Balkon. Das Spa gibt sich dagegen optisch schlanker, aber nicht minder elegant und edel, es bietet fünf Saunen, einen kleinen, auch im Winter nutzbaren Außenpool, ein 12 m langes Innenbecken sowie sehr gute Treatments. Zusätzlich gibt es ein Medizinzentrum für verschiedenartige Check-ups und Therapien, zu bestimmten Terminen werden zudem Basenfasten-Wochen und Detoxkuren angeboten. Eindrucksvoll und schlechthin fabelhaft ist die große, dreistufige Terrasse am Fluss, hier merkt man gar nicht, dass man eigentlich im Zentrum der Stadt ist und genießt zudem einen herrlichen Ausblick auf die Lienzer Dolomiten. Feine Tischkultur, gute bis sehr gute Küche, gute Weinkarte mit kompetenter Beratung. Präsenter Gastgeber, viele

EGGERWIRT ****S

In sonniger Lage im UNESCO-Biosphärenpark Salzburger Lungau bieten wir unseren Gästen die höchstmögliche Qualität und individuellen Freiraum, um Kraft für Körper und Seele zu schöpfen.

junge Mitarbeiter, sie sind freundlich, aufmerksam und kompetent. Achtung: Die auf der Homepage angegebenen Zimmerpreise beinhalten nur das Frühstück, eine Halbpension (wahlweise vier oder fünf Gänge) ist zubuchbar. Kostenloses Shuttle zu den Skigebieten der Umgebung und an den Golfplatz. Garage gegen 9 Euro pro Tag, Direktbucher zahlen knapp die Hälfte. Ungeeignet für Kinder. 46 Liegen, 160 Betten.

Freibecken, Hallenbad, Sauna, Dampfbad, Massagen, Kosmetik, Fitnessgeräte, Personal Trainer. 36-Loch-Parcours in 6 km, 30 % Greenfee-Rabatt.

HP ab € 145,–.

WELLNESS 13

Parkhotel Tristachersee ****S

Grünruhelage am See bei Lienz – Osttirol

9908 Amlach bei Lienz, Tristachersee 1, 04852-67666

Auf einem Logenplatz am Ufer eines glasklaren Alpensees: Ein familiengeführtes Landhotel in angenehm überschaubarer Größe, es liegt auf 820 m Seehöhe ruhig inmitten der Natur, ringsum nur Wald, frische Luft und Stille. Alles präsentiert sich mit liebevoller Bodenständigkeit gestaltet, die Zimmer (acht Kategorien, DZ von 25 bis 48 m^2) zeigen sich in unaufdringlicher Schlichtheit, viele bieten Balkon, Holzböden und einen schönen Ausblick, alle sind nach Süden ausgerichtet, das W-Lan ist schwach, der Handy-Empfang schlecht – die Chancen für alltagsabgewandte Erholung sind also günstig. Das kleine Spa ist nur Hausgästen zugänglich und erfreut unter anderem mit einem 11 m langen Innenpool, der, wie das gesamte Hotel, von der hauseigenen Quelle gespeist wird. Weiters geboten werden drei Saunen, Ruheraum, sehr gute Massagen und ein schöner Garten mit Bächlein. Hilfsbereite und gut gelaunte Gastgeber, aufmerksame Mitarbeiter, sehr gute Küche (unser Hirschpaillard war ein Genuss), faire Getränkepreise, hausgemachte Pralinen. Feine Seeterrasse, sehr gutes Preis-Leistungs-Verhältnis, zahlreiche langjährige Stammgäste, viele kommen aus Italien. Wanderwege ohne Zahl, unser Favorit ist der Rundweg um den See, Ruderboote, Schlittschuhe, Rodeln und Schneeschuhe gibt es zur Gratisleihe. Kinder bis sechs Jahre nächtigen kostenfrei, dennoch für Kids eher ungeeignet. Hunde sehr eingeschränkt erlaubt, für Vierbeiner zahlt man einmalig pro Aufenthalt. 25 Liegen, 110 Betten.

Seebadestrand, Hallenbad, Sauna, Dampfbad, Massagen, Kosmetik, Ayurveda. 36-Loch-Parcours in 7 km, 30 % Greenfee-Rabatt.

HP ab € 86,–.

WELLNESS 10

Pfleger Vital-Landhotel ****

Grünlage in Anras im Pustertal – Osttirol

9912 Anras, Dorf 15, 04846-6244

WELLNESS 11

Strasserwirt Herrenansitz ****

Grünruhelage in Strassen im Pustertal – Osttirol

9918 Strassen, Dorfstraße 28, 04846-6354

WELLNESS 12

Sillian Sporthotel ****S

Ortslage an der B100 in Sillian im Pustertal – Osttirol

9920 Sillian, Nr. 49d, 04842-6011-0

WELLNESS 10

Weitlanbrunn ****

Grünlage am Ortsrand in Sillian im Pustertal – Osttirol

9920 Sillian, Arnbach 31, 04842-6655

WELLNESS 12

Zedern Klang ****S

Ortslage in Hopfgarten im Defereggental – Osttirol

9961 Hopfgarten, Dorf 64, 04872-52205

WELLNESS 11

Defereggental ****S

Grünruhelage bei St. Veit im Defereggental – Osttirol

9962 St. Veit, Bruggen 84, 04879-6644-0

WELLNESS 12

Jesacherhof ****

Grünlage in St. Jakob im Defereggental – Osttirol

9963 St. Jakob, Außerrotte 37, 04873-5333

WELLNESS 11

Tandler Naturhotel ****

Grünlage in St. Jakob im Defereggental – Osttirol

9963 St. Jakob, Innerrotte 34, 04873-6355

WELLNESS 10

Goldried ***

Grünlage am Ortsrand in Matrei – Osttirol

9971 Matrei, Goldriedstraße 15, 04875-6113

WELLNESS 10

Hinteregger ***

Ruhige Zentrumslage in Matrei – Osttirol

9971 Matrei, Hintermarkt 4, 04875-6587

WELLNESS 11

Outside ****S

Ortslage in Matrei – Osttirol

9971 Matrei, Virgenerstraße 3, 04875-5200

WELLNESS 10

Rauter ****

Zentrumslage in Matrei – Osttirol

9971 Matrei, Rauterplatz 3

04875-6611

WELLNESS 11

Replerhof Kinderhotel ****

Grünruhelage am Ortsrand im Virgental – Osttirol

9974 Prägraten, St. Andrä 73

04877-6345

WELLNESS 14

Gradonna Mountain Resort *****S

Grünruhelage in Kals am Großglockner – Osttirol

9981 Kals am Großglockner, Gradonna 1

04876-82000

Hunde- und kinderfreundlich. Ein supermoderner und beeindruckender Beherbergungsgigant, er liegt auf 1.350 m Seehöhe am Rand eines beschaulichen Tausend-Seelen-Dorfes, im Winter ist man hier direkt an der Skipiste (knapp 110 km Abfahrten). Das Resort besteht aus einem großen Hotel und 41 Chalets, der Ausblick ist traumhaft und nahezu konkurrenzlos, inwendig dominieren Holz, Glas und Stein in höchst nüchterner Form eines kontemporär interpretierten Alpenstils. Ganz anders sind da die Zimmer, sie fühlen sich sehr wohnlich an, Interieurmaterialien wie Zirbe, Loden und Filz tragen dazu entscheidend bei. Es gibt sie in drei Kategorien (DZ von 30 bis 55 m^2), alle haben feine Holzböden. Die Chalets bieten für acht bis 10 Personen Platz (von 80 bis 250 m^2), sie sind geradlinig und modern gestaltet, haben offenen Kamin und teilweise private Sauna, der Eintritt in das Hotelspa ist aber nur in der teuersten De-luxe-Kategorie inkludiert. Im Wellnessbereich behalten nicht selten die Kinder die Oberhand, geboten werden zwei Innenpools, ein 10 m langer, auch im Winter nutzbarer Außenpool, ein knapp 25 m langer Badeteich sowie sieben Saunen, die zahlreichen Überwachungskameras muten allerdings etwas seltsam an. Kleines Aktivprogramm, darunter viermal die Woche Yoga und geführte Wanderungen (im Winter auch mit Schneeschuhen). Fabelhafte Restaurantterrasse, Frühaufsteherfrühstück ab 6 Uhr, gute Küche, eine Nachmittagsjause ist inkludiert. Chalet-Gäste genießen im Sommer einen inkludierten Frühstückskorb, am Abend kocht man selbst oder kann sich mit viel Deftigem in gutbürgerlicher Manier („Pfandl-Service") beliefern lassen, auf Wunsch kommt auch ein Private Cook vorbei. Viele überaus freundliche Mitarbeiter. Wanderwege ohne Zahl beginnen hinter dem Haus, breites Service für Biker im Sommer, für Langläufer im Winter. Check-out um 10.30 Uhr. Gratisgarage für alle. Täglich 12 Stunden Betreuung für Kinder ab drei Jahren (So bis Fr). 122 Liegen, 500 Betten.

Naturbadeteich, Freibecken, Hallenbad, Kinderhallenbad, Sauna, Dampfbad, Massagen, Kosmetik, Fitnessgeräte, Personal Trainer.

HP ab € 124,– (Hotel), Chalet ab € 375,– (NF 4 Pers., zzgl. € 46,– für HP pro Pers.).

WELLNESS 14

Taurerwirt Wanderhotel ****

Absolute Grünruhelage in Kals am Großglockner – Osttirol

9981 Kals am Großglockner, Burg 12

04876-8226

Familienfreundlich. Ein sympathisches „Wanderhotel", es liegt auf 1.500 m Seehöhe im Talschluss und ist von Wiesen und Wäldern umringt. Das kleine, familiengeführte Haus zeigt seine Stärke zum einen mit herzlicher, ruhevoller Atmosphäre und zum anderen in einem Ambiente, das Tiroler Behaglichkeit mit Ursprünglichkeit und Naturnähe vereint. Zimmer sind aus 11 Kategorien (DZ von 22 bis 61 m^2) wählbar, sie zeigen alpenländische Interieurs in einfacher Anmutung, die meisten haben Teppichböden (teilweise hochflorig), alle Balkon, und alles ist bestens gepflegt und sauber. Das kleine, mit grauem Stein und viel Holz recht schön gestaltete Spa steht nur Hausgästen offen, es bietet unter anderem fünf Saunen, ein 7 m langes Hallenbad, Liegewiese und sehr gute Massagen. Restaurantterrasse mit fabelhaftem Ausblick, reichhaltiges Frühstücksbuffet mit viel Selbstgemachtem, sehr gute Küche mit Betonung von Tradition und Regionalität. Sigi, einer der jungen Gastgeber, kocht selbst, und das mit Verve, immer wieder bringt er auch selbstgeangelten Fisch und selbsterlegtes Wild auf den Tisch. Light Lunch (nur im Winter) und eine Nachmittagsjause sind im Zimmerpreis enthalten, beides in überdurchschnittlicher Qualität. Präsente Gastgeber – „Mama" Paula und ihre fünf tüchtigen Kinder –, freundliche und zuvorkommende Mitarbeiter, authentisches und herzliches Umfeld. Wanderwege ohne Zahl, erquickende Jogging-Strecken und im Winter Loipen ab der Hoteltür. Hunde (sehr eingeschränkt) erlaubt. 36 Liegen, 80 Betten.

Hallenbad, Außensauna, Sauna, Dampfbad, Massagen, Kosmetik, Fitnessgeräte. Tennisplatz, 27-Loch-Parcours in 39 km.

HP ab € 96,–.

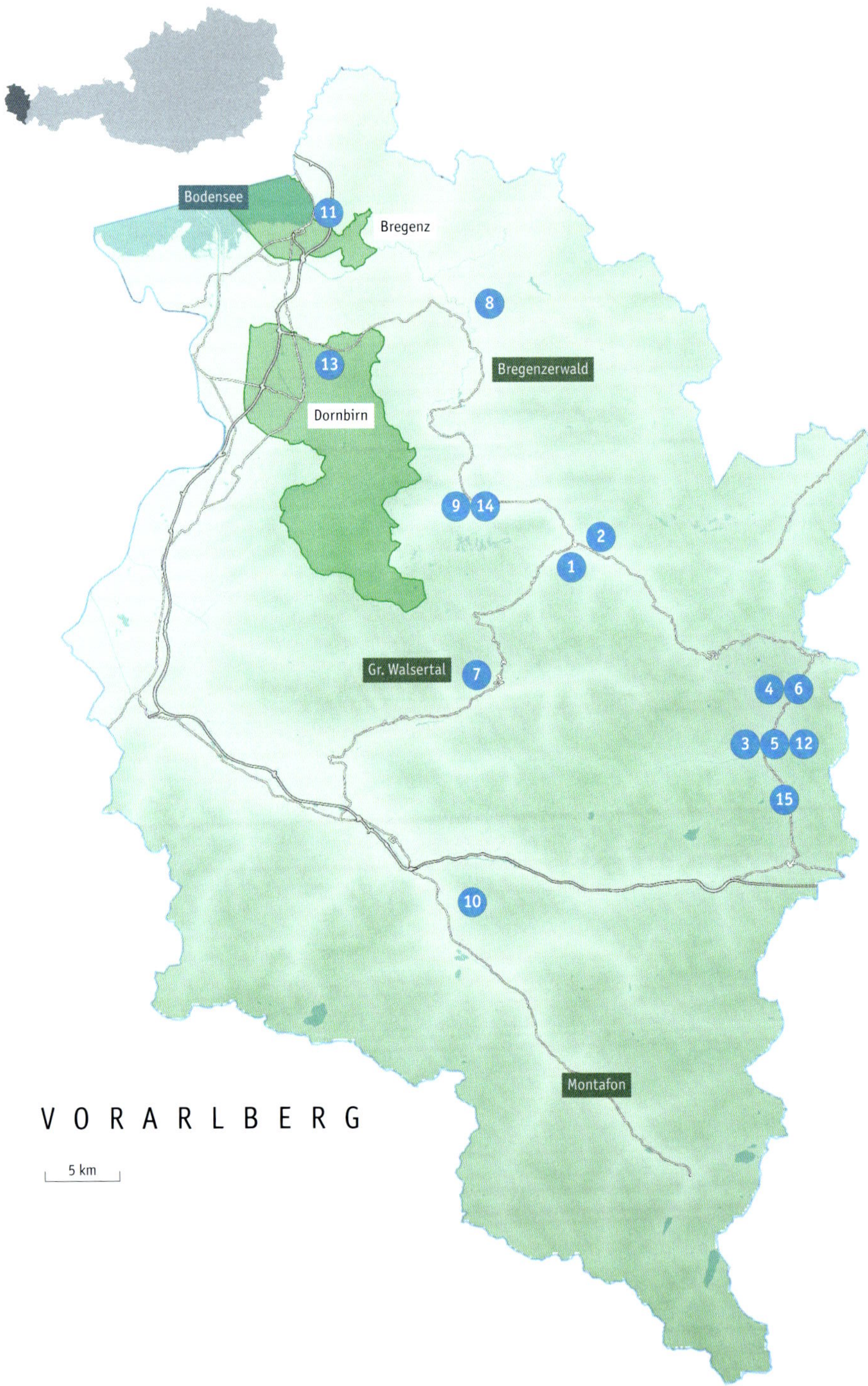
Bodensee
11
Bregenz
8
13
Bregenzerwald
Dornbirn
9
14
2
1
Gr. Walsertal
7
4
6
3
5
12
15
10
Montafon
VORARLBERG
5 km

junge Mitarbeiter, sie sind freundlich, aufmerksam und kompetent. Achtung: Die auf der Homepage angegebenen Zimmerpreise beinhalten nur das Frühstück, eine Halbpension (wahlweise vier oder fünf Gänge) ist zubuchbar. Kostenloses Shuttle zu den Skigebieten der Umgebung und an den Golfplatz. Garage gegen 9 Euro pro Tag, Direktbucher zahlen knapp die Hälfte. Ungeeignet für Kinder. 46 Liegen, 160 Betten.

Freibecken, Hallenbad, Sauna, Dampfbad, Massagen, Kosmetik, Fitnessgeräte, Personal Trainer. 36-Loch-Parcours in 6 km, 30 % Greenfee-Rabatt.

HP ab € 145,–.

WELLNESS 13

Parkhotel Tristachersee ****S

Grünruhelage am See bei Lienz – Osttirol

9908 Amlach bei Lienz, Tristachersee 1, 04852-67666

Auf einem Logenplatz am Ufer eines glasklaren Alpensees: Ein familiengeführtes Landhotel in angenehm überschaubarer Größe, es liegt auf 820 m Seehöhe ruhig inmitten der Natur, ringsum nur Wald, frische Luft und Stille. Alles präsentiert sich mit liebevoller Bodenständigkeit gestaltet, die Zimmer (acht Kategorien, DZ von 25 bis 48 m²) zeigen sich in unaufdringlicher Schlichtheit, viele bieten Balkon, Holzböden und einen schönen Ausblick, alle sind nach Süden ausgerichtet, das W-Lan ist schwach, der Handy-Empfang schlecht – die Chancen für alltagsabgewandte Erholung sind also günstig. Das kleine Spa ist nur Hausgästen zugänglich und erfreut unter anderem mit einem 11 m langen Innenpool, der, wie das gesamte Hotel, von der hauseigenen Quelle gespeist wird. Weiters geboten werden drei Saunen, Ruheraum, sehr gute Massagen und ein schöner Garten mit Bächlein. Hilfsbereite und gut gelaunte Gastgeber, aufmerksame Mitarbeiter, sehr gute Küche (unser Hirschpaillard war ein Genuss), faire Getränkepreise, hausgemachte Pralinen. Feine Seeterrasse, sehr gutes Preis-Leistungs-Verhältnis, zahlreiche langjährige Stammgäste, viele kommen aus Italien. Wanderwege ohne Zahl, unser Favorit ist der Rundweg um den See, Ruderboote, Schlittschuhe, Rodeln und Schneeschuhe gibt es zur Gratisleihe. Kinder bis sechs Jahre nächtigen kostenfrei, dennoch für Kids eher ungeeignet. Hunde sehr eingeschränkt erlaubt, für Vierbeiner zahlt man einmalig pro Aufenthalt. 25 Liegen, 110 Betten.

Seebadestrand, Hallenbad, Sauna, Dampfbad, Massagen, Kosmetik, Ayurveda. 36-Loch-Parcours in 7 km, 30 % Greenfee-Rabatt.

HP ab € 86,–.

WELLNESS 10

Pfleger Vital-Landhotel ****

Grünlage in Anras im Pustertal – Osttirol

9912 Anras, Dorf 15, 04846-6244

WELLNESS 11

Strasserwirt Herrenansitz ****

Grünruhelage in Strassen im Pustertal – Osttirol

9918 Strassen, Dorfstraße 28, 04846-6354

WELLNESS 12

Sillian Sporthotel ****S

Ortslage an der B100 in Sillian im Pustertal – Osttirol

9920 Sillian, Nr. 49d, 04842-6011-0

WELLNESS 10

Weitlanbrunn ****

Grünlage am Ortsrand in Sillian im Pustertal – Osttirol

9920 Sillian, Arnbach 31, 04842-6655

WELLNESS 12

Zedern Klang ****S

Ortslage in Hopfgarten im Defereggental – Osttirol

9961 Hopfgarten, Dorf 64, 04872-52205

WELLNESS 11

Defereggental ****S

Grünruhelage bei St. Veit im Defereggental – Osttirol

9962 St. Veit, Bruggen 84, 04879-6644-0

WELLNESS 12

Jesacherhof ****

Grünlage in St. Jakob im Defereggental – Osttirol

9963 St. Jakob, Außerrotte 37, 04873-5333

WELLNESS 11

Tandler Naturhotel ****

Grünlage in St. Jakob im Defereggental – Osttirol

9963 St. Jakob, Innerrotte 34, 04873-6355

WELLNESS 10

Goldried ***

Grünlage am Ortsrand in Matrei – Osttirol

9971 Matrei, Goldriedstraße 15, 04875-6113

WELLNESS 10

Hinteregger ***

Ruhige Zentrumslage in Matrei – Osttirol

9971 Matrei, Hintermarkt 4, 04875-6587

WELLNESS 11

Outside ****S

Ortslage in Matrei – Osttirol

9971 Matrei, Virgenerstraße 3, 04875-5200

ALLE LILIEN-HOTELS IN **VORARLBERG**

	Hotel	Seite
1	**Adler Au** ****	227
2	**Am Holand** ***	227
3	**Aurelio Hotel & Chalet** *****S	222
4	**Birkenhöhe** ****	230
5	**Burg Vital Resort** *****S	222
6	**Chesa Valisa Naturhotel** ****	231
7	**Das Schäfer** ****S	220
8	**Das Schiff Romantik-Hotel** ****	229
9	**Die Wälderin** ****	226
10	**Fernblick Montafon** ****	224
11	**Fritsch am Berg** ****	228
12	**Post Lech** *****	223
13	**Rickatschwende F. X. Mayr Health Retreat**	225
14	**Sonne Lifestyle Resort** ****S	226
15	**Zürserhof** *****S	220

WELLNESS 11

Val Blu Resort ***

Grünlage am Stadtrand in Bludenz

6700 Bludenz, Haldenweg 2a, 05552-63106

WELLNESS 11

Schillerkopf Alpinresort *****

Grünruhelage mit Fernsicht Nähe Bludenz – Brandnertal

6707 Bürserberg, Tschengla 1, 05552-63104

WELLNESS 11

Beck Sporthotel ****

Grünruhelage am Ortsrand in Brand – Brandnertal

6708 Brand, Mühledörfle 91, 05559-306

WELLNESS 12

Valavier Aktivresort *****

Zentrale Ortslage in Brand – Brandnertal

6708 Brand, Mühledörfle 25, 05559-217

WELLNESS 10

Walliserhof ****

Zentrale Ortslage in Brand – Brandnertal

6708 Brand, Mühledörfle 158, 05559-241

WELLNESS 11

Alpenresort Walsertal *****

Grünlage an der B193 in Fontanella – Großes Walsertal

6733 Fontanella, Faschina 55, 05510-224

WELLNESS 14

Das Schäfer *****

Grünruhelage in Fontanella – Großes Walsertal

6733 Fontanella, Kirchberg 77
05554-5228

Adults only (ab 16). Ein sympathischer Familienbetrieb in angenehm überschaubarer Größe, er liegt auf 1.156 m Seehöhe inmitten einer 500-Seelen-Gemeinde und besteht aus mehreren mit Holzschindeln verkleideten Gebäuden, die unterirdisch miteinander verbunden sind. Das Ambiente zelebriert ausgeprägte Schlichtheit, alles ist hell und freundlich, Schafwolle, Eichenholz und Weißtanne herrschen vor, und aus vielen Räumen ist die traumhafte Kulisse von sieben Walser Berggipfeln zu sehen. Dem Konzept der Schlichtheit folgen auch die Zimmer (vier Kategorien, DZ von 30 bis 62 m^2) konsequent, sie offerieren gute und überlange Betten, ein angenehmes Wohngefühl mit Vollholzinterieurs sowie die Besonderheit eines automatischen „Weckrufes": durch die Glocken der katholischen Kirche pünktlich um 7 Uhr morgens. Das nur Hotelgästen zugängliche Spa ist im dritten und vierten Stock untergebracht, es bietet unter anderem drei Saunen, einen 9 m langen Innenpool, einen kleinen Außenpool sowie kompetent durchgeführte Massagen. Ein netter Hausbrauch ist gratis Kaffee im Wellnessbereich sowie das Baden und Saunieren bei Kerzenschein, das ab 19 Uhr zum stimmungsvollen Erlebnis wird. Langschläferfrühstück bis 11.30 Uhr, zumeist sehr gute Küche mit regionaler und saisonaler Ausrichtung (die Kräuter stammen zum großen Teil aus dem eigenen Garten), eine Nachmittagsjause ist inkludiert. Viele freundliche und zuvorkommende Mitarbeiter, humorvolle Gastgeber – sie sind allesamt staatlich geprüfte Wanderführer und haben stets die besten Tipps parat. Täglich geführte Wanderungen, Wanderwege ohne Zahl. Valet Parking, Gratisgarage für alle. Hunde (sehr eingeschränkt) erlaubt. 51 Liegen, 102 Betten.

Freibecken, Hallenbad, Sauna, Dampfbad, Massagen, Kosmetik, Fitnessgeräte.

HP ab € 175,–.

WELLNESS 12

Traube Braz ****

Grünlage in Braz – Nähe Bludenz

6751 Braz, Klostertaler Straße 12
05552-28103

WELLNESS 10

Edelweiss Zürs

Grünlage am Ortsrand in Zürs – Arlberg

6763 Zürs, Nr. 79, 05583-2662

WELLNESS 11

Lorünser *****

Zentrumslage in Zürs – Arlberg

6763 Zürs, Nr. 112, 05583-2254-0

WELLNESS 10

Robinson Alpenrose Zürs ****

Grünlage am Ortsrand in Zürs – Arlberg

6763 Zürs, Nr. 82, 05583-2271-0

WELLNESS 12

Thurnhers Alpenhof ******

Zentrumslage in Zürs – Arlberg

6763 Zürs, Nr. 295, 05583-2191

WELLNESS 13

Zürserhof ******

Grünlage am Ortsrand in Zürs – Arlberg

6763 Zürs, Nr. 75, 05583-2513-0

Kinderfreundlich. Eine familiengeführte Arlberg-Legende und beinahe schon ein Denkmal ihrer

selbst, was freilich auch bezahlt werden will.
Das Haus liegt auf 1.720 m etwas erhöht über der Durchzugsstraße nach Lech, zur Skipiste sind es knapp 50 m bergauf. Das Ambiente bietet konservative, streckenweise etwas dunkle und überladene Eleganz in unterschiedlichen Reifestadien, Zimmer sind aus neun stark unterschiedlichen Kategorien (DZ von 35 bis 180 m²) wählbar. Sie sind entweder in traditioneller Ländlichkeit oder mit kontemporärem Chic arrangiert, viele haben Teppichböden, die meisten keinen Balkon, die Bademantelschnur ist bereits eingefädelt. Das nur Hotelgästen zugängliche Spa ist laut Prospekt 3.200 m² groß, davon kann man gut und gerne mehr als die Hälfte abziehen, wenn man für Pools, Saunen und Ruhezonen den tatsächlichen Verhältnissen näher kommen möchte! Es besteht aus dem eher flairlosen alten Teil, er ist Familien vorbehalten, und einem neueren Bereich für Ruhesuchende, der allerdings ebenso ohne Freibereich und Außenpool auskommen muss. Insgesamt gibt es 10 Saunen (vier davon textil), auch ein kleines Ladys-Spa ist vorhanden – den versprochenen Panorama-Ausblick suchten wir allerdings vergeblich. Zum Abendessen sind Sakko und Krawatte erwünscht, die Küche ist sehr gut, ein Highlight ist das Käsebuffet – mit wohl landesweit konkurrenzloser Auswahl. Eine Nachmittagsjause ist nicht inkludiert, die Sonnenterrasse erinnert nicht zuletzt wegen ihres Asphaltbelags an das Flair eines hochpreisigen Parkplatzes. Präsente Gastgeber, die sich besonders um Stammgäste und VIPs kümmern, professionelles Service, etwas mehr Natürlichkeit könnte allerdings nicht schaden. Anmerkung: Das Hotel war im Beobachtungszeitraum aufgrund der Corona-Maßnahmen geschlossen, somit konnte kein Hoteltest durchgeführt werden, es gilt die Bewertung vom Vorjahr. Täglich neun Stunden Betreuung für Kinder ab drei Jahren. Valet Parking, Gratisgarage für alle. 68 Liegen, 200 Betten.

Hallenbad, Sauna, Dampfbad, Massagen, Kosmetik, Fitnessgeräte, Personal Trainer. Tennishalle.

HP ab € 299,–.

WELLNESS 11

Acerina ****

Grünruhelage am Ortsrand in Lech – Arlberg

6764 Lech, Anger 509, 05583-3320

WELLNESS 12

Almhof Schneider *****

Grünruhelage am Ortsrand in Lech – Arlberg

6764 Lech, Tannberg 59, 05583-3500-0

WELLNESS 10

Angela *****

Grünruhelage am Ortsrand in Lech – Arlberg

6764 Lech, Tannberg 62, 05583-2407

WELLNESS 12

Arlberg *****

Zentrale Ortslage an der B198 in Lech – Arlberg

6764 Lech, Tannberg 187, 05583-2134-0

WELLNESS 15

Aurelio Hotel & Chalet ******

Grünruhelage mit Fernblick in Lech – Arlberg

6764 Lech, Tannberg 130, 05583-2214

Hideaway für Anspruchsvolle: Ein Kleinod mit nur 18 Zimmern, es liegt auf 1.500 m etwas erhöht über dem Ort, im Winter ist man hier direkt auf der Piste der Schlegelkopfabfahrt. Das hochpreisige Haus offeriert ein traumhaftes Ambiente, das von rauem, alten Holz, behauenem Fels, von Wollteppichen und dunklen Naturholzvertäfelungen bestimmt wird. Die Zimmer (55 oder 110 m^2) sind höchst ästhetisch gestaltet, Holz, Stein und Wolle verströmen Harmonie, die Bettwäsche streichelt die Haut. Wer absolute Privatsphäre genießen will, dem steht ein zweites, allerdings nur als Ganzes buchbares Chalet mit 900 m^2 für bis zu 20 Personen zur Wahl. Das puristisch gestaltete Spa ist im Verhältnis zur Bettenanzahl beinahe weitläufig, es bietet einen wunderbar schwimmbaren Innenpool von 23 m Länge, drei Saunen sowie kompetent durchgeführte Massagen. Fabelhafte Restaurantterrasse, sehr gute bis ausgezeichnete Küche, Weinkarte mit unfasslichen Preziosen, eine Nachmittagsjause ist neuerdings inkludiert. Außerordentlich freundliche und zuvorkommende Mitarbeiter. Hubschrauberlandeplatz, Valet Parking, Gratisgarage für alle. Internationale Gästeschar, kaum deutschsprachiges Publikum. Check-out um 12 Uhr. Ungeeignet für Kinder. 13 Liegen, 44 Betten.

Hallenbad, Sauna, Dampfbad, Massagen, Kosmetik, Fitnessgeräte, Personal Trainer.

HP ab € 490,–.

WELLNESS 11

Bergkristall Lech ****

Grünruhelage mit Fernblick in Oberlech – Arlberg

6764 Lech, Oberlech 382, 05583-2678

WELLNESS 12

Burg *****

Grünruhelage in Oberlech – Arlberg

6764 Lech, Oberlech 266, 05583-2291-0

WELLNESS 15

Burg Vital Resort ******

Grünruhelage mit Fernblick in Oberlech – Arlberg

6764 Lech, Oberlech 568, 05583-3140

Kinderfreundlich. Auf einem grandiosen Logenplatz: Ein sehr feines, familiengeführtes Luxusresort mit fünfeinhalb Sternen, es liegt hoch über Lech, nämlich auf einem Sonnenhang in 1.700 m Seehöhe. Im Winter befindet man sich direkt an der Skipiste, allerdings ist das Haus dann nicht mit dem Auto zu erreichen, die Anfahrt erfolgt mit der Seilbahn. Das Resort besteht aus mehreren kleineren Häusern, ihr Innenleben zeigt gehobene Alpenländlichkeit mit Kuschelfaktor – natürliche Materialien, stimmungsvolle Beleuchtung und niveauvolle Dekoration verströmen einen ganz besonderen Reiz. Auch die Zimmer (13 wunderschöne Kategorien, DZ von 38 bis 280 m^2) zeigen sich in hochwertiger Anmutung, alle haben feine Holzböden, viele übergroße und großartige Betten, einige auch Sauna, Eiswürfelmaschine und Weinkühlschrank. Das Spa ist indoor nicht allzu weitläufig, unter anderem bietet es vier Saunen, einen kleinen Innenpool, einen nur im Sommer nutzbaren, 7 m langen Außenpool und sehr gute Massagen. Fabelhafte Sonnenterrasse, Frühstücksbuffet mit außerordentlicher Qualität (auch: Eier aus biologischer Freilandhaltung), ausgezeichnete Küche. Sie verwendet nur naturbelassene Zutaten, Saisonalität und Regionalität sind dabei oberstes Gebot, Glutamat und fabrikmäßig Vorgefertigtes dagegen tabu. Feine Tischkultur, wunderbar freundliche und zuvorkommende Mitarbeiter, präsente Gastgeberin, angenehmes Publikum. Gemütliche Bar und Zigarrenlounge. Täglich 5,5 Stunden Betreuung für Kinder ab drei Jahren (So bis Fr, mit saisonalen Einschränkungen). Check-in ab 16 Uhr. Hunde erlaubt. 33 Liegen, 140 Betten.

Freibecken (Sommer), Hallenbad, Sauna, Dampfbad, Massagen, Kosmetik, Ayurveda, Fitnessstudio, Personal Trainer.

HP ab € 230,–.

WELLNESS 12

Die Krone von Lech *****

Zentrumslage an der B198 in Lech – Arlberg

6764 Lech, Dorf 13, 05583-2551

WELLNESS 11

Filomena Aparthotel garni ****

Ruhige Ortslage in Lech – Arlberg

6764 Lech, Omesberg 211
05583-2211

WELLNESS 12

Goldener Berg ****S

Grünruhelage mit Fernblick in Oberlech – Arlberg

6764 Lech, Oberlech 117, 05583-2205-0

WELLNESS 11

Gotthard ****S

Zentrale Ortslage an der B198 in Lech – Arlberg

6764 Lech, Omesberg 119, 05583-3560

WELLNESS 11

Haldenhof ****

Grünruhelage am Ortsrand in Lech – Arlberg

6764 Lech, Tannberg 347, 05583-2444-0

WELLNESS 10

Plattenhof ****S

Grünruhelage am Ortsrand in Lech – Arlberg

6764 Lech, Nr. 293, 05583-2522

WELLNESS 17

Post Lech *****

Zentrale Ortslage an der B198 in Lech – Arlberg

6764 Lech, Dorf 11, 05583-2206-0

Hunde- und familienfreundlich. Arlberg-Klassiker: Ein bezauberndes Boutique-Hotel auf 1.400 m Seehöhe, es handelt sich um das älteste Fünfsternhotel in Lech, zudem ist es sozusagen seit Menschengedenken das Wintersportrefugium von Königsfamilien und nennt sich dennoch bescheiden Gasthof. Das familiengeführte Luxushaus besteht aus einem historischen Stammhaus und einem kleineren, vor etwas mehr als einem Jahrzehnt errichteten Neubau. Inwendig zeigt sich ein geradezu unvergleichliches Flair, das sich so mondän und elitär wie einnehmend bodenständig und heimatverbunden anfühlt. Das Ambiente ist überaus charmant, bemalte Bauernmöbel, Jagdtrophäen und urgemütliche Stuben werden durch stilvolle Modernität akzentuiert. Die Zimmer (neun Kategorien, DZ von 26 bis 114 m²) zeigen sich in charaktervoll-heimeliger Ländlichkeit arrangiert, alles blitzt vor Sauberkeit, und die Bademantelschnur ist bereits eingefädelt, ein paar Steckdosen mehr hätten uns allerdings gefreut. Der Wellnessbereich befindet sich in einem eigenen Gebäude inmitten eines bezaubernden Gartens mit Liegewiese und Teehaus, er ist äußerst atmosphärisch gestaltet und bietet unter anderem ein gut 15 m langes, auch im Winter nutzbares Freibecken, einen Kinderpool mit Wasserrutsche sowie kompetent durchgeführte Massagen, die zwei Saunen schließen um 20 Uhr. Fabelhafte Restaurantterrasse mit Nachmittagssonne (leider auch für externe Gäste), heimelige Stuben, einnehmend schönes Restaurant mit Ausblick auf die Schlegelkopfpiste, sehr gute Küche – Tipp: das in geklärter Butter gebackene Wiener Schnitzel mit Petersilkartoffeln –, großartige Weinkarte. Feiner Afternoon Tea, sehr angenehmes Publikum, stimmungsvolle Bar. Valet Parking. 32 Liegen, 100 Betten.

Freibecken, Kinderhallenbad mit Rutsche, Babybecken, Sauna, Dampfbad, Massagen, Kosmetik, Fitnessgeräte, Personal Trainer. 18-Loch-Parcours in 35 km, 25 % Greenfee-Rabatt.

HP ab € 190,–.

WELLNESS 12

Rote Wand Gourmethotel ****
Grünruhelage in Zug bei Lech – Arlberg

6764 Lech, Zug 5, 05583-3435-0

WELLNESS 11

Schmelzhof ****
Ortsrandlage in Lech – Arlberg

6764 Lech, Omesberg 370, 05583-3750-0

WELLNESS 11

Severin's Lech
Grünruhelage am Ortsrand bei Lech – Arlberg

6764 Lech, Stubenbach 273, 05583-33907-0

WELLNESS 11

Sonnenburg *****
Grünruhelage mit Fernblick in Oberlech – Arlberg

6764 Lech, Oberlech 55, 05583-2147

WELLNESS 10

Tannbergerhof
Zentrale Ortslage an der B198 in Lech – Arlberg

6764 Lech, Dorf 111, 05583-2202

WELLNESS 10

Adler Warth ***
Grünruhelage außerhalb von Warth – Bregenzerwald

6767 Warth, Hochkrumbach 8, 05583-4264

WELLNESS 10

Biberkopf Berghotel
Ortslage an der B200 in Warth – Bregenzerwald

6767 Warth, Nr. 28, 05583-41800

WELLNESS 12

Jägeralpe *****
Grünruhelage außerhalb von Warth – Bregenzerwald

6767 Warth, Hochkrumbach 5, 05583-4250

WELLNESS 10

Steffisalp ****
Grünlage am Ortsrand in Warth – Bregenzerwald

6767 Warth, Bregenzerwaldstraße 36, 05583-3699

WELLNESS 12

Warther Hof *****
Grünlage an der B200 in Warth – Bregenzerwald

6767 Warth, Bregenzerwaldstraße 53, 05583-3504

WELLNESS 11

Adler Montafon ****
Zentrale Ortslage an der B188 in St. Anton – Montafon

6771 St. Anton im Montafon, Silvrettastraße 21
05552-67118

WELLNESS 11

Montafoner Hof ****
Zentrale Ortslage in Tschagguns – Montafon

6774 Tschagguns, Kreuzgasse 9, 05556-7100-0

WELLNESS 11

Alpenrose Aktiv & Spa *****
Ruhige Ortslage in Schruns – Montafon

6780 Schruns, Silvrettastraße 45, 05556-72655-0

WELLNESS 12

Löwen-Hotel *****
Zentrale Ortslage in Schruns – Montafon

6780 Schruns, Silvrettastraße 8, 05556-7141

WELLNESS 11

Vitalquelle Montafon *****
Grünlage am Ortsrand in Schruns – Montafon

6780 Schruns, Außerlitzstraße 80, 05556-77049

WELLNESS 11

Bergkristall Silbertal ****
Grünruhelage im Silbertal – Montafon

6780 Silbertal, Dorfstraße 7, 05556-74114

WELLNESS 17

Fernblick Montafon ****
Grünruhelage mit Fernblick bei Schruns – Montafon

6781 Schruns-Bartholomäberg, Panoramastraße 32
05556-731150

Hoch über dem Tal, auf einem Südhang in 1.100 m Seehöhe: ein bodenständiger Familienbetrieb, der seinem Namen alle Ehre macht, denn Fernblick erfreut hier Auge und Gemüt, und das im Überfluss. Das bereits in dritter Generation geführte Haus wurde vor kurzem teilmodernisiert und erweitert, was unter anderem zu zahlreichen neuen Zimmern, zu einer Erweiterung des Wellnessbereichs und ganz allgemein zu mehr Eleganz und Wohlfühlatmosphäre geführt hat. Zimmer kann man nun aus insgesamt 14 gediegen-ländlichen Varianten (DZ von 24 bis 59 m²) wählen, einige sind nicht mehr ganz taufrisch, die zweifellos feinsten sind naturgemäß die ganz neuen vom Typ Silvretta. Die Mehrheit der Zimmer ist recht großzügig geschnitten, alle haben Balkon, viele Holzböden und bodentiefe Fenster, das W-Lan kriecht aber schneckenartig. Das ausschließlich Hausgästen offenstehende Spa ist auf vier Ebenen aufgeteilt und verfügt über einen eher nüchtern gestalteten alten Teil sowie über einen hochwertig anmutenden neuen. Unter anderem geboten werden fünf Saunen, zahlreiche Ruhezonen, eine Liegewiese sowie die Highlights eines 20 m langen Infinity-Außenpools und eines 40 m langen Infinity-Außenwhirlpools. Letzterer wäre eigentlich als Adults-only-Bereich einer wunderbaren Sauna- und Nacktzone ausgewiesen, wird aber immer wieder von „Textilfans", also von Leuten, die unserer Saunatradition ablehnend gegenüberstehen, zurückerobert, sodass sich kaum noch jemand wagt, nackt hineinzusteigen – schade! Beide Pools gewähren grandiose Ausblicke, die übrigens auch aus der neuen Eventsauna zu genießen sind. Täglich Aktivprogramm, auch Qi Gong und geführte Wanderungen. Präsente und hilfsbereite Gastgeber, viele freundliche Mitarbeiter, beim Service gibt es aber noch etwas Spielraum nach oben. Bodenständige, gute Küche, Light Lunch und Nachmittagsjause sind im Preis enthalten. Wanderwege ohne Zahl. Gäste aus Frankreich und der Schweiz überwiegen. Ungeeignet für Kinder. 145 Liegen, 170 Betten.

Freibecken, Hallenbad, Außensauna, Sauna, Dampfbad, Massagen, Kosmetik, Fitnessgeräte. 18-Loch-Parcours in 17 und 25 km.

HP ab € 175,–.

WELLNESS 10

Bachmann ****

Ortsrandlage in Gargellen – Montafon

6787 Gargellen, Nr. 55, 05557-6316

WELLNESS 11

Grandau Sporthotel ****

Ortsrandlage an der B188 bei Gaschurn – Montafon

6791 St. Gallenkirch, Montafoner Straße 274a, 05557-6384

WELLNESS 9

Silvretta St. Gallenkirch ****

Ortsrandlage an der B188 bei Gaschurn – Montafon

6791 St. Gallenkirch, Gortipohl 23b
05557 6120

WELLNESS 11

Zamangspitze ****

Grünruhelage am Ortsrand in St. Gallenkirch – Montafon

6791 St. Gallenkirch, Ziggamweg 227, 05557-6238

WELLNESS/GESUNDHEIT 10

Felbermayer ****

Zentrale Ortslage in Gaschurn – Montafon

6793 Gaschurn, Dorfstraße 20a, 05558-8617

WELLNESS 9

First Mountain Montafon ***

Grünlage am Ortsrand in Gaschurn – Montafon

6793 Gaschurn, Dorfstraße 128a, 05558-20047

WELLNESS 12

Silvretta Montafon ****

Zentrale Ortslage in Gaschurn – Montafon

6793 Gaschurn, Dorfstraße 11b, 05558-8888

WELLNESS 11

Verwall ****

Ortsrandlage an der B188 in Gaschurn – Montafon

6793 Gaschurn, Montafoner Straße 129, 05558-8206-0

BUSINESS/WELLNESS 11

Four Points by Sheraton ****

Am Messezentrum in Dornbirn

6850 Dornbirn, Messestraße 1, 05572-3888-0

GESUNDHEIT/WELLNESS 16

Rickatschwende F. X. Mayr Health Retreat

Grünlage mit Fernblick oberhalb von Dornbirn

6850 Dornbirn, Rickatschwende 1, 05572-25350

Hoch über dem Bodensee, mit herrlichem Ausblick: Ein renommiertes Kurhotel für Regenerations- und Entgiftungskuren nach F. X. Mayr, es liegt auf 850 m Seehöhe außerhalb von Dornbirn direkt an einer Landstraße. Das Ambiente ist uneinheitlich, aber gepflegt und niveauvoll dekoriert, Zimmer gibt es in fünf Kategorien, sie zeigen sich mit modernen, angenehm schlichten Interieurs, alle haben Balkon und gute Betten, viele Holzböden. Das Spa bietet Kurgästen schöne Annehmlichkeiten, reinen Wellnessgästen jedoch vergleichsweise wenig, was unsere Bewertung naturgemäß berücksichtigen muss. Fein sind jedenfalls der Panoramaruheraum und die hervorragenden Treatments. Unter anderem gibt es insgesamt fünf Saunen und ein umfangreiches Aktivprogramm, auch Pilates, Yoga, Qi Gong sowie geführte Wanderungen gehören dazu, mehrmals pro Jahr werden auch viertägige Yoga-Retreats angeboten. Für Mayrkuren gibt es mehrere Packages bis hin zu dreiwöchigen Aufenthalten, dass die medizinische Betreuung bestens und seriös ist, zeigt sich unter anderem an der Anzahl der inkludierten essenziellen Therapien, der sogenannten manuellen Bauchbehandlungen durch den Arzt: Sie liegt in diesem Haus deutlich über jener der Konkurrenten, sogar wenn diese wesentlich hochpreisiger sind! Auch medizinische Check-ups sowie zahlreiche alternativmedizinische Heilverfahren wie etwa Aderlass, Akupunktur, Homöopathie, Osteopathie und Neuraltherapie. Die Küche ist naturnah und zumeist gut, für Teeliebhaber gibt es eine eigene Lobby mit knapp 100 Teesorten. Viele Stammgäste, zahlreich kommen sie aus der Schweiz. Gratisgarage für alle. Ungeeignet für Kinder. 21 Liegen, 98 Betten.

Hallenbad, Sauna, Dampfbad, Massagen, Kosmetik, Fitnessstudio, Personal Trainer. 18-Loch-Parcours in 30 km.

Pauschalen, etwa „14 Tage Mayrkur Success" inkl. Diät, Arzt und Therapien ab € 3.778,–.

WELLNESS 12

St. Hubertus Großdorf ***

Grünruhelage mit Fernblick bei Egg – Bregenzerwald

6863 Egg-Großdorf, Hofstatt 240, 05512-2785

WELLNESS 12

Gams zu zweit ****S

Grünruhelage am Ortsrand in Bezau – Bregenzerwald

6870 Bezau, Platz 44, 05514-2220-0

WELLNESS 11

Post by Susanne Kaufmann ****S

Zentrale Ortslage in Bezau – Bregenzerwald

6870 Bezau, Brugg 35, 05514-2207-0

KUR/WELLNESS 11

Bad Reuthe Gesundheitshotel ****

Grünruhelage am Ortsrand in Reuthe – Bregenzerwald

6870 Reuthe, Nr. 70, 05514-2265-0

WELLNESS 13

Die Wälderin ****

Grünruhelage am Ortsrand in Mellau – Bregenzer Wald

6881 Mellau, Hinterbündt 383, 05518-20102

Familienfreundlich. Ein Großhotel mit breiter Mainstream-Anmutung und – für Vorarlberger Verhältnisse – günstigen Preisen, es liegt auf 710 m direkt an der Talstation der Gondelbahn, was im Winter für den direkten Anschluss an das Skigebiet Mellau-Damüls mit 109 Pistenkilometern steht. Das Haus mit dem merkwürdigen Namen ist weitgehend aus Holz und U-förmig in den Hang gebaut, die öffentlichen Bereiche zeigen sich großzügig angelegt und schlicht gestaltet, die Teppichböden reichen gefühlt bis an den Horizont. Zimmer sind aus drei Varianten (DZ mit 32, 37 oder DZ-Kombi mit 64 m²) wählbar, sie präsentieren sich in funktioneller, geradliniger Aufgeräumtheit, haben Bad (ohne Wannen) und Toilette in einem, weiters Parkettböden, bodentiefe Fenster und gute Betten. Das recht nüchtern gehaltene Spa bietet zwei Innenpools (14 und 15 m lang), einen auch im Winter nutzbaren Außenpool von 11 m Länge sowie fünf Saunen (eine davon textil). Übrigens: Wer aus dem kleinen Frischluftbereich wieder zurück in die Sauna möchte, braucht die Zimmerkarte, sonst steht er nackt vor verschlossener Tür! Solides Frühstücksbuffet mit ebensolchen Wurstwaren, zumeist gute Küche mit schöner Speisenpräsentation, ein Light Lunch ist inkludiert. Viele freundliche Mitarbeiter, beim Service gibt es noch etwas Luft nach oben. Wanderwege ohne Zahl, im Winter beginnen die Loipen vor der Haustür. Gratisgarage für alle. 128 Liegen, 300 Betten.

Freibecken, Hallenbad, Sauna, Dampfbad, Massagen, Kosmetik, Fitnessgeräte.

HP ab € 130,–.

WELLNESS 9

Kreuz ****

Zentrale Ortslage in Mellau – Bregenzerwald

6881 Mellau, Übermellen 17, 05518-2208

WELLNESS 13

Sonne Lifestyle Resort ****S

Zentrale Ortslage an der B200 in Mellau – Bregenzerwald

6881 Mellau, Übermellen 65, 05518-20100-0

Adults only (ab 14). Ein Haus von charmanter Größe, es liegt auf 710 m Seehöhe, zur Talstation der Mellau-Gondelbahn, dem Anschluss an 109 Pistenkilometer, sind es drei Autominuten. Die öffentlichen Räume präsentieren sich ausgesprochen puristisch, die Zimmer (fünf Kategorien, DZ von 35 bis 45 m²) sind ausnahmslos großzügig geschnitten und ebenfalls sehr reduziert arrangiert, alle haben Balkon und hochwertige Holzböden, auch die Möbel zeigen eine ebensolche Verarbeitungsqualität, das Schlafen bei offenem Fenster kann zur Herausforderung geraten. Das ebenfalls sehr reduziert gestaltete Spa bietet unter anderem ein 8 m langes, auch im Winter nutzbares Freibecken, einen 5,5 m langen Innenpool, sechs Saunen sowie gute Massagen. Am Sonntag Langschläferfrühstück bis 12 Uhr, zumeist gute Küche (die Bewertung bezieht sich wie immer auf das Halbpensionsmenü und nicht auf das prämierte À-la-carte-Restaurant des Hauses). Präsente Gastgeberin, freundliche Mitarbeiter. Das Spa kann

am Abreisetag bis 16 Uhr ohne Aufpreis genutzt werden. 40 Liegen, 92 Betten.

Freibecken, Hallenbad, Außensauna, Sauna, Dampfbad, Massagen, Kosmetik, Fitnessgeräte.

HP ab € 150,–.

WELLNESS 13

Adler Au ****

Grünlage im Zentrum von Au – Bregenzerwald

6883 Au, Lisse 90, 05515-2264

Familienfreundlich. Ein sehr sympathischer Familienbetrieb, er liegt sozusagen äußerst verkehrsgünstig mitten im Ort auf 800 m Seehöhe und wird von einem Geschwister-Trio mit viel Herz geführt. Hinter traditionellen Holzschindelfassaden zeigt sich ein so gemütliches wie von stilsicherer Hand gestaltetes Ambiente. Stark unterschiedliche Zimmer sind aus sechs Kategorien (DZ von 25 bis 43 m²) wählbar, neben vielen mit Holzböden aus Eiche, Vertäfelungen aus Weißtanne und viel Tageslicht dank bodentiefer Fenster gibt es auch noch einige recht einfache mit Teppichböden. Der Wellnessbereich ist zwar nicht rasend weitläufig, jedoch wunderschön gestaltet. Er bietet feine Ruhezonen, vier Saunen sowie als Highlight ein 18 m langes, auch im Winter nutzbares Freibecken in Infinity-Bauweise. Es befindet sich am Dach des obersten Geschoßes, von hier genießt man einen feinen Ausblick über das Tal. Reichhaltiges Frühstücksbuffet, zumeist sehr gute Küche, eine süße Nachmittagsjause („Naschmittag") ist inkludiert. Sehr freundliche und zuvorkommende Mitarbeiter, präsente Gastgeber, die selbst tüchtig mit anpacken. Für Kids gibt es zahlreiche Spielareale, zudem die Begleitung durch den Tag vom Maskottchen Adler Simmi sowie Tonies-Boxen zur Gratisleihe. Ganz in der Nähe beginnen schöne Wanderwege in großer Zahl, im Winter ist man hier direkt an einer der vielen Loipen, unweit der Naturrodelbahn, außerdem warten rund 40 km Winterwanderwege, Rodeln und Schneeschuhe gibt's zur Gratisleihe. Wermutstropfen: die nahen Straßen. Hunde erlaubt. 56 Liegen, 80 Betten.

Freibecken, Babybecken, Sauna, Dampfbad, Massagen, Kosmetik.

HP ab € 134,–.

WELLNESS 17

Am Holand ***

Grünruhelage mit Fernblick am Ortsrand – Bregenzerwald

6883 Au, Holand 24, 05515-2932

Adults only (ab 16). Ein Stückchen heile Welt: Entzückend, ganz klein und sehr fein präsentiert sich dieser Familienbetrieb – ein uriges 13-Zimmer-Kleinod in traditioneller Holzbauweise. Während viele Wellnesshotels im Bregenzerwald direkt an einer Bundesstraße liegen, ist's hier absolut ruhig, liegt doch das Haus solitär auf einem Sonnenplatzerl hoch über dem Ort (920 m Seehöhe). Ziegen und Kühen weiden ringsum, im Inneren duftet es nach Zirbe, alles glänzt vor Sauberkeit. Zimmer gibt es in acht sehr netten Varianten, sie sind zumeist großzügig (bis 55 m²) geschnitten, der Ausblick auf die Zweitausender ist einfach traumhaft, sogar im Spa! Dieses wurde vor kurzem großzügig modernisiert und erweitert, allerdings ohne dass, wie anderswo fast immer, auch gleich wieder ein neuer Bettentrakt hinzugekommen wäre. Es gibt zwei Saunen und eine Infrarotkabine, einen schönen Ruheraum und außerordentlich gute Massagen, Highlight ist jedoch ein 12 m langer, auch im Winter nutzbarer Infinity-Außenpool. Fabelhafte Restaurantterrasse mit Morgen- und Abendsonne, herrliches Frühstücksbuffet in bester Qualität, ausgezeichnete, ehrlich saisonal und regional orientierte Küche. Der Gastgeber kocht selbst, und das mit Verve: ohne Chichi, köstlich, kreativ und doch der Wäldertradition verbunden, auch Vegetarier werden bestens bedient. Weiters außergewöhnlich: keine Tagungen, keine Events, keine externen Gäste in Spa und Restaurant. Und die selbstgemachten Mehlspeisen der Seniorchefin sowieso. Schöne Wanderwege ohne Zahl. Herzliches, erfrischend authentisches Umfeld, glückliche Gesichter, bester Schlaf. 18 Liegen, 26 Betten.

Freibecken, Sauna, Massagen.

HP ab € 119,–.

WELLNESS 11

Das Schiff in den Bergen ****

Grünlage an der B200 am Ortsrand – Bregenzerwald

6883 Au, Lugen 79
05515-2229

WELLNESS 12

Krone Au ****

Grünlage an der B200 in Au – Bregenzerwald

6883 Au, Jaghausen 4
05515-2201-0

WELLNESS 11

Rössle ****

Grünlage am Ortsrand in Au – Bregenzerwald

6883 Au, Argenau 96
05515-2216

WELLNESS 12

Adler Damüls ****

Grünlage mit Fernblick in Damüls – Bregenzerwald

6884 Damüls, Kirchdorf 132
05510-220-0

WELLNESS 11

Damülser Hof ****S

Grünlage mit Fernblick in Damüls – Bregenzerwald

6884 Damüls, Nr. 147
05510-210-0

WELLNESS 10

Lucia ***S

Grünlage mit Fernblick in Damüls – Bregenzerwald

6884 Damüls, Oberdamüls 148
05510-228

WELLNESS 10

Mittagspitze ****S

Grünlage mit Fernblick in Damüls – Bregenzerwald

6884 Damüls, Kirchdorf 131
05510-211

WELLNESS 10

Walliserstube ****

Grünlage am Ortsrand in Damüls – Bregenzerwald

6884 Damüls, Uga 75, 05510-236

WELLNESS 10

Edelweiss Schoppernau ****

Ortsrandlage an der B200 – Bregenzerwald

6886 Schoppernau, Gschwend 66, 05515-2496

WELLNESS 11

Hirschen ****S

Ortsrandlage an der B200 – Bregenzerwald

6886 Schoppernau, Oberdorf 46, 05515-2115-0

WELLNESS 10

Krone Schoppernau ****

Zentrale Ortslage an der B200 – Bregenzerwald

6886 Schoppernau, Unterdorf 22, 05515-2116

WELLNESS 11

Schönblick ****

Ortslage in Eichenberg – Nähe Bregenz

6911 Eichenberg, Dorf 6, 05574-45965

WELLNESS 13

Fritsch am Berg ****

Grünruhelage mit Fernblick – Nähe Bregenz

6911 Lochau, Buchenberg 10, 05574-43029

Adults only (ab 16). Mit traumhaftem Ausblick:

Ein familiengeführtes Hotel – gleich sechs Familienmitglieder packen hier tüchtig mit an – von überschaubarer Größe, es nennt sich im Namenszusatz „Mental-Spa-Resort“ und liegt wunderschön, nämlich auf 750 m Seehöhe am Waldrand, hoch über dem Bodensee. Das Ambiente gibt sich freundlich und zeitgeistig schlicht, auch im Restaurant sitzt man sehr schön – dank bodentiefer Glasfronten. Zimmer sind aus fünf Kategorien (DZ von 25 bis 40 m^2) wählbar, sie sind hell, stilvoll arrangiert und sehr sauber, haben feine Holzböden, offene Bäder sowie eine inkludierte Minibar mit Snacks, Bier, Prosecco und alkoholfreien Getränken, allein die Toiletten sind eine Fehlplanung von bemerkenswerten Dimensionen. Bei der Wahl des Zimmers sollte man jenen mit Ausblick auf die Schweizer Berge oder auf den Bodensee den Vorzug geben, es lohnt sich allemal. Das nicht allzu große Spa ist geradlinig gestaltet, es bietet unter anderem fünf Saunen, einen knapp 13 m langen Innenpool mit Granderwasser und eine Liegewiese, dem Motto des Hauses folgend gehören Biofeedback, Mental Coaching sowie ein Burnout-Präventionsprogramm zum Angebot. Fabelhafte Terrasse, die Küche ist zumeist sehr gut, Light Lunch und Nachmittagsjause im Spa-Bistro sind inkludiert – Kaffee, Tee und Fruchtsäfte hier ebenso. Freundliche, mitunter etwas überforderte Mitarbeiter, präsente Gastgeber. Das Spa kann an An- und Abreisetag gegen 5 Euro pro Stunde genutzt werden. 22 Liegen, 76 Betten.

Hallenbad, Sauna, Dampfbad, Massagen, Kosmetik, Fitnessgeräte, Personal Trainer.

HP ab € 159,–.

WELLNESS/GESUNDHEIT 11

Linde ****

Grünruhelage mit Fernblick – Bregenzerwald

6934 Sulzberg, Schönenbühl 191

05516-2025-0

WELLNESS 10

Hochhäderich Almhotel ****

Absolute Grünruhelage bei Hittisau – Bregenzerwald

6943 Riefensberg, Hochhäderich 300

05513-8254-0

WELLNESS 9

Quellengarten Vitalhotel ***S

Ortsrandlage in Lingenau – Bregenzerwald

6951 Lingenau, Am Holz 93

05513-6461-0

WELLNESS 15

Das Schiff Romantik-Hotel ****

Grünlage am Ortsrand in Hittisau – Bregenzerwald

6952 Hittisau, Heideggen 311

05513-6220-0

Authentisch, dazu mit gutem Stil: Ein familiengeführtes Kleinhotel, es besteht aus einem alten, holzschindelgedeckten Stammhaus und neuen Zubauten. Das Ambiente der öffentlichen Räume zeigt sich so niveauvoll wie aufwendig gestaltet, Uraltes ist kunstvoll mit Modernem, beides stets aus der Region, verwoben. Zimmer wählt man aus 10 Kategorien (DZ von 26 bis 55 m^2), keines gleicht dem anderen. Manche bieten bodentiefe Fenster, Holzböden sowie Balkon mit belebendem Ausblick in die Natur, alle einnehmend schlichte Vollholzinterieurs, die von jeweils anderen Tischlern aus dem Bregenzerwald angefertigt wurden, jeder Meister wird mit einem Porträtfoto vor dem Zimmer gewürdigt. Das Spa steht ausschließlich Hotelgästen offen, es offeriert unter anderem sechs Saunen, einen knapp 9 m langen, auch im Winter nutzbaren Außenpool, feine Ruhezonen, eine große Liegewiese und ausgezeichnete Massagen. Das Frühstück genießt man im wunderschönen Ernele, einem nach der legendären Seniorköchin Erna benannten Feinkostladen – ein lichtdurchfluteter, hoher Raum mit ebensolchen Regalen, sie sind voll mit allerlei Likören, Schnäpsen und Delikatessen aus der Umgebung, all das ist sehr aufwendig gestaltet und mutet einfach bezaubernd an. Feine Tischkultur, die Küche ist ausgezeichnet (bodenständig, bestes Handwerk), sie verwendet vornehmlich Produkte aus maximal 100 km Entfernung, eine Nachmittagsjause in außergewöhnlicher Qualität ist inkludiert. Freundliches und zuvorkommendes Team, gute Tees, niveauvolle Zeitschriften. Viele langjährige Stammgäste, ringsum zufriedene Gesichter. Wanderwege ohne Zahl, im Winter beginnen die Loipen vor der Haustür. Ungeeignet für Kinder, Hunde erlaubt. 27 Liegen, 60 Betten.

Freibecken, Sauna, Dampfbad, Massagen, Kosmetik, Fitnessgeräte. 18-Loch-Parcours in 10 km, 30 % Greenfee-Rabatt.

HP ab € 158,–.

GESUNDHEIT 11

Engel Fastenpension ***

Grünlage außerhalb von Hittisau – Bregenzerwald

6952 Hittisau, Au 18

05513-6231-0

WELLNESS 10

Erlebach ****
Ortsrandlage in Riezlern – Kleinwalsertal

6991 Riezlern, Eggstraße 21, 05517-5169-0

WELLNESS 10

Jagdhof Riezlern ****
Zentrale Ortslage in Riezlern – Kleinwalsertal

6991 Riezlern, Walserstraße 27
05517-5603-0

WELLNESS 12

Jäger Alpenhof ***s
Ortsruhelage in Riezlern – Kleinwalsertal

6991 Riezlern, Unterwestegg 17, 05517-5234

WELLNESS 11

Oswalda-Hus ****
Zentrale Ortslage in Riezlern – Kleinwalsertal

6991 Riezlern, Leo-Müller-Straße 11
05517-5929

WELLNESS 11

Sonnenburg Genuss- & Aktivhotel ****
Grünruhelage am Ortsrand in Riezlern – Kleinwalsertal

6991 Riezlern, Außerschwende 21
05517-5251

WELLNESS 10

Alphotel Familotel ****
Grünlage am Ortsrand in Hirschegg – Kleinwalsertal

6992 Hirschegg, Schlößleweg 6
05517-5449

WELLNESS 13

Birkenhöhe ****
Grünruhelage am Ortsrand in Hirschegg – Kleinwalsertal

6992 Hirschegg, Oberseitestraße 34
05517-5587

Ein sympathischer Familienbetrieb von ebensolcher Größe, er liegt ruhig auf 1.220 m Seehöhe an einem Südhang über dem Ort, was für einen schönen Ausblick aus vielen Räumen sorgt. Im Winter ist man hier buchstäblich mitten auf der Piste eines Familienskigebiets und unweit der Talstation der Parsenn-Lifte (Achterkabinen und Vierersessel). Das Hotel besteht aus dem Haupthaus und einer ein paar Schritte entfernten kleinen Dependance, die über Apartments für Selbstversorger (mit Küchenzeile) verfügt. Hinter blumengeschmückten Fassaden zeigen sich moderne Ländlichkeit sowie, durch mehrere Anbauten bedingt, etwas unübersichtliche Grundrisse. Gediegene Zimmer wählt man aus 15 Varianten (DZ von 24 bis 65 m^2), die meisten haben Balkon,

Teppichböden sowie helle Vollholzmöbel. Das kleine Spa bietet unter anderem drei Saunen, einen 10 m langen Innenpool, Liegewiese und Sonnenterrasse, die Massagen sind sehr gut, zu bestimmten Terminen werden Qi-Gong-Retreats angeboten. Fabelhafte Restaurantterrasse mit Abendsonne, weiters gibt es eine Bar sowie einen Weinkeller mit feiner Auswahl und fairen Preisen. Gute bis sehr gute Küche, sie favorisiert Zutaten von Bauern aus der Region, Light Lunch und Nachmittagsjause sind inkludiert. Freundliche und zuvorkommende Mitarbeiter, familiäre Atmosphäre, schöne Wanderwege ohne Zahl. Check-out um 10.30 Uhr. Eher ungeeignet für Kinder. 34 Liegen, 110 Betten.

Hallenbad, Sauna, Dampfbad, Massagen, Kosmetik, Ayurveda, Fitnessgeräte.

HP ab € 122,–.

WELLNESS 15

Chesa Valisa Naturhotel ****

Grünruhelage am Ortsrand in Hirschegg – Kleinwalsertal

6992 Hirschegg, Gerbeweg 18
05517-54140

Familienfreundlich. Yoga und Bioküche: Ein engagierter und umweltbewusster Familienbetrieb mit bäuerlichen Wurzeln und jahrhundertelanger Geschichte, er wird bereits in vierter Generation geführt und liegt auf 1.200 m auf einer Anhöhe über dem Ortszentrum, was für einen schönen Ausblick aus vielen Räumen steht. Im Winter ist man fast direkt an der Piste eines Familienskigebiets und nur ein paar Schritte von der Talstation der Heuberg-Sesselbahn entfernt. Das Haus besteht aus drei Logiergebäuden in Vorarlberger Holzbauweise, das älteste ist rund 500 Jahre alt, nur eines von ihnen, das sogenannte Chalet, ist nicht mit dem Spa-Haus verbunden. Die öffentlichen Räume setzen kontemporäre wie traditionelle Akzente, sie verströmen Ruhe, Harmonie und Gemütlichkeit. Zimmer kann man aus 19 Varianten (DZ von 18 bis 75 m^2) wählen, sie begeistern mit Lehmwänden, Vollholzinterieurs, Materialien aus Filz und Schiefer, mit feinen Holzböden, metallfreien Betten mit Wäsche aus Biobaumwolle sowie einem reduzierten Elektrosmogumfeld – W-Lan gibt es demnach nur in der Lobby. Das inwendig nicht allzu große Spa steht ausschließlich Hotelgästen offen, es bietet einen 10 m langen, auch im Winter nutzbaren Außenpool, vier Saunen sowie einen netten Garten mit Bächlein und Liegewiese. Große Auswahl an ayurvedischen Treatments, sehr gute Massagen, Yoga wird täglich zweimal angeboten (eine Einheit ist im Zimmerpreis inkludiert), Yoga-Retreats finden mehrmals im Jahr statt. Gemütliche Restaurantterrasse, reichhaltiges Frühstücksbuffet (mit der Möglichkeit, sich eine Ski- oder Wanderjause mitzunehmen), sehr gute Küche mit strikt biologischer und regionaler Ausrichtung sowie mit veganen und ayurvedischen Alternativen, feiner Weinkeller mit kompetenter Weinberatung, ein Light Lunch ist im Zimmerpreis enthalten. Freundliche und zuvorkommende Mitarbeiter, achtsame und herzliche Gastgeber. Hunde erlaubt. 42 Liegen, 125 Betten.

Freibecken, Sauna, Dampfbad, Massagen, Kosmetik, Ayurveda, Fitnessgeräte.

HP ab € 153,–.

WELLNESS 11

Travel Charme Ifen-Hotel *****

Grünlage in Hirschegg – Kleinwalsertal

6992 Hirschegg, Oberseitestraße 6
05517-608-0

WELLNESS 11

Walserhof ****

An der Hauptstraße in Hirschegg – Kleinwalsertal

6992 Hirschegg, Walserstraße 211
05517-5684

WELLNESS 12

Haller's Genuss & Spa ****S

Grünlage am Ortsrand in Mittelberg – Kleinwalsertal

6993 Mittelberg, Von-Klenze-Weg 5
05517-5551

WELLNESS/GESUNDHEIT 11

IFA Alpenhof Wildental ****

Grünruhelage in Mittelberg – Kleinwalsertal

6993 Mittelberg, Höfle 8
05517-6544-0

WELLNESS 11

Rosenhof ****

Grünruhelage am Ortsrand in Mittelberg – Kleinwalsertal

6993 Mittelberg, An der Halde 15
05517-5194

WELLNESS 10

Steinbock ***

Ortslage in Mittelberg – Kleinwalsertal

6993 Mittelberg, Bödmerstraße 46
05517-20311

BURGEN-LAND

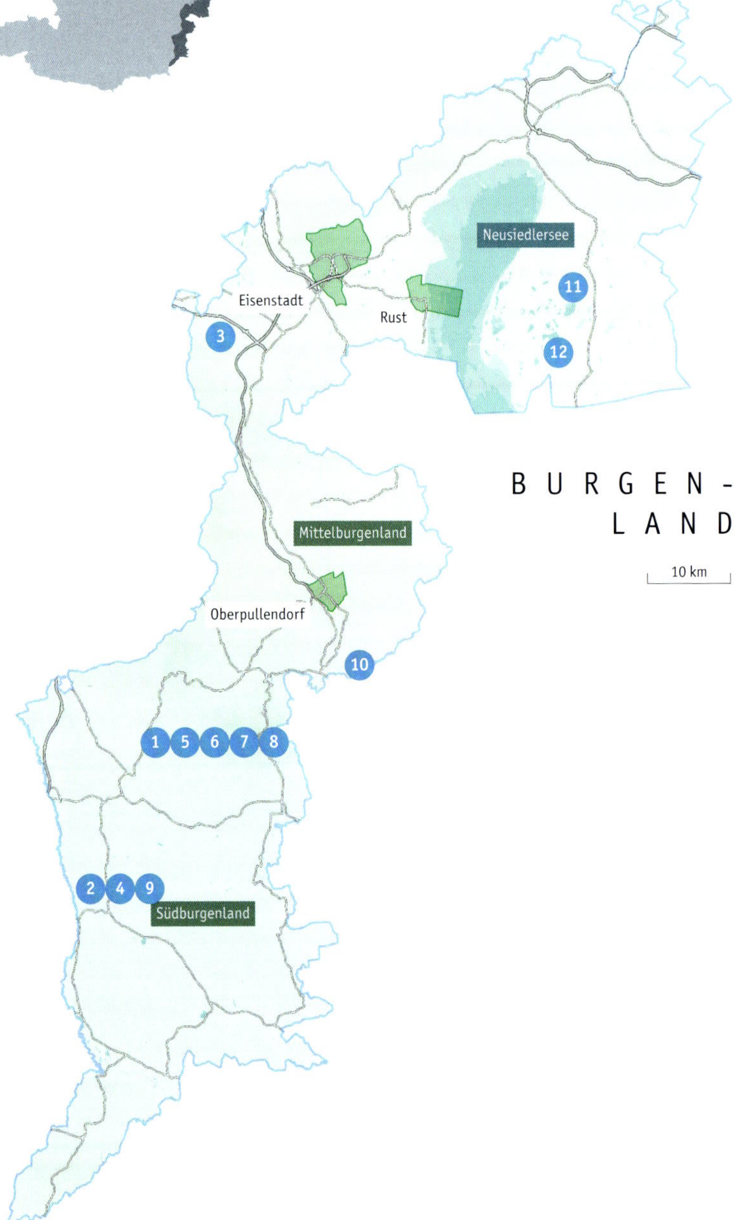
Neusiedlersee
Eisenstadt
Rust
3
11
12
Mittelburgenland
Oberpullendorf
10
1 5 6 7 8
2 4 9
Südburgenland
10 km

ALLE LILIEN-HOTELS IM **BURGENLAND**

	Hotel	Seite
1	**Avita Resort** ****S	236
2	**Falkensteiner Balance Resort** *****	240
3	**Haus Rosalia** ****	235
4	**Larimar** *****S	240
5	**Reduce Hotel Thermal** *****S	237
6	**Reduce Hotel Vital** *****S	237
7	**Reiters Reserve Finest Family** *****S	237
8	**Reiters Reserve Supreme** *****	238
9	**Reiters Resort Stegersbach** ****	240
10	**Sonnenpark** *****S	235
11	**St. Martins Therme & Lodge** *****S	234
12	**Vila Vita Pannonia** ****	234

WELLNESS 11

Seehotel Rust ****

Grünlage am Ortsrand in Rust – Neusiedler See

7071 Rust, Am Seekanal 2-4

02685-381-0

WELLNESS 11

Wende ****

Ortsrandlage in Neusiedl am See

7100 Neusiedl am See, Seestraße 40

02167-8111

WELLNESS 10

Birkenhof Gols ****

Grünlage am Ortsrand in Gols – Neusiedler See

7122 Gols, Birkenplatz 1

02173-2346

KUR/GESUNDHEIT 12

Marienkron

Grünruhelage am Ortsrand – Nähe Neusiedler See

7123 Mönchhof, Birkenallee 2

02173-80205-0

WELLNESS 14

St. Martins Therme & Lodge ****S

Grünruhelage bei Frauenkirchen – 75 km von Wien

7132 Frauenkirchen, Im Seewinkel 1

02172-20500

Hunde- und kinderfreundlich. Die Weekend-Ausstiegshilfe der Vamed-Kette ist ein modernes Großhotel, das direkt an der öffentlichen Therme gleichen Namens liegt. Mit einer Lodge hat das freilich nichts gemein, lediglich Beobachtungen von Vögeln und Pflanzen im nahen Nationalpark kann man unter sachkundiger Führung buchen – gegen Aufpreis. Das Haus bietet durchwegs schöne Zimmer (neun Kategorien, DZ von 24 bis 79 m²), alle haben Holzböden, Klimaanlage und Balkon sowie eine inkludierte Minibar. Die Liste der zubuchbaren „Liebesüberraschungen" für Romantiker ist lang, darunter zu finden sind in Schokolade getauchte Früchte oder Rosenblätter zum Streuen. In der weitläufigen Therme – der Eintritt ist im Zimmerpreis inkludiert – warten unter anderem ein Kinderbereich mit 90 m langer Rutsche sowie ein Wiesenareal mit Kiesstrand, das naturgemäß seine Vorzüge im Sommer ausspielt. Hotelgästen stehen zwei eigene Spa-Bereiche zur Verfügung, sie sind zwar hinsichtlich der Pools ausgesprochen klein, erfreuen aber mit insgesamt sieben Saunen. Fabelhafte Restaurantterrasse, reichhaltiges Frühstücksbuffet mit regionalen Spezialitäten, gute Küche, viele freundliche Mitarbeiter. Durchwegs urbane Gästeschar – die meisten kommen aus Wien. Ruhesuchenden sei empfohlen, eventuell stattfindende Tagungen und Feierlichkeiten vor der Buchung abzuklären. Das Spa kann bereits am Anreisetag ohne Aufpreis genutzt werden. Kinderbetreuung in der Therme täglich vier Stunden, an Wochenenden und in den Ferien sind's sieben. Achtung: Der angegebene Ab-Preis ist ein Flex-Tarif und kann in der Praxis erheblich höher ausfallen.
216 Liegen, 470 Betten.

Naturbadeteich, Thermalfreibecken, Thermalhallenbad, Sauna, Dampfbad, Massagen, Kosmetik, Fitnessgeräte, Personal Trainer.

HP ab € 135,–.

WELLNESS 11

Seewirt ****

Strandlage in Podersdorf – Neusiedler See

7141 Podersdorf, Strandplatz 1

02177-2415

WELLNESS 15

Vila Vita Pannonia ****

Grünruhelage bei Pamhagen – Nähe Neusiedler See

7152 Pamhagen, Storchengasse 1

02175-2180-0

Hunde- und familienfreundlich. Ein nettes Urlaubsresort inmitten der pannonischen Tiefebene, zur ungarischen Grenze ist's nicht weit: Auf einem Areal von nicht weniger als 200 Hektar liegt diese Anlage, sie besteht aus knapp 130 Bungalows, einem Hotel als Hauptgebäude sowie 20 neuen „Seeresidenzen" mit eigener Sauna, mit Weinklimaschrank und direktem Seezugang. Die Hotelzimmer (DZ von 23 bis 46 m²) verströmen gefällige Klassik, die äußerlich typisch burgenländischen Landhäuser bieten inwendig nordisch angehauchte Eleganz. Das inwendig nicht allzu große Spa verfügt über einen 11 m langen, auch im Winter nutzbaren Außenpool, sechs Saunen und einen feinen FKK-Bereich im Freien. Die Massagen sind gut, Ayurveda gibt es aber neuerdings nicht mehr. Außergewöhnlich vielfältig sind die Aktivmöglichkeiten, unter anderem gibt es einen richtigen Badesee mit Sandstrand, Kanus und Tretbooten sowie zahlreiche Sportmöglichkeiten, etwa Reiten, Naturminigolf oder Beachvolleyball. Kindern wird ein großer Erlebnisspielplatz geboten, besonders beliebt ist zudem der Streichelzoo mit Ponys, Hasen und Meerschweinchen. Ganztägige Kinderbetreuung von Mitte April bis Ende September. Durchwegs freundliche und zuvorkommende Mitarbeiter, gute bis sehr gute Küche, neues À-la-carte-Restaurant mit stylischen Möbeln und Lampen sowie großer Sonnenterrasse. Der Erholungsfaktor wird mitunter durch Feiern und Tagungen getrübt. Gästen mit Hunden steht eine eingezäunte Liegewiese ebenso zur Verfügung wie ein eigener Hundebadeteich. 51 Liegen, 700 Betten.

Naturbadeteich, Freibecken, Hallenbad, Babybecken, Außensauna, Sauna, Dampfbad, Massagen, Kosmetik, Fitnessstudio. Tennishalle, Tennisplätze.

HP ab € 140,–.

KUR 14

Haus Rosalia ****

Grünruhelage in Bad Sauerbrunn – 75 km südlich von Wien

7202 Bad Sauerbrunn, Hartiggasse 4

02625-300-8000

Mit fachlichem Fokus auf Kuren für den Stütz- und Bewegungsapparat sowie für Nieren und Harnwege: Ein solides Kur- und Seminarhotel des Gesundheitszentrums Bad Sauerbrunn, es ist direkt mit dem Sonnberghof (Spezialist für onkologische Rehabilitation), in dem auch Rezeption und Restaurant untergebracht sind, verbunden. Die zweckmäßig arrangierten Zimmer (DZ mit 22 m^2) haben Teppichböden, die westseitigen bieten Ausblick auf den Wald und sind ruhiger als jene an der Ostseite. Auch der Wellnessbereich ist funktionell gestaltet und bietet unter anderem einen 25 m langen Innenpool, einen knapp 12 m langen, auch im Winter nutzbaren Thermalaußenpool und insgesamt vier kleine Saunen. Gleich drei natürliche Heilvorkommen sind vorhanden: Thermalwasser, Kohlensäuregas und der magnesiumreiche „Säuerling". Letzterer wirkt fabelhaft gegen Übersäuerung und half uns zudem, Blutwurst, Paprikahendl und Erdbeerpanacotta zu verdauen. Für Privatzahler (die hier neben den Sozialversicherungsgästen eine kleine Minderheit sind) stehen unter anderem dreiwöchige Privatkuren mit 54 Anwendungen sowie sieben- bis vierzehntägige Wohlfühlaufenthalte ohne medizinische Leistungen im Angebot. Gute Therapien, breites Therapiespektrum, auch Akupunktur, Faszientraining und Qi Gong. Alles sehr sauber, viele freundliche und kompetente Mitarbeiter. Schöne Wanderwege ab der Hoteltür – das Haus liegt unmittelbar am Fuße des Rosaliengebirges. Sauberes Preis-Leistungs-Verhältnis. Gratisgarage für alle. Ungeeignet für Kinder. 111 Liegen, 242 Betten.

Thermalfreibecken, Thermalhallenbad, Sauna, Dampfbad, Massagen, Kosmetik, Fitnessgeräte.

HP ab € 116,–.

WELLNESS 10

Das Blaufränkisch

Ortslage in Deutschkreutz – Nähe Lutzmannsburg

7301 Deutschkreutz, Girmer Straße 45

02613-80322

WELLNESS 10

Kurz Sport-Hotel

Ortsrandlage in Oberpullendorf – Nähe Lutzmannsburg

7350 Oberpullendorf, Stadiongasse 16

02612-43233

WELLNESS 10

All in Red ****

Grünlage in Lutzmannsburg – 100 km südlich von Wien

7361 Lutzmannsburg, Thermenplatz 7

02615-81313

WELLNESS 9

Kurz Thermenhotel ****

Ruhelage in Lutzmannsburg – 100 km südlich von Wien

7361 Lutzmannsburg, Thermengelände 6

02615-81244

WELLNESS 14

Sonnenpark ****S

An der Therme Lutzmannsburg – 100 km südlich von Wien

7361 Lutzmannsburg, Thermengelände 2

02615-87171-1000

Paradies für die Kleinen. Ein Baby- und Kinderhotel direkt an der öffentlichen Therme, die über einen kurzen Bademantelgang zu erreichen ist. Alles präsentiert sich sehr sauber, Zimmer gibt es in sechs Kategorien (DZ von 32 bis 76 m^2), sie sind zweckmäßig gestaltet, haben Klimaanlage sowie zumeist Kaffeemaschine, aber keinen Balkon. Fürs Baby findet man alles, was man braucht – Babybadewanne, Töpfchen, Waschmaschine und Fläschchenküche mit hausgemachtem Brei inklusive. Die Therme ist weitläufig, dazu gehören zahlreiche Pools, sieben Saunen sowie superlange Wasserrutschen, Wildwasserkanal oder „5D-Wasserkino" mit beweglichen Sitzen. Hotelgästen steht eine zusätzliche Badelandschaft mit Innen- und Außenbecken zur Verfügung, Massagen gibt es bereits für Kinder ab 4 Jahren. Frühstück ab 7 Uhr (mit Milchreis und Grießkoch), Mittagsbuffet und Nachmittagsjause sind im Zimmerpreis inkludiert – ein Getränkepaket mit Bier, Wein und alkoholfreien Getränken kann dazugebucht

werden. Viele freundliche Mitarbeiter, Check-out bis 12 Uhr. Täglich fünfeinhalb Stunden Betreuung für Babys sowie 12 Stunden für Kinder ab zwei Jahren. Für Ruhesuchende und Genießer eher ungeeignet. 210 Liegen, 350 Betten.

Thermalfreibecken, Thermalhallenbad, Babybecken. In der öffentlichen Therme: Thermalfreibecken, Thermalhallenbad, Außensauna, Sauna, Dampfbad, Massagen, Kosmetik, Fitnessgeräte. 18-Loch-Parcours in 0,5 und 21 km, bis zu 15 % Greenfee-Rabatt.

VP ab € 163,–.

WELLNESS 10

Vier Jahreszeiten Thermenhotel

Grünruhelage in Lutzmannsburg – 100 km von Wien

7361 Lutzmannsburg, Thermengelände 4, 02615-81222

WELLNESS 13

Avita Resort ****S

Grünruhelage in Bad Tatzmannsdorf – 120 km von Wien

7431 Bad Tatzmannsdorf, Thermenplatz 1

03353-8990

Ein Großhotel für Wellness und Firmenseminare, es liegt direkt an der gleichnamigen öffentlichen Therme. Zimmer wählt man aus acht Kategorien (DZ von 24 bis 120 m²), neben solchen mit zeitgemäßen Interieurs gibt es auch noch einige angejahrte, diese werden schrittweise renoviert. Der hoteleigene Wellnessbereich („Avita exklusiv") bietet nicht unbedingt rasend viel, etwa einen 12 m langen, auch im Winter nutzbaren Außenpool, ein 9 m langes Innenbecken sowie vier Saunen. Die Therme ist hingegen weitläufig, dazu gehören sieben Pools sowie 14 Saunen – vier davon befinden sich in einem (neu renovierten) separaten Ladys-Spa. Spezialaufgüsse kosten einen Euro, die Therme kann bereits am Anreisetag ganztägig ohne Aufpreis genutzt werden. Schöne Restaurantterrasse, die Küche hat noch etwas Luft nach oben, ein Light Lunch ist im Preis enthalten. Täglich umfangreiches Aktivprogramm, Fahrräder und E-Bikes gibt es zur Gratisleihe. Viele alte Stammgäste, nicht selten dient das Haus auch als Trainingscamp für ganze Fußballmannschaften. Ungeeignet für Kinder, Hunde erlaubt. 104 Liegen, 236 Betten.

Thermalfreibecken, Thermalhallenbad, Sauna, Dampfbad. In der öffentlichen Therme: Naturbadeteich, Thermalfreibecken, Thermalhallenbad, Außensauna, Sauna, Dampfbad, Massagen, Kosmetik, Fitnessstudio, Personal Trainer. 27-Loch-Parcours in 4 km.

HP ab € 130,–.

KUR/WELLNESS 14

Reduce Hotel Thermal ****S

Grünruhelage am Ortsrand – 120 km südlich von Wien

7431 Bad Tatzmannsdorf, Elisabeth-Allee 1, 03353-8200-50

Adults only (ab 15). Kurmäßiges Urgestein: das ehemalige Kur- & Thermenhotel, nun schon seit geraumer Zeit mit diesem etwas irritierenden Namen, der zu diesem Haus ebenso wenig passt wie sein gestylter Internetauftritt. Das etwas angejahrte Haus gehört zum Gesundheitsressort Bad Tatzmannsdorf und ist auf Kuren gegen Gefäßleiden und Erkrankungen des Stütz- und Bewegungsapparats spezialisiert, zum Einsatz kommen gleich drei natürliche Heilvorkommen, Kohlensäuremineralwasser, Heilmoor und Thermalwasser wirken dabei unterstützend. Die blitzsauberen Zimmer (fünf Kategorien, DZ von 26 bis 75 m^2) sind hochwertig, aber etwas démodé möbliert – dem Zielpublikum sind solche optische Kleinigkeiten offensichtlich egal. Das relativ großzügig angelegte Thermal-Spa bietet unter anderem einen knapp 20 m langen Außenpool, drei Saunen sowie ausgezeichnete Massagen. Eher einfache, zumeist gute Küche, sie versteht sich ebenso auf vegane Varianten, Light Lunch und ein nachmittägliches Kuchenbuffet sind inkludiert. Ruhevolles Umfeld, sehr freundliche Mitarbeiter. Liegewiese, Lauf- und Walking-Strecken ohne Zahl. Gratisgarage für alle. Hunde erlaubt. 110 Liegen, 124 Betten.

Thermalfreibecken, Thermalhallenbad, Sauna, Dampfbad, Massagen, Kosmetik, Fitnessgeräte, Personal Trainer. 27-Loch-Parcours in 3 km.

HP ab € 129,–.

WELLNESS/KUR 14

Reduce Hotel Vital ****S

Grünruhelage am Ortsrand – 120 km südlich von Wien

7431 Bad Tatzmannsdorf, Elisabeth-Allee 2

03353-8200-60

Nahe dem öffentlichen Kurpark: Ein Thermenhotel in angenehm überschaubarer Größe, es setzt seit kurzem auf betulich jugendlich-flottes Marketing. „Inspirierend und erfrischend anders" heißt neuerdings das Motto des Hauses, das finden wir etwas misleading, schwebt doch über allem ein Hauch von Kurhausflair. Die Zimmer zeigen sich angenehm arrangiert sowie durchwegs äußerst großzügig geschnitten (neun Kategorien, DZ von 29 bis 58 m^2), alle haben Balkon und Holzböden, Klimaanlage gibt's jedoch keine. Das inwendig nicht allzu große Spa verfügt über vier Saunen, zwei Thermalpools und punktet mit einem feinen FKK-Bereich im Freien sowie mit sehr guten Massagen. Gutes Frühstücksbuffet, bei der Küche gibt es noch etwas Luft nach oben, Light Lunch und eine süße Nachmittagsjause sind im Zimmerpreis inkludiert. Freundliche Mitarbeiter, viele langjährige Stammgäste. Zu bestimmten Terminen werden vegane Kochkurse sowie Yoga-Retreats angeboten. Liegewiese, Lauf- und Walking-Strecken ohne Zahl. Gratisgarage für alle. Ungeeignet für Kinder, Hunde erlaubt. 122 Liegen, 105 Betten.

Thermalfreibecken, Thermalhallenbad, Außensauna, Sauna, Dampfbad, Massagen, Kosmetik, Fitnessstudio, Personal Trainer. 27-Loch-Parcours in 3 km.

HP ab € 119,–.

WELLNESS 18

Reiters Reserve Finest Family ****S

Grünruhelage bei Bad Tatzmannsdorf – 120 km von Wien

7431 Bad Tatzmannsdorf, Am Golfplatz 4

03353-8841-610

Baby- und kinderfreundlich. Ein ebenso unvergleichliches wie liebenswertes All-inclusive-Haus unter Eigentümerführung, es liegt inmitten von Reiters Reserve, einer Art Beinahe-Naturreservat, das sich über 125 Hektar Hügelland erstreckt. Mit Wäldern und Wiesen, mit Teichen, Weiden und Feldern. Mit 27-Loch-Platz plus Golfschule und Lipizzaner-Reitstall. Außerdem gibt es eine Vielzahl von Tieren, sogar recht exotische, bis hin zu Wasserbüffeln. Auch Kasimir ist einer, zudem schlechthin Liebling der Kinder, weil er sie allmorgendlich mit seiner Freundin Lilly, der „süßen Maus", vom Frühstück zum Singen und Tanzen abholt. Danach tollen sie in riesigen Spielarealen und spannenden Outdoor-Bereichen (Spielbauernhof, Seilpyramide, etwa auch eine eigene weitläufige Badelandschaft mit Wasserrutschen und Babybecken gibt es, die freilich kein Hort für Ruhesuchende sein will). Die Betreuung der Kleinen (täglich 12 Stunden) ist ab dem sechsten Monat inkludiert und in vier altersgerechten Gruppen mit maximal 10 Kindern organisiert, wir haben sie stets als warm, herzlich und kompetent erlebt. Zimmer wählt man aus 19 zeitgemäßen und blitzsauberen Varianten (DZ von 29 bis 110 m^2), alle haben Holzböden, Klimaanlage und gute Betten, Balkon oder Terrasse sind fast immer dabei – und das W-Lan ist schnell. Im zweiten Wellnessbereich kommen Erwachsene auf ihre Kosten, es gibt fünf Süßwasser- und Thermalpools, einen weitläufigen Außenbereich mit einem kinderfreien Saunadorf samt wohligem FKK-Garten sowie insgesamt 10 Saunen, die Massagen

sind sehr gut, das Aktiv- und Entspannungsprogramm außerordentlich vielfältig. Reichhaltiges Frühstücksbuffet, gute Küche mit vegetarischen Alternativen, die meisten Zutaten kommen von den drei hauseigenen Bauernhöfen sowie von kleinen, feinen Produzenten aus der Region. Alle Getränke sind inkludiert, Ausnahmen gibt es nur für Champagner und exklusive Weine! Viele langjährige und ausgesprochen freundliche und hilfsbereite Mitarbeiter, keine externen Gäste in Spa und Restaurant. Echt nett: Das Mittagessen am Abreisetag ist inkludiert, das Zimmer muss erst um 12 Uhr mittags freigegeben werden. Bestens ausgestattete Gästewaschküche, Gratisgarage für (fast) alle. Wer nachrechnet, was man hier alles in einer tollen Qualität bekommt, kann nicht umhin, das Haus auch für sein großartiges Preis-Leistungs-Verhältnis zu lieben. Für kinderlose Paare und Ruhesuchende nur bedingt geeignet. Hunde erlaubt. 242 Liegen, 360 Betten.

Thermalfreibecken, Freibecken, Babyfreibecken, Thermalhallenbad, Hallenbad, Babybecken, Außensauna, Dampfbad, Kosmetik, Massagen, Fitnessstudio, Personal Trainer. 27-Loch-Parcours. Tennishalle, Tennisplätze. An der Lauf- und Walking-Arena.

All-inclusive-VP ab € 200,–.

WELLNESS 20

Reiters Reserve Supreme *****

Grünruhelage bei Bad Tatzmannsdorf – 120 km von Wien

7431 Bad Tatzmannsdorf, Am Golfplatz 1

03353-8841-609

Adults only (ab 16). Fassadenmäßig nur mit Sehbehinderung ein Feschak, in den entscheidenden Bereichen hingegen ein mit fünf Sternen dekorierter Wohltäter für die Sinne: Eines der Top-Thermenhotels des Landes, es ist eigentümergeführt, liegt am Waldrand und wie das Finest Family in einem 125 Hektar großen Grünareal, dem „Reserve", zu dem ein hoteleigener 27-Loch-Golfplatz und ein Lipizzaner-Reitstall gehören. Ringsum grasen Wasserbüffel, Esel, Schafe und Rinder. Der Ausblick tut gut, die herzliche Atmosphäre entspannt schon beim Check-in, zu dem ein Gläschen Champagner gereicht wird. Zimmer sind aus 15 Varianten wählbar (DZ von 31 bis 68 m^2), sie sind ansprechend gestaltet, alle haben Holzböden, übergroße, gute Betten, herrliche Bettwäsche sowie Balkon oder Terrasse. Auch in Sachen Wellness genießt man Verwöhnung pur, gibt es doch ein ausgesprochen weitläufiges und nur Hausgästen offenstehendes Thermal-Spa, zu dem unter anderem neun unterschiedlich temperierte Pools (Sole, Süßwasser, mineralisiertes Thermalwasser), ein separater Ladys-Bereich, feine Rückzugsoasen sowohl innen als auch im Freien sowie insgesamt fünf Saunen zählen. Die Massagen sind vom Allerfeinsten, zudem werden auch medizinische Check-ups sowie ein umfangreiches Aktivprogramm angeboten. Fabelhafte Restaurantterrassen, freundliche und zuvorkommende Mitarbeiter, darunter viele langjährige. Die Küche ist ausgezeichnet, bietet auch Veganes und begeistert uns ganz besonders, weil man hier genau weiß, woher das Essen kommt, stammen doch fast alle Zutaten aus feinen regionalen Kleinbetrieben sowie aus den eigenen Bauernhöfen, wo die Tiere in freier Natur leben, ausschließlich biologisches Futter erhalten und ebendort geschlachtet werden. Das bedeutet nicht weniger als Stressfreiheit für die Tiere, und das wiederum null Stresshormone im Blut – die Voraussetzung für allerbeste Fleischqualität! Von ihr kann man sich übrigens gegen einen kleinen Aufpreis überzeugen, bei einem acht Wochen am Knochen gereiften Angus-Steak, natürlich nach dem Dry-Aged-Verfahren. Und vieles, von Brot bis hin zu Nudeln, Saucen und Fruchtsäften, wird selbstgemacht, fabrikmäßig Vorgefertigtes und Geschmacksverstärker sind in dieser Küche tabu, und das muss man heute anderswo längst mit der Lupe suchen! Geboten wird übrigens eine klassische Halbpension, gegen einen geringe Aufzahlung erhält man Mittagsgerichte und Nachmittagssnacks dazu. Große Freude machen auch die Weine, und zwar sowohl bei der Auswahl als auch bei den Preisen, auch das ist eine absolute Besonderheit in der Luxuskategorie. Hunde erlaubt. 243 Liegen, 356 Betten.

Thermalfreibecken, Solefreibecken, Thermalhallenbad, Außensauna, Sauna, Dampfbad, Massagen, Kosmetik, Fitnessstudio, Personal Trainer. 27-Loch-Parcours, bis zu 65 % Greenfee-Rabatt. Tennishalle, Tennisplätze. An der Lauf- und Walking-Arena.

HP ab € 188,–.

WELLNESS/KUR 11

Simon ****

Grünlage in Bad Tatzmannsdorf – 120 km von Wien

7431 Bad Tatzmannsdorf, Am Kurpark 3

03353-7017-0

WELLNESS 11

Krutzler ****

Ruhige Ortslage bei Güssing – 175 km von Wien

7522 Heiligenbrunn, Nr. 16

03324-7240

Reiters Reserve Supreme

WELLNESS 10

Strobl Vital ****

Ortslage an der B57 bei Oberwart – 140 km von Wien

7533 Ollersdorf, Hauptstraße 64, 03326-52615

WELLNESS 14

Falkensteiner Balance Resort *****

Grünruhelage am Golfplatz von Stegersbach

7551 Stegersbach, Panoramaweg 1, 03326-55155

Hundefreundlich, Adults only (ab 14). Ganz nah am 45-Loch-Golfplatz: Ein Großhotel unter Kettenflagge, es liegt schön auf einer Anhöhe und fokussiert auf Wellness, Tagungen und Events. Die öffentlichen Räume zeigen sich in etwas beliebiger Modernität, Zimmer sind aus sechs mitunter nicht mehr ganz taufrischen Varianten (DZ von 36 bis 68 m²) wählbar. Sie haben alle Holzböden, Klimaanlage sowie Balkon – auf jenen an der Poolseite kann man die Nachmittagssonne genießen. Erwähnenswert sind die Spa-Suiten, sie sind großzügig geschnitten und präsentieren sich mit Sauna, Whirlpool und großer Terrasse. Die Erstbefüllung der Minibar mit fünf alkoholfreien Getränken ist inkludiert, ebenso die Kapseln für eine Kaffeemaschine. Das Spa ist nicht rasend weitläufig geraten, es steht jedoch nur Hotelgästen offen und bietet unter anderem drei Pools, vier Saunen sowie sehr gute Massagen – im Gegensatz zu den anderen Thermenhotels ringsum muss es jedoch ohne Thermalwasser auskommen. Über einen Bademantelgang gelangt man in die öffentliche Therme, sie bietet ein wahres Füllhorn an Attraktionen für Kinder, kostet allerdings ganz gehörig Aufpreis. Fabelhafte Restaurantterrasse, Langschläferfrühstück am Wochenende (bis 11.30 Uhr), die Küche ist zumeist gut, ein Light Lunch neuerdings inkludiert. Viele freundliche Mitarbeiter, längst nicht alle agieren jedoch den fünf Sternen entsprechend, bei so manchen wichtigen Kleinigkeiten hatten wir dasselbe Gefühl. 204 Liegen, 282 Betten.

Freibecken, Hallenbad, Außensauna, Sauna, Dampfbad, Massagen, Kosmetik, Fitnessgeräte, Personal Trainer. 45-Loch-Parcours in 0,3 km. Leihfahrräder gratis.

HP ab € 163,–.

WELLNESS/KUR 16

Larimar ****S

Grünruhelage am Golfplatz von Stegersbach

7551 Stegersbach, Panoramaweg 2, 03326-55100

Hundefreundlich. Hotel für jeden? Ein inhabergeführtes Thermen- und Kurhotel, es bedient die unterschiedlichsten Zielgruppen, etwa auch Golfer, Tänzer, Familien und Romantiker, zudem fokussiert es neben Kuren und Wellness auch auf ayurvedisches Panchakarma und Basenfasten. Das Haus bietet einen ovalen Grundriss und ansprechende öffentliche Räume, mit Ziegelbauweise, guter Schalldämmung und viel unbehandeltem Lärchenholz sorgt man für ein spürbar angenehmes Raumklima. Zimmer stehen in 11 optisch recht unterschiedlichen Kategorien (DZ von 32 bis 87 m²) zur Auswahl, sie haben geölte Eichenböden sowie Balkon oder Terrasse, ein belebender Ausblick in die Natur ist aber kaum zu haben. Für Gäste mit Hunden gibt es spezielle Zimmer, für die Vierbeiner Duschen und sogar einen Badeteich. Das Spa steht ausschließlich Hausgästen offen, es bietet unter anderem einen 20 m langen Außenpool, sieben Saunen, zahlreiche Ruhezonen und einen wohlig warmen Nacktpool. Weiters gibt es einen Garten mit kleinem Sandstrand, lauschigen Rasenplätzen, Zierteich und Kneipp-Tretbecken. Sehr gute Massagen, umfangreiches Aktivprogramm, auch Yoga, Meditation und Pilates. Kleine Restaurantterrasse, reichhaltiges Frühstücksbuffet bis 11 Uhr, die Küche begeistert nicht an allen Tagen, Light Lunch und süße Jause sind inkludiert. Auch Fasten- und Mayrkuren sowie Hundetrainings werden angeboten, der Wellnessbereich kann am Abreisetag ohne Aufpreis ganztägig genutzt werden. Anmerkung: Der angeführte Ab-Preis bezieht sich hier ausnahmsweise nicht wie üblich auf das kleinste DZ, da dieses kein vollwertiges Doppelbett hat. Ungeeignet für Kinder. 230 Liegen, 220 Betten.

Thermalfreibecken, Freibecken, Solefreibecken, Thermalhallenbad, Sauna, Dampfbad, Massagen, Kosmetik, Ayurveda, Fitnessgeräte, Personal Trainer. 45-Loch-Parcours in 0,3 km.

HP ab € 173,–.

WELLNESS 11

Puchas Plus ****

Grünruhelage am Golfplatz von Stegersbach

7551 Stegersbach, Thermenstraße 16, 03326-53310

WELLNESS 17

Reiters Resort Stegersbach ****

Grünruhelage am Golfplatz von Stegersbach

7551 Stegersbach, Golfstraße 1, 03326-500-0

Familienfreundlich. „Leistbarer Luxus" lautet hier der werbliche Claim, und das kann man getrost so stehenlassen. Denn das privat geführte Großhotel – es steht im Gebäudeverbund mit der öffentlichen Allegria-Familientherme – bietet eine außergewöhnlich großzügig angelegte Infrastruktur in Verbindung mit einem hervorragenden Preis-Leistungs-Verhältnis. Die Zimmer (11 Kategorien, DZ von 25 bis 130 m²) sind zweckmäßig

bis schlicht-elegant arrangiert, haben zumeist Balkon und schnelles W-Lan, und sie liegen in drei unterschiedlich alten Logiergebäuden. Diese heißen „Residenz“ (hell, mit Holzböden), „Village“ (mit sehr preisgünstigen Zimmern, Teppichböden und dem weitesten Weg in die Therme) und „Family“ (mit Holzböden und dem kürzesten Weg in die Therme). Die Familientherme offeriert unter anderem einen weitläufigen Bereich mit acht Saunen, 14 Pools, 1.500 m² Wasserfläche sowie innen und außen zahlreiche Attraktionen für Kids (die längste der Wasserrutschen geht über 100 m), zudem einen weitläufigen Bereich mit sechs Saunen. Ruhesuchenden bietet das Haus zwei hoteleigene Spa-Bereiche mit Pools, angenehmen Ruheräumen und feiner FKK- und Saunazone, die zur Gänze als Nacktbereich konzipiert ist. Für Kinder gibt es nette und großzügig angelegte Spielareale, Papa oder Mama müssen hier aber anwesend sein, denn eine Betreuung ist nur stundenweise und gegen Gebühr erhältlich. Buchen kann man NF, VP oder VP plus (mit alkoholfreien Getränken zu allen Mahlzeiten), alle Mahlzeiten werden in Buffetform gereicht, zwei Restaurants stehen zur Auswahl, wobei wir jenes im Hotel gegenüber dem in der Therme bevorzugen, weil es über eine nette Terrasse verfügt. Freundliche und hilfsbereite Mitarbeiter, gute Qualität am Frühstücksbuffet, gute Küche, die sich auch auf Vegetarisches versteht. Golfern steht gegen einen kleinen Aufpreis Österreichs größte Golfanlage zur Verfügung, für Läufer und Wanderer gibt es zahlreiche beschilderte Wege. Die Therme kann an An- und Abreisetag kostenfrei genutzt werden, ein zusätzliches Mittagessen, wahlweise am Anreise- oder am Abreisetag, ist inkludiert. Gratisgarage für alle, Hunde erlaubt. 180 Liegen (im Hotel-Spa), 800 Liegen (in der Therme), 520 Betten.

Thermalfreibecken, Thermalhallenbad, Außensauna, Sauna, Dampfbad, Massagen, Kosmetik, Fitnessgeräte. In der Therme: Thermalfreibecken, Thermalhallenbad, Sauna, Dampfbad. 45-Loch-Parcours in 0,1 km, bis zu 50 % Greenfee-Rabatt.

VP ab € 119,–.

WELLNESS 10

Maiers Schlafgut ****

Grünruhelage – Nähe Therme Loipersdorf

8380 Jennersdorf, Grieselstein Therme 99, 03329-45288-0

WELLNESS 11

Eisenberg ****

Grünlage – Nähe Therme Loipersdorf

8383 Eisenberg an der Raab, Mitterberg 32, 03329-48833-0

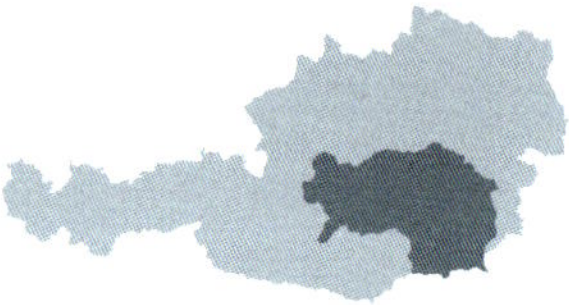

21
5
26
Gröbming
Ennstal
18
23
11
Dachstein
1
6
19
20
9
Niedere Tauern
Hochschwab
Leoben
8
STEIERMARK
10 km

ALLE LILIEN-HOTELS IN DER **STEIERMARK**

	Hotel	Seite
1	**Berghof Ramsau** ****	262
2	**Das Kappel Winzer-Wellness** ****	253
3	**Der Steirerhof** *****	245
4	**Die Klause Gesundheitsgut**	250
5	**Erzherzog Johann** ****	263
6	**Falkensteiner Schladming** ****S	259
7	**Fasching Dorfhotel** ****S	255
8	**G'Schlössl Murtal**	257
9	**Höflehner Naturhotel** ****S	258
10	**Kowald** ****	249
11	**Lindenhof Ramsau** ****	263
12	**Loisium Wine & Spa Südsteiermark** ****	254
13	**Mandira Ayurveda Resort** ****S	247
14	**Pierer Almwellness** ****S	244
15	**Quellenhotel Heiltherme** ****	248
16	**Rogner Bad Blumau** ****	250
17	**Romantik-Hotel im Park** ****S	254
18	**Schloss Pichlarn** *****	257
19	**Schütterhof** ****	260
20	**Schwaigerhof** ****S	260
21	**Seevilla Romantik-Hotel** ****S	265
22	**Spa Resort Styria** ****S	248
23	**Spanberger Gesundheitshotel** ****	258
24	**Stoiser Thermenhotel** ****S	249
25	**Villa Gleichenberg**	252
26	**Wasnerin G'sund & Natur** ****S	264

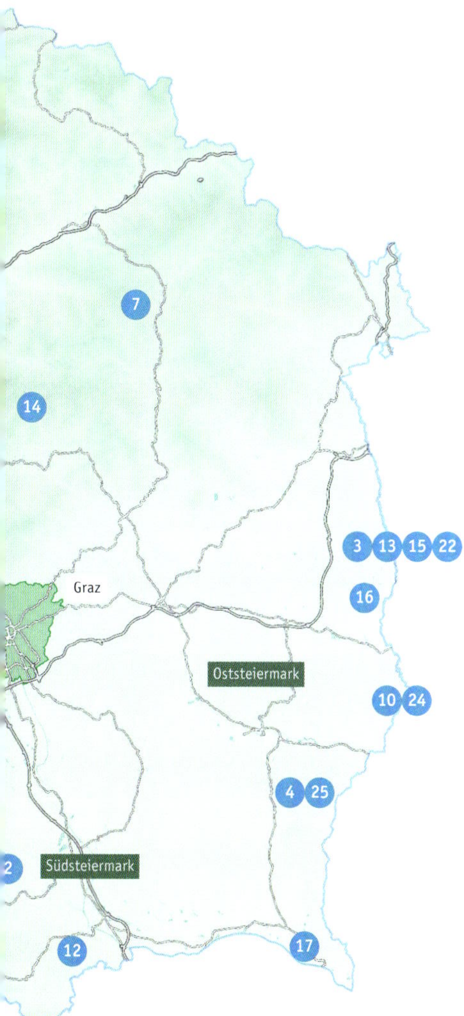

WELLNESS 9

Stoiser's garni

Stadtrandlage in Graz

8044 Graz, Mariatroster Straße 174, 0316-392055

WELLNESS 10

Novapark ***S

Grünlage am Stadtrand in Graz

8051 Graz, Fischeraustraße 22, 0316-682010-0

WELLNESS 17

Pierer Almwellness ****S

Grünruhelage auf der Teichalm – 50 km nördlich von Graz

8163 Fladnitz, Teichalm 77

03179-7172

Mit herrlichem Panorama: Auf einer Alm auf 1.250 m Seehöhe gelegener Familienbetrieb, er wurde in den vergangenen Jahren schrittweise modernisiert und immer wieder vergrößert, was den einfachen Almgasthof von ehedem sukzessive in ein fesches Wellnesshotel mit fast der dreifachen Größe verwandelte. Das führte – wie so oft auch anderswo zu sehen ist – zu geheimnisvoll verwinkelten Grundrissen, aber auch zu einem zeitgemäßen und recht gemütlichen Ambiente, das von Naturstein, Lärche, Glas und Fichtenaltholz geprägt ist. Während der Lockdown-Zeit erhielten zahlreiche Zimmer ein Makeover, insgesamt kann man nun aus 15 Kategorien (DZ von 29 bis 90 m^2) wählen, sie präsentieren sich nun allesamt in moderner Ländlichkeit, viele haben Holzböden und Balkon, der Bademantel ist aus reiner Baumwolle, das W-Lan superschnell. Auch am Spa wurde wiederum gefeilt, vor allem die Ruhezonen innen und außen wurden vergrößert, neu ist auch ein Ruheraum, der als Plauderstübchen für Damen konzipiert ist, schade nur, dass es indoor keinen Nacktliegebereich gibt und ein solcher auch im Freien nur wenig Platz bietet. Weiters geboten werden unter anderem sieben Saunen (eine davon textil), ein 10 m langer Innenpool und ein knapp 20 m langer, auch im Winter nutzbarer Außenpool, ein von April bis Oktober beheizter Schwimmteich, zwei Whirlpools im Freien sowie sehr gute Massagen. Täglich kleines Aktivprogramm, auch Yoga und geführte Wanderungen. Restaurantterrasse, großartiges Frühstücksbuffet mit regionaler Ausrichtung und allem, was das Herz begehrt, zumeist sehr gute Küche, die Tischkultur ist casual. Light Lunch (reichlich) und Nachmittagsjause sind im Preis enthalten. Stimmungsvolle Bar, faire Preise für Flaschenweine, wunderbare hausgemachte Schnäpse (Marille, Zirbe, Heidelbeer), Murauer Bier gibt es vom Fass. Ausgesprochen freundliches und zuvorkommendes Team.

Ringsum Wandermöglichkeiten ohne Zahl. Eher ungeeignet für Kinder, Hunde erlaubt. 201 Liegen, 220 Betten.

Naturbadeteich, Freibecken, Hallenbad, Außensauna, Sauna, Dampfbad, Massagen, Kosmetik, Fitnessstudio. 18-Loch-Parcours in 6 km, 20 % Greenfee-Rabatt.

HP ab € 162,–.

WELLNESS 11

Styria Vitalhotel ****
Grünlage am Ortsrand – 40 km nördlich von Graz

8163 Fladnitz, Nr. 45, 03179-23314-0

WELLNESS 11

Teichwirt ****
Grünruhelage auf der Teichalm – 50 km nördlich von Graz

8163 Fladnitz, Teichalm 41, 03179-7169

WELLNESS 12

Der wilde Eder ****
Ortslage in St. Kathrein – 40 km nordöstlich von Graz

8171 St. Kathrein am Offenegg, Dorf 3, 3179-8235-0

WELLNESS 10

Zum Steinhauser
Ortslage in St. Kathrein – 40 km nordöstlich von Graz

8171 St. Kathrein am Offenegg, Dorf 10, 03179-8236-0

WELLNESS 11

Bauernhofer Naturparkhotel ****
Grünruhelage am Ortsrand – 50 km nordöstlich von Graz

8172 Heilbrunn, Brandlucken 78, 03179-8202

WELLNESS 12

Ochensberger Gartenhotel ****
Ortslage in St. Ruprecht – 33 km nordöstlich von Graz

8181 St. Ruprecht an der Raab, Untere Hauptstraße 181
03178-5132-0

WELLNESS 11

Angerer Hof ***
Grünlage am Ortsrand in Anger – 55 km von Graz

8184 Anger, Bahnhofstraße 16, 03175-2279

WELLNESS 10

Thaller Posthotel ****
Zentrale Ortslage in Anger – 55 km nordöstlich von Graz

8184 Anger, Hauptplatz 3, 03175-2206-0

WELLNESS 12

Fastenhaus Dunst
Grünruhelage 75 km nordöstlich von Graz – Joglland

8190 Miesenbach, Bergviertel 64, 03174-8368

WELLNESS 11

Ballonhotel Thaller
Grünruhelage bei Kaindorf – 115 km südlich von Wien

8224 Kaindorf, Hofkirchen 51, 03334-2262

WELLNESS 12

Zur Grünen Au ****
Grünruhelage bei Hartberg – 110 km südlich von Wien

8225 Pöllau, Winzendorf 45, 03332-63277

WELLNESS 12

Retter ****
Grünruhelage Nähe Hartberg – 145 km südlich von Wien

8225 Pöllauberg, Nr. 88, 03335-2690

KUR/GESUNDHEIT 11

Ring Bio-Hotel ****
An der B54 bei Hartberg – 105 km von Wien

8230 Hartberg, Schildbach 51, 03332-608-0

WELLNESS 10

Schwengerer ***S
Absolute Naturlage bei Mönichwald – Wechsel

8252 Mönichwald, Schmiedviertel 57, 03336-4211

WELLNESS 11

Mein Hotel Fast ****
Zentrale Ortslage in Wenigzell – Joglland

8254 Wenigzell, Pittermann 3, 03336-2202

WELLNESS 11

Berger Familienhotel ***S
Grünruhelage mit Fernblick Nähe Wechsel – Joglland

8255 St. Jakob im Walde, Kirchenviertel 34, 03336-8259

KUR/GESUNDHEIT 12

Bio-Thermen-Hotel ****
Südhanglage am Ortsrand in Bad Waltersdorf

8271 Bad Waltersdorf, Wagerberg 119
03333-2981-0

WELLNESS ✦✦✦✦ 20

Der Steirerhof *****
Grünruhelage am Ortsrand in Bad Waltersdorf

8271 Bad Waltersdorf, Wagerberg 125
03333-3211-0, 08000-311412

Für anspruchsvolle Feingeister: Ein edles, sehr ruhiges Haus unter Familienführung, es liegt inmitten eines sechs Hektar großen lieblichen Naturgartens auf einer Anhöhe über dem Ort, was aus vielen Räumen für einen schönen Ausblick sorgt. Im Inneren herrschen optische Feinfühligkeit gepaart mit einnehmend gehobener Zeitlosigkeit, und alles glänzt vor Sauberkeit, was auch für die

Zimmer gilt. Aus sieben Kategorien (DZ von 27 bis 126 m²) wählbar offerieren sie Interieurs, die zwar allesamt vor zwei Jahren erneuert wurden, aber ungebeugt vor aufreizenden Stilnuancen und vorlauter Trendigkeit verharren – entspannend, das! Ein Viertel der Zimmer verfügt über Eichenböden, alle über Klimaanlage, Balkon und wunderbar gute Betten, die auch mit ihrer feinen Wäsche erfreuen. Das Spa bietet nicht weniger als neun Pools mit unterschiedlichen Temperaturen, sie werden mit Thermalwasser, Salzwasser oder seidenweichem, pH-neutralem Perlwasser gespeist, das längste Außenbecken misst knapp 23 m. Weiters warten ein herrlicher FKK-Außenbereich mit Naturpool, insgesamt acht Saunen, großzügige Ruhezonen sowie ein sorgsam abgeschottetes Ladys-Spa. Die Massagen sind ausgezeichnet, erwähnenswert übrigens die brandneuen Winback-Behandlungen, die beispielsweise bei Muskelverklebungen, bei chronischem Schmerz sowie in puncto Gewebestraffung beachtliche Erfolge zeitigen. Zusätzlich zum Wellnessangebot gibt es Traditionelle Chinesische Medizin sowie ganz generell ein breites diagnostisches und therapeutisches Spektrum mit den Schwerpunkten Herz, Bewegungsapparat und Sportmedizin. Täglich breites Aktivprogramm – etwa auch Qi Gong, Pilates und Faszientraining.

In die Pools darf man schon ab 7 Uhr früh, da wird man mit Kaffee, Tee, Kipferl und Obst begrüßt – wunderbar! Fabelhafte Restaurantterrasse mit Abendsonne, großartiges Frühstücksbuffet (bis 12 Uhr), sehr gute biologisch ausgerichtete Küche, die sich auch auf Veganes und Vegetarisches bestens versteht. Light Lunch und eine süße Nachmittagsjause sind inkludiert. Ausgesprochen freundliche und zuvorkommende Mitarbeiter, keine externen Gäste in Restaurant und Spa. Das Spa kann man am Abreisetag auch nach dem Check-out ohne Aufpreis nutzen. Viele langjährige Stammgäste. Absolut ungeeignet für Kinder, Hunde erlaubt. 275 Liegen, 270 Betten.

Naturbadeteich, Thermalfreibecken, Solefreibecken, Freibecken, Thermalhallenbad, Sauna, Außensauna, Dampfbad, Massagen, Kosmetik, Fitnessstudio, Personal Trainer. 18-Loch-Parcours in 2 km, vier weitere im Umkreis von 30 Autominuten, bis zu 25 % Greenfee-Rabatt. Tennisplatz.

HP ab € 178,–.

WELLNESS 9

H2O-Therme ***S

An der A2 bei Bad Waltersdorf

8271 Bad Waltersdorf, Sebersdorf 300

03333-22144

GESUNDHEIT/WELLNESS 15

Mandira Ayurveda Resort *****

Grünlage am Ortsrand in Bad Waltersdorf

8271 Bad Waltersdorf, Wagerberg 120, 03333-2801

Mit Fokus auf Ayurveda: Der gute alte Thermenhof Paierl ist neuerdings ein Tempel! Denn genau das bedeutet die Übersetzung des Hindiwortes Mandira. Der Tempel wird seit Herbst 2019 von einer Tiroler Familie als European Ayurveda Resort geführt, es handelt sich damit nun um ein Schwesterhotel des Sonnhofs in Thiersee. Auch weiterhin liegt das Haus natürlich am Hang über der öffentlichen Therme, nach der Übernahme erhielt es freilich ein porentiefes Makeover, wobei das Ambiente in weiten Bereichen modern-asiatisch stilisiert wurde, was auch in zwei Zimmerkategorien zelebriert wird. Die restlichen Zimmer (insgesamt neun Kategorien, DZ von 25 bis 45 m^2) präsentieren sich deutlich konventioneller, viele haben Klimaanlage, Balkon oder Terrasse, alle Holzböden, das W-Lan ist schnell, die Bademantelschnur schon eingefädelt, der Mantel aber zum großen Teil aus Polyester. Das Spa fühlt sich teilweise etwas beengt an, es bietet unter anderem Thermalwasser, einen 10 m langen auch im Winter nutzbaren Außenpool, eine nette FKK-Zone mit Liegewiese im Garten und fünf Saunen. Gute Massagen (neuerdings auch APM und Holistic Pulsing), breites Aktivprogramm, darunter auch zweimal täglich Yoga in einem neuen ansprechenden Yogaraum – bei Schönwetter sogar im Freien. Umfangreiches Ayurveda-Angebot, darunter 7-, 10-, 14- und 21-tägige Panchakarmakuren, die daran teilnehmenden Gäste speisen in dem eigens dafür vorgesehenen Restaurant („Ganesha Garden"). Reichhaltiges Frühstück mit vielem aus der Region, gute Küche mit vier Linien: Ayurveda, Rasayana, Detox und Panchakarma-Diät, Light Lunch und Nachmittagsjause sind inkludiert. Freundliche Mitarbeiter (viele bekannte Gesichter aus der Paierl-Zeit), nette Restaurantterrasse mit Morgensonne, allerdings wird der über die Jahre zum ehernen Gesetz gewordene Paierl-Hausbrauch auch weiterhin gepflegt – beim kleinsten Wölkchen wird hier gar nicht aufgedeckt! Zu bestimmten Terminen werden Burnout-Präventionsprogramme und Yoga-Retreats angeboten. Ungeeignet für Kinder, Hunde erlaubt. 67 Liegen, 132 Betten.

Freibecken, Thermalhallenbad, Außensauna, Sauna, Dampfbad, Massagen, Kosmetik, Ayurveda, Fitnessgeräte. 18-Loch-Parcours in 2 km, vier weitere im Umkreis von 30 Autominuten, bis zu 25 % Greenfee-Rabatt.

VP ab € 141,–.

Mandira Ayurveda Resort

WELLNESS 15

Quellenhotel Heiltherme ****

Grünlage an der Heiltherme in Bad Waltersdorf

8271 Bad Waltersdorf, Thermenstraße 111

03333-500-0

Im neuen Kleid: Ein solides, ruhiges Großhotel an der öffentlichen Heiltherme, es fokussiert auf Wellness und Gesundheit. Das Haus wurde bis kurz vor Redaktionsschluss so grundlegend modernisiert, dass es kaum wiederzuerkennen ist: Fassaden, Balkone und Terrassen erstrahlen in neuem Glanz, einige der öffentlichen Räume (Rezeption, Lobby, Bar) ebenso. Die Zimmer (sieben Varianten, DZ mit 25 und 50 m²) sind einfach und reduziert gestaltet, alle haben Holzböden, viele einen kleinen Balkon. Neben der Therme (sieben Pools, neun Saunen) gibt es ein hoteleigenes Spa, es bietet einen wunderbaren, 600 m² großen Naturbadeteich mit integriertem Thermalpool, ein 16 m langes Thermalaußenbecken sowie drei Saunen (mit separatem Ladys-Spa). Sehr gute Massagen, Arztpraxis sowie tägliches Aktivprogramm, auch Yoga, Qi Gong und Meditation stehen im Angebot. Viele sehr freundliche Mitarbeiter, reichhaltiges Frühstücksbuffet, die Küche bevorzugt Zutaten aus regionaler und biologischer Landwirtschaft. Tanzabende, viele langjährige Stammgäste, viele Alleinreisende, mitunter auch Reisegruppen. Durchgängig rollstuhlgerecht, ungeeignet für Kinder. Die Therme kann an An- und Abreisetag ganztägig ohne Aufpreis genutzt werden. Garage gegen 8 Euro pro Tag. 220 Liegen, 356 Betten.

Naturbadeteich, Thermalfreibecken, Außensauna, Sauna, Fitnessgeräte. In der Therme: Thermalfreibecken, Thermalhallenbad, Sauna, Dampfbad, Massagen, Kosmetik, Fitnessgeräte. 18-Loch-Parcours in 2 km, 25 % Greenfee-Rabatt, 45-Loch-Parcours in 15 km.

HP ab € 141,–.

WELLNESS 13

Spa Resort Styria *****S

Grünruhelage am Ortsrand in Bad Waltersdorf

8271 Bad Waltersdorf, Buchgreithweg 351, 03333-31065

Adults only (ab 16). Mit Zusatzkosten darf gerechnet werden: Das ehemalige Urlaubs-, Tagungs- und Eventhotel der Falkensteiner-Kette wird neuerdings vom Thermen-Multi Vamed betrieben, es liegt am Ortsrand in unmittelbarer Nähe des Golfplatzes. Hinter einer verwitterten Holzfassade herrscht geradlinige Nüchternheit, die Grundrisse sind verschachtelt, mitunter ist mit längeren Fußmärschen zu rechnen. Zimmer kann man aus 10 Kategorien (DZ von 30 bis 80 m²) wählen, alle haben Balkon, viele noch Teppichböden, nicht alle begeistern, eine Minibar mit alkoholfreien Getränken sowie Kapseln für die Kaffeemaschine sind inkludiert. Der Wellnessbereich bietet unter anderem fünf Saunen, einen FKK-Außenwhirlpool sowie drei Pools, wobei der längste Sportbecken genannt wird, mit seinen 14,5 m sportliches Schwimmen aber bestenfalls einigen größeren Zierfischen gestatten könnte. Weiters gibt es die Panorama-Lounge, das ist ein exklusiver Bereich mit reservierten Liegen, Tee und Äpfeln, für die Nutzung muss man jedoch einen Aufpreis zahlen, für das Spa an An- und Abreisetag ebenso. Eine anderswo in Lilien-Hotels fast immer zu findende inkludierte Nachmittagsjause gibt es hier nicht, bei Küche und Service sehen wir noch etwas Verbesserungsmöglichkeiten. Restaurantterrasse, ein Langschläferfrühstück wird in der Zeit von 11 bis 14 Uhr an der Bar serviert. Anmerkung: Der angeführte Zimmerpreis ist ein auslastungsabhängiger Flex-Tarif, kann also in der Praxis deutlich höher ausfallen. Schöne Wanderwege, endlose Laufstrecken. Für Ruhesuchende nur bedingt geeignet, Hunde erlaubt. 130 Liegen, 256 Betten.

Thermalfreibecken, Freibecken, Thermalhallenbad, Außensauna, Sauna, Dampfbad, Massagen, Kosmetik, Fitnessgeräte, Personal Trainer. 18-Loch-Parcours, 25 % Greenfee-Rabatt.

HP ab € 105,–.

WELLNESS 11

Thermal Biodorf ****

Südhanglage am Ortsrand in Bad Waltersdorf

8271 Bad Waltersdorf, Wagerberg 126, 03333-3281-0

WELLNESS 10

Ziegler Panoramahof garni ***

Grünlage am Ortsrand in Bad Waltersdorf

8271 Bad Waltersdorf, Am Sonntagsberg 93, 03333-2480

WELLNESS 11

Das Sonnreich ****

An der Therme Loipersdorf – 165 km südlich von Wien

8282 Loipersdorf Therme, Schaffelbadstr. 219, 03382-20000

WELLNESS 13

Kowald ****

An der Therme Loipersdorf – 165 km südlich von Wien

8282 Loipersdorf Therme, An der Therme 215, 03382-8282

Ein familiengeführtes Hotel in angenehmer Größe, es liegt in unmittelbarer Nähe zur öffentlichen Therme, der Eintritt ist ganztägig im Zimmerpreis inkludiert, auch am Abreisetag. Hinter modernen Fassaden empfangt ein ebensolches Ambiente, Zimmer sind aus fünf Kategorien (DZ von 27 bis 61 m²) wählbar. Sie sind zeitgemäß gestaltet, alle haben Balkon und Eichenholzböden, manche sogar eigene Sauna und private Whirlwanne. Es gibt mehrere zubuchbare Extras, etwa Rosen, Schokofrüchte oder Frühstück im Bett. Das hauseigene Spa ist mini, offeriert werden lediglich sehr gute kosmetische Behandlungen und ebensolche Massagen, neuerdings zählen auch ayurvedische dazu. Die öffentliche Therme ist über einen Bademantelgang erreichbar, sie bietet zahlreiche Saunen und Pools (für Kinder ein Erlebnisbad mit Rutschen, für Ruhesuchende das Schaffelbad) sowie eine separate Ruhezone für Hotelgäste. Restaurantterrasse, umfangreiches Frühstücksbuffet, gute Küche, die sich auch bestens auf vegetarische und vegane Gerichte versteht. Feine Weinkarte mit kompetenter Beratung – 12 Sorten kommen aus dem hauseigenen Weingarten. Viele freundliche Mitarbeiter, viele, viele Stammgäste. Für Kinder eher ungeeignet. 55 Liegen (im „Hotelbereich" der öffentlichen Therme), 108 Betten.

Massagen, Kosmetik, Ayurveda. In der öffentlichen Therme: Thermalwasserfreibecken, Thermalwasserhallenbad, Außensauna, Sauna, Dampfbad, Massagen, Kosmetik, Fitnessstudio. 27-Loch-Parcours in 4 km, 20 % Greenfee-Rabatt.

HP ab € 160,–.

WELLNESS 10

Krainz Vitalhotel ****

Grünlage Nähe Therme Loipersdorf

8282 Loipersdorf Therme, Henndorf Therme 1, 03329-46266

WELLNESS 11

Leitner Thermalhotel ****

An der Therme Loipersdorf – 165 km südlich von Wien

8282 Loipersdorf Therme, An der Therme 218, 03382-8616

WELLNESS 10

Maiers Kuschelhotel deluxe ****S

Grünruhelage Nähe Therme Loipersdorf

8282 Loipersdorf Therme, Henndorf Therme 7, 03382-8686-0

WELLNESS 14

Stoiser Thermenhotel ****S

Grünlage an der Therme Loipersdorf

8282 Loipersdorf Therme, An der Therme 153, 03382-8212

Hundefreundlich. Ein familiengeführtes Thermen- und Seminarhotel, es bietet ein uneinheitliches und nicht immer rasend charmantes Ambiente sowie Zimmer in 11 Kategorien (DZ von 23 bis 70 m²), alle haben Balkon, jene vom Typ Classic eine sehr zweckmäßige Anmutung – Fliesenboden inklusive.

Zimmermäßiges Highlight ist die große Falco-Suite, sie ist dem österreichischen Pop-Meister gewidmet, der einst in dieser mehrere Jahre residiert hatte. Das Haus verfügt über den ortsüblichen Verbindungsgang in die öffentliche Therme, deren frühmorgendlicher Eintritt (7 bis 9 Uhr) auch im Zimmerpreis enthalten ist. Im Gegensatz zu allen anderen Hotels des Orts wird hier allerdings auch ein hoteleigenes Spa in angemessener Indoor-Größe geboten. Es zeigt sich ansprechend gestaltet, bietet unter anderem vier Saunen, Whirlpools, Liegewiese sowie einen 12 m langen Außenpool, der aber nur während der warmen Jahreszeit nutzbar ist. Aktivprogramm (Di bis Do), der Eintritt in das Fitnessstudio der Therme ist kostenlos. Reichhaltiges Frühstücksbuffet, gute Küche, ein Light Lunch ist inkludiert. Präsente Gastgeber, ausgesprochen freundliche Mitarbeiter, alles rollstuhlgerecht. Ruhesuchenden sei empfohlen, eventuell stattfindende Tagungen und Feierlichkeiten vor der Buchung abzuklären. Das Spa kann an An- und Abreisetag ohne Aufpreis ganztägig genutzt werden. Gratisgarage für alle. Eher ungeeignet für Kinder. 193 Liegen, 250 Betten.

Freibecken (Sommer), Hallenbad, Außensauna, Sauna, Dampfbad, Massagen, Kosmetik, Personal Trainer. 27-Loch-Parcours in 4 km, 20 % Greenfee-Rabatt.

HP ab € 142,–.

WELLNESS 11

Vier Jahreszeiten Loipersdorf ****

An der Therme Loipersdorf – 165 km südlich von Wien

8282 Loipersdorf Therme, An der Therme 216, 03382-8385

WELLNESS 13

Rogner Bad Blumau ****

Grünruhelage am Ortsrand – 135 km südlich von Wien

8283 Bad Blumau, Nr. 100, 03383-5100-0

Hunde- und kinderfreundlich. Außergewöhnliche Verpackung, inhaltlich Mainstream im XXL-Format: Ein Großhotel mit weitläufiger öffentlicher Therme, es wurde einst von Friedensreich Hundertwasser entworfen, begrünte Dächer, naiv bemalte Fassaden, 350 kunterbunte Keramiksäulen und unebene Böden prägen sein Erscheinungsbild. Zimmer (13 Varianten, DZ von 23 bis 90 m^2) gibt es in sechs Logiergebäuden, die zum Großteil durch Gänge mit Haupthaus und Therme verbunden sind. Sie sind mehrheitlich großzügig geschnitten, schlicht gestaltet und mitunter etwas hellhörig, sie haben Parkettböden sowie Vollholzmöbel. Unsere Favoriten sind die sogenannten Rückzugssuiten – mit Doppelbadewanne, sonnigem Innenhof, Sekt und Pralinen. Die nicht selten heillos überlaufene Therme hat außerordentlich viel anzubieten, unter anderem 10 Saunen, 14 Pools mit verschiedenen Temperaturen und mehr als 3.000 m^2 Wasserfläche, einen 25 m langen und 14 m breiten, auch im Winter nutzbaren Sportpool, eine große Liegewiese sowie als absolutes Highlight den „Heilsee" Vulkania, der direkt aus der heißen Quelle gespeist wird. Ruheliegen sind häufig Mangelware, Reservieren ist möglich, hat jedoch seinen Preis: 10 Euro pro Tag oder im VIP-Package gegen 63 Euro – Wein und Käseteller mit Nussbrot inklusive! Restaurant mit Massenabfertigungsanmutung, reichhaltiges Frühstücksbuffet, bei Küche (stets Buffet) und Service gibt es noch Luft nach oben. Check-in ab 16 Uhr, die Therme kann bereits am Anreisetag ganztägig ohne Aufpreis genutzt werden. Gratisgarage für alle. 42 Wochenstunden Betreuung für Kinder ab vier Jahren (Mo bis Sa). 586 Liegen (davon 92 aufpreispflichtig reservierbar), 670 Betten.

Thermalfreibecken, Freibecken, Thermalhallenbad, Außensauna, Sauna, Dampfbad, Massagen, Kosmetik, Ayurveda, Fitnessgeräte, Personal Trainer. 18-Loch-Parcours in 7 km, 45-Loch-Parcours in 12 km, bis zu 30 % Greenfee-Rabatt.

HP ab € 119,–.

WELLNESS 10

Thermenoase garni ****

Zentrale Ortslage in Blumau – 135 km südlich von Wien

8283 Bad Blumau, Hauptstraße 6, 03383-2660

WELLNESS 11

Genusshotel Riegersburg ****

Grünruhelage mit Fernblick – 165 km südlich von Wien

8333 Riegersburg, Starzenberg 144, 03153-20020-0

WELLNESS 10

Allmer ****

Zentrumslage in Bad Gleichenberg

8344 Bad Gleichenberg, Kaiser-Franz-Josef-Str. 12, 03159-2367

KUR/WELLNESS 11

Das Kurhaus

Grünruhelage in Bad Gleichenberg

8344 Bad Gleichenbg., Untere Brunnenstr. 33, 03159-2294-4001

GESUNDHEIT 18

Die Klause Gesundheitsgut

Absolute Grünruhelage – 60 km südöstlich von Graz

8344 Bad Gleichenberg, Taxbergstraße 15-19
03159-44915

Ein Kraftplatz, ein Refugium, auf alle Fälle ein ganz besonderer Ort: Ein familiengeführtes beherber-

gungsmäßiges Unikat, nämlich eine europaweit wohl einzigartige Mischung aus Biobauernhof, Privatklinik und schnuckeligem Landhotel, all das wunderschön inmitten belebender Natur, auf einem Anwesen mit 23 Hektar! Zentrale Themen sind Diagnostik, Prävention und Therapie von stressbedingten Gesundheitsstörungen, so mancher kommt mit Burnout-Problemen, andere mit Schlafstörungen, Schmerzen oder Erschöpfungszuständen, für alle stehen hier hochkarätige Fachleute aus zahlreichen Disziplinen zur Verfügung. Dolf Dominik, Psychotherapeut sowie Facharzt für Psychiatrie und Neurologie, ist medizinischer Leiter, zum Einsatz kommen unter anderem körperzentrierte Psychotherapie, Kunsttherapie, Verhaltenstherapie und Konfliktmanagement. Immer wieder gibt es jedoch auch Gäste, die einfach nur Abstand vom Alltag brauchen, etwas ausspannen wollen und hier ein wunderbares, ruhevolles Umfeld dafür finden. Man wohnt in einem ebenso aufwendig wie stilvoll restaurierten Gutshof aus dem frühen 18. Jahrhundert, die insgesamt 11 Zimmer verströmen niveauvolle und hochwertige Anmutung, sie haben großartige Betten, lehmverputzte Wände und edle Holzböden. Es gibt unter anderem eine rustikale Außensauna, einen Naturschwimmteich sowie ein rund um die Uhr geöffnetes, bestens ausgestattetes Fitnessstudio, und die Massagen sind hervorragend! Genuss gilt hier als Lebenskunst, gekocht wird zumeist auf einem Holzofen, die Küche ist geschmacklich sehr gut bis ausgezeichnet, zudem nicht eine, die nur satt macht, sondern eine, die Körper und Seele nährt. Viele Zutaten, etwa Getreide, Gemüse, Honig, Lamm, Hochlandrind, feine Heil- und Küchenkräuter, Schnäpse, Eier (sogar auch Wachteleier!) und Ziegenkäse, kommen frisch vom eigenen Hof. Feine Tischkultur, man isst zu fixen Zeiten im Speisezimmer mit offenem Kamin oder im Freien, auf der Frühstücksterrasse genießt man dann die Morgensonne, auf der Abendterrasse den Sonnenuntergang – das sind nebenwirkungsfreie Antidepressiva ohne Aufpreis! Mit beispielloser Expertise zusammengestellter Bioweinkeller, absolut faire Getränkepreise. Nichts für Schnösel und klandestine Herrenfahrer, auch absolut kein Ort für neureiche Repräsentationsaskese, dafür aber ein authentisches, herzliches Umfeld, in dem es Menschen in Krisen bald wieder viel besser geht. Abendliche Froschkonzerte, bester Schlaf.
18 Betten.

Naturbadeteich, Außensauna, Massagen, Fitnessstudio, Personal Trainer.

VP ab € 130,– zzgl. Arzt und Therapien.

WELLNESS/KUR 10

Emmaquelle ****

Grünlage in Bad Gleichenberg

8344 Bad Gleichenberg, Untere Brunnenstr. 36, 03159-2241

WELLNESS 12

Kindl Schlössl ****

Grünruhelage am Ortsrand in Bad Gleichenberg

8344 Bad Gleichenberg, Bernreitherstraße 34, 03159-2332

WELLNESS 12

Legenstein ****

Ruhige Ortslage Nähe Bad Gleichenberg

8344 Bad Gleichenberg, Bairisch Kölldorf 14, 03159-2220-0

WELLNESS 12

Stenitzer ****

Grünlage am Ortsrand in Bad Gleichenberg

8344 Bad Gleichenberg, Schulstraße 19, 03159-2250

WELLNESS 15

Villa Gleichenberg

Grünruhelage beim Kurzentrum Bad Gleichenberg

8344 Bad Gleichenberg, Bergstraße 2-4
03159-2424

Ruhevoll mit feiner Küche: Ein liebenswerter, familiengeführter Kleinstbetrieb, er liegt am Kurpark und besteht aus Stammhaus (mit Rezeption und Restaurant) und Villa, einem Jugendstil-Schmuckkästchen, das über eine überdachte Brücke zu erreichen ist. Es gibt nur 15 Zimmer in drei Varianten, sie sind einfach gestaltet, haben alle Naturkorkböden und zumeist Loggia oder Terrasse mit einem schönen Ausblick ins Grüne. Statt einer Minibar gibt es einen „Genussladen", das ist fein, wenn man abends oder gar nächtens etwas zum Trinken oder zum Knabbern sucht. Zudem unkompliziert – das Notieren der Konsumation genügt. Das kleine Spa ist für diese Hausgröße beinahe schon weitläufig, es bietet unter anderem ein 10 m langes, auch im Winter nutzbares Freibecken, zwei Saunen und ausgezeichnete Massagen. Im Freien warten Liegewiese und Hängematten unter alten Bäumen, all das in einem schönen Garten, den feinfühlige Menschen wohl als Kraftplatz empfinden werden. Nette Restaurantterrasse, die Küche ist sehr gut bis ausgezeichnet: ehrliches, echtes Handwerk, frische Zutaten möglichst aus der Region sowie aus biologischer Landwirtschaft. Keine Busse, keine Tagungen, keine externen Gäste in Spa und Restaurant! Fürsorgliche Gastgeber, sauberes Preis-Leistungs-Verhältnis, dies auch bei den Getränken, das Spa kann sowohl bei der Anreise als auch nach dem Check-out ganztägig genutzt werden. Viele langjährige Stammgäste. Ungeeignet für Kinder. 23 Liegen, 32 Betten.

Freibecken, Sauna, Dampfbad, Massagen. 9-Loch-Parcours in 4 km, 18-Loch-Parcours in 22 km.

HP ab € 112,–.

WELLNESS 10

Maiers Oststeirischer Hof ****

Ortslage in Söchau – 60 km östlich von Graz

8362 Söchau, Nr. 3

03387-2232-0

WELLNESS 10

Staribacher ****

Grünlage am Ortsrand – 40 km südlich von Graz

8430 Leibnitz-Kaindorf, Grottenhof 5

03452-82550

WELLNESS 13

Das Kappel Winzer-Wellness ****

Grünruhelage in Kitzeck – 50 km südlich von Graz

8442 Kitzeck, Steinriegel 25

03456-2347

Gemütlicher Winzergasthof mit Ausblick in die südsteirische Weinhügelidylle: Ein persönlich geführter Familienbetrieb in Kleinstformat, er liegt auf 564 m Seehöhe wunderbar ruhig inmitten von Weingärten, neuerdings präsentiert man sich auch als Seminarhotel. Das Haus besteht aus drei miteinander verbundenen Gebäuden, was zu geheimnisvoll verwinkelten Grundrissen führt. Zimmer sind aus neun Kategorien (DZ von 27 bis 45 m^2) wählbar, sie sind einfach und farbenfroh gestaltet, einige haben Holzböden, alle Balkon, und der Ausblick ist herrlich. Das kleine und inwendig auch eher bescheidene Spa steht nur Hotelgästen offen, es bietet unter anderem insgesamt vier Saunen, einen netten Außenbereich mit uriger Saunahütte, einem Weinfass als Tauchbecken sowie einem auch im Winter nutzbaren, 12 m langen Solepool. Massagen und Kosmetikbehandlungen fokussieren auf Vinotherapie, also auf Anwendungen mit Wirkstoffextrakten aus der Weintraube. Fabelhafte Restaurantterrasse, schattiger Gastgarten, gute Küche, ringsum Buschenschanken ohne Zahl. Lockere Atmosphäre, freundliches, familiäres Umfeld. Das Spa kann bereits am Anreisetag ohne Aufpreis ganztägig genutzt werden. Hunde erlaubt. Ungeeignet für Kinder. 26 Liegen, 42 Betten.

Solefreibecken, Hallenbad, Außensauna, Sauna, Dampfbad, Massagen, Kosmetik, Fitnessgeräte.

HP ab € 96,–.

Das Kappel Winzer-Wellness

WELLNESS 13

Loisium Wine & Spa Südsteiermark ****

Grünruhelage am Ortsrand – 50 km südlich von Graz

8461 Ehrenhausen, Am Schlossberg 1a, 03453-28800

Mit Fokus auf Tagungen, Events und Wellness: Die „kleine" Schwester des Loisium Langenlois, sie wurde vor zehn Jahren eröffnet und liegt auf einem Hügel etwas außerhalb des kleinen Ortes. Das Ambiente mutet nur bedingt gemütlich an, die Zimmer (sechs Varianten, DZ von 28 bis 50 m²) sind nüchtern arrangiert, haben Interieurs aus weiß lackierter Fichte, Bäder mit Glaswänden, Holzböden und Balkon sowie nicht selten einen eher bescheidenen Ausblick. Das Spa steht auch externen Gästen offen, es ist nicht gerade genial geplant und zudem nicht allzu groß. Unter anderem bietet es fünf Saunen, ein 25 m langes Außenbecken und sehr gute Massagen, schade nur, dass es im Freien keine Nacktzone gibt, denn genau darüber liegt die Restaurantterrasse! Reichhaltiges Frühstücksbuffet mit vielen Produkten aus der Region, bei Küche und Service gibt es aber noch deutlich Luft nach oben. Regionale Vinothek mit Ab-Hof-Preisen. Garage? Leider nein. Ungeeignet für Kinder. 102 Liegen, 230 Betten.

Freibecken, Außensauna, Sauna, Dampfbad, Massagen, Kosmetik, Ayurveda, Fitnessgeräte, Personal Trainer.

HP ab € 132,–.

WELLNESS 12

Vincent garni

Grünruhelage mit Fernblick – 55 km südlich von Graz

8461 Sulztal, Nr. 13, 03453-22101

KUR 11

Fontana Thermalhotel *****S

Grünruhelage in Thermennähe – Bad Radkersburg

8490 Bad Radkersburg, Alfred-Merlini-Allee 6, 03476-41550

KUR/WELLNESS 10

Radkersburger Hof ****

Grünlage in Thermennähe – Bad Radkersburg

8490 Bad Radkersburg, Thermenstraße 22, 03476-3560

WELLNESS/KUR 16

Romantik-Hotel im Park *****S

Grünruhelage in Thermennähe – Bad Radkersburg

8490 Bad Radkersburg, Kurhausstraße 5
03476-2571-0

Hundefreundlich. Ruhe, Ruhe, Ruhe: Ein Traditionshaus mit ruhiger, solider und rundum sehr gemütlicher Ausstrahlung. Mit Zimmern in 16 Varianten (DZ von 24 bis 55 m²), sie zeigen sich klassisch-gediegen arrangiert, haben alle Klimaanlage und Teppichboden, bei den meisten ist der Balkon nach Süden und damit in den schönen Garten ausgerichtet, die kleinsten Zimmer mit ebensolchen Bädern befinden sich im ältesten Trakt des Hauses. Das hauseigene Thermal-Spa ist zwar nicht riesig, doch man sitzt sozusagen an einem reichlich gedeckten Tisch. Unter anderem gibt es einen 14 m langen, auch im Winter nutzbaren Außenpool, fünf Saunen sowie einen parkähnlichen Garten im Ausmaß von einem halben Hektar – Bächlein, „Lesestube" in der Baumkrone und Poolbar inklusive. Die Massagen sind ausgezeichnet, bei entsprechender Witterung kann man sie sogar im Freien genießen. Wochentags gibt es ein Aktivprogramm, auch Medical Wellness steht im Angebot, dazu gehören vornehmlich ärztlich betreute Privatkuren von sieben, 14 oder 21 Tagen. Reichhaltiges Frühstücksbuffet bis 11 Uhr, solide, gute Küche. Man speist entweder im Wintergarten mit Ausblick auf den Garten oder auf der Terrasse, ein Light Lunch ist im Preis inkludiert. Freundliche Mitarbeiter, charmantes Umfeld, ausgesprochen sauberes Preis-Leistungs-Verhältnis. Viele langjährige Stammgäste. Ungeeignet für Kinder. 130 Liegen, 150 Betten.

Thermalfreibecken, Thermalhallenbad, Außensauna, Sauna, Dampfbad, Massagen, Kosmetik, Fitnessgeräte, Personal Trainer. 18-Loch-Parcours in 10 und 22 km.

HP ab € 130,–.

WELLNESS 12

Toscanina garni ****

Grünruhelage in Thermennähe – Bad Radkersburg

8490 Bad Radkersburg, Thermenstraße 6
03476-29822

KUR/WELLNESS 11

Triest ****

Grünruhelage in Thermennähe – Bad Radkersburg

8490 Bad Radkersburg, Alfred-Merlini-Allee 5
03476-41040

WELLNESS/KUR 11

Vier Jahreszeiten Landhaus ****

Grünlage in Thermennähe – Bad Radkersburg

8490 Bad Radkersburg, Thermenstraße 11, 03476-3666

WELLNESS/KUR 10

Vitalhotel ****

Grünruhelag in Thermennähe – Bad Radkersburg

8490 Bad Radkersburg, Thermenstraße 21
03476-41500

KUR 9

Drei Quellen Hotel Kipper
Grünruhelage am Ortsrand – Weststeiermark

8524 Bad Gams, Nr. 85, 03463-2266

WELLNESS 10

Weststeirischer Hof
Grünlage am Ortsrand in Bad Gams – Weststeiermark

8524 Bad Gams, Müllegg 40
03463-2134

KUR/WELLNESS 12

Heilmoorbad Schwanberg
Grünruhelage am Ortsrand – 45 km südlich von Graz

8541 Schwanberg, Hauptplatz 1
03467-8217

WELLNESS 10

Enzianhof Naturhotel
Grünlage bei Ligist – 25 km westlich von Graz

8563 Ligist, Oberwald 49, 03143-2106

KUR/WELLNESS 11

Nova Hotel & Therme ****
Grünruhelage am Ortsrand – 35 km westlich von Graz

8580 Köflach, An der Quelle 1
03144-70100-0

WELLNESS 9

Post Karlon
Zentrale Ortslage in Aflenz – 75 km nördlich von Graz

8623 Aflenz-Kurort, Mariazeller Straße 10, 03861-2203

WELLNESS 18

Fasching Dorfhotel ****S
Grünruhelage Nähe Mürzzuschlag – Joglland

8654 Fischbach, Nr. 3c
03170-262

Familienfreundlich. Nicht mondän, jedoch schön, wunderbar gemütlich und perfekt geführt: Ein Familienbetrieb par excellence – nicht weniger als acht Familienmitglieder packen hier so tüchtig und harmonisch mit an, dass man gar nicht umhin kommt, all das Gebotene als ein Stück heile Welt zu bezeichnen! Das auf 1.050 m Seehöhe in Roseggers Waldheimat, einem superfeinen Wandergebiet ohne Massentourismus, gelegene Haus zeigt sich nach einer vor kurzem abgeschlossenen Rundumerneuerung nun großzügiger und eleganter, gleichzeitig aber auch weiterhin so fabelhaft heimelig wie bisher. Und es funkelt und blitzt regelrecht vor Sauberkeit! Zimmer kann man aus 12 Kategorien (DZ von 26 bis 68 m^2) wählen, sie sind mehrheitlich äußerst großzügig geschnitten und haben gefällige Interieurs, stets Balkon oder

Loggia, neu sind Suiten mit nach Süden ausgerichteten Terrassen. Das ebenfalls modernisierte Spa ist laut Prospekt nur 1.600 m² groß – wir haben es nachgemessen, es stimmt –, das könnte jedoch auf den ersten Blick enttäuschen. Tatsächlich ist der Wellnessbereich im Fasching aber überdurchschnittlich weitläufig, die Diskrepanz kommt freilich daher, dass nicht wenige Hoteliers ihre wahren Raumverhältnisse beschönigen und mit vielen tausenden Quadratmetern werben, was die meisten Gäste dann auch gutgläubig übernehmen. Eine vom RELAX Guide vor vier Jahren durchgeführte Untersuchung zeigte übrigens, dass die Spa-Zonen bis zu 80 Prozent kleiner waren als beworben! Das Fasching-Spa bietet unter anderem sehr gute Massagen, sieben Saunen, einen 18 m langen Innenpool und zwei auch im Winter nutzbare Außenpools, einer ist ebenfalls 18 m lang, der zweite nur etwa halb so groß. Alles ist übrigens auf der Hotelwebseite beschrieben – ehrlich und ohne die anderswo üblichen verkaufsfördernden „Übertreibungen" und beabsichtigten Ungenauigkeiten, das ist echt einnehmend. An Wochentagen gibt es ein kleines Aktivprogramm, auch Smovey und Pilates. Großartiges Frühstücksbuffet, sehr gute Küche, sie legt großes Augenmerk auf Qualität und Regionaliät und versteht sich auch bestens auf die optische Präsentation. Ein Light Lunch (reichlich) inklusive hausgemachter Mehlspeisen ist im Zimmerpreis inkludiert. Alle Mitarbeiter kommen aus der Umgebung, sie agieren so wie die stets präsenten Gastgeber, nämlich erfrischend bodenständig, bemüht und mit ungekünstelter Herzlichkeit. Was uns auch noch Freude macht: die fairen Getränkepreise, die penibel gebügelten Tischtücher und die vielen frischen Blumen. Gemütliche Bar, ringsum Wanderwege ohne Zahl – ein Leihrucksack liegt am Zimmer, Schneeschuhe gibt es zur Gratisleihe. Gratisgarage für alle. Viele Stammgäste. Hunde erlaubt. 102 Liegen, 120 Betten.

Freibecken, Hallenbad, Außensauna, Sauna, Dampfbad, Kosmetik, Massagen, Fitnessgeräte, Personal Trainer.

HP ab € 124,–.

WELLNESS 10

Ponyhof ***S

Grünruhelage bei Ratten – Nähe Mürzzuschlag

8673 Ratten, Kirchenviertel 38, 03173-2300

WELLNESS 11

Falkensteiner Asia Leoben ****

Grünlage am Stadtrand in Leoben – Murtal

8700 Leoben, In der Au 1, 03842-4050

WELLNESS 10

Brücklwirt ****

An der B116 bei Leoben – Murtal

8712 Niklasdorf, Leobner Straße 90, 03842-81727

WELLNESS 15

G'Schlössl Murtal

Grünruhelage am Ortsrand Nähe Knittelfeld – Murtal

8734 Großlobming, Murhof 1, 03512-46904

Hundefreundlich. Rarität mit Hideaway-Flair: Ein denkmalgeschütztes Herrenhaus aus dem 19. Jahrhundert als feines Kleinhotel mit Schlösschenanmutung, es liegt idyllisch auf 614 m Seehöhe inmitten eines zwei Hektar großen Parks und gehört zum Spielberg-Reich des Multiunternehmers Dietrich Mateschitz. Das Ambiente begeistert, die Zimmer (sechs Kategorien, DZ von 24 bis 70 m^2) erfreuen das Auge. Sie sind in einnehmend schlichtem Landhausstil gestaltet, alle haben edle Eichenböden, mehr als die Hälfte auch Balkon, alles zeigt sich zudem blitzsauber und gepflegt. Individualisten haben zudem die Möglichkeit, in der nahe gelegenen Villa Hanstein zu übernachten. Bei 400 m^2 Wohnfläche ist sie für maximal fünf Gäste ausgelegt und sehr ansprechend gestaltet, sie verfügt über Kachelofen, freistehende Badewanne, Infrarotkabine und als Highlight einen 8 m langen Indoorpool. Hotelgäste hingegen finden im Wellnessbereich einen 12 m langen Innenpool, vier Saunen und sehr gute Massagen, schade nur, dass neuerdings keine Thai-Treatments mehr zu haben sind. Ein sommerliches Genusserlebnis bietet der Außenbereich mit einem von Seerosen umsäumten, großen Badeteich, der ein paar gute Schritte vom Haus entfernt liegt. Restaurantterrasse, sehr freundliche Mitarbeiter, die Küche (nur à la carte) ist sehr gut. Ruhesuchenden sei empfohlen, eventuell stattfindende Feiern oder Tagungen vor der Buchung abzuklären. Eher ungeeignet für Kinder. 21 Liegen, 46 Betten.

Naturbadeteich, Hallenbad, Sauna, Dampfbad, Massagen, Kosmetik, Fitnessgeräte. 18-Loch-Parcours in 6 km. Tennisplatz, Reithalle.

NF ab € 81,–.

GESUNDHEIT/WELLNESS 11

Pichlschloss

Grünruhelage außerhalb von Neumarkt

8812 Mariahof, Stadlob 125, 03584-2426

WELLNESS 11

Lambrechterhof ****

Ruhige Ortslage in St. Lambrecht – Murtal

8813 St. Lambrecht, Hauptstraße 38-40, 03585-27555-0

WELLNESS 12

Rosenhof Murau ****

Ortslage an der B96 in Murau – Murtal

8850 Murau, Roseggerstraße 9, 3532-2318

WELLNESS 9

Kreischberg Relax-Resort ****

Grünlage am Ortsrand bei Murau – Murtal

8861 St. Georgen ob Murau, Kreischberg 2, 03537-25002

WELLNESS 10

Alpenblick Kreischberg ****

Ortslage bei Murau – Murtal

8861 St. Lorenzen ob Murau, Nr. 6, 03537-211-0

WELLNESS 12

Jägerwirt Romantik-Seehotel ****S

Grünruhelage am Seeufer – Turracher Höhe

8864 Turracher Höhe, Jägerwirtsiedlung 63, 04275-8257-0

WELLNESS 11

Kornock

An der B95 Nähe Bad Kleinkirchheim – Turracher Höhe

8864 Turracher Höhe, Nr. 120, 04275-8228

WELLNESS 12

Seewirt Schlosshotel ****

Grünlage Nähe Bad Kleinkirchheim – Turracher Höhe

8864 Turracher Höhe, Nr. 33, 04275-8234

WELLNESS 11

Sundance Mountain Resort

Grünlage Nähe Bad Kleinkirchheim – Turracher Höhe

8864 Turracher Höhe, Nr. 325, 04275-26756

WELLNESS 10

Spirodom ****

Zentrumsnahe Grünlage in Admont – Ennstal

8911 Admont, Eichenweg 616, 03613-36600

WELLNESS 13

Schloss Pichlarn *****

Grünruhelage bei Irdning – Ennstal

8943 Aigen, Zur Linde 1, 03682-24440

Und wieder einmal mit neuem Eigentümer: Ein bislang ziemlich glückloses Hotel – wir kennen es immerhin seit 25 Jahren –, es liegt auf 650 m sehr schön auf einer Anhöhe über dem Ort und praktisch direkt am Golfplatz. Eine prächtige, jahrhundertealte Linde vor dem Brunnen am Eingang empfängt hier, das Innere zeigt sich charmant verwinkelt, aber nicht unbedingt „schlossig“. Zimmer kann man aus 11 Varianten (DZ von 30 bis 149 m^2) wählen, sie sind entweder klassisch oder kontemporär arrangiert und jedenfalls stets angenehm wohnlich und sauber gepflegt, alle haben Holzböden. Ein Highlight ist die Private Spa Suite, sie bietet unaufgeregte Eleganz, geradlinig-reduzierte Interieurs sowie luxuriöse Ausstattung – freistehende Badewanne und private Sauna inklusive. Der etwas nüchtern geratene Wellnessbereich bietet unter anderem einen 17 m langen, auch im Winter nutzbaren Außenpool, einen 12 m langen Innenpool sowie fünf Saunen. Kleines Aktivprogramm, darunter auch Yoga. Langschläferfrühstück am Wochenende bis 11 Uhr, engagierte Gastgeberin, freundliche, nicht selten überforderte Crew. Beachvolleyballplatz, endlose Laufstrecken, im Winter beginnen Loipen vor der Haustür. Die auf der Homepage angegebenen Zimmerpreise beinhalten nur das Frühstück, eine Halbpension ist gegen einen Aufpreis von 45 Euro zubuchbar. Garage gegen 20 Euro pro Tag. Ungeeignet für Kinder. 61 Liegen, 200 Betten.

Freibecken, Hallenbad, Sauna, Dampfbad, Massagen, Kosmetik, Ayurveda, Fitnessstudio, Personal Trainer. 18-Loch-Parcours, 25 % Greenfee-Rabatt. Tennishalle.

HP ab € 250,–.

WELLNESS 11

Stegerhof Kinderhotel ****

Grünlage in Donnersbachwald bei Irdning – Ennstal

8953 Donnersbachwald, Nr. 46, 03680-287

GESUNDHEIT 13

Spanberger Gesundheitshotel ****

Zentrale Ortslage in Gröbming – Ennstal

8962 Gröbming, Stoderplatzl 65
03685-22106-0

Hundefreundlich. Klein und fein: Ein schmuckes Nur-18-Zimmer-Refugium, es ist das Geburtshaus des Begründers der Mayrkur und auch heute noch auf Entgiftungs- und Regenerationskuren nach Franz Xaver Mayr spezialisiert. Das Ambiente zeigt sich liebevoll gestaltet, Traditionelles ist von stilsicherer Hand mit Modernem verwoben. Zimmer sind aus sechs Varianten (DZ bis 48 m²) wählbar, kaum eines gleicht dem anderen, neben recht einfachen findet man auch zahlreiche außergewöhnliche und farbenfrohe. Das ganz kleine Spa bietet sehr gute Massagen sowie zwei Saunen. Obendrein geboten werden auch Burnout-Präventionsprogramme, Qi Gong und geführte Wanderungen – ringsum warten herrliche Wälder und blumenübersäte Almen. Die Diätküche des Hauses ist sehr gut, sie zählt sogar zu den besten unter den deutschen und österreichischen Mayrkurhäusern. Ausgesprochen familiäres Umfeld, viele freundliche und langjährige Mitarbeiter, aufmerksame Betreuung – Schuhputz- und Kleinwäscheservice inklusive. Ungeeignet für Kinder. 6 Liegen, 30 Betten.

Sauna, Massagen, Kosmetik, Ayurveda. 18-Loch-Parcours in 10 km, 20 % Greenfee-Rabatt.

Pauschalen, etwa 10 Tage „F.X. Mayr Klassik" inkl. Diät, Arzt und Therapien ab € 1.866,–.

WELLNESS 10

St. Georg Landhaus

Grünruhelage am Ortsrand in Gröbming – Ennstal

8962 Gröbming, Kulmweg 555, 03685-22740

WELLNESS 10

Bärenwirt Sport- & Familienhotel ****

Ortslage in Aich bei Schladming – Ennstal

8966 Aich, Nr. 55, 03686-4303

WELLNESS 11

Bliems Familienhotel ****

Zentrale Ortslage in Haus – Ennstal

8967 Haus, Marktstraße 26, 03686-2378-0

WELLNESS 10

Herrschaftstaverne ****

Zentrale Ortslage in Haus – Ennstal

8967 Haus, Marktstraße 39, 03686-2392

WELLNESS 17

Höflehner Naturhotel ****S

Grünruhelage mit Fernblick bei Haus – Ennstal

8967 Haus, Gumpenberg 2
03686-2548

Schön gelegen, schön anzusehen: Ein Familienbetrieb unweit des bekannten Wintersportortes Schladming, er liegt abgeschieden auf 1.117 m über dem Ennstal, im Winter ist man hier mitten im Skigebiet und praktisch direkt am Lift, dem Anschluss an 120 Pistenkilometer und 44 weitere Lifte und Seilbahnen. Der Ausblick auf den Dachstein ist imposant, dazu muss man freilich über den großen Parkplatz der Seilbahnstation hinwegsehen. Seit seiner Eröffnung vor 12 Jahren ist das Haus fast auf die dreifache Größe gewachsen, es zeigt sich innen wie außen mit viel Holz gestaltet. Zimmer sind mittlerweile bereits aus 23 Varianten (DZ von 20 bis 75 m²) wählbar, sie duften nach Zirbenholz, haben Vollholzmöbel sowie Balkon oder Terrasse, die neuesten („Sky Chalets") sind zwar keine Chalets (und auch keine Suiten, wie es in der Werbung heißt), aber zur Gänze aus Holz gebaut und wunderbar gemütlich, die Interieurs bestehen ausnahmslos aus unbehandelter Zirbe

und Altholz. Der auch externen Gästen offenstehende Wellnessbereich bietet unter anderem neun Saunen, einen 25 m langen, auch im Winter nutzbaren Außenpool, feine Ruhezonen, ein großartiges Yogahaus sowie einen Badeteich mit lauschigen Ruhedecks ringsum, brandneu sind zwei Außenwhirlpools mit belebendem Ausblick. Auch weiterhin sehr gute Massagen – bei entsprechender Witterung kann man sie auch im Freien genießen –, täglich breites Aktivprogramm mit den Schwerpunkten Yoga und geführte Wanderungen. Mehrere Spiel- und Sportzonen sowohl indoor als auch outdoor, unter anderem gibt es einen Kunstrasenplatz für Fußball und Basketball sowie Alpakas für Wanderungen mit den Tieren. Reichhaltiges Frühstücksbuffet, Light Lunch und Nachmittagsjause im Preis inkludiert. Gemütliche Stuben, aber auch hier bisweilen viele externe Gäste, das Service ist mitunter überfordert. Stimmungsvolle Bar. Täglich acht Stunden Betreuung für Kinder ab drei Jahren (saisonale Einschränkungen sind möglich). 170 Liegen, 290 Betten.

Naturbadeteich, Freibecken, Hallenbad, Außensauna, Sauna, Dampfbad, Massagen, Kosmetik, Fitnessgeräte, Personal Trainer.

HP ab € 132,–.

WELLNESS 10

Brunner Stadthotel

Zentrumslage in Schladming – Ennstal

8970 Schladming, Hauptplatz 14, 03687-22513-0

WELLNESS 13

Falkensteiner Schladming ****S

Ortsrand in Schladming – Ennstal

8970 Schladming, Europaplatz 613, 03687-214620

Hundefreundlich. Ein Großhotel unter Kettenflagge, es liegt auf 745 m Seehöhe am Ortsrand, von der Planei-Gondelbahn, dem Anschluss an 123 Pistenkilometer und 44 weitere Lifte und Seilbahnen, ist man hier knapp fünf Autominuten entfernt, ein Ski-Shuttle fährt mehrmals pro Tag. Außen wie innen präsentiert sich das Haus in einheitlicher und geradliniger neoalpiner Modernität, Zimmer sind aus acht Kategorien (DZ von 27 bis 125 m²) wählbar. Sie sind mit viel rauem Holz gestaltet, haben alle Nespresso-Maschine, feine Eichenholzböden und Balkon, mit einem schönen Ausblick sind allerdings nur jene in den oberen Stockwerken gesegnet. Das Spa ist für diese Hausgröße unterdimensioniert, es bietet unter anderem einen auch im Winter nutzbaren Außenpool von 7 m Länge, einen Whirlpool im Freien sowie vier Saunen. Restaurantterrasse mit Abendsonne, reichhaltiges Frühstücksbuffet, ambitionierte Getränkepreise. Bei Küche und Service gibt es noch Luft nach oben. Ruhesuchenden sei empfohlen, eventuell stattfindende Tagungen und Events vor der Buchung abzuklären. Ungeeignet für Kinder. Anmerkung: Der angeführte Zimmerpreis ist ein auslastungsabhängiger Flex-Tarif, er kann in der Praxis deutlich höher ausfallen. 113 Liegen, 290 Betten.

Freibecken, Hallenbad, Außensauna, Sauna, Dampfbad, Massagen, Kosmetik, Fitnessgeräte, Personal Trainer. 18-Loch-Parcours in 6 und 22 km, 20 % Greenfee-Rabatt.

HP ab € 145,–.

WELLNESS 10

Mitterhofer ****

Grünlage am Ortsrand in Schladming – Ennstal

8970 Schladming, Salzburger Straße 371, 03687-22229

WELLNESS 10

Royer Sporthotel ****S

Grünlage am Ortsrand in Schladming – Ennstal

8970 Schladming, Europaplatz 583, 03687-200-0

WELLNESS 10

Schröckerhof ****

Grünruhelage mit Fernblick bei Schladming – Ennstal

8971 Schladming-Fastenberg, Brandweg 20, 03687-22309-0

WELLNESS 10

Arx

Grünlage oberhalb von Schladming – Ennstal

8971 Schladming-Rohrmoos, Rohrmoosstr. 91, 03687-61493

WELLNESS 9

Austria Familienhotel

Grünlage oberhalb von Schladming – Ennstal

8971 Schladming-Rohrmoos, Rohrmoosstr. 133, 03687-61444

WELLNESS 10

Bergkristall Biohotel garni

Ortsrandlage bei Schladming – Ennstal

8971 Schladming-Rohrmoos, Birkenweg 150, 03687-61350

WELLNESS 12

Landauerhof ****

Grünruhelage am Ortsrand bei Schladming – Ennstal

8971 Schladming-Rohrmoos, Tälerstraße 2, 03687-61166

WELLNESS 11

Moser ***S

Grünruhelage mit Fernblick bei Schladming – Ennstal

8971 Schladming-Rohrmoos, Reiterkreuzweg 44, 03687-61210

WELLNESS 15

Schütterhof ****

Grünruhelage mit Fernblick bei Schladming – Ennstal

8971 Schladming-Rohrmoos, Wiesenweg 140
03687-61205

Familienfreundlich. Mit grenzgenialem Panorama: Ein ebenso sympathischer wie gemütlicher Familienbetrieb, er ist nur fünf Minuten von Schladming entfernt und liegt auf 920 m Seehöhe, im Winter ist man hier direkt an der Piste zur Planai-West-Talstation, dem Anschluss an 123 Pistenkilometer und 44 weitere Lifte und Seilbahnen. Hinter farbenfrohen Fassaden zeigen sich zeitgemäß, luftig und unaufgeregt gestaltete Räumlichkeiten, aus vielen ist ein grandioser Ausblick nicht zuletzt dank bodentiefer Fensterfronten zu genießen. Die sehr sauberen Zimmer (sieben Kategorien, DZ von 20 bis 65 m^2) sind allesamt mit kontemporären neoalpinen Interieurs gestaltet, alle haben Holzboden und Balkon, der Bademantel ist aus reiner Baumwolle, das W-Lan schnell. Das Spa ist schön und zweigeteilt, es gibt einen Bereich für Familien und einen für Ruhesuchende. Absolutes Highlight des Hauses ist jedenfalls der 25 m lange, auch im Winter nutzbare Infinity-Pool, in ihm schwimmt man förmlich hinaus in die Berge, der Ausblick geht dabei auf das Dachsteinmassiv. Weiters geboten werden acht Saunen, gute Massagen (neuerdings auch APM), ein kleines Aktivprogramm und geführte Wanderungen – im Winter mit Schneeschuhen. Schöne Stuben, sehr reichhaltiges Frühstücksbuffet, gute Küche bei netter Tischkultur, Light Lunch und Nachmittagsjause (reichlich) mit alkoholfreien Getränken, Tee und Kaffee sind auch am Abreisetag im Zimmerpreis enthalten. Check-out um 10.30 Uhr. Freundliche und bemühte Mitarbeiter, präsente Gastgeber. Mountainbikes und E-Bikes gibt es zur Gratisleihe, Bike-Garage, befüllte Jausenbox und Trinkflasche von Mai bis November. 132 Liegen, 190 Betten.

Freibecken, Hallenbad, Sauna, Dampfbad, Massagen, Kosmetik, Fitnessgeräte. 18-Loch-Parcours in 7 km, 20 % Greenfee-Rabatt.

HP ab € 131,–.

WELLNESS 14

Schwaigerhof ****S

Grünruhelage mit Fernblick bei Schladming – Ennstal

8971 Schladming-Rohrmoos, Schwaigerweg 19
03687-61422

Familienfreundlich. Ein sympathischer Familienbetrieb – gleich fünf Familienmitglieder packen hier tüchtig mit an –, er liegt auf 1.050 m

Seehöhe sehr ruhig auf einem Sonnenplateau mit Ausblick auf das Dachsteinmassiv. Im Winter ist man hier buchstäblich mitten auf der Piste und nicht weit von der Talstation der Rohrmoos-II-Sesselbahn entfernt, dem direkten Anschluss an 123 Pistenkilometer und 44 weitere Lifte. Das Hotel wurde vor kurzem erweitert und modernisiert (Rezeption und Restaurant), das Ambiente zeigt sich liebevoll gestaltet und wunderbar heimelig. Zimmer sind aus 13 Kategorien (DZ von 25 bis 55 m²) wählbar, sie sind überwiegend in neoalpinem Stil gestaltet, alle haben Balkon und Böden aus Echt- oder Kunstholz, viele duftende Zirbenholzvertäfelungen. Auch das Spa wurde kürzlich vergrößert, und zwar um eine Kräuter-Panoramasauna sowie eine Zirben-Salzsauna, insgesamt gibt es nun neun Saunen (drei davon textil). Weiters geboten werden unter anderem ein 25 m langer, ganzjährig nutzbarer Außenpool sowie ein Badeteich mit wunderschönen Liegemöglichkeiten. Hilfsbereite Gastgeberfamilie, viele freundliche Mitarbeiter, die meisten kommen aus der Region. Gute Küche, Light Lunch und Nachmittagsjause sind (mit saisonalen Einschränkungen) inkludiert. Bike-Garage mit Reparaturecke, Bike-Waschplatz, Wäsche- und Trockenservice, zahlreiche geführte Bike- und E-Bike-Touren sowie Wanderungen. Gratis-Tennisplatz, für die Kleinen gibt es vieles, darunter Sporthalle, Boulder-Wand und einen neuen Kinderspielraum. 82 Liegen, 180 Betten.

Naturbadeteich, Freibecken, Hallenbad, Außensauna, Sauna, Dampfbad, Massagen, Kosmetik, Fitnessgeräte. 18-Loch-Parcours in 7 km, 20 % Greenfee-Rabatt.

HP ab € 145,–.

WELLNESS 11

Stocker's Erlebniswelt ****

Grünlage oberhalb von Schladming – Ennstal

8971 Schladming-Rohrmoos, Rohrmoosstr. 215

03687-61301

WELLNESS 12

Waldfrieden ****

Grünlage oberhalb von Schladming – Ennstal

8971 Schladming-Rohrmoos, Rohrmoosstr. 110

03687-61487

WELLNESS 11

Weiden ****

Grünlage mit Fernblick bei Schladming – Ennstal

8971 Schladming-Rohrmoos, Schwaigerweg 135

03687-61455

WELLNESS 13

Berghof Ramsau ****

Grünlage am Ortsrand bei Schladming – Ennstal

8972 Ramsau, Nr. 192

03687-818480

Hundefreundlich. Legeres „per Du"-Umfeld: Ein sympathischer Familienbetrieb in angenehmer Größe, er liegt auf 1.100 m Seehöhe direkt an der Hauptstraße, die in das Dörfchen führt, im Winter ist man hier direkt an einer der vielen Loipen. Hinter blumengeschmückten Fassaden herrscht gepflegte Gemütlichkeit ländlicher Prägung, Zimmer wählt man aus fünf Varianten (DZ von 20 bis 50 m^2) in unterschiedlichen Reifestadien, sie sind zweckmäßig arrangiert, alle haben Balkon und Teppichböden, aus vielen genießt man ein schönes Bergpanorama. Das inwendig nur bescheiden große und eher nüchtern anmutende Spa bietet einen 10 m langen Innenpool und vier Saunen, im Freien zudem Schwimmteich und weitere Sauna. Schöne Restaurantterrasse, die Küche ist bodenständig und gut, ein Light Lunch inkludiert. Mit Liebe und Expertise zusammengestellte Weinkarte, großartige Schnäpse. Viele hilfsbereite und freundliche Mitarbeiter, präsente Gastgeber, unterm Strich ein unprätentiöses, aber herzliches Umfeld, in dem man sich nicht ärgern muss. Ringsum herrliche Wanderwege ohne Zahl. Service für Biker (Garage mit Reparaturecke, Waschplatz etc.), für Vierbeiner gibt es Duschen, Wiesen und einen separaten Badeteich. Viele alte Stammgäste, ungeeignet für Kinder. 12 Liegen, 66 Betten.

Naturbadeteich, Hallenbad, Außensauna, Sauna, Dampfbad, Massagen, Fitnessgeräte. 18-Loch-Parcours in 7 km.

HP ab € 107,–.

WELLNESS 10

Feistererhof Biohotel

Grünruhelage am Ortsrand bei Schladming – Ennstal

8972 Ramsau, Nr. 35

03687-81980

WELLNESS 12

Kielhuberhof ****

Grünruhelage Nähe Schladming – Ennstal

8972 Ramsau, Leiten 82, 03687-81750

WELLNESS 11

Kobaldhof

Grünruhelage am Ortsrand bei Schladming – Ennstal

8972 Ramsau, Kobaldweg 234

03687-81413

WELLNESS 11

Leitenmüller Bio-Bauernhof
Absolute Naturlage bei Schladming – Ennstal

8972 Ramsau, Leiten 83, 03687-81362

WELLNESS 14

Lindenhof Ramsau ****
Grünruhelage am Ortsrand bei Schladming – Ennstal

8972 Ramsau, Dorf 301, 03687-81555

Familienfreundlich. Idyllische Lage: Ein sympathischer Familienbetrieb, umgeben von Wiesen und Wäldern liegt er ruhevoll auf 1.200 m Seehöhe an einem Südhang oberhalb des Orts. Das Hotel besteht aus dem Stammhaus und einer ein paar Schritte entfernt gelegenen Dependance. Hinter blumengeschmückten Fassaden zeigt sich moderne Ländlichkeit mit gemütlichem Flair, Zimmer sind aus neun Kategorien (DZ von 19 bis 49 m²) wählbar. Alle sind zeitgemäß gestaltet und haben Eichenböden, die meisten Terrasse oder Balkon, der Ausblick ist wunderschön, vor allem in den höheren Etagen. Das Spa steht ausschließlich Hotelgästen offen, es bietet unter anderem eine Liegewiese mit kleinem Naturbadeteich, einen knapp 10 m langen, auch im Winter nutzbaren Infinity-Außenpool sowie vier Saunen. Schöne Restaurantterrasse, heimelige Stuben, reichhaltiges Frühstücksbuffet, sehr gute Küche, sie ist bodenständig und ehrlich, so manches kommt aus der eigenen Biolandwirtschaft, Light Lunch und Nachmittagsjause sind inkludiert. Herzliche und engagierte Mitarbeiter, präsente Gastgeber. Check-out um 10.30 Uhr. Wanderwege und Loipen ohne Zahl, auch mehr als ein Dutzend hochalpine Klettersteige mit unterschiedlichen Schwierigkeitsgraden gibt es in der Nähe, der Gastgeber ist übrigens staatlich geprüfter Bergführer und hat stets die besten Tipps parat. Verschiedene Kinderareale (Streichelzoo, Spielplatz, Rodelhang). Schlitten und Schneeschuhe gibt es zur Gratisleihe. Hunde erlaubt. 18 Liegen, 80 Betten.

Naturbadeteich, Freibecken, Sauna, Dampfbad, Massagen, Fitnessgeräte.

HP ab € 115,–.

WELLNESS 11

Matschner
Zentrale Ortslage bei Schladming – Ennstal

8972 Ramsau, Ort 61, 03687-81721-0

WELLNESS 11

Ramsauhof Biohotel ****
Grünruhelage am Ortsrand bei Schladming – Ennstal

8972 Ramsau, Nr. 220, 03687-81965-0

WELLNESS 11

Almwelt Austria ****
Absolute Grünruhelage mit Fernblick – Ennstal

8973 Pichl, Preunegg 45, 06454-72577

WELLNESS 10

Pichlmayrgut ****
Grünlage bei Schladming – Ennstal

8973 Pichl, Nr. 54, 06454-7305

WELLNESS 10

Steirerhof Wander-Vitalhotel ****
Grünlage bei Schladming – Ennstal

8973 Pichl, Vorberg 6, 06454-7372-0

WELLNESS 11

Aldiana Salzkammergut ****
Grünlage am Ortsrand – Nähe Bad Aussee

8983 Bad Mitterndorf, Neuhofen 183, 03623-21000

WELLNESS 12

Grimmingblick ****
Grünruhelage in Bad Mitterndorf – Nähe Bad Aussee

8983 Bad Mitterndorf, Nr. 279, 03623-2491

WELLNESS 11

Kanzler
Ruhige Ortslage in Bad Mitterndorf – Nähe Bad Aussee

8983 Bad Mitterndorf, Krungl 2, 03623-2260

WELLNESS 14

Erzherzog Johann ****
Ruhige Ortslage in Bad Aussee

8990 Bad Aussee, Kurhausplatz 62
03622-525070

Gemütliches Urgestein des Ausseerlandes: Ein charaktervolles Traditionshotel in angenehmer Größe, es liegt zwar mitten im Ort, aber dennoch ruhig, und der Weg zu smaragdgrünen Seen und herrlichen Bergen ist nicht weit. Das Haus besteht aus einem 600 Jahre alten Stammhaus und einem viel größeren neuen Anbau, das Ambiente zeigt sich gediegen und sehr gemütlich arrangiert. Die Zimmer sind eher klein geschnitten (vier Kategorien, DZ von 24 bis 29 m²), jedoch bis auf wenige Ausnahmen („Klassikzimmer") mit Zirbenholz zeitgemäß gestaltet, sie haben feine Holzböden sowie Südbalkon, vom dritten Stock aufwärts ist der Ausblick fabelhaft. Das Spa ist auf zwei auseinanderliegende Bereiche aufgeteilt, es bietet unter anderem drei Saunen, einen 10 m langen Innenpool sowie einen großen Außenwhirlpool auf dem Dach – feines Panorama inklusive. Täglich kleines Aktivprogramm, darunter auch Yoga und Meditation. Nette Café- und

Barterrasse, gute Küche mit vielen regionalen und saisonalen Zutaten, kompetente Weinberatung, eine Nachmittagsjause ist im Preis inkludiert. Viele freundliche und zuvorkommende Mitarbeiter, präsenter, engagierter Gastgeber. Ruhesuchenden sei empfohlen, eventuell stattfindende Tagungen und Feierlichkeiten vor der Buchung abzuklären. Gratisgarage für (fast) alle, fortgeschrittene Einparkkünste sind aber von Vorteil. Ungeeignet für Kinder, Hunde erlaubt. 54 Liegen, 126 Betten.

Hallenbad, Außensauna, Sauna, Dampfbad, Massagen, Kosmetik, Fitnessgeräte, Personal Trainer. 9-Loch-Parcours in 2 km, 20 % Greenfee-Rabatt.

HP ab € 119,–.

WELLNESS 12

Narzissen Vital Resort ****

Grünlage am Ortsrand in Bad Aussee

8990 Bad Aussee, Pötschenstraße 172, 03622-55300

WELLNESS 18

Wasnerin G'sund & Natur ****S

Grünruhelage am Ortsrand in Bad Aussee

8990 Bad Aussee, Sommersbergseestraße 19, 03622-52108

Hundefreundlich, Adults only (ab 12). Vor der Kulisse des Dachsteingletschers und praktisch direkt am 9-Loch-Golfplatz gelegen: ein mit Herz und Leidenschaft geführtes Haus, wie man an vielen Kleinigkeiten unschwer bemerken kann. Bereits auf seiner Webseite stellt das familiengeführte Hotel unmissverständlich klar, was es nicht hat: eine Raucherlounge etwa, überladene Buffets, permanente Musikberieselung sowie Angebote für Busgruppen und Billigbucher über Supermarkt-Veranstalter oder Kaffeeröster. Die Wasnerin besteht aus einem kleinen historischen Teil und einem deutlich größeren modernen Zubau, dessen Flanken ein windgeschütztes ovales Atrium, in dem sich der Spa-Außenbereich befindet, bilden. Das Ambiente fühlt sich so erfrischend wie inspirierend an: Die Lobby empfängt mit ungewöhnlichen, sehr groß dimensionierten Ledermöbeln, hier ist auch eine kleine Buchhandlung, in der man vor allem auch die Werke jener namhaften Schriftsteller findet, die in diesem Haus regelmäßig Lesungen halten. Zimmer wählt man aus neun Varianten, sie zeigen sich so zeitgemäß wie wohnlich, alle sind großzügig geschnitten (DZ von 32 bis 64 m^2) und haben Parkettböden sowie Balkon oder Terrasse, alles blitzt vor Sauberkeit. Das Spa steht nur Hotelgästen offen, es bietet unter anderem fünf Saunen, einen 18 m langen, auch im Winter nutzbaren Außenpool sowie unseren Lieblingsplatz, die Außensauna auf der

Dachterrasse. Sehr gute Massagen, täglich Aktivprogramm, auch Qi Gong, viel Yoga. Im Angebot stehen übrigens auch drei- bis fünftägige Yoga-Retreats sowie ärztlich begleitete Detox-Kuren. Fabelhafte Restaurantterrasse, wunderbares Frühstücksbuffet bis 12 Uhr, sehr gute bis ausgezeichnete Küche mit ebensolchen veganen Varianten, für Gäste mit Hunden gibt es einen eigenen Essensbereich. Ausgesprochen freundliche und zuvorkommende Mitarbeiter, charmante und präsente Gastgeber. Wanderrucksäcke und Schneeschuhe gibt es zur Gratisleihe, der Wellnessbereich kann den ganzen Abreisetag ohne Aufpreis genutzt werden. Gratisgarage für (fast) alle. 150 Liegen, 180 Betten.

Freibecken, Kinderfreibecken (Sommer), Hallenbad, Außensauna, Dampfbad, Massagen, Kosmetik, Fitnessgeräte, Personal Trainer. 9-Loch-Parcours, 20 % Greenfee-Rabatt.

HP ab € 147,–.

WELLNESS 14

Seevilla Romantik-Hotel ****S

Grünruhelage am Altausseer See – Nähe Bad Aussee

8992 Altaussee, Fischerndorf 60, 03622-71302

Schön gelegen: ein familiengeführtes Traditionshaus, der Ausblick geht hinaus auf das smaragdgrüne Wasser, auf den majestätischen Loser und die spröden Steilhänge der Trisselwand. Die Zimmer (13 Varianten, DZ von 25 bis 85 m²) verströmen heimeliges Landhausflair, alle haben Balkon und Holzböden. Das kleine Spa ist ausschließlich Hotelgästen zugänglich und überraschend modern gestaltet, es bietet viel Ausblick, einen knapp 20 m langen Innenpool, eine schöne Liegewiese mit direktem Seezugang sowie vier Saunen. Bei der Küche gibt es noch etwas Luft nach oben, eine Nachmittagsjause mit Kaffee und Tee ist inkludiert. Präsente Gastgeber, viele freundliche, Mitarbeiter, das Service ist aber nicht an jedem Tag in Bestform. Ringsum Wanderwege ohne Zahl, direkt am Hotel vorbei führt ein acht Kilometer langer, herrlicher Rundweg um den See. Viele, viele Stammgäste. Ungeeignet für Kinder, Hunde erlaubt. 40 Liegen, 140 Betten.

Hallenbad, Sauna, Dampfbad, Massagen, Kosmetik, Fitnessgeräte. 9-Loch-Parcours in 6 km, 20 % Greenfee-Rabatt.

HP ab € 128,–.

WELLNESS 12

Seehotel Grundlsee

Grünlage am Ufer des Grundlsees – Nähe Bad Aussee

8993 Grundlsee, Mosern 22, 03622-86044

Wasnerin G'sund & Natur

ALLE LILIEN-HOTELS IN **KÄRNTEN**

	Hotel	Seite
1	**Almdorf Seinerzeit**	279
2	**Alpenrose Naturhotel** ****	286
3	**Amerika-Holzer am See** ****S	269
4	**Brennseehof Familien-Sport-Hotel** ****S	275
5	**Das Balance Pörtschach** ****S	270
6	**Das Ronacher Therme & Spa** *****	276
7	**Der Daberer – das Biohotel** ****S	281
8	**Die Forelle Genießerhotel** ****	282
9	**Die Post** ****S	277
10	**Enzian Seehotel** ****	283

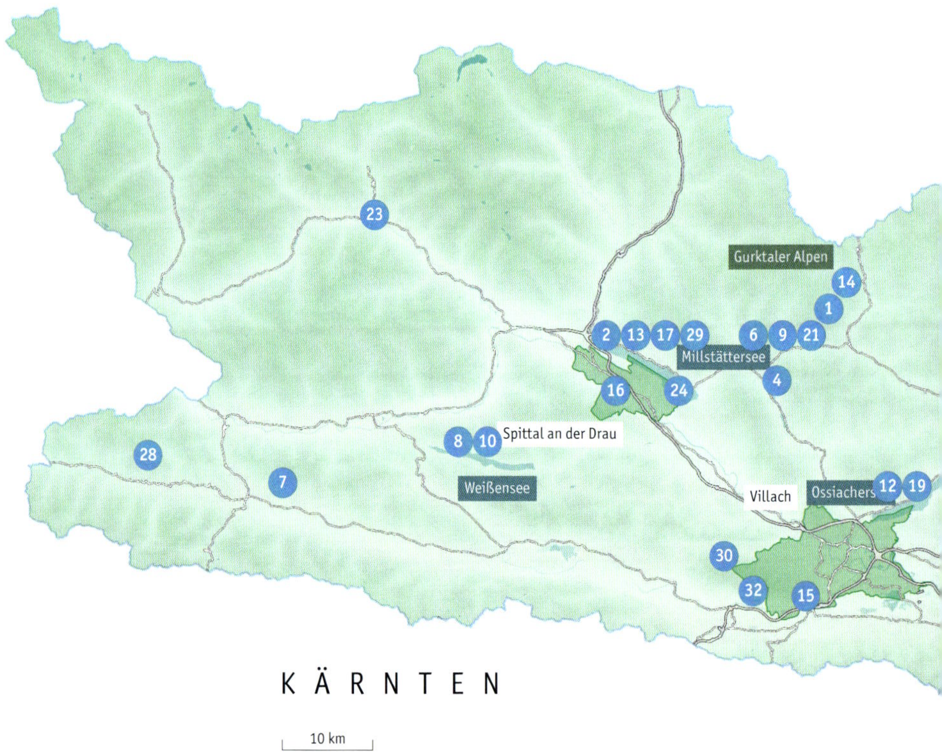

	Hotel	Seite
11	**Falkensteiner Schloss Velden** *****	272
12	**Feuerberg Mountain Resort** ****S	278
13	**Forelle Millstatt** ****S	287
14	**Hochschober** ****S	280
15	**Karawankenhof Thermenhotel** ****	273
16	**Kleinsasserhof**	284
17	**Kollers** ****S	285
18	**Magdalensberg** ****	268
19	**Pacheiner** ****	274
20	**Parkhotel Pörtschach** ****S	270

	Hotel	Seite
21	**Pulverer Thermenwelt** *****	278
22	**Schloss Seefels** *****	271
23	**Schrothkur**	284
24	**Seefischer Romantik-Hotel** ****S	289
25	**Seehotel Europa** ****	272
26	**Streklhof** ****	273
27	**The Original FX Mayr** ****	268
28	**Tuffbad Almwellness-Resort** ****S	282
29	**Villa Postillion am See** ****	288
30	**Vivea Bad Bleiberg** ****	275
31	**Vivea Bad Eisenkappel** ****	269
32	**Warmbaderhof** *****	274
33	**Werzer's Resort** ****S	271

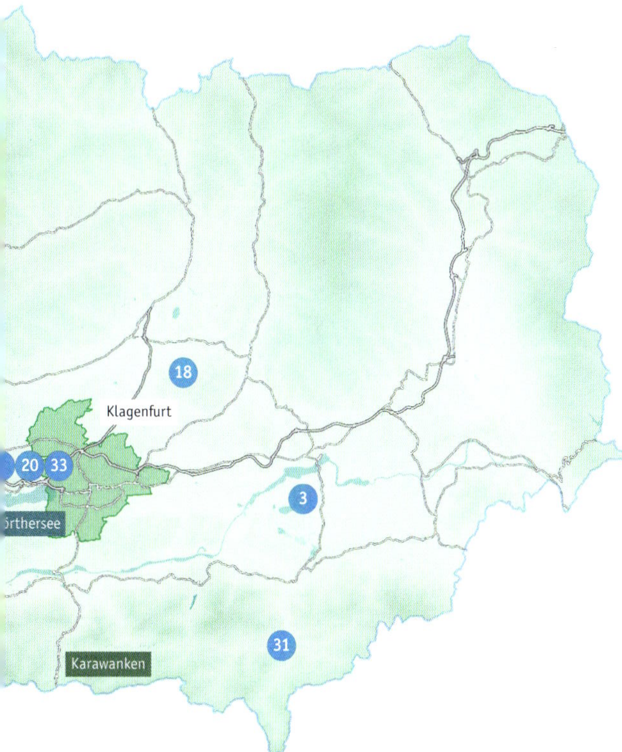

WELLNESS 11

Seepark Wörthersee Resort

Grünruhelage am Stadtrand in Klagenfurt – Wörthersee

9020 Klagenfurt, Universitätsstraße 104
0463-204499-0

WELLNESS 13

Magdalensberg ****

Absolute Naturlage mit Fernblick – Nähe Klagenfurt

9064 Magdalensberg, Magdalensberg 16
04224-2249

Hunde- und familienfreundlich (Vierbeiner dürfen mit zu allen Mahlzeiten). Ein einnehmend sympathischer Familienbetrieb von angenehm überschaubarer Größe, er liegt bezaubernd neben einer Kirche am Gipfel des 1.059 m hohen Magdalensberges und bietet einen fabelhaften Ausblick. Das Hotel besteht aus dem Stammhaus und einem kürzlich fertiggestellten Zubau, ein uriges Chalet („Troadkasten") ist nur einen Steinwurf entfernt. Mit Ausnahme der Bar und der angrenzenden Gaststube präsentieren sich die öffentlichen Räume in gefälliger neoalpiner Optik. Zimmer mit Balkon oder Terrasse stehen in neun Kategorien (DZ von 35 bis 70 m^2) zur Auswahl, neben einigen rustikalen werden mehrheitlich heimelig-moderne Varianten geboten, sie haben feine Holzböden und bodentiefe Glasfronten, einige sogar Sauna, Whirlpool und offenen Kamin. Das W-Lan ist schwach, der Handy-Empfang ebenso – das hat durchaus auch Vorteile! Das etwas zu klein dimensionierte Spa bietet unter anderem zwei getrennte, aber nahezu gleich große Saunabereiche (einmal textil, einmal nackt), einen kleinen Naturbadeteich und einen 8 m langen Außenwhirlpool. Restaurantterrasse für alle Mahlzeiten, reichhaltiges Frühstücksbuffet (die Eier stammen zwar aus Bodenhaltung, doch Brot und Mehlspeisen von Oma Marlene sind stets selbst gebacken), die Küche ist regional ausgerichtet und verwendet auch so manches aus der eigenen Landwirtschaft, ein nachmittägliches Kuchenbuffet mit Kaffee und Tee ist inkludiert. Highlights für uns waren die hausgemachten Kärntner Nudeln in verschiedenen Variationen, das Hausbier im Steinkrug sowie der selbst angesetzte Vogelbeerschnaps. Hilfsbereite und gut gelaunte Gastgeber – gleich vier Generationen packen hier tüchtig mit an –, freundliche Mitarbeiter, die meisten kommen aus der Region, sauberes Preis-Leistungs-Verhältnis. Ein Wermutstropfen: Mitunter wird die Idylle von zahlreichen Tagesgästen und großen Feiern gestört. Wer also alltagsabgewandtes Relaxen sucht, sollte die Situation vor der Buchung abklären. Mehrere Indoor- und Outdoor-Spielareale, darunter etwa eine Gokart-Bahn, Ringelspiel sowie Hirsche, Rehe und Ziegen zum Streicheln und Füttern. 20 Liegen, 80 Betten.

Naturbadeteich, Sauna, Dampfbad, Massagen. 18-Loch-Parcours in 21 und 22 km.

HP ab € 120,–.

WELLNESS 9

Sonnenhotel Hafnersee ****

Grünruhelage am Hafnersee – Nähe Wörthersee

9074 Keutschach, Plescherken 5
04273-2375

GESUNDHEIT 16

The Original FX Mayr ****

Grünruhelage an der Süduferstraße – Wörthersee

9082 Maria Wörth-Dellach, Golfstraße 2
04273-2511-0

Einst Urlaubsdomizil der britischen Königsfamilie, heute ein Mayrkurhaus für betuchte Gäste aus aller Welt, wobei Briten die Mehrheit stellen: Das Traditionshaus punktet bei uns nicht nur wegen seiner schönen Lage am Wörthersee. Es handelt sich um einen alten charaktervollen Holzriegelbau, der mittlerweile behutsam renoviert wurde und auf einer Anhöhe über der Uferstraße liegt, was für einen schönen Ausblick aus vielen Räumen steht. Das Ambiente zeigt sich von sensibler Hand gestaltet und sehr behaglich. Trotz Modernisierung blieb der Charme des Hauses erhalten – das Holz atmet, die Stiegen knarren, einen Lift zu den Zimmern sucht man vergeblich. Sie stehen in insgesamt sechs wunderschönen Kategorien (DZ von 26 bis 73 m^2) zur Auswahl, fast alle haben Holzböden und verfügen über eine Klimaanlage. Das Spa steht ausschließlich Hausgästen offen, es bietet unter anderem einen Innenpool sowie insgesamt fünf Saunen. Highlight ist das feine Strandhäuschen mit einer idyllischen Ruhezone, sommers wie winters liefert der See nach der Sauna eine erfrischende Abkühlung. Sehr gute Massagen, auch Yoga und Pilates. Freundliche Crew, Five o'Clock Tea, sehr gute Diätküche. Im Restaurant wird „Silent Eating" verordnet – nichts soll hier vom langsamen und bewussten Kauen ablenken. Mindestkurdauer: eine Woche. Ungeeignet für Kinder. 22 Liegen, 80 Betten.

Seebadestrand, Hallenbad, Außensauna, Sauna, Dampfbad, Massagen, Kosmetik, Fitnessgeräte, Personal Trainer. 18-Loch-Parcours nebenan, 25 % Greenfee-Rabatt. Tennisplätze.

Mayrkur-Woche inkl. Arzt, Therapien und Diät ab € 3.440,–.

WELLNESS ⚜ 13

Amerika-Holzer am See ****S

Grünruhelage am Klopeiner See – Nähe Klagenfurt

9122 St. Kanzian, Am See XI

04239-2212

Hunde- und familienfreundlich. Strandhotel seit 1927: Ein Traditionsbetrieb unter Familienführung, er liegt schön am Nordufer, vom 150 m langen Badestrand nur durch die Uferpromenade getrennt. Das Ambiente zeigt sich unentschieden und mitunter nicht mehr ganz taufrisch, jedenfalls mit eigenem Charme, der bei den überaus zahlreichen Stammgästen gut anzukommen scheint. Zimmer kann man aus 22 Kategorien (DZ von 26 bis 75 m^2) wählen, sie zeigen sich hell und in warmen Farben, nur wenige haben noch Teppichböden, alle Balkon oder Terrasse, viele auch einen schönen Ausblick über den See. Das kleine Spa steht nur Hotelgästen offen, es offeriert unter anderem einen 12 m langen Außenpool sowie insgesamt drei Saunen – eine davon befindet sich auf dem Badesteg. Umfangreiches Therapieangebot, sehr gute Massagen. Zumeist gute Küche, umfangreiches Frühstück bis 11 Uhr, das bei Bedarf in ein Langschläfer- und Brunchbuffet bis 13 Uhr übergeht. Viele freundliche, nicht immer ganz kompetente Mitarbeiter. Tret- und Ruderboote sowie SUP-Boards gibt es zur Gratisleihe. Ruhesuchenden sei empfohlen, eventuell stattfindende Tagungen und Feierlichkeiten vor der Buchung abzuklären. Für die Kleinen gibt es einen Ballspielplatz, Trampolin und Sandkiste sowie 45,5 Stunden pro Woche Betreuung für Kinder ab drei Jahren (Ende Juni bis Anfang September). 17 Liegen, 180 Betten.

Seebadestrand, Freibecken (Sommer), Hallenbad, Außensauna, Sauna, Dampfbad, Massagen, Kosmetik, Fitnessgeräte, Personal Trainer. 18-Loch-Parcours in 4 km, bis zu 50 % Greenfee-Rabatt. Tennisplatz.

HP ab € 106,–.

WELLNESS 10

Birkenhof Strandhotel ****

Grünruhelage am Klopeiner See – Nähe Klagenfurt

9122 St. Kanzian, Am See IV/3, 04239-2237

WELLNESS 11

Mori ****

Grünruhelage beim Klopeiner See – Nähe Klagenfurt

9122 St. Kanzian, Kleinseeweg 22, 04239-2800-0

WELLNESS 10

Orchidee Strandhotel ****

Grünruhelage am Klopeiner See – Nähe Klagenfurt

9122 St. Kanzian, Am See VIII/3, 04239-2170

WELLNESS 10

Sonnelino Kinderhotel ****

Grünlage am Klopeiner See – Nähe Klagenfurt

9122 St. Kanzian, Westuferstraße 17

04239-2337

WELLNESS 10

Berghof Brunner ****

Grünruhelage mit Fernblick – 35 km südlich von Klagenfurt

9135 Bad Eisenkappel, Lobnig 4

04238-301

KUR/GESUNDHEIT ⚜⚜ 15

Vivea Bad Eisenkappel ****

Grünruhelage im Vellach-Hochtal – 35 km von Klagenfurt

9135 Bad Eisenkappel, Vellach 9

04238-90500

Dieses Gesundheitshotel der Tiroler Vivea-Kette (ehemals Kurzentrum-Kette, 12 Hotels in Österreich und Deutschland) befindet sich auf etwa 560 m Seehöhe in einem windgeschützten Tal, die sonnige und nebelfreie Lage beschert der südlichsten Marktgemeinde Österreichs das Prädikat Luftkurort. Der Fokus liegt auf Herz-Kreislauf- und Gefäßerkrankungen sowie auf Beschwerden des Stütz- und Bewegungsapparates, zu den therapeutischen Spezialitäten gehören Kohlensäuretrockengasbäder und die Ganzköperkältetherapie bei minus 110 Grad. Sozialversicherungsgäste überwiegen, im Angebot stehen aber auch privat buchbare Gesundheitswochen oder Basenfasten. Das 1998 eröffnete Haus wurde nach umfassender Modernisierung vor wenigen Monaten wiedereröffnet, kaum ein Stein ist dabei auf dem anderen geblieben. Die Zimmer (drei Kategorien, DZ von 20 bis 30 m^2) zeigen sich nun in gefälliger Modernität, die meisten haben Holzböden, alle Balkon, die als Suiten beworbenen sind allerdings keine Suiten, sondern einfach größere Zimmer. Auch der Wellnessbereich zeigt sich jetzt überwiegend mit zeitgemäßem Erscheinungsbild, er bietet unter anderem vier Saunen mit relativ großzügigen Öffnungszeiten, Liegewiese, einen mit dem Außenbecken verbundenen Innenpool – beide knapp 15 m lang – sowie neu gestaltete Ruhezonen, wobei die Liegen ruhig etwas bequemer ausfallen hätten dürfen. Freundliche Mitarbeiter, gutes Preis-Leistungs-Verhältnis, Gratisgarage für alle. Ungeeignet für Kinder. 65 Liegen, 216 Betten.

Freibecken, Hallenbad, Sauna, Dampfbad, Massagen, Kosmetik, Fitnessgeräte.

VP ab € 130,–.

WELLNESS 10

Rosentaler Hof ****

Grünruhelage am Ortsrand – Nähe Wörthersee

9184 St. Jakob im Rosental, Mühlbach 28
04253-2241

WELLNESS 11

Egger Feel good Boutique-Hotel ****

Grünlage am Ortsrand in Krumpendorf – Wörthersee

9201 Krumpendorf, Berthastraße 13
04229-40102

WELLNESS 14

Das Balance Pörtschach ****S

Grünlage am Ortsrand in Pörtschach – Wörthersee

9210 Pörtschach, Winklerner Straße 68
04272-2479

Schmuckes Haus mit tollem Ausblick: Ein sehr persönlich geführter Familienbetrieb in angenehmer Größe, er nennt sich neuerdings „Das Balance Spa & Golf Hotel am Wörthersee", liegt aber gar nicht am See, sondern in einem beschaulichen Wohngebiet hoch über dem Ort Pörtschach. Ausnahmslos zeitgemäße Zimmer wählt man aus 14 Kategorien (DZ von 26 bis 57 m^2), viele haben noch Teppichböden, am Ausbau der Klimaanlagen wird kontinuierlich gearbeitet. Vor kurzem wurde eine neue Suitenvariante in warmen Naturfarben einnehmend gestaltet, sie hat eine freistehende Badewanne direkt am Fenster, der Blick geht hinaus auf den Wörthersee. Das Spa bietet unter anderem einen 12 m langen, auch im Winter nutzbaren Außenpool, fünf Saunen, eine schöne Liegewiese sowie sehr gute Massagen. Das öffentliche Seebad ist zu Fuß in rund 20 Minuten erreichbar, auf Wunsch wird man mit dem Hotelbus kostenlos dorthin gebracht. Freundliche junge Crew, die fesche Gastgeberin Andrea kocht selbst, sie legt Wert auf Frische und Regionalität, so manches kommt aus der familieneigenen Landwirtschaft. Zu bestimmten Terminen werden zudem Basenfasten-Wochen angeboten. Ein Light Lunch ist inkludiert, ein Langschläferfrühstück wird neuerdings nicht mehr angeboten, dafür kommt das Frühstück auf Wunsch bis 13 Uhr ans Bett. Eher ungeeignet für Kinder, Hunde erlaubt. 60 Liegen, 122 Betten.

Freibecken, Hallenbad, Außensauna, Sauna, Dampfbad, Massagen, Kosmetik, Fitnessgeräte. 27-Loch-Parcours in 5 und 12 km, 18-Loch-Parcours in 15 km, bis zu 30 % Greenfee-Rabatt.

HP ab € 98,–.

WELLNESS 10

Dr. Jilly Seehotel ****S

Grünruhelage am Seeufer in Pörtschach – Wörthersee

9210 Pörtschach, Alfredweg 5-7
04272-2258

WELLNESS 10

Elisabeth Pörtschach garni ****

Grünlage am Ortsrand in Pörtschach – Wörthersee

9210 Pörtschach, Mühlweg 40-42
04272-3001

WELLNESS 11

Lake's

Grünruhelage am Seeufer in Pörtschach – Wörthersee

9210 Pörtschach, Augustenstraße 24
04272-20505

WELLNESS 14

Parkhotel Pörtschach ****S

Grünruhelage am Seeufer in Pörtschach – Wörthersee

9210 Pörtschach, Hans-Pruscha-Weg 5
04272-26210

Familienfreundlich. In herrlicher, nahezu konkurrenzloser Ausblickslage am Seeufer: ein siebenstöckiger Betonplattenklassiker aus den Sixties, denen man hier in den öffentlichen Räumen auch auf Schritt und Tritt begegnet – im Original oder bewusst inszeniert. Zimmer sind aus 11 Kategorien (DZ von 26 bis 84 m^2) wählbar. Sie sind modern und zumeist hochwertig ausgestattet, fast alle haben Teppichböden, dank großer Panoramafenster genießt man einen herrlichen Ausblick auf den See, speziell aus den höhergelegenen Stockwerken. Das ausschließlich Hotelgästen zugängliche Spa bietet einen 13 m langen Indoorpool, drei Saunen, einige Fitnessgeräte und gute Massagen (Ayurveda wird aber neuerdings nicht mehr angeboten). Highlight ist der hoteleigene Strandabschnitt mit Liegen und Sonnenschirmen. Fabelhafte Bar, ebensolche Restaurantterrasse mit Abendsonne, im Restaurant gibt es allabendlich Klaviermusik. Reichhaltiges Frühstücksbuffet, zumeist gute Küche mit vornehmlich regionaler Orientierung. Freundliche und hilfsbereite Mitarbeiter, viele Stammgäste, nicht selten ergänzt um eine lebhafte Kinderschar, für die Spielplatz, Tret- und Ruderboote, Kajaks und SUP-Boards bereitstehen. Check-out bereits um 10 Uhr. Sieben Stunden Betreuung für Kinder ab drei Jahren an fünf Tagen der Woche (jedoch nur Juli und August). Garage gegen 16 Euro pro Tag. Hunde erlaubt. 30 Liegen, 330 Betten.

Seebadestrand, Hallenbad, Sauna, Dampfbad, Massagen, Kosmetik, Fitnessgeräte. 27-Loch-Parcours in 9 und 13 km, 18-Loch-Parcours in 15 km. Tennisplätze.

HP ab € 119,–.

WELLNESS 13

Werzer's Resort ****S

Grünlage am Seeufer in Pörtschach – Wörthersee

9210 Pörtschach, Werzerpromenade 8

04272-2231

Kinderfreundlich. Badetradition seit 1895: Ein familiengeführter Traditionsbetrieb von respektabler Größe, außerdem in schöner Lage, was bei unserer Bewertung freilich zu berücksichtigen ist. Zimmer kann man aus acht Kategorien (DZ von etwa 24 bis 100 m²) wählen, sie sind allesamt zeitgemäß, geradlinig und in hellen, freundlichen Farben gestaltet, haben Balkon und Klimaanlage, nur jene im ersten Stock bieten Holzböden. Unser Favorit ist jedenfalls die Sunset-Suite direkt am Ufer, sie verfügt über eine freistehende Badewanne und eine kleine Terrasse mit einem wunderbaren Ausblick über den Wörthersee. Das indoor nicht allzu große Spa ist zweigeteilt: Neben drei Saunen im Haupthaus gibt es im historischen Badehaus zwei Seesaunen sowie einen knapp 10 m langen, ganzjährig beheizten Außenpool. Reichhaltiges Frühstücksbuffet, die Küche versteht sich auf die optische Präsentation, eine anderswo in Lilien-Hotels fast immer zu findende inkludierte Nachmittagsjause gibt es hier nicht. Eine nur bedingt romantische Versuchung ist das „Dinner for Two" auf einem Boot mit gläsernen Seitenwänden, stört doch der Bootsführer die Zweisamkeit – das kann man im Hotel Kollers deutlich erquickender inszeniert erleben. Viele freundliche Mitarbeiter, nicht selten erscheint uns das Lächeln aber etwas zu aufgesetzt. Große Liegewiese, flacher Badestrand, nette Restaurantterrasse. Täglich 11,5 Stunden Betreuung für Kinder ab drei Jahren (während der Ferien; in der restlichen Zeit mit Einschränkungen und nur von Fr bis So). Überdachte Stellplätze kostenlos, Garage gegen 8 Euro pro Tag. Für kinderlose Paare und Ruhesuchende nur bedingt geeignet, Hunde erlaubt. 104 Liegen (mit Badehaus), 260 Betten.

Seebadestrand, Freibecken, Hallenbad, Außensauna, Sauna, Dampfbad, Massagen, Kosmetik, Fitnessgeräte. 27-Loch-Parcours in 9 und 13 km, 18-Loch-Parcours in 15 km, bis zu 30 % Greenfee-Rabatt.

HP ab € 125,–.

WELLNESS 17

Schloss Seefels *****

Grünruhelage am Seeufer bei Pörtschach – Wörthersee

9212 Pörtschach, Töschling 1

04272-2377-607

Familienfreundlich. Hoteladeltradition plus Lage, Lage, Lage: Ein romantisches Hotel, es wirbt mit „dem schönsten Platz am Wörthersee", und das ist durchaus verständlich. Denn dieses Neoschloss aus dem 19. Jahrhundert liegt inmitten eines prachtvollen Parks direkt am nördlichen Seeufer, wird also von der Sonne reichlich bedacht, man sieht hinaus auf den See sowie auf die Karawanken in der Ferne und ist vom Ambiente begeistert. Schmeichelte es bislang mit zeitloser imperialer Anmutung, so sind wir nun gespannt, was sich verändern wird. Denn das Haus ist bis Mai geschlossen. Es wird grundlegend modernisiert, hoffentlich so, dass der alte Charme erhalten bleibt. Auch die Zimmer (15 Varianten, DZ von 21 bis 103 m²) werden einem porentiefen Facelift unterzogen, der herrliche Ausblick, den man hier aus vielen genießen kann, bleibt freilich erhalten. Endlose Weite wird man hingegen im Spa nicht wirklich finden, doch gibt es feine Einrichtungen, etwa eine Ladys-Sauna, einen kleinen Whirlpool im Freien, eine Panorama-Liegewiese mit Badesteg sowie das absolute Highlight: einen auch im Winter nahezu tropisch warmen, 12 m langen Pool – direkt im See! Insgesamt sechs Saunen gibt es, darunter auch eine im Freien, von der man einen beherzten Sprung in den See wagen kann. Wer Ruhe sucht, sollte sich vor der Buchung erkundigen, ob nicht gerade eine Hochzeit oder eine ähnliche Veranstaltung stattfindet, weiters gibt es auch Zimmer, aus denen die Eisenbahn bei offenem Fenster gut hörbar ist. Nach 30 Dienstjahren ist übrigens der rührige Direktor vor kurzem in den Ruhestand getreten, die Crew zeigt sich weiterhin dennoch sehr freundlich und überwiegend auch kompetent, obliegt die Leitung des Hauses doch nun der virtuosen Frau Ramsbacher, die den Lesern unseres Magazins als Chefin des Hotels Lemongarden in Dalmatien bekannt ist. Herrliche Auswahl beim Frühstück, ausgezeichnete Küche, fabelhafte Restaurantterrassen, wunderbar gemütliche Bar mit großer Auswahl an Whiskeys und Whiskys. Kinderbetreuung während der Sommerferien (täglich neun Stunden), gute Jogging-Strecken. Garagenplätze gibt es gegen Aufpreis, sie sind jedoch absolut rar. Hunde erlaubt. 33 Liegen, 128 Betten.

Freibecken, Freibecken (Sommer), Hallenbad, Kinderbecken, Außensauna, Dampfbad, Massagen, Kosmetik, Fitnessgeräte, Personal Trainer. 27-Loch-Parcours in 9 und 13 km, 18-Loch-Parcours in 13 km, bis zu 30 % Greenfee-Rabatt.

HP ab € 212,–.

WELLNESS 11

Werzer's Wallerwirt ****

Grünruhelage in Pörtschach – Wörthersee

9212 Techelsberg, Töschling 96

04272-2316

WELLNESS 11

Engstler Seehotel ****

Zentrale Ortslage in Velden – Wörthersee

9220 Velden, Am Corso 21

04274-2644-0

WELLNESS 14

Falkensteiner Schloss Velden *****

Grünruhelage an der Uferpromenade in Velden – Wörthersee

9220 Velden, Schlosspark 1

04274-520000

Hundefreundlich. Einst das legendäre „Schloss am Wörthersee", heute ein Urlaubs-, Tagungs- und Eventhotel unter Kettenflagge. Es besteht aus dem renovierten Schloss und einem nur bedingt charmanten, großen Zubau. Die Zimmer (11 Kategorien, DZ von 31 bis 300 m^2) sind groß und luxuriös sowie mit allerlei elektronischen Spielereien und Klimaanlage ausgestattet, ein bisschen mehr Augenmerk auf die Instandhaltung könnte aber nicht schaden. Die werblich gut inszenierte Lage direkt am See stimmt so nicht, trennt doch eine stark befahrene Hauptstraße das Haus vom See. Das Spa ist weitläufig, dazu gehören unter anderem ein 14 m langer, vor allem im Winter für uns zu kühler Außenpool sowie drei Saunen. Zum Liegedeck am See führt ein langer Gang unter der Straße, ebendort findet man während der warmen Jahreszeit einen zweiten, 18 m langen Pool im Freien. Reichhaltiges Frühstück (im schwülstigen Ambiente des Ballsaals), in Sachen Küche sehen wir noch Verbesserungsmöglichkeiten. Viele freundliche Mitarbeiter, viele internationale Gäste – eine Anreise wird neuerdings auch im Privatjet organisiert. Check-out um 12 Uhr. Garage (alternativlos) gegen 20 Euro pro Tag. Wer hingegen Wert darauf legt, dass sein Auto von allen gesehen wird, kann auch direkt neben dem Haupteingang parken – macht 100 Euro pro Tag (übrigens das Doppelte wie im Vorjahr). Ungeeignet für Kinder. 74 Liegen, 230 Betten.

Freibecken, Freibecken (Sommer), Hallenbad, Außensauna, Sauna, Dampfbad, Massagen, Kosmetik, Fitnessgeräte, Personal Trainer. 27-Loch-Parcours in 11 km, 18-Loch-Parcours in 7 und 10 km.

HP ab € 205,–.

WELLNESS 11

Hubertushof Seehotel ****

Grünruhelage an der Uferpromenade in Velden – Wörthersee

9220 Velden, Europaplatz 1

04274-26760

WELLNESS 10

Marko ****

Grünlage am Ortsrand in Velden – Wörthersee

9220 Velden, Kranzlhofenstraße 70

04274-2443

WELLNESS 10

Park's

Grünruhelage am Ortsrand in Velden – Wörthersee

9220 Velden, Seecorso 68

04274-2298

WELLNESS 11

Schönblick Velden

Grünlage am Ortsrand in Velden – Wörthersee

9220 Velden, Augsdorfer Straße 23

04274-2435

WELLNESS 13

Seehotel Europa ****

Grünruhelage am Seeufer in Velden – Wörthersee

9220 Velden, Wrannpark 1-3

04274-2770

Hundefreundlich. Ein traditionsreiches und inhabergeführtes Strandhotel, es liegt in einem kleinen Park mit alten Bäumen und gleichzeitig direkt am Seeufer, nur ein paar Schritte von Veldens Flaniermeile sowie vom Casino entfernt. Die Zimmer (14 unterschiedliche Kategorien, DZ von 20 bis 100 m^2) sind in zwei Gebäuden (Haupthaus, Seevilla) untergebracht, zeitgemäß in Weiß, Hellgrau oder Beige arrangiert, aber bisweilen etwas hellhörig, viele bieten Ausblick auf den See, alle haben Klimaanlagen. Der indoor recht kleine Wellnessbereich bietet unter anderem ein helles Panoramahallenbad sowie fünf Saunen – jene am See wird jedoch nur auf Wunsch eingeschaltet. Von der Liegewiese gelangt man direkt an den Badestrand sowie an den großen Badesteg, ebendort findet man viele Liegen. Zahlreiche Outdoor-Sportangebote, darunter etwa SUP-Boards, Tretboote und Kajaks – das jedoch gegen

Gebühr. Fabelhafte Restaurantterrasse (auch mit Morgensonne), herrliches Frühstücksbuffet (mit Wraps-Station und Waffeln), zumeist sehr gute Küche, feiner Weinkeller. Überwiegend ausgesprochen freundliche Mitarbeiter, präsente Gastgeber, die den zahlreich anwesenden Stammgästen viel Aufmerksamkeit widmen. Turn-down-Service, das Spa kann am Abreisetag ohne Aufpreis ganztägig genutzt werden. Achtung: Die auf der Homepage angegebenen Zimmerpreise beinhalten nur das Frühstück, gegen einen Aufpreis von 26 Euro ist ein Halbpensionsmenü zubuchbar. Eine hauseigene Kinderbetreuung wird neuerdings nicht mehr angeboten. Neue Parkgarage mit 50 Stellplätzen gegen 15 Euro pro Tag. 19 Liegen, 170 Betten.

Hallenbad, Außensauna, Sauna, Dampfbad, Massagen, Kosmetik. 27-Loch-Parcours in 11 km, 18-Loch-Parcours in 7 und 10 km, bis zu 30 % Greenfee-Rabatt. Tennisplatz.

HP ab € 126,–.

WELLNESS 14

Streklhof ****

Grünruhelage mit Fernblick bei Velden – Wörthersee

9220 Velden, Streklhofweg 1
04274-2501

Hunde- und familienfreundlich. Etwas ganz Besonderes: Ein kleiner, sehr gemütlicher Familienbetrieb, er wirbt mit dem Claim „Das gute Leben", und das kann man hier getrost wörtlich nehmen. Das Haus ist von Velden aus in ein paar Autominuten erreichbar und liegt so ruhig wie solitär, umgeben von Wäldern und Wiesen. Das Hotel erhielt vor kurzem ein Makeover: Die Fassaden zeigen sich nun im neuen Kleid, die Hotelauffahrt sowie ein Teil der öffentlichen Räume wurden neu gestaltet und auch bei den Zimmern hat sich viel getan. Sie sind aus 10 Varianten (DZ von 16 bis 43 m^2) wählbar, die meisten haben Balkon mit herrlicher Fernsicht und präsentieren sich mehrheitlich im modern-alpinen Landhausstil – duftende Zirbenholzvertäfelungen inklusive. Ein uralter, aber entsprechend adaptierter Stadel fungiert als wunderschönes Spa-Haus mit drei Saunen, sommerliches Highlight ist ein knapp 18 m langer Außenpool mit Liegendeck und herrlichem Ausblick. Das etwas in die Jahre gekommene Hallenbad dient als Schlechtwettervariante, den Hunden von Gästen steht die Liegewiese ebenso zur Verfügung wie ein eigener Hundebadeteich. Fabelhafte Terrasse für Mittagessen und Nachmittagsjause (beides nicht inkludiert), schöner Restaurantwintergarten, reichhaltiges Frühstücksbuffet, gute Küche – die Portionsgröße konnte uns aber auch diesmal nicht so wirklich überzeugen. Viele Mitarbeiter kommen aus der Umgebung, sie agieren so wie die stets präsente Gastgeberin Marlies, nämlich erfrischend bodenständig, bemüht und mit ungekünstelter Herzlichkeit. Ruhevolles Umfeld, viele Gäste aus Deutschland, Gratis-Tennisplatz, kleiner Spielplatz. 30 Liegen, 100 Betten.

Freibecken (Sommer), Hallenbad, Sauna, Dampfbad, Massagen. Tennisplatz.

HP ab € 90,–.

WELLNESS 12

Werzer's Velden *****S

Grünruhelage an der Uferpromenade in Velden – Wörthersee

9220 Velden, Seecorso 64a, 04274-38280

BEAUTY 12

Landhaus Servus Schönheitsfarm ****

Ortsruhelage in Lind bei Velden – Nähe Wörthersee

9220 Velden-Lind, Martiniweg 21, 04274-2262

WELLNESS 11

Marienhof Vitalhotel ****

Grünlage am Ortsrand in Velden – Wörthersee

9220 Velden-Sonnental, Marienhofweg 1
04274-2652

WELLNESS 10

Biolandhaus Arche ***

Grünruhelage mit Fernblick – Nähe St. Veit an der Glan

9372 St. Oswald-Eberstein, Vollwertweg 1a
04264-8120

WELLNESS 12

Moselebauer

Absolute Grünruhelage Nähe Wolfsberg – Lavanttal

9462 Bad St. Leonhard, Kliening 30
04350-2333-0

KUR/WELLNESS 12

Josefinenhof

Grünruhelage in Warmbad-Villach

9504 Warmbad-Villach, Kadischenallee 8
04242-3001-3099

WELLNESS 14

Karawankenhof Thermenhotel ****

Grünruhelage am Ortsrand in Warmbad-Villach

9504 Warmbad-Villach, Kadischenallee 27
04242-3001-2099

Kinderfreundlich. Ein modernes Haus an der öffentlichen Kärnten-Therme, in die man, ebenso wie in das Kurzentrum, über einen kurzen Bademantelgang gelangt. Das Ambiente verströmt geradlinige Nüchternheit, was auch für die Zimmer gilt. Sie sind aus acht Kategorien (DZ von 26 bis 63 m²) wählbar, haben alle Eichenholzböden und Balkon – schade nur, dass es kaum Ausblick gibt. Für sinnliche Stunden gibt es mehrere zubuchbare Extras, etwa Champagner mit Erdbeeren, romantische Dekoration und Badeherzen. Ein hauseigenes Spa gibt es nicht, dafür begeistern Kinder vier abenteuerliche Rutschen und ein Outdoor-Wasserspielplatz in der Therme. Weiters werden acht Saunen, zwei Thermalpools, ein 25 m langes Sportbecken, ein Ladys-Spa, ein Hamam und ein feiner FKK-Bereich geboten. Sehr gute Massagen, täglich breites Aktivprogramm, auch Pilates und Yoga, das Fitnessstudio ist bestens ausgestattet. Der Eintritt in die Therme ist im Zimmerpreis enthalten, die anderswo häufig gebotene kostenlose Nutzung sowohl vor dem Check-in als auch nach dem Check-out ist hier nicht zu haben. Restaurantterrasse, gute Küche, ein Light Lunch ist im Preis enthalten, Suitengästen wird das Frühstück ohne Aufpreis auf das Zimmer gebracht – sehr nett! Freundlich-bemühtes Service, viele Gäste aus Italien, speziell an Wochenenden. Täglich (außer Mo und Fr) acht Stunden Betreuung für Kinder ab drei Jahren. Garage gegen 5 Euro pro Tag. Hunde erlaubt. 448 Liegen (in der öffentlichen Therme), 250 Betten.

In der öffentlichen Therme: Thermalfreibecken, Thermalhallenbad, Außensauna, Sauna, Dampfbad, Massagen, Kosmetik, Fitnessstudio. 18-Loch-Parcours in 4 km, bis zu 25 % Greenfee-Rabatt. Golfschule, Reitstall, Tennishalle, Tennisplätze.

HP ab € 132,–.

WELLNESS/KUR 15

Warmbaderhof *****

Grünruhelage am Ortsrand in Warmbad-Villach

9504 Warmbad-Villach, Kadischenallee 22-24

04242-300110

Mit Nostalgiefaktor, inmitten eines 20 Hektar großen Parks: Ein solides Traditionshaus mit angenehmer Größe und ruhmreicher Vergangenheit. Das Ambiente verströmt ein ganz besonderes Flair, schwebt doch über allem ein Hauch des erfrischend Altmodischen, dieser gepflegten Wertigkeit im Stil der 1960er und 1970er Jahre. Blitzsaubere Zimmer wählt man aus 14 Kategorien (DZ von 26 bis 76 m²), sie bieten meist unaufgeregte Eleganz sowie geradlinig-moderne Interieurs, hausgemachte Pralinen warten als Willkommensgruß und die Bademantelschnur ist bereits eingefädelt. In den Suitenkategorien sind Minibar und Nespresso-Maschine inkludiert. Der Ausblick aller Gästezimmer geht entweder nach Osten auf die Kärnten-Therme (erbaulich eher nur für Architekturenthusiasten) oder nach Westen hinaus auf den Park und den Wald, der übrigens zum Joggen ebenso wie zu schönen Spaziergängen einlädt. Der Eintritt in die Therme ist im Zimmerpreis inkludiert, das hoteleigene Spa etwas in die Jahre gekommen, es bietet unter anderem vier Saunen, einen knapp 15 m langen Außenpool mit feinem Thermalwasser, das übrigens auch in einem museal anmutenden, wundervollen Urquellbecken zu genießen ist und sich dort schier unglaublich gut anfühlt! Sehr gute Massagen, täglich Aktivprogramm (Mo bis Sa), auch Waldbaden, Yoga und Pilates. Restaurantterrasse mit Ausblick in den Park, Frühstücksterrasse mit Morgensonne, zumeist gute Küche, zudem gibt's eine hauseigene Konditorei mit sagenhaftem Verführungspotenzial. Viele freundliche Mitarbeiter, unaufgeregtes, ruhevolles Umfeld – außer an Wochenenden, da sorgen bisweilen Gäste aus Italien für akustische Belebung. Turn-down-Service, der hoteleigene Wellnessbereich kann am Abreisetag ohne Aufpreis ganztägig genutzt werden. Valet Parking, Gratisgarage für Suitengäste, ansonsten gegen 5 Euro pro Tag. Ungeeignet für Kinder, Hunde erlaubt. 49 Liegen, 174 Betten.

Thermalfreibecken, Thermalhallenbad, Sauna, Dampfbad, Massagen, Kosmetik, Fitnessgeräte, Personal Trainer. 18-Loch-Parcours in 4 km, bis zu 25 % Greenfee-Rabatt. Golfschule, Tennishalle, Tennisplätze.

HP ab € 149,–.

WELLNESS 14

Pacheiner ****

Absolute Naturlage mit Fernblick – Nähe Villach

9521 Treffen, Pölling 20

04248-2888

Für Individualisten: alles andere als ein „normales" Wellnesshotel, dafür aber eines der höchstgelegenen Refugien dieser Ausgabe. Es handelt sich um ein sympathisch geführtes Berghotel, es liegt inmitten grandioser Natur auf 1.900 m Seehöhe und im Winter optimal, nämlich direkt an der Piste – inmitten eines Familienskigebiets mit 60 Pistenkilometern und 15 Liften. Das Haus ist nur über eine 14 km lange, kurvenreiche Bergstraße zu erreichen, es befindet sich praktisch direkt am Gipfel der Gerlitzen. Das Ambiente präsentiert sich so geschmackvoll wie gemütlich, Holz, Loden und schwere Stoffe verströmen Geborgenheit. Die Zimmer (10 Kategorien, DZ von 19 bis 78 m^2) zeigen sich geradlinig und in zeitgemäßem Alpincharakter, alle haben Zirben- oder Lärcheninterieurs, die Betten garantieren besten Schlaf, der Ausblick von Balkon oder Terrasse belebt die Sinne. Selbstversorgern stehen zudem sechs Ferienwohnungen zur Verfügung, die jeweils drei bis sechs Personen Platz bieten. Das ausschließlich Hotelgästen zugängliche Spa bietet unter anderem zwei Saunen, Highlight ist ein 17 m langer, auch im Winter nutzbarer Außenpool in Infinity-Bauweise, hier schwimmt man förmlich dem Sonnenuntergang entgegen. Reichhaltiges Frühstücksbuffet in feiner und regionaler Qualität, die Küche serviert viel Deftiges in gutbürgerlicher Manier (unsere Ripperl waren ein Genuss), im Sommer sind Light Lunch und süße Nachmittagsjause inkludiert. Stets präsente und zuvorkommende Gastgeber, freundliche, bisweilen aber überforderte Mitarbeiter. Check-out bereits um 10 Uhr, der Wellnessbereich kann am Abreisetag ohne Aufpreis ganztägig genutzt werden. Für Abenteuerlustige gibt es Pistenbully- und Schneemobilausflüge, Rodeln erhält man zur Gratisleihe. Garage gegen 9 Euro pro Tag. Hunde erlaubt. 12 Liegen, 72 Betten.

Freibecken, Sauna, Dampfbad, Massagen, Fitnessgeräte.

HP ab € 107,–.

KUR/WELLNESS 11

Humanomed Bleibergerhof ****

Grünlage am Ortsrand in Bad Bleiberg – Nähe Villach

9530 Bad Bleiberg, Thermenweg 28

04244-2205

KUR/GESUNDHEIT 13

Vivea Bad Bleiberg ****

Grünruhelage am Ortsrand in Bad Bleiberg – Nähe Villach

9530 Bad Bleiberg, Thermenweg 7

04244-90500

Modernes Kurhotel, es liegt auf etwa 900 m Seehöhe in einem nebelfreien, jedoch im Winter von der Sonne nur spärlich beglückten Hochtal. Der Fokus liegt auf Kuren gegen Erkrankungen der Haut, des Stütz- und Bewegungsapparates und der Atemwege. Das Ambiente zeigt sich reduziert und unaufdringlich, was auch für die Zimmer gilt. Sie sind aus neun Kategorien (DZ von 26 bis 38 m^2) wählbar, alle haben Balkon und meist einen feinen Ausblick. Gegen einen kleinen Aufpreis erhält man Extras, etwa Obstkorb, Tageszeitung und Kühlschrank mit Mineralwasser – Gäste der Variante „Premium-Gold" zusätzlich Eichenboden, reservierten Parkplatz und täglich frisch gepressten Fruchtsaft. Das Spa steht ausschließlich Hotelgästen offen, es bietet unter anderem einen knapp 20 m langen Thermal-Außenpool sowie sechs Saunen. Breites Spektrum an Therapieverfahren, darunter auch die hochwirksame Kältekammer und der Heilklimastollen, der über einen Verbindungsgang direkt zu erreichen ist. Neben „Gesundheitswochen" (Light-Kuren) werden Privatgästen auch Packages ohne medizinische Leistungen angeboten. Einfaches Frühstücksbuffet, von der Küche darf man sich ebenso nicht allzu viel erwarten. Viele freundliche und flinke Mitarbeiter, gutes Preis-Leistungs-Verhältnis. Abends Tanzveranstaltungen. Gratisgarage für alle. Ungeeignet für Kinder. 108 Liegen, 324 Betten.

Thermalfreibecken, Thermalhallenbad, Sauna, Dampfbad, Massagen, Fitnessgeräte. 18-Loch-Parcours in 21 km.

VP ab € 130,–.

WELLNESS 12

Art Lodge ****

Grünruhelage mit Fernblick – 20 km nördlich von Villach

9542 Afritz, Verditzer Straße 52

04247-2997-0

WELLNESS 14

Brennseehof Familien-Sport-Hotel ****S

Grünruhelage am Ortsrand – Nähe Bad Kleinkirchheim

9544 Feld am See, Seestraße 19

04246-2495

Kinderfreundlich. Paradies für Groß und Klein: Ein sympathisches und familiengeführtes Hotel, es liegt auf etwa 740 m Seehöhe schön und ruhig am See und bietet Kindern wie Eltern gleichermaßen umfangreiche Aktivmöglichkeiten. Die Anlage besteht aus dem Stammhaus und mehreren kleinen, ganz in der Nähe gelegenen und preisgünstigeren Dependancen, in denen es etwas beschaulicher zugeht. Zimmer wählt man aus 10 Kategorien (DZ von 22 bis 65 m^2), praktisch alle haben Balkon zum See, ein beträchtlicher Teil wurde vor kurzem sehr gefällig renoviert – unser Favorit ist die Variante „Himmelstiege" mit gemütlichen modernen Interieurs und Eichenboden. Das Spa bietet insgesamt sieben Saunen und ist zweigeteilt: Neben der Familiensauna im Haupthaus gibt es – über einen Bademantelgang zu erreichen – einen weitaus größeren Bereich für Erwachsene am See, ganz neu wird in Kürze ein zusätzliches Saunahaus mit direktem Seezugang sein. Im Sommer ist ein knapp ein halbes Hektar großer Wiesenbadestrand mit Schirmen

und Liegen in großer Zahl der Mittelpunkt des Geschehens, ebendort gibt es sechs Pools unterschiedlicher Größe. Gute Massagen (auch Ayurveda), umfangreiches Aktivprogramm, darunter dreimal pro Woche Yoga und geführte Wanderungen mit Lamas. Schönes Restaurant mit Wintergarten, reichhaltiges Frühstücksbuffet, die Küche legt Wert auf regionale Produkte, ein Light Lunch ist im Preis inkludiert, im Winter auch eine süße Nachmittagsjause. Sympathische und präsente siebenköpfige Gastgeberfamilie, viele freundliche, sehr hilfsbereite Mitarbeiter. Großzügig angelegte Outdoor-Spielbereiche, 13 Tennisplätze, Ballspielhalle und Beachvolleyballplatz. Neuer umweltschonender Kunsteislaufplatz (er funktioniert ohne Wasser und Strom), Eislaufschuhe, Eisstöcke und Rodeln gibt es zur Gratisleihe. Täglich bis zu 12 Stunden Betreuung für Kinder ab zwei Jahren. Hunde erlaubt (außer im Hochsommer). 74 Liegen, 190 Betten.

Freibecken, Freibecken (Sommer), Hallenbad, Kinderbecken, Außensauna, Sauna, Dampfbad, Massagen, Kosmetik, Ayurveda, Fitnessgeräte, Personal Trainer. 18-Loch-Parcours in 21 km, 20 % Greenfee-Rabatt. 13 Tennisplätze.

HP ab € 103,–.

WELLNESS 12

Almrausch ****

Grünruhelage in Bad Kleinkirchheim

9546 Bad Kleinkirchheim, Wasserfallweg 7

04240-8484

WELLNESS 17

Das Ronacher Therme & Spa *****

Grünruhelage am Ortsrand in Bad Kleinkirchheim

9546 Bad Kleinkirchheim, Thermenstraße 3

04240-282-0

Hundefreundlich. Ein Traditionshaus in Bad Kleinkirchheim, mit vielen langjährigen Stammgästen, unter denen nicht wenige aus Italien kommen. Das von Simone Ronacher, der Tochter der virtuosen Köchin Johanna Maier aus Filzmoos, geführte Hotel liegt auf einer kleinen, sonnigen Anhöhe über dem Ort, an einer Thermalquelle, die unter einer Kapelle entspringt. Das Ambiente zeigt sich durchwegs gemütlich, allerdings etwas uneinheitlich und stellenweise nicht mehr ganz taufrisch, was auch für so manches Zimmer gilt. Vor kurzem wurden zahlreiche Zimmer allerdings neu gestaltet, man kann nun aus sieben Kategorien (und zahlreichen Untervarianten) wählen, sie sind stets großzügig geschnitten (DZ von 38 bis 100 m²) und haben alle Balkon, einige auch Parkettböden, die Bademantelschnur ist bereits eingefädelt. Der Wellnessbereich ist recht weitläufig, steht jedoch auch externen Gästen offen. Eine Wohltat sind jedenfalls die fünf Thermalpools innen und außen – der längste misst 18 m –, weiters die unterschiedlichen Ruhezonen, die FKK-Liegewiese und die wirklich guten Massagen. Es gibt sechs Saunen (zwei davon textil), ob der bildschirmgeplagte Mensch von heute freilich eine Multimedia-Bibliothek mit Bildschirmen im Spa benötigt, das sei dahingestellt. Das Aktivprogramm ist vielfältig, auch Yoga, Wanderungen und Ausflüge gehören dazu. Ausgezeichnetes Frühstücksbuffet bis 12 Uhr (sogar auch am Anreisetag), bei Küche und Service hat man schon im Vorjahr wieder zugelegt, beides ist sehr gut. Viele freundliche und zuvorkommende Mitarbeiter, präsente Gastgeberin. Gratisgarage für alle, von den versprochenen Dienstleistungen (Valet Parking, Gepäckhilfe, geputzte Autoscheiben) haben wir allerdings nicht viel mitbekommen. Ungeeignet für Kinder. 132 Liegen, 200 Betten.

Thermalfreibecken, Thermalsolefreibecken, Thermalhallenbad, Sauna, Dampfbad, Massagen, Kosmetik, Ayurveda, Fitnessstudio, Personal Trainer. 18-Loch-Parcours in 4 km, 17 % Greenfee-Rabatt.

HP ab € 184,–.

WELLNESS 16

Die Post ****S

Grünruhelage in Bad Kleinkirchheim

9546 Bad Kleinkirchheim, Dorfstraße 64

04240-212

Familienfreundlich. Mit Fokus auf Sport, Familie und Wellness: Ein familiengeführtes Traditionshaus, es liegt auf etwa 1.090 m Seehöhe, im Winter sind es etwa fünf Gehminuten zur Talstation der Kaiserburgbahn, dem Anschluss an 23 weitere Lifte und insgesamt 103 Pistenkilometer, zudem kann man hier direkt in das Loipennetz einsteigen. Das Ambiente verströmt gepflegte Gemütlichkeit ländlicher Prägung. Zimmer sind aus 13 unterschiedlichen Kategorien (DZ von 30 bis 80 m²) wählbar, warme Farben, naturbelassenes Vollholz und Teppichböden herrschen vor. Alle Zimmer haben einen südseitigen Balkon und sind Richtung Garten ausgerichtet, deshalb ist die nahe Durchzugsstraße selbst bei offenem Fenster kaum bis gar nicht zu hören. Das Spa ist inwendig nicht allzu groß, es bietet unter anderem ein kürzlich renoviertes Hallenbad mit einem 10 m langen Pool, Babybecken und feinen Ruhezonen. Weiters gibt es sieben Saunen (zwei davon textil), Ladys-Spa und sehr gute Treatments. Highlights für uns sind die Baumhaussauna mit Glasdach sowie der FKK-Solepool. Langschläferfrühstück bis 11 Uhr, Light Lunch und süße Nachmittagsjause sind im Preis inkludiert. Viele freundliche Mitarbeiter, so mancher könnte freilich mit etwas mehr Eifer an die Sache gehen, beim Service gibt es noch ein bisschen Luft nach oben. Sauberes Preis-Leistungs-Verhältnis, zahlreiche Stammgäste. Langlaufausrüstung gibt es zur Gratisleihe, Schneeschuhe gegen Gebühr. Täglich 12 Stunden Betreuung für Kinder ab drei Jahren (zu Ferienzeiten, ansonsten nach Vereinbarung). Hunde erlaubt. 85 Liegen, 200 Betten.

Freibecken, Hallenbad, Solehallenbad, Babybecken, Außensauna, Sauna, Dampfbad, Massagen, Kosmetik, Fitnessgeräte. 18-Loch-Parcours in 3 km, bis zu 30 % Greenfee-Rabatt. Tennisplätze gratis.

HP ab € 108,–.

WELLNESS 12

Felsenhof ****

Grünruhelage am Ortsrand in Bad Kleinkirchheim

9546 Bad Kleinkirchheim, Mozartweg 6, 04240-6810

WELLNESS 10

Kärntnerhof Bad Kleinkirchheim ****

Grünruhelage in Bad Kleinkirchheim

9546 Bad Kleinkirchheim, Maibrunnenweg 15

04240-293-0

WELLNESS 12

Kirchheimerhof ****S

Grünruhelage am Ortsrand in Bad Kleinkirchheim

9546 Bad Kleinkirchheim, Maibrunnenweg 37

04240-278

WELLNESS 10

Kolmhof ****

Ortslage an der B88 in Bad Kleinkirchheim

9546 Bad Kleinkirchheim, Dorfstraße 26

04240-216

WELLNESS 10

Nock Resort

Grünruhelage in Bad Kleinkirchheim

9546 Bad Kleinkirchheim, Maibrunnenweg 27

04240-8186

WELLNESS 12

Ortners Eschenhof ****

Grünruhelage in Bad Kleinkirchheim

9546 Bad Kleinkirchheim, Wasserfallweg 12

04240-8262

WELLNESS 11

Prägant ****

Grünlage am Ortsrand in Bad Kleinkirchheim

9546 Bad Kleinkirchheim, Kirchheimerweg 6, 04240-452

WELLNESS/GESUNDHEIT 14

Pulverer Thermenwelt *****

Grünlage in Bad Kleinkirchheim

9546 Bad Kleinkirchheim, Thermenstraße 4, 04240-744

Auf 1.090 m Seehöhe, im Winter sind es etwa fünf Gehminuten zur Talstation des Maibrunn-Sesselliftes, dem Anschluss an 23 weitere Lifte und insgesamt 103 Pistenkilometer: Ein familiengeführtes Traditionshaus, es liegt mitten im Ort, gleich gegenüber der Therme, deren Besuch sich jedoch nicht lohnt, gibt es hier doch ein großes hoteleigenes Spa mit Thermalwasser. Das Ambiente zelebriert über weite Strecken eine üppig aufgetragene Rustikaleleganz, die an das letzte Viertel des vorigen Jahrhunderts erinnert, was heute freilich schön langsam wieder einen ganz eigenen Reiz entfalten kann, wenn Pflege und Instandhaltung klappen. Die Zimmer (12 Kategorien, DZ von 30 bis 150 m²) haben zumeist Teppichböden und Balkon, die Interieurs erscheinen mitunter ziemlich démodé. Der Wellnessbereich mit eigener Thermalquelle bietet unter anderem zwei Thermalpools, jener im Freien ist knapp 12 m lang, der Innenpool misst 16 m. Weiters gibt es Innen- und Außenwhirlpool, sechs Saunen sowie einen großen Garten mit Außensauna und Liegewiese mit alten Bäumen. Arztpraxis mit Medical-Wellness-Schwerpunkt, also Gesundheitsvorsorge mit dem Fokus auf Bewegung und Ernährung. Kleine Restaurantterrasse, Frühstück bis 11 Uhr, Eier, Fisch und Fleisch kommen aus der eigenen Landwirtschaft, die Küche ist gut (die Bewertung gilt wie immer der Halbpension und nicht dem À-la-carte-Restaurant „Die Loystubn"), eine Nachmittagsjause ist im Preis inkludiert. Viele freundliche Mitarbeiter, das Service ist aber nicht an jedem Tag in Bestform. Zahlreiche langjährige Stammgäste. Ungeeignet für Kinder, Hunde erlaubt. 87 Liegen, 180 Betten.

Thermalfreibecken, Thermalhallenbad, Außensauna, Sauna, Dampfbad, Massagen, Kosmetik, Ayurveda, Fitnessgeräte, Personal Trainer. 18-Loch-Parcours in 4 km, 20 % Greenfee-Rabatt.

HP ab € 130,–.

WELLNESS 11

Trattlerhof ****

Grünlage am Ortsrand in Bad Kleinkirchheim

9546 Bad Kleinkirchheim, Gegendtalerweg 1, 04240-8172

WELLNESS 20

Feuerberg Mountain Resort ****S

Absolute Naturlage mit Fernblick – Nähe Villach

9551 Bodensdorf, Bergeralm 1
04248-2880

Hunde- und kinderfreundlich. Höher geht es nicht mehr, auch nicht in Sachen Spa: Ein familiengeführtes Top-Resort, das mit einer 12 km langen Kurven-ohne-Ende-Fahrt auf schmaler Straße erklommen werden will. Doch die Mühe lohnt, hinter dem klangvollen Namen wartet jede Menge Substanz. Schon die Lage ist tatsächlich on top, nämlich auf 1.800 m, da sieht man nicht selten auf die Wolken herab, bei entsprechender Witterung zudem bis hin zu den Karnischen Alpen. Im Winter ist man direkt an der Piste eines anfängertauglichen Familienskigebiets (45 km präparierte Abfahrten, 15 Lifte). Die Anlage besteht aus einem schönen, modernen Hotel und 56 Apartments in stilisierten Almhütten, die ein paar gute Schritte unterhalb des Haupthauses liegen, aber über einen Bademantelgang an dieses angebunden sind. Zimmer wählt man aus nicht weniger als 28 Kategorien (DZ von 24 bis 100 m²), sie sind ausnahmslos zeitgemäß gestaltet, haben alle Holzböden und gute Betten. Der Wellnessbereich macht staunen. Nach zahlreichen Erweiterungen und Verbesserungen ist er heute dort angekommen, wo der legendäre Hochschober etwa vor eineinhalb Jahrzehnten zum Stehen gekommen ist. Er lässt sich unschwer als einfühlsam geplante Punktlandung in puncto Entspannung charakterisieren – geniale Variationen des Themas Wasser, Wärme und Ruhe inklusive. All das ist so weitläufig geworden, dass man wohl gute zwei Tage benötigt, um wirklich alles auszukosten. So gibt es neben einem solarbeheizten Naturbadesee und insgesamt 11 Saunen innen und außen 11 weitere Pools mit unterschiedlichen Temperaturen, darunter ein 25 m langes Freibecken in Infinity-Bauweise, hier schwimmt man förmlich in den Himmel hinaus! Geradezu himmlisch auch die vielen atmosphärisch gestalteten Ruhezonen oder die neuen Gartenterrassen mit der großen Yogaplattform. Die ganze Fülle ist in zwei Bereiche unterteilt, nämlich einen für Ruhesuchende und einen für Familien – Kinderbadewelt mit langer Wasserrutsche inklusive. Gute Massagen, täglich Aktivprogramm (auch geführte Wanderungen). Ausgezeichnetes Frühstücksbuffet mit feiner Tee- und Kaffeeauswahl, sehr gute Küche bei netter Tischkultur, sie versteht sich auch auf Vegetarisches und Veganes und bevorzugt Zutaten aus der Region, was sich übrigens auch an den Käsespezialitäten erkennen lässt. Wunderbar freundliche und zuvorkommende Mitarbeiter, der

Zauber serviceorientierter Aufmerksamkeit wird hier derart verschwenderisch unter die Gäste gebracht, dass selbst chronisch Schlechtgelaunte ungeahnte Stimmungshöhen erleben – da könnten sich die meisten Fünfsternhotels ordentlich was abschauen, ganz besonders jene, die sich in den letzten Jahren nur aus Gründen wirkungsvolleren Internet-Marketings mit fünf Sternen kategorisieren ließen, aber in Look und Feel nicht mit einem Luxushotel vergleichbar sind. Wanderwege ohne Zahl. Gratisgarage für alle. Viele gute Aktivitäten für Kids, täglich acht Stunden Betreuung für Kinder ab drei Jahren (mit saisonalen Einschränkungen), spannendes Jugendprogramm in den Sommerferien. 278 Liegen, 390 Betten, davon 170 in Chalet-Apartments.

Naturbadeteich, Freibecken, Hallenbad, Kinderhallenbad mit Wasserrutsche, Außensauna, Sauna, Dampfbad, Massagen, Kosmetik, Fitnessgeräte.

HP ab € 177,–.

WELLNESS 12

Seerose ****

Grünlage am Ufer des Ossiacher Sees – Nähe Villach

9551 Bodensdorf, Fischerweg 7

04243 2514

WELLNESS 11

Urbani ****

An der B94 am Ossiacher See – Nähe Villach

9551 Bodensdorf, St. Urbanweg 16, 04243-2286

WELLNESS 13

Almdorf Seinerzeit

Absolute Grünruhelage Nähe Bad Kleinkirchheim

9564 Patergassen, Vorderkoflach 36

04275-7201

Hunde- und familienfreundlich. Urig, mit grandiosem Panorama: Ein nettes Berghüttendörfchen, es liegt auf einem Sonnenhang in 1.400 m Seehöhe und besteht aus 60 gemütlichen Almhütten. Sie sind in 13 Varianten (45 bis 180 m²) buchbar, bieten bis zu sechs Personen Platz und sind mit liebevollen Details gestaltet. Es gibt einen alten Teil („Fellacher“) und einen neueren („Kleeangerle“), hier sind die Hütten naturgemäß moderner und zumeist auch deutlich größer, unter anderem haben sie auch eine Sauna oder einen privaten, 10 m langen beheizten Pool. Einzelne Chalets stehen zum Verkauf: Wer auf der Suche nach einem Zweitwohnsitz auf der Alm ist, darf etwa für 900.000 Euro die 75 m² große Sennerhütte sein Eigen nennen. Das Spa steht nur Hotelgästen offen und ist mit zwei Saunen recht überschaubar, Kosmetikanwendungen werden neuerdings nicht mehr angeboten. Das Frühstück mit Speck, Schinken und anderen feinen Bauernprodukten (die Eier stammen aus biologischer Freilandhaltung) wird bis 12 Uhr von einem „persönlichen Hüttenwirt" gebracht, auf Wunsch serviert dieser auch das Mittag- und Abendessen. Man kann aber auch in einem der beiden Dorfwirtshäuser essen – in einnehmend gemütlicher Atmosphäre. Und noch ein drittes „Restaurant" gibt es, die winzige Holzknechthütte: mit einem einzigen Tisch, mit grandiosem Ausblick und Schauküche plus offenem Feuer! Gekocht wird stets mit erstklassigen Zutaten aus der Region, die Speisen sind erfrischend bodenständig und sehr, sehr gut. Präsente Gastgeber, viele freundliche Mitarbeiter, das „exklusive Fünfstern-Hüttenservice" (werbliche Selbstdarstellung) hat noch etwas Luft nach oben – nach einem Gläschen von den hervorragenden Schnäpsen des Hauses verzeiht man jedoch so einiges. Wanderwege ohne Zahl, Gratisgarage für alle. 8 Liegen, 180 Betten.

Sauna, Massagen, Fitnessgeräte. 18-Loch-Parcours in 7 km.

NF ab € 200,–.

WELLNESS 11

Heidi Kinderhotel ****

Auf 1.800 m Seehöhe – Nähe Bad Kleinkirchheim

9564 Patergassen, Falkertsee 2
04275-7222

WELLNESS 9

Schneekönig Kinderhotel ***

Auf 1.800 m Seehöhe – Nähe Bad Kleinkirchheim

9564 Patergassen, Falkertsee 55
04275-411

WELLNESS ⚜⚜⚜ 17

Hochschober *****S

Grünruhelage am Turracher See – Turracher Höhe

9565 Turracher Höhe, Nr. 5
04275-8213

Kinderfreundlich. Familiengeführtes Haus auf 1.760 m Seehöhe, es bietet zunächst einmal höchst unübersichtliche Grundrisse sowie ein ganz gemütliches, wenn auch nicht immer völlig taufrisches oder stilsicher arrangiertes Ambiente, dafür aber gewisse Innovationen, die vornehmlich auf den vor acht Jahren verstorbenen legendären Wohlfühlpionier Ulrich Peter Leeb zurückgehen und die das Hotel vor ein, zwei Jahrzehnten noch als Eichmaß der heimischen Wellnesshotellerie erscheinen ließen. In der Zwischenzeit ist die Konkurrenz groß geworden, verkommene Zeitgenossen könnten wohl sagen, das Feuerberg Mountain Resort sei heute das, was der Hochschober einst war. Die Zimmer (16 Kategorien, DZ von 27 bis 80 m²) zeigen sich stark unterschiedlich und mitunter auch mit wenig Liebe gestaltet, sie haben zumeist Balkon und – vor allem in den höheren Kategorien – teilweise auch Holzböden. Das Spa ist auf zwei Ebenen untergebracht, bietet einen eher bescheidenen Innenpool und eine ebensolche Saunazone (fünf Saunen), verfügt allerdings über drei Einrichtungen, die es auch weiterhin zu etwas ganz Besonderem machen. Zunächst einen authentischen Hamam (gegen Aufpreis), das klassische türkische Bad also, mit geheimnisvoller, poesiegetränkter Aura, weiters einen hohen Turm in altchinesischer Holzbauweise, in dem sich Teehaus, Massage- und Yogaräume befinden, sowie ein 24 m langes, auch im Winter tropisch warmes Freibecken, das, nach unten offen, in den eiskalten Bergsee hineingebaut wurde. Die Treatments sind sehr gut, täglich gibt es ein breites Aktivprogramm, etwa auch Yoga, Meditation und geführte Wanderungen. Grandioses Frühstücksbuffet, die Küche bietet auch Veganes, könnte aber, ebenso wie das Service, gerne noch ein bisschen zulegen, ein Light Lunch ist im Zimmerpreis inkludiert, dies auch wie das Spa an An- und Abreisetag. Kinderbetreuung (8.30 bis 13.30 Uhr und 15.30 bis 20.30 Uhr), das Haus fokussiert auf Familien mit Kindern, allerdings ist kein getrennter Badebereich für die Kleinen vorhanden, das könnte Ruhesuchende verstören. Schöne Wanderwege ohne Zahl. Garage? Sehr begrenzt, dann 6 Euro pro Tag. Viele Stammgäste. Hunde erlaubt. 92 Liegen, 250 Betten.

Freibecken, Hallenbad, Außensauna, Sauna, Dampfbad, Massagen, Kosmetik, Ayurveda, Fitnessstudio, Personal Trainer. 18-Loch-Parcours in 19 km.

HP ab € 175,–.

WELLNESS 10

Panorama ****

Grünlage Nähe Bad Kleinkirchheim – Turracher Höhe

9565 Turracher Höhe, Nr. 24, 04275-8241-0

WELLNESS 11

Karnerhof *****S

Grünruhelage am Faaker See – Nähe Villach

9580 Egg am Faaker See, Karnerhofweg 10, 04254-2188

WELLNESS 11

Kleines Hotel Kärnten ****

Grünruhelage am Faaker See – Nähe Villach

9580 Egg am Faaker See, Egger Seepromenade 8
04254-2375-0

WELLNESS 11

Alpen Adria ****
Ortslage bei Hermagor – Gailtal

9620 Hermagor, Presseggersee 2
04282-2666

WELLNESS 11

Falkensteiner Sonnenalpe ****
Grünlage am Nassfeld Nähe Hermagor – Gailtal

9620 Hermagor, Nassfeld 9, 04285-8211

WELLNESS 11

Gartnerkofel ****
Grünlage am Nassfeld Nähe Hermagor – Gailtal

9620 Hermagor, Nassfeld 18
04285-817-5

WELLNESS 10

Nawu's Kinderhotel ****
Grünruhelage mit Fernblick bei Hermagor – Gailtal

9620 Hermagor, Kameritsch 1, 04285-280

WELLNESS 11

Ramsi Kinderhotel ****
Grünruhelage mit Fernblick bei Hermagor – Gailtal

9620 Hermagor, Kameritsch 8
04285 284

WELLNESS 11

Wulfenia ****
Grünlage am Nassfeld Nähe Hermagor – Gailtal

9620 Hermagor, Nassfeld 7
04285-8111

WELLNESS 11

Falkensteiner Carinzia ****S
Grünlage am Ortsrand bei Hermagor – Gailtal

9631 Hermagor, Tröpolach 156
04285-72000

WELLNESS 18

Der Daberer – das Biohotel ****S
Grünruhelage am Ortsrand in Dellach – Gailtal

9635 Dellach im Gailtal, St. Daniel 32
04718-590

Abseits vom Mainstream, für Achtsame und Sensible: Ein sympathisch-stimmiger Familienbetrieb ist dieses lichtdurchflutete, blitzsaubere Biohotel am Waldrand, das mit liebevoll arrangierter Atmosphäre, einer ausgesprochen schönen Lage mit traumhaftem Ausblick und kristallklarem Wasser aus der hauseigenen Heilquelle aufwarten kann. Das Haus liegt auf sechs Hektar Eigengrund, im Inneren sorgen Holz, Lehm und Leinen für heimelige Modernität. Die Zimmer (11 Kategorien, DZ von

24 bis 65 m²) sind zumeist nach Süden ausgerichtet, haben alle Vollholzmöbel, Parkettböden aus Lärche, Ahorn und Eiche, und sie sind ausnahmslos zeitgemäß gestaltet, ins Internet gelangt man über einen Lan-Anschluss. Das Spa empfanden wir als Augenweide, es gibt insgesamt fünf Saunen, einziges Manko ist ein Außenpool, in dem man auch Längen schwimmen könnte. Dafür erfreuen zwei feine Außensaunen sowie ein paar gute Schritte abseits ein selten schöner Badeteich im Wald – Liegewiese, Floß und Badesteg inklusive. Die Massagen sind sehr gut, täglich gibt es ein Aktivprogramm, etwa Yoga, Qi Gong und Faszientraining. Fabelhafte Restaurantterrasse, ebensolches Frühstücksbuffet von hoher Qualität, die Küche ist ausgezeichnet, sie legt großen Wert auf regionale wie biologische Zutaten von hoher Qualität und bietet auch vegane Alternativen – ohne künstliche Ersatzprodukte! –, ein Light Lunch ist im Preis inkludiert. Großartige Weinkarte mit fairen Preisen, präsente Gastgeber, wunderbar freundliche Mitarbeiter aus der Region, viele Stammgäste aus Deutschland. Geführte Wanderungen werden zu allen Jahreszeiten dreimal wöchentlich unternommen, im Winter gibt es Schneeschuhtouren. Ringsum gute Laufstrecken, Leihfahrräder gratis. Packages für Basenfasten und Yoga. Nichts für Raucher, Hunde (in begrenzter Anzahl) erlaubt. 82 Liegen, 84 Betten.

Naturbadeteich, Hallenbad, Außensauna, Sauna, Dampfbad, Massagen, Kosmetik, Fitnessgeräte, Personal Trainer. 18-Loch-Parcours in 12 km, 20 % Greenfee-Rabatt.

HP ab € 121,–.

WELLNESS 11

Kürschner Schlank-Schlemmer

Ruhige Ortslage in Kötschach-Mauthen – Gailtal

9640 Kötschach-Mauthen, Schlanke Gasse 74, 0720-881636

WELLNESS 14

Tuffbad Almwellness-Resort ****S

Absolute Grünruhelage – Lesachtal

9654 St. Lorenzen im Lesachtal, Tuffbad 3
04716-622

Fernab vom touristischen Trubel: Ein familiengeführtes und umweltbewusstes Hotel in grandioser Naturlage, umringt von Wiesen und Wäldern liegt es mitten auf der Alm auf 1.262 m Seehöhe. Die Anlage besteht aus dem Stammhaus und sechs kleineren Gebäuden im Chalet-Stil mit Ferienwohnungen, die nach ein paar Schritten bergauf erreichbar sind. Zimmer sind aus 14 unterschiedlichen Varianten (DZ von 25 bis 61 m²) wählbar, sie sind durchwegs ländlich arrangiert, haben Vollholzinterieurs in unterschiedlichen Reifestadien, manche bieten einen Ausblick zu den Karnischen Alpen. Der Wellnessbereich wird mit Wasser aus der hauseigenen Quelle gespeist, Highlight ist ein 15 m langer, auch im Winter nutzbarer Sky-Pool in Infinity-Bauweise, in ihm schwimmt man förmlich hinaus in die Berge. Weiters geboten werden neun Saunen, FKK-Whirlpool, feine Ruhezonen sowie ein Liegedeck mit herrlichem Panorama. Aktivprogramm (Mo bis Sa), auch Yoga, Pilates und Meditation. Reichhaltiges Frühstücksbuffet mit vielen regionalen Produkten bis 10.30 Uhr, schöne Terrasse, gemütliche Stuben, gute Küche, Light Lunch und Nachmittagsjause (mit hausgebackenem Brot und selbstgemachter Butter) sind im Preis inkludiert – die Reservierung der beliebten Ecktische im Restaurant kostet hingegen 40 Euro pro Aufenthalt. Präsente Gastgeber, ausgesprochen freundliche und zuvorkommende Mitarbeiter, die sich eifrigst bemühen, dem werblichen Claim „Mit der Lizenz zum Verwöhnen" zu entsprechen – auch wenn der etwas konstruiert daherkommt. Hauseigene beleuchtete Rodelbahn, Schlitten und Schneeschuhe gibt es zur Gratisleihe, Wanderwege ohne Zahl. Ungeeignet für Kinder, Hunde erlaubt. 110 Liegen, 130 Betten.

Freibecken, Hallenbad, Außensauna, Sauna, Dampfbad, Massagen, Kosmetik, Fitnessgeräte, Personal Trainer.

HP ab € 145,–.

WELLNESS 12

Das Leonhard ****

Grünruhelage am Ortsrand in Techendorf – Weißensee

9762 Weißensee, Techendorf 82, 04713-2167

WELLNESS 14

Die Forelle Genießerhotel ****

Grünruhelage am Seeufer in Techendorf – Weißensee

9762 Weißensee, Techendorf 80, 04713-2356

Küchenjuwel, fernab vom Mainstream: Ein schnuckeliger Familienbetrieb mit Hideaway-Charakter, er liegt auf 930 m Seehöhe direkt am Weißensee. Das Ambiente vermag es mit spielerischer Leichtigkeit, Wohlgefühl entstehen zu lassen. Es begeistert durch die völlige Absenz anderswo üblichen Dekorschreckens, verströmt gehobene Gemütlichkeit mit vielen naturnahen Akzenten. Die Zimmer (acht Kategorien, DZ von 26 bis 50 m²) sind mit warmen Farben und Naturholzmöbeln einnehmend gestaltet, alle haben Holzböden, bodentiefe Fenster sowie Balkon oder Terrasse – fast immer mit einem traumhaften Ausblick auf den See. Das kleine Spa steht nur Hotelgästen offen

und präsentiert sich ebenfalls mit angenehmer Anmutung, es bietet vornehmlich gute Massagen und vier Saunen. Sommers wie winters liefert der See nach der Sauna eine erfrischende Abkühlung, er ist mit hauseigenem Badestrand mit ein paar Schritten erreichbar, man muss nur die Uferpromenade überqueren. Die Küche ist ausgezeichnet und zählt zu den absolut besten Halbpensionsküchen des Landes. Größtes Augenmerk legt man hier jedenfalls auf regionale Biozutaten, die von Kleinstbetrieben aus der Umgebung kommen – mit Molke gefüttertes Weideschwein vom Nuart oder Wildfang von Martin Müller, dem einzigen Berufsfischer des Weißensees, inklusive. Zu bestimmten Terminen werden zudem Tageskochkurse sowie fünftägige Kochworkshops angeboten. Fabelhafte Restaurantterrasse mit Abendsonne und Ausblick auf den See, spannende Weinkarte, eine Nachmittagsjause ist inkludiert. Wunderbare Gastgeber, herzerfrischendes, familiäres Umfeld, viele Stammgäste. Sauberes Preis-Leistungs-Verhältnis. Wanderwege ohne Zahl, breites Service für Biker, Ruderboote gibt es zur Gratisleihe. 26 Liegen, 60 Betten.

Seebadestrand, Sauna, Dampfbad, Massagen, Fitnessgeräte. 18-Loch-Parcours in 12 km.

HP ab € 122, .

WELLNESS 14

Enzian Seehotel ****

Grünlage an der Uferstraße – Weißensee

9762 Weißensee, Neusach 32

04713-2221

Beherbergungsmäßiges Kleinod in wunderschöner Lage: Ein stilvoller Mutter-Tochter-Betrieb auf 930 m Seehöhe, er ist vom Seeufer und dem hoteleigenen Badestrand durch eine Straße getrennt. Ein wunderschönes altes Landhaus mit knarrenden Treppen und ländlichen Zimmern (DZ von 20 bis 36 m^2) bildet zusammen mit zwei modernen, ein paar Schritte entfernten Nebengebäuden (unter anderem feine Suiten bis zu 160 m^2) dieses charaktervolle Nur-20-Zimmer-Refugium. Die Betten garantieren besten Schlaf, der traumhafte Ausblick von Balkon oder Terrasse belebt die Sinne. Das feine Spa-Haus steht nur Hotelgästen offen, es ruht auf Stelzen im Wasser, ist zwar kein Riese, erfreut aber mit schönen Ruheliegen, FKK-tauglichem Zugang zum Wasser sowie mit zwei Saunen. Fabelhafte Restaurantterrasse, faire Getränkepreise, die Küche legt großen Wert auf Frische und Regionalität, sie ist erfreulich bodenständig und sehr gut, die hausgemachten Mehlspeisen vermögen es zudem, jegliche Diätvorsätze in der Sekunde zunichtezumachen. Präsente Gastgeberinnen: Sie agieren stets so wie die Mitarbeiter, nämlich aufmerksam und erfrischend herzlich. Im Sommer gibt es Ruderboote, Tretboote sowie SUP-Boards zur Gratisleihe, im Winter liegt die Eisstockbahn direkt vor der Haustür. Ungeeignet für Kinder, Hunde erlaubt. 13 Liegen, 50 Betten.

Seebadestrand, Außensauna, Dampfbad, Massagen. Tennisplatz.

HP ab € 110,–.

WELLNESS 11

Kolbitsch ****
Ortslage am Weißensee

9762 Weißensee, Oberdorf 6
04713-3111-0

WELLNESS 12

Kreuzwirt Kinderhotel ****
Grünlage an der B87 Nähe Techendorf – Weißensee

9762 Weißensee, Kreuzberg 2
04713-2206

WELLNESS 10

Moser Weißensee
Zentrale Ortslage in Techendorf – Weißensee

9762 Weißensee, Techendorf 17
04713-2231-0

WELLNESS 11

Regitnig ****
Grünlage an der Straße in Techendorf – Weißensee

9762 Weißensee, Techendorf 33
04713-2225

WELLNESS 11

Seeland Apartment-Hotel ****
Grünlage am Seeufer in Techendorf – Weißensee

9762 Weißensee, Techendorf 13
04713-2228-0

WELLNESS 12

Strandhotel am Weissensee ****S
Grünlage an der Straße – Weißensee

9762 Weißensee, Neusach 18
04713-2219

WELLNESS 13

Kleinsasserhof
Grünruhelage bei Spittal an der Drau

9800 Spittal an der Drau, Kleinsass 3
04762-2292

Hundefreundlich. Außer Konkurrenz: kein normales Hotel und schon gar kein normales Wellnesshotel, sondern ein schräges Einzelstück, nämlich ein Sammelsurium aus Bergbauernhof, Kunst und Kitsch. Mit Safari-Souvenirs und Lourdes-Devotionalien, mit Verehrung von Kaiser Franz Joseph und Che Guevara sowie Zeichnungen von Alf Poier. All das herzlichst geführt und in wunderbarer Middle-of-Nowhere-Lage – wunderschöner Ausblick inklusive. Es gibt nur 16 Zimmer, keines gleicht dem anderen, aber alle sind süß. Das Spa besteht aus einer Blockhüttensauna, einem kleinen Schwimmteich und einem Massagekubus, man erreicht es mit ein paar Schritten bergan durch einen „Zaubergarten". Sehr, sehr gute Küche – großartig Bodenständiges wie Schweinsbraten, Lamm, Spinatnudeln, Forelle oder Brathuhn –, vieles kommt aus der eigenen Bio-Landwirtschaft, der Rest aus der unmittelbaren Umgebung. Die Bar („Unter dem Elch") ist gut sortiert – sagenhafte Schnäpse inklusive. Der Weckruf erfolgt durch Pfauenschrei, die Stimmung könnte besser nicht sein. Wanderwege ohne Zahl. 32 Betten.

Naturbadeteich, Außensauna, Massagen.

NF ab € 65,–.

WELLNESS 10

Laurenzhof
Grünlage am Ortsrand – Nähe Spittal an der Drau

9811 Lendorf, Nr. 138
04769-2430-0

WELLNESS 9

Kreinerhof Landhotel ***
Ortsrandlage in Möllbrücke – Nähe Spittal an der Drau

9813 Möllbrücke, Hauptstraße 6
04769-2221

GESUNDHEIT/KUR 16

Schrothkur
Grünruhelage in Obervellach – 65 km westlich von Villach

9821 Obervellach, Johann-Schroth-Weg 136
04782-2043

Mit Fokus auf chronischen Krankheiten und Befindlichkeitsstörungen, und das seit 1826: Ein traditionsreicher Familienbetrieb auf knapp 690 m Seehöhe, er wird von den Nachfahren des „Erfinders" der Schrothkur geleitet, nämlich von Dr. Rainer Schroth sowie seinen beiden Söhnen Martin und Christian. Die optimale Aufenthaltsdauer beträgt drei bis vier Wochen, zusätzlich zu den Fasten- und Dunstwickelkuren bietet die 21-Zimmer-Privatklinik hochmoderne medizinische Ausstattung und diagnostische Fachkompetenz vom Feinsten. Das Spektrum reicht von Darmflora-Analyse über Langzeit-EKG bis hin zur Spurenelementuntersuchung aus dem Vollblut, auch medizinische Check-ups und Light-Kuren sind zu haben. Das Ambiente spielt mit klassischer Ästhetik, die Zimmer (zwei Kategorien, DZ mit 22 oder 25 m²) zeigen den bestens gepflegten Look der späten 1990er Jahre. Kein Hallenbad, keine Sauna, keine Badewanne – das gehört zum Konzept der Kur. Sehr gute, vegetarische Küche. Ungeeignet für Kinder. 54 Betten.

Massagen, Kosmetik.

Pauschalen, etwa „Gesundheitswoche" inkl. Diät, Arzt und Therapien ab € 1.408,–.

WELLNESS 9

Alber Ferienhotel ***

Ruhige Ortslage in Mallnitz – 80 km von Villach

9822 Mallnitz, Nr. 26
04784-525

WELLNESS 10

Bergkristall Mallnitz

Ruhige Ortslage in Mallnitz – 80 km von Villach

9822 Mallnitz, Dorf 15
0676-5049952

WELLNESS 10

Margarethenbad ****

Grünruhelage am Ortsrand – Mölltal

9833 Rangersdorf, Lainach 26
04822-380

WELLNESS 10

Post Großkirchheim ***

Grünlage in der Nähe von Heiligenblut

9843 Großkirchheim, Döllach 83
04825-26736

WELLNESS 10

Kärntnerhof Heiligenblut ***S

Grünruhelage am Ortsrand in Heiligenblut

9844 Heiligenblut, Winkl 3
04824-2004

WELLNESS 11

Nationalpark Lodge Großglockner ****

Zentrumslage in Heiligenblut

9844 Heiligenblut, Hof 6, 04824-2244

WELLNESS 11

Trebesingerhof ****

Grünlage an der Ortsstraße – Nähe Spittal an der Drau

9852 Trebesing, Bad 1
04732-2350

WELLNESS 11

Lamprechthof

Absolute Naturlage – Nähe Spittal an der Drau

9861 Eisentratten, Nöring 25
0699-11500129

WELLNESS 11

Falkensteiner Club Funimation ****

Grünruhelage am Ortsrand – Katschberg

9863 Rennweg, Katschberghöhe 20
04734-631-0

WELLNESS 11

Falkensteiner Cristallo ****S

Grünruhelage am Katschberg

9863 Rennweg, Katschberghöhe 6
04734-319813

WELLNESS 11

Hinteregger Familienhotel ****

Grünruhelage am Katschberg

9863 Rennweg am Katschberg, Katschberghöhe 1
04734-219

WELLNESS 12

Das Moerisch ****S

Grünlage am Ortsrand in Seeboden – Millstätter See

9871 Seeboden, Tangern 2, 04762-81372

WELLNESS 17

Kollers ****S

Grünruhelage am Seeufer – Millstätter See

9871 Seeboden, Seepromenade 2-4
04762-82000

Für uns schlechthin die Wohlfühladresse am Millstätter See: Ein familiengeführtes Strandhotel in angenehm überschaubarer Größe und bester Lage, mit einem Hauch von mediterranem Flair, mit großer Terrasse und dem dazugehörigen herrlichen Ausblick. Und ganz entscheidend: mit Hideaway-Charakter! Das Ambiente zeigt sich perfekt gepflegt und einnehmend harmonisch gestaltet, Zimmer sind aus 16 Kategorien (DZ von 20 bis 57 m²) wählbar, alle haben Balkon oder Terrasse, etwas ganz Spezielles ist die Bootshaus-Suite direkt am Ufer, die mit großer Liebe zum Detail gestaltet wurde und zudem über ein eigenes Dampfbad verfügt. Das Spa ist inwendig nicht allzu groß – in der kalten Jahreszeit könnte es vor allem hinsichtlich der Liegen mitunter etwas eng werden –, draußen hingegen warten Liegewiese, Sonnendecks und das Highlight eines knapp 16 m langen und 8 m breiten, direkt in den See gebauten Pools, der mit seinem tropisch warmen Wasser

das Baden im Winter zu einem ganz besonderen Erlebnis macht. Die Massagen sind sehr gut, täglich gibt es ein Aktivprogramm, etwa auch Qi Gong, Yoga und Pilates, die insgesamt vier Saunen schließen um 20 Uhr, samstags um 23 Uhr. Eine herausragende Besonderheit ist die Schiffsflotte des Hotels. Da gibt es einen wunderschön restaurierten Liniendienst-Oldtimer, der nicht nur als originelle Spa-Erweiterung dient, sondern nebenbei für Ausflugsfahrten eingesetzt wird, weiters ein entzückendes, fast 100 Jahre altes Holzschiff, das, nun freilich rundum erneuert, gemietet werden kann, zu zweit oder im kleinen Kreis. Zum Baden, in einer stillen Bucht – herrlich! Ein schnelles Motorboot gibt es ebenso, mit ihm bringen die Kellner die einzelnen Gänge des „Dinner for Two“ auf die sogenannte Palmeninsel, ein im See verankertes Floß mit festlich gedecktem Tisch. Hier speist man romantisch, während die Sonne untergeht. Einnehmend schön sitzt man auch im Restaurant sowie auf der zugehörigen Terrasse, auch die hohe Tischkultur macht große Freude. Wunderbares Frühstücksbuffet, die Küche ist ausgezeichnet und bietet auf Wunsch vegane Alternativen, eine Nachmittagsjause mit hausgemachten Kuchen und Strudeln ist im Preis inkludiert. Präsente Gastgeber, wunderbar freundliche und aufmerksame Mitarbeiter. Feine Strandbar, viele langjährige Stammgäste. SUP-Boards, Ruder- und E-Boote gibt's zur Gratisleihe. Garage – leider nein. Eher ungeeignet für Kinder, Hunde erlaubt. 30 Liegen, 114 Betten.

Seebadestrand, Freibecken, Hallenbad, Außensauna, Sauna, Dampfbad, Massagen, Kosmetik, Fitnessgeräte. 18-Loch-Parcours in 5 und 30 km, 20 % Greenfee-Rabatt.

HP ab € 130,–.

WELLNESS 11

Moserhof Seeboden ****

An der Hauptstraße in Seeboden – Millstätter See

9871 Seeboden, Hauptstraße 48, 04762-81400

WELLNESS 11

Alexanderhof ****

Grünruhelage am Ortsrand in Millstatt – Millstätter See

9872 Millstatt, Alexanderhofstraße 16, 04766-2020

WELLNESS 14

Alpenrose Naturhotel ****

Grünruhelage mit Fernblick in Millstatt – Millstätter See

9872 Millstatt, Obermillstatt 84, 04766-2500

Ruheoase: Ein Familienbetrieb mit nur 25

Zimmern, er liegt auf knapp 860 m Seehöhe umgeben von Wiesen am Hang hoch über dem See und ist auch ein wunderbarer Ausgangspunkt für Wanderer. Die öffentlichen Räume verströmen natürliche Behaglichkeit, helles Vollholz herrscht vor, in den Gängen duftet es nach Kräutern, Brot und Mehlspeisen. Die Zimmer (sieben Kategorien, DZ von 28 bis 70 m²) sind ländlich-einfach arrangiert und teilweise mit Zirbenholz vertäfelt, (fast) alle haben Balkon, in jenen an der Südseite genießt man die Nachmittagssonne und einen traumhaften Ausblick. Auf TV-Geräte und W-Lan wird absichtlich verzichtet – das gehört zur Philosophie des Hauses. Das kleine Spa bietet unter anderem einen 10 m langen Außenpool, Liegewiese sowie vier Saunen, zu bestimmten Terminen werden Yoga-Retreats angeboten. Eine Stärke des Hauses zeigt sich am Tisch, und zwar schon beim Frühstück: Mit köstlichen Sauerteigbroten, Hirsebrei und Smoothies startet man gestärkt in den Tag, die Küche ist naturnah und gut, weitgehend biologisch orientiert, und sie verwendet viele Zutaten aus dem weitläufigen eigenen Kräuter- und Gemüsegarten. Ein Light Lunch ist im Preis inkludiert, die hausgemachten Strudel am Nachmittag auf der herrlichen Terrasse sind jede Sünde wert. Zuvorkommende Mitarbeiter, präsente Gastgeber aus mehreren Generationen, herzliches Umfeld. Viele alte Stammgäste, sauberes Preis-Leistungs-Verhältnis, das Spa kann sowohl bei der Anreise als auch nach dem Check-out ganztägig genutzt werden. Eher ungeeignet für Kinder, Hunde erlaubt. 27 Liegen, 60 Betten.

Freibecken, Sauna, Dampfbad, Massagen, Kosmetik. 18-Loch-Parcours in 5 km, 15 % Greenfee-Rabatt.

HP ab € 105,–.

WELLNESS 13

Forelle Millstatt ****S

Grünruhelage am Seeufer in Millstatt – Millstätter See

9872 Millstatt, Fischergasse 65

04766-2050-0

Sommerhotelklassiker in bester Lage am See: Ein traditionsreiches Strandhotel in angenehm überschaubarer Größe, es nennt sich neuerdings im Namenszusatz „Seeglück" und liegt auf 600 m Seehöhe direkt am Nordufer des Millstätter Sees. Das aus historischer Substanz und wesentlich größeren, neuen Zubauten bestehende Haus ist verwinkelt angelegt, bis kurz vor Redaktionsschluss dieser Ausgabe wurde ein Teil der öffentlichen Räume modernisiert,

Forelle Millstatt

auch viele Zimmer erstrahlen in neuem Glanz. Sie sind aus insgesamt neun Varianten (DZ von 20 bis 53 m²) wählbar, die meisten haben Balkon und zumindest seitlichen Seeblick, neben den neuen mit Holzboden gibt es auch noch einige im klassischen Stil mit Teppichböden in kräftigen Farben, das W-Lan kriecht schneckenartig. Das nur Hotelgästen zugängliche Spa ist nicht allzu üppig ausgestattet, es bietet unter anderem vier Saunen, einen 10 m langen Innenpool, eine schöne Liegewiese mit Obstbäumen und herrlichem Ausblick sowie einen kleinen Nacktbereich im Freien. Fabelhafte Restaurantterrasse, die Küche legt Wert auf regionale Produkte, auf die eine „R99-Garantie" gegeben wird, was wiederum bedeutet, dass sie aus maximal 99 km Entfernung kommen – der Fisch (u. a. Reinanke, Zander und Hecht) stammt sogar aus dem eigenen Fischwasser vor der Haustür. Frühstück bis 10.30 Uhr, Check-out allerdings bereits eine halbe Stunde früher – der Wellnessbereich kann an An- und Abreisetag ohne Aufpreis ganztägig genutzt werden. Präsente Gastgeber, viele langjährige Stammgäste. Jogging-Strecken, geführte Wanderungen, SUP-Boards und E-Boote sind gegen Gebühr erhältlich. Ungeeignet für Kinder, Hunde erlaubt. 17 Liegen, 120 Betten.

Seebadestrand, Hallenbad, Sauna, Dampfbad, Massagen, Kosmetik, Fitnessgeräte. 18-Loch-Parcours in 4 km, 20 % Greenfee-Rabatt.

HP ab € 98,–.

WELLNESS 10

Kaiser Franz Josef ****

Grünruhelage in Millstatt – Millstätter See

9872 Millstatt, Mirnockstraße 80

04766-2013

WELLNESS 10

Post Familienhotel ****

Zentrale Ortslage in Millstatt – Millstätter See

9872 Millstatt, Mirnockstraße 38

04766-2108

WELLNESS 13

Villa Postillion am See ****

Grünlage am Seeufer in Millstatt – Millstätter See

9872 Millstatt, Kaiser-Franz-Josef-Straße 106

04766-2552

Adults only (ab Mitte September bis Juni), außerdem noch familienfreundlich (Juli und August). Modernes Strandhotel mit tollem Infinity-Pool: Ein sympathisch geführter Familienbetrieb, er liegt zwar direkt an der B98, jedoch sind fast alle

Zimmer auf die straßenabgewandte Seeseite ausgerichtet – schöner Ausblick und berührende Sonnenuntergänge inklusive. Das Ambiente ist einnehmend gestaltet, alles zeigt sich hell und freundlich, im Freien wartet ein gepflegter Garten mit Liegewiese samt Seezugang und lauschigen Ruheplätzen. Die Zimmer (neun Varianten, DZ von 19 bis 50 m²) sind sehr unterschiedlich, neben einigen sympathisch-einfachen mit Teppichböden werden mehrheitlich solche mit geradlinigem Design geboten, alle haben Balkon mit Wärmelampe und Sonnenmarkise, eine Balkonbrüstung aus Glas ermöglicht einen schönen Ausblick auf den See – sogar vom Bett aus. Beherbergungsmäßiges Unikat ist das sogenannte Sternenbiwak, ein kleines Holzhäuschen mit teilweise verglastem Dach und eigener Terrasse, all das so romantisch wie direkt am Ufer. Das Spa steht auch den Gästen des Schwesterhotels offen und ist indoor ziemlich klein. Es bietet insgesamt vier Saunen sowie einen 12 m langen, auch im Winter nutzbaren Außenpool in Infinity-Bauweise. Wermutstropfen: Die Seesauna hat keinen Ausblick auf den See und ist wohl eher für Zwerge gedacht. Kleines Aktivprogramm, darunter auch geführte Wanderungen und viermal pro Woche Yoga. Fabelhafte Restaurantterrasse mit Abendsonne, reichhaltiges Frühstücksbuffet, sehr gute Küche, auch selbstgefangener Fisch kommt regelmäßig auf den Tisch. Light Lunch und Nachmittagsjause mit alkoholfreien Getränken, Kaffee und Tee sind als „Super-Vollpension" zubuchbar. Freundliches, familiäres Umfeld. Ruderboote gibt es zur Gratisleihe. Hunde erlaubt (aber nur in der Adults-only-Zeit von Mitte September bis Juni). 15 Liegen, 72 Betten.

Freibecken, Außensauna, Sauna, Dampfbad, Massagen, Kosmetik. 18-Loch-Parcours in 3 km, 20 % Greenfee-Rabatt.

HP ab 108,–.

WELLNESS 11

Burgstaller Familiengut ****

Zentrumslage in Döbriach – Millstätter See

9873 Döbriach, Seestraße 6

04246-7126

WELLNESS 14

Seefischer Romantik-Hotel ****S

Grünruhelage am Seeufer in Döbriach – Millstätter See

9873 Döbriach, Fischerweg 1

04246-77120

Ein gemütlicher Familienbetrieb in romantischer Lage am See – mit Badestrand und kleinem Bootshafen. Das Hotel besteht aus drei Gebäuden unterschiedlichen Alters, das jüngste ist ein kleiner „Suitenturm" mit Fassade im Stil der Seevillen des 19. Jahrhunderts. Zimmer sind aus 12 stark unterschiedlichen Kategorien (DZ von 22 bis 80 m²) wählbar, recht nette mit Holzböden und ansprechendem Design finden sich ebenso darunter wie solche mit Teppichboden und optischen Reminiszenzen an die 1990er Jahre. Das Spa ist indoor recht klein, es bietet insgesamt vier Saunen sowie ein Hallenbad mit verbundenem kleinen Außenpool. Zu den sommerlichen Highlights gehören eine Liegewiese mit grandiosem Ausblick und eine winzige „Fischersauna" auf Pfählen im See. Schöne Bar und ebensolche Restaurantterrasse, Frühstück bis 11 Uhr, sehr gute Küche. Sie setzt neben der optischen Präsentation auf regionale Produkte und bringt immer wieder auch Fisch aus dem See und selbsterlegtes Wild auf den Tisch. Präsente Gastgeber, ausgesprochen freundliche Mitarbeiter, gute Weinkarte mit professioneller Beratung. Ruhesuchenden sei empfohlen, eventuell stattfindende Feiern und Hochzeiten vor der Buchung abzuklären. Ruderboote und SUP-Boards gibt es zur Gratisleihe. Im Winter wird dreimal täglich ein kostenloses Shuttle ins nächstgelegene Skigebiet Bad Kleinkirchheim (15 km) geboten. Ungeeignet für Kinder, Hunde erlaubt. 42 Liegen, 98 Betten.

Seebadestrand, Freibecken, Hallenbad, Außensauna, Dampfbad, Massagen, Kosmetik, Fitnessgeräte. 18-Loch-Parcours in 11 km, 15 % Greenfee-Rabatt.

HP ab € 117,–.

WELLNESS 12

Trattnig ****

Grünlage in Döbriach – Millstätter See

9873 Döbriach, Seestraße 66

04246-7719

WELLNESS 10

Zanker ****

Ruhige Ortslage in Döbriach – Millstätter See

9873 Döbriach, Seefeldstraße 30

04246-7780

WELLNESS 10

Zur Post Döbriach ***S

Grünlage am Ortsrand in Döbriach – Millstätter See

9873 Döbriach, Hauptstraße 58

04246-77130

DIE 100 TOP-WELLNESSHOTELS IN **SÜDTIROL**

VIER LILIEN

Hotelname	Kategorie	Punkte	PLZ	Ort	Seite
Adler Lodge Ritten *****	Wellness	20	39054	Oberbozen (BZ)	358
Castel Dorf Tirol *****	Wellness	20	39019	Dorf Tirol (BZ)	317
Chalet Mirabell *****	Wellness	20	39010	Hafling (BZ)	304
Purmontes Private Luxury Chalet	Wellness	19	39030	St. Lorenzen (BZ)	337

DREI LILIEN

Hotelname	Kategorie	Punkte	PLZ	Ort	Seite
Andreus Golf Lodge *****	Wellness	18	39015	St. Leonhard in Passeier (BZ)	312
Forestis *****	Wellness	18	39042	Brixen (BZ)	351
Giardino Marling *****	Wellness	18	39020	Marling (BZ)	321
Patrizia ****S	Wellness	18	39019	Dorf Tirol (BZ)	319
Adler Lodge Alpe *****	Wellness	17	39040	Seiser Alm (BZ)	347
Alpen Tesitin Panorama Resort *****	Wellness	17	39035	Taisten (BZ)	342
Andreus *****	Wellness	17	39015	St. Leonhard in Passeier (BZ)	312
Castel Fragsburg *****	Wellness	17	39012	Meran (BZ)	311
Erika *****	Wellness	17	39019	Dorf Tirol (BZ)	318
Feldhof ****S	Wellness	17	39025	Naturns (BZ)	329
Lindenhof Lifestyle Resort ****S	Wellness	17	39025	Naturns (BZ)	330
Miramonti Boutique Hotel *****	Wellness	17	39010	Hafling (BZ)	305
Plunhof ****S	Wellness	17	39040	Ratschings-Ridnaun (BZ)	347
Preidlhof Luxury Resort *****	Wellness	17	39025	Naturns (BZ)	331
Quelle Nature Spa Resort *****	Wellness	17	39030	Gsies (BZ)	332
Quellenhof Luxury Resort *****	Wellness	17	39010	St. Martin in Passeier (BZ)	307
San Luis *****	Wellness	17	39010	Hafling (BZ)	306
Winkler Sport & Spa Resort *****	Wellness	17	39030	St. Lorenzen (BZ)	338

ZWEI LILIEN

Hotelname	Kategorie	Punkte	PLZ	Ort	Seite
Alpiana Resort ****S	Wellness	16	39011	Völlan (BZ)	309
Alpina Dolomites *****	Wellness	16	39040	Seiser Alm (BZ)	348
Amonti Wellnessresort *****	Wellness	16	39030	Steinhaus (BZ)	340
Ansitz Plantitscherhof *****	Wellness	16	39012	Meran (BZ)	310
Cavallino Bianco Family Grandhotel ****S	Wellness	16	39046	St. Ulrich (BZ)	354
Fayn Garden Retreat ****S	Wellness	16	39022	Algund (BZ)	326
Garberhof ****S	Wellness	16	39024	Mals (BZ)	327

Hotelname	Kategorie	Punkte	PLZ	Ort	Seite
Granvara Relais & Spa	Wellness	16	39048	Wolkenstein (BZ)	355
Lunaris Wellnessresort *****	Wellness	16	39030	Steinhaus (BZ)	340
Lüsnerhof Naturhotel ****S	Wellness	16	39040	Lüsen (BZ)	346
Moser Gartenhotel ****S	Wellness	16	39057	Eppan (BZ)	360
Petrus ****S	Wellness	16	39031	Reischach (BZ)	341
Sonnenberg Alpine Spa Resort ****S	Wellness	16	39037	Meransen (BZ)	344
Tratterhof Mountain Sky Hotel ****S	Wellness	16	39037	Meransen (BZ)	344
Viktoria Alpine Spa Resort ****S	Wellness	16	39010	Hafling (BZ)	306
Weinegg Wellviva Resort *****	Wellness	16	39057	Eppan-Girlan (BZ)	360
Adler Balance Spa Resort *****	Wellness	15	39046	St. Ulrich (BZ)	352
Albion Mountain Spa Resort ****S	Wellness	15	39046	St. Ulrich (BZ)	353
Alpenpalace Luxury Hideaway *****	Wellness	15	39030	St. Johann im Ahrntal (BZ)	336
Alpin Garden Luxury Maison *****	Wellness	15	39046	St. Ulrich (BZ)	354
Arua Private Spa Villas	Wellness	15	39019	Dorf Tirol (BZ)	317
Avidea ****	Wellness	15	39022	Algund (BZ)	325
Bad Fallenbach ****S	Wellness	15	39015	St. Leonhard in Passeier (BZ)	313
Belvedere ****S	Wellness	15	39050	Jenesien (BZ)	355
Cyprianerhof *****	Wellness	15	39050	Tiers am Rosengarten (BZ)	356
Das Gerstl ****S	Wellness	15	39024	Mals (BZ)	327
Das Paradies *****	Wellness	15	39021	Latsch (BZ)	324
Der Waldhof2 ****S	Wellness	15	39011	Völlan (BZ)	309
Excelsior Dolomites Life Resort ****S	Wellness	15	39030	St. Vigil in Enneberg (BZ)	339
Gartner ****S	Wellness	15	39019	Dorf Tirol (BZ)	319
Hohenwart ****S	Wellness	15	39017	Schenna (BZ)	315
Hubertus Alpin Panorama ****S	Wellness	15	39030	Geiselsberg-Olang (BZ)	331
La Maiena Meran Resort *****	Wellness	15	39020	Marling (BZ)	322
Masl Alpinhotel ****S	Wellness	15	39037	Vals (BZ)	344
Mignon Parkhotel *****	Wellness	15	39012	Meran (BZ)	312
Mirabell Dolomites Olang *****	Wellness	15	39030	Olang (BZ)	333
My Arbor ****S	Wellness	15	39042	Brixen-St. Andrä (BZ)	352
Panorama Schenna ****S	Wellness	15	39017	Schenna (BZ)	315
Seehof Nature Retreat ****S	Wellness	15	39040	Natz-Schabs (BZ)	346
Silena ****S	Wellness	15	39037	Vals (BZ)	345
Tann ****	Wellness	15	39054	Klobenstein-Ritten (BZ)	357
Tuberis Nature & Spa Resort ****S	Wellness	15	39020	Taufers im Münstertal (BZ)	324
Tyrol Design-Hotel ****	Wellness	15	39020	Partschins (BZ)	323
Weisses Kreuz ****	Wellness	15	39024	Mals (BZ)	328

EINE LILIE

Hotelname	Kategorie	Punkte	PLZ	Ort	Seite
Ambet ****	Wellness	14	39037	Meransen (BZ)	342
Anderlahn Klein Fein Hotel ****S	Wellness	14	39020	Partschins (BZ)	323
Bad Moos Dolomites Spa Resort ****S	Wellness/Kur	14	39030	Sexten-Moos (BZ)	335
Das Dorner ****S	Wellness	14	39022	Algund (BZ)	325
Feuerstein Nature Family Resort *****	Wellness	14	39041	Brenner-Pflersch (BZ)	350

Hotelname	Kategorie	Punkte	PLZ	Ort	Seite
Gnollhof ****	Wellness	14	39043	Klausen (BZ)	352
Goldknopf Alpine Lifestyle ****	Wellness	14	39040	Seiser Alm (BZ)	348
Holzner Parkhotel ****S	Wellness	14	39054	Oberbozen (BZ)	359
Jagdhof Latsch ****S	Wellness	14	39021	Latsch (BZ)	324
Lanerhof ****S	Wellness	14	39030	St. Lorenzen (BZ)	336
La Vimea Vegan-Hotel ****	Wellness	14	39025	Naturns (BZ)	329
Milla Montis ****	Wellness	14	39037	Meransen (BZ)	343
Parc Hotel am See ****S	Wellness	14	39052	Kaltern (BZ)	356
Rosa Eco Alpine Spa Resort ****S	Wellness	14	39040	Seiser Alm (BZ)	348
Schwarzenstein Alpine Luxury Resort ****S	Wellness	14	39030	Luttach (BZ)	332
Schwarzschmied ****S	Wellness	14	39011	Lana (BZ)	308
Seiser Alm Urthaler *****	Wellness	14	39040	Seiser Alm (BZ)	349
Sonnenparadies ****	Wellness	14	39017	Schenna (BZ)	316
Spitaler ****	Wellness	14	39057	Frangart (BZ)	361
Stroblhof Active Family Spa Resort ****	Wellness	14	39015	St. Leonhard in Passeier (BZ)	314
Tirler Dolomites Living ****S	Wellness	14	39040	Seiser Alm (BZ)	349
Vigilius Mountain Resort *****	Wellness	14	39011	Lana (BZ)	308
Wiesenhof Garden Resort ****S	Wellness	14	39015	St. Leonhard in Passeier (BZ)	314
Bacherhof ****	Wellness	13	39037	Meransen (BZ)	343
Das Wanda garni	Wellness	13	39052	Kaltern (BZ)	356
Fischer ****	Wellness	13	39042	Brixen-St. Andrä (BZ)	351
Monika My Wellbeing Hotel *****	Wellness	13	39030	Sexten (BZ)	335
Monte Sella ****	Wellness	13	39030	St. Vigil (BZ)	340
Plattenhof Tramin ****	Wellness	13	39040	Tramin (BZ)	350
Seehotel Ambach 1973	Wellness	13	39052	Kaltern (BZ)	357
Sonnbichl Dorf Tirol ****S	Wellness	13	39019	Dorf Tirol (BZ)	320
Sonnenhof ****S	Wellness	13	39030	Pfalzen (BZ)	334
Theiner's Garten Biorefugium ****S	Wellness	13	39010	Gargazon (BZ)	304
Villa Waldkönigin ****	Wellness	13	39027	St. Valentin auf der Haide (BZ)	331

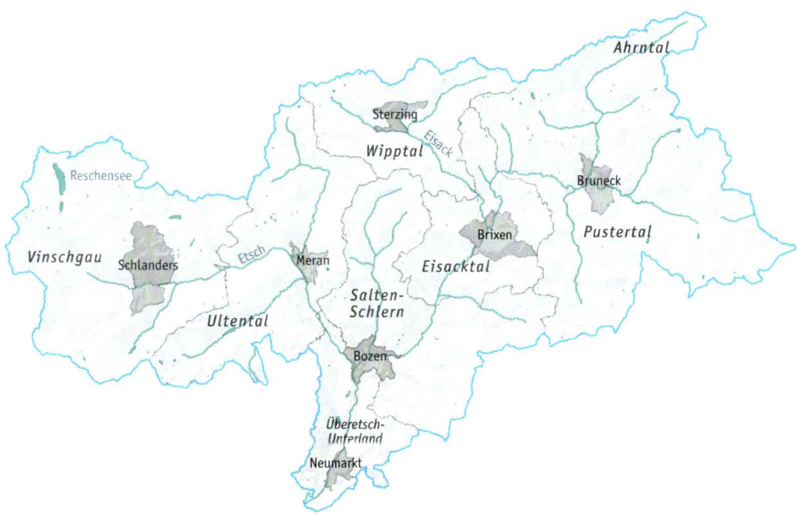

MIRABELL DOLOMITES ***** LUXURY. AYURVEDA & SPA

Unsere Wohlfühl-Sterne: herzliche, familiäre Gastfreundschaft, exzellente Gourmet-Küche, besondere Spa- & Ayurveda-Treatments, Wohnkomfort, einzigartige Bergkulisse und hauseigener Golfplatz.

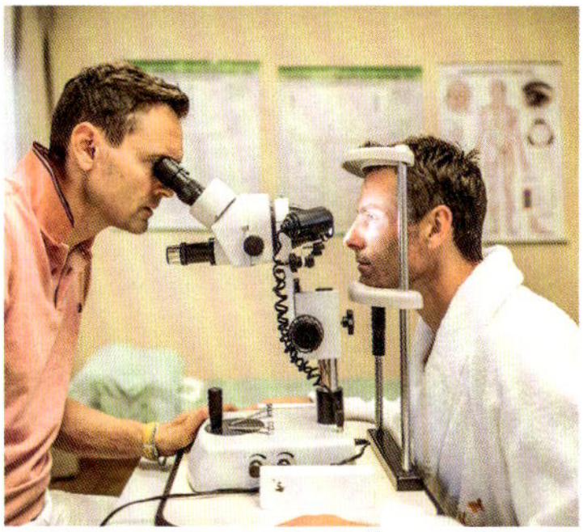
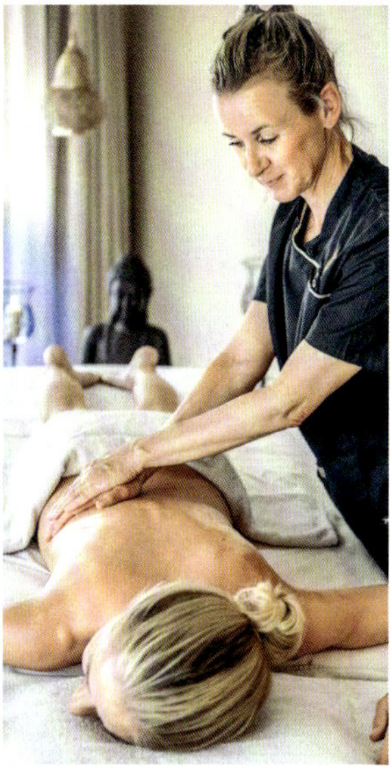

Adler Lodge Ritten *****

Oberbozen (BZ), Seite 358

20 von 20 Punkten

Castel Dorf Tirol *****

Dorf Tirol (BZ), Seite 317

20 von 20 Punkten

Gnollhof ****

Klausen (BZ), Seite 352

14 von 20 Punkten

DIE AUFSTEIGER

	Hotelname	Kategorie	PLZ	Ort	Seite
1.	**Adler Lodge Ritten** *****	Wellness	39054	Oberbozen (BZ)	358
	Castel Dorf Tirol *****	Wellness	39019	Dorf Tirol (BZ)	317
2.	**Forestis** *****	Wellness	39042	Brixen (BZ)	351
3.	**Granvara Relais & Spa**	Wellness	39048	Wolkenstein (BZ)	355
4.	**Ambet** ****	Wellness	39037	Meransen (BZ)	342
	Gnollhof ****	Wellness	39043	Klausen (BZ)	352
	Milla Montis ****	Wellness	39037	Meransen (BZ)	343
	Sonnenparadies ****	Wellness	39017	Schenna (BZ)	316
5.	**Das Wanda garni**	Wellness	39052	Kaltern (BZ)	356
	Fischer ****	Wellness	39042	Brixen-St. Andrä (BZ)	351

Lindenhof Lifestyle Resort ****S

Naturns (BZ), Seite 330

17 von 20 Punkten

Preidlhof Luxury Resort *****

Naturns (BZ), Seite 331

17 von 20 Punkten

Seehof Nature Retreat ****S

Natz-Schabs (BZ), Seite 346

15 von 20 Punkten

ADULTS ONLY

	Hotelname	Kategorie	PLZ	Ort	Seite
1.	**Adler Lodge Ritten** *****	Wellness	39054	Oberbozen (BZ)	358
2.	**Andreus Golf Lodge** *****	Wellness	39015	St. Leonhard in Passeier (BZ)	312
	Forestis *****	Wellness	39042	Brixen (BZ)	351
3.	**Adler Lodge Alpe** *****	Wellness	39040	Seiser Alm (BZ)	347
	Lindenhof Lifestyle Resort ****S	Wellness	39025	Naturns (BZ)	330
	Preidlhof Luxury Resort *****	Wellness	39025	Naturns (BZ)	331
4.	**Adler Balance Spa Resort** *****	Wellness	39046	St. Ulrich (BZ)	352
	Alpin Garden Luxury Maison *****	Wellness	39046	St. Ulrich (BZ)	354
	My Arbor ****S	Wellness	39042	Brixen-St. Andrä (BZ)	352
	Seehof Nature Retreat ****S	Wellness	39040	Natz-Schabs (BZ)	346
	Weisses Kreuz ****	Wellness	39024	Mals (BZ)	328

Giardino Marling *****

Marling (BZ), Seite 321

18 von 20 Punkten

Andreus *****

St. Leonhard in Passeier (BZ), Seite 312

17 von 20 Punkten

Cyprianerhof *****

Tiers am Rosengarten (BZ), Seite 356

15 von 20 Punkten

ENTSPANNUNGSPROGRAMM TOP 15

	Hotelname	Kategorie	PLZ	Ort	Seite
1.	**Chalet Mirabell** *****	Wellness	39010	Hafling (BZ)	304
2.	**Giardino Marling** *****	Wellness	39020	Marling (BZ)	321
3.	**Andreus** *****	Wellness	39015	St. Leonhard in Passeier (BZ)	312
	Feldhof ****S	Wellness	39025	Naturns (BZ)	329
	Lindenhof Lifestyle Resort ****S	Wellness	39025	Naturns (BZ)	330
	Miramonti Boutique Hotel *****	Wellness	39010	Hafling (BZ)	305
	Winkler Sport & Spa Resort *****	Wellness	39030	St. Lorenzen (BZ)	338
4.	**Adler Balance Spa Resort** *****	Wellness	39046	St. Ulrich (BZ)	352
	Cyprianerhof *****	Wellness	39050	Tiers am Rosengarten (BZ)	356
	Der Waldhof2 ****S	Wellness	39011	Völlan (BZ)	309
	Excelsior Dolomites Life Resort ****S	Wellness	39030	St. Vigil in Enneberg (BZ)	339
	Mirabell Dolomites Olang *****	Wellness	39030	Olang (BZ)	333
	My Arbor ****S	Wellness	39042	Brixen-St. Andrä (BZ)	352
	Tyrol Design-Hotel ****	Wellness	39020	Partschins (BZ)	323
5.	**Theiner's Garten Biorefugium** ****S	Wellness	39010	Gargazon (BZ)	304

Patrizia ****S

Dorf Tirol (BZ), Seite 319

18 von 20 Punkten

Ansitz Plantitscherhof *****

Meran (BZ), Seite 310

16 von 20 Punkten

Petrus *****S

Reischach (BZ), Seite 341

16 von 20 Punkten

GOURMET TOP 15 (HALBPENSION, EX AEQUO)

	Hotelname	Kategorie	PLZ	Ort	Seite
1.	**Adler Lodge Ritten** *****	Wellness	39054	Oberbozen (BZ)	358
	Castel Dorf Tirol *****	Wellness	39019	Dorf Tirol (BZ)	317
	Castel Fragsburg *****	Wellness	39012	Meran (BZ)	311
	Chalet Mirabell *****	Wellness	39010	Hafling (BZ)	304
	Milla Montis ****	Wellness	39037	Meransen (BZ)	343
	Patrizia ****S	Wellness	39019	Dorf Tirol (BZ)	319
2.	**Avidea** ****	Wellness	39022	Algund (BZ)	325
	Giardino Marling *****	Wellness	39020	Marling (BZ)	321
	Gnollhof ****	Wellness	39043	Klausen (BZ)	352
	La Vimea Vegan-Hotel ****	Wellness	39025	Naturns (BZ)	329
	Purmontes Private Luxury Chalet	Wellness	39030	St. Lorenzen (BZ)	337
	Weisses Kreuz ****	Wellness	39024	Mals (BZ)	328
3.	**Ansitz Plantitscherhof** *****	Wellness	39012	Meran (BZ)	310
	Fayn Garden Retreat ****S	Wellness	39022	Algund (BZ)	326
	Petrus ****S	Wellness	39031	Reischach (BZ)	341

WELLNESS 13

Theiner's Garten Biorefugium *****

Grünlage am Ortsrand in Gargazon – Nähe Meran

39010 Gargazon (BZ), Via Andreas-Hofer, 1
+39-0473-490880

Familienfreundlich. „Das erste Biohotel im Meraner Land" (Werbung) ist ein sympathischer Familienbetrieb von ebensolcher Größe, er liegt auf 270 m Seehöhe an der Straße. Von dieser bekommt man aber kaum etwas mit, befinden sich doch Garten, Terrassen und alle Zimmer nach Süden ausgerichtet auf der straßenabgewandten Seite – wunderschöner Ausblick in das Etschtal inklusive. Das Haus wurde weitgehend in ökologischer Bauweise errichtet, innen sind Fichte, Lärche und Zirbe die vorherrschenden Gestaltungsmaterialien, was auch für die Zimmer (sechs Varianten, DZ von 38 bis 50 m^2) gilt. Sie sind einnehmend schlicht gestaltet, haben helle Lehmwände, Interieurs aus unbehandeltem Vollholz, Bettwäsche aus Biobaumwolle sowie ein reduziertes Elektrosmogumfeld – W-Lan gibt es demnach nur in der Lobby, TV-Geräte nur auf Wunsch. Das Spa ist indoor nicht allzu groß und bietet unter anderem einen 11 m langen Innenpool, einen 15 m langen, ganzjährig nutzbaren Außenpool, drei Saunen sowie einen mediterranen Garten mit Himmelbetten und lauschigen Plätzen unter Pergolen. Fitnessraum mit Geräten auch im Freien, breites (teilweise aufpreispflichtiges) Aktivprogramm, auch Waldbaden, Yoga, geführte Wanderungen und E-Bike-Touren. Schöne Terrasse für Frühstück, Light Lunch und Nachmittagsjause, die Küche ist naturnah und gut, sie verwendet ausschließlich biologische Zutaten, Obst und Gemüse kommen zum Teil aus der eigenen Landwirtschaft, auf Wunsch gibt es auch vegetarische und vegane Varianten, und alle Weine stammen aus biologischem oder biodynamischem Anbau. Lockere Atmosphäre, freundliches, familiäres Umfeld. Garage für einige Zimmerkategorien gratis, ansonsten gegen fünf Euro pro Tag. 48 Liegen, 140 Betten.

Freibecken, Hallenbad, Sauna, Dampfbad, Massagen, Kosmetik, Fitnessgeräte.Massagen, 9-Loch-Parcours in 6 km, 18-Loch-Parcours in 29 km.

HP ab € 172,–.

WELLNESS 20

Chalet Mirabell *****

Grünruhelage mit Fernblick in Hafling bei Meran

39010 Hafling (BZ), Via Falzeben, 112
+39-0473-279300

Kinderfreundlich. La vita é bella: Ein familiengeführtes Luxushotel, es liegt auf etwa 1.300 m

Seehöhe an einer nur wenig befahrenen Straße und bietet einen wunderbaren Ausblick in die Bergwelt. Vor wenigen Monaten wurde modernisiert: Das Stammhaus erhielt ein Makeover – und ist mit der tollen neuen Fassade kaum wiederzuerkennen! Inwendig zeigt sich alles ebenso gemütlich-luxuriös wie modern-alpin – Altholz, edle Lampen und feine Holzböden inklusive. Zimmer (DZ von 30 bis 303 m²) sind mittlerweile aus nicht weniger als 32 Kategorien wählbar, sie haben feine Holzböden und Balkon oder Terrasse, manche auch Whirlpools und Saunen, Hängeliegen und kleine private Gärtchen. Außerdem gibt es zwei weitere Möglichkeiten der Unterbringung: Zum einen in einer urigen Almhütte mit privater Sauna und einem Lärchentrog als Badewanne, all das auf 1.700 m Seehöhe, zum anderen in einer der vier Bergvillen am Hotelgelände, die jeglichen nur erdenkbaren Luxus bieten, darunter etwa 9 m lange, ganzjährig beheizte Pools, private Saunen und Outdoor-Grillstationen, all das in hochwertig anmutendem Naturdesign. Das Spa erfreut mit Wellness vom Feinsten, unter anderem geboten werden neun Saunen (drei davon textil), ein 25 m langer Naturbadeteich, ein ebenso langer Infinity-Außenpool (Adults only), ein Family-Spa mit Freibecken (16 m), Innenpool (14 m) und einer Kinderzone mit Rutschen. Sehr gute Massagen, umfangreiches Aktivprogramm, auch Yoga und Pilates. Fabelhafte Restaurantterrasse, ebensolches Frühstücksbuffet, hervorragende Küche bei feiner Tischkultur, Light Lunch (reichlich, das) und Nachmittagsjause sind inkludiert. Faire Getränkepreise, stimmungsvolle Bar. Hochkompetente und sehr zuvorkommende Mitarbeiter, präsente und sympathische Gastgeber. Valet Parking, Gratisgarage für alle. Täglich 10 Stunden Betreuung für Kinder ab drei Jahren. Hunde erlaubt (für Vierbeiner gibt es einen eigenen Restaurantbereich). 120 Liegen, 180 Betten.

Naturbadeteich, Freibecken, Hallenbad, Kinderbecken mit Rutsche, Babybecken, Massagen, Kosmetik, Ayurveda, Fitnessgeräte, Personal Trainer. 18-Loch-Parcours in 29 km, 20 % Greenfee-Rabatt.

HP ab € 212,–.

WELLNESS 17

Miramonti Boutique Hotel *****

Naturlage mit Fernblick in Hafling bei Meran

39010 Hafling (BZ), Via Santa Caterina, 14, +39-0473-279335

Ein stylisches Boutiquehotel auf etwa 1.230 m Seehöhe, es liegt in einer ebenso steilen wie schmalen Sackgasse am Waldrand, der Ausblick auf Meran ist

Chalet Mirabell

schlechthin traumhaft. Das Haus spielte übrigens im James-Bond-Streifen „Der Spion, der mich liebte“ eine bedeutsame Nebenrolle, in jüngster Zeit wurde hier Tobias Moretti ermordet – im „Südtiroler Landkrimi“. Das Hotel besteht aus mehreren miteinander verbundenen Gebäuden und ist ganz in Schwarz gehalten, was sich auch im Inneren – jedoch kombiniert mit Weiß – fortsetzt, alles präsentiert auf betörend hohem ästhetischem Niveau. Zimmer sind aus 20 Kategorien (DZ von 35 bis 70 m²) wählbar, sie sind betont geradlinig und reduziert arrangiert, alle haben Interieurs mit hochwertiger Anmutung, die meisten feine Holzböden sowie Balkon oder Terrasse, einige auch Sauna und freistehende Badewanne. Das kleine Spa zeigt sich in atmosphärischem Naturstein-Look, es bietet einen teilüberdachten, 15 m langen Infinity-Außenpool, einen Onsen, einen Ruheraum mit Weitblick sowie drei Saunen – Highlight ist eine finnische Außensauna im Wald, sie will über 36 Stufen erklommen werden. Umfangreiches Aktivprogramm, darunter auch Waldbaden, Meditation und sechsmal pro Woche Yoga – all das gegen einen kleinen Aufpreis (stets 10 Euro). Fabelhafte Sonnen- und Restaurantterrasse für alle Mahlzeiten, das hohe Niveau des Ambientes wird von Küche und Service allerdings nicht ganz erreicht, ein nachmittägliches Kuchenbuffet ist inkludiert. Achtung: Die auf der Homepage angegebenen Zimmerpreise beinhalten nur das Frühstück, Halbpension ist gegen einen Aufpreis von 42 Euro zubuchbar. Schöne Wanderwege beginnen vor der Haustür, im Winter gibt es ein kostenloses Shuttle zum Skigebiet Meran 2000. Valet Parking, überdachte Stellplätze kostenlos, Garage gegen 10 Euro pro Tag. Ungeeignet für Kinder, Hunde erlaubt. 48 Liegen, 104 Betten.

Freibecken, Solefreibecken, Außensauna, Sauna, Dampfbad, Massagen, Kosmetik, Fitnessgeräte, Personal Trainer. 18-Loch-Parcours in 27 km, 25 % Greenfee-Rabatt.

NF ab € 161,–.

WELLNESS 17

San Luis *****

Naturlage mit Fernblick bei Hafling bei Meran

39010 Hafling (BZ), Via Verano, 5, +39-0473-279570

Adults preferred (ab 12). Unvergleichlich: Ein familiengeführtes Hideaway auf 1.400 m Seehöhe, solitär und völlig abgeschieden liegt es auf einer Waldlichtung inmitten herrlicher Natur. Einlass ist nur mit gültiger Buchung möglich, zwei gesicherte Tore machen das Anwesen zu einer Art Festung – Privatsphäre steht hier im Fokus. Es handelt sich um ein Neodörfchen in feinster Holzarchitektur, es besteht aus Chalets und stilisierten Baumhäusern, die bis zu sechs Personen Platz bieten und um einen größeren Naturbadeteich angeordnet sind. In der Mitte befindet sich das große „Clubhouse“ mit Rezeption, Lobby, Spa und Restaurant – fabelhafte Terrasse direkt am See mit Feuerkörben inklusive. Edles Ambiente, bis ins letzte Eck ist alles luxuriös arrangiert und in der vorherrschenden Farbe Schwarz inszeniert. Es duftet wunderbar nach Holz, hohe Kaminfeuer brennen im ganzen Haus. Wohnen kann man in sieben verschiedenen Kategorien (DZ von 38 bis 150 m²), alle sind hochwertig eingerichtet, haben feinste Holzböden, Leinenvorhänge und stimmungsvoll arrangierte Bäder. Der Wellnessbereich ist eher klein – viele Wohneinheiten haben eigene Saunen, Hotpots und einen direkten Seezugang –, Highlights sind ein 21 m langes, ganzjährig nutzbares Freibecken, ein Whirlpool mitten im See und ein 11 m langer Innenpool in einem wunderschönen Gebäude aus Holz und Glas. Weiters gibt es zwei Saunen und herrlich anmutende Ruheräume mit ebensolchen Liegen. Das Frühstück wird ins Chalet geliefert, der Tisch, während man noch schläft, eingedeckt, lediglich Kaffee, Tee und Eiergerichte müssen selbst zubereitet werden. Abends gute Küche, Light Lunch und süße Nachmittagsjause (beides absolut köstlich) sind inkludiert. Beim Service gibt es noch Luft nach oben – das nagt am Preis-Leistungs-Verhältnis –, ein bisschen mehr Augenmerk auf Instandhaltung und Sauberkeit könnte zudem nicht schaden. Check-in ab 16 Uhr. Garage gegen 10 Euro pro Tag. Hunde erlaubt. 60 Liegen, 140 Betten.

Naturbadeteich, Freibecken, Hallenbad, Sauna, Dampfbad, Massagen, Kosmetik, Fitnessgeräte. 18-Loch-Parcours in 31 km.

HP ab € 350,–.

WELLNESS 16

Viktoria Alpine Spa Resort ****s

Grünruhelage mit Fernblick in Hafling bei Meran

39010 Hafling (BZ), Via Falzeben, 9

+39-0473-279422

Familienfreundlich. Ein sympathischer Familienbetrieb – gleich fünf Familienmitglieder packen hier tüchtig mit an –, er liegt auf 1.300 m wunderbar ruhig am Waldrand und fokussiert auf Wellness und Aktivurlaub. Das Hotel besteht aus dem Stammhaus und einem modernen Zubau, inwendig begrüßt ein lichtdurchfluteter, imposanter Empfangsbereich mit Rezeption, Lobby und Bar. Knapp 60 Zimmer sind aus nicht weniger als 23 Kategorien (DZ von

20 bis 65 m²) wählbar, einige präsentieren sich in traditioneller Alpenländlichkeit mit hellen Vollholzmöbeln aus Fichte, die anderen in neoalpiner Modernität. Die „Mountain“-Varianten zeigen sich besonders wohnlich gestaltet, sie haben Holzböden, bodentiefe Fenster, stimmungsvolle indirekte Beleuchtung, einige sogar private Außensauna. Ein Highlight des Hauses ist das Wald-Spa, ein edel arrangierter Adults-only-Bereich mit fünf Saunen, feinen Ruhezonen und Teelounge. Weiters geboten werden unter anderem ein Familienbereich mit drei Textilsaunen, ein 25 m langer, ganzjährig nutzbarer Außenpool sowie ein ebenso langer Naturbadeteich in einem schön angelegten Garten. Kleines Aktivprogramm, auch Waldbaden, Yoga und Pilates gehören dazu, im Winter zudem geführte Schneeschuhwanderungen. Restaurantterrasse für das reichhaltige Frühstück, sehr gute Küche, eine Nachmittagsjause ist inkludiert. Präsente und zuvorkommende Gastgeber, viele freundliche Mitarbeiter, sauberes Preis-Leistungs-Verhältnis. Ringsum herrliche Wanderwege ohne Zahl, im Winter gibt es ein kostenloses Shuttle zum Skigebiet Meran 2000. Garage gegen 15 Euro pro Tag. Täglich (Mo bis Fr) acht Stunden Betreuung für Kinder ab drei Jahren zu Hauptferienzeiten. Hunde erlaubt. 60 Liegen, 150 Betten.

Naturbadeteich, Freibecken, Hallenbad, Außensauna, Sauna, Dampfbad, Massagen, Kosmetik, Fitnessgeräte.

HP ab € 133,–.

WELLNESS 17

Quellenhof Luxury Resort *****

Grünlage bei St. Martin im Passeiertal – Nähe Meran

39010 St. Martin in Passeier (BZ), Via Passiria, 47

+39-0473-645474

Hunde- und kinderfreundlich. Zu Gast bei Südtirols größtem Hotelier: Eine familiengeführte Riesenanlage, sie liegt auf etwa 550 m Seehöhe genau über der Bundesstraße, die darunter in einem Tunnel geführt wird. Das Resort besteht aus fünf Hotels und einem Apartmentgebäude. Restaurants und Rezeptionen sind in nur zwei Hotels vorhanden, mitunter ist also mit längeren Fußmärschen zu rechnen, Verbindungsgänge gibt es nur teilweise. Zimmer gibt es in nicht weniger als 54 Kategorien (DZ von 28 bis 200 m²), sie sind zeitgemäß arrangiert, haben zumeist Holzböden, exklusive Suiten und Chalets mit Sauna, Kamin oder privatem Pool schlagen mit 4.000 Euro pro Nacht zu Buche. Das Spa ist auf mehrere Häuser verteilt und bietet inhaltlich alles, was man sich als Wellnessliebhaber wünscht: für Kids einen Wasserpark mit Rutschen, für Sportliche einen 25 m langen Infinity-Pool mit

Zeitmessung und für Ruhesuchende Adults-only-Zonen samt Ladys-Spa. Neu ist ein „Rooftop-Spa" mit „gläsernem" Infinity-Außenpool, Tauchbecken, feinen Ruhezonen und Panoramasauna – insgesamt stehen nicht weniger als 21 Saunen zur Auswahl. Umfangreiches Aktivprogramm, konkurrenzlos viele Sporteinrichtungen, etwa Tennisplätze, Golf-, Fußball- und Beachvolleyballplatz sowie Reithalle. Reichhaltiges Frühstücksbuffet, sehr gute Küche bei feiner Tischkultur, die Bewertung bezieht sich wie immer auf die Halbpension und nicht auf die zwei À-la-carte-Restaurants. Gäste der Suiten und Chalets dürfen im separaten Sky-Restaurant speisen, das zwar die gleiche Küche, aber ein noch etwas gehobeneres Ambiente bietet. Viele freundliche Mitarbeiter, beim Service gibt es aber noch etwas Luft nach oben, und die Gastgeber haben wir niemals gesehen. Gratisgarage für alle. Täglich bis zu 12 Stunden Kinderbetreuung. 305 Liegen, 600 Betten.

Naturbadeteich, Freibecken, Solefreibecken, Freibecken (Sommer), Hallenbad, Kinderbecken mit Rutschen, Außensauna, Sauna, Dampfbad, Massagen, Kosmetik, Ayurveda, Fitnessstudio, Personal Trainer. 4-Loch-Parcours mit Driving Range. Tennisplätze. 18-Loch-Parcours in 6 km.

HP ab € 185,–.

WELLNESS 14

Schwarzschmied *****

Ruhige Ortslage in Lana bei Meran

39011 Lana (BZ), Vicolo Fucine, 6, +39-0473-562800

Für Yogis und Veganer: Noch vor wenigen Jahren ein typisches Mainstream-Hotel, nach großangelegter Modernisierung nun schon seit geraumer Zeit mit Fokus auf jüngeres, urbanes Publikum. Der Familienbetrieb liegt auf 310 m Seehöhe recht nahe an der Dorfkirche, die mit ihren Glocken frühmorgens den Weckdienst übernimmt. Starke Reduktion und klare Linien kennzeichnen das Ambiente, das ein bisschen an das Hotel Schgaguler in Kastelruth erinnert, internationale Zeitschriften, Magazine und Bildbände liegen im ganzen Haus auf. Auch die Zimmer folgen dem Stil ausgeprägter Schlichtheit, man kann sie aus 14 Varianten (DZ von 22 bis 75 m²) wählen, sie haben Klimaanlage, Teppiche aus Südtiroler Schafwolle und Holzböden, sind aber mitunter etwas hellhörig. Das Spa ist indoor sehr klein, es bietet schöne Ruheräume, einen 20 m langen, mit Natursteinen verkleideten Außenpool, drei Saunen sowie hervorragende Massagen. Yoga wird täglich (Mo bis Sa) zweimal angeboten, jeweils eine Einheit ist im Zimmerpreis inkludiert, Yoga-Retreats finden mehrmals im Jahr statt. Nette Restaurantterrasse mit schönen Holzmöbeln und großen Schirmen, hochwertiges Frühstücksbuffet mit regionaler und biologischer Ausrichtung, sehr gute bis ausgezeichnete Slow-Food-Küche, die sich auch bestens auf vegetarische und vegane Gerichte versteht, eine anderswo in Lilien-Hotels fast immer zu findende inkludierte Nachmittagsjause gibt es hier hingegen nicht. Überwiegend junge, ausgesprochen freundliche Mitarbeiter, präsente Gastgeber, viele langjährige Stammgäste. Check-out um 12 Uhr. Gratisgarage für alle. Ungeeignet für Kinder, Hunde erlaubt. 56 Liegen, 130 Betten.

Freibecken, Hallenbad, Außensauna, Sauna, Dampfbad, Massagen, Kosmetik, Fitnessgeräte, Personal Trainer. 9-Loch-Parcours in 3 km, 20 % Greenfee-Rabatt.

HP ab € 132,–.

WELLNESS 14

Vigilius Mountain Resort *****

Naturlage mit Fernblick am Vigiljoch bei Meran

39011 Lana (BZ), Via Pavicolo, 43, +39-0473-556600

In grandioser Naturlage: ein außergewöhnliches Haus, es liegt auf 1.500 m Seehöhe und ist nur mit einer Seilbahn erreichbar. Während man bei der Talstation von der Garage weg noch alles selbst schleppen muss, wird das Gepäck bei der Ankunft von dienstbaren Geistern übernommen, und man kann durchatmen: frische Luft, Stille, ringsum nur Nadelbäume und Wiesen, allenfalls ein paar Tagesgäste, die von hier zum Wandern aufbrechen. Das von Matteo Thun entworfene und vor 16 Jahren eröffnete Hotel ist ein zweigeschoßiger, langgezogener Holzbau, im Inneren herrschen strenge Reduktion und hohes ästhetisches Niveau mit nahezu sakralem Charme, und irgendwie fühlten wir uns immer wieder an eine Burnout-Klinik für Superreiche – oder gar an ein Zen-Kloster – erinnert. Auch die Zimmer (drei Varianten, DZ von 36 bis 72 m²) zelebrieren das gleiche Gestaltungskonzept, die Fenster sind bodentief, eine massive Lehmwand trennt das offene Bad vom Schlafbereich, das W-Lan wird von 23 Uhr abends bis 7 Uhr früh abgeschaltet. TV-Gerät gibt es keines, ab 22 Uhr werden Filme im Hauskino gezeigt. Der ganz kleine Wellnessbereich bietet zwei Saunen, einen 13 m langen Innenpool in wunderschönem Ambiente, im Freien gibt es einen größeren Außenwhirlpool, er ist von Lärchen umringt – Naturfeeling pur! Gute Massagen, täglich Aktivprogramm, auch Tai Chi, Qi Gong, Fünf Tibeter, Waldbaden und Yoga (zu bestimmten Terminen werden auch Yoga-Retreats angeboten). Die Terrasse gehört externen Gästen, ein Standardfrühstück (mit Bioeiern) wird indoor inszeniert. Die Preise verstehen sich als NF, ein viergängiges Menü kann gegen einen Aufpreis von 48 Euro dazugebucht werden. Man speist dann entweder in einer urigen Bauernstube oder in einem von Holz und Glas bestimmten Ambiente – mit herrlichem Ausblick. Bei Küche und Service gibt es noch deutlich Luft nach oben, eine Teebar von 11 bis 22 Uhr sowie ein täglicher Aperitif mit Snack sind inkludiert. Mitarbeiter aus der ganzen Welt, mitunter gibt es sprachunkenntnisbedingte Missverständnisse. Ruhesuchenden sei empfohlen, eventuell stattfindende Tagungen und Feierlichkeiten vor der Buchung abzuklären. Check-out bis 12 Uhr. Gratisgarage für alle. Ungeeignet für Kinder, Hunde erlaubt. 38 Liegen, 82 Betten.

Hallenbad, Sauna, Dampfbad, Massagen, Kosmetik, Personal Trainer.

HP ab € 188,–.

WELLNESS 16

Alpiana Resort ****S

Grünruhelage mit Fernblick in Völlan bei Meran

39011 Völlan (BZ), Via Prevosto Wieser, 30, +39-0473-568033

Familienfreundlich. Inmitten eines Gartens mit lauschigen Ruheplätzen: Kein Resort, sondern ein Hotel, zudem ein sympathischer Familienbetrieb in angenehmer Größe, er liegt sehr schön auf einem Hochplateau auf etwa 700 m Seehöhe. Gleich beim Ankommen erfreut die mediterrane Anmutung – Palmen, Pergolas und Lavendelbüsche inklusive. Inwendig herrscht charaktervolle Italianitá moderner Prägung. Zimmer kann man aus 13 Kategorien (DZ von etwa 30 bis 100 m^2) wählen, sie sind allesamt zeitgemäß, geradlinig und in freundlichen Farben gestaltet, alle haben Holzböden und Balkon oder Loggia, die meisten sind nach Süden ausgerichtet. Die Suiten sind wahre Wohnträume, sie bieten unter anderem große Panoramafenster, private Sauna und nächtliche Outdoor-Erlebnisse, ein zusätzliches Bett nämlich – in einem offenen Pavillon mit Glasdach auf der Terrasse. Das Spa steht allen Mitgliedern der Marketing-Vereinigung Dolce Vita offen, es ist auf vier Zonen verteilt und bietet insgesamt sechs Saunen sowie fast 600 m^2 Wasserfläche, die größten Außenpools sind 22 und 20 m lang. Ein Highlight ist die Adults-only-Saunazone auf dem Dach, hier gibt es zahlreiche geführte Aufgüsse, und hier entspannt man mit herrlichem Ausblick, bodentiefe Glasfronten machen es möglich. Umfangreiches Aktivprogramm, darunter auch Waldbaden, Yoga und Pilates. Fabelhafte Restaurantterrasse mit Blick in die Weingärten, reichhaltiges Frühstücksbuffet, sehr gute Küche, sie versteht sich auch auf vegetarische und vegane Varianten.

Die Tischkultur ist casual, Light Lunch und Nachmittagsjause sind im Preis inbegriffen. Präsente und hilfsbereite Gastgeber, viele freundliche und professionell agierende Mitarbeiter. Vespas gibt es zur Gratisleihe, Gratisgarage für (fast) alle. Täglich fünf Stunden Betreuung für Kinder ab drei Jahren zu Hauptferienzeiten. 67 Liegen, 140 Betten.

Freibecken, Solefreibecken, Freibecken (Sommer), Kinderfreibecken (Sommer), Hallenbad, Außensauna, Sauna, Dampfbad, Massagen, Kosmetik, Ayurveda, Fitnessgeräte, Personal Trainer. 9-Loch-Parcours in 9 km, 20 % Greenfee-Rabatt. Tennisplatz.

HP ab € 177,–.

WELLNESS 15

Der Waldhof2 ****S

Grünruhelage am Ortsrand in Völlan bei Meran

39011 Völlan (BZ), Via Mayenburg, 32
+39-0473-568081

Mit traumhaftem Infinity-Pool: Ein ebenso sympathischer wie umweltbewusster Familienbetrieb – gleich drei Familienmitglieder packen hier tüchtig mit an –, auf rund 750 m Seehöhe liegt er auf einem Hang am Waldrand, ringsum Weingärten, Kastanienhaine und Obstwiesen. Das Hotel besteht aus dem traditionellen Stammhaus und einem nahezu gleich großen Neubau mit begrüntem Dach, all das inmitten eines knapp drei Hektar großen Parks. Das Ambiente zeigt sich etwas uneinheitlich, Altes und Neues existieren nebeneinander, alles ist jedoch bestens gepflegt und sauber. Zimmer kann man aus acht stark unterschiedlichen Varianten (DZ von 23 bis 70 m^2) wählen, fast alle haben Balkon, die Interieurs reichen von Landhausklassik mit Teppichboden bis hin zu feiner neoalpiner Modernität. Das Spa bietet das Highlight eines 22 m langen, ganzjährig nutzbaren Infinity-Pools, der beinahe in der Luft zu schweben scheint, der Ausblick geht genau auf die nahe Mayenburg. Ebensolche Hingucker-Qualitäten zeigt die Waldsauna mit ihren von Bäumen umringten FKK-Terrassen und spektakulären Ruheräumen. Insgesamt stehen sechs Saunen zur Auswahl, im Garten gibt es einen weiteren, 14 m langen Außenpool mit Babybecken und Liegewiese. Großer Functional-Fitness-Raum, täglich umfangreiches Aktivprogramm, auch Yoga, Fünf Tibeter, Meditation und Pilates. Fabelhafte Restaurantterrasse, reichhaltiges Frühstücksbuffet – der Honig stammt übrigens von den eigenen Bienen. Sehr gute Küche, Light Lunch und Nachmittagsjause sind im Preis inkludiert. Viele freundliche Mitarbeiter, präsente Gastgeber. Und wer nach dem Abendessen einen kleinen Spaziergang auf dem be-

leuchteten Weg durch den Wald unternimmt, wird mit einem schönen Ausblick auf Meran belohnt. Hunde erlaubt. 53 Liegen, 96 Betten.

Freibecken, Freibecken (Sommer), Babyfreibecken (Sommer), Hallenbad, Außensauna, Sauna, Dampfbad, Massagen, Kosmetik, Fitnessgeräte, Personal Trainer. 9-Loch-Parcours in 9 km. Tennisplatz.

HP ab € 142,–.

WELLNESS 16

Ansitz Plantitscherhof *****

Grünruhelage am Ortsrand in Meran

39012 Meran (BZ), Via Dante Alighieri, 56

+39-0473-230577

Zimmer mit eigenem Pool: Ein familiengeführtes Haus in den Gärten von Meran, es liegt auf etwa 350 m Seehöhe in einem ruhigen Villenviertel und fokussiert auf Gourmet, Wein und Oldtimer. Ein dreiseitiger Gebäudeverbund umringt den Garten und vermittelt das Gefühl einer von der Außenwelt abgeschotteten Geborgenheit, die durch lauschige Plätze mit schönen Möbeln, Spiegeln an den Bäumen und Tischchen mit Lesestoff neben duftenden Lavendelbüschen, Rosen und Obstbäumen nochmals betont wird. Und unter dem Nussbaum, auf der gepflasterten Restaurantterrasse mit ihrem murmelnden Steinbrunnen, fühlt sich's fast an wie auf einem alten Südtiroler Landgut. Zimmer (DZ von 30 bis 70 m^2) kann man aus 12 stark unterschiedlichen Varianten wählen, neben klassisch arrangierten sind auch sehr elegante zu haben, vor allem im neuen Trakt („Haus zu Plantiz"). Richtig begeistert waren wir von der Penthouse-Suite, die mit einer große Terrasse, mit Sauna und einem knapp 7 m langen Infinity-Pool aufwarten kann. Das Spa steht ausschließlich Hausgästen offen, es bietet unter anderem vier Saunen (eine davon textil), einen Innenpool mit Salzwasser, einen Außenwirlpool auf der Dachterrasse sowie ein 15 m langes Freibecken. Das Restaurantdach lässt sich bei entsprechendem Wetter öffnen, das Frühstück ist ausgesprochen reichhaltig, die Küche sehr gut. Fabelhafter Weinkeller, kompetente Weinberatung, stimmungsvolle Bar mit riesiger Auswahl an Malts, Rums und Gins, edle Zigarrenlounge, in der man Puros aus der Karibik und aus Mittelamerika feilbietet. Präsente und fürsorgliche Gastgeber, die selbst im Haus wohnen, freundliche Mitarbeiter, niveauvolles Publikum. Garage für alle, eigene Oldtimer-Garage, Oldtimer-Verleih, darunter auch ein Mercedes Benz 230 SL Pagode Baujahr 1967. Eher ungeeignet für Kinder, Hunde erlaubt. 32 Liegen, 100 Betten.

Freibecken, Solehallenbad, Sauna, Dampfbad, Massagen, Kosmetik, Ayurveda, Fitnessgeräte, Personal Trainer. 9-Loch-Parcours in 10 km, bis zu 20 % Greenfee-Rabatt.

HP ab € 205,–.

WELLNESS ✤✤✤ 17

Castel Fragsburg *****

Naturlage mit Fernblick oberhalb von Meran

39012 Meran (BZ), Via Fragsburg, 3

+39-0473-244071

Hundefreundlich. Bergoase, Kraftplatz, Hideaway: Ein familiengeführtes Kleinhotel in einem historischen Jagdschloss, es liegt auf 725 m Seehöhe, auf einem Felsvorsprung hoch über Meran. Ankommen bedeutet hier Wohlfühlen von der ersten Sekunde an. Hinter efeubewachsenen Fassaden zeigt sich ein heimeliges und stets einnehmend stilvoll gestaltetes Ambiente sowie Zimmer in fünf Kategorien (DZ von 25 bis 85 m^2), jedes ist ein Unikat – Marmorbäder, feine Eichenböden, Klimaanlage und ein belebender Ausblick inklusive. Prinzessinnen fühlen sich in diesem romantischen Umfeld wie zu Hause, das ist wohl auch ein Grund, warum das Castel Fragsburg seit langem als beliebte Location für Hochzeiten gilt. Aber kein Grund zur Sorge, wird doch dann das Nur-24-Zimmer-Refugium als Ganzes vermietet. Das Spa steht ausschließlich Hausgästen offen, es ist indoor nicht allzu weitläufig und offeriert vier Saunen. Im Freien warten ein 13 m langer Pool, Whirlpool und Liegewiese, all das in einem bezaubernden Garten mit mediterraner Anmutung. Die Massagen sind sehr gut, bei entsprechender Witterung kann man sie auch im Freien genießen, Yoga als Inklusivleistung gibt es neuerdings nur mehr zweimal pro Woche. Zu den Spezialitäten des Hauses zählen eine selbstgemachte Naturpflegeserie sowie magische Rituale in einem geheimnisvollen Baumhaus, darunter Räucher- und Klangzeremonien, Meditationen und spiritueller Tanz. Fabelhafte Restaurantterrasse, grandioses Frühstücksbuffet mit einer wunderbaren Auswahl an Obst, ausgezeichnete Küche bei hochfeiner Tischkultur, kompetente Weinberatung. Freundliche und zuvorkommende Mitarbeiter, präsenter Gastgeber. E-Bikes gibt es zur Gratisleihe, eine geputzte Windschutzscheibe als Abschiedsgeschenk für alle. Garage gegen 30 Euro pro Tag. Eher ungeeignet für Kinder. 8 Liegen, 48 Betten.

Freibecken, Sauna, Dampfbad, Massagen, Kosmetik, Ayurveda. 18-Loch-Parcours in 23 km, 20 % Greenfee-Rabatt.

HP ab € 285,–.

Ansitz Plantitscherhof

WELLNESS 15

Mignon Parkhotel *****

Ruhige Zentrumslage in Meran

39012 Meran (BZ), Via Karl von Grabmayr, 5, +39-0473-230353

Charaktervolles Gartenhotel fast mitten in der Stadt: Ein kleiner Familienbetrieb mit fünf Sternen, er liegt auf etwa 350 m Seehöhe in einem Viertel mit charmanten Villen aus der Gründerzeit. Hinter den Toren eröffnet sich eine ein Hektar große und erstaunlich ruhige Gartenidylle mit Palmen, uralten Bäumen, Steinbrunnen und lauschigen Ruheplätzen inmitten eines wogenden Blumenmeeres. Die öffentlichen Räume zeigen sich in zeitlos eleganter Gediegenheit mit kontemporären Akzenten, alles ist blitzsauber. Zimmer (15 Varianten, DZ von 23 bis 74 m²) gibt es in drei Logiergebäuden, sie sind zumeist in hellen Pastelltönen gehalten, alle haben Holzböden und Balkon oder Terrasse, Turndown-Service und Klimaanlage sind Standard, die Spa-Suite offeriert zwei private Saunen sowie einen Whirlpool auf der Dachterrasse. Der Wellnessbereich bietet unter anderem vier Saunen (eine davon, die kleine Außenbiosauna ist textil), ein knapp 15 m langes Freibecken, einen großen Solewhirlpool und zahlreiche Outdoor-Liegen. Ausgezeichnete Massagen, kleines Aktivprogramm. Schöne Frühstücksterrasse, ein Langschläferfrühstück wird nach 11 Uhr zu jeder Tageszeit individuell zusammengestellt und serviert – herrlich! Gute Küche bei feiner Tischkultur, ein Light Lunch ist inkludiert. Höfliche und zuvorkommende Mitarbeiter, die Seniorchefin ist die Seele des Hauses, rührig betreut sie die vielen langjährigen Stammgäste. Für Hochzeiten stehen Kapelle sowie umfangreiche Serviceleistungen im Angebot. Ruhesuchenden sei empfohlen, eventuell stattfindende Tagungen und Feierlichkeiten vor der Buchung abzuklären. Das Kultauto Fiat 500 gibt's zur Gratisleihe. Valet Parking, Gratisgarage für alle. Ungeeignet für Kinder, Hunde erlaubt (für sie gibt es ein eigenes großes Gartenareal). 31 Liegen, 100 Betten.

Freibecken, Hallenbad, Außensauna, Sauna, Dampfbad, Massagen, Kosmetik, Ayurveda, Fitnessgeräte. 18-Loch-Parcours in 17 km, 25 % Greenfee-Rabatt.

HP ab € 189,–.

WELLNESS 17

Andreus *****

Grünruhelage am Golfplatz bei St. Martin – Passeiertal

39015 St. Leonhard in Passeier (BZ), Via Kellerlahne, 3a
+39-0473-491330

Kinderfreundlich. Die Andreus-Resorts, es gibt insgesamt drei davon, allesamt im Passeiertal, sind so etwas wie eine eigene Welt in der Südtiroler Fünfsternhotellerie. Dieses Haus ist auf Familien, Reiter, Tennisspieler und Golfer spezialisiert, eine hochgerüstete Wellness-Hardware ist ihr besonderes Kennzeichen. Das auf knapp 700 m Seehöhe direkt am Golfplatz gelegene Haus empfängt mit einer modernen Alpenlandfassade, dahinter zeigt sich ein Ambiente, das durchaus einen roten Faden erkennen lässt, den von etwas beliebiger Dekoration nämlich. Neoalpin arrangierte und sehr saubere Zimmer kann man aus 13 Varianten (DZ von 38 bis 175 m²) wählen, luxuriöse Suiten mit Sauna, Whirlpool und privatem Infinity-Pool schlagen mit bis zu 2.200 Euro pro Nacht zu Buche. Das Spa ist indoor – wie in Südtirol durchaus üblich – zwar kein Riese, aber sozusagen ein Muskelprotz, weil außerordentlich gut ausgestattet. Es bietet unter anderem fünf Außenpools – der längste misst 33 m –, acht Saunen (eine davon textil), einen feinen Adults-only-Bereich auf der Dachterrasse. Weiters einen „Energy-Tower", der mit Yoga-, Cardio- und Kraftraum die zahlreich vorhandenen Outdoor-Sporteinrichtungen prächtig ergänzt. Großartiges Fitnessprogramm, das Angebot an Treatments ist beinahe unerschöpflich. Schöne Restaurantterrasse für das Frühstück, die Tischkultur ist mitunter very casual, die Küche versteht sich mit großen Gesten auf optische Präsentation, eine Nachmittagsjause ist im Preis inkludiert. Freundliche Mitarbeiter, viele kommen aus der Region, und das hat auch in Südtirol bereits Seltenheitswert. Raucherlounge, stimmungsvolle Bar. Viele langjährige Stammgäste, nicht wenige tragen gerne „Camp David" und fahren aufgemotzte Sportwagen. Das Spa kann am Abreisetag ohne Aufpreis ganztägig genutzt werden. Valet Parking, Gratisgarage für alle. Täglich bis zu 12 Stunden Betreuung für Kinder ab drei Jahren (mit saisonalen Einschränkungen). Hunde erlaubt. 113 Liegen, 250 Betten.

Naturbadeteich, Solefreibecken, Freibecken, Hallenbad, Kinderbecken, Außensauna, Sauna, Dampfbad, Massagen, Kosmetik, Ayurveda, Fitnessstudio, Personal Trainer. 18-Loch-Parcours. Tennisplätze.

HP ab € 168,–.

WELLNESS 18

Andreus Golf Lodge *****

Grünlage am Golfplatz bei St. Martin – Passeiertal

39015 St. Leonhard in Passeier (BZ), Prantago, 3
+39-0473-491330

Hundefreundlich, Adults only (ab 11). Für Golfer, Herrenfahrer und Jetsetter: Ein familiengeführtes, kleines Fünfsternhotel, es wurde vor vier Jahren

eröffnet und liegt auf etwa 690 m Seehöhe direkt am Golfplatz, lediglich ein Starkstrommast neben dem Haus und die Nähe zur Passeiertalstraße trüben die Naturidylle. Das Ambiente zeigt sich außerordentlich stilvoll gestaltet, Naturmaterialien und ein ausgeklügeltes Beleuchtungskonzept sorgen für Behaglichkeit und exklusive Anmutung. Die Außenanlage – mit Steinsäulen, Palmen, Springbrunnen und Liegesesseln direkt am Wasser – wird abends mit zahlreichen Feuerstellen romantisch in Szene gesetzt. Auch die Zimmer (fünf Kategorien, 45 bis 125 m²) sind wunderschön und hochwertig ausgestattet, sie haben gute und übergroße Betten auf einem steinernen Fundament, manche eine freistehende Badewanne, die Böden sind ein feines Duett aus Holz und Stein. Das „Infinity-Chalet" ist zwar kein Chalet, sondern eine Suite, aber sie betört mit einem 11 m (unsere Messung, laut Werbung 15 m) langen Infinity-Pool, mit Whirlpool, Außensauna und einem privaten Fitnessbereich, all das will freilich mit rund 2.000 Euro pro Nacht aufgewogen werden. Das Spa bietet fünf Saunen, ein 25 m langes, ganzjährig nutzbares Freibecken neben einem kleinen Naturbadeteich mit Liegeinseln direkt am Wasser. Kleines Aktivprogramm, auch Yoga und Meditation, für mehr Aktivitäten geht es mit einem Shuttle ins quirlige Schwesterhotel. Fabelhafte Restaurantterrasse mit Abendsonne direkt am Wasser, reichhaltiges Frühstücksbuffet, die Küche ist gut, die Tischkultur rather casual, eine Nachmittagsjause inkludiert. Viele freundliche Mitarbeiter, so manchem stünde aber ein Fünfstern-Update – eventuell auch nur eine schlichte Ausbildung – nicht schlecht. Hubschrauberlandeplatz, Gratisgarage für alle. 51 Liegen, 70 Betten.

Naturbadeteich, Freibecken, Solefreibecken, Außensauna, Sauna, Dampfbad, Massagen, Kosmetik, Ayurveda, Fitnessgeräte, Personal Trainer. 18-Loch-Parcours.

HP ab € 193,–.

WELLNESS 15

Bad Fallenbach *****S

Grünlage am Ortsrand in St. Leonhard – Passeiertal

39015 St. Leonhard in Passeier (BZ), Via Passo Giovo, 23
+39-0473-657700

Trendiges Haus mit feinem Wald-Spa: Ein von drei Schwestern geführtes Hotel, es liegt auf 700 m Seehöhe unterhalb einer engen Kurve direkt an der Straße zum Jaufenpass, die man allerdings kaum wahrnimmt. Die Anlage besteht aus einem neu errichteten Haupthaus und einem Altbau, der über Apartments für Selbstversorger (mit Küchenzeile) verfügt. Hinter dunklen Fassaden zeigt sich stilvolle

Modernität, Samtmaterialien sind omnipräsent. Zimmer sind aus 11 Kategorien (DZ von 40 bis 68 m^2) wählbar, die meisten der als Suiten bezeichneten sind aber gar keine Suiten, sondern einfach nur größere Zimmer. Sie zeigen sich mehrheitlich schlicht und cool gestaltet, eine Kategorie bietet direkten Zugang zur Liegewiese. Das Spa ist auf drei Ebenen aufgeteilt, es bietet unter anderem vier Saunen (eine davon textil), eine 26 m lange Kombination aus Außen- und Innenpool, eine wohlriechende Saunazone mit Ruhekojen aus Zirbenholz sowie eine Waldsauna. Diese ist über eine kleine Brücke zu erreichen und nichts weniger als ein beeindruckendes Stück Architektur mitten in der Natur, und gleich dahinter rauscht der Fallenbach gurgelnd in die Tiefe. Ein Naturbecken direkt unter dem Wasserfall lädt zum Abkühlen und Kneippen ein – das ist Wellness pur, einfach fabelhaft! Gute Massagen, neuerdings wird auch Ayurveda angeboten, kleines (teilweise aufpreispflichtiges) Aktivprogramm, unter anderem mit geführten Wanderungen, Pilates oder E-Bike-Touren. Ansprechend gestaltetes Restaurant, reichhaltiges Frühstücksbuffet, sehr gute Küche, ein nachmittägliches Jausenbuffet mit Kuchen und Obst ist inkludiert. Freundliche und bemühte, zumeist junge Mitarbeiter, präsente Gastgeberinnen. Ringsum: Wanderwege ohne Zahl, Schneeschuhe gibt es zur Gratisleihe. Gratisgarage für alle. Für Kinder (trotz Kletterwand und Spielzimmer) eher ungeeignet, Hunde erlaubt. 42 Liegen, 130 Betten.

Freibecken, Hallenbad, Außensauna, Sauna, Massagen, Kosmetik, Ayurveda, Fitnessgeräte. 18-Loch-Parcours in 6 km, 20 % Greenfee-Rabatt.

HP ab € 163,–.

WELLNESS 14

Stroblhof Active Family Spa Resort ****

Ortslage in St. Leonhard – Passeiertal

39015 St. Leonhard in Passeier (BZ), Via Passiria, 28-29

+39-0473-010500

Kinderfreundlich. Ein familiengeführter Traditionsbetrieb im XL-Format, er liegt auf rund 690 m Seehöhe mitten im Ort sowie direkt an der Passeierstraße. Die dichtbebaute Anlage besteht aus dem Stammhaus mit mehreren Zubauten und zwei ein paar Schritte entfernt gelegenen Zweistern-Dependancen, deren Gäste Zugang zu Spa und Restaurant haben. Im Inneren zeigt sich neoalpine Modernität gemütlicher Prägung, was auch für die meisten Zimmer (12 Varianten, DZ inkl. Balkon oder Terrasse von 23 bis 90 m^2) gilt. Neben recht einfachen findet man etwa auch solche mit großer Terrasse, mit privater Sauna und Whirlpool, wer bei offenem Fenster schlafen möchte, sollte sich jedoch vor einem straßenseitig gelegenen hüten, denn der Verkehr hinauf zum Jaufenpass übernimmt schon frühzeitig die Weckfunktion. Das Spa bietet je einen Bereich für Ruhesuchende und Familien, jeder verfügt sowohl über einen Außen- als auch über einen Innenpool, der für Erwachsene im Freien ist 25 m lang, jener für Familien bietet auch eine ebenso lange Wasserrutsche. Sieben Saunen (eine davon textil) gibt es insgesamt, erst vor wenigen Monaten wurde der Adults-only-Bereich im Dachgeschoß erweitert, neben einem 21 m langen Infinity-Sky-Pool gibt es nun unter anderem eine riesige Eventsauna, weiters FKK-Liegeterrasse mit Tauchbecken sowie, im fünften Stock, eine weitere Liegeterrasse mit schönem Ausblick. Kleines Aktivprogramm (Mo bis Sa), auch Yoga, geführte Wanderungen und Biketouren. Kleine Restaurantterrasse für alle Mahlzeiten, reichhaltiges Frühstücksbuffet, gute Küche, eine Nachmittagsjause inklusive Säften, Tee und Kaffee ist inkludiert. Viele freundliche Mitarbeiter, präsente Gastgeber. Großzügig angelegte Indoor- und Outdoor-Spielareale, fünf Tennisplätze, Reitstall. Gratisgarage für alle. Täglich 12,5 Stunden Betreuung für Kinder ab vier Jahren. Hunde erlaubt. 80 Liegen, 370 Betten.

Freibecken, Freibecken (Sommer) mit Rutsche, Hallenbad, Babybecken, Sauna, Dampfbad, Massagen, Kosmetik, Ayurveda, Fitnessgeräte, Personal Trainer. 18-Loch-Parcours in 6 km, 20 % Greenfee-Rabatt. Tennisplätze.

HP ab € 150,–.

WELLNESS 14

Wiesenhof Garden Resort *****

Grünlage an der SS44 in St. Leonhard – Passeiertal

39015 St. Leonhard in Passeier (BZ), Via Passiria, 44

+39-0473-656155

Hundefreundlich. Ein ebenso solider wie sympathischer Familienbetrieb mittlerer Größe, er liegt auf rund 680 m Seehöhe direkt an der Passeierstraße, die ab hier zum Jaufenpass hinaufführt. Das Haus besteht aus einem U-förmig angelegten Gebäudeverbund mit vier bis fünf Geschoßen, vor allem aus den höher gelegenen Stockwerken genießt man einen schönen Ausblick in die Landschaft. Das Ambiente der öffentlichen Räume zelebriert gemütliche Alpenländlichkeit mit zahlreichen modernen Akzenten, alles ist sehr sauber und gepflegt. Zimmer kann man aus 12 Kategorien (DZ von 23 bis 70 m^2) wählen, sie zeigen sich allesamt mit kontemporären neoalpinen Interieurs, Holzböden und Wandvertäfelungen aus Fichte herrschen vor, manche haben auch Klimaanlage. Das Spa offeriert unter anderem ein sehr gemütliches Adults-only-Saunadörfchen, das mit einigen Überraschungen aufwarten kann: ein kleiner Naturbadeteich, mehrere schöne Ruheräume und vier Saunen. Weiters geboten werden ein Familienbereich mit drei Textilsaunen, ein 8 m langer Innenpool, ein 14 m langer Außenpool sowie zwei Panoramaaußenwhirlpools auf dem Dach – die Liegewiese steht auch den Hunden der Gäste offen. Kleines Aktivprogramm, auch Yoga, Meditation und geführte Wanderungen. Gute bis sehr gute Küche bei netter Tischkultur, eine Nachmittagsjause (reichlich) ist inkludiert, Hunde dürfen auch ins Restaurant. Präsente Gastgeber, viele freundliche und zuvorkommende Mitarbeiter. Gemütliche Bar, Hotelshop, unter anderem erhältlich sind hausgemachte Salben und ein hervorragender Apfelsaft in Bioqualität. Gratisgarage für alle. Für Hunde zahlt man 30 Euro pro Aufenthalt, zu bestimmten Terminen werden auch Spezialwochen mit Hundetrainern angeboten. Eher ungeeignet für Kinder. 82 Liegen, 160 Betten.

Naturbadeteich, Freibecken (Sommer), Kinderfreibecken (Sommer), Hallenbad, Außensauna, Sauna, Dampfbad, Massagen, Kosmetik, Fitnessgeräte. 18-Loch-Parcours in 6 km, 25 % Greenfee-Rabatt.

HP ab € 128,–.

WELLNESS 15

Hohenwart ****S

Grünlage am Ortsrand in Schenna bei Meran

39017 Schenna (BZ), Via Verdines, 5, +39-0473-944400

Familienfreundlich. Schlechthin das Traditionshotel in Dorf Tirol, es wurde 1957 mit 18 Betten, einer Toilette und einer Etagendusche eröffnet. Stetig gewachsen, besteht es heute aus drei Logiergebäuden, von denen eines an der Hauptstraße liegt, die anderen befinden sich dahinter und sind mit gutem Gewissen als ruhig gelegen zu bezeichnen. Ein paar gute Schritte entfernt befindet sich zudem eine Dependance mit Ferienwohnungen, deren Gäste auch Zugang zu Spa und Restaurant haben. Die öffentlichen Räume präsentieren sich in klassisch-eleganter Gediegenheit mit hohem Gemütlichkeitsfaktor. Zimmer kann man aus 18 Varianten (DZ inkl. Balkon von 35 bis 100 m²) wählen, sie zeigen sich mehrheitlich ländlich-modern, haben Teppich- oder Holzböden, die meisten übrigens Südbalkon mit Ausblick. Ein besonderes Angebot ist das Schlafen unter freiem Himmel, abenteuerlich in einem alleinstehenden Bett am Waldrand nahe dem hoteleigenen Berggasthof – Waschtrog und Nachttopf inklusive! Das Spa ist auf vier Bereiche aufgeteilt, die schwimmbaren Pools – ein 16 m langes Innenbecken und ein 25 m langes Außenbecken – befinden sich im Familienbereich, hier gibt es auch drei Textilsaunen. Ein fabelhaftes Adults-only-Spa mit sechs Saunen, Liegewiese und großem Solewhirlpool aus Glas befindet sich auf dem Dach eines eigenen Gebäudes („Vista-Spa"). Es ist das höchste des Ensembles, weshalb man von hier aus ein großartiges Rundumpanorama genießen kann. Das exklusive Erlebnis will freilich erklommen werden: auf Treppen über zwei Stockwerke! Gute Massagen, umfangreiches Aktivprogramm, darunter auch Yoga auf einer Open-Air-Plattform, zu bestimmten Terminen werden Yoga-Retreats angeboten. Schöne Restaurantterrasse für alle Mahlzeiten, reichhaltiges Frühstücksbuffet, gute bis sehr gute Küche, teilweise mit Produkten aus der eigenen Landwirtschaft, eine Nachmittagsjause ist inkludiert. Viele freundliche Mitarbeiter. Gratisgarage für alle. Im Sommer täglich (außer Sa) sechs Stunden Betreuung für Kinder ab drei Jahren. Hunde erlaubt. 77 Liegen, 220 Betten.

Solefreibecken, Freibecken, Hallenbad, Babybecken, Außensauna, Sauna, Dampfbad, Massagen, Kosmetik, Fitnessgeräte. 18-Loch-Parcours in 21 km, 20 % Greenfee-Rabatt.

HP ab € 170,–.

WELLNESS 15

Panorama Schenna ****S

Grünruhelage am Ortsrand in Schenna bei Meran

39017 Schenna (BZ), Via Verdines, 49, +39-0473-949485

Familienfreundlich. Ein sympathischer, sehr persönlich geführter Familienbetrieb von angenehmer Größe, besonderes Kennzeichen ist der namensgebende herrliche Ausblick, der hier aus vielen Räumen zu genießen ist. Das Hotel liegt auf 710 m Seehöhe etwa drei Kilometer oberhalb von Schenna. Ringsum Weingärten und Apfelhaine, nur eine wenig befahrene Straße führt direkt am Haus vorbei, allerdings liegen alle Gästezimmer auf der Schokoladenseite, also auf der straßenabgewandten, auf jener mit dem namensgebenden Bilderbuchausblick. Inwendig empfangen zeitgemäße Gemütlichkeit ländlicher Prägung und bodentiefe Glasfronten, wohin das Auge auch blickt. Zimmer stehen in 14 Varianten (DZ von 32 bis 70 m²) zur Auswahl, alle haben Balkon, die Interieurs reichen von Landhausklassik bis hin zu neoalpiner Modernität – feine Holzböden inklusive. Das Spa steht ausschließlich Hotelgästen offen, es bietet unter anderem vier Saunen, ein 20 m langes Freibecken und einen 18 m langen Innenpool – all das ebenfalls mit dem für das Haus so typischen Panorama. Fabelhafte Terrasse

für alle Mahlzeiten, reichhaltiges Frühstücksbuffet, der Juniorchef kocht selbst, die Küche ist sehr gut, ein nachmittägliches Kuchenbuffet inkludiert. Der Hausherr ist Falkner und zeigt in der hauseigenen Greifvogelstation seine Kunst, die musikalischen Aktivitäten der Gastgeberfamilie sind seit über 15 Jahren weit über die Landesgrenzen hinaus als „Trio Panorama" bekannt, jeden Donnerstagabend spielt es für die Gäste auf. Stimmungsvolle Bar, viele langjährige Stammgäste, freundliche und hilfsbereite Mitarbeiter. Check-out bereits um 10.30 Uhr, Gratisgarage für alle. Für Kinder gibt es Bauernhof, großes Wildgehege, Streichelzoo und Spielplatz. Hunde (bis Pudelgröße) erlaubt. 63 Liegen, 120 Betten.

Freibecken, Hallenbad, Außensauna, Sauna, Dampfbad, Massagen, Kosmetik, Fitnessgeräte. 18-Loch-Parcours in 23 km.

HP ab € 140,–.

WELLNESS 14

Sonnenparadies ****

Grünlage mit Fernblick in Schenna bei Meran

39017 Schenna (BZ), Via Verdines, 41

+39-0473-945676

Ein engagiert geführter Familienbetrieb – gleich sechs Familienmitglieder packen hier mit an –, er liegt auf 630 m Seehöhe etwas oberhalb der Hauptstraße, über diese hinweg genießt man einen wunderbaren Fernblick. Das Ambiente ist sozusagen zweigeteilt, zum einen gibt es sehr gefällig modernisierte Bereiche, zum anderen noch so manche, die etwas aus der Zeit gefallen anmuten. Zimmer wählt man aus 17 sehr unterschiedlichen Kategorien (DZ von 18 bis 55 m²), fast alle haben Balkon, manche eine private Sauna, neben zeitgemäßen mit schicken Altholzvertäfelungen und bodentiefen Glasfronten gibt es aber auch noch einige mit hellem Fichtenvollholz und Teppichböden, sozusagen im soliden Landhausstil der 1990er Jahre. Wunderbare Wohlfühlatmosphäre und feine Rückzugsmöglichkeiten bietet der Wellnessbereich, er ist schlechthin ein Highlight des Hauses, hier fühlt man sich drinnen und draußen richtig wohl. Indoor mit viel Altholz arrangiert, mit schönen Loungemöbeln und gemütlichen Liegen. Wunderbar sind Sauna und Ruheraum aus Zirbenholz, sehr schön der 9 m lange Innenpool, der über eine Schwimmschleuse mit dem 15 m langem Freibecken im Garten verbunden ist. Ebendort: Palmen, gepflegter Rasen, ein kleiner Wasserfall, ein Außenwhirlpool – und ein erquickendes Panorama. Fabelhafte Terrasse für alle Mahlzeiten, gute Küche (so manches schmeckte allerdings unverfälscht nach Convenience), Light

Lunch und ein nachmittägliches Kuchenbuffet sind inkludiert. Die Zimmerkarte sollte man stets bei sich tragen: Zum einen ist sie Zahlungsmittel für alle Konsumationen, zum anderen öffnet sie die gut gesicherten Hotelbereiche. Freundliche Mitarbeiter, präsente Gastgeber, die stets mit Argusaugen nach dem Rechten sehen, viele langjährige Stammgäste. Check-out um 10 Uhr. Eher ungeeignet für Kinder. Hunde erlaubt. 69 Liegen, 90 Betten.

Freibecken, Hallenbad, Sauna, Dampfbad, Massagen, Kosmetik, Fitnessgeräte, Personal Trainer. 18-Loch-Parcours in 23 km, 20 % Greenfee-Rabatt.

HP ab € 123,–.

WELLNESS 15

Arua Private Spa Villas

Grünruhelage mit Fernblick bei Meran

39019 Dorf Tirol (BZ), San Pietro, 17, +39-0473-931020

Traumhafte Ästhetik, aber kein Restaurant: Ein beherbergungsmäßiges Kleinod, das ein paar Kilometer außerhalb von Dorf Tirol auf knapp 600 m Seehöhe idyllisch am Waldrand liegt, umgeben von Weingärten, Streuobstwiesen und Olivenhainen, mit großartigem Ausblick auf Meran und in das Etschtal. Das terrassenförmig in den Hang gebaute Minihotel wurde vor zwei Jahren eröffnet und ist, nimmt man's genau, eine Mogelpackung, denn Villas gibt es hier keine. Es handelt sich ausschließlich um Apartments. Es gibt nur sechs davon, aber was für welche! Sie sind 140 bis 200 m^2 groß, ausgesprochen stilsicher in minimalistischer Formensprache gestaltet, haben hochwertige Interieurs vom italienischen Ausstatter Molteni & C, feine Holzböden, gemütliche Sofas und eine vollausgestattete Designerküche von Dada. Highlights sind riesige Terrassen mit Loggia, ebendort warten Lounge-Möbel, gemütliche Sonnenliegen, Dusche, Whirlpool und private Sauna. Zusätzlich gibt es im Freien einen 12 m langen, ganzjährig nutzbaren Solepool in Infinity-Bauweise, Massagen werden an drei Tagen pro Woche angeboten. Das Frühstück kommt in hochwertiger Qualität und wird auf der eigenen Terrasse serviert. Am Abend kocht man selbst, isst auswärts oder kann sich vom Hidalgo-Restaurant, das, wie das Hotel Suites by Hidalgo, zum selben Familienbetrieb gehört, beliefern lassen, auf Wunsch kommt von dort auch ein Private Cook vorbei. Charmante und zuvorkommende Gastgeberin, tiefenentspannendes Umfeld. Fazit: Wohl ein Kandidat für drei oder vier Lilien – wenn es nur mehr Spa-Einrichtungen gäbe. Erquickende Spazierwege und Jogging-Strecken ab der Hoteltür. Check-out um 10.30 Uhr, Gratisgarage für alle, sogar zwei Fahrzeuge pro Apartment. Eher ungeeignet für Kinder. Hunde erlaubt. 4 Liegen, 28 Betten.

Solefreibecken, Massagen, Kosmetik. 18-Loch-Parcours in 21 km, 20 % Greenfee-Rabatt.

NF ab € 295,–.

WELLNESS 20

Castel Dorf Tirol *****

Grünruhelage mit Fernblick am Ortsrand bei Meran

39019 Dorf Tirol (BZ), Vicolo dei Castagni, 18
+39-0473-923693

Für Feingeister, nicht für Schnösel: Fünf Sterne ohne Wenn und Aber, und so etwas muss man leider auch in Südtirol immer häufiger mit der Lupe suchen. Es handelt sich um eines von drei unserer absoluten Lieblingshotels in der Region, um einen niveauvollen Familienbetrieb mit nur 45 Zimmern. Wie ein riesiger Balkon liegt er am Westrand des Orts auf etwa 600 m Seehöhe, der Ausblick über Meran ist praktisch von fast überall einfach herrlich. Das Haus wurde vor kurzem großzügigst modernisiert, alles verströmt freilich auch weiterhin Italianitá und Grandezza, jene italienische Spielart von innerer Größe, die Stilhoheit meint, was hier sozusagen durchaus ganzheitlich zu verstehen ist und sich auch auf den Umgang mit den Mitarbeitern bezieht, auf jenen mit den Gästen sowieso. Zimmer kann man aus 11 Kategorien (DZ von 31 bis 93 m^2) wählen, sie sind so unaufgeregt wie zeitlos schön und in warmen Tönen und Pastellfarben gestaltet, alle haben Südbalkon und Klimaanlage, manche Champagnerkühlschrank, freistehende Badewanne oder Whirlpool auf der Terrasse, bodentiefe Glasfronten ermöglichen feine Ausblicke, sogar vom Bett aus. Auch das ausschließlich Hausgästen vorbehaltene Spa betört mit seiner Panoramaidylle, sogar aus den Behandlungsräumen. Es bietet unter anderem fünf Saunen, einen 12 m langen Innenpool, einen 19 m langen Außenpool inmitten eines herrlichen mediterranen Gartens und sehr gute Massagen. Fabelhafte Terrassen, hervorragendes Frühstücksbuffet mit vielen regionalen Produkten, ausgezeichnete Küche bei hochfeiner Tischkultur – die Bewertung bezieht sich wie immer auf die Halbpension und nicht auf die kulinarischen Spitzenklöppelkünste von Gerhard Wieser (zwei Sterne vom Guide Michelin), die man im brandneuen À-la-carte-Restaurant des Castels genießen kann – die urige Trenkerstube ist nun Geschichte. Schade eigentlich. Tolle Weinkarte, kompetente Weinberatung, stimmungsvolle Bar. Höfliche, gut ausgebildete und erfrischend herzliche Mitarbeiter, präsente Gastgeberin – und stets wird man mit seinem Namen angesprochen. Niveauvolles Publikum, viele langjäh-

rige Stammgäste. Gratisgarage für alle. Ungeeignet für Kinder, Hunde erlaubt. 40 Liegen, 90 Betten.

Freibecken, Hallenbad, Sauna, Dampfbad, Massagen, Kosmetik, Fitnessgeräte, Personal Trainer. 18-Loch-Parcours in 16 km, 20 % Greenfee-Rabatt.

HP ab € 182,–.

WELLNESS 17

Erika *****

Grünruhelage am Ortsrand mit Fernblick bei Meran

39019 Dorf Tirol (BZ), Via Principale, 39, +39-0473-926111

Kinderfreundlich. Ein Paradies für Groß und Klein. Neben Weingärten liegt dieses familiengeführte Fünfsternhaus auf 590 m Seehöhe am talseitigen Ortsrand, was einen wunderschönen Ausblick auf Meran ermöglicht. Die Architektur mit ihren zahlreichen Naturakzenten wirkt zeitgemäß und einladend, alles zeigt sich gepflegt und mit Liebe dekoriert. Inwendig ist alles geheimnisvoll verwinkelt, die öffentlichen Räume verströmen gehobene Gemütlichkeit, und täglich wird die gesamte Dekoration an die „Tagesfarbe“ angepasst. Zimmer sind aus nicht weniger als 30 Varianten (DZ von 24 bis 75 m^2) wählbar, sie präsentieren sich im modern-alpinen Landhausstil, haben alle Holzböden und Klimaanlage sowie zum Teil auch private Gärtchen und Whirlpool. Das ausschließlich Hotelgästen zugängliche Spa bietet viele Einrichtungen, so unter anderem einen 20 m langen, ganzjährig nutzbaren Außenpool und ein Fitnessstudio mit Trainingsmöglichkeiten auch im Freien. Saunafans kommen voll auf ihre Rechnung, sie finden gleich drei atmosphärisch gestaltete Bereiche, insgesamt stehen 11 Saunen (zwei davon textil) zur Auswahl. Auf Kinder wartet ein Wasserpark, unter anderem mit einer 40 m langen Röhrenrutsche und einer 30 m langen Breitrutsche, hier kommt selbst so mancher Papa ins Schwärmen. Umfangreiches Aktivprogramm, darunter auch Waldbaden, Pranayama und Yoga, Letzteres auch für Kinder. Fabelhafte Restaurantterrasse, sehr gute Küche bei feiner Tischkultur, Light Lunch und Nachmittagsjause sind im Preis enthalten. Sehr freundliche und professionell agierende Mitarbeiter, viele langjährige Stammgäste, nicht selten in Begleitung einer lebhaften Kinderschar. Check-out bis 12 Uhr, Gratisgarage für alle. Täglich acht Stunden Betreuung für Kinder ab drei Jahren. Hunde erlaubt. 61 Liegen, 170 Betten.

Freibecken, Solefreibecken, Hallenbad, Kinderbecken mit Rutsche, Babybecken mit Rutsche, Außensauna, Sauna, Dampfbad, Massagen, Kosmetik, Ayurveda, Fitnessstudio, Personal Trainer.

HP ab € 185,–.

WELLNESS 15

Gartner *****

Grünlage am Ortsrand mit Fernblick bei Meran

39019 Dorf Tirol (BZ), Via Principale, 65
+39-0473-923414

Anders als die anderen: Ein kleines, sehr persönlich geführtes Designhotel, es liegt auf rund 590 m Seehöhe direkt an der Hauptstraße, was allerdings nur aus ganzen vier (sehr preisgünstigen) Zimmern zu hören ist, auf der Gartenseite hingegen nicht. Besondere Kennzeichen sind eine lebenslustige Atmosphäre sowie ein Ambiente, das sich künstlerisch und auch ein wenig schrill gestaltet präsentiert. Geschuldet ist das der Leidenschaft der Gastgeber für Popkultur, für Architektur, Mode, Literatur und Musik. Ein Umstand, der überall im Haus auch zu erleben ist, sogar in den Zimmern (14 Kategorien, 16 bis 72 m^2). Diese sind jugendlich-frisch arrangiert, haben alle Klimaanlage, mit Biowaschmitteln gewaschene Bettwäsche, und das abendliche Turndown-Service ist hier Standard, während man es heute in vielen Fünfsternhäusern (nur dort wäre es verpflichtend) bereits schmerzlich vermisst! Das Spa bietet unter anderem vier Saunen, einen knapp 8 m langen Innenpool und ein 13 m langes Außenbecken, weiters Infinity-Whirlpool, Ruheraum mit Ausblick sowie im Freien einen als Vogelnest in Szene gesetzten Whirlpool auf Stelzen. Sehr gute Massagen, kleines Aktivprogramm. Reichhaltiges Frühstücksbuffet mit vielen regionalen Produkten, gute Küche. Ausgesprochen freundliche und hilfsbereite Mitarbeiter, präsente Gastgeber, die sich liebevoll auch um Nichtstammgäste (anderswo sehr selten!) kümmern. Niveauvolles Publikum, viele internationale Zeitungen, Magazine, Bildbände und Comics liegen auf. Gratisgarage für alle. Eher ungeeignet für Kinder, Hunde erlaubt. 30 Liegen, 84 Betten.

Freibecken, Hallenbad, Sauna, Dampfbad, Massagen, Kosmetik, Fitnessgeräte, Personal Trainer. 18-Loch-Parcours in 16 km, 10 % Greenfee-Rabatt.

HP ab € 133,–.

WELLNESS 18

Patrizia *****

Grünruhelage mit Fernblick am Ortsrand bei Meran

39019 Dorf Tirol (BZ), Via Lutz, 5
+39-0473-923485

Ruheoase am oberen Ortsrand von Dorf Tirol: Ein bestens geführter Familienbetrieb von angenehmer Größe, er liegt auf 650 m Seehöhe wunderschön und hoch über Meran, ringsum Obsthaine und Weingärten. Das Ambiente präsentiert sich mit

Patrizia

feiner Ausstrahlung, überall frische Blumen, und alles ist bestens gepflegt. Kaum ein Zimmer gleicht dem anderen, sie sind aus nicht weniger als 20 Kategorien (DZ von 20 bis 85 m²) wählbar, zeigen sich in eleganter Klassik oder mit modern-mediterraner Anmutung, alle haben Balkon und gewähren einen wunderbaren Ausblick. Das Spa steht ausnahmslos Hotelgästen offen, unter anderem bietet es eine Außensauna und drei weitere Saunen, einen 10 m langen Innenpool, einen 19 m langen Außenpool in einem kleinen, von Hortensien umsäumten Garten sowie zwei Whirlpools im Freien, einer davon befindet sich auf der Dachterrasse, neben einem erquickendem Liegebereich mit Himmelbetten – traumhaftes und nahezu konkurrenzloses 360-Grad-Panorama inklusive. Kleines Aktivprogramm, gute Massagen. Prachtvolle Restaurantterrasse für alle Mahlzeiten, hier finden alle Gäste Platz, und externe Gäste gibt es keine. Liebevoll angerichtetes Frühstücksbuffet, ausgezeichnete Küche bei feiner Tischkultur, die Kuchenjause am Nachmittag ist nicht inkludiert. Sehr gute Weinkarte, Turn-down-Service, ausgesprochen freundliche und zuvorkommende Mitarbeiter, sympathischer und hilfsbereiter Gastgeber, der täglich gefühlte 24 Stunden präsent und außerdem ein großartiger Sommelier ist. Viele langjährige Stammgäste. Gratisgarage und überdachte Parkplätze für (fast) alle. Eher ungeeignet für Kinder, Hunde erlaubt.
41 Liegen, 85 Betten.

Freibecken, Hallenbad, Außensauna, Sauna, Dampfbad, Massagen, Kosmetik, Fitnessgeräte. 18-Loch-Parcours in 16 km, 20 % Greenfee-Rabatt.

HP ab € 150,–.

WELLNESS 13

Sonnbichl Dorf Tirol ****S

Grünlage am Ortsrand mit Fernblick bei Meran

39019 Dorf Tirol (BZ), Via Monte Benedetto, 15
+39-0473-923580

Ein sehr persönlich geführter Familienbetrieb in angenehmer Größe, er liegt auf 540 m Seehöhe, nur einen Steinwurf vom Sessellift, mit dem man in wenigen Minuten ins Zentrum von Meran gelangt, entfernt. So unscheinbar das äußere Erscheinungsbild des Hauses auch sein mag, so freundlich und zuvorkommend wird man empfangen und umsorgt. Das Ambiente präsentiert sich in zeitgemäßer Ländlichkeit, Zimmer stehen in 12 Kategorien (DZ von 26 bis 52 m²) zur Auswahl. Sie wurden allesamt vor kurzem renoviert, sind neoalpin oder dezent romantisierend arrangiert, haben alle Balkon, die meisten feine Holzböden. Das ausschließlich

Hausgästen offenstehende Spa ist inwendig nicht unbedingt weitläufig, unter anderem geboten werden vier Saunen, ein 10 m langer Innenpool sowie ein 20 m langer Außenpool mit Liegewiese in einem schönen Garten mit Palmen und herrlichem Ausblick. Sehr gute Massagen, kleines (teilweise aufpreispflichtiges) Aktivprogramm. Fabelhafte Terrasse für alle Mahlzeiten, reichhaltiges Frühstücksbuffet, sehr gute Küche, feine Tischkultur, ausgezeichnete Weinkarte. Herzliche, authentische Gastgeber, freundliche und zuvorkommende Mitarbeiter, viele, viele langjährige Stammgäste. Gratisgarage für (fast) alle. Eher ungeeignet für Kinder, Hunde erlaubt. 25 Liegen, 75 Betten.

Freibecken, Hallenbad, Sauna, Dampfbad, Massagen, Kosmetik, Fitnessgeräte. 18-Loch-Parcours in 16 km, 20 % Greenfee-Rabatt.

HP ab € 137,–.

WELLNESS 18

Giardino Marling *****

Grünruhelage am Ortsrand in Marling bei Meran

39020 Marling (BZ), Vicolo San Felice, 18

+39-0473-447177

Ein familiengeführtes Luxushotel in angenehm überschaubarer Größe, umgeben von Bäumen, Apfelhainen und Weingärten liegt es ruhig auf 360 m Seehöhe, ein besonderes Kennzeichen des Hauses ist der feine Ausblick auf Meran, Schenna und Dorf Tirol, er geht sogar hinaus bis ins Bozner Becken. Das Ambiente zelebriert Verschiedenartigkeit auf hohem Niveau, finden doch unterschiedliche Stile immer wieder harmonisch zusammen, edle Materialien und wunderschöner Blumenschmuck zeigen sich, wohin das Auge auch blickt. Zimmer kann man aus 16 Kategorien (DZ von 30 bis 90 m²) wählen, sie bieten unaufgeregte Eleganz und luxuriöse Ausstattung. Das nur Hotelgästen zugängliche Spa ist weitläufig, im Erdgeschoß fanden wir ein edles Hallenbad mit einem 12 m langen Steinbecken, im Freien einen 15 m langen Solepool und auf dem Dach einen 17 m langen Sky-Pool mit Terrasse und einem gehörigen Quäntchen an Ibiza-Feeling. Weiters gibt es einen ausgedehnten Saunabereich mit großen Glasfronten und vier Saunen. Kleines Aktivprogramm an fünf Tagen der Woche, auch Yoga, zu bestimmten Terminen werden Yoga-Retreats angeboten. Noch ein Wermutstropfen: Im Frühling und Herbst liegen weite Teile des Gartens ab dem frühen Nachmittag im Schatten. Fabelhafte Panoramaterrasse mit Morgensonne (abends erhält das Haus allerdings keine Sonne), wunderbares Frühstücksbuffet, ausgezeichnete Küche bei feiner

Giardino Marling

Tischkultur, faire Getränkepreise. Viele freundliche und kompetente Mitarbeiter, präsente Gastgeberin, die stets nach dem Rechten sieht und mitunter auch tüchtig mit anpackt. Niveauvolles, vornehmlich reiferes Publikum. Turn-down-Service, Leihfahrräder (auch E-Mountainbikes) gratis. Gratisgarage für alle. Trotz Kinderbetreuung (in der Hochsaison täglich bis zu 5,5 Stunden) und eines tollen Spielplatzes eher ungeeignet für Kinder. Hunde erlaubt. 47 Liegen, 110 Betten.

Freibecken, Solefreibecken (Sommer), Hallenbad, Sauna, Dampfbad, Massagen, Kosmetik, Fitnessgeräte, Personal Trainer. 18-Loch-Parcours in 22,5 km. Tennisplatz.

HP ab € 156,–.

WELLNESS 15

La Maiena Meran Resort *****

Grünlage am Ortsrand in Marling bei Meran

39020 Marling (BZ), Via Tramontana, 15

+39-0473-447000

Kinderfreundlich. Luxus mit Ausblick über Meran: Ein familiengeführter Traditionsbetrieb, er liegt auf 370 m Seehöhe umgeben von Apfelhainen – allerdings sind auch Landstraße und Bahnlinie buchstäblich zum Greifen nah.

Das stetig modernisierte und erweiterte Haus besteht aus drei unterirdisch miteinander verbundenen Gebäuden (Stammhaus, Lodge und Residence). Die öffentlichen Räume präsentieren sich uneinheitlich, mal in luxuriös-heimeliger Ländlichkeit, mal in opulenter Klassik oder in geradliniger Modernität. Zimmer stehen in 22 Kategorien (DZ von 22 bis 75 m^2) zur Auswahl, sie haben ebenso unterschiedliche Interieurs, Teppich- oder Holzböden, fast alle verfügen über Balkon, die Suiten teilweise über Whirlpool und private Sauna. Das Spa besteht aus zwei Teilen, die durch einen unterirdischen Gang miteinander verbunden sind. Neben einem ganzen FKK-Geschoß mit sechs Saunen und Nacktpool erfreuen im Freien ein knapp 24 m langes, auch im Winter nutzbares Schwimmbecken sowie ein weiterer, 18 m langer Pool plus Whirlpool. Der Liegegarten mit Olivenbäumen und gemütlichen Loungeliegen ist wunderbar gepflegt, nachmittags werden hier Smoothies gereicht. Gute Massagen, kleines Aktivprogramm, auch Yoga, Pilates und geführte Wanderungen. Restaurantterrasse für alle Mahlzeiten, sehr gute Küche, sie verwendet vorwiegend regionale und saisonale Zutaten. Die Tischkultur ist eher casual, eine inkludierte Nachmittagsjause wird nicht mehr angeboten.

Beim Service gibt es noch etwas Luft nach oben, das abendliche Turn-down-Service gibt es etwa nur auf Wunsch, wäre bei fünf Sternen allerdings verpflichtend. Präsente Gastgeber. Gratisgarage für alle. Täglich (außer So) sieben Stunden Betreuung für Kinder ab drei Jahren. Hunde erlaubt. 73 Liegen, 170 Betten.

Freibecken, Freibecken (Sommer), Hallenbad, Babybecken, Sauna, Dampfbad, Massagen, Kosmetik, Ayurveda, Fitnessgeräte, Personal Trainer. 18-Loch-Parcours in 23 km, 20 % Greenfee-Rabatt. Tennisplatz.

HP ab € 149,–.

WELLNESS 14

Anderlahn Klein Fein Hotel ****s

Grünruhelage am Ortsrand in Partschins bei Meran

39020 Partschins (BZ), Kleinkarlbacherstr. 5, +39-0473-967297

Familienfreundlich. Klein und fein: Ein beherbergungsmäßiges Kleinod, ein familiengeführtes Nur-25-Zimmer-Hotel nämlich, es liegt auf etwa 600 m Seehöhe am Rande einer Wohnsiedlung. Das Ambiente ist zeitgemäß und liebevoll gestaltet, kaum ein Zimmer gleicht dem anderen – man kann aus nicht weniger als 11 Varianten (DZ von 20 bis 55 m²) wählen. Die Interieurs reichen von Landhausklassik bis hin zu unaufdringlicher Modernität, einige haben Teppichböden, alle haben Balkon oder Terrasse. Zwei Gartensuiten befinden sich übrigens gleich neben dem Adults-only-Spa – direkter Zugang inklusive. Ebendort geboten werden Außenpool, Liegewiese, Finnsauna (leider ohne Nacktzone zum Abkühlen im Freien) und feine Ruhezonen. Für Familien gibt es einen eigenen Bereich mit Innen- und Außenbecken, drei kleinen Saunen und eigener Liegewiese. Die Außenpools sind 11 m lang, der Innenpool etwas kleiner, Kosmetik wird neuerdings nicht mehr angeboten. Schöne Terrasse für das Frühstück, will man hier auch abendessen, so muss man einen kleinen Aufpreis entrichten. Zumeist sehr gute Küche, spannende Weinkarte mit glasweisen Raritäten, eine Nachmittagsjause ist im Preis inbegriffen. Präsente Gastgeber, familiäres Umfeld, viele freundliche Mitarbeiter. Das Spa kann an An- und Abreisetag ganztägig ohne Aufpreis genutzt werden. Ringsum herrliche Wanderwege ohne Zahl, der Hausherr hat dazu stets die besten Tipps parat. Gratisgarage für alle. Hunde erlaubt. 25 Liegen, 75 Betten.

Freibecken, Freibecken (Sommer), Hallenbad, Sauna, Dampfbad, Massagen, Fitnessgeräte. 9-Loch-Parcours in 19 km, 18-Loch-Parcours in 27 km, 20 % Greenfee-Rabatt.

HP ab € 106,–.

WELLNESS 15

Tyrol Design-Hotel ****

Grünruhelage am Ortsrand in Partschins bei Meran

39020 Partschins (BZ), Via Hans Guet, 40
+39-0473-967654

Yoga und Biken: Ein Familienbetrieb von angenehmer Größe, er liegt auf 630 m Seehöhe fast am Ende einer Sackgasse und grenzt an seiner Gartenseite an einen Obsthain. Das Ambiente erscheint sorgsam auf Hipster- und Kreativbranchen-Publikum ausgerichtet, so mancher Designklassiker ist zu finden, vornehmlich im Garten oder im Open-Air-Bereich der Bar, die Bibliothek in der Lobby bietet zudem eine reiche Auswahl an dementsprechenden Zeitschriften. Die Zimmer (15 Kategorien, DZ von 22 bis 58 m²) zeigen sich jugendlich-frisch arrangiert, die meisten haben Holzböden, fast alle Balkon oder Terrasse. Es gibt auch wesentlich schönere und wohnlichere, unseres hingegen war schneeweiß möbliert, mutete wie eine Mischung aus Ikea-Katalog und moderner Jugendherberge an: steril, billige Materialien, völlig offene Bad-Schlafraum-Aufteilung, Badewanne mitten im Raum, die Toilette nur durch eine Glastür abgetrennt. Das ausschließlich Hotelgästen offenstehende Spa präsentiert sich ebenfalls als Hingucker. Highlight ist das Adults-only-Badehaus, ein zweistöckiger Kubus mit Wänden aus Glas und Sichtbeton sowie Böden aus Epoxidharz, es offeriert zwei Saunen, einen feinen Ruheraum mit herrlichem Ausblick ins Grüne sowie einen 12 m langen, ganzjährig nutzbaren Infinity-Pool. Im Garten fanden wir ein weiteres, 17 m langes Außenbecken, zudem einen Whirlpool aus Kunststoff. Täglich umfangreiches Aktivprogramm, darunter auch Waldbaden und Pilates, Yoga wird täglich (Mo bis Fr) morgens angeboten, die Massage konnte uns nicht überzeugen. Frühstück mit Kaffee von einer kleinen Rösterei in Lana, die Küche ist ambitioniert und gut, lactose- und glutenfreie Gerichte kommen auf Wunsch unkompliziert auf den Teller. Gewöhnungsbedürftiges Per-Du-Umfeld (bereits am Telefon), stylische Bar. Zahlreiche geführte Bike- und E-Bike-Touren, Bike-Garage mit Wasch- und Reparaturplätzen, Fahrradverleih. Gratisgarage für höhere Zimmerkategorien, ansonsten gegen 8 Euro pro Tag. Ungeeignet für Kinder. Hunde erlaubt. 42 Liegen, 110 Betten.

Freibecken, Freibecken (Sommer), Hallenbad, Sauna, Dampfbad, Massagen, Kosmetik, Fitnessgeräte.

HP ab € 120,–.

WELLNESS 15

Tuberis Nature & Spa Resort *****

Grünlage mit Fernblick am Ortsrand – Münstertal

39020 Taufers im Münstertal (BZ), Via San Giovanni, 37 +39-0473-832168

Hunde- und familienfreundlich. Ein umweltbewusster Familienbetrieb, er liegt auf 1.250 m Seehöhe inmitten einer Knapp-Eintausend-Seelen-Gemeinde, die sich im Dreiländereck unweit der Schweizer Grenze befindet. Das vor kurzem großzügig erweiterte Hotel besteht nunmehr aus dem älteren, direkt an der Hauptstraße gelegenen Stammhaus und dem dahinter liegenden neuen Zubau, an dem die Straße kaum mehr hörbar ist. Im Inneren empfängt gepflegte Gemütlichkeit ländlicher Prägung, Zimmer wählt man aus 11 Varianten (DZ von 25 bis 66 m²), neben einigen recht einfachen zeigen sich jene im neuen Trakt in naturnaher Modernität – feine Holzböden und offene Bäder inklusive. Alle Zimmer haben Balkon, der Ausblick ist zumeist fabelhaft. Der Wellnessbereich ist in Zonen für Familien und Ruhesuchende aufgeteilt, er bietet unter anderem einen 13 m langen Innenpool, ein knapp 11 m langes Freibecken sowie recht schöne Ruheräume. Saunafans können sich über einen FKK-Außenbereich mit Whirlpool freuen. Insgesamt stehen im Nacktbereich vier Saunen zur Auswahl, zwei weitere, ganz kleine Textilsaunen im Hallenbad sind nur während Ferienzeiten nutzbar. Kleines Aktivprogramm, auch Pilates und geführte Wanderungen. Reichhaltiges Frühstücksbuffet, gute bis sehr gute Küche bei netter Tischkultur, für Veganes werden 10 Euro extra verrechnet, für gluten- und lactosefreie Gerichte nur die Hälfte. Eier und Fleisch kommen aus der eigenen Landwirtschaft, zahlreiche Produkte aus der Region. Viele freundliche Mitarbeiter, präsente Gastgeber, die bisweilen selbst mit anpacken. Check-out bereits um 10 Uhr, der Wellnessbereich kann danach ohne Aufpreis noch ganztägig genutzt werden. Für Kinder gibt es unter anderem Spielplatz, Reitstall und Streichelzoo. Schneeschuhe und Rodeln gibt's zur Gratisleihe. 60 Liegen, 135 Betten.

Freibecken, Hallenbad, Babybecken, Sauna, Dampfbad, Massagen, Kosmetik, Ayurveda, Fitnessgeräte. Reitstall (Pferde und Ponys).

HP ab € 128,–.

WELLNESS 15

Das Paradies *****

Grünruhelage am Ortsrand in Latsch – Vinschgau

39021 Latsch (BZ), Via Sorgente, 12, +39-0473-622225

Kinderfreundlich. Ein familiengeführtes Fünfsternhotel, es liegt ruhig auf 640 m Seehöhe am Ortsrand und ist auf drei Seiten von Apfelhainen umgeben. Das Haus ist über die Jahre stetig gewachsen, das Ambiente zeigt sich dadurch etwas uneinheitlich. Zimmer kann man aus 18 Varianten (DZ von 27 bis 84 m²) wählen, alle haben Balkon, die neuesten Klimaanlage, die Interieurs reichen von Landhausklassik mit Teppichböden bis hin zu neoalpiner Modernität, teilweise haben sie einen eigenen Whirlpool oder eine freistehende Panoramabadewanne, das Turn-down-Service ist tadellos. Das Spa bietet als Highlight einen feinen Adults-only-Bereich mit drei Saunen, einem fabelhaften, 11 m langen Solepool, einer großen FKK-Terrasse und einem wirklich eiskalten Tauchbecken. Weiters gibt es eine Außensauna, vier Textilsaunen, einen 15 m langen Innenpool sowie einen Außenpool von 19 m Länge, zudem eine lange Wasserrutsche für Kids. Täglich Aktivprogramm, auch Meditation, Yoga, geführte Wanderungen und Bike-Touren. Überdachte Restaurantterrasse für alle Mahlzeiten, reichhaltiges Frühstücksbuffet, die Küche ist sehr gut. Eine Nachmittagsjause mit Kaffee, Tee und alkoholfreien Getränken ist im Preis enthalten, ebenso kostenloses Wasser, Tee und Säfte im Wellnessbereich bis 16.30 Uhr, das wird hier übrigens als Soft-All-inclusive bezeichnet. Ambitionierte Getränkepreise, beim Service gibt es noch etwas Luft nach oben. Gratisgarage für alle. Täglich bis zu 10 Stunden Betreuung für Kinder ab drei Jahren (mit saisonalen Einschränkungen). Hunde erlaubt. 64 Liegen, 170 Betten.

Freibecken, Solefreibecken, Kinderfreibecken (Sommer) mit Rutsche, Hallenbad, Außensauna, Sauna, Dampfbad, Massagen, Kosmetik, Ayurveda, Fitnessgeräte, Personal Trainer.

HP ab € 165,–.

WELLNESS 14

Jagdhof Latsch ****

Grünruhelage am Ortsrand in Latsch – Vinschgau

39021 Latsch (BZ), Via Signori, 15, +39-0473-622299

Familienfreundlich. Biker-Glück de luxe: Ein sehr angenehmer Familienbetrieb von ebensolcher Größe, er liegt auf 640 m Seehöhe am Ortsrand neben Obsthainen. Die öffentlichen Räume sind großzügig und einladend gestaltet, Zimmer aus 16 Kategorien (DZ von 30 bis 72 m²) wählbar, sie haben zumeist feine Holzböden und stets Balkon, manche auch Infrarotliegen oder einen Whirlpool. Alle sind durchaus ambitioniert gestaltet, so manches Designereinzelstück, etwa schicke Lesesessel und gute Beistelltischchen, sind zu finden, raue Holzwände hinter dem Betthaupt, Kupferlampenschirme oder ein Kuhfell am Boden ebenso. Das Spa steht neben den Hausgästen auch allen Gästen der Marketing-Vereinigung Dolce Vita offen, es ist auf drei Ebenen aufgeteilt. Es offeriert einen knapp 9 m langen Innenpool und 10 m langen Außenpool auf der Ebene des Liegegartens, der ältere Saunabereich mit vier Saunen befindet sich hingegen im ersten Stock. Hier gibt es auch eine Außensauna, die allerdings mit der riesigen, westseitigen Eventsauna im Dachgeschoß bei weitem nicht mithalten kann: Denn dort gibt es einen mit Pflanzen abgeschirmten Nacktliegebereich, zudem genießt man von oben den wunderbaren Fernblick, entweder ins reine Grün der umgebenden Hügel oder ins Etschtal, und zwar sowohl von der Sauna als auch vom großen Außenwhirlpool und von der Liegeterrasse aus. Ausgezeichnete Massagen, kleines, teilweise aufpreispflichtiges Aktivprogramm, auch Yoga, Meditation und geführte Wanderungen, Letztere sogar fünfmal pro Woche. Terrasse für das Frühstück und die inkludierte Nachmittagsjause, reichhaltiges Frühstücksbuffet, die Küche zelebriert gekonntes Handwerk und ist sehr gut bis ausgezeichnet, die Tischkultur recht casual (Laminattische plus Läufer). Die Weinkarte kann sich sehen lassen, auch Natural Wines sind auf ihr zu finden. Viele freundliche Mitarbeiter. Videoüberwachte Bike-Garage mit Reparaturecke, Bike-Waschplatz, Bike-Shop, zahlreiche geführte Bike- und E-Bike-Touren, Mountainbikes gibt es zur Gratisleihe. Gratisgarage für alle. Täglich fünf Stunden Betreuung für Kinder ab drei Jahren zu Ferienzeiten. Hunde erlaubt. 72 Liegen, 100 Betten.

Freibecken (Sommer), Hallenbad, Außensauna, Sauna, Dampfbad, Massagen, Kosmetik, Ayurveda, Fitnessgeräte.

HP ab € 176,–.

WELLNESS 15

Avidea ****

Grünruhelage mit Fernblick bei Algund bei Meran

39022 Algund (BZ), Plars di Sopra, 46, +39-0473-221956

Ruhevoll mit Ausblick: Ein sympathischer, kleiner Familienbetrieb, er liegt auf 550 m Seehöhe am Waldrand, von hier blickt man hinunter auf den Ort und über das ganze Tal. Das Hotel besteht aus Stammhaus und einem modernen Zubau, zudem gibt es ein tolles Mountain-Chalet, das bis zu 10 Personen Platz bietet, allerdings 20 km entfernt liegt. Inwendig herrscht gefällige neoalpine Modernität, Zimmer sind aus 11 stark unterschiedlichen Kategorien (DZ von 20 bis 56 m^2) wählbar, alle haben Balkon oder Terrasse, jene im Stammhaus sind zum Teil eher einfach, jene im Neubau präsentieren sich hingegen allesamt in atmosphärischer Altholzoptik, sie haben Holzböden sowie mitunter auch Klimaanlage. Das Spa ist auf drei Bereiche aufgeteilt: Im Stammhaus gibt es eine kleine Saunazone mit vier Saunen und einem erquickenden Außenbereich, im Neubau einen 8 m langen Infinity-Außenpool mit angeschlossenem Innenpool im Miniformat, den wir eigentlich eher als Inneneinstieg einstufen würden. Auf dem Dach erfreut eine großartige Sonnenterrasse mit vielen Liegen und zwei Whirlpools – Traumausblick inklusive. Täglich kleines Aktivprogramm, auch Yoga und Pilates. Fabelhafte Restaurantterrasse für alle Mahlzeiten, reichhaltiges Frühstücksbuffet mit guten Wurstwaren aus der eigenen Fleischerei, ausgezeichnete Küche, zweimal pro Woche ist eine süße Nachmittagsjause inkludiert. Lockere Atmosphäre, freundliches, familiäres Umfeld, viele Stammgäste. Gratisgarage bei Buchung höherer Zimmerkategorien. Eher ungeeignet für Kinder. Hunde erlaubt. 39 Liegen, 90 Betten.

Freibecken, Hallenbad, Außensauna, Sauna, Dampfbad, Massagen, Kosmetik. 9-Loch-Parcours in 15 km, 18-Loch-Parcours in 24 km, bis zu 25 % Greenfee-Rabatt.

HP ab € 128,–.

WELLNESS 14

Das Dorner *****

Grünlage am Ortsrand in Algund bei Meran

39022 Algund (BZ), Via J. Weingartner, 40, +39-0473-443309

Familienfreundlich. Sky-Spa mit 360-Grad-Panorama: Ein nicht allzu großer Familienbetrieb, er liegt auf etwa 350 m Seehöhe direkt an der Hauptstraße, die im hinteren Teil der Anlage allerdings kaum zu hören ist. Hinter dem kleinen Stammhaus eröffnet sich ein gepflegter mediterraner Palmengarten mit Außenpool und Liegewiese, hier befindet sich das wesentlich größere Logiergebäude, ein moderner Neubau, der an Apfelhaine angrenzt. Die öffentlichen Räume sind zeitgemäß gestaltet, Zimmer sind aus 17 stark unterschiedlichen Kategorien (DZ von 35 bis 45 m^2) wählbar, die meisten haben Holzboden, Klimaanlage, Kaffeemaschine sowie teilweise auch Whirlpool und Sauna, alle jedenfalls Balkon oder Terrasse, seltsam nur, dass die große Mehrzahl als Suiten angeboten werden, obwohl sie gar keine sind, sondern nur einfach größere Doppelzimmer. Das auch externen Gästen zugängliche Spa ist auf vier Ebenen aufgeteilt. Ganz oben auf dem Dach befindet sich das Prunkstück des Hauses, nämlich der Adults-only-Bereich mit Außensauna, Sonnenterrasse und einem 11 m langen, ganzjährig nutzbaren

RELAX Guide App App Store

Infinity-Pool. Das Freibecken im Garten ist 20 m lang, der Innenpool erreicht indes nur die halbe Länge, der Saunabereich mit vier Saunen liegt im Untergeschoß. Kleines Aktivprogramm, darunter auch Yoga und Pilates. Fabelhafte Restaurantterrasse mit stylischen Möbeln und Lampen, reichhaltiges Frühstücksbuffet, sehr gute Küche (am Montag ist Veggie-Day, dann gibt es nur vegetarische Gerichte), ein sehr gutes Kuchen- und Strudelbuffet am Nachmittag ist inkludiert. Viele freundliche Mitarbeiter, präsente Gastgeber. Gratisgarage für alle. Hunde erlaubt. 36 Liegen, 100 Betten.

Freibecken, Freibecken (Sommer), Hallenbad, Sauna, Dampfbad, Massagen, Kosmetik, Ayurveda, Fitnessgeräte. 18-Loch-Parcours in 21 km, bis zu 20 % Greenfee-Rabatt.

HP ab € 146,–.

WELLNESS 16

Fayn Garden Retreat *****

Grünruhelage am Ortsrand in Algund bei Meran

39022 Algund (BZ), Via Breitofen, 9

+39-0473-220355

Ein kleiner Familienbetrieb, umringt von Weingärten liegt er auf etwa 300 m Seehöhe. Es handelt sich um ein Gartenhotel mit Hideaway-Qualitäten, das mit seinen Fassaden zwar keinen Architekturwettbewerb gewinnen wird, aber dennoch schnell überzeugt. Denn alles zeigt sich hier wie aus einem Guss – endlich wieder einmal, für uns ist das nach schier endlos vielen Häusern mit schwer durchschaubaren Anbau- und Zubaulabyrinthen eine wohltuende Abwechslung. Alle öffentlichen Räume präsentieren sich jedenfalls stilistisch so einheitlich wie elegant, ruhige Farben, Kerzenleuchter ... und der Ausblick auf Meran ist prächtig. Eine weitere Besonderheit des Hauses ist ein traumhafter Garten, hier erfreuen lauschige Ruheplätze und Himmelbetten inmitten von Granatapfelbäumen, Ringlotten, Olivenbäumen, Oleandern, Palmen und Zypressen. Zimmer sind aus 11 Kategorien (DZ von 28 bis 64 m^2) wählbar, sie zeigen sich in modern arrangierter Gediegenheit, manche haben Teppichböden, manche Holzböden, alle Balkon, die Liegen ebendort sind hochwertiger als anderswo. Im Freien erfreuen ein schöner, mit Steinfliesen ausgekleideter Pool von knapp 14 m Länge und ein großer Whirlpool, und auch indoor verströmt das Spa eine angenehme Atmosphäre, nichts beengt hier, zudem steht es ausschließlich Hausgästen offen, insgesamt stehen vier Saunen zur Auswahl. Fabelhafte Terrasse, hier kann man das Frühstück sowie eine außergewöhnlich gute Nachmittagsjause einnehmen: großartige Kuchen, absolut perfekte Linzer Torte, der Mürbteig bei der Apfeltorte besser als im Lehrbuch, ein Traum! Dazu gibt es eine große Auswahl an hochwertigen pikanten Sachen wie Galantinen und Terrinen, das macht heute anderswo niemand mehr, bravissimo! Sehr gute bis ausgezeichnete Küche, feine Tischkultur und ebensolche Weinkarte. Auch für abendlichen Barbetrieb wird die Terrasse genützt, und kaum ein Gast, der sich das entgehen lässt. Weil: herrliche Cocktails, und mit all den Zypressen ringsum wähnt man sich beinahe in der Toskana. Sehr freundliche Mitarbeiter, sympathische Gastgeber. Check-out bis 11.30 Uhr, gutes Preis-Leistungs-Verhältnis. Erquickende Spaziergänge und Jogging-Strecken beginnen vor der Haustür. Valet Parking auf Wunsch, Gratisgarage für alle. Eher ungeeignet für Kinder. 24 Liegen, 70 Betten.

Freibecken, Hallenbad, Sauna, Dampfbad, Massagen, Kosmetik, Ayurveda, Fitnessgeräte, Personal Trainer. 18-Loch-Parcours in 21,5 km.

HP ab € 146,–.

WELLNESS 15

Das Gerstl ****s

Grünruhelage mit Fernblick bei Mals – Vinschgau

39024 Mals (BZ), Slingia, 4, +39-0473-831416

Familienfreundlich. Ein sauber geführter Familienbetrieb, er liegt ein paar Kilometer außerhalb von Mals an der Straße zum Schlinig-Pass. Die solitäre Hanglage auf 1.500 m Seehöhe steht für einen traumhaften Ausblick aus vielen Räumen, auch aus dem Spa und von der Liegewiese. Das Innenleben präsentiert sich in gehobener und durchwegs kontemporärer Ländlichkeit, Zirben- und Eichenholz sorgt in den Stuben für eine heimelige Atmosphäre. Auch die Zimmer (15 Kategorien, DZ von 28 bis 75 m²) folgen diesem Stil, sie haben alle Holzböden und Balkon oder Terrasse. Zwei neue Suitenvarianten haben uns besonders gut gefallen, sie haben entweder eine freistehende Badewanne direkt am Fenster oder einen kleinen Außenwhirlpool im Freien. Das recht gut ausgestattete Spa bietet unter anderem einen 17 m langen Innenpool, einen ganz kleinen Außenpool und einen ebensolchen Naturbadeteich. Auch Saunafans werden gut bedient, neben einer Textilsaunazone für Familien gibt es auch einen Bereich für Ruhesuchende: Whirlpool und Liegeterrasse, beides als Nacktbereich. Insgesamt stehen acht Saunen (drei davon textil) zur Auswahl. Kleines Aktivprogramm, darunter auch Waldbaden und sechs geführte Wanderungen pro Woche. Fabelhafte Restaurantterrasse, reichhaltiges Frühstücksbuffet mit vielen regionalen Produkten, auf die eine „Dahoam-Garantie" gegeben wird, was ausdrücken soll, dass sie aus maximal 30 km Entfernung kommen. Sehr gute Küche, ein nachmittägliches Kuchenbuffet ist im Preis inbegriffen. Überwiegend junge, aber freundliche und hilfsbereite Mitarbeiter. Wanderwege ohne Zahl; im Winter ist ein Shuttle ins nahe Skigebiet Watles sowie ins Langlaufzentrum Schlinig inkludiert. Überdachte Stellplätze kostenlos. Hunde erlaubt. 62 Liegen, 130 Betten.

Naturbadeteich, Freibecken, Hallenbad, Sauna, Dampfbad, Massagen, Kosmetik, Fitnessgeräte, Personal Trainer.

HP ab € 175,–.

WELLNESS 16

Garberhof ****s

Grünlage am Ortsrand in Mals – Vinschgau

39024 Mals (BZ), Strada Statale, 25

+39-0473-831399

Ein sympathischer, kleiner Familienbetrieb, er feiert gerade sein 40-jähriges Bestehen und liegt auf 1.050 m Seehöhe direkt an der Bundesstraße, die über den Reschenpass nach Österreich führt. An der straßenabgewandten Seite erstreckt sich eine große, ruhige Gartenanlage, hier genießt man, ebenso wie aus den südseitigen Zimmern, einen tollen, unverbauten Ausblick in den Vinschgau. Die öffentlichen Räume nehmen Anleihen an der Formensprache der Bautradition des Vinschgaus, alles zeigt sich bodenständig-luxuriös, feinsinnig geplant und kunstaffin. Zimmer wählt man aus sieben Kategorien (DZ von 38 bis 100 m²), sie wiederholen entweder das Gestaltungskonzept der öffentlichen Räume oder verströmen neoalpine Ländlichkeit in warmen Farben, hausgemachte Pralinen warten als süßer Willkommensgruß. Ein paar Schritte entfernt liegen zwei wunderschöne neue Chalets, sie bieten nette Extras wie Weinkühlschrank, freistehende Badewanne und eine traumhafte Terrasse mit privater Sauna. Das Spa offeriert unter anderem vier Saunen, einen modernen Hamam in grellen Farben sowie ein feines Hallenbad mit einem 20 m langen Pool. Kleine Terrasse, überdurchschnittliche Qualität beim Frühstück, die Küche ist sehr gut, sie legt großen Wert auf Frische und Regionalität, und sie machte uns wieder einmal bewusst, dass anderswo eine „gesunde Küche" gar nicht so selten nur vorgegaukelt wird. Gemütliches Restaurant, schöne Tisch-

kultur, stimmungsvolle Bar mit offenem Kamin, hier finden sich außergewöhnlich viele Gäste zum Tagesausklang ein, das mag zum Teil wohl auch den besonderen Gin-Kreationen der Barkeeper geschuldet sein. Viele freundliche, überwiegend junge Mitarbeiter, die meisten kommen aus der Region, präsente Gastgeber. Eher ungeeignet für Kinder, Hunde erlaubt. 67 Liegen, 95 Betten.

Freibecken, Hallenbad, Sauna, Dampfbad, Massagen, Kosmetik, Ayurveda, Fitnessgeräte.

HP ab € 145,–.

WELLNESS 15

Weisses Kreuz ****

Ruhige Dorfzentrumslage bei Mals – Vinschgau

39024 Mals (BZ), Burgusio, 82, +39-0473-831307

Adults only (ab 12). Ruheoase mit feiner Küche: Ein Traditionshotel mit romantischer Anmutung, es liegt auf 1.050 m Seehöhe direkt im Zentrum eines beschaulichen Dörfchens und besteht aus dem Stammhaus, einem neuen Zubau sowie einer kleinen, denkmalgeschützten Dependance („Ansitz zum Löwen") aus dem 13. Jahrhundert, die mit einem „Gassenhüpfer" zu erreichen ist. Inwendig zeigt sich das Haus in gemütlicher Modernität mit historischen Akzenten – geheimnisvoll verwinkelte Grundrisse inklusive. Die Zimmer (16 Kategorien, DZ von 25 bis 65 m^2) sind von stilsicherer Hand, jedoch stark unterschiedlich gestaltet, das Spektrum reicht von geschmackvoll-urig über zeitlos mit archaischen Zügen bis hin zu ultramodern, manche Zimmer bieten Ausblick auf die Fürstenburg und das Marienberg-Kloster in der Ferne. Das kleine Spa offeriert unter anderem drei Saunen, einen 10 m langen Innenpool, im Freien warten ein großer Whirlpool und ein kleiner Außenpool mit ebensolcher Liegewiese. Kleines Aktivprogramm, vor allem geführte Wanderungen, zu bestimmten Terminen werden auch Yoga-Retreats angeboten. Schöne Restaurantterrasse (aber wenig Platz, ein Reservieren bei der Buchung empfiehlt sich), reichhaltiges Frühstücksbuffet, unter anderem Marmeladen, Croissants und Kaffee in betörender Qualität. Ausgezeichnete Küche mit Klassikern und mutigen Kreationen, gehobene Tischkultur (eine Stoffserviette gibt es übrigens auch zum Frühstück), kompetente Weinberatung. Aufmerksame und erfrischend herzliche Mitarbeiter, gemütliches Umfeld mit sauberem Preis-Leistungs-Verhältnis. Bei einem Aufenthalt ab zwei Tagen steht der Wellnessbereich Hotelgästen am Abreisetag ohne Aufpreis offen. Gratisgarage für alle. Hunde erlaubt. 38 Liegen, 92 Betten.

Freibecken, Hallenbad, Sauna, Dampfbad, Massagen, Kosmetik.

HP ab € 108,–.

WELLNESS 17

Feldhof *****

Ruhige Zentrumslage in Naturns – Vinschgau

39025 Naturns (BZ), Via Municipio, 4, +39-0473-666366
Kinderfreundlich. Einfach gut: Kein Nobelhotelflair, kein grandioser Ausblick und auch keine atmosphärische Spitzenklasse, aber alles ist durchdacht angelegt, ohne lange Wege nutzbar, und es gibt viele mit Herz und Hirn geplante Details. Es handelt sich um einen auf 530 m Seehöhe gelegenen, sauber geführten Familienbetrieb, der alles richtig macht. Trotz seiner Größe ist er kompakt und überschaubar, dennoch fühlt man sich nirgendwo beengt. Jedenfalls ist er anders als so viele durch Anbauten verwinkelte Häuser, in denen man auf der Suche nach dem richtigen Aufzug zum dringenden Massagetermin schon einmal die Nerven verlieren kann. Die Restaurantbereiche sind mit hochwertigen, natürlichen Materialien fesch gestaltet, die Terrasse mit Zitronenbäumchen und Freiluftkojen ist riesig und zieht sich bis zum Familienpool. Ein erholsames Schauspiel nicht nur für Kinder sind hier die bunten Kois, die neben den Tischen ihre Runden ziehen. In den Zimmern (18 Kategorien, DZ von 22 bis 80 m^2, alle mit Balkon und Klimaanlage) finden sich keine optischen Altlasten, alle sind schlicht möbliert, wer auf Ausblick Wert legt, sollte darauf achten, eines in den oberen Etagen zu erhalten. Im Garten warten nicht nur viele Liegen, sondern auch Himmelbetten, weiters eine 35 m lange Wasserrutsche, ein Solepool, ein 15 m langer Familienpool sowie ein knapp 17 m langer Sportpool. Für Kinder und Teenies gibt es indoor ein eigenes Family-Spa mit zwei Textilsaunen sowie lustigen Wasserspielen. Das große Dach-Spa ist wiederum Adults-only-Bereich: ein weiterer Solepool, fünf Saunen, darunter eine wunderschöne Altholzsauna, Ruhemöglichkeiten, Lavendelbüsche, all das als fabelhafte Nacktzone mit Ausblick in alle Richtungen. Aktivprogramm, auch Yoga, Faszientraining und Klangschalenmeditation, die Massagen sind sehr gut. Schöne Restaurantterrasse (bei Schlechtwetter überdacht!), reichhaltiges Frühstücksbuffet, sehr gute Küche bei gehobener Tischkultur, statt prahlerischer Gesten setzt sie auf beste Grundprodukte und solides Handwerk. Spannende Weinkarte mit glasweisen Raritäten, tolle Spirituosenkarte, Light Lunch und Nachmittagsjause (reichlichst) sind inkludiert. Wunderbar freundliches und zuvorkommendes Team, präsente Gagstgeber, die auch selber mit anpacken. Gratisgarage für alle. Familienkino, täglich acht Stunden Betreuung für Kinder ab drei Jahren. Hunde erlaubt. 72 Liegen, 260 Betten.

Freibecken, Solefreibecken, Freibecken (Sommer), Kinderfreibecken mit Rutsche (Sommer), Hallenbad, Kinderbecken, Babybecken, Sauna, Dampfbad, Massagen, Kosmetik, Ayurveda, Fitnessgeräte, Personal Trainer. 9-Loch-Parcours in 23 km.

HP ab € 154,–.

WELLNESS 14

La Vimea Vegan-Hotel ****

Ruhige Zentrumslage in Naturns – Vinschgau

39025 Naturns (BZ), Via A. Kleeberg, 7, +39-0473-055035
Adults only (ab 12). Das erste rein vegane Hotel Italiens, es liegt auf 530 m Höhe ruhig am Ortsrand. Die fünf Attribute „vegan, biologisch, nachhaltig, saisonal und selbstgemacht“ stehen hier in allen Bereichen im Vordergrund. Das Ambiente präsentiert sich mit Fokus auf das Wesentliche, nirgendwo Deko, nirgendwo Überflüssiges. Die blitzsauberen Zimmer (acht Kategorien, DZ von 25 bis 50 m^2) zelebrieren dieses Konzept ebenso, sie sind minimalistisch und vorwiegend mit Vollmond-Lärchenholz gestaltet. Die Amenities sind ökologisch, die Biobaumwollwäsche schmeichelt der Haut, das W-Lan wird über Nacht abgeschaltet. Das Spa steht ausschließlich Hausgästen offen, es erfreut mit einem idyllischen Garten samt Naturbadeteich, Mini-Außensauna, Holzterrasse sowie lauschigen Ruheplätzen unter alten Bäumen. Indoor ist es etwas klein, geboten werden ein Hallenbad mit einem 10 m langen, chlorfreien Pool und drei Saunen. Die Massagen sind sehr gut, Yoga gibt es mindestens fünfmal die Woche, zu bestimmten Terminen werden zudem Yoga-Retreats angeboten. Restaurantterrasse, wunderbares Frühstücksbuffet mit ayurvedischen Gerichten und selbstgebackenem Buchweizenbrot. Hervorragende, biovegane Küche mit Zutaten fast ausschließlich aus der Region. Die Leidenschaft für rein Pflanzliches wird zudem in eine raffinierte kulinarische Sprache übersetzt, und auch glutenfreie Gerichte kommen auf Wunsch so künstlerisch wie unkompliziert auf den Teller. Die biodynamisch erzeugten Weine und Olivenöle stammen aus der familieneigenen Biolandwirtschaft in der Toskana. Junge Mitarbeiter, die sich alle vegan ernähren und an Herzlichkeit kaum zu übertreffen sind, an der Professionalität mitunter schon, was man aber in diesem gewinnenden Umfeld gerne verzeiht. Hunde erlaubt. 32 Liegen, 90 Betten.

Naturbadeteich, Solehallenbad, Außensauna, Sauna, Massagen, Ayurveda. 9-Loch-Parcours in 23 km.

HP ab € 145,–.

WELLNESS 17

Lindenhof Lifestyle Resort ****S

Grünruhelage am Ortsrand in Naturns – Vinschgau

39025 Naturns (BZ), Via della Chiesa, 2, +39-0473-666242

Familienfreundlich plus Adults only (ab 16). Zielgruppenmäßig sozusagen ein Hybridprodukt, nämlich meistens auf Familien fokussiert, zu gewissen Zeiten (u. a. März, November) dann wieder auf Paare. Es handelt sich um ein familiengeführtes Hotel, das der Südtiroler Marketingvereinigung Dolce Vita angehört, Mitglieder derselben haben übrigens auch als externe Gäste Zutritt zum Spa. Hinter knallrot-schwarzen Fassaden präsentiert sich das Haus in stylischer Modernität, vieles ist mit heimischen Naturmaterialien gestaltet. Blitzsaubere Zimmer gibt es in mehreren Stilrichtungen und insgesamt 24 Varianten (DZ von 27 bis 136 m²), alle haben Balkon und Klimaanlage, manche auch Glasdach, eigene Sauna und Whirlpool, einige sogar rollbare Betten, dann kann man auf dem Balkon schlafen – herrlich! Das Spa ist zweifellos ein Highlight des Hauses. Es ist weitläufig und verteilt sich mit seinen getrennten Erwachsenen- und Familienbereichen auf mehrere Ebenen. Dazu gehören unter anderem äußerst großzügig dimensionierte Indoor-Liegebereiche, sieben Saunen, ein 10 m langer Innenpool, mehrere auch im Winter nutzbare Freibecken, darunter ein Nacktpool auf der Dachterrasse und ein 25 m langer Sportpool. Weiters: ein eigenes Familien-Spa-Haus mit Wasserrutschen und Textilsauna. Die Massagen sind sehr gut, bei entsprechender Witterung kann man sie auch im Freien genießen. Umfangreiches Aktivprogramm mit Spezialisierung auf Mountainbike und Rennrad, Yoga wird montags bis freitags (gegen 15 Euro Aufpreis) angeboten, mehrmals im Jahr gibt es zudem Yoga-Retreats. Terrasse fürs Frühstück (das Abendessen findet jedoch indoor statt, es gibt auch ein separates Familienrestaurant), ausgesprochen reichhaltiges Frühstücksbuffet, gute bis sehr gute Küche bei netter Tischkultur, Light Lunch und Nachmittagsjause (reichlich) sind inkludiert. Schöne Weinkarte mit Schwerpunkt auf Südtirol. Freundliche und zuvorkommende Mitarbeiter, präsente Gastgeber, viele Stammgäste. Gratisgarage für alle. Täglich (außer Sa) acht Stunden Betreuung für Kinder (mit saisonalen Einschränkungen). Hunde erlaubt. 178 Liegen, 200 Betten.

Solefreibecken, Freibecken, Hallenbad, Kinderbecken, Außensauna, Sauna, Dampfbad, Massagen, Kosmetik, Ayurveda, Fitnessgeräte. 9-Loch-Parcours in 23 km, bis zu 25 % Greenfee-Rabatt. Tennisplatz.

HP ab € 151,–.

WELLNESS 17

Preidlhof Luxury Resort *****

Grünruhelage am Ortsrand in Naturns – Vinschgau

39025 Naturns (BZ), Via San Zeno, 13

+39-0473-666251

Adults only (ab 16). Ruhevolles Umfeld für Paare: Ein modernes Hotel unter Familienführung, es liegt ruhig inmitten von Apfelhainen auf etwa 540 m Seehöhe. Es besteht aus zwei Logiergebäuden unterschiedlichen Alters, nämlich aus Haupthaus („Lodge") und einem am Hang darüber liegenden, älteren „Sonnenschlössl", dazwischen befindet sich ein mediterraner Garten mit Pools, Außensauna und Indoor-Spa. Alles zeigt sich bestens gepflegt, die Zimmer (19 Kategorien, DZ von 35 bis 125 m^2) haben entweder stilvoll-verspielte, aber wunderschön klassische Landhausinterieurs (Sonnenschlössl) oder solche, die grau-pink gehalten sind und ein bisschen an den Glitzer-Designer Harald Glööckler erinnern (Lodge). Alle haben feine Holzböden, manche ein rollbares Bett und einen Whirlpool auf dem Balkon. Es gibt mehrere zubuchbare Extras, etwa Schlagobers, Erdbeeren, Honig und Eiswürfel als „Body Food Surprise", weiters den Ausflug mit einer Stretchlimousine oder einen professionellen Fotografen, der für romantische Erinnerungsbilder sorgt, der Bademantel mit seinem stattlichen Polyesterfaseranteil begeisterte uns allerdings weniger. Das Spa ist auf zahlreiche Zonen aufgeteilt, unter anderem gibt es einen Outdoor-Nacktbereich mit Außensauna, einen 20 m langen Infinity-Sportpool am Dach des Schlössls und einen schmalen Turm mit insgesamt sechs Ebenen, ebendort fanden wir sieben Saunen, schöne Ruhezonen, ein herrliches FKK-Solebecken im Freien sowie einen Fitnessbereich mit TRX-Schlingentraining. Arztpraxis, auch medizinische Check-ups, umfangreiches Aktivprogramm, auch Yoga, Meditation und geführte Wanderungen. Sehr kleine Restaurantterrasse fürs Frühstück (das Abendessen findet indoor statt), riesige Auswahl beim Frühstücksbuffet, die Küche versteht sich bestens auf große Gesten und optische Präsentation, Light Lunch und eine üppige Nachmittagsjause sind inkludiert. Viele freundliche und zuvorkommende Mitarbeiter. Gratisgarage für alle. Hunde erlaubt. 84 Liegen, 158 Betten.

Solefreibecken, Freibecken, Freibecken (Sommer), Hallenbad, Sauna, Dampfbad, Massagen, Kosmetik, Ayurveda, Fitnessgeräte, Personal Trainer. 9-Loch-Parcours in 23 km. Tennisplatz.

HP ab € 188,–.

WELLNESS 13

Villa Waldkönigin ****

Grünruhelage Nähe Reschenpass – Vinschgau

39027 St. Valentin auf der Haide (BZ), Via del Bosco, 17

+39-0473-634559

Ein familiengeführtes, beherbergungsmäßiges Kleinod, von Lärchenwäldern und Wiesen umringt liegt es auf 1.480 m Seehöhe unweit vom Reschenpass, zum Haidersee sind es nur ein paar gute Schritte, im Winter wird ein kostenloses Shuttle zur Talstation des Skigebiets Schöneben-Haideralm (700 m) geboten, dem Anschluss an 65 Pistenkilometer und 11 Lifte und Seilbahnen. Es handelt sich um eine mehr als 110 Jahre alte Kaufmannsvilla, 1938 wurde sie übrigens um 45 Kühe verkauft, dann stand sie über Jahrzehnte leer. Heute steht hier ein feines Haus mit romantischer Schlösschenanmutung und modernem Zubau. Kaum ein Zimmer gleicht dem anderen, man kann aus 20 zumeist sehr schönen Kategorien (DZ von 34 bis 95 m^2) wählen, ganz neu sind solche mit Komplettvertäfelung aus feinem Zirbenholz, die (parabenfreien) Pflegeprodukte im Bad stammen von Prija. Das Spa bietet unter anderem drei Saunen, einen 9 m langen Natursteinpool, Duschen sind rar, die Massagen ausgezeichnet. Reichhaltiges Frühstücksbuffet. sehr gute Küche, Light Lunch und Nachmittagsjause (mit sensationellem Apfelstrudel) sind inkludiert. Viele sehr freundliche und zuvorkommende Mitarbeiter, stets präsentes, nettes und fürsorgliches Gastgeberehepaar. Sauberes Preis-Leistungs-Verhältnis. Wanderwege ohne Zahl, im Winter kann man am See eislaufen. Hunde erlaubt. 28 Liegen, 60 Betten.

Hallenbad, Sauna, Dampfbad, Massagen, Kosmetik, Ayurveda.

HP ab € 99,–.

WELLNESS 15

Hubertus Alpin Panorama ****S

Grünruhelage mit Fernblick Nähe Bruneck – Pustertal

39030 Geiselsberg-Olang (BZ), Via Furcia, 5

+39-0474-592104

Familienfreundlich. Mit tollem Sky-Pool: Nahe dem Kronplatz, auf 1.250 m Seehöhe hoch über dem Pustertal gelegenes Wintersport- und Wanderhotel mit herrlichem Ausblick. Mächtige Baumstämme zieren hier nicht nur die Fassaden, sondern ziehen sich auch als Gestaltungselement durch das ganze Haus. Behagliches Landhausflair bieten die in sieben Kategorien wählbaren Zimmer (DZ von 30 bis 92 m^2), alle haben Holzböden, einen nach Osten ausgerichteten Balkon, manche auch Kachelöfen, andere wiederum bodentiefe Glasfronten, eine freistehende

Badewanne am Fenster und lehmverputzte Wände, ein bisschen mehr Sauberkeit könnte aber nicht schaden. Das Spa steht ausschließlich Hotelgästen offen, ist aber indoor nicht allzu weitläufig, absoluter Hingucker ist jedenfalls der teilweise aus Glas gebaute, 25 m lange Sky-Pool, dessen Name hier wirklich einmal gerechtfertigt ist, denn tatsächlich schwebt er hoch über dem Boden, und tatsächlich schwimmt man gefühlt grenzenlos hinaus in den Himmel. In den diesseitigen freilich, obwohl es so grenzgenial ist, dass man durchaus mit Nirvanagefühlen rechnen kann. Umfangreiches Aktivprogramm, darunter Yoga (auch Kundalini), Waldbaden und geführte Wanderungen, insgesamt stehen sieben zumeist kleinteilige Saunen (eine davon textil) zur Auswahl. Fabelhafte Terrasse zum Frühstücken, reichhaltiges Frühstücksbuffet, Light Lunch und Nachmittagsjause sind im Preis inkludiert. Schöne Weinkarte, viele freundliche Mitarbeiter, präsente Gastgeber. Erwähnenswert ist die Sonnengarantie, richtig verregnete Urlaubstage werden einem für den nächsten Aufenthalt gutgeschrieben. Check-out bereits um 10.30 Uhr. Im Winter gibt es ein kostenloses Shuttle ins nahe Skigebiet. Hunde erlaubt. 30 Liegen, 130 Betten.

Freibecken, Solefreibecken, Hallenbad, Außensauna, Sauna, Dampfbad, Massagen, Kosmetik, Ayurveda, Fitnessgeräte. 9-Loch-Parcours in 23 km, 25 % Greenfee-Rabatt.

HP ab € 181,–.

WELLNESS 17

Quelle Nature Spa Resort *****

Grünruhelage im Gsieser Tal – Pustertal

39030 Gsies (BZ), Frazione Maddalena, 4
+39-0474-948111

Kinderfreundlich. Ein familiengeführtes Traditionshotel, es liegt auf 1.400 m Seehöhe am Rande eines Dörfchens an einem kleinen wildromantischen Bach, zum Talschluss sind's nur ein paar hundert Meter. Das Ambiente kennzeichnen geheimnisvoll verschlungene, ja geradezu labyrinthische Grundrisse ebenso wie viele frische Blumen und romantisierende Opulenz: von Sinnsprüchen an den Wänden und Leuchtsternen über dem Bett bis hin zum Almdorf-Kuhglocken-Flair in den Ruhebereichen. Das Hotel besteht aus dem Stammhaus mit mehreren Zubauten und zwei wenige Autominuten entfernt gelegenen Luxus-Dependancen, die jüngste („Eco Farm Fontis") mit acht Suiten (drei Kategorien mit Küchenzeile, von 58 bis 66 m²) wurde erst nach Redaktionsschluss dieser Ausgabe eröffnet, wir haben sie naturgemäß nicht gesehen, sie sollen über Badeteich, Infinity-Außenpool und Saunahütte verfügen. Zimmer im Stammhaus wählt man aus 12 Kategorien (DZ von 32 bis 120 m²), sie sind großzügig geschnitten, haben alle Holzboden und Balkon oder Loggia, manche auch feine Vertäfelungen mit Kiefernholz, private Sauna und Whirlpool. Das Spa steht ausschließlich Hausgästen offen und ist ausgesprochen gut ausgestattet. Es bietet unter anderem sechs Pools, darunter ein 20 m langes, ganzjährig nutzbares Freibecken, einen Naturbadeteich sowie 10 Saunen (drei davon textil). Abwechslungsreicher Liegegarten samt Obstbäumen zum Selbstbedienen, großes Fitnessstudio, täglich (außer So) breites Aktivprogramm, auch Yoga, Pilates und geführte Wanderungen – ringsum warten herrlichste Wanderwege ohne Zahl. Restaurantterrasse für alle Mahlzeiten, schöner Wintergarten, reichhaltiges Frühstücksbuffet, sehr gute Küche, ebensolche Weinkarte, Light Lunch und Nachmittagsjause mit Kaffee und Tee sind im Preis inkludiert. Zigarren- und Whisky-Lounge. Präsente Gastgeber, viele freundliche Mitarbeiter, manchen wäre ein dienstleistungsmäßiges Fünfstern-Update anzuraten. Anmerkung: Der angegebene Ab-Preis ist ein Flex-Tarif und kann in der Praxis höher ausfallen. Gratisgarage für alle. Täglich bis zu 12,5 Stunden Betreuung für Kinder ab drei Jahren (mit saisonalen Einschränkungen). Hunde erlaubt. 94 Liegen, 170 Betten.

Naturbadeteich, Freibecken, Hallenbad, Außensauna, Sauna, Dampfbad, Massagen, Kosmetik, Ayurveda, Fitnessgeräte, Personal Trainer. 9-Loch-Parcours in 32 km.

HP ab € 193,–.

WELLNESS 14

Schwarzenstein Alpine Luxury Resort ****S

Grünruhelage am Ortsrand in Luttach – Ahrntal

39030 Luttach (BZ), Via del Paese, 11
+39-0474-674100

Familienfreundlich. Wellness-Mainstream in schöner Lage: Ein familiengeführtes Großhotel, umgeben von Bergwiesen und imposanten Gipfeln liegt es auf 950 m Seehöhe am Ortsrand eines beschaulichen Dörfchens. Das Resort besteht aus dem Stammhaus und einer 350 m entfernt gelegenen Dependance mit Apartments („Luxegg Mountain Lodge"), deren Gäste Zugang zu Spa und Restaurant haben. Das Ambiente zeigt kontemporär interpretierten Alpenstil, was auch für die Zimmer (14 Kategorien, DZ von 35 bis 100 m²) gilt. Mehrheitlich werden solche mit dick aufgetragener Extravaganz geboten, sie haben Holzböden, meist runde Betten und samtige Interieurs, stimmungsvolle indirekte Beleuchtung, einige sogar private Sauna und Whirl-

wanne. Das Spa steht ausschließlich Hausgästen offen und ist relativ weitläufig. Es bietet getrennte Bereiche für Familien und Ruhesuchende, unter anderem gibt es zwei Innenpools (8 m und 15 m lang) und einen großen, modernen Saunabereich mit neun Saunen (eine davon textil), der mit zahlreichen geführten Aufgüssen auch fortgeschrittene Saunierer begeistern kann. Im Freien erfreuen ein 25 m langes, ganzjährig nutzbares Freibecken, mehrere Whirlpools und Badeteich in einem Garten, der sich an warmen Sommertagen mitunter etwas eng anfühlen kann. Gute Massagen, abwechslungsreiches Aktivprogramm, auch Bogenschießen und geführte Wanderungen. Küche und Service konnten uns nicht ganz überzeugen, eine Nachmittagsjause ist inkludiert – Kaffee, Tee und Softdrinks aus dem Automaten zu allen Mahlzeiten ebenso. Wanderwege ohne Zahl beginnen hinter dem Haus, die Benutzung der Seilbahn ist von Frühling bis Ende Juni im Zimmerpreis enthalten. Gratisgarage für (fast) alle. Täglich (außer So) sieben Stunden Betreuung für Kinder ab drei Jahren. 160 Liegen, 360 Betten.

Naturbadeteich, Freibecken, Hallenbad, Außensauna, Sauna, Dampfbad, Massagen, Kosmetik, Ayurveda, Fitnessgeräte, Personal Trainer. 9-Loch-Parcours in 23 km.

HP (inkl. alkoholfreier Getränke) ab € 183,–.

WELLNESS 15

Mirabell Dolomites Olang *****

Grünlage am Ortsrand Nähe Bruneck – Pustertal

39030 Olang (BZ), Via Hans von Perthaler, 11
+39-0474-496191

Familienfreundlich. Ein familiengeführtes Haus mit fünf Sternen und mehr als 75 Jahren Tradition, es liegt auf 1.080 m Seehöhe an einer Kreuzung im Ort, von einigen Zimmern ist die Straße auch ganz gut zu hören. Das Haus begrüßt mit blumengeschmückten Südtiroler Fassaden, dahinter mit roten Teppichen und ganz generell mit konservativ-gemütlicher Ländlichkeit. Zimmer kann man aus 20 stark unterschiedlichen Varianten (DZ von 30 bis 70 m^2) wählen, sie sind mit Holz-, Marmor- oder Teppichboden zu haben, viele verfügen über einen Balkon, die Interieurs reichen von Landhausklassik bis hin zu neoalpiner Modernität, die Erstbefüllung der Minibar mit alkoholfreien Getränken ist inkludiert. Das Spa steht ausschließlich Hausgästen offen, es bietet unter anderem sechs Saunen (die beiden Textilsaunen werden nur auf Wunsch eingeschaltet), einen 10 m langen Innenpool und einen ebenso langen Außenpool. Die große als Almhütte stilisierte Eventsauna – für 40 Personen! – überrascht auch fortgeschrittene Saunie-

rer, das wirklich eiskalte Tauchbecken sorgt nach den Aufgüssen für einen besonderen Frischekick. Kleines Aktivprogramm, darunter Yoga (fünfmal die Woche) und Qi Gong (dreimal die Woche) – bei entsprechender Witterung all das auch im Freien. Reichhaltiges Frühstücksbuffet (auch mit ayurvedischen Gerichten), Langschläfer werden verwöhnt, ihnen wird das Frühstück serviert, und das bis mittags. Die Küche ist gut, ein Light Lunch mit verbundener Nachmittagsjause ist im Preis enthalten – Tee und Kaffee sind neuerdings nicht mehr inkludiert. Spannende Weinkarte mit glasweisen Raritäten. Präsente Gastgeberin, viele freundliche Mitarbeiter, Italienischkenntnisse sind hier übrigens von Vorteil. Wanderwege ohne Zahl, im Winter gibt es ein kostenloses Shuttle ins nahe Skigebiet. Gratisgarage für alle. Kinder bis sechs Jahre nächtigen kostenfrei (mit saisonalen Einschränkungen). Hunde erlaubt. 55 Liegen, 140 Betten.

Freibecken, Hallenbad, Außensauna, Sauna, Dampfbad, Massagen, Kosmetik, Ayurveda, Fitnessgeräte, Personal Trainer. Hauseigener 3-Loch-Parcours, 9-Loch-Parcours in 12 km.

HP ab € 171,–.

WELLNESS 13

Sonnenhof *****

Grünlage am Ortsrand Nähe Bruneck – Pustertal

39030 Pfalzen (BZ), Via Balkstein, 7, +39-0474-528105

Familienfreundlich. Einfach nett: Ein sympathisches Landhotel der familiengeführten Winkler-Gruppe, es liegt auf etwa 1.050 m Seehöhe an der Bundesstraße, die vor allem in den südseitigen Zimmern auch hörbar ist, sofern man bei offenem Fenster schlafen möchte. Hinter blumengeschmückten Fassaden offenbart sich ein zeitgemäßes Ambiente, das mit neoalpiner Gemütlichkeit umfängt. Zimmer sind aus neun Varianten (DZ von 22 bis 50 m^2) wählbar, alle sind renoviert und haben Holzboden und Balkon, manche sogar private Sauna und Whirlpool. Das Spa steht ausschließlich Hotelgästen offen, es bietet fünf Saunen (eine davon textil), einen 12 m langen Innenpool, zwei Whirlpools sowie als Highlight des Hauses einen großen Garten, ebendort erfreuen ein schöner, mit Steinfliesen ausgekleideter Pool von 20 m Länge und ein kleiner Naturbadeteich mit Liegedecks. Schöne Terrasse für alle Mahlzeiten, ansprechendes neues Restaurant, gute Küche, eine süße Nachmittagsjause ist inkludiert. Ausgesprochen nette und freundliche Mitarbeiter. Ambitionierte Getränkepreise, unterm Strich aber doch ein recht sauberes Preis-Leistungs-Verhältnis.

Fünf geführte Wanderungen pro Woche, im Winter gibt es ein kostenloses Shuttle zu den Skigebieten der Umgebung. Zu Ferienzeiten bis zu acht Stunden pro Tag Betreuung von Kindern ab drei Jahren. Hunde erlaubt. 35 Liegen, 130 Betten.

Naturbadeteich, Freibecken, Hallenbad, Sauna, Dampfbad, Massagen, Kosmetik, Ayurveda, Fitnessgeräte, Personal Trainer. 9-Loch-Parcours in 10 km, 100 % Greenfee-Rabatt.

HP ab € 121,–.

WELLNESS 13

Monika My Wellbeing Hotel *****

Grünruhelage am Ortsrand bei Sexten – Hochpustertal

39030 Sexten (BZ), Via del Parco, 2, +39-0474-710384

„Einfach Yeah! und Wow!“ (werblicher O-Ton): Betulich auf jugendlich getrimmt ist das Marketing dieses Familienbetriebes, der auf 1.300 m Seehöhe recht schön am Ortsrand liegt und sich mit allerlei cool formulierten Superlativen als „Base für Sportfreaks“ und „Refugium für Verliebte“ darstellt. Die Webseite zeigt zu anscheinend typischen Gästen stilisierte Models (etwa: „Wellnessqueen Anna“), verrät aber nur wenig über das Haus – in Sachen Transparenz könnte man also noch etwas zulegen und sich etwa am Hotel Juffing in Tirol orientieren. Jedenfalls: Vor Ort ist dann alles ein bisschen mehr down to earth, auch die fünf Sterne lassen sich nicht so ganz nachvollziehen, in Sachen Look und Feel hinkt man dem Anspruch jedenfalls etwas hinterher. Im Inneren zeigen sich sowohl zeitgemäße Ländlichkeit als auch unübersichtliche Grundrisse, die durch mehrere Anbauten verursacht sind. Zimmer gibt es in 21 stark unterschiedlichen Kategorien (DZ von 35 bis 60 m^2), sie sind allesamt sehr sauber, modern und überwiegend schlicht gestaltet, alle haben Holzböden, fast alle Balkon, ein mit einer Wanderkarte bestückter Rucksack zur Gratisleihe ist in jedem vorhanden. Das Spa verströmt charmelose Nüchternheit, bietet unter anderem sechs Saunen, einen 10 m langen Innenpool und einen schmalen, knapp 20 m langen Außenpool, der als Infinity-Sky-Pool beworben wird, tatsächlich aber gar keiner ist, immerhin aber erhebende Ausblicke auf die Sextener Sonnenuhr, einen Gipfelzug der Dolomiten, gewährt. Sehr gute Massagen, breites Aktivprogramm, auch Yoga, Pilates und geführte Wanderungen. Kleine Restaurantterrasse, reichhaltiges Frühstücksbuffet, gute Küche (man speist aber indoor), Light Lunch und Nachmittagsjause sind im Preis enthalten, Tee und Kaffee aber neuerdings nicht mehr inkludiert. Viele freundliche, mitunter aber leicht überforderte Mitarbeiter, bei einigen sind zudem gute Italienischkenntnisse hilfreich. Check-out um 10.30 Uhr, der Wellnessbereich kann am Abreisetag ohne Aufpreis ganztägig genutzt werden. Mountainbikes und Schneeschuhe gibt es zur Gratisleihe, im Winter fährt ein kostenloses Shuttle ins nahe Skigebiet. Gratisgarage für höhere Zimmerkategorien. Eher ungeeignet für Kinder. 55 Liegen, 110 Betten.

Freibecken, Hallenbad, Außensauna, Sauna, Dampfbad, Massagen, Kosmetik, Ayurveda, Fitnessgeräte.

HP ab € 160,–.

WELLNESS/KUR 14

Bad Moos Dolomites Spa Resort *****S

Grünruhelage am Ortsrand bei Sexten – Hochpustertal

39030 Sexten-Moos (BZ), Via Val Fiscalina, 27
+39-0474-713100

Familienfreundlich. Heilbadtradition seit 1765: Auf 1.350 m Seehöhe liegt dieser Familienbetrieb ruhig im beschaulichen Fischleintal, im Winter ist man hier direkt an der Piste und der Talstation Rotwand. Als Besonderheit bietet das Haus eine schwefelhaltige Quelle, die für ganzheitliche Kuren genutzt wird, ein Bad im 36 Grad heißen Schwefelwasser ist freilich auch für Gesunde erquickend. Das Stammhaus mit seinen blumengeschmückten Alpenlandfassaden ist mit der Apartment-Residence unterirdisch verbunden, sie ist einfach gehalten und nur ein paar Schritte entfernt. Im Inneren zeigt sich zeitgemäße und gemütliche Ländlichkeit mit zahlreichen traditionellen Akzenten. Zimmer kann man aus 20 stark unterschiedlichen Kategorien (DZ von 20 bis 52 m^2) wählen, neben solchen mit neoalpinen oder neourban anmutenden Interieurs und Holzböden gibt es auch noch einige recht einfache mit Teppichböden und günstigen Preisen, vornehmlich in der Dependance. Auch das Spa präsentiert sich zweigeteilt: Während manche Bereiche an ein städtisches Bad erinnern, ist etwa die Adults-only-Zone modern und gefällig gestaltet. Highlights sind ein Grottenruheraum mit Fels, Wasser und Kerzen, ein separates Ladys-Spa sowie eine gotische Stube aus dem 13. Jahrhundert im Private-Spa-Chalet, das bei Verfügbarkeit frei genutzt werden kann. Insgesamt stehen sieben Saunen (eine davon textil) zur Auswahl, die Massagen sind gut, täglich wird ein Aktivprogramm angeboten, auch geführte Wanderungen gehören dazu. Schöne Sonnenterrassen (im Winter allerdings voll mit Skifahrern), reichhaltiges Frühstücksbuffet, gute Küche, mitunter lange Wartezeiten im Restaurant, Italienischkenntnisse sind hier übrigens von Vorteil. Viele freundliche Mitarbeiter, charmante Gastgeberin, Gäste aus Italien sind zahlreich vertreten. Das Spa kann am Abreisetag ohne Aufpreis ganztägig genutzt werden. Garage gegen 10 Euro pro Tag. Hunde erlaubt. 89 Liegen, 220 Betten.

Freibecken, Hallenbad, Babybecken, Sauna, Dampfbad, Massagen, Kosmetik, Fitnessgeräte, Personal Trainer.

HP ab € 172,–.

WELLNESS 15

Alpenpalace Luxury Hideaway *****

Grünlage an der SS621 bei St. Johann – Ahrntal

39030 St. Johann im Ahrntal (BZ), Via Gisse, 32
+39-0474-670230

Hunde- und familienfreundlich. Der erste Eindruck trügt: direkt an der Bundesstraße, ein großes Sägewerk gegenüber. Doch passiert man das große Tor, so eröffnet sich eine eineinhalb Hektar große und erstaunlich ruhige Gartenidylle mit Springbrunnen, Rosenbeeten und Steinterrassen. Das auf 1.000 m Seehöhe gelegene, familiengeführte Fünfsternhotel präsentiert sich im traditionellen Landhausstil, Zimmer sind in 13 Kategorien (DZ von 35 bis 75 m^2) verfügbar, sie verströmen bodenständig-luxuriöse Behaglichkeit, die meisten haben Teppichböden, TV-Programme gibt es selbst in den allerfremdesten Sprachen, eine Flasche Moët und Cupcakes sind als Willkommensgruß Standard, das abendliche Turn-down-Service sowieso, die Pflegeprodukte im Bad stammen von Bulgari. Das inwendig nicht allzu große Spa bietet unter anderem ein 12 m langes, ganzjährig nutzbares Freibecken, einen 10 m langen Innenpool, vier Saunen und eine gute Wellnessbar mit Obstsalat, kandiertem Ingwer und Tee. Große Auswahl an Treatments, darunter auch Ayurveda, kleines Aktivprogramm, auch Yoga und geführte Wanderungen gehören dazu. Ausgezeichnetes Frühstück, es wird auf einer Etagere mit italienischem Prosciutto, Salami, Käse und Croissants serviert, zusätzlich gibt es ein reichhaltiges Buffet. Die Küche ist sehr gut, bei entsprechender Witterung gibt es Buffets auch im Freien, eine Kuchenjause am Nachmittag ist inkludiert, gegen einen Aufpreis von 40 Euro pro Tag erhält man ein „Deluxe Inklusiv-Arrangement" mit freier À-la-carte-Auswahl und einer kleinen Selektion von Südtiroler Weinen und Destillaten. Feinste Tischkultur, stets frische Blumen, die Servicemitarbeiter tragen Anzüge und weiße Handschuhe. In Sachen Professionalität und Herzlichkeit gibt es noch etwas Luft noch oben. Check-out bereits um 10 Uhr. Fahrräder (auch E-Mountainbikes) gibt es zur Gratisleihe, im Winter fährt ein kostenloses Shuttle zu den Skigebieten Klausberg und Speikboden. Garage gegen 8 Euro pro Tag, für den Helikopterlandeplatz hatten wir auch diesmal keine Verwendung. 33 Liegen, 120 Betten.

Freibecken, Hallenbad, Kinderbecken, Außensauna, Sauna, Dampfbad, Massagen, Kosmetik, Ayurveda, Fitnessgeräte. 9-Loch-Parcours in 25 km, 20 % Greenfee-Rabatt.

HP ab € 188,–.

WELLNESS 14

Lanerhof ****s

Grünlage am Ortsrand Nähe Bruneck – Pustertal

39030 St. Lorenzen (BZ), Mantana, 42, +39-0474-403133

Kinderfreundlich. Nett für Familien: Die bodenständige Variante der familiengeführten Winkler-Hotels liegt auf 860 m Seehöhe inmitten eines Dörfchens, pünktlich um 7 Uhr wird man hier von den Kirchenglocken geweckt. Außen wie innen zeigt sich das Haus auf recht nette Weise in traditioneller Alpenländlichkeit – schöne holzgetäfelte Stuben inklusive. Zimmer gibt es im Haupthaus und in der ein paar Schritte entfernten Dependance, insgesamt stehen 16 Varianten (DZ von 22 bis 80 m^2) zur Auswahl, alle sind im Landhausstil, mal etwas rustikaler, mal ganz modern, gestaltet, nur wenige haben noch Teppichböden, das W-Lan ist schnell. Das ausschließlich Hotelgästen zugängliche Spa bietet unter anderem acht Saunen (zwei davon textil), einen FKK-Sole-Whirlpool, ein 18 m langes Freibecken sowie ein gefällig gestaltetes Hallenbad, an der Wellnessbar geboten werden Obst, Gemüse und Dips. Gute Massagen, neuerdings werden auch Behandlungen nach Dorn angeboten, umfangreiches Aktivprogramm, auch Yoga, Qi Gong und Pilates. Richtig paradiesisch wird es aber für die Kinder, finden diese doch ein Füllhorn an Möglichkeiten – zum Entdecken, zum Austoben und alltagsabgewandten Vergnügtsein. Neben einem großen Spielplatz gibt es auch Tiere zum Streicheln, etwa Ziegen, Schweine, Hasen und Lamas, außerdem Ponys, auf denen man auch reiten darf. Schöne Restaurantterrasse für alle Mahlzeiten, reichhaltiges Frühstücksbuffet, sehr gute Küche, ein süßes Nachmittagsbuffet ist im Preis inkludiert. Schöne Weinkarte, viele freundliche und zuvorkommende Mitarbeiter. Fünf geführte Wanderungen pro Woche, Wanderwege ohne Zahl, im Winter gibt es ein kostenloses Shuttle ins nahe Skigebiet sowie einen hauseigenen Eislaufplatz. Täglich acht Stunden Betreuung für Kinder ab drei Jahren. Hunde erlaubt. 78 Liegen, 180 Betten.

Freibecken, Hallenbad, Babybecken, Außensauna, Sauna, Dampfbad, Massagen, Kosmetik, Ayurveda, Fitnessgeräte, Personal Trainer. 9-Loch-Parcours in 10 km, 100 % Greenfee-Rabatt.

HP ab € 127,–.

WELLNESS 19

Purmontes Private Luxury Chalet

Grünruhelage am Ortsrand Nähe Bruneck – Pustertal

39030 St. Lorenzen (BZ), Mantana, 47a
+39-0474-403205

Außergewöhnlich: eines der wenigen uns ruhesuchenden Genießern noch verbliebenen, lupenreinen Hideaways, nämlich super klein und hochfein. Das luxuriöse Kleinsthotel ist ein gutes Stück Architektur in Holzbauweise, es liegt auf 860 m Seehöhe etwas erhöht über dem Ort, weshalb man einen herrlichen Ausblick ins Tal und auf die dahinter liegenden Berge genießen kann, und zwar fast aus allen Räumen, nur ein Starkstrommast beeinträchtigt die Premiumidylle. Es gibt nur fünf Suiten (80 bis 130 m^2), dementsprechend stehen im Restaurant und auf der Terrasse ebenfalls fünf Tische, am Badeteich befinden sich fünf Holzplateaus und im Spa gibt es für jeden Gast eine Indoor-Liege. Das Ambiente betört: dunkelgraue Wände, heimelige Holzvertäfelungen, bodentiefe Glasflächen, Designerlampen, Leinensofas und schöne Blumen – einzig der Fake-Kamin passt da nicht ganz ins Bild. Das Wohngefühl ist fabelhaft: offenes Luxusbad mit riesigem Whirlpool, großartige Betten mit einnehmend feiner Bettwäsche, Küche mit Weinkühlschrank und Kaffeemaschine. Und im Freien stets ein Pool mit 36 Grad heißem Wasser, teilweise auch Sauna und Napoleongrill. Ein separater Wellnessbereich für alle ist im Dachgeschoß untergebracht, er bietet einen FKK-Whirlpool mit Glasdach, die Saunen öffnen, wann immer man will, auch private Aufgüsse sind möglich. Frühstück in hoher Qualität, sehr gute bis ausgezeichnete Küche. Die Weinkarte ist mit großer Expertise zusammengestellt, selbst Raritäten gibt es glasweise, eine kleine Nachmittagsjause ist inkludiert, die Getränke dazu aber neuerdings nicht mehr. Erfrischend junge Crew, präsenter Gastgeber – der Hausherr packt bei Bedarf selbst mit an, hier könnten sich viele Hoteliers noch etwas abschauen! Kein Schnäppchen, aber good value for the money. E-Bikes gibt es zur Gratisleihe, im Winter ein kostenloses Shuttle ins nahe Skigebiet. Überdachte Stellplätze kostenlos. Eher ungeeignet für Kinder, Hunde erlaubt. 14 Liegen, 14 Betten.

Naturbadeteich, Freibecken, Sauna, Dampfbad, Massagen, Kosmetik, Ayurveda, Fitnessgeräte, Personal Trainer. 9-Loch-Parcours in 10 km, 100 % Greenfee-Rabatt.

HP ab € 460,–.

WELLNESS 17

Winkler Sport & Spa Resort *****

Grünruhelage am Ortsrand Nähe Bruneck – Pustertal

39030 St. Lorenzen (BZ), Santo Stefano, 28a
+39-0474-549020

Kinderfreundlich. Viel Neues zu entdecken: Ein familiengeführtes Fünfsternhaus, es liegt auf 960 m Seehöhe umgeben von Wiesen am Hang, der Ausblick geht hinaus ins Tal. Das Hotel besteht aus einem kleineren Stammhaus mit traditioneller Alpenlandfassade und einem wesentlich größeren Neubau. Bis kurz vor Redaktionsschluss wurde das Hotel zu einem Teil modernisiert, viele öffentliche Räume erstrahlen nun in kontemporärem Glanz, neu sind unter anderem Hotelbar mit offenem Kamin, Lounge-Terrasse und die Barstube. Zumeist sehr wohnliche Zimmer sind aus 24 Kategorien (DZ von 22 bis 100 m^2) wählbar: Neben Interieurs im klassischen Alpenlandstil gibt es mehrheitlich solche in feiner, neoalpiner Modernität, alle haben Holzböden und Balkon. Highlights sind die vier neuen Poolsuiten mit privatem, 7 m langem, ganzjährig nutzbarem Außenpool sowie die neuen Suitenvarianten („Cozy"), die mit Holz und anderen Naturmaterialien ausgesprochen reduziert gestaltet sind. Auch im Spa hat sich einiges getan, es bietet nun sieben Pools mit insgesamt rund 500 m^2 Wasserfläche, der längste misst 25 m, der faszinierendste 18 m, er befindet sich in der neuen Adults-only-Outdoor-Zone auf der Dachterrasse – herrliches 360-Grad-Panorama inklusive! Insgesamt gibt es sechs Saunen (eine davon textil), zum Abkühlen ein großes Tauchbecken und eine Duschstraße mit Bewegungsmelder, die abwechselnd warmes und kaltes Wasser auf die Beine spritzt, Saunameister Martin sieht penibel nach dem Rechten. Gute Massagen (neuerdings werden auch solche nach Dorn angeboten), breites Aktivprogramm, auch Yoga, Pilates, Qi Gong und geführte Wanderungen. Auf Kids warten Streichelzoo, Kino, Sport- und Fußballhalle sowie ein Outdoorspielplatz. Restaurantterrasse, reichhaltiges Frühstücksbuffet, gute Küche; Lunch sowie Nachmittagsjause sind inkludiert. Viele freundliche Mitarbeiter, ringsum Wanderwege ohne Zahl, im Winter gibt es ein kostenloses Shuttle ins nahe Skigebiet. Gratisgarage für alle. Täglich acht Stunden Betreuung für Kinder ab drei Jahren. Hunde erlaubt. 110 Liegen, 252 Betten.

Freibecken, Hallenbad, Babybecken mit Rutsche, Außensauna, Sauna, Dampfbad, Massagen, Kosmetik, Ayurveda, Fitnessgeräte, Personal Trainer. 9-Loch-Parcours in 3 km, 100 % Greenfee-Rabatt.

HP ab € 170,–.

WELLNESS 15

Excelsior Dolomites Life Resort *****s

Grünruhelage am Ortsrand in St. Vigil – Enneberger Tal

39030 St. Vigil in Enneberg (BZ), Strada Valiares, 44

+39-0474-501036

Kinderfreundlich. Familiäres Umfeld: Ein sympathisch-solider Familienbetrieb, er trägt den Namenszusatz „Dolomites Life Resort“ und liegt auf 1.280 m etwas erhöht am Ortsrand, was für einen schönen Ausblick sorgt, im Winter ist man hier direkt an der Piste. Das Haus wurde bis zu unserem Redaktionsschluss renoviert, weshalb unser Besuch diesmal ausfallen musste und die Bewertung vom Vorjahr übernommen wurde. Der Umbau umfasste zum einen den Großteil der Zimmer im Stammhaus, die sich nun zwar schlicht-modern zeigen, in denen man aber die heimelige Geborgenheit der alten Interieurs, die viel besser zum Charakter des Hauses passten, vergeblich sucht. Zum anderen wurde auch die Stammhausfassade vollständig modernisiert, und mit dem Ergebnis geht es uns genauso wie mit den Zimmern: das Urlaubsgemütlichkeit verheißende Südtiroler Gesicht des Hauses ist weg. Es wurde durch das unverbindliche Zahnpastawerbungslächeln einer ach so trendigen Mainstream-Fassade ersetzt, deren Durchschnittsanmutung das ansonsten in allen Belangen überdurchschnittliche Haus nicht abbildet. Und nein, sie ist nicht so eindrucksvoll gelungen wie jene neue im Chalet Mirabell in Hafling. Eine kleine Hoffnung bleibt uns aber, vielleicht ist das ja alles nicht so schlimm, schließlich haben wir ja nur Renderings gesehen, und die Wirklichkeit sieht viel besser aus! Zimmer sind nun jedenfalls aus 14 unterschiedlichen Kategorien (DZ von 22 bis 140 m²) wählbar, sie bieten zumeist neoalpine oder geradlinig-reduzierte Interieurs, haben Holzböden und bodentiefe Fenster. Das Spa ist auf zwei auseinanderliegende Bereiche aufgeteilt, jener für Erwachsene befindet sich im Neubau hinter dem Stammhaus, er bietet einen 15 m langen Infinity-Pool auf dem Dach, zudem eine große Sauna, Infrarot-Lounge und feine Ruheräume. In der einige gute Schritte entfernten Family-Zone warten sechs Saunen (zwei davon textil), ein 15 m langer Innenpool und ein wohlig warmer, 4,5 mal 2 m großer Whirlpool im Freien. Sehr gute Massagen, umfangreiches (teilweise aufpreispflichtiges) Aktivprogramm, auch Yoga, Qi Gong und geführte Wanderungen. Reichhaltiges Frühstücksbuffet, sehr gute Küche, Light Lunch und Nachmittagsjause sind im Preis inbegriffen. Präsente Gastgeber – gleich vier Familienmitglieder packen hier tüchtig mit an –, außerordentlich freundliche Mitarbeiter. Gratisgarage für höhere Zimmerkategorien,

Excelsior Dolomites Life Resort

ansonsten gegen 15 Euro pro Tag. Täglich (außer Sa) 7,5 Stunden Betreuung für Kinder ab drei Jahren. Hunde erlaubt. 51 Liegen, 198 Betten.

Freibecken, Hallenbad, Kinderbecken, Sauna, Dampfbad, Massagen, Kosmetik, Ayurveda, Fitnessgeräte, Personal Trainer. 9-Loch-Parcours in 20 km, 25 % Greenfee-Rabatt.

HP ab € 146,–.

WELLNESS 13

Monte Sella ****

Zentrale Ortslage in St. Vigil – Enneberger Tal

39030 St. Vigil (BZ), Via Catarina Lanz, 7, +39-0474-501034

Charaktervoll, und das seit 1903: Ein beherbergungsmäßiges Kleinod unter Familienführung, es liegt auf 1.200 m Seehöhe direkt an der Gemeindestraße, gleich gegenüber der Talstation der Skitrans Bronta-Gondelbahn, der direkten Verbindung ins Skigebiet Kronplatz. Das Hotel besteht aus einer viergeschoßigen Jugendstilvilla und zwei Zubauten in Holzbauweise. Das Ambiente verströmt Italianità mit historischen Akzenten. Zimmer sind in sechs Varianten (DZ von 22 bis 67 m²) verfügbar, alle haben Holzböden und sind stilvoll, aber sehr unterschiedlich eingerichtet, Neojugendstil und zeitlose Klassik herrschen vor. Das kleine Spa bietet drei Saunen, einen 8 m langen Innenpool, ein Kneippbecken im Freien, und überall riecht es unaufdringlich nach Räucherstäbchen. Kleines Aktivprogramm, auch Yoga und Kräuterwanderungen, die Eigentümerin bietet höchstpersönlich Ayurveda, Naturkosmetik und Kräuterkunde an. Zu bestimmten Terminen finden auch Basenfasten-Wochen sowie Ayurvedakuren mit Virechana (Darmreinigung) statt. Sehr gute Küche mit regionaler und saisonaler Ausrichtung. Kleiner Garten mit ebensolcher Terrasse, ein nachmittägliches Jausenbuffet mit Kuchen und Obst ist inkludiert. Großartige Gastgeber, familiäres Umfeld mit Engagement, Charme und Freundlichkeit, viele Gäste aus Italien. Schneeschuhe und Rodeln gibt es zur Gratisleihe. Garage gegen 8 Euro pro Tag. Eher ungeeignet für Kinder, Hunde erlaubt. 27 Liegen, 100 Betten.

Hallenbad, Sauna, Dampfbad, Massagen, Kosmetik, Ayurveda, Fitnessgeräte. 9-Loch-Parcours in 20 km.

HP ab € 115,–.

WELLNESS 16

Amonti Wellnessresort *****

Grünlage am Ortsrand in Steinhaus – Ahrntal

39030 Steinhaus (BZ), Via Klausberg, 55, +39-0474-651010

Kinderfreundlich. Extravaganz, dick aufgetragen: Das familiengeführte Großhotel ist ein Teil des Amonti & Lunaris Resorts und spezialisiert auf Familien und Romantik für Paare. Das Haus liegt auf 1.054 m Seehöhe direkt an der Bundesstraße, gleich gegenüber der Talstation der Klausberg-Gondelbahn, dem Anschluss an 33 Pistenkilometer und acht Lifte und Seilbahnen. Das Ambiente strotzt geradezu vor ländlichem Neochic, was auch für die Zimmer (17 Kategorien, DZ von 36 bis 110 m²) gilt. Sie sind in warmen Farben mit viel Holz gestaltet, alle haben feine Eichenholzböden, übergroße Betten und Balkon, manche auch private Sauna und Whirlpool. Es gibt mehrere zubuchbare Extras, etwa Sekt mit Erdbeeren, den Tagesausflug mit einem Porsche Boxster, einen Hubschrauberrundflug oder einen professionellen Fotografen, der für romantische Erinnerungsbilder sorgt. Das Spa steht auch Gästen des angrenzenden Lunaris Resorts offen, es erstreckt sich über mehrere Etagen und Gebäude, unter anderem verfügt es über einen Familienbereich mit Textilsauna, 40 m langer Röhrenrutsche, 16 m langem Innenpool und 17 m langem Freibecken. Im vierten Stock ist die Adults-only-Zone mit drei Saunen, zwei Pools, Tauchbecken und mehreren Ruheräumen angesiedelt, ein neuer Liegebereich mit schönen Betten bildet den Abschluss am Dach – erquickendes Panorama inklusive. Wunderschöne Restaurantstuben, reichhaltiges Frühstücksbuffet, gute Küche, Light Lunch und Nachmittagsjause sind im Preis inkludiert, Softdrinks aus dem Automaten ebenso. Wunderbar, um den Tag ausklingen zu lassen, ist die nur Erwachsenen zugängliche Sky Lounge. Viele freundliche Mitarbeiter, so manchem Mitarbeiter stünde aber ein Fünfstern-Update nicht schlecht. Große Indoor- und Outdoor-Spielareale sowie täglich neun Stunden Betreuung für Kinder ab zwei Jahren. Garage gegen 10 Euro pro Tag. Hunde erlaubt. 165 Liegen, 260 Betten.

Freibecken, Hallenbad, Kinderbecken mit Rutsche, Babybecken, Sauna, Dampfbad, Massagen, Kosmetik, Ayurveda, Fitnessstudio, Personal Trainer.

HP (inkl. alkoholfreier Getränke) ab € 189,–.

WELLNESS 16

Lunaris Wellnessresort *****

Grünlage am Ortsrand in Steinhaus – Ahrntal

39030 Steinhaus (BZ), Via Hittlfeld, 1a, +39-0474-652190

Kinderfreundlich. Ein familiengeführtes Fünfsternhaus, es liegt auf 1.054 m Seehöhe direkt an der Bundesstraße, gleich gegenüber der Talstation der Klausberg-Gondelbahn, dem Anschluss an

33 Pistenkilometer und acht Lifte und Seilbahnen. Das Haus ist ein Teil des Amonti & Lunaris Resorts und mit dem benachbarten Amonti durch einen unterirdischen Gang verbunden, die Zielgruppe ist seltsamerweise die gleiche, nämlich Familien mit Kindern und nach Romantik heischende Paare. Wie das sinnvoll zu vereinbaren ist, sei dahingestellt. Das Ambiente zelebriert Luxus in ebenso pompösen wie eindrucksvollen Dimensionen. Zimmer stehen in 19 hochgefälligen Varianten (DZ von 32 bis 109 m²) zur Auswahl, alle haben bodentiefe Fenster, Eichenholzböden, Interieurs aus Naturmaterialien, übergroße Boxspringbetten, Balkon, manche auch Whirlpool und private Sauna. Das Spa des Resorts liegt im Amonti und ist über einen langen, unterirdischen Gang zu erreichen. Es bietet einen neuen schönen Liegebereich mit bequemen Betten am Dach, im vierten Stock befindet sich eine hochkarätige Adults-only-Zone mit drei Saunen und zwei Außenpools, der längste misst knapp 9 m.
Auch einen großen Familienbereich gibt es, mit Hallenbad, 40 m langer Röhrenrutsche und einer Textilsauna. Das Restaurant verfügt über schöne Räume, auch eine Zirbenstube gibt es, abends wird hier Zither gespielt. Sehr gutes Frühstücksbuffet, gute Küche, wunderbares Käsebuffet, Light Lunch und Nachmittagsjause sind inkludiert. Viele freundliche Mitarbeiter, beim Service gibt es aber noch etwas Luft nach oben. Garage gegen 10 Euro pro Tag. Für Kids gibt es große Indoor- und Outdoor-Spielareale sowie täglich neun Stunden Betreuung für Kinder ab zwei Jahren. Hunde erlaubt. 200 Betten.

Freibecken, Hallenbad, Kinderbecken mit Rutsche, Babybecken, Sauna, Dampfbad, Massagen, Kosmetik, Ayurveda, Fitnessstudio, Personal Trainer.

HP (inkl. alkoholfreier Getränke) ab € 182,–.

WELLNESS 16

Petrus *****

Grünruhelage am Ortsrand Nähe Bruneck – Pustertal

39031 Reischach (BZ), Via Reinthal, 11
+39-0474-548263

Hunde- und familienfreundlich. Ein Familienbetrieb par excellence – nicht weniger als fünf Familienmitglieder packen hier tüchtig mit an. Das Hotel liegt ruhig auf 960 m Seehöhe und grenzt an Wiesen und Wälder, im Winter sind es kaum 10 Gehminuten zu den Talstationen der beiden Kronplatz-Gondelbahnen, dem Anschluss an 30 weitere Lifte und insgesamt 119 Pistenkilometer, ein Ski-Shuttle fährt im 15-Minuten-Takt.

Im Inneren zeigt sich liebevoll arrangierte Zeitgeistigkeit der behaglichen Art, es regieren Leichtigkeit und Harmonie, und alles ist bestens gepflegt und sauber. Schöne Zimmer (DZ von 30 bis 63 m^2) sind aus 15 Kategorien wählbar, alle haben Balkon, viele eigene Infrarotkabine, einen Whirlpool und einen Living Room im Freien. Das Spa ist auf zwei Geschoßen untergebracht und bietet unter anderem mehrere kleinteilige und atmosphärisch gestaltete Ruhezonen, fünf Saunen (eine davon textil) sowie eine 25 m lange Kombination aus Außen- und Innenpool. Kleines Aktivprogramm, auch Yoga und geführte Wanderungen, die Fitnessgeräte sind aus Holz, ein Laufband haben wir aber nicht gefunden. Fabelhafte Terrasse für alle Mahlzeiten, reichhaltiges Frühstücksbuffet, sehr gute bis ausgezeichnete Küche – diese Bewertung bezieht sich wie immer auf die Halbpension und nicht auf das renommierte À-la-carte-Restaurant Kaminstube. Obst, Gemüse und Kräuter stammen zum großen Teil aus dem eigenen Garten, Brot, Nudeln und Marmeladen werden selbstgemacht. Glutenfreie Gerichte kommen auf Wunsch unkompliziert auf den Teller, eine Nachmittagsjause ist inkludiert. Stets präsente und zuvorkommende Gastgeber, ebensolche Mitarbeiter. Gratisgarage für alle. Ein eigener Reitstall liegt etwa 500 m vom Haus entfernt. Im Winter zu Ferienzeiten täglich zwei Stunden Kinderbetreuung. 44 Liegen, 110 Betten.

Freibecken, Hallenbad, Sauna, Dampfbad, Massagen, Kosmetik, Fitnessgeräte. 9-Loch-Parcours in 2 km, 40 % Greenfee-Rabatt.

HP ab € 125,–.

WELLNESS 17

Alpen Tesitin Panorama Resort *****

Naturlage mit Fernblick in Taisten – Pustertal

39035 Taisten (BZ), Via Riva di Sotto, 22
+39-0474-950020

Familienfreundlich. Auf einer Anhöhe mit prachtvollem Bergpanorama gelegener Familienbetrieb, er liegt auf 1.300 m hoch über dem Tal, der Ausblick geht auf Sarlkofel, Lungkofel und Dürrenstein. Das Haus wurde bis zu unserem Redaktionsschluss modernisiert und erweitert, viele öffentliche Räume zeigen sich nun mit einem starken Hauch von Extravaganz – in krassem Gegensatz zur bisherigen Dezenz des Ambientes. Auch drei Suitenvarianten erhielten ein Facelift, sie zeigen sich modern und in hochwertiger Anmutung, insgesamt stehen nun 15 Kategorien (DZ von 38 bis 120 m^2) zur Auswahl, alle haben Balkon oder Terrasse mit Tal- oder Hangblick. Das Spa bietet viel, von einer Event-Außensauna über Panoramahimmelbetten bis hin zu Solebecken und Außenwhirlpool mit grandiosem Dolomitenblick und einem 20 m langen Außenpool. Es gibt insgesamt neun Saunen (zwei davon textil), sehr gute Massagen, Aktivprogramm, auch Yoga, Fünf Tibeter sowie geführte Wandertouren. Fabelhafte Terrasse mit Morgensonne, reichhaltiges Frühstücksbuffet bereits ab 7.15 Uhr (sehr angenehm für Wanderer und Skifahrer), sehr gute Küche, Light Lunch und Nachmittagsjause sind inkludiert. Beim Service gibt es noch Luft nach oben, so manchem Mitarbeiter stünde ein ausbildungsmäßiges Fünfstern-Update gar nicht schlecht. Check-out bereits um 10.30 Uhr. 10 geführte Wanderungen pro Woche, Wanderwege ohne Zahl, im Winter gibt es ein kostenloses Shuttle ins nahe Skigebiet. Gratisgarage für einzelne Suiten, ansonsten gegen 8 Euro pro Tag. Hunde erlaubt (für Vierbeiner zahlt man einmalig pro Aufenthalt). Anmerkung: Das Haus konnte wegen des Umbaus nicht besucht werden, es gilt daher die Bewertung vom Vorjahr. 92 Liegen, 150 Betten.

Freibecken, Solefreibecken, Hallenbad, Außensauna, Sauna, Dampfbad, Massagen, Kosmetik, Fitnessgeräte, Personal Trainer. 9-Loch-Parcours in 21 km.

HP ab € 165,–.

WELLNESS 14

Ambet ****

Grünlage mit Fernblick in Meransen – Pustertal

39037 Meransen (BZ), Via Ausserecker, 22
+39-0472-520115

Hunde- und familienfreundlich. Ein sympathischer, kleiner Familienbetrieb, er liegt in 1.400 m Seehöhe in einem Dörfchen, im Winter ist man hier praktisch direkt an der Piste und unweit der Talstation der Achter-Kabinenbahn, dem Anschluss an das Skigebiet Gitschberg-Jochtal mit 55 Pistenkilometern. Das vor fünf Jahren komplett neu errichtete Haus zeigt sich stilistisch anders als die meisten anderen, nämlich durchgängig aus einem Guss. Glas, Stein und Holz wurden hier gut durchdacht in Szene gesetzt, freilich ohne jegliche Reminiszenzen an den traditionellen Südtiroler Charme. Puristisch gestaltete schöne Zimmer (DZ von 32 bis 50 m^2) stehen in sechs Kategorien zur Auswahl, alle haben übergroße Betten, bodentiefe Fenster und Balkon oder Terrasse, einige einen Außenwhirlpool und eine Badewanne – der Rest nur Duschen. Und viele bieten auch den für das Haus so typischen traumhaften Ausblick, der ganz besonders auf der Dachterrasse als 360-Grad-Panorama zu genießen ist und bis ins Tal nach Brixen reicht. Das kleine Spa ist auf drei Ebenen aufgeteilt, auf Gartenebene bietet es einen Familienbereich mit 10 m langem Innenpool und zwei Textilsaunen, drei Stockwerke darüber eine Adults-only-Zone mit Finnsauna und Ruheraum – toller Ausblick inklusive. Das Highlight des Hauses liegt aber auf der Dachterrasse: ein 14 m langer Infinity-Pool. Reichhaltiges Frühstücksbuffet, sehr gute Küche bei gehobener Tischkultur, eine süße Nachmittagsjause ist inkludiert. Stimmungsvolle Bar. Herzliche und zuvorkommende Mitarbeiter, präsente und authentische Gastgeber. Kleiner Wermutstropfen: die nahe Durchgangsstraße. 24 Liegen, 110 Betten.

Freibecken, Hallenbad, Sauna, Dampfbad, Massagen, Kosmetik.

HP ab € 121,–.

WELLNESS 13

Bacherhof ****

Grünruhelage mit Fernblick in Meransen – Pustertal

39037 Meransen (BZ), Via Huber, 16, +39-0472-520128

Familienfreundlich. Das „Zuhause des guten Lebens“ (werbliche Selbstdarstellung) ist ein sympathischer Familienbetrieb von ebensolcher Größe, er liegt in der Nähe von Brixen am Eingang des Pustertales, und zwar inmitten von Wiesen und Feldern auf 1.350 m Seehöhe, im Winter sind es etwa 10 Gehminuten zur Talstation der Gondelbahn Gitschberg-Meransen, dem Anschluss an 14 weitere Lifte und insgesamt 55 Pistenkilometer, ein Ski-Shuttle fährt mehrmals pro Tag. Hinter blumengeschmückten Fassaden herrscht ebenso heimelige wie gepflegte Gemütlichkeit ländlicher Prägung. Die Zimmer (13 Kategorien, DZ von 22 bis 52 m^2) sind klassisch arrangiert, sie haben zumeist Teppichböden und Balkon, der Ausblick über das Tal ist fabelhaft. Das Spa bietet unter anderem sieben Saunen (zwei davon textil), eine Liegewiese mit Biotop und Kneippbecken, einen 11 m langen Außenpool sowie ein kleines Hallenbad. Reichhaltiges Frühstücksbuffet, sehr gute Küche, feiner Weinkeller, hier werden auch Weinverkostungen angeboten, eine Nachmittagsjause ist inkludiert, einmal wöchentlich gibt es abends ein feines Käsebuffet. Freundliche und zumeist zuvorkommende Mitarbeiter. Geführte Wanderungen, herrliche Wanderwege ohne Zahl. Check-out bereits um 10.30 Uhr. Gratisgarage für alle. Hunde erlaubt (für Vierbeiner zahlt man einmalig pro Aufenthalt 95 Euro). 24 Liegen, 100 Betten.

Freibecken (Sommer), Hallenbad, Außensauna, Sauna, Dampfbad, Massagen, Kosmetik, Ayurveda, Fitnessgeräte.

HP ab € 113,–.

WELLNESS 14

Milla Montis ****

Grünlage mit Fernblick in Meransen – Pustertal

39037 Meransen (BZ), Via Huber, 25, +39-0472-520278

Bei Franziska und Roland: Ein im Vorjahr nach Redaktionsschluss eröffnetes, ruhevolles Kleinhotel mit außergewöhnlicher Architektur. Es liegt auf 1.300 m Seehöhe außerhalb sowie etwas unterhalb des Dörfchens Meransen, im Winter sind es keine zwei Autominuten zur Talstation der Achter-Kabinenbahn, dem Anschluss an das Skigebiet Gitschberg-Jochtal mit fünf Liften und 55 Pistenkilometern, ein kostenloses Shuttle fährt im Viertelstundentakt. Das Ambiente zeigt sich von stilsicherer Hand gestaltet, es trägt die unverwechselbare Handschrift jenes Architekten, der auch das Schgaguler in Kastelruth entworfen hat. Eine Deko gibt es nicht, alles zeigt sich gleichsam mit maximaler Reduktion auf das Wesentliche, strahlt aber dennoch Geborgenheit in hohen Dimensionen aus. Zimmer (DZ von 34 bis 42 m^2) stehen in vier Kategorien zur Auswahl, einige haben eine Sauna, alle Loggia oder Terrasse, und alle sind nach Süden ausgerichtet, was für einen herrlichen Ausblick über das Pustertal bis hin zum Wahrzeichen Südtirols, dem Schlern am Rand der Seiser Alm, steht. Auch das Spa folgt dem Gestaltungskonzept des Hauses, allerdings ist die diesbezügliche Infrastruktur sehr bescheiden und würde bei einem Mainstream-Hotel niemals für eine Lilie reichen. Doch wie immer bewerten wir auch hier nicht nur das Spa, sondern das „Gesamtprodukt“ unter Einbeziehung aller Wohlfühlaspekte. Unter anderem geboten werden zwei Saunen und ein auch im Winter nutzbarer, knapp 15 m langer Außenpool, freilich auch dieser mit freiem Ausblick. Großartiges Frühstücksbuffet, ausgezeichnete Küche bei feiner Tischkultur, der Hausherr kocht selbst, und das mit Verve. Und er legt großes Augenmerk auf die Herkunft der Zutaten. Ästhetisch niveauvolle und gut bestückte Bar, wunderbare junge Gastgeber, freundliche Mitarbeiter. Ungeeignet für Kinder, Hunde erlaubt. 14 Liegen, 65 Betten.

Freibecken, Sauna, Dampfbad, Massagen.

HP ab € 160,–.

WELLNESS 16

Sonnenberg Alpine Spa Resort ****s

Grünlage mit Fernblick in Meransen – Pustertal

39037 Meransen (BZ), Via Ausserecker, 35
+39-0472-520232

Familienfreundlich. Mit Panoramaausblick auf die Dolomiten und das Pustertal: Ein Familienbetrieb in angenehmer Größe, er liegt auf einem Hochplateau in 1.450 m Seehöhe, fokussiert auf Wander- und Skiurlaub und besteht aus dem Stammhaus sowie einer 500 m entfernt gelegenen Dependance, deren Apartmentgäste Zugang zu Spa und Restaurant haben. Das Ambiente zeigt sich in heimeliger Modernität, Holz und andere Naturmaterialien herrschen vor, eine Besonderheit ist der herrliche Ausblick, der hier aus vielen Räumen und auch von der Liegewiese zu genießen ist. Zimmer sind aus 13 Varianten (DZ von 25 bis 63 m²) wählbar, viele sind nach Süden ausgerichtet, alle haben Balkon sowie Interieurs aus Eiche, Zirbe oder Fichte, das neue Doppelzimmer Dolomiti zeigt sich in modernem Design – Altholzvertäfelungen und Holzboden inklusive. Wer bei offenem Fenster schlafen möchte, sollte sich vor einem straßenseitigen Zimmer hüten, denn der Ausflüglerverkehr zum Bergparkplatz übernimmt schon frühzeitig die Weckfunktion. Das Spa fühlt sich wunderbar atmosphärisch an, dazu gehören vier Saunen (eine davon textil), ein knapp 17 m langer Infinity-Außenpool, der mit einem schmalen, 10 m langen Innenpool verbunden ist, hochfeine Ruhebereiche und ein gepflegter Panoramagarten mit kleinem Naturbadeteich. Kleines Aktivprogramm, vornehmlich geführte Wanderungen. Fabelhafte Restaurantterrasse, reichhaltiges Frühstücksbuffet, sehr gute Küche, Light Lunch und ein nachmittägliches Kuchenbuffet sind inkludiert. Viele freundliche und bemühte Mitarbeiter. Ringsum Wanderwege ohne Zahl, im Winter gibt es Schneeschuhe und Rodeln zur Gratisleihe. Check-out bereits um 10.30 Uhr, bei einem Aufenthalt ab zwei Tagen steht der Wellnessbereich Hotelgästen am Abreisetag ohne Aufpreis offen. Überdachte Stellplätze kostenlos. Hunde erlaubt. 84 Liegen, 130 Betten.

Naturbadeteich, Freibecken, Hallenbad, Sauna, Dampfbad, Massagen, Kosmetik, Fitnessgeräte.

HP ab € 148,–.

WELLNESS 16

Tratterhof Mountain Sky Hotel ****s

Grünruhelage mit Fernblick in Meransen – Pustertal

39037 Meransen (BZ), Via Großberg, 6, +39-0472-520108

Hunde- und familienfreundlich. Hoch oben auf 1.500 m Seehöhe, in einer Sackgasse gelegen, umgeben von Wiesen und Wäldern, mit herrlicher Bergluft, schier grenzenlosem Ausblick und schwachem Handy-Empfang: Ein topgepflegtes, familiengeführtes Hotel, es fokussiert auf Yoga, Wandern und Skiurlaub und besteht aus Stammhaus und einem schönen Neubau aus Holz. Im Inneren herrscht zeitgemäße Ländlichkeit, ein wunderbarer Duft aus Weihrauch, Heu und Wacholder liegt in der Luft. Die Zimmer (20 Kategorien, DZ von 25 bis 80 m²) sind mit viel Holz gestaltet: im Altbau traditionell, sauber und in gutem Zustand, im Zubau modern und zugleich wunderbar heimelig. Das auch öffentlich zugängliche Spa besteht ebenfalls aus einer alten und einer neuen Zone, beide Bereiche liegen allerdings in unterschiedlichen Teilen der Anlage. Unter anderem geboten werden acht Saunen (drei davon textil), zwei auch im Winter nutzbare Freibecken (12 und 20 m lang), zwei FKK-Außenpools sowie feine, mit Ahorn- und Lärchenholz gestaltete Ruheräume. Kleines Aktivprogramm, darunter auch Yoga, Pilates und Waldbaden mit Alfred, dem Wanderführer. Zu gewissen Terminen werden auch – in der Regel einwöchige – Yoga-Retreats abgehalten. Reichhaltiges Frühstücksbuffet, sehr gute Küche (auf Wunsch auch glutenfrei), eine inkludierte Nachmittagsjause wird neuerdings nicht mehr angeboten. Freundlicher und professioneller Service mit italienischem Charme. Schöne Wanderwege beginnen vor der Haustür. Gratisgarage für alle. Hunde erlaubt. 88 Liegen, 170 Betten.

Freibecken, Hallenbad, Außensauna, Sauna, Dampfbad, Massagen, Kosmetik, Ayurveda, Fitnessstudio, Personal Trainer. 9-Loch-Parcours in 36 km.

HP ab € 157,–.

WELLNESS 15

Masl Alpinhotel ****s

Grünruhelage am Ortsrand im Vallertal – Pustertal

39037 Vals (BZ), Unterlände, 21
+39-0472-547187

Familienfreundlich. Ein sympathischer Familienbetrieb, er wird bereits in vierter Generation geführt und liegt auf 1.300 m Seehöhe kurz vor dem Talschluss direkt an einer Straße, im Winter gelangt man mit ein paar guten Schritten zum Schlepplift, dem Einstieg in die Skigebiete Gitschberg-Jochtal mit weiteren 15 Liften und insgesamt 55 recht schönen Pistenkilometern. Die öffentlichen Räume präsentieren sich in kontemporär gestalteter Gemütlichkeit, was auch für die Zimmer gilt. Sie sind aus 10 Kategorien (DZ

von 35 bis 80 m²) wählbar, sie sind mehrheitlich stilvoll und zeitgemäß mit Zirbenholz und anderen Naturmaterialien gestaltet, alle haben Balkon, manche auch eigene Sauna. Das ausschließlich Hausgästen gewidmete, allerdings indoor nicht gerade weitläufige Spa ist auf drei auseinanderliegenden Ebenen untergebracht, unter anderem bietet es insgesamt sechs Saunen, einen winzigen Innenpool und einen 13 m langen, ganzjährig nutzbaren Außenpool. Im Freien erfreuen große Liegewiese sowie Außensauna mit Tauchbecken, drinnen ein separates Kleinkinderbecken mit Rutsche. Kleines Aktivprogramm – vornehmlich Qi Gong und geführte Wanderungen (auch mit Lamas) –, gute Massagen. Reichhaltiges Frühstücksbuffet, gute Küche, eine süße Nachmittagsjause ist im Preis inbegriffen. Präsente Gastgeberin, freundliche und hilfsbereite Mitarbeiter. Viele langjährige Stammgäste, nicht selten ergänzt um eine lebhafte Kinderschar, für die Spielplatz, Streichelzoo und Bauernhof bereitstehen. Wanderwege ohne Zahl, ein Klassiker des Hauses ist die traditionelle Brettljause auf der familieneigenen Berghütte auf der Fane Alm. Rodeln gibt es zur Gratisleihe. Check-out um 10.30 Uhr, Gratisgarage für alle. Hunde erlaubt. 39 Liegen, 160 Betten.

Freibecken, Hallenbad, Babybecken mit Rutsche, Außensauna, Sauna, Dampfbad, Massagen, Kosmetik, Fitnessgeräte. Tennisplatz.

HP ab € 134,–.

WELLNESS 15

Silena *****

Grünruhelage am Ortsrand im Vallertal – Pustertal

39037 Vals (BZ), Via Birchwald, 10, +39-0472-547194

Hundefreundlich. Als Natur-Designhotel präsentiert sich dieser sympathische Familienbetrieb, er trägt den Namenszusatz „The soulful hotel" und liegt auf 1.350 m Seehöhe nahezu mitten in der Natur, zu den Talstationen zweier Seilbahnen sind es nur ein paar gute Schritte, im Winter bedeutet das den direkten Anschluss an das Skigebiet Gitschberg-Jochtal mit 55 Pistenkilometern. Hinter mit düsteren, wie organisches Gespinst anmutenden Eisengittern verkleideten Fassaden fühlt sich das Ambiente so erfrischend wie inspirierend an: atmosphärisch gekonnt gestaltete Reduktion, arrangiert mit exotischen Lampen, Pölstern, Bambusleitern, Töpfen, Kerzen, Naturmaterialien und dunklen Farben, fast wähnt man sich auf Bali. Auch eine 1.000-Bücher-Bibliothek gibt es, zudem einen mit Matten und niedrigen Tischchen ausgestatteten Raum für Teezeremonien. Die Zimmer (12

Kategorien, DZ von 30 bis 65 m²) präsentieren sich reduziert, mit hellem Vollholz und teilweise noch mit Teppichböden, in jenen der Kategorie Soulful spiegeln sich hingegen Anklänge der Gestaltung der öffentlichen Räume wider, mit hausgemachten Pralinen und einem handgeschriebenen Brief heißt man die Gäste willkommen. Auch das ausnahmslos Hotelgästen vorbehaltene Spa erinnert an die kleine Sundainsel. Es bietet einen 10 m langen, auch im Winter nutzbaren Außenpool mit Glaswand, eine Außensauna mit Ruheraum auf dem Dach sowie zwei weitere Saunen indoor. Kleines Aktivprogramm, darunter auch Yoga, Qi Gong und Meditation, zu bestimmten Terminen finden mehrmals pro Jahr auch Yoga-Retreats statt. Nette Restaurantterrasse, reichhaltiges Frühstücksbuffet, gute bis sehr gute Küche bei feiner Tischkultur, eine Nachmittagsjause ist im Zimmerpreis neuerdings nicht mehr inkludiert. Gewöhnungsbedürftiges Per-Du-Umfeld, ausgesprochen freundliche und zuvorkommende Mitarbeiter, präsente Gastgeber. Garage gegen 10 Euro pro Tag. Eher ungeeignet für Kinder. 66 Liegen, 100 Betten.

Freibecken, Sauna, Dampfbad, Massagen, Kosmetik, Personal Trainer.

HP ab € 158,–.

WELLNESS 16

Lüsnerhof Naturhotel ****s

Grünruhelage mit Fernblick Nähe Brixen – Lüsnertal

39040 Lüsen (BZ), Via Rungg, 20

+39-0472-413633

Umringt von Wiesen und Wäldern liegt das 1933 als Gastwirtschaft eröffnete Haus auf 1.000 m, der Ausblick auf die Dolomiten ist traumhaft. Die Anlage besteht aus dem Stammhaus, einem ein paar Schritte abseits gelegenen Badehaus mit Suiten sowie zwei Dependancen (150 m und 1,8 km entfernt) mit größeren Apartments, deren Gäste Zugang zu Spa und Restaurant haben. Kunstvolle Schnitzereien an den Holzfassaden begrüßen bei der Anreise, im Inneren dominieren heimische Hölzer und weiche Polstermöbel, sie verströmen alpenländische Behaglichkeit in einnehmenden Dimensionen. Die Zimmer (17 Varianten, DZ von 24 bis 105 m²) zeigen sich mit stilvoll-rustikalen Vollholzinterieurs, alles ist blitzsauber, der Blick von den Balkonen auf die umliegende Bergwelt ist schlichtweg atemberaubend. Wunderschön heimelig fanden wir die großen Suiten: hohe Dachgiebel, Baumstämme, offener Steinkamin, Whirlpool und Sauna. Das Spa bietet einen knapp 6 m langen Innenpool, einen 8 m langen Außenpool sowie neun kleinteilige Saunen. Richtig fein ist der bezaubernd naturbelassene Garten: mit Whirlpools, Schwimmteich und Außensauna, all das inmitten von üppigen, blumengesäumten Kräuter- und Gemüsebeeten. Idyllisch auch der Naturpfad, der zur wildromantischen Bachsauna mit Wasserfall führt. Gute Massagen, kleines (teilweise aufpreispflichtiges) Aktivprogramm, darunter geführte Bike-Touren und Wanderungen sowie dreimal pro Woche Yoga und Qi Gong – bei entsprechender Witterung auf Kraftplätzen in der Natur. Fabelhafte Restaurantterrasse für alle Mahlzeiten, gemütliche Stuben, reichhaltiges Frühstücksbuffet, gute Küche mit vielen regionalen Zutaten, ein Nachmittagssnack ist inkludiert. Präsente Gastgeber, herzliche und äußerst zuvorkommende Mitarbeiter, viele (deutsche) Stammgäste. Herrliche Wanderwege ohne Zahl. Das Spa kann am Anreisetag ohne Aufpreis ganztägig genutzt werden, am Abreisetag bis 14 Uhr. Eher ungeeignet für Kinder. Hunde erlaubt. 44 Liegen, 150 Betten.

Naturbadeteich, Freibecken, Hallenbad, Außensauna, Sauna, Dampfbad, Massagen, Kosmetik, Ayurveda, Fitnessgeräte.

HP ab € 148,–.

WELLNESS 15

Seehof Nature Retreat ****s

Grünruhelage außerhalb von Natz – Nähe Brixen

39040 Natz-Schabs (BZ), Via Flötscher, 2

+39-0472-412120

Adults only (ab 14). Ruhevoll: Ein ehrgeizig geführter Familienbetrieb auf 860 m Seehöhe, er liegt abgeschieden auf einer kleinen Anhöhe über dem Tal an einem großen Teich, der mit einem kleinen Spaziergang zu umrunden ist. Ringsum nur Wiesen und Wälder, ein Fischreiher, vielstimmiger Vogelgesang. Das Hotel besteht aus dem Stammhaus und einem neuen Zubau, viele der öffentlichen Räume zeigen sich in stilvoller Modernität. Zimmer wählt man aus acht Kategorien (DZ von 21 bis 49 m²), die Suiten begeistern: Böden aus geräucherter Eiche, Badezimmerarmaturen von Strella aus der Lombardei und über allem eine gestalterische Harmonie, die ihresgleichen sucht. Auch das Spa ist von stilsicherer Hand arrangiert. Es bietet unter anderem ein 18 m langes, ganzjährig nutzbares Freibecken sowie drei Saunen, Ruheräume und Sonnenterrassen direkt am Teich, in den man nach der Sauna pudelnackt springen wollte – wenn da nicht die Restaurantterrasse genau gegenüber wäre! Täglich kleines Aktivprogramm, auch Waldbaden und Sonnengruß. Schöne Restaurantterrasse mit Morgensonne, reichhaltiges Frühstücksbuffet, sehr gute

Küche, die sich auch bestens auf vegetarische Gerichte versteht, Light Lunch und Nachmittagsjause sind inkludiert. Präsente Gastgeber, die Mitarbeiter agieren professionell, etwas mehr Freundlichkeit könnte jedoch nicht schaden, und im Restaurant sind gute Italienischkenntnisse mitunter hilfreich. Der Wellnessbereich kann am Abreisetag ohne Aufpreis genutzt werden, der Light Lunch vor der anstehenden Heimreise ebenso. Garage gegen 10 Euro pro Tag. 50 Liegen, 108 Betten.

Naturbadeteich, Freibecken, Sauna, Dampfbad, Massagen, Kosmetik, Fitnessgeräte.

VP ab € 137,–.

WELLNESS 17

Plunhof *****

Grünruhelage am Ortsrand bei Ridnaun – Ridnauntal

39040 Ratschings-Ridnaun (BZ), Obere Gasse, 7

+39-0472-656247

Familienfreundlich. „Mama“ Paula und ihre acht tüchtigen Kinder führen dieses 67-Zimmer-Hotel, es liegt auf 1.300 m auf einer kleinen Anhöhe, im Winter gelangt man mit ein paar guten Schritten zum hauseigenen Schlepplift (Preis inkludiert) für Kinder und Anfänger, Langläufer und Tourengeher können hingegen direkt vom Haus losstarten. Das Hotel empfängt mit herzerfrischender Ländlichkeit im traditionellen Südtiroler Stil, auch ein Teil der Zimmer (24 Varianten, 25 bis 70 m^2) ist so gestaltet, allerdings gibt es auch nicht wenige mit neoalpinen Interieurs. Jedenfalls sind sie sehr gut gepflegt, alle haben Balkon oder Terrasse. Das nur Hausgästen zugängliche Spa erstreckt sich über vier Ebenen, es ist schön und weitläufig, zumindest teilweise erinnert es an die Handschrift jenes Architekten, der auch das Spa im Jagdhof Röhrnbach (Bayerischer Wald) entworfen hat. Unter anderem bietet es ein 17 m langes Außenbecken, einen Badeteich mit Liegen im Wasser und einen 20 m langen Innenpool in einem pompösen Hallenbad, dessen Anmutung nicht so ganz zur ambientemäßigen Dezenz des restlichen Hauses passen will. Der Saunabereich bietet zwei Nacktzonen mit fünf Saunen (eine zusätzliche Textilsauna wird nur auf Wunsch eingeschaltet), zahlreiche geführte Show-Aufgüsse sowie einen wohlig warmen FKK-Solewhirlpool im Außenbereich. Aktivprogramm, auch Yoga, Pilates, Qi Gong und geführte Wanderungen, im Winter mit Fackeln und anschließendem Glühwein. Gemütliche Stuben, reichhaltiges Frühstücksbuffet, sehr gute Küche bei netter Tischkultur. Viele freundliche Mitarbeiter, beim Ankommen gibt es neben einem Begrüßungsgetränk ein warmes, feuchtes Tuch.

Fazit: Hier fühlt man sich gut aufgehoben. Check-out bereits um 10.30 Uhr. Wanderwege ohne Zahl, kleiner Waldspielplatz für Kinder. Gratisgarage für (fast) alle. Hunde erlaubt. 134 Liegen, 150 Betten.

Naturbadeteich, Freibecken, Hallenbad, Sauna, Dampfbad, Massagen, Kosmetik, Fitnessgeräte.

HP ab € 152,–.

WELLNESS 17

Adler Lodge Alpe *****

Naturlage mit Fernblick auf der Seiser Alm

39040 Seiser Alm (BZ), Via Piz, 11

+39-0471-723000

Adults only (ab 8) – das klingt freilich, als ob man mit neun Jahren erwachsen wäre. Es handelt sich um ein wunderschönes auf 1.900 m Seehöhe solitär gelegenes Fünfsternresort mit Hideaway-Qualitäten. Ringsum Wiesen und weidende Kühe, im Winter ist man hier direkt an der Piste – das alles muss natürlich auch dementsprechend punkten. Inwendig strotzt das Haus vor gemütlicher Eleganz, viel Holz, ein offener Kamin, Ledermöbel und große Glasfronten mit atemberaubendem Ausblick erinnerten uns an eine Luxushütte in den Rocky Mountains, all das vor filmreifer Bergkulisse. Zimmer gibt es in zwei Kategorien: zum einen die Junior Suite Main Lodge (45 m^2) mit Fichtenholzinterieurs im Haupthaus, zum anderen das zweigeschoßige Chalet (75 m^2) mit eigener Sauna, es ist auch als Familienvariante mit eigenem Kinderzimmer buchbar. Alles zeigt sich bestens gepflegt und sauber, Alkoholfreies aus der Minibar ist inkludiert. Das Spa ist atmosphärisch gestaltet, aber nicht gerade weitläufig, es bietet lediglich einen wohlig warmen Infinity-Außenpool von 18 m Länge, einen 6 m langen Innenpool sowie zwei Saunen. Kleines Aktivprogramm, auch Yoga und geführte Wanderungen. Fabelhafte Restaurantterrasse, sehr gute Küche, Light Lunch (reichlich), Nachmittagsjause und alle Getränke sind im Zimmerpreis enthalten – auch Craftbeer, Schnäpse, Cocktails und eine feine Selektion von Flaschenweinen. Professionelles Service, etwas mehr Natürlichkeit könnte allerdings nicht schaden, gute Englisch- oder Italienischkenntnisse können zudem mitunter hilfreich sein. Niveauvolle Magazine und internationale Zeitungen liegen auf. Gratisgarage für alle, fortgeschrittene Einparkkünste sind aber von Vorteil. 31 Liegen, 70 Betten.

Freibecken, Hallenbad, Sauna, Massagen, Kosmetik, Fitnessgeräte. 18-Loch-Parcours in 18 km.

All inclusive ab € 265,–.

WELLNESS 16

Alpina Dolomites *****

Grünruhelage mit Fernblick auf der Seiser Alm

39040 Seiser Alm (BZ), Compatsch, 62/3
+39-0471-796004

Familienfreundlich. Ski-in, Ski-out: Ein familiengeführter Fünfsternbetrieb von angenehmer Größe, er liegt auf 1.850 m Seehöhe neben der Bergstation der Gondelbahn, im Winter ist man hier natürlich direkt an der Piste. Das Haus zelebriert sozusagen bodenständige Extravaganz mit hochwertiger Anmutung, alles wirkt wie aus einem Guss. Wohnliche Zimmer sind aus sechs Kategorien (DZ von 50 bis 150 m²) wählbar, sie sind allesamt großzügig geschnitten, haben geradlinige Interieurs, feine Holzböden und Balkon, Turn-down-Service ist Standard. Das Hotel ist durch einen längeren unterirdischen Gang mit einer kleinen, kreisrunden Dependance verbunden, in deren Erdgeschoß sich im Winter ein lebhaftes Self-Service-Restaurant samt Terrasse für Skifahrer befindet. Das Spa steht ausschließlich Hausgästen offen, es bietet unter anderem einen wunderbar atmosphärisch gestalteten Saunabereich, fünf Saunen (eine davon textil), einen 20 m langen Innenpool und einen 11 m langen Außenpool. Aktivprogramm, auch Yoga und Wassergymnastik. Zigarrenlounge, stimmungsvolle Bar und Tagesterrasse, hier kann auch das Frühstück eingenommen werden. Die Küche ist sehr gut bis ausgezeichnet, eine Nachmittagsjause ist inkludiert. Viele freundliche Mitarbeiter, gute Englisch- oder Italienischkenntnisse sind hilfreich. Check-in ab 16 Uhr, Check-out bis 12 Uhr. Valet Parking, Gratisgarage für alle. Acht Stunden Betreuung für Kinder ab drei Jahren (mit saisonalen Einschränkungen), Ruhesuchenden sei empfohlen, eine Reisezeit außerhalb der Schulferien zu wählen. 54 Liegen, 150 Betten.

Freibecken, Hallenbad, Sauna, Dampfbad, Massagen, Kosmetik, Ayurveda, Fitnessgeräte, Personal Trainer. 18-Loch-Parcours in 13 km.

HP ab € 200,–.

WELLNESS 14

Goldknopf Alpine Lifestyle ****

Absolute Naturlage mit Fernblick auf der Seiser Alm

39040 Seiser Alm (BZ), Via Joch, 18
+39-0471-727915

Gefühlt auf dem Dach der Seiser Alm: Ein familiengeführtes Hotel in grenzgenialer Höhe, nämlich solitär auf 2.080 m – somit ist es das höchstgelegene Lilien-Hotel Südtirols. Ringsum gibt es hier nur die Bergwelt, freilich auch Ruhe und frische Luft. Im Winter befindet man sich direkt an der Skipiste, allerdings ist das Haus dann nicht mit dem Auto zu erreichen, die Anfahrt erfolgt dafür nahezu abenteuerlich, nämlich mit der Pistenraupe. Im Sommer hingegen führt ein Schotterweg herauf, die nötige Sondergenehmigung für die grundsätzlich autofreie Seiser Alm ist über das Hotel erhältlich. Hinter einer modern-alpenländischen Holzfassade zeigt sich neoalpine Modernität gemütlicher Prägung. Zimmer sind aus 17 unterschiedlichen Kategorien (DZ von 21 bis 45 m²) wählbar, sie zeigen sich mehrheitlich ländlich-modern mit Altholzvertäfelungen und schönen Lampen, haben Teppich- oder Holzböden, alle Balkon mit dem für das Haus so typischen grandiosen Ausblick. Das Spa ist nicht gerade weitläufig, also eher als Add-on für Skifahrer und Wanderer gedacht. Es bietet vier Saunen inklusive einer wunderbaren Außensauna, einen 15 m langen Indoorpool, einen American-Außenwhirlpool sowie einen glasklaren Naturbadeteich, der naturgemäß seine Vorzüge im Sommer ausspielt. Viele freundliche Mitarbeiter, Sonnenterrasse, gute Küche, der Juniorchef kocht selbst, er setzt auf Zutaten von Bauern aus der Region. Frühstück bis 10 Uhr, Check-out ebenso. Im Sommer Gratisgarage für alle, im Winter zahlt man 20 Euro in einem Partnerhotel im Tal. Eher ungeeignet für Kinder. 29 Liegen, 80 Betten.

Naturbadeteich, Hallenbad, Außensauna, Sauna, Massagen, Kosmetik. 18-Loch-Parcours in 17 km.

HP ab € 130,–.

WELLNESS 14

Rosa Eco Alpine Spa Resort ****S

Grünlage mit Fernblick auf der Seiser Alm

39040 Seiser Alm (BZ), Compatsch, 13
+39-0471-727950

Familienfreundlich. Absolut kein Resort – ein solches bestünde ja bekanntlich aus einer Vielzahl von kleinen separierten Wohneinheiten –, aber ein sympathisches, familiengeführtes Kleinhotel mit tollem Ausblick auf die Santnerspitze, es liegt auf 1.840 m Seehöhe am Beginn der Hotelzone von Compatsch auf der Seiser Alm, und zwar etwas oberhalb der Straße, die von Kastelruth heraufführt. An der Rückseite fährt kaum hörbar die Gondelbahn vorbei, im Winter ist gleich auf der gegenüberliegenden Straßenseite der Pisteneinstieg möglich. Die Fassaden erinnern noch an vorangegangene Dreisternzeiten, innen hingegen zeigt sich eine gefällige Modernität.

Auch die Zimmer (neun Kategorien, DZ von 21 bis 100 m²) sind kontemporär und gemütlich gestaltet, sie passen allerdings weder vom Stil noch von den Interieurs und den Farben in eine gemeinsame Schublade. Das inwendig recht kleine Spa – drei Saunen sowie ein 10 m langer Innenpool – lebt sozusagen von seinem Außenbereich, dazu gehören ein 13 m langes Freibecken, Außenwhirlpool und ein Garten mit Liegewiese und Sonnendecks, im Sommer werden geführte Wanderungen und Mountainbiketouren geboten. Gemütliche Restaurantstuben mit Ausblick in Richtung Dolomiten, eine metallene Riesenkugel im Freien dient als romantisches Séparée für Fine Dining. Reichhaltiges Frühstücksbuffet, sehr gute bis ausgezeichnete Küche bei feiner Tischkultur, im Winter ist eine süße Nachmittagsjause mit Tee und Kaffee inkludiert. Die Mitarbeiter sind freundlich und hilfsbereit, die Gastgeber vor Ort, sie halten sich aber im Hintergrund. Sauberes Preis-Leistungs-Verhältnis. Üppig dekorierte Bar, Gratisgarage für alle. Toller Outdoor-Spielplatz. Hunde erlaubt. 28 Liegen, 65 Betten.

Freibecken, Hallenbad, Außensauna, Sauna, Dampfbad, Massagen, Kosmetik, Fitnessgeräte. 18-Loch-Parcours in 13 km.

HP ab € 115,–.

WELLNESS 14

Seiser Alm Urthaler *****

Grünlage mit Fernblick auf der Seiser Alm

39040 Seiser Alm (BZ), Compatsch, 49

+39-0471-727919

Vor zwei Jahrzehnten in aller Munde: Ein familiengeführtes Hotel, es trägt den Namenszusatz „Designed by Nature" und liegt auf 1.860 m Seehöhe ein paar Schritte von der Bergstation der Seiser-Alm-Gondelbahn entfernt, im Winter steht das für den Anschluss an 175 Pistenkilometer. Das vor 20 Jahren eröffnete Haus war damals eine Sensation, eine mit revolutionären Zügen sogar, handelte es sich doch um das erste nahezu vollständig aus Holz, ohne Metall oder Leim, gebaute Hotel Europas. Der Blick nach innen zeigt kontemporär interpretierten Alpenlandstil in außerordentlich schlichter Ausprägung. Zudem: keine Deko, keine Blumen, nirgendwo. Auch die Zimmer (acht Kategorien, 28 bis 80 m²) zelebrieren diese Ästhetik, alles ist aus naturbelassenem Holz, nur die Sanitärbereiche befinden sich in einer Art Glaskubus, Bad und WC sind zumeist in einem. Wunderbar fanden wir das Raumklima, den Ausblick auf den Schlern, die (übergroßen) Betten und die Bettwäsche. Der W-Lan-Zugang hingegen erfordert Geduld, und ob der Bademantel mit seinem stattlichen Polyesteranteil das Attribut by Nature verdient, sei dahingestellt. Wer bei offenem Fenster schlafen möchte, sollte sich vor einem straßenseitigen Zimmer hüten, denn der Morgenverkehr übernimmt trotz generellen Fahrverbots schon frühzeitig die Weckfunktion, mitunter auch bei geschlossenen Fenstern. Das Spa steht ausschließlich Hausgästen offen, es bietet unter anderem drei Saunen, einen 17 m langen Innenpool, einen 7 m langen, auch im Winter nutzbaren Außenpool und eine Liegewiese mit feinem Kneippparcours im eiskalten Gebirgsbach. Ausgezeichnete Massagen, das Fitnessstudio ist überdurchschnittlich dimensioniert und bestens ausgestattet. Reichhaltiges Frühstücksbuffet, sehr gute Küche, gute Weinkarte mit ebensolcher Beratung, ein nachmittägliches Kuchenbuffet ist inkludiert. Viele freundliche Mitarbeiter, aber ein lupenreines Fünfstern-Wohlfühlgefühl haben wir nicht erlebt. Valet Parking, Gratisgarage für alle. Für Kinder eher ungeeignet. Hunde erlaubt. 39 Liegen, 130 Betten.

Freibecken, Hallenbad, Sauna, Dampfbad, Massagen, Kosmetik, Fitnessstudio. 18-Loch-Parcours in 13 km, 20 % Greenfee-Rabatt.

HP ab € 141,–.

WELLNESS 14

Tirler Dolomites Living ****S

Naturlage mit Fernblick auf der Seiser Alm

39040 Seiser Alm (BZ), Via Saltria, 59

+39-0471-727927

Familienfreundlich. Biohotel in abgeschiedener Naturlage: Ein familiengeführtes und umweltbewusstes Hotel samt Berggasthof, auf 1.750 m Seehöhe liegt es solitär und ruhig, umgeben nur von Wiesen und Wäldern, im Winter ist man hier direkt an der Piste. Die kleine Anlage besteht aus einem neueren U-förmig angelegten Zimmertrakt mit Rezeption und Wellnessbereich, dieser ist mittels unterirdischen Gangs mit einer urigen Almhütte verbunden, die Gaststube, Restaurant und auch einige Zimmer beherbergt, Letztere sollte aber meiden, wer Ruhe sucht. Das Ambiente ist mit Herz und Hirn gestaltet und zeigt sich einnehmend ländlich, zarter Zirbenduft liegt in der Luft. Es gibt nur 28 Zimmer in vier Kategorien (DZ von 40 bis 66 m²), alle sind mit Naturmaterialien heimelig gestaltet, alle haben Lehmwände und Holzböden, manche offenen Kamin, einen Holzbottich für zwei und Infrarotsauna, das

W-Lan kriecht schneckenartig. Das kleine Spa erfreut unter anderem mit vier Saunen und einem 13 m langen Außenpool, der, wie das gesamte Hotel, von der hauseigenen Quelle gespeist wird. Fabelhafte Restaurantterrasse, mittags bis abends allerdings nicht selten von zahlreichen Tagesgästen bevölkert und musikberieselt. Reichhaltiges Frühstück, sehr gute Küche, viele freundliche und zuvorkommende Mitarbeiter. Check-out um 10.30 Uhr, am Abreisetag kann das Spa ohne Aufpreis noch ganztägig genutzt werden. Herrlichste Wanderwege ohne Zahl, im Winter beginnen 7 km Loipen vor der Haustür, Rodeln gibt es zur Gratisleihe. Spielplatz mit Streichelzoo, Gratisgarage für alle. 20 Liegen, 96 Betten.

Freibecken, Sauna, Dampfbad, Massagen, Kosmetik, Fitnessgeräte. 18-Loch-Parcours in 20 km.

HP ab € 170,–.

WELLNESS 13

Plattenhof Tramin ****

Grünruhelage beim Kalterer See – Nähe Bozen

39040 Tramin (BZ), Via Söll, 33
+39-0471-861454

Familienfreundlich. Mit Ausblick auf den Kalterer See: Ein sympathischer und sehr persönlich geführter Familienbetrieb in Kleinstformat, er wurde erst vor drei Jahren eröffnet und liegt auf etwa 450 m Seehöhe wunderbar ruhig inmitten von Weingärten, zum See sind es knapp 10 Autominuten. Die Architektur zeigt sich harmonisch und gut durchdacht, alles ist sauber und gepflegt. Die Zimmer (sechs Kategorien, DZ von 50 bis 77 m²) sind wunderschön und ausnahmslos großzügig geschnitten, alle haben Böden in Holzoptik, gute Betten und zahlreiche Ablagemöglichkeiten sowie Klimaanlage. Weiters haben alle einen Balkon mit Ausblick in die Weinhügelidylle mit dem Kalterer See in der Ferne. Das kleine und inwendig auch etwas bescheidene Spa steht nur Hotelgästen offen, es offeriert unter anderem drei Saunen, einen netten Außenbereich mit einem 10 m langen, ganzjährig nutzbaren Naturpool auf der Liegewiese. Wunderbares Frühstücksbuffet, gute Küche, kompetente Weinberatung. Ausgesprochen freundliche und zuvorkommende Mitarbeiter, präsente und fürsorgliche Gastgeber. Ringsum herrliche Wanderwege ohne Zahl. Gleich neben dem Hotel befinden sich ein Restaurant und ein Weingut – beides gehört ebenfalls zum Plattenhof –, hier haben wir uns übrigens mit ausgezeichnetem Gewürztraminer (zu fairen Preisen) eingedeckt. Der Wellnessbereich kann am Abreisetag ohne Aufpreis ganztägig genutzt werden. Gratisgarage für alle. Hunde erlaubt. 11 Liegen, 50 Betten.

Freibecken, Sauna, Dampfbad, Massagen. 9-Loch-Parcours in 22 km.

HP ab € 137,–.

WELLNESS 14

Feuerstein Nature Family Resort *****

Grünruhelage Nähe Brenner – Pflerschtal

39041 Brenner-Pflersch (BZ), Fleres, 185
+39-0472-770126

Hunde- und kinderfreundlich. Ein Fünfsternhaus, das auch Kinderherzen höherschlagen lassen kann! Es handelt sich um eine vor vier Jahren eröffnete Großanlage, sie liegt auf 1.250 m Seehöhe beinahe am Talschluss eines nur spärlich besiedelten Hochtales und zeigt sich außen wie innen in geradliniger Modernität. Die Zimmer (11 Kategorien, DZ von 35 bis 75 m²) sind hell und gemütlich gestaltet, haben schöne schlichte Vollholzinterieurs, Holzböden, Balkon oder Terrasse. Das Spa bietet unter anderem drei kleine Indoor-Pools und allerlei Attraktionen für Kids – auch eine 100 m lange Wasserrutsche – sowie einen 20 m langen Außenpool, weiters drei Textilsaunen für Familien sowie, auf zwei Geschoße verteilt, einen schönen Saunabereich für Erwachsene – drei Saunen und kleiner Whirlpool auf dem Dach inklusive. Kleines Aktivprogramm, auch Yoga und Qi Gong. Die Highlights des Hauses sind den Kindern gewidmet, dazu zählen etwa Matschspielraum, Scheune zum Heuhupfen, Holzwerkstatt, Malatelier oder Turnhalle. Im Sommer gibt es einen nur 1,40 Meter tiefen Badeteich mit Piratenfloß, im Winter lässt sich bei entsprechender Witterung darauf eislaufen. Reichhaltiges Frühstücksbuffet, die Tischkultur ist casual, die Küche gut bis sehr gut (Babys bekommen auf Wunsch einen hausgemachten Brei), Light Lunch und Nachmittagsjause sind im Preis inkludiert. Viele freundliche Mitarbeiter, das Service zeigt sich nicht jeden Tag in Höchstform. Valet Parking, Gratisgarage für alle. 70 Wochenstunden Betreuung für Kinder zwischen null und 14 Jahren nach dem Montessori-Konzept. Für Ruhesuchende eher ungeeignet. 71 Liegen, 320 Betten.

Naturbadeteich, Freibecken, Hallenbad, Kinderbecken, Babybecken, Sauna, Dampfbad, Massagen, Kosmetik, Fitnessgeräte, Personal Trainer.

HP ab € 198,–.

WELLNESS 18

Forestis *****

Grünruhelage mit Fernblick Nähe Brixen

39042 Brixen (BZ), Palmschoß, 292
+39-0472-521008

Adults only (ab 14). Ein Newcomer, und was für einer! Ein familiengeführtes Fünfsternhaus, es liegt auf 1.770 m Seehöhe paradiesisch an einem steilen Südhang mitten im Wald, im Winter ist man hier praktisch direkt an der Piste und etwa 200 m von der Talstation der Palmschoss-Sesselbahn entfernt, das steht für den direkten Anschluss an sechs weitere Lifte und insgesamt 45 Pistenkilometer. Die im Vorjahr erst nach unserem Redaktionsschluss eröffnete Anlage besteht aus dem historischen Gebäude einer ehemaligen Lungenheilanstalt, das Anfang des 20. Jahrhunderts nach einem Entwurf von Otto Wagner gebaut wurde und etwa ein Jahrzehnt lang als Hotel Rosalpina betrieben wurde, sowie drei hohen, dunklen Wohntürmen, die unterirdisch miteinander verbunden sind. Der Ausblick auf die Dolomiten ist nahezu konkurrenzlos, der Blick nach innen zeigt hochgradige Reduktion ohne Deko. Helle lehmverputzte Wände, Glas und Fichtenholz regieren. Die Zimmer (drei Kategorien, DZ von 50 bis 200 m^2) erfreuen das Auge, alles ist ästhetisch gestaltet, Alkoholfreies aus der Minibar ist inkludiert, ein bisschen mehr Sauberkeit könnte allerdings nicht schaden. Die Suiten in den Türmen verfügen über Daybeds auf der Terrasse, auf Wunsch werden sie aufgebettet, dann kann man auch unter freiem Himmel übernachten – herrlich! Highlights sind die beiden Penthouse-Suiten mit offenem Kamin, privater Sauna und kleinem Infinity-Pool auf der Dachterrasse. Das weitläufige Spa steht ausschließlich Hausgästen offen, es offeriert fünf Saunen (eine davon textil), einen mit Steinfliesen ausgekleideten 20 m langen Innenpool sowie einen ebenso langen, auch im Winter nutzbaren Außenpool. Die Ruheliegen befinden sich mehrheitlich im (lauten) Hallenbad und stehen zudem unwürdig dicht aneinander – seltsam, dass man bei einem derartigen Millionenprojekt ein so zentrales Thema so vermurksen kann! Feine Treatments und kleines Aktivprogramm, darunter auch täglich Meditation und Wyda, die Bewegungslehre der keltischen Druiden, die Qi Gong und Yoga ähnelt. Fabelhafte Terrasse für alle Mahlzeiten, das Restaurant ist wie ein Kinosaal stufenförmig angelegt, somit kann jeder Gast das Bilderbuchpanorama in Front-Row-Qualität genießen. Hochwertiges Frühstück (bis aufs Gebäck!), sehr gute bis ausgezeichnete Küche, sie versteht sich auch auf Vegetarisches und Veganes. Nette Tischkultur, hochambitionierte Getränkepreise, geheimnisvolle Bar – ganz in Schwarz. Viele freundliche und zuvorkommende Mitarbeiter, manche mitunter etwas überfordert. Überdachte Stellplätze kostenlos. Hunde erlaubt. 98 Liegen, 130 Betten.

Freibecken, Hallenbad, Außensauna, Sauna, Dampfbad, Massagen, Kosmetik, Fitnessgeräte.

HP ab € 280,–.

WELLNESS 13

Fischer ****

Grünruhelage mit Fernblick oberhalb von Brixen

39042 Brixen-St. Andrä (BZ), Cleran, 196, +39-0472-852075

Ein kleiner, herzlich und familiär anmutender Familienbetrieb, er wird bereits in zweiter Generation geführt und liegt auf 870 m Seehöhe am Rand eines 50-Häuser-Dörfchens oberhalb von Brixen, im Winter sind es sieben Autominuten zur Talstation der Kabinenbahn, dem Anschluss an die 43 Pistenkilometer des Skigebiets Brixen-Plose, ein kostenloses Shuttle steht zur Verfügung. Das vor sechs Jahren bis auf die alte Stube neu errichtete und vor einem Jahr um ein Nebengebäude ergänzte Haus zeigt sich in gemütlicher Modernität, alles glänzt vor Sauberkeit. Schöne Zimmer (DZ von 27 bis 65 m^2) sind aus sieben Kategorien wählbar, alle haben Balkon oder Terrasse und feine Holzböden, und alle bieten Ausblick auf Brixen und die dahinter liegende Bergwelt, der Bademantel ist aus reiner Baumwolle. Das indoor nicht allzu große Spa bietet unter anderem vier Saunen, einen 12 m langen Innenpool und einen ganz bescheidenen – und ziemlich stickigen – Fitnessraum, im Freien einen kleinen Garten mit einem knapp 14 m langen Außenpool und Liegedecks. Fabelhafte Restaurantterrasse, wunderbares Frühstücksbuffet, feine Kaffeekultur, gute Küche, der Gastgeber kocht selbst, er legt großen Wert auf Saisonalität und Regionalität. Fleisch kommt vom benachbarten Biohof, Wild aus naher Jagd und Küchenkräuter aus dem eigenen Garten. Feine Tischkultur, gute Weinkarte, kompetente Weinberatung, moderate Getränkepreise. Ringsum Wanderwege ohne Zahl, mehrmals pro Woche gibt es geführte Mountainbiketouren. Zuvorkommendes Umfeld. Eher ungeeignet für Kinder, Haustiere erlaubt. 35 Liegen, 90 Betten.

Freibecken (Sommer), Hallenbad, Sauna, Dampfbad, Massagen, Ayurveda, Fitnessgeräte.

HP ab € 111,–.

WELLNESS 15

My Arbor *****

Grünruhelage mit Fernblick bei Brixen

39042 Brixen-St. Andrä (BZ), Via San Leonardo, 26

+39-0472-694012

Adults only (ab 16). Das „Baumhotel" (werbliche Selbstdarstellung) ist ein sympathischer Familienbetrieb, auf 960 m Seehöhe gelegen ist er von Fichten- und Lärchenwäldern umgeben, mit etwas Glück sieht man in den frühen Morgenstunden Rehe hinter dem Haus, und der Ausblick geht weit über das Brixental und die gegenüberliegende Bergkette. Marketing und Wirklichkeit sind ja bekanntlich zwei verschiedenartige Kategorien, das realisiert hier, wer sich Zimmer in Baumkronen erwartet hatte. Baulich handelt es sich nämlich um ein ganz normales Hotel, nur ein kleiner Teil scheint auf den ersten Blick wie von Baumstämmen getragen, tatsächlich stützt freilich eine dicke Betonmauer. Die öffentlichen Räume zeigen sich mit großer Mühe gestylt und teilweise sogar beeindruckend fürs Auge, als Rezeptionstresen dienen etwa zwei riesige, liegende Baumstämme. Zimmer stehen in vier Varianten (DZ von 38 bis 100 m^2) zur Auswahl. Sie haben feine Holzböden, bodentiefe Fenster, Vertäfelungen aus gebürsteter Lärche, Daybeds, Balkon oder Terrasse sowie überbreite Boxspringbetten, manche auch Sauna und Whirlpool. Das Spa ist auf zwei Ebenen untergebracht, unter anderem bietet es fünf Saunen (eine davon textil) und einen 20 m langen Innenpool, der mit einem 12 m langen Außenpool verbunden ist. Großartig sind die Massagen, manche können während der warmen Jahreszeit auch im Freien durchgeführt werden, und zwar in eigens dafür gebauten Holzhäuschen, die an einer Seite offen sind – genial! Umfangreiches Aktivprogramm, auch Yoga, Pilates und Qi Gong. Fabelhafte Restaurantterrasse, ausgezeichnetes Frühstücksbuffet, ein Langschläferfrühstück gibt es bis 12 Uhr an der Bar. Gute bis sehr gute Küche, stylische Bar. Präsente, sehr freundliche und hilfsbereite Gastgeber, viele ausgesprochen nette und sehr bemühte Mitarbeiter, die meisten sind recht jung und kommen aus der Umgebung. Ruhesuchenden sei empfohlen, eventuell stattfindende Tagungen und Feierlichkeiten vor der Buchung abzuklären. Valet Parking, Gratisgarage für alle. Hunde erlaubt. 116 Liegen, 216 Betten.

Freibecken, Hallenbad, Außensauna, Sauna, Dampfbad, Massagen, Kosmetik, Fitnessgeräte, Personal Trainer.

HP ab € 188,–.

WELLNESS 14

Gnollhof ****

Absolute Naturlage mit Fernblick Nähe Brixen

39043 Klausen (BZ), Gudon, 81

+39-0472-847323

Echt nett: Ein liebevoll geführter kleiner Familienbetrieb, er wird bereits in vierter Generation geführt und liegt auf 1.116 m Seehöhe, im Winter gibt es jeden Tag ein hoteleigenes Shuttle in eines der umliegenden Skigebiete, darunter Seiser Alm, Sellaronda und Plose. Besonderes Kennzeichen des Hauses ist die ruhevolle solitäre Lage, die mit wunderschönen Ausblicken betört, sie sind aus vielen Räumen, auch aus Restaurant und Spa zu genießen. Das Ambiente ist etwas uneinheitlich, verströmt aber dennoch Geborgenheit – frischer Blumenschmuck inklusive. Zimmer (DZ von 30 bis 50 m^2) stehen in acht Kategorien zur Auswahl, mehrheitlich zeigen sie sich recht schön gestaltet, alle haben Balkon, manche noch dunkelbraune Teppichböden. Das Spa ist nicht allzu groß, es bietet vier Saunen, einen knapp 13 m langen Infinity-Außenpool und ein weiteres, ebenso großes, aber nur während der warmen Jahreszeit nutzbares Schwimmbecken auf der weiten Liegewiese. Der Innenpool ist 7 m lang, fein ist das Panorama aus den Ruhezonen indoor und outdoor. Fabelhafte Restaurantterrasse, reichhaltiges Frühstücksbuffet, sehr gute bis ausgezeichnete Küche bei netter Tischkultur, der Gastgeber kocht selbst und bevorzugt Produkte aus der Region, ein Light Lunch (reichlich) ist inkludiert. Kompetente Weinberatung, außerordentlich freundliche und zuvorkommende Mitarbeiter, präsente Gastgeber. Herrliche Wanderwege ohne Zahl. Eher ungeeignet für Kinder, Hunde erlaubt. 40 Liegen, 110 Betten.

Freibecken, Freibecken (Sommer), Hallenbad, Sauna, Dampfbad, Massagen, Kosmetik, Fitnessgeräte. Tennisplatz.

HP ab € 108,–.

WELLNESS 15

Adler Balance Spa Resort *****

Zentrale Ortslage in St. Ulrich – Grödnertal

39046 St. Ulrich (BZ), Via Stufan, 5

+39-0471-775002

Adults only (ab 14). Mit Fokus auf Gesundheit und ganzheitliche Regeneration: Ein kleiner, feiner Repräsentant der Adler-Hotels, er wurde 2008 eröffnet und liegt auf 1.200 m Seehöhe etwas erhöht im Ort, nur ein paar Schritte vom Adler-Stammhaus Dolomiti entfernt, im Winter sind es

jeweils sieben Gehminuten zu den Talstationen Seiser Alm und Seceda. Die öffentlichen Räume zeigen sich in nahezu archaisch-heimeliger Modernität, naturbelassenes Holz, helle und dunkle Sitzmöbel sind stilvoll in Szene gesetzt. Auch die Zimmer (zwei Kategorien, DZ mit 35 oder 45 m^2) folgen diesem Konzept, sie erscheinen buchstäblich wie aus dem Ei gepellt, alle haben Balkon mit schönem Ausblick über das Tal und in die Berge. Das Spa muss mit dem 250-Betten-Schwesterhotel Dolomiti geteilt werden – Ruheliegen indoor sind daher Mangelware –, es ist inwendig nicht allzu weitläufig und über einen längeren Gang zu erreichen. Unter anderem geboten werden ein schöner Außenbereich mit Liegewiese, kleinem Badeteich und 16 m langem Außenpool, vier Saunen sowie ein ärztlich betreutes Gesundheitszentrum für Detox und ganzheitliche Regeneration. Medizinische Check-ups und Burnout-Präventionsprogramme werden ebenso angeboten wie Entgiftungskuren für Darm und Leber. Täglich umfangreiches Aktivprogramm, auch Waldbaden, Qi Gong und viermal pro Woche Yoga und Pilates. Sehr gute Küche, eine Nachmittagsjause ist inkludiert, alternativ wird auch eine Vollpension angeboten. Präsente und sympathische Gastgeberin, freundliche und zuvorkommende Mitarbeiter, ruhevolles Umfeld. Ringsum Wanderwege ohne Zahl. E-Bikes gibt es zur Gratisleihe. Gratisgarage für alle. 47 Liegen, 60 Betten.

Naturbadeteich, Freibecken, Solefreibecken, Hallenbad, Solehallenbad, Außensauna, Sauna, Dampfbad, Massagen, Kosmetik, Ayurveda, Fitnessstudio, Personal Trainer.Massagen, 18-Loch-Parcours in 16 km.

HP ab € 183,–.

WELLNESS 15

Albion Mountain Spa Resort ****S

Grünlage außerhalb von St. Ulrich – Grödnertal

39046 St. Ulrich (BZ), Strada Pinei, 38
+39-0471-700042

Kinderfreundlich. In luftiger Höhe: Ein sympathischer und sehr persönlich geführter Familienbetrieb, er liegt auf 1.375 m Seehöhe direkt an jener Bundesstraße, die das Grödnertal mit dem Eisacktal über den Panider Sattel verbindet. Das Hotel besteht aus dem Stammhaus, das äußerlich an ein Schlösschen erinnert, einem modernen Zubau sowie einer brandneuen Dependance („Chalet“), die mit einem unterirdischen Gang verbunden ist. Das Ambiente zeigt sich fein gestaltet und behaglich, mit Natursteinwänden, Holz und grobgemusterten Karostoffen erinnert es uns an Alpin-Logdes in Colorado. Zimmer sind aus sieben Kategorien (DZ von 30 bis 65 m^2) wählbar, sie präsentieren Landhausstil in einfacher oder gehobener Variante, haben zum Teil auch Whirlpool und private Sauna, das W-Lan ist schnell. Neu sind herrliche Chaletsuiten mit bodentiefen Fenstern und einem Hängebett auf der Terrasse, der zugehörige Ausblick ist einfach phantastisch! Das Spa ist nicht riesig, aber recht angenehm gestaltet. Es bietet unter anderem insgesamt fünf Saunen, einen 8 m langen Innenpool und einen Außenbereich mit Liegewiese, Almhüttensauna, Tauchbecken und einen 18 m langen Infinity-Pool, der an einem Ende von einer Glaswand eingefasst ist. Fitnessgeräte gibt's drinnen und draußen! Aktivprogramm, vornehmlich Radtouren und Wanderungen, die Massagen sind gut. Kleine Frühstücksterrasse, schönes Panoramarestaurant, gute Küche. Ausgesprochen freundliche und charmante Mitarbeiter, reizende Gastgeberin, viele Gäste aus Italien. Gratisgarage für einzelne Zimmerkategorien, ansonsten gegen 10 Euro pro Tag. Rodeln und Schneeschuhe gibt es zur Gratisleihe, im Winter fährt ein kostenloses Shuttle ins nahe Skigebiet. Auf Kids wartet ein toller Spielpark mit einer 8 m langen Turmrutsche, täglich (im Winter So bis Fr, im Sommer Mo bis Sa) vier Stunden Betreuung für Kinder ab vier Jahren. Hunde erlaubt. 33 Liegen, 160 Betten.

Naturbadeteich, Freibecken, Hallenbad, Außensauna, Sauna, Dampfbad, Massagen, Kosmetik, Ayurveda, Fitnessgeräte. 18-Loch-Parcours in 16 km. Tennisplatz.

HP ab € 125,–.

WELLNESS 15

Alpin Garden Luxury Maison *****

Grünlage am Ortsrand in St. Ulrich – Grödnertal

39046 St. Ulrich (BZ), Strada J. Skasa, 68
+39-0471-796021

Adults only (ab 14). Alles außer gewöhnlich: Ein eigentümergeführtes Kleinhotel, es liegt auf 1.300 m Seehöhe am Ortsrand, im Winter gibt es ein kostenloses Shuttle zu den Skigebieten Sasslong, Seiser Alm und Seceda. Schon die Fassaden – helles Mauerwerk kontrastiert von schwarzem Holz und riesigen goldenen Einrahmungen – lassen erahnen, wie es dahinter aussieht. Und tatsächlich zeigt sich das Ambiente von exzentrischem Gestaltungswillen geprägt, Goldfarben, verspielte Dekorationen, Samt, rosafarbene Teppiche und ganz generell üppig aufgetragene Extravaganz dominieren. Mit ähnlicher Inbrunst gestaltete Zimmer gibt es in 12 recht unterschiedlichen Varianten (DZ von 25 bis 60 m^2), alle haben Balkon und Holzböden, manche auch offene Bäder mit freistehenden Wannen sowie Nespresso-Maschine und Soundsystem von Marshall, das W-Lan ist schnell. Das Spa gibt sich romantisierend verrucht inszeniert, es bietet eine goldene Panoramaaußensauna über einem 15 m langen, ganzjährig nutzbaren Freibecken mit herrlichem Ausblick auf den Langkofel, einen 9 m langen und praktisch rund um die Uhr zugänglichen Innenpool, vier Saunen sowie ausgezeichnete Massagen. Terrasse für alle Mahlzeiten, schöner Restaurantwintergarten, reichhaltiges Frühstücksbuffet, gute Küche bei feiner Tischkultur. Die Mitarbeiter sind jung und freundlich, in puncto Service gibt es aber noch ein klein wenig Luft nach oben. Kunterbunte Gästeschar, präsenter und stets gut gelaunter Gastgeber, ebensolches Umfeld – vorausgesetzt freilich, die Chemie stimmt. Das Haus versteht sich auch auf rauschende Feste, Ruhesuchenden sei empfohlen, eventuell stattfindende Events vor der Buchung abzuklären. Gratisgarage für alle. Hunde erlaubt (40 Euro pro Tag, jedes Mitkommen ins Restaurant kostet weitere 10 Euro). 42 Liegen, 60 Betten.

Freibecken, Hallenbad, Außensauna, Sauna, Dampfbad, Massagen, Kosmetik, Ayurveda, Fitnessgeräte. 18-Loch-Parcours in 16 km.

HP ab € 185,–.

WELLNESS 16

Cavallino Bianco Family Grandhotel ****s

Zentrale Ortslage in St. Ulrich – Grödnertal

39046 St. Ulrich (BZ), Strada Rezia, 22
+39-0471-783333

Kinderhotel. Ein renommiertes Hotel für Familien mit Kindern aller Altersgruppen, es liegt auf etwa 1.200 m Seehöhe nur ein paar Schritte von der Seiser-Alm-Gondelbahn entfernt, eine Fußgängerbrücke über die Hauptstraße führt dorthin, im Winter ist dies der Anschluss an 175 Pistenkilometer. Das Haus empfängt mit blumengeschmückten Märchenfassaden, im Inneren zeigen sich stilvolle Eleganz klassischer Prägung und hochwertige Anmutung, wohin das Auge auch blickt. Das gilt für die Zimmer (13 Varianten, DZ von 26 bis 80 m^2) ebenso, sie präsentieren sich wie aus dem Ei gepellt, haben zumeist Teppichböden sowie Klima- und Befeuchtungsanlagen und sind ganz auf Familienbedürfnisse ausgerichtet, Dinge wie Kinderwagen, Schwimmflügerl, Babybadewannen, Flaschenwärmer, Fieberthermometer und Rückentragen gibt es zur Gratisleihe. Das Spa bietet unter anderem vier Saunen (eine davon textil), ein 18 m langes Innenbecken und vier weitere Pools, zudem gibt es Liegewiese und feine Zonen, in denen Erwachsene auch wirklich Ruhe finden. Besonders ansprechend empfanden wir die edel gestalteten Behandlungsräume, auch Babys, Kinder und Teens werden übrigens hier massiert. Täglich breites Aktivprogramm, darunter auch Yoga, Pilates und Qi Gong. Das Haus offeriert Vollpension inklusive Nachmittagstisch und nichtalkoholischer Getränke aus dem Automaten – das heißt hier übrigens etwas irritierend „All-in" –, alternativ wird auch eine Halbpension angeboten. Wunderschöne Bar, einnehmend sympathische Gastgeber, freundliches Umfeld, internationales Publikum. Turn-down-Service auf Wunsch, Check-out bereits um 10 Uhr, Letzteres ist mit Kindern mitunter eine Herausforderung. Gratisgarage für alle. Für Kids gibt es innen und außen zahlreiche Spielareale, die Begleitung durch den Tag vom Maskottchen Maus Lino, zudem täglich mindestens 12,5 Stunden Betreuung für Kinder von einem Monat bis 14 Jahre – liebevoll und kompetent. 90 Liegen, 300 Betten.

Freibecken, Hallenbad, Kinderbecken, Babybecken, Sauna, Dampfbad, Massagen, Kosmetik, Ayurveda, Fitnessgeräte. 18-Loch-Parcours in 16 km, bis zu 20 % Greenfee-Rabatt.

VP ab € 209,50.

WELLNESS 16

Granvara Relais & Spa

Grünruhelage bei Wolkenstein – Grödnertal

39048 Wolkenstein (BZ), Strada La Selva, 66

+39-0471-795250

Ausblick in alle Richtungen: Ein familiengeführtes Haus von angenehmer Größe in wunderbarer Lage, auf 1.560 m Seehöhe thront es außerhalb von Wolkenstein auf einem Sonnenplateau, der Ausblick auf die Dolomiten ist herrlich, im Winter ist ein direkter Einstieg mit den Skiern über die Saslong B in die Sellaronda möglich. Das Ambiente zeigt sich zeitgemäß und hochwertig anmutend, Zimmer sind aus neun stark unterschiedlichen Kategorien (DZ von 25 bis 85 m^2) wählbar. Das Spektrum reicht von klassischem Landhausstil mit Teppichboden bis hin zu den Wohnträumen der Gartensuiten. Sie haben graue Wände, Holzvertäfelungen, bodentiefe Glasflächen, wunderbare Interieurs sowie eine eigene Sauna und eine freistehende Badewanne. Das Spa steht ausschließlich Hausgästen offen, es wurde vor kurzem modernisiert und erweitert. Die Saunazone ist nun in Bereiche für Ruhesuchende und Familien unterteilt, in letzterem gibt es zwei Textilsaunen. Das Adults-only-Spa hingegen offeriert vier Saunen und schöne Ruhezonen, weiters geboten werden ein 17 m langer, aber kaum beschwimmbarer Innenpool, ein knapp 9 m langer Außenpool und ein kleiner Badeteich mit Liegedecks. Bestens ausgestattetes Fitnessstudio, die Massagen sind ausgezeichnet. Kleines Aktivprogramm, auch geführte Wanderungen und Biketouren. Großartiges Frühstücksbuffet, sehr gute Küche, die sich auch auf vegetarische und vegane Gerichte versteht, große Weinkarte. Schicke Bar und Lounge-Bereiche. Präsente Gastgeberin, viele freundliche und langjährige Mitarbeiter. Ringsum Wanderwege ohne Zahl. Valet Parking, Hubschrauberlandeplatz, Gratisgarage für alle. Eher ungeeignet für Kinder. 53 Liegen, 110 Betten.

Naturbadeteich, Freibecken, Hallenbad, Sauna, Dampfbad, Massagen, Kosmetik, Ayurveda, Fitnessstudio. 18-Loch-Parcours in 25 km.

HP ab € 123,–.

WELLNESS 15

Belvedere *****S

Naturlage mit Fernblick Nähe Bozen

39050 Jenesien (BZ), Via Pichl, 15

+39-0471-354127

In privilegierter Lage hoch oberhalb von Bozen: Ein sympathischer Familienbetrieb, von Wald umgeben liegt er auf 1.080 m Seehöhe, der Ausblick ist herrlich. Mit einer in der Nähe gelegenen Seilbahn gelangt man direkt ins Zentrum der Südtiroler Hauptstadt, und das übrigens kostenlos. Das Hotel besteht aus dem Stammhaus, einem modernen Zubau sowie einer ein paar Schritte entfernt gelegenen Dependance, deren Gäste Zugang zu Spa und Restaurant haben. Die öffentlichen Räume sind zum Wohlfühlen gemacht, geheimnisvoll verschlungene Flure erschweren aber die Orientierung und führen mitunter zu längeren Wegen. Zimmer gibt es in 13 stark unterschiedlichen Varianten (DZ von 20 bis 80 m^2), die Interieurs reichen von Landhausklassik bis hin zu schlichter Modernität, alle haben Holzböden und Balkon oder Terrasse, fast alle auch bodentiefe Fenster. Das Spa ist indoor nicht gerade weitläufig, der Außenbereich dafür umso ansprechender: mit Liegewiesen, Terrassen, Sauna und einem 9 m langen und beinahe ebenso breiten Infinity-Pool. Vier Saunen, kleines Aktivprogramm, darunter dreimal pro Woche Yoga und geführte Wanderungen. Fabelhafte Terrasse (auch für das Abendessen) mit schönen Möbeln aus Vollholz, reichhaltiges Frühstücksbuffet, sehr gute bis ausgezeichnete Küche mit biologischer und regionaler Ausrichtung. Auf eine inkludierte Nachmittagsjause wird hier übrigens bewusst verzichtet, da man auch lokalen Hüttenwirten eine Chance geben will. Präsente Gastgeber, überwiegend junges, aber dennoch gut geschultes und ausgesprochen zuvorkommendes Team. Gratisgarage für alle. Eher ungeeignet für Kinder. Hunde erlaubt. 57 Liegen, 130 Betten.

Freibecken, Außensauna, Sauna, Dampfbad, Massagen, Kosmetik, Fitnessgeräte. 9-Loch-Parcours in 21 und 32 km.

HP ab € 123,–.

WELLNESS 15

Cyprianerhof *****

Grünlage mit Fernblick Nähe Bozen – Tierser Tal

39050 Tiers am Rosengarten (BZ), Via San Cipriano, 69
+39-0471-642143

Familienfreundlich. Schön gelegen, schön anzusehen: Ein gepflegter Familienbetrieb mit traumhaftem Ausblick auf den Rosengarten, er liegt auf 1.175 m Seehöhe, direkt an einer Ausflugsstraße, die besonders bei Motorradfahrern beliebt ist. Das Hotel besteht aus dem Stammhaus und einer 250 m entfernt gelegenen Dependance, deren Gäste Zugang zu Spa und Restaurant haben. Die öffentlichen Räume zeigen sich in sympathisch-moderner Ländlichkeit, Holz, Stein und andere Naturmaterialien regieren. Die Zimmer (15 Kategorien, DZ von 15 bis 73 m^2) präsentieren sich so gemütlich wie luxuriös gestaltet – duftende Zirbenholzvertäfelungen und feine Holzböden inklusive, Turn-down-Service ebenso. Das Spa bietet fünf Saunen, feine Ruhezonen, einen Außenwhirlpool, einen kleinen Innenpool, einen damit verbundenen Außenpool von 12 m Länge sowie einen erfrischenden Badeteich. Umfangreiches Aktivprogramm, darunter viele geführte Wanderungen (im Winter auch mit Schneeschuhen), zu bestimmten Terminen werden auch Bergsteiger- und Kletterwochen angeboten. Klettern kann man sogar indoor, und fünfmal pro Woche Yoga gehört zum Programm. Gemütliches Restaurant, reichhaltiges Frühstücksbuffet, gute Küche, die sich auch auf Vegetarisches versteht, gehobene Tischkultur, eine inkludierte Nachmittagsjause gibt es neuerdings nicht mehr. Freundliche Mitarbeiter, beim Service gibt es bisweilen noch etwas Luft nach oben. Gratisgarage für alle. Kinderbetreuung bis zu 13 Stunden pro Tag (mit saisonalen Einschränkungen). Hunde erlaubt. 90 Liegen, 210 Betten.

Naturbadeteich, Freibecken, Hallenbad, Außensauna, Sauna, Dampfbad, Massagen, Kosmetik, Fitnessgeräte. 9-Loch-Parcours in 14 km, 18-Loch-Parcours in 27 km.

HP ab € 160,–.

WELLNESS 13

Das Wanda garni

Grünruhelage mit Fernblick bei Kaltern – Nähe Bozen

39052 Kaltern (BZ), Via Garnellen, 18
+39-0471-669011

Adults only (ab 14). Außer Konkurrenz: kein klassisches Hotel, aber fernab vom touristischen Trubel, ruhevoll und zum Wohlfühlen. Umringt von Apfelhainen und Weingärten steht hier auf 440 m Seehöhe ein ganz kleines, ganz feines Hotel garni. Es zeigt sich mit geschmackvollem Design und einem harmonischen Farbkonzept in Erdtönen. Einnehmend schlicht präsentieren sich auch die Zimmer (DZ von 22 bis 50 m^2), keines gleicht dem anderen, alle verfügen über einen Garten sowie Balkon oder Terrasse, der Ausblick ist wunderschön. Ansprechend gestaltet ist das bis 22 Uhr geöffnete Spa, es bietet neben einem kleinen Hallenbad aus Sichtbeton eine Panoramasauna und ein Dampfbad. Im Garten wird jeden Donnerstag vor dem Frühstück Yoga praktiziert, außerdem findet man lauschige Ruheplätze unter Palmen und Olivenbäumen sowie ein nur im Sommer nutzbares, 12 m langes Freibecken. Einen feinen Ausblick genießt man auf der Terrasse, auf der bis 11 Uhr das sehr gute Frühstück serviert wird. Am Nachmittag wählt man Snacks à la carte oder trinkt einen Aperitif an der stimmungsvollen Bar, das Abendessen kann im zehn Minuten entfernten Schwesterhotel eingenommen werden. Freundliches Team, herzliche, unaufdringliche Gastgeberin. Hunde erlaubt. 8 Liegen, 24 Betten.

Freibecken (Sommer), Hallenbad, Sauna, Dampfbad.

NF ab € 120,–.

WELLNESS 14

Parc Hotel am See ****S

Grünruhelage am Kalterer See – Nähe Bozen

39052 Kaltern (BZ), Vadena / Klughammer, 9
+39-0471-960000

Familienfreundlich. Ein feiner, sehr persönlich geführter Familienbetrieb, er liegt so schön wie ruhig auf etwa 200 m Seehöhe am Ufer des Kalterer Sees und ist von Apfelhainen umgeben. Die Zimmer sind mehrheitlich seeseitig und gleichzeitig nach Westen hin ausgerichtet, man kann sie aus 13 sehr unterschiedlichen Kategorien (DZ von 20 bis 76 m^2) wählen, alle sind zeitgemäß gestaltet und haben gute Betten, fast alle Parkettböden sowie Balkon oder Terrasse. Das auch externen Gästen offenstehende Spa ist inwendig nicht gerade weitläufig, es bietet vier Saunen und einen knapp 10 m langen Innenpool. In einem schönen mediterranen Garten befinden sich unter anderem ein 13 m langer Solepool, eine Seesauna, Liegewiese sowie ein privater Badestrand. Kleines Aktivprogramm, auch zweimal pro Woche Yoga und geführte Wanderungen. Fabelhafte Terrasse für das Frühstück, ebensolcher Wintergarten für das Abendessen, reichhaltiges Frühstücksbuffet, sehr gute Küche, ein nachmittägliches Kuchenbuffet ist inkludiert. Turn-down-Service, freundliche und zuvorkommende Mitarbeiter, präsente Gastgeber – gleich vier Familienmitglieder arbeiten hier mit. Viele Stammgäste, die allermeisten kommen aus Deutschland. Die Liste der zubuchbaren „Liebesüberraschungen" ist lang, darunter zu finden zum Beispiel professionelle Fotoshootings, Schokoladefondue am Zimmer oder Private Dinner am Steg. Tretboote sowie SUP-Boards gibt es zur Gratisleihe, der Wellnessbereich kann auch an An- und Abreisetag ohne Aufpreis ganztägig genutzt werden. Gratisgarage für alle. 25 Liegen, 100 Betten.

Seebadestrand, Solefreibecken (Sommer), Hallenbad, Außensauna, Sauna, Dampfbad, Massagen, Kosmetik, Ayurveda, Fitnessgeräte, Personal Trainer. 9-Loch-Parcours in 12 km, 18-Loch-Parcours in 30 km, bis zu 20 % Greenfee-Rabatt.

HP ab € 174,–.

WELLNESS 13

Seehotel Ambach 1973

Grünruhelage am Kalterer See – Nähe Bozen

39052 Kaltern (BZ), Strada del Vino, 3
+39-0471-960098

In Premiumlage aus der Zeit gefallen: Ein privat geführtes Kleinhotel, es liegt ruhig auf etwa 200 m Seehöhe inmitten von Weingärten und Apfelhainen, und zwar am Nordufer des Sees. Das Haus wurde einst von dem Südtiroler Architekturvirtuosen Othmar Barth geplant und 1973 eröffnet. Das Besondere: Auch heute verharrt das Haus optisch noch in den frühen 1970er Jahren, und das außen wie innen, freilich bestens gepflegt sowie, wenn modernisiert oder erneuert, stets als Reminiszenz an den Look von damals – beinahe meint man, Roy Black und Uschi Glas könnten hier in der Lobby sitzen. Zimmer sind aus neun Kategorien (DZ von 22 bis 42 m^2) wählbar, alle sind blitzsauber, haben Klimaanlage und – kaum zu glauben – originale Vollholzinterieurs, lediglich die Bäder entsprechen optisch dem Zeitgeist von heute. In Sachen Wellness ist das Angebot sehr bescheiden, doch wie immer bewerten wir nicht nur das Spa, sondern das „Gesamtprodukt" unter Einbeziehung aller Wohlfühlaspekte. Inmitten eines weitläufigen Gartens mit alten und sogar exotischen Bäumen findet man hier einen 20 m langen Außenpool sowie ein schönes Badehaus mit zwei Saunen, mit Ruhezonen, Regenraum und Innenwhirlpool, weiters gibt es Liegewiese samt Seezugang. Herrlicher Ausblick, viel Ruhe, fabelhafte Restaurantterrasse, nahezu ausgezeichnete Küche. Die Mitarbeiter machen Freude, sie sind bemüht, herzlich und wunderbar authentisch. Mountainbikes, Tretboote, Kajaks sowie Ruderboote und SUP-Boards erhält man zur Gratisleihe. Trainingsmöglichkeiten im Freien. Hunde erlaubt. Für Kinder eher ungeeignet. 10 Liegen, 70 Betten.

Seebadestrand, Freibecken, Sauna, Dampfbad. 9-Loch-Parcours in 16 km, 18-Loch-Parcours in 29 km, bis zu 20 % Greenfee-Rabatt.

HP ab € 142,–.

WELLNESS 15

Tann ****

Naturlage mit Fernblick am Ritten – Nähe Bozen

39054 Klobenstein-Ritten (BZ), Via Tann, 22
+39-0471-356264

Auf 1.500 m Seehöhe, für Ruhesuchende eine gute Wahl: Ein nur über eine kurvenreiche Straße erreichbares, von Nadelwäldern und Bergwiesen umgebenes Kleinhotel mit herrlichem Panorama. Das liebevoll geführte Haus konnte sich ein großes Quäntchen an Ursprünglichkeit und Naturnähe bewahren und verströmt Südtiroler Behaglichkeit bis in die kleinsten Winkel. Überall entdeckt man liebevoll platzierte Besonderheiten, etwa eine Bibliothek an der Waldlichtung oder ein Kräuterhäuschen. Die Zimmer (neun Kategorien, DZ von 16 bis 52 m^2) sind im Landhausstil gestaltet, sie haben Lärchenholzinterieurs sowie zumeist Balkon. Der Wellnessbereich ist recht überschaubar, er bietet unter anderem ein ganzjährig beheiztes, knapp 6 m langes Solefreibecken, eine Bio-Außensauna, eine finnische Sauna aus Zirbenholz, ein Brechlbad sowie ein 40 Grad warmes „Brotbad", in dem frühmorgens Sauerteigbrot gebacken

wird. Fabelhafte Restaurantterrasse für alle Mahlzeiten, hochwertiges Frühstücksbuffet bis 12 Uhr, sehr gute Küche, sie legt großen Wert auf Frische und Regionalität, so manches kommt aus dem eigenen Garten – Gastgeberin Barbara, eine Slow-Food-Enthusiastin, kocht übrigens selbst. Feine Tischkultur, eine Nachmittagsjause ist im Preis inkludiert. Zuvorkommende und hilfsbereite Mitarbeiter, engagierte Gastgeber, freundliches Umfeld. Viele Stammgäste, höchst sauberes Preis-Leistungs-Verhältnis. Wanderwege ohne Zahl. Eher ungeeignet für Kinder, Hunde erlaubt. 24 Liegen, 60 Betten.

Solefreibecken, Außensauna, Sauna, Dampfbad, Massagen, Kosmetik.

HP ab € 101,–.

WELLNESS 20

Adler Lodge Ritten *****

Grünruhelage mit Fernblick bei Oberbozen

39054 Oberbozen (BZ), Stella, 20

+39-0471-1551700

Adults only (ab 8). Ein luxuriöses Chaletdörfchen, es wurde vor zwei Jahren als fünftes der Adler-Hotels (unter anderem Adler Lodge Alpe auf der Seiser Alm, Adler Thermae in der Toskana) eröffnet und liegt – zumindest von unserem Navi unerkannt – auf 1.200 m Seehöhe inmitten einer Waldlichtung, die einen großartigen Ausblick auf Langkofel, Schlern und den Rosengarten gewährt. Vor dem dreistöckigen Haupthaus, in dem sich Rezeption und Gastronomie befinden, stehen zwanzig Chalets aneinandergereiht, mitunter doch ein wenig dicht gedrängt. Auch 22 Zimmer (45 oder 140 m^2 groß) gibt es, die Chalets ebenfalls in zwei Größen, nämlich mit 55 oder 90 m^2, alle haben Holzkamin und Biosauna, der Bademantel ist aus reiner Baumwolle, das W-Lan schnell. Jede Wohneinheit zelebriert das Interieurkonzept der Anlage: Vertäfelungen aus Lärche oder Fichte, viel Glas und äußerst stilvolle Schlichtheit, die dennoch wohltuend Wärme verströmt. Das Spa ist im Haupthaus untergebracht, es bietet unter anderem ein Dampfbad und einen 23 m langen Infinity-Außenpool, etwas ungeschickt nur, dass eine große Anzahl von Ruheliegen um den (8 m langen) Innenpool gruppiert sind. Mit ein paar Schritten durch den Wald gelangt man zu zwei Außensaunen, weiters gibt es eine Liegewiese sowie bei den Massagen noch ein bisschen Verbesserungspotenzial. Aktivprogramm, vornehmlich Yoga, Meditation und geführte Wanderungen und Biketouren. Fabelhafte Restaurant- bzw. Barterrasse, Frühstück und Abendessen nimmt man im Restaurant, dessen Dach geöffnet werden kann, ein – der Ausblick dabei ist schlechthin genial. Tolles Frühstücksbuffet, ausgezeichnete Küche bei feiner Tischkultur, wie auf der Adler Lodge Alpe ist auch hier alles inkludiert, das gilt auch für die Getränke und eine größere Auswahl an Weinen und Spirituosen. Absolut freundliche, gut geschulte und sehr zuvorkommende Mitarbeiter, aufmerksame Gastgeberin. E-Bikes (sehr gute) gibt's zur Gratisleihe. Kleiner Wermutstropfen: Der automatische Weckdienst um 6.10 Uhr – von der Rittner Schmalspurbahn, die zwischen Oberbozen und Klobenstein halbstündlich verkehrt. Valet Parking, Gratisgarage für alle. 54 Liegen, 96 Betten.

Solefreibecken, Solehallenbad, Außensauna, Sauna, Dampfbad, Massagen, Kosmetik, Fitnessgeräte.

All-inclusive-VP ab € 229,–.

WELLNESS 14

Holzner Parkhotel ****s

Grünruhelage mit Fernblick in Oberbozen

39054 Oberbozen (BZ), Via del Paese, 18

+39-0471-345231

Kinderfreundlich. Schmuckes Haus mit tollem Ausblick: Seit 1908 ein Familienbetrieb, er wird nunmehr in vierter Generation geführt und liegt auf 1.220 m Seehöhe am Dorfrand. Nur ein paar gute Schritte sind es übrigens zur Seilbahn, mit der man kostenlos direkt ins Zentrum von Bozen gelangt – zum Einkaufen, Flanieren und Essengehen –, das ist wirklich fein. Das Hotel besteht aus dem vollständig renovierten Hauptgebäude und einem modernen Suiten-Zubau (mit Tennisplatz auf dem Dach), ein zugehöriges Apartmenthäuschen für bis zu sechs Personen ist nur einen Steinwurf entfernt. Die öffentlichen Räume verströmen nostalgisches Flair der gehobenen Art – alle Stühle im Speisesaal, das Silberbesteck, mehr als 250 Lampen und Leuchten sowie ein Großteil des Interieurs sind originale Jugendstilstücke. Stark unterschiedliche Zimmer stehen in 21 Kategorien (DZ von 30 bis 110 m²) zur Auswahl: Neben einigen modernen und geradlinigen werden mehrheitlich historische Varianten mit knarrenden Dielenböden, charmanten Möbeln und zweckmäßigen Bädern geboten, alle haben Terrasse oder Balkon, die meisten einen wunderschönen Ausblick. Das Spa ist zeitgemäß gestaltet, es bietet unter anderem fünf Saunen (zwei davon textil), einen Hamam und einen 16 m langen, ganzjährig nutzbaren Außenpool

Holzner Parkhotel

inmitten eines Gartens mit Blumen- und Kräuterbeeten und lauschigen Ruheplätzen. Kleines Aktivprogramm, darunter achtmal pro Woche Pilates, die Treatments tragen geheimnisvolle Namen – etwa: Ruhende Amazonen, Silberfische, Empfindung oder Éclat du jour. Fabelhafte Restaurantterrasse für alle Mahlzeiten, serviertes Langschläferfrühstück bis 11.30 Uhr, bei Küche und Frühstück könnte man noch etwas zulegen. Feine Tischkultur, stimmungsvolle Bar mit Jukebox, charaktervoller Salon mit internationalen Zeitungen. Freundliche Mitarbeiter, viele langjährige Stammgäste, mehrheitlich kommen sie aus Deutschland. Gratisgarage für alle. Täglich acht Stunden Betreuung für Kinder ab drei Jahren (mit saisonalen Einschränkungen). Hunde erlaubt. 56 Liegen, 130 Betten.

Freibecken, Hallenbad, Babybecken, Außensauna, Sauna, Dampfbad, Massagen, Kosmetik, Fitnessgeräte, Personal Trainer. 18-Loch-Parcours in 33 km. Tennisplätze.

HP ab € 148,–.

WELLNESS 16

Moser Gartenhotel *****

Grünruhelage außerhalb von Eppan – Nähe Bozen

39057 Eppan (BZ), Lago di Monticolo, 104

+39-0471-662095

Hunde- und kinderfreundlich. Herzlichkeit und gutes Service: Ein äußerst sympathischer Familienbetrieb, er zählt für uns zu den absolut freundlichsten Hotels in Südtirol. Das Haus liegt auf 490 m Seehöhe an einer verkehrsberuhigten Straße, ringsum Bäume und Apfelhaine, zum Ufer des kleinen Montiggler Sees sind es nur ein paar Schritte. Das Hotel besteht aus dem Stammhaus und einem viel größeren modernen Neubau, der mit einem Gang unterirdisch angebunden ist. Die öffentlichen Räume zelebrieren bestens gepflegte ländliche Vollholzklassik, zeitgemäße Zimmer sind aus 17 Varianten (DZ von 28 bis 100 m²) wählbar, alle haben Klimaanlage und Balkon, einige Infrarotkabine und Whirlwanne sowie ein privates Gärtlein. Das Spa ist zweigeteilt, neben einem 17 m langen, praktisch rund um die Uhr zugänglichen Innenpool und einem 25 m langen Sommerpool samt Rutsche gibt es auch einen Adults-only-Bereich mit vier Saunen, feinen Ruhezonen und einen FKK-Badeteich. Kleines Aktivprogramm, darunter auch Yoga und Meditation im Badehaus am See. Auf Kids warten ein großer Spielplatz mit Lagerfeuer, ein eingezäunter Fußballplatz und ein Animationsbereich im Freien. Große Terrasse, die durch riesige aufgespannte Netze das Speisen ohne gefiederte Zaungäste ermöglicht. Gute bis sehr gute Küche, Light Lunch, eine schöne Nachmittagsjause mit Torten und Kuchen sowie ein täglicher Snack zum Aperitif sind inkludiert. Der Gast ist König: ausnahmslos wunderbar freundliche Mitarbeiter, viele langjährige finden sich darunter. Herzliches, authentisches Gastgeberehepaar. Kanus, Ruderboote sowie SUP-Boards gibt es zur Gratisleihe. Der Wellnessbereich kann am Abreisetag ohne Aufpreis ganztägig noch genutzt werden. Gratisgarage für alle. 56 Wochenstunden Betreuung für Kinder ab drei Jahren, sie ist sehr, sehr nett. 54 Liegen, 180 Betten.

Naturbadeteich, Freibecken (Sommer) mit Rutsche, Hallenbad, Babybecken, Sauna, Dampfbad, Massagen, Kosmetik, Ayurveda, Fitnessgeräte. 9-Loch-Parcours in 12 km, 20 % Greenfee-Rabatt.

HP ab € 131,–.

WELLNESS 16

Weinegg Wellviva Resort *****

Grünruhelage mit Fernblick bei Eppan – Nähe Bozen

39057 Eppan-Girlan (BZ), Via Lamm, 22

+39-0471-662511

Hunde- und familienfreundlich (Vierbeiner dürfen mit auf die Restaurantterrasse sowie auf Teile der Liegewiese). Neben Weingärten und Apfelhainen liegt dieses große Fünfsternhaus ruhig auf 430 m Seehöhe. Es besteht aus dem vor wenigen Monaten renovierten Stammhaus, einem mediterranen Garten mit Liegewiese und einem modernen Logiergebäude, ein starkes Quäntchen Magic-Life-Flair über allem kommt hinzu. Die öffentlichen Räume zeigen sich modern, Zimmer sind aus 14 Kategorien (DZ von 30 bis 100 m²) wählbar, die Interieurs reichen von Landhausklassik bis hin zu geradliniger Modernität, im Zubau haben alle eine private Sauna, und zwar entweder innen oder auf dem Balkon, jene im Erdgeschoß hingegen Daybeds sowie einen direkten Einstieg in einen ganzjährig nutzbaren, nicht weniger als 60 m langen Außenpool, der direkt am Gebäude die gesamte Front entlangläuft. Noch zwei weitere Außenpools gibt es, nämlich einen knapp 13 m langen und einen 24 m langen, der nur während der warmen Jahreszeit nutzbar ist, aber einen Sandstrand hat. Indoor warten ein Schwimmbecken mit 20 m Länge, eine Familiensaunazone mit vier Textilsaunen und ein Adults-only-Saunabereich mit drei Saunen, ein uneinsehbares FKK-Areal im Freien fanden wir allerdings nicht. Gute Massagen, kleines Aktivprogramm, darunter fünfmal pro Woche Yoga, geführte Wanderungen und Fahrradtouren. Große Restaurantterrasse (jedem Zimmer ist ein Tisch zugeteilt), speisen kann man nahezu durchgehend von 7.30 bis 21 Uhr, vieles kommt in Buffetform. Gute Küche, viele freundliche und zuvorkommende Mitarbeiter. Check-out um 12 Uhr, bei Verfügbarkeit kann das Zimmer noch ganztägig ohne Aufpreis genutzt werden. Gratisgarage für alle. Täglich acht Stunden Betreuung für Kinder ab drei Jahren zu Ferienzeiten. Für Ruhesuchende und Feingeister nur bedingt geeignet. Achtung: Der angegebene Ab-Preis ist ein Flex-Tarif und kann in der Praxis deutlich höher ausfallen. 81 Liegen, 250 Betten.

Freibecken, Freibecken (Sommer), Kinderfreibecken (Sommer) mit Rutsche, Hallenbad, Kinderbecken mit Rutsche, Sauna, Dampfbad, Massagen, Kosmetik, Ayurveda, Fitnessgeräte. 9-Loch-Parcours in 8 km, 20 % Greenfee-Rabatt. Tennisplatz. Basketballplatz.

HP ab € 195,–.

WELLNESS 14

Spitaler ****

Grünlage am Ortsrand in Frangart – Nähe Bozen

39057 Frangart (BZ), Via Castel Firmiano, 24

+39-0471-633227

Familienfreundlich. Ganz nahe bei Bozen: Ein freundlicher und bestens geführter Familienbetrieb in angenehm überschaubarer Größe, er liegt auf etwa 260 m Seehöhe und besteht aus sieben Gebäuden, die auf einem schmalen Areal aneinandergereiht sind. Das Ambiente zeigt sich hell und überaus gemütlich, alles ist gepflegt und sauber. So auch die Zimmer, sie sind aus insgesamt 10 Kategorien (DZ von 30 bis 70 m^2) wählbar, alle haben feine Holzböden, Klimaanlage und Balkon, für Individualisten stehen in der obersten Etage fünf Ferienwohnungen mit Küchenzeile bereit. Der Wellnessbereich ist nur Hausgästen zugänglich, allerdings indoor nicht allzu weitläufig. Er verfügt über vier Saunen, ein knapp 14 m langes Schwimmbecken und einen kleinen Fitnessraum, im Freien fanden wir einen schmucken Garten mit lauschigen Ruheplätzen, einen 14 m langen, allerdings L-förmig angelegten Pool sowie ein Kinderbecken mit Rutsche. Kleines Aktivprogramm, auch Yoga, jedoch vornehmlich geführte Wanderungen. Restaurantterrasse für alle Mahlzeiten, Langschläferfrühstück bis 11.30 Uhr, sehr gute Küche mit regionaler Ausrichtung (auf Wunsch auch glutenfrei), ein Light Lunch mit verbundener Nachmittagsjause ist im Preis enthalten. Nette Tischkultur, Hungrige bekommen jederzeit einen Nachschlag. Präsente Gastgeber, ausgesprochen freundliche Mitarbeiter, lockere und herzliche Atmosphäre. Viele, viele Stammgäste, die meisten kommen aus Deutschland, für Kinder gibt es einen hellen Kinderspielraum mit Holzrutsche und Kletterwand. Der Wellnessbereich kann am Abreisetag ohne Aufpreis ganztägig genutzt werden. Hunde erlaubt. 29 Liegen, 110 Betten.

Freibecken (Sommer), Kinderfreibecken (Sommer) mit Rutsche, Hallenbad, Babybecken, Sauna, Dampfbad, Massagen, Kosmetik, Ayurveda, Fitnessgeräte. 9-Loch-Parcours in 5 km, 20 % Greenfee-Rabatt.

HP ab € 130,–.

ALLE HOTELS VON A BIS Z

Hotelname	Kategorie	Punkte	PLZ	Ort	Seite
Alpenpark Resort ****S	Wellness	11	6100	Seefeld	142
Alpenresort Walsertal ****S	Wellness	11	6733	Fontanella	220
Alpenrose Aktiv & Spa ****S	Wellness	11	6780	Schruns	224
Alpenrose Kinderhotel ****S	Wellness	12	6631	Lermoos	206
Alpenrose Kühtai ****	Wellness	11	6183	Kühtai	149
Alpenrose Maurach *****	Wellness	16	6212	Maurach	149
Alpenrose Naturhotel ****	Wellness	14	9872	Millstatt	286
Alpenrose ****S	Wellness	11	6652	Elbigenalp	209
Alpenrose Zauchensee ****	Wellness	13	5541	Altenmarkt	99
Alpenschlössl Söll ****	Wellness	10	6306	Söll	173
Alpenschlössl St. Johann ****	Wellness	11	5600	St. Johann	109
Alphotel Familotel ****	Wellness	10	6992	Hirschegg	230
Alpina Bad Hofgastein ****	Wellness	9	5630	Bad Hofgastein	117
Alpina Kinderhotel ****S	Wellness	12	5600	St. Johann	109
Alpina Obergurgl ****S	Wellness	11	6456	Obergurgl	190
Alpina Traumhotel ****S	Wellness	12	6281	Gerlos	166
Alpina Wagrain ****	Wellness	11	5602	Wagrain	110
Alpina Wellness & Spa ****S	Wellness	11	6345	Kössen	176
Alpina Zillertal Kinderhotel ****S	Wellness	12	6263	Fügen	158
Alpine Palace *****S	Wellness	11	5754	Saalbach-Hinterglemm	129
Alpin Juwel ****S	Wellness	12	5754	Saalbach-Hinterglemm	129
Alpinresort ****	Wellness	12	5753	Saalbach	129
Alps Lodge garni	Wellness	11	6533	Fiss	193
Alte Post Bad Hofgastein ****	Wellness	10	5630	Bad Hofgastein	117
Alte Post Faistenau ****	Wellness	11	5324	Faistenau	96
Alte Post Fieberbrunn ****	Wellness	11	6391	Fieberbrunn	183
Alte Post St. Anton ****S	Wellness	11	6580	St. Anton	204
Alte Schmiede Seefeld ****	Wellness	10	6100	Seefeld	142
Alte Schmiede Serfaus ****	Wellness	9	6534	Serfaus	196
Althof Retz ****	Wellness	13	2070	Retz	62
Amerika-Holzer am See ****S	Wellness	13	9122	St. Kanzian	269
Am Holand ***	Wellness	17	6883	Au	227
Amiamo Familotel ****	Wellness	12	5700	Zell am See-Schüttdorf	123
Andreas Hofer ****	Wellness	9	6481	St. Leonhard	192
Andy ****S	Wellness	12	6474	Jerzens	191
Angela garni ****	Wellness	10	6561	Ischgl	200
Angela ****S	Wellness	10	6764	Lech	222
Angerer Alm ****	Wellness	12	6456	Hochgurgl	190
Angerer Hof ***	Wellness	11	8184	Anger	245
Anthony's Life & Style ****	Wellness	10	6580	St. Anton	204
Anton Aparthotel garni ****	Wellness	11	6580	St. Anton	204
Aqua Dome ****S	Wellness	13	6444	Längenfeld	188
Arlberg Hospiz *****	Wellness	11	6580	St. Anton	204
Arlberg *****	Wellness	12	6764	Lech	222
Arlmont ****S	Wellness	12	6580	St. Anton	204
A-Rosa Kitzbühel *****	Wellness	12	6370	Kitzbühel	181
Art Lodge ****	Wellness	12	9542	Afritz	275
Arx	Wellness	10	8971	Schladming-Rohrmoos	260
Astoria Resort *****S	Wellness	18	6100	Seefeld	142
Aumühle	Wellness	12	4360	Grein	80
Aurelio Hotel & Chalet *****S	Wellness	15	6764	Lech	222
Austria Familienhotel	Wellness	9	8971	Schladming-Rohrmoos	260

Hotelname	Kategorie	Punkte	PLZ	Ort	Seite
Avita Resort ****S	Wellness	13	7431	Bad Tatzmannsdorf	236
Aviva make friends ****S	Wellness	12	4170	St. Stefan am Walde	79
Babymio ****	Wellness	12	6382	Kirchdorf	183
Bacher	Wellness	11	5771	Leogang	132
Bachmann ****	Wellness	10	6787	Gargellen	225
Badehospiz Kurtherme	Kur	11	5640	Bad Gastein	119
Badener Hof ****	Kur	11	2500	Baden bei Wien	63
Bad Hochmoos Gasthof ***S	Kur	10	5092	St. Martin bei Lofer	94
Bad Reuthe Gesundheitshotel ****	Kur/Wellness	11	6870	Reuthe	226
Bad Vigaun ****	Kur/Wellness	11	5424	Bad Vigaun	98
Ballonhotel Thaller	Wellness	11	8224	Kaindorf	245
Ballunspitze Kinderhotel ****	Wellness	11	6563	Galtür	201
Banyan garni ****	Wellness	11	6580	St. Anton	204
Barbarahof ****S	Wellness	11	5710	Kaprun	126
Bärenhof Gesundheitszentrum	Kur	11	5640	Bad Gastein	120
Bärenwirt Sport- & Familienhotel ****	Wellness	10	8966	Aich	258
Bär Kinderhotel ****S	Wellness	14	6534	Serfaus	196
Bauernhofer Naturparkhotel ****	Wellness	11	8172	Heilbrunn	245
Beck Sporthotel ****	Wellness	11	6708	Brand	220
Beim Hochfilzer	Wellness	11	6306	Söll	173
Bellevue Ferienclub ****	Wellness	9	6344	Walchsee	176
Bellevue Seehotel ****S	Wellness	11	5700	Thumersbach	121
Bellevue ****S	Wellness	12	6456	Obergurgl	190
Bergblick Fiss ****	Wellness	11	6533	Fiss	193
Bergblick Grän ****S	Wellness	15	6673	Grän	210
Bergcristall ****	Wellness	12	6167	Neustift	148
Berger Familienhotel ***S	Wellness	11	8255	St. Jakob im Walde	245
Bergergut ****S	Wellness	13	4170	Afiesl	78
Bergfrieden ***	Wellness	9	6533	Fiss	193
Bergfried Tux *****	Wellness	16	6293	Tux	168
Berghaus Alpinhotel ****	Wellness	14	6293	Tux	169
Berghof Brunner ****	Wellness	10	9135	Bad Eisenkappel	269
Berghof Ferienhotel ****	Wellness	11	6383	Erpfendorf	183
Berghof Hintertux ****	Wellness	13	6294	Tux	172
Berghof Nauders ****	Wellness	10	6543	Nauders	199
Berghof Ramsau ****	Wellness	13	8972	Ramsau	262
Berghof Verwöhnhotel ****S	Wellness	13	5600	St. Johann	109
Berghotel Hinterstoder ****	Wellness	10	4573	Hinterstoder	82
Berghotel Schmittenhöhe	Wellness	11	5700	Zell am See	121
Bergkönig Activehotel ****	Wellness	11	6167	Neustift	148
Bergkristall Biohotel garni	Wellness	10	8971	Schladming-Rohrmoos	260
Bergkristall Lech ****S	Wellness	11	6764	Lech	222
Bergkristall Mallnitz	Wellness	10	9822	Mallnitz	285
Bergkristall Silbertal ****	Wellness	11	6780	Silbertal	224
Bergland Seefeld ****	Wellness	10	6100	Seefeld	143
Bergland Sölden *****	Wellness	11	6450	Sölden	189
Berg-Leben	Wellness	11	5611	Großarl	114
Bergresort Seefeld ****S	Wellness	12	6100	Seefeld	143
Bergrose Hideaway ****	Wellness	11	5350	Strobl	98
Bergwelt ****S	Wellness	12	6456	Obergurgl	190
Bergwiesenglück	Wellness	14	6553	See	200
Bergzeit Natur- & Biohotel	Wellness	11	6677	Zöblen	213

Hotelname	Kategorie	Punkte	PLZ	Ort	Seite
Biberkopf Berghotel	Wellness	10	6767	Warth	224
Bichlhof ****S	Wellness	13	6370	Kitzbühel	181
Biolandhaus Arche ***	Wellness	10	9372	St. Oswald-Eberstein	273
Bio-Thermen-Hotel ****	Kur/Gesundheit	12	8271	Bad Waltersdorf	245
Birkenhof Gols ****	Wellness	10	7122	Gols	234
Birkenhof Hinterglemm	Wellness	10	5754	Saalbach-Hinterglemm	129
Birkenhof Strandhotel ****	Wellness	10	9122	St. Kanzian	269
Birkenhöhe ****	Wellness	13	6992	Hirschegg	230
Bischofsmütze ****	Wellness	11	5532	Filzmoos	98
Bismarck Verwöhnhotel ****S	Wellness/Kur	15	5630	Bad Hofgastein	117
Bliems Familienhotel ****	Wellness	11	8967	Haus	258
Blü	Wellness	10	5630	Bad Hofgastein	118
Böglerhof ****S	Wellness	12	6236	Alpbach	157
Brandauers Villen ****S	Wellness	12	5350	Strobl	98
Brandlhof ****S	Wellness	12	5760	Saalfelden	131
Brauhotel Weitra	Wellness	10	3970	Weitra	73
Brennseehof Familien-Sport-Hotel ****S	Wellness	14	9544	Feld am See	275
Brigitte ****S	Wellness	11	6561	Ischgl	200
Brückenwirt	Wellness	10	5541	Altenmarkt	102
Brückenwirt ****	Wellness	11	5600	St. Johann	109
Brücklwirt ****	Wellness	10	8712	Niklasdorf	257
Bruckwirt Kinderhotel ***	Wellness	10	4131	Obermühl	78
Bründl ****	Kur/Wellness	12	4190	Bad Leonfelden	79
Brunner Stadthotel	Wellness	10	8970	Schladming	259
Buasen	Wellness	12	5741	Neukirchen	128
Buchau Familienresort ****S	Wellness	12	6212	Maurach	152
Burgstaller Familiengut ****	Wellness	11	9873	Döbriach	289
Burgstein ****	Wellness	11	6444	Längenfeld	189
Burg ****S	Wellness	12	6764	Lech	222
Burg Vital Resort *****S	Wellness	15	6764	Lech	222
Castello Königsleiten ****	Wellness	10	5742	Wald	128
Central Gerlos ****	Wellness	10	6281	Gerlos	166
Central Nauders ****	Wellness	10	6543	Nauders	199
Central Seefeld ****	Wellness	10	6100	Seefeld	143
Central Tux	Wellness	12	6293	Tux	169
Cervosa Gourmet & Spa *****	Wellness	16	6534	Serfaus	196
Cesta Grand ****S	Wellness/Kur	10	5640	Bad Gastein	120
Charlotte ***S	Wellness	11	6100	Seefeld	143
Chesa Monte ****	Wellness	12	6533	Fiss	193
Chesa Valisa Naturhotel ****	Wellness	15	6992	Hirschegg	231
Cinderella *****	Wellness	12	5562	Obertauern	105
Cortisen am See ****S	Wellness	14	5360	St. Wolfgang	89
Crystal Gartenhotel ****S	Wellness	12	6263	Fügen	158
Curhaus Bad Kreuzen ***	Kur	13	4362	Bad Kreuzen	80
Curhaus Bad Mühllacken ***	Gesundheit	13	4101	Feldkirchen	78
Dachsteinkönig Familux Resort	Wellness	14	4824	Gosau	86
Damülser Hof ****S	Wellness	11	6884	Damüls	228
Das Adler Inn ****S	Wellness	11	6294	Tux	172
Das Alpenwelt Resort ****S	Wellness	11	5742	Wald-Königsleiten	129
Das Balance Pörtschach ****S	Wellness	14	9210	Pörtschach	270
Das Barbara garni	Wellness	11	5562	Obertauern	105
Das Blaufränkisch	Wellness	10	7301	Deutschkreutz	235

Hotelname	Kategorie	Punkte	PLZ	Ort	Seite
Das Central Sölden *****	Wellness	12	6450	Sölden	189
Das Edelweiss Mountain Resort *****	Wellness	16	5611	Großarl	114
Das Falkenstein ****	Wellness	11	5710	Kaprun	126
Das Goldberg ****S	Wellness	14	5630	Bad Hofgastein	118
Das Kaiserblick ****S	Wellness	13	6352	Ellmau	177
Das Kaltenbach Aparthotel ****	Wellness	11	6272	Kaltenbach	164
Das Kaltschmid Familotel ****	Wellness	10	6100	Seefeld	143
Das Kappel Winzer-Wellness ****	Wellness	13	8442	Kitzeck	253
Das Köhle garni ****	Wellness	11	6534	Serfaus	197
Das Kohlmayr ****S	Wellness	12	5562	Obertauern	105
Das Kronthaler ****S	Wellness	12	6215	Achenkirch	155
Das Kurhaus	Kur/Wellness	11	8344	Bad Gleichenbg.	250
Das Lafairs ****	Wellness	10	6542	Pfunds	199
Das Leonhard ****	Wellness	12	9762	Weißensee	282
Das Marent	Wellness	12	6533	Fiss	193
Das Mei ****	Wellness	11	6162	Mutters	145
Das Moerisch ****S	Wellness	12	9871	Seeboden	285
Das Naturjuwel garni ****	Wellness	11	6533	Fiss	193
Das Posthotel Zillertal *****	Wellness	11	6280	Zell am Ziller	164
Das Rieser ****S	Wellness	16	6213	Pertisau	152
Das Ronacher Therme & Spa *****	Wellness	17	9546	Bad Kleinkirchheim	276
Das Schäfer ****S	Wellness	14	6733	Fontanella	220
Das Schiff in den Bergen ****	Wellness	11	6883	Au	228
Das Schiff Romantik-Hotel ****	Wellness	15	6952	Hittisau	229
Das Seekarhaus *****	Wellness	14	5562	Obertauern	105
Das Sieben ****S	Gesundheit	14	6323	Bad Häring	173
Das Sonnreich ****	Wellness	11	8282	Loipersdorf Therme	249
Das Traunsee ****S	Wellness	12	4801	Traunkirchen	84
Defereggental ****S	Wellness	11	9962	St. Veit	216
Denggerhof Landhotel	Wellness	9	6290	Mayrhofen	167
Der Alpbacherhof Natur & Spa ****S	Wellness	16	6236	Alpbach	157
Der Bär	Wellness	16	6352	Ellmau	177
Der Brandstetterhof ****	Wellness	11	6135	Stans	145
Der Daberer – das Biohotel ****S	Wellness	18	9635	Dellach im Gailtal	281
Der Grüne Baum ***	Wellness	10	6632	Ehrwald	208
Der Hubertushof ****	Wellness	10	4820	Bad Ischl	85
Der Kaprunerhof ****	Wellness	11	5710	Kaprun	126
Der Lärchenhof Erpfendorf *****	Wellness	15	6383	Erpfendorf	183
Der Löwe ****S	Wellness	12	5771	Leogang	133
Der Reschenhof ****	Wellness	9	6080	Mills	141
Der Steirerhof *****	Wellness	20	8271	Bad Waltersdorf	245
Der Waldhof Zell am See ****	Wellness	10	5700	Zell am See	121
Der Wiesenhof Pertisau ****S	Wellness	14	6213	Pertisau	152
Der wilde Eder ****	Wellness	12	8171	St. Kathrein am Offenegg	245
Die Forelle Genießerhotel ****	Wellness	14	9762	Weißensee	282
Die Hochkönigin ****S	Wellness	15	5761	Maria Alm	131
Die Klause Gesundheitsgut	Gesundheit	18	8344	Bad Gleichenberg	250
Die Krone von Lech *****	Wellness	12	6764	Lech	222
Die Post ****S	Wellness	16	9546	Bad Kleinkirchheim	277
Die Riederalm ****S	Wellness	16	5771	Leogang	133
Die Seitenalm Kinderhotel ****	Wellness	14	5550	Radstadt	103
Die Wälderin ****	Wellness	13	6881	Mellau	226

Hotelname	Kategorie	Punkte	PLZ	Ort	Seite
Dilly Familotel ****S	Wellness	11	4580	Windischgarsten	82
Dolomitengolf ****S	Wellness	12	9900	Lavant	213
Donauschlinge ****	Wellness	11	4083	Haibach	78
Dorfschmiede ****	Wellness	10	5754	Saalbach-Hinterglemm	129
Dornauhof ****	Wellness	11	6292	Finkenberg	167
Drei Eichen Landhotel ****	Wellness	10	5301	Eugendorf	96
Drei Quellen Hotel Kipper	Kur	9	8524	Bad Gams	255
Drei Sonnen ****S	Wellness	11	6534	Serfaus	197
Dr. Jilly Seehotel ****S	Wellness	10	9210	Pörtschach	270
Dr. Lumper Kneippkurhaus	Kur	10	3251	Purgstall an der Erlauf	69
Dr. Petershofer Kurhaus ****	Kur	11	4902	Wolfsegg am Hausruck	87
Ebners Waldhof am See ****S	Wellness	14	5330	Fuschl am See	97
Edelweiss & Gurgl ****S	Wellness	12	6456	Obergurgl	190
Edelweiss Naturhotel Wagrain ****	Wellness	15	5602	Wagrain	110
Edelweiss Obertauern ****S	Wellness	11	5562	Obertauern	105
Edelweiss Schoppernau ****	Wellness	10	6886	Schoppernau	228
Edelweiss Vitalhotel ****S	Wellness	14	6167	Neustift	148
Edelweiss Zürs	Wellness	10	6763	Zürs	220
Edenlehen ****	Wellness	12	6290	Mayrhofen	167
Eden ****S	Wellness	12	6100	Seefeld	143
Eder Hochkönig ****	Wellness	11	5761	Maria Alm	132
Egger Feel good Boutique-Hotel ****	Wellness	11	9201	Krumpendorf	270
Egger ****	Wellness	11	5754	Saalbach-Hinterglemm	129
Eggerwirt ****S	Wellness	18	5582	St. Michael	108
Eichingerbauer ****S	Wellness	13	5310	Mondsee-St. Lorenz	89
Einwaller Seehotel	Wellness	13	6213	Pertisau	153
Eisenberg ****	Wellness	11	8383	Eisenberg an der Raab	241
Eldorado ****	Wellness	10	6561	Ischgl	200
Elisabeth Fügen ****	Wellness	13	6263	Fügen	158
Elisabeth-Hotel ****S	Wellness	12	6290	Mayrhofen	167
Elisabeth Kirchberg ****S	Wellness	11	6365	Kirchberg	181
Elisabethpark ****	Wellness	10	5640	Bad Gastein	120
Elisabeth Pörtschach garni ****	Wellness	10	9210	Pörtschach	270
Elisabeth Sölden ***S	Wellness	10	6450	Sölden	189
Elisabeth Werfenweng ****	Wellness	11	5453	Werfenweng	98
Elite ****	Wellness	10	6100	Seefeld	143
Elixhauser Wirt Romantik-Hotel ****S	Wellness	13	5161	Elixhausen	95
Elizabeth Arthotel *****	Wellness	11	6561	Ischgl	200
Ellmauhof Kinderhotel ****S	Wellness	12	5754	Saalbach-Hinterglemm	129
Emmaquelle ****	Wellness/Kur	10	8344	Bad Gleichenberg	252
Engel Fastenpension ***	Gesundheit	11	6952	Hittisau	229
Engel ****S	Wellness	18	6673	Grän	211
Engstler Seehotel ****	Wellness	11	9220	Velden	272
Entners am See ****S	Wellness	12	6213	Pertisau	153
Enzianhof Naturhotel	Wellness	10	8563	Ligist	255
Enzian Obertauern ****S	Wellness	13	5562	Obertauern	105
Enzian Seehotel ****	Wellness	14	9762	Weißensee	283
Enzian Sölden ****S	Wellness	15	6450	Sölden	189
Erika Boutiquehotel	Wellness	12	6370	Kitzbühel	181
Erlebach ****	Wellness	10	6991	Riezlern	230
Erzherzog Johann Uderns ***	Wellness	9	6271	Uderns	160
Erzherzog Johann ****	Wellness	14	8990	Bad Aussee	263

Hotelname	Kategorie	Punkte	PLZ	Ort	Seite
Eva Village ****S	Wellness	10	5753	Saalbach	129
Exel ****	Wellness	9	3300	Amstetten	69
Falkensteiner Asia Leoben ****	Wellness	11	8700	Leoben	256
Falkensteiner Bad Leonfelden ****	Wellness	12	4190	Bad Leonfelden	79
Falkensteiner Balance Resort *****	Wellness	14	7551	Stegersbach	240
Falkensteiner Carinzia ****S	Wellness	11	9631	Hermagor	281
Falkensteiner Club Funimation ****	Wellness	11	9863	Rennweg	285
Falkensteiner Cristallo ****S	Wellness	11	9863	Rennweg	285
Falkensteiner Schladming ****S	Wellness	13	8970	Schladming	259
Falkensteiner Schloss Velden *****	Wellness	14	9220	Velden	272
Falkensteiner Sonnenalpe ****	Wellness	11	9620	Hermagor	281
Fasching Dorfhotel ****S	Wellness	18	8654	Fischbach	255
Fastenhaus Dunst	Wellness	12	8190	Miesenbach	245
Feistererhof Biohotel	Wellness	10	8972	Ramsau	262
Felben Kinderhotel	Wellness	11	5730	Mittersill	127
Felbermayer ****	Wellness/Gesundheit	10	6793	Gaschurn	225
Felsenhof Flachau ****	Wellness	11	5542	Flachau-Reitdorf	103
Felsenhof ****	Wellness	12	9546	Bad Kleinkirchheim	277
Fernau Alpenhotel ****	Wellness	10	6167	Neustift	148
Fernblick Montafon ****	Wellness	17	6781	Schruns-Bartholomäberg	224
Fessler Heilfasteninstitut	Gesundheit	11	4460	Losenstein	81
Feuerberg Mountain Resort ****S	Wellness	20	9551	Bodensdorf	278
Filomena Aparthotel garni ****	Wellness	11	6764	Lech	222
First Mountain Montafon ***	Wellness	9	6793	Gaschurn	225
Fischer am See ****	Wellness	11	6611	Heiterwang	205
Fisser Hof ****	Wellness	12	6533	Fiss	193
Fliana ****S	Wellness	12	6561	Ischgl	201
Fluchthorn Alpenresort ****	Wellness	9	6563	Galtür	201
Fontana Sporthotel ****	Wellness	10	6391	Fieberbrunn	186
Fontana Thermalhotel ****S	Kur	11	8490	Bad Radkersburg	254
Forelle Millstatt ****S	Wellness	13	9872	Millstatt	287
Forster's Naturresort ****	Wellness	12	6167	Neustift	148
Forsthofalm Holzhotel ****S	Wellness	13	5771	Leogang	134
Forsthofgut Naturhotel *****	Wellness	19	5771	Leogang	134
Four Points by Sheraton ****	Business/Wellness	11	6850	Dornbirn	225
Friedheim Sonnenresidenz ****S	Wellness	12	6133	Weerberg	145
Friesacher ****S	Wellness	12	5081	Anif bei Salzburg	94
Fritsch am Berg ****	Wellness	13	6911	Lochau	228
Furtherwirt Familotel ****	Wellness	11	6382	Kirchdorf	183
Gabi garni ****	Wellness	12	5071	Wals-Siezenheim	94
Galtenberg Kinderhotel ****S	Wellness	12	6236	Alpbach	158
Galzig Skihotel garni ****	Wellness	11	6580	St. Anton	204
Gams zu zweit ****S	Wellness	12	6870	Bezau	226
Gartnerkofel ****	Wellness	11	9620	Hermagor	281
Gaspingerhof ****S	Wellness	11	6281	Gerlos	166
Gassner ****S	Wellness	12	5741	Neukirchen	128
Gastagwirt ****	Wellness	10	5301	Eugendorf	96
Geinberg5 Private Spa Villas	Wellness	19	4943	Geinberg	87
Genusshotel Riegersburg ****	Wellness	11	8333	Riegersburg	250
Gerloserhof ***S	Wellness	10	6281	Gerlos	166
Glockenstuhl garni ***	Wellness	9	6290	Mayrhofen	167
Glockenstuhl ****	Wellness	10	6281	Gerlos	167

Hotelname	Kategorie	Punkte	PLZ	Ort	Seite
Herzoghof ****	Wellness	10	2500	Baden bei Wien	66
Hinteregger Familienhotel ****	Wellness	11	9863	Rennweg am Katschberg	285
Hinteregger ***	Wellness	10	9971	Matrei	216
Hinterhag Art & Ski-In ****	Wellness	11	5753	Saalbach	129
Hirschen ****S	Wellness	11	6886	Schoppernau	228
Hirschwang Seminar-Parkhotel ****	Wellness	10	2651	Reichenau an der Rax	66
Hochfilzer ****	Wellness	10	6352	Ellmau	178
Hochfirst *****	Wellness	12	6456	Obergurgl	191
Hochhäderich Almhotel ****	Wellness	10	6943	Riefensberg	229
Hochschober ****S	Wellness	17	9565	Turracher Höhe	280
Hochsölden Sonnenhotel ****	Wellness	12	6450	Sölden	190
Hofer ***S	Wellness	11	4881	Straß im Attergau	87
Höflehner Naturhotel ****S	Wellness	17	8967	Haus	258
Hohenfels Genießerhotel ****	Wellness	14	6675	Tannheim	212
Hohenhaus Alpenbad ****	Wellness	10	6294	Tux	172
Hohe Salve Sportresort	Wellness	12	6361	Hopfgarten	179
Hollweger ****	Wellness	11	5340	St. Gilgen	97
Holzleb'n Feriendorf	Wellness	11	5611	Großarl	115
Holzleiten Bio-Hotel ****	Wellness	16	6416	Obsteig	187
Holznerwirt ****	Wellness	10	5301	Eugendorf	96
Hopfgarten Familotel ****	Wellness	12	6361	Hopfgarten	179
Hoppet ****	Wellness	10	6263	Hart	160
Huber's Boutiquehotel ****	Wellness	11	6290	Mayrhofen	167
Hubertushof Großarl	Wellness	10	5611	Großarl	115
Hubertushof Seehotel ****	Wellness	11	9220	Velden	272
Humanomed Bleibergerhof ****	Kur/Wellness	11	9530	Bad Bleiberg	275
IFA Alpenhof Wildental ****	Wellness/Gesundheit	11	6993	Mittelberg	231
Iglhauser Schlosshotel ****	Wellness	10	5163	Mattsee	96
Igls Sporthotel	Wellness	11	6080	Igls	141
Impuls Tirol ****S	Kur/Wellness	12	5630	Bad Hofgastein	119
Im Weissen Rössl Romantik-Hotel ****S	Wellness	11	5360	St. Wolfgang	90
Innsbruck ****	Wellness	11	6020	Innsbruck	140
Inns Holz ****	Wellness	11	4161	Ulrichsberg	78
Inntaler Hof ****	Wellness	11	6100	Seefeld	143
Interalpen-Hotel Tyrol *****S	Wellness	15	6410	Telfs-Buchen	186
Iris Porsche	Wellness	12	5310	Mondsee	89
Jagdhof Neustift *****	Wellness	17	6167	Neustift	148
Jagdhof Riezlern ****	Wellness	10	6991	Riezlern	230
Jäger Alpenhof ***S	Wellness	12	6991	Riezlern	230
Jägeralpe ****S	Wellness	12	6767	Warth	224
Jägerhof ****	Wellness	10	6281	Gerlos	167
Jäger Tux ***S	Wellness	11	6293	Tux	169
Jägerwirt Romantik-Seehotel ****S	Wellness	12	8864	Turracher Höhe	257
Jenewein ****	Wellness	10	6456	Obergurgl	191
Jennys Schlössl ****S	Wellness/Gesundheit	13	6534	Serfaus	197
Jerzner Hof ****	Wellness	16	6474	Jerzens	191
Jesacherhof ****	Wellness	12	9963	St. Jakob	216
Johannesbad Palace ****	Wellness/Kur	10	5630	Bad Hofgastein	119
Johannesbad St. Georg ****	Kur/Wellness	11	5630	Bad Hofgastein	119
Josefinenhof	Kur/Wellness	12	9504	Warmbad-Villach	273
Josl Mountain Lounging ****	Wellness	11	6456	Obergurgl	191
Juffing ****S	Wellness	18	6335	Thiersee	175

Hotelname	Kategorie	Punkte	PLZ	Ort	Seite
Jungbrunn – Der Gutzeitort	Wellness	15	6675	Tannheim	212
Kaiserbad ***	Kur	11	2405	Bad Deutsch-Altenburg	63
Kaiser Franz Josef ****	Wellness	10	9872	Millstatt	288
Kaiserhof Ellmau *****S	Wellness	19	6352	Ellmau	178
Kaiserhof Familotel ****	Wellness	11	6622	Berwang	205
Kaiserhof Seefeld ****	Wellness	10	6100	Seefeld	143
Kaiser in Tirol ****	Wellness	11	6351	Scheffau	177
Kanzler	Wellness	11	8983	Bad Mitterndorf	263
Karawankenhof Thermenhotel ****	Wellness	14	9504	Warmbad-Villach	273
Karla ****	Wellness	10	5570	Mauterndorf	107
Karlwirt ****	Wellness	10	6213	Pertisau	153
Karnerhof ****S	Wellness	11	9580	Egg am Faaker See	280
Kärntnerhof Bad Kleinkirchheim ****	Wellness	10	9546	Bad Kleinkirchheim	277
Kärntnerhof Heiligenblut ***S	Wellness	10	9844	Heiligenblut	285
Karwendel ****S	Wellness	16	6213	Pertisau	153
Kempinski Das Tirol *****S	Wellness	13	6373	Jochberg	182
Kendler ****S	Wellness	12	5753	Saalbach	129
Kesselspitze *****	Wellness	11	5562	Obertauern	106
Kielhuberhof ****	Wellness	12	8972	Ramsau	262
Kindl Alpenhotel ****	Wellness	10	6167	Neustift-Milders	149
Kindl Schlössl ****	Wellness	12	8344	Bad Gleichenberg	252
Kirchberger Hof Alpenglück ****	Wellness	10	6365	Kirchberg	181
Kirchenwirt ***S	Wellness	10	5412	Puch	98
Kirchheimerhof ****S	Wellness	12	9546	Bad Kleinkirchheim	277
Kirchler Thermal Badhotel ****	Wellness	10	6294	Tux	173
Kitzhof ****S	Wellness	11	6370	Kitzbühel	181
Kitzspitz Naturhotel ****	Wellness	13	6392	St. Jakob	186
Klammers Kärnten ****	Wellness/Kur	13	5630	Bad Hofgastein	119
Klausnerhof ****	Wellness	12	6294	Tux	173
Kleines Hotel Kärnten ****	Wellness	11	9580	Egg am Faaker See	280
Kleinsasserhof	Wellness	13	9800	Spittal an der Drau	284
Klinik Pirawarth	Kur/Rehabilitation	16	2222	Bad Pirawarth	63
Klosterberg ****	Gesundheit/Wellness	12	3921	Langschlag	73
Klosterbräu *****	Wellness	16	6100	Seefeld	143
Kloster Pernegg Fastenzentrum	Gesundheit	10	3753	Pernegg	72
Knappenhof	Wellness	12	2651	Reichenau an der Rax	66
Kobaldhof	Wellness	11	8972	Ramsau	262
Kocher Revita ****	Wellness	12	4084	St. Agatha	78
Kohlerhof ****	Wellness	12	6263	Fügen	160
Kolbitsch ****	Wellness	11	9762	Weißensee	284
Kollers ****S	Wellness	17	9871	Seeboden	285
Kolmhof ****	Wellness	10	9546	Bad Kleinkirchheim	277
Königsberg Gesundheitsresort ****	Kur/Rehabilitation	11	2853	Bad Schönau	67
Königsleiten ****	Wellness	10	5742	Wald	128
Kornock	Wellness	11	8864	Turracher Höhe	257
Kothmühle Relax-Resort ****	Wellness	13	3364	Neuhofen an der Ybbs	70
Kowald ****	Wellness	13	8282	Loipersdorf Therme	249
Kraftalm	Wellness	13	6305	Itter	173
Krainz Vitalhotel ****	Wellness	10	8282	Loipersdorf Therme	249
Krallerhof ****S	Wellness	14	5771	Leogang	135
Kramerwirt ****	Wellness	10	6290	Mayrhofen	167
Kreinerhof Landhotel ***	Wellness	9	9813	Möllbrücke	284

Hotelname	Kategorie	Punkte	PLZ	Ort	Seite
Kreischberg Relax-Resort ****	Wellness	9	8861	St. Georgen ob Murau	257
Kreuz ****	Wellness	9	6881	Mellau	226
Kreuzwirt Kinderhotel ****	Wellness	12	9762	Weißensee	284
Kristall Finkenberg ****	Wellness	10	6292	Finkenberg	167
Kristall Gerlos ****	Wellness	10	6281	Gerlos	167
Kristall Leutasch ****	Wellness	12	6105	Leutasch	145
Kristall Verwöhnhotel ****S	Wellness	15	6213	Pertisau	154
Kröller Kinderhotel	Wellness	12	6281	Gerlos	167
Krone Au ****	Wellness	12	6883	Au	228
Krone Schoppernau ****	Wellness	10	6886	Schoppernau	228
Krumers Alpin ****S	Wellness	12	6100	Seefeld	144
Krumers Post ****S	Wellness	11	6100	Seefeld	144
Krutzler ****	Wellness	11	7522	Heiligenbrunn	239
Kuhotel by Rilano ****	Wellness	10	6384	Waidring	183
Kühtai Sporthotel ****	Wellness	9	6183	Kühtai	149
Kurhaus Barmherzige Brüder ****	Kur	11	4780	Schärding	84
Kurhotel Bad Zell	Kur	10	4283	Bad Zell	80
Kürschner Schlank-Schlemmer	Wellness	11	9640	Kötschach-Mauthen	282
Kurz Sport-Hotel	Wellness	10	7350	Oberpullendorf	235
Kurz Thermenhotel ****	Wellness	9	7361	Lutzmannsburg	235
Lacknerhof Schlosshotel ****S	Wellness	10	5542	Flachau	102
Laderhof Kinderhotel ****	Wellness	11	6532	Ladis	193
Lake's	Wellness	11	9210	Pörtschach	270
Lambrechterhof ****	Wellness	11	8813	St. Lambrecht	257
Lamprechthof	Wellness	11	9861	Eisentratten	285
Landauerhof ****	Wellness	12	8971	Schladming-Rohrmoos	260
Landhaus Servus Schönheitsfarm ****	Beauty	12	9220	Velden-Lind	273
Lanersbacher Hof ****	Wellness	11	6293	Tux	169
Langwies ****	Wellness	10	5424	Bad Vigaun	98
Lanserhof Lans	Gesundheit	20	6072	Lans	140
LaPosch – Dein Bergaway	Wellness	13	6633	Biberwier	209
La Pura Women's Health Resort ****S	Gesundheit	15	3571	Gars am Kamp	71
Lärchenhof Familotel	Wellness	10	6416	Obsteig	188
Lärchenhof Feichten	Wellness	10	6524	Feichten	192
Lärchenhof Lermoos ****	Wellness	9	6631	Lermoos	207
Lärchenhof Seefeld ****S	Wellness	11	6100	Seefeld	144
Larimar ****S	Wellness/Kur	16	7551	Stegersbach	240
Laschenskyhof ****	Wellness	12	5071	Wals-Viehhausen	94
Laterndl Hof ****S	Wellness	12	6672	Haller	209
Latini ****	Wellness	11	5700		123
Laurentius Kinderhotel ****S	Wellness	12	6533	Fiss	193
Laurenzhof	Wellness	10	9811	Lendorf	284
Lavendel ****	Wellness	11	4580	Windischgarsten	82
Lebensquell Gesundheitsresort ****S	Kur/Wellness	14	4283	Bad Zell	80
Lebens-Resort Ottenschlag	Kur/Gesundheit	12	3631	Ottenschlag	72
Lechlife Naturhotel ****	Wellness	10	6610	Wängle	205
Legenstein ****	Wellness	12	8344	Bad Gleichenberg	252
Leitenmüller Bio-Bauernhof	Wellness	11	8972	Ramsau	263
Leitner Thermalhotel ****	Wellness	11	8282	Loipersdorf Therme	249
Lembacher Hof	Wellness	10	4132	Lembach	78
Lengauer Hof Familotel ****	Wellness	10	5754	Saalbach-Hinterglemm	129
Lengbachhof ****	Wellness	11	3033	Altlengbach	69

Hotelname	Kategorie	Punkte	PLZ	Ort	Seite
Milderer Hof ****S	Wellness	12	6167	Neustift	149
Minglers Sportalm Gourmethotel	Wellness	12	6365	Kirchberg	181
Miramonte ****	Wellness	12	5640	Bad Gastein	120
Miraverde ****	Wellness/Kur	13	4540	Bad Hall	81
Mittagspitze ****S	Wellness	10	6884	Damüls	228
Mitterhofer ****	Wellness	10	8970	Schladming	260
Mitterwirt ****	Wellness	11	5652	Dienten am Hochkönig	120
Moar Gut Familien Natur Resort *****	Wellness	17	5611	Großarl	115
Mohr Life Resort ****S	Wellness	14	6631	Lermoos	207
Moisl ****	Wellness	10	5441	Abtenau	98
Molzbachhof ****	Wellness	15	2880	Kirchberg	67
Mondi Bellevue Gastein ****	Wellness	9	5640	Bad Gastein	120
Montafoner Hof ****	Wellness	11	6774	Tschagguns	224
Montes garni ****	Wellness	10	6533	Fiss	193
Moorbad Großpertholz ****	Kur	12	3972	Bad Großpertholz	73
Moorheilbad Harbach	Kur/Gesundheit	12	3970	Moorbad Harbach	73
Moorhof Landhotel ****	Wellness	10	5131	Franking	89
Mooshaus Winterresort ****S	Wellness	13	6183	Kühtai	149
Mori ****	Wellness	11	9122	St. Kanzian	269
Moselebauer	Wellness	12	9462	Bad St. Leonhard	273
Moserhof Reutte ****	Wellness	10	6600	Reutte-Breitenwang	205
Moserhof Seeboden ****	Wellness	11	9871	Seeboden	286
Moser ***S	Wellness	11	8971	Schladming-Rohrmoos	260
Moser Weißensee	Wellness	10	9762	Weißensee	284
Mozart Vital ****	Wellness	12	6531	Ried	192
Mühle Resort 1900 ****S	Wellness	10	6456	Obergurgl	191
Mühltalhof ****	Wellness	12	4120	Neufelden	78
Mutterberg Alpensporthotel ****	Wellness	9	6167	Neustift	149
My Tirol	Wellness	11	6633	Biberwier	209
Nagalu garni ****	Wellness	11	6533	Fiss	193
Narzissen Vital Resort ****	Wellness	12	8990	Bad Aussee	264
Nationalpark Lodge Großglockner ****	Wellness	11	9844	Heiligenblut	285
Natürlich garni ****	Wellness	11	6533	Fiss	193
Naudererhof Alpin Art & Spa ****S	Wellness	12	6543	Nauders	200
Nawu's Kinderhotel ****	Wellness	10	9620	Hermagor	281
Nesslerhof ****S	Wellness	18	5611	Großarl	115
Neubergerhof ****	Wellness	12	5532	Filzmoos	99
Neue Post Holzgau ***	Wellness	10	6654	Holzgau	209
Neue Post ****	Wellness	11	6283	Hippach	167
Neuhaus Sport & Spa ****S	Wellness	12	5753	Saalbach	129
Neuhaus ****	Wellness	11	6290	Mayrhofen	167
Neuhintertux ****	Wellness	10	6294	Tux	173
Neustift Sporthotel ****S	Wellness	12	6167	Neustift	149
Neuwirt ***	Wellness	9	5570	Mauterndorf	108
Nexenhof Ayurveda-Verein	Wellness	11	2041	Grund	62
Nidum Casual Luxury	Wellness	14	6100	Mösern	141
Nock Resort	Wellness	10	9546	Bad Kleinkirchheim	277
Norica ****S	Wellness	10	5630	Bad Hofgastein	119
Nova Hotel & Therme ****	Kur/Wellness	11	8580	Köflach	255
Novapark ***S	Wellness	10	8051	Graz	244
Oasis Bergfrieden garni	Wellness	10	6100	Seefeld	144
Oberforsthof ****S	Wellness	13	5600	St. Johann	109

Hotelname	Kategorie	Punkte	PLZ	Ort	Seite
Oblasser Ferienhof garni ***	Wellness	10	6290	Mayrhofen	167
Ochensberger Gartenhotel ****	Wellness	12	8181	St. Ruprecht an der Raab	245
Olympia-Relax ****	Wellness	11	6292	Finkenberg	168
Olymp ****	Wellness	11	6456	Hochgurgl	190
Orchidee Strandhotel ****	Wellness	10	9122	St. Kanzian	269
Ortners Eschenhof ****	Wellness	12	9546	Bad Kleinkirchheim	277
Österreichischer Hof ****	Wellness/Kur	10	5630	Bad Hofgastein	119
Oswalda-Hus ****	Wellness	11	6991	Riezlern	230
Outside ****S	Wellness	11	9971	Matrei	216
Pacheiner ****	Wellness	14	9521	Treffen	274
Panorama Ladis ****	Wellness	11	6532	Ladis	193
Panorama Obertauern ****S	Wellness	13	5562	Obertauern	106
Panorama Royal ****S	Wellness	15	6323	Bad Häring	174
Panorama ****	Wellness	10	9565	Turracher Höhe	280
Paradiesquelle ****	Wellness/Gesundheit	10	2734	Puchberg am Schneeberg	66
Paradiso ****S	Wellness	15	4701	Bad Schallerbach	83
Parkhotel Bad Schallerbach ****	Wellness	12	4701	Bad Schallerbach	84
Parkhotel Hall ****	Business/Wellness	11	6060	Hall	140
Parkhotel ***	Kur	10	2405	Bad Deutsch-Altenburg	63
Parkhotel Pörtschach ****S	Wellness	14	9210	Pörtschach	270
Parkhotel Tristachersee ****S	Wellness	13	9908	Amlach bei Lienz	216
Parkhotel ****	Wellness	10	6100	Seefeld	144
Parkhotel Zur Klause ****	Kur/Wellness	10	4540	Bad Hall	82
Park Igls Gesundheitszentrum ****	Gesundheit	15	6080	Igls	141
Park's	Wellness	10	9220	Velden	272
Penzinghof ****	Wellness	14	6372	Oberndorf	182
Perner ****	Wellness	12	5562	Obertauern	106
Peternhof ****S	Wellness	13	6345	Kössen	176
Pfandler ****	Wellness	11	6213	Pertisau	155
Pfeffel Gartenhotel	Wellness	10	3601	Dürnstein	72
Pfleger Vital-Landhotel ****	Wellness	10	9912	Anras	216
Pichlmayrgut ****	Wellness	10	8973	Pichl	263
Pichlschloss	Gesundheit/Wellness	11	8812	Mariahof	257
Pierer Almwellness ****S	Wellness	17	8163	Fladnitz	244
Pinzger ***	Wellness	9	6275	Stumm	164
Pirchner Hof ****	Wellness	12	6235	Reith im Alpbachtal	157
Piz Tasna ****S	Wellness	10	6561	Ischgl	201
Plattenhof ****S	Wellness	10	6764	Lech	223
Platzer ****S	Wellness	12	6281	Gerlos	167
Ponyhof ***S	Wellness	10	8673	Ratten	256
Poppengut ****	Wellness	14	4573	Hinterstoder	82
Post am See ****	Wellness	11	6213	Pertisau	155
Post by Susanne Kaufmann ****S	Wellness	11	6870	Bezau	226
Post Familienhotel ****	Wellness	10	9872	Millstatt	288
Post Family Resort ****S	Wellness	13	5091	Unken	94
Post Großkirchheim ***	Wellness	10	9843	Großkirchheim	285
Posthotel Achenkirch *****	Wellness	19	6215	Achenkirch	155
Posthotel Kassl ****S	Wellness	10	6433	Oetz	188
Posthotel ****	Wellness	11	6534	Serfaus	197
Post Ischgl ****S	Wellness	12	6561	Ischgl	201
Post Kaltenbach ****	Wellness	12	6272	Kaltenbach	164
Post Karlon	Wellness	9	8623	Aflenz-Kurort	255

Hotelname	Kategorie	Punkte	PLZ	Ort	Seite
Post Lech *****	Wellness	17	6764	Lech	223
Post Lermoos ****S	Wellness	17	6631	Lermoos	207
Post See ****	Wellness	10	6553	See	200
Post St. Anton ****	Wellness	11	6580	St. Anton	205
Prägant ****	Wellness	11	9546	Bad Kleinkirchheim	278
Prechtlgut Chaletdorf	Wellness	13	5602	Wagrain	111
Priesteregg Premium Eco Resort	Wellness	18	5771	Leogang	136
Puchas Plus ****	Wellness	11	7551	Stegersbach	240
Puint ****	Wellness	10	6532	Ladis	193
Pulverer Thermenwelt *****	Wellness/Gesundheit	14	9546	Bad Kleinkirchheim	278
Puradies ****S	Wellness	12	5771	Leogang	137
Pure Resort Pitztal	Wellness	10	6481	St. Leonhard	192
Pyramide Eventhotel ****	Wellness	10	2334	Vösendorf	63
Quellengarten Vitalhotel ***S	Wellness	9	6951	Lingenau	229
Quellenhof Leutasch ****S	Wellness	17	6105	Leutasch	145
Quellenhotel Heiltherme ****	Wellness	15	8271	Bad Waltersdorf	248
Radkersburger Hof ****	Kur/Wellness	10	8490	Bad Radkersburg	254
Raffl's St. Antoner Hof *****	Wellness	11	6580	St. Anton	205
Ramsauhof Biohotel ****	Wellness	11	8972	Ramsau	263
Ramsi Kinderhotel ****	Wellness	11	9620	Hermagor	281
Rasmushof ****	Wellness	12	6370	Kitzbühel	181
Rastbichlhof ****	Wellness	11	6167	Neustift-Kampl	149
Rauter ****	Wellness	10	9971	Matrei	217
Raxalpenhof	Wellness	11	2654	Prein an der Rax	66
Reduce Hotel Thermal ****S	Kur/Wellness	14	7431	Bad Tatzmannsdorf	237
Reduce Hotel Vital ****S	Wellness/Kur	14	7431	Bad Tatzmannsdorf	237
Regina ****S	Wellness	11	6450	Sölden	190
Regitnig ****	Wellness	11	9762	Weißensee	284
Rehbach Natur- & Ruhehotel	Wellness	14	6677	Schattwald	213
Reiterhof Natur- & Aktiv-Resort ****S	Wellness	16	6215	Achenkirch	156
Reiters Reserve Finest Family ****S	Wellness	18	7431	Bad Tatzmannsdorf	237
Reiters Reserve Supreme *****	Wellness	20	7431	Bad Tatzmannsdorf	238
Reiters Resort Stegersbach ****	Wellness	17	7551	Stegersbach	240
Replerhof Kinderhotel ****	Wellness	11	9974	Prägraten	217
Resort Achensee	Wellness	10	6215	Achenkirch	157
Retter ****	Wellness	12	8225	Pöllauberg	245
Rickatschwende F. X. Mayr Health Retreat	Gesundheit/Wellness	16	6850	Dornbirn	225
Riederhof ****	Wellness	12	6531	Ried	193
Riedl ****	Wellness	10	6345	Kössen	177
Riedl ****	Wellness	11	6275	Stumm	164
Rigele Royal ****S	Wellness	11	5562	Obertauern	106
Riml ****S	Wellness	12	6456	Hochgurgl	190
Ring Bio-Hotel ****	Kur/Gesundheit	11	8230	Hartberg	245
Ritzenhof ****S	Wellness	12	5760	Saalfelden	131
Ritzlerhof ****S	Wellness	12	6432	Sautens	188
Robinson Alpenrose Zürs ****	Wellness	10	6763	Zürs	220
Robinson Club Amadé ****	Wellness	12	5603	Kleinarl	114
Rogner Bad Blumau ****	Wellness	13	8283	Bad Blumau	250
Romantik-Hotel im Park ****S	Wellness/Kur	16	8490	Bad Radkersburg	254
Romantik-Hotel Zell am See ****	Wellness	12	5700	Zell am See	122
Römerhof Alpenhotel ****S	Wellness	10	5562	Obertauern	107
Römerhof ****	Wellness	11	5632	Dorfgastein	119

Hotelname	Kategorie	Punkte	PLZ	Ort	Seite
Ronach Mountainclub ****	Wellness	10	5742	Wald	128
Rosengarten *****	Wellness	12	6365	Kirchberg	181
Rosenhof Murau ****	Wellness	12	8850	Murau	257
Rosenhof ****	Wellness	11	6993	Mittelberg	231
Rosentaler Hof ****	Wellness	10	9184	St. Jakob im Rosental	270
Rössle ****	Wellness	11	6883	Au	228
Rote Wand Gourmethotel ****	Wellness	12	6764	Lech	224
Rotspitz ***	Wellness	10	6212	Maurach	152
Royal Bad Ischl ****S	Wellness/Kur	15	4820	Bad Ischl	85
Royer Sporthotel ****S	Wellness	10	8970	Schladming	260
Rudolfshütte Berghotel ***	Wellness	13	5723	Uttendorf	126
Rundeck garni ****	Wellness	10	6580	St. Anton	205
Rupertus Biohotel ****	Wellness	12	5771	Leogang	137
Saalbacher Hof ****	Wellness	11	5753	Saalbach	129
Sägerhof ****	Wellness	10	6675	Tannheim	213
Sailer Familotel ***	Wellness	10	6473	Wenns	191
Saliter Hof	Wellness	11	5760	Saalfelden	131
Salnerhof ****S	Wellness	11	6561	Ischgl	201
Salzburger Hof Bad Gastein ****	Wellness	10	5640	Bad Gastein	120
Salzburger Hof Leogang ****S	Wellness	14	5771	Leogang	137
Salzburgerhof *****S	Wellness	17	5700	Zell am See	122
Salzburger Hof Zauchensee ****S	Wellness	12	5541	Altenmarkt	102
Schafhuber Landhotel	Wellness	10	5761	Maria Alm-Hinterthal	132
Schalber Wellness-Residenz *****S	Wellness	18	6534	Serfaus	198
Scharler's Boutiquehotel	Wellness	11	5723	Uttendorf	127
Scheffer's ****	Wellness	10	5541	Altenmarkt	102
Schermer Landhotel ****S	Wellness	13	6363	Westendorf	180
Schiestl ****	Wellness	12	6264	Fügenberg	160
Schillerkopf Alpinresort ****S	Wellness	11	6707	Bürserberg	220
Schloss an der Eisenstraße ****	Wellness	10	3340	Waidhofen an der Ybbs	70
Schloss Dürnstein *****	Wellness	12	3601	Dürnstein	72
Schloss Fuschl *****S	Wellness	13	5322	Hof bei Salzburg	96
Schlosshotel Fiss *****	Wellness	15	6533	Fiss	193
Schloss Kammer Landgasthof ****	Wellness	10	5751	Maishofen	129
Schloss Lebenberg ****S	Wellness	11	6370	Kitzbühel	182
Schloss Mittersill ****S	Wellness	14	5730	Mittersill	127
Schloss Mönchstein *****S	Wellness	12	5020	Salzburg	94
Schloss Mondsee ****	Wellness	10	5310	Mondsee	89
Schlosspark Mauerbach ****S	Wellness	15	3001	Mauerbach bei Wien	68
Schloss Pichlarn *****	Wellness	13	8943	Aigen	257
Schloss Rosenau ****S	Wellness	10	3924	Schloss Rosenau	73
Schloss Seefels *****	Wellness	17	9212	Pörtschach	271
Schloss Weikersdorf	Wellness	11	2500	Baden bei Wien	66
Schmelzhof ****	Wellness	11	6764	Lech	224
Schneeberghof ****S	Wellness	12	2734	Puchberg am Schneeberg	66
Schneekönig Kinderhotel ***	Wellness	9	9564	Patergassen	280
Schneider ****S	Wellness	13	5562	Obertauern	107
Schönblick Velden	Wellness	11	9220	Velden	272
Schönblick ****	Wellness	11	6911	Eichenberg	228
Schöne Aussicht ****S	Wellness	14	6450	Sölden	190
Schönruh Gerlos ****	Wellness	11	6281	Gerlos	167
Schönruh Seefeld ****	Wellness	11	6100	Seefeld	144

Hotelname	Kategorie	Punkte	PLZ	Ort	Seite
Schörhof ****	Wellness	10	5760	Saalfelden	131
Schröckerhof ****	Wellness	10	8971	Schladming-Fastenberg	260
Schrothkur	Gesundheit/Kur	16	9821	Obervellach	284
Schütterhof ****	Wellness	15	8971	Schladming-Rohrmoos	260
Schwaigerhof ****S	Wellness	14	8971	Schladming-Rohrmoos	260
Schwarz Alm ****	Wellness	12	3910	Zwettl	73
Schwarz Alpenresort *****	Wellness	17	6414	Mieming	187
Schwarzbrunn ****S	Wellness	11	6135	Stans	145
Schwarzer Adler Innsbruck	Wellness	11	6020	Innsbruck	140
Schwarzer Adler Kitzbühel ****S	Wellness	11	6370	Kitzbühel	182
Schwarzer Adler St. Anton ****S	Wellness	12	6580	St. Anton	205
Schwarzer Adler Tannheim ****	Wellness	11	6675	Tannheim	213
Schweitzer Biohotel ***	Wellness	11	6414	Mieming	187
Schweizerhof ****	Wellness	11	6370	Kitzbühel	182
Schwengerer ***S	Wellness	10	8252	Mönichwald	245
Seefischer Romantik-Hotel ****S	Wellness	14	9873	Döbriach	289
Seehof Mondsee *****	Wellness	12	5311	Loibichl am Mondsee	89
Seehof Walchsee ****S	Wellness	11	6345	Kössen	177
Seehotel Europa ****	Wellness	13	9220	Velden	272
Seehotel Grundlsee	Wellness	12	8993	Grundlsee	265
Seehotel Rust ****	Wellness	11	7071	Rust	234
Seeland Apartment-Hotel ****	Wellness	11	9762	Weißensee	284
Seepark Wörthersee Resort	Wellness	11	9020	Klagenfurt	268
Seerose ****	Wellness	12	9551	Bodensdorf	279
Seespitz ****S	Wellness	12	6100	Seefeld	144
Seetal Alpin Family Resort ****	Wellness	13	6272	Kaltenbach	164
Seethaler Bio-Hotel ***	Wellness	10	6335	Thiersee	176
Seevilla Freiberg ****	Wellness	11	5700	Zell am See	123
Seevilla Romantik-Hotel ****S	Wellness	14	8992	Altaussee	265
Seevilla Wolfgangsee ****	Wellness	13	5360	St. Wolfgang	90
Seewirt Mattsee	Wellness	12	5163	Mattsee	96
Seewirt Schlosshotel ****	Wellness	12	8864	Turracher Höhe	257
Seewirt ****	Wellness	11	7141	Podersdorf	234
Seiblishof ****	Wellness	10	6561	Ischgl	201
Seiwald Going ****S	Wellness	12	6353	Going	179
Seiwald Kirchdorf ****	Wellness	10	6382	Kirchdorf	183
Sendlhof Thermenhotel ****	Wellness/Kur	12	5630	Bad Hofgastein	119
Seppl Sport & Vital ****	Wellness	11	6481	St. Leonhard	192
Seppl ****	Wellness	10	6162	Mutters	145
Sepp ****	Wellness	10	5761	Maria Alm	132
Severin's Lech	Wellness	11	6764	Lech	224
Sheraton Jagdhof Fuschlsee ****S	Wellness	11	5322	Hof bei Salzburg	96
Silberberger ****	Wellness	10	6311	Wildschönau-Oberau	173
Sillian Sporthotel ****S	Wellness	12	9920	Sillian	216
Silvretta Montafon ****	Wellness	12	6793	Gaschurn	225
Silvretta St. Gallenkirch ****	Wellness	9	6791	St. Gallenkirch	225
Simon ****	Wellness/Kur	11	7431	Bad Tatzmannsdorf	239
Singer ****S	Wellness	15	6622	Berwang	206
Sole-Felsen-Welt ****	Wellness	11	3950	Gmünd	73
Solstein ****	Wellness	10	6100	Seefeld	144
Sommerau Bio-Vital	Wellness/Gesundheit	11	5423	St. Koloman	98
Sommerhof ****	Wellness	10	4824	Gosau	87

Hotelname	Kategorie	Punkte	PLZ	Ort	Seite
Sonja Alpine Resort ****	Wellness	11	5721	Piesendorf	126
Sonnalp ****	Wellness	10	6212	Maurach	152
Sonnberghof Landhotel-Gut ****	Wellness	16	5730	Mittersill	127
Sonne Aktivhotel ****	Wellness	11	6365	Kirchberg	181
Sonneck ****	Wellness	10	6345	Kössen	177
Sonne Lifestyle Resort ****S	Wellness	13	6881	Mellau	226
Sonnelino Kinderhotel ****	Wellness	10	9122	St. Kanzian	269
Sonnenburg Genuss- & Aktivhotel ****	Wellness	11	6991	Riezlern	230
Sonnenburg ****S	Wellness	11	6764	Lech	224
Sonnenhof Grän ****	Wellness	11	6673	Grän	212
Sonnenhof Zell ****S	Wellness	12	6280	Zell am Ziller	165
Sonnenhotel Hafnersee ****	Wellness	9	9074	Keutschach	268
Sonnenpark ****S	Wellness	14	7361	Lutzmannsburg	235
Sonnenspitze ****	Wellness	11	6632	Ehrwald	208
Sonne ****S	Wellness	11	5753	Saalbach	129
Sonngastein Familotel ****	Wellness	11	5640	Bad Gastein	120
Sonnhof Alpendorf ****S	Wellness	14	5600	St. Johann	110
Sonnhof Ayurveda Resort ****	Gesundheit/Wellness	15	6335	Thiersee	176
Sonnhof by Vitus Winkler ****	Wellness	13	5621	St. Veit	117
Sonnhof Großarl garni ***	Wellness	11	5611	Großarl	116
Sonnleiten ****	Wellness	10	6532	Ladis	193
Sonnschein ****	Wellness	9	6314	Wildschönau-Niederau	173
Spanberger Gesundheitshotel ****	Gesundheit	13	8962	Gröbming	258
Spa Resort Styria ****S	Wellness	13	8271	Bad Waltersdorf	248
Speckbacherhof ****	Wellness	11	6069	Gnadenwald	140
Spielmann Romantik-Hotel ****	Wellness	14	6632	Ehrwald	208
Spirodom ****	Wellness	10	8911	Admont	257
Sportalm St. Leonhard ****	Wellness	11	6481	St. Leonhard	192
Sporthotel am Semmering ***	Wellness	9	2680	Semmering	66
Sporthotel Brixen ****	Wellness	10	6364	Brixen im Thale	180
Sport-Residenz Zillertal ****S	Wellness	13	6271	Uderns	160
Stanglwirt Bio-Hotel *****	Wellness	15	6353	Going	179
Staribacher ****	Wellness	10	8430	Leibnitz-Kaindorf	253
Stefanie Alpenhotel ****	Wellness	11	6283	Hippach	167
Stefan ****	Wellness	11	6450	Sölden	190
Steffisalp ****	Wellness	10	6767	Warth	224
Stegerhof Kinderhotel ****	Wellness	11	8953	Donnersbachwald	258
Steigenberger Krems	Wellness	11	3500	Krems	71
Steinberger ****	Wellness	9	3033	Altlengbach	69
Steinbock ***	Wellness	10	6993	Mittelberg	231
Steiner ****S	Wellness	12	5562	Obertauern	107
Steirerhof Wander-Vitalhotel ****	Wellness	10	8973	Pichl	263
Stenitzer ****	Wellness	12	8344	Bad Gleichenberg	252
Stern Ehrwald ***	Wellness	9	6632	Ehrwald	208
Stern Elbigenalp ****	Wellness	10	6652	Elbigenalp	209
Sternsteinhof Schönheitsfarm	Beauty	10	4190	Bad Leonfelden	79
St. Georg Landhaus	Wellness	10	8962	Gröbming	258
St. Georg zum See ****	Wellness	11	6212	Maurach-Eben	152
St. Hubertus Großdorf ***	Wellness	12	6863	Egg-Großdorf	226
St. Martins Therme & Lodge ****S	Wellness	14	7132	Frauenkirchen	234
Stocker's Erlebniswelt ****	Wellness	11	8971	Schladming-Rohrmoos	261
Stock Resort *****	Wellness	18	6292	Finkenberg	168

Hotelname	Kategorie	Punkte	PLZ	Ort	Seite
Stoderhof ***S	Wellness	10	4573	Hinterstoder	82
Stofflerwirt Landhotel	Wellness	10	5582	St. Michael	109
Stoiser's garni	Wellness	9	8044	Graz	244
Stoiser Thermenhotel ****S	Wellness	14	8282	Loipersdorf Therme	249
St. Peter ****	Wellness	11	6100	Seefeld	144
Strandhotel am Weissensee ****S	Wellness	12	9762	Weißensee	284
Strasser Landhaus garni	Wellness	11	6306	Söll	173
Strasserwirt Herrenansitz ****	Wellness	11	9918	Strassen	216
Strass Sport & Spa ****	Wellness	10	6290	Mayrhofen	167
Streklhof ****	Wellness	14	9220	Velden	273
Strobler Hof ****	Wellness	10	5350	Strobl	98
Strobl Vital ****	Wellness	10	7533	Ollersdorf	240
Stubaier Hof ****	Wellness	11	6166	Fulpmes	145
Styria Vitalhotel ****	Wellness	11	8163	Fladnitz	245
Sundance Mountain Resort	Wellness	11	8864	Turracher Höhe	257
Talhof ****	Wellness	9	6610	Wängle	205
Tandler Naturhotel ****	Wellness	11	9963	St. Jakob	216
Tannbergerhof	Wellness	10	6764	Lech	224
Tannenhof Ischgl ***S	Wellness	9	6561	Ischgl	201
Tannenhof St. Anton *****S	Wellness	16	6580	St. Anton	205
Tannenhof St. Johann ****S	Wellness	11	5600	St. Johann	110
Tauernhof Flachau ****	Wellness	12	5542	Flachau	102
Tauernhof Großarl	Wellness	12	5611	Großarl	116
Tauernhof Kaprun ****	Wellness	11	5710	Kaprun	126
Tauernhof Kleinarl	Wellness	11	5603	Kleinarl	114
Tauern Spa ****S	Wellness	13	5710	Kaprun	126
Tauferberg ***	Wellness	10	6441	Umhausen	188
Taurerwirt Wanderhotel ****	Wellness	14	9981	Kals am Großglockner	217
Teichwirt ****	Wellness	11	8163	Fladnitz	245
Tennerhof *****	Wellness	12	6370	Kitzbühel	182
Thaller Posthotel ****	Wellness	10	8184	Anger	245
The Crystal ****S	Wellness	12	6456	Obergurgl	191
The Original FX Mayr ****	Gesundheit	16	9082	Maria Wörth-Dellach	268
Theresa Genießer-Hotel ****S	Wellness	17	6280	Zell am Ziller	165
Theresia Gartenhotel ****S	Wellness	12	5754	Saalbach-Hinterglemm	130
Thermal Biodorf ****	Wellness	11	8271	Bad Waltersdorf	249
Therme Geinberg Spa Resort ****S	Wellness	13	4943	Geinberg	88
Therme Laa ****S	Wellness	13	2136	Laa an der Thaya	62
Thermenoase garni ****	Wellness	10	8283	Bad Blumau	250
Thier	Wellness	9	2872	Mönichkirchen	67
Thurnhers Alpenhof *****S	Wellness	12	6763	Zürs	220
Tirolerhof Ehrwald ****	Wellness	10	6632	Ehrwald	209
Tirolerhof Flachau ****	Wellness	13	5542	Flachau	102
Tirolerhof Nauders ****	Wellness	11	6543	Nauders	200
Tirolerhof Wildschönau ***	Wellness	10	6311	Wildschönau-Oberau	173
Tirolerhof Zell am See ****S	Wellness	11	5700	Zell am See	123
Tirol Fiss ****S	Wellness	12	6533	Fiss	196
Tirol Ischgl ****	Wellness	11	6561	Ischgl	201
Toalstock ****	Wellness	11	6533	Fiss	196
Told Almhotel ***S	Wellness	11	6673	Grän	212
Top Hochgurgl *****S	Wellness	12	6456	Hochgurgl	190
Toscanina garni ****	Wellness	12	8490	Bad Radkersburg	254

Hotelname	Kategorie	Punkte	PLZ	Ort	Seite
Vivea Bad Eisenkappel ****	Kur/Gesundheit	15	9135	Bad Eisenkappel	269
Vivea Bad Häring ****	Kur/Gesundheit	12	6323	Bad Häring	175
Vivea Bad Traunstein ****	Kur/Gesundheit	16	3632	Bad Traunstein	72
Vivea Bad Vöslau ****	Kur/Gesundheit	13	2540	Bad Vöslau	66
Vivea Umhausen ****	Kur/Gesundheit	14	6441	Umhausen	188
Vivea Zum Landsknecht ****	Kur	14	2853	Bad Schönau	67
Vivea Zur Quelle ****	Kur/Gesundheit	14	2853	Bad Schönau	67
Vollererhof ****	Gesundheit/Wellness	13	5412	Puch	98
Völserhof ****	Wellness/Kur	10	5630	Bad Hofgastein	119
Vortuna Gesundheitsresort	Kur/Rehabilitation	12	4190	Bad Leonfelden	79
Wachtelhof Hinterthal	Wellness	11	5761	Maria Alm-Hinterthal	132
Wagner Panoramahotel	Wellness	12	2680	Semmering	66
Wagrainerhof ****	Wellness	10	5602	Wagrain	114
Wagrain Sporthotel ****S	Wellness	11	5602	Wagrain	114
Waidringer Hof Glückshotel ****S	Wellness	11	6384	Waidring	183
Waldfrieden ****	Wellness	12	8971	Schladming-Rohrmoos	261
Waldhof Kinderhotel	Wellness	12	5611	Großarl	116
Waldklause Naturhotel *****	Wellness	17	6444	Längenfeld	189
Walliserhof ****	Wellness	10	6708	Brand	220
Walliserstube ****	Wellness	10	6884	Damüls	228
Walserhof ****	Wellness	11	6992	Hirschegg	231
Warmbaderhof *****	Wellness/Kur	15	9504	Warmbad-Villach	274
Warther Hof ****S	Wellness	12	6767	Warth	224
Wasnerin G'sund & Natur ****S	Wellness	18	8990	Bad Aussee	264
Wastlhof ****	Wellness	11	6314	Wildschönau-Niederau	173
Wastlwirt ****	Wellness	10	5582	St. Michael	109
Weiden ****	Wellness	11	8971	Schladming-Rohrmoos	261
Weisses Rössl *****	Wellness	12	6370	Kitzbühel	182
Weitlanbrunn ****	Wellness	10	9920	Sillian	216
Wende ****	Wellness	11	7100	Neusiedl am See	234
Werzer's Resort ****S	Wellness	13	9210	Pörtschach	271
Werzer's Velden ****S	Wellness	12	9220	Velden	273
Werzer's Wallerwirt ****	Wellness	11	9212	Techelsberg	272
Weststeirischer Hof	Wellness	10	8524	Bad Gams	255
Wiesergut	Wellness	19	5754	Saalbach-Hinterglemm	131
Wildspitze ****S	Wellness	12	6481	St. Leonhard	192
Winterbauer ****	Wellness	11	5542	Flachau	103
Winzer ****	Wellness	12	4880	St. Georgen im Attergau	87
Wirlerhof ****	Wellness	11	6563	Galtür	204
Wöscherhof ****S	Wellness	15	6271	Uderns	161
Wulfenia ****	Wellness	11	9620	Hermagor	281
Xander Sporthotel ****	Wellness	10	6105	Leutasch	145
Zamangspitze ****	Wellness	11	6791	St. Gallenkirch	225
Zanker ****	Wellness	10	9873	Döbriach	289
Zapfenhof Landgut ****	Wellness	10	6280	Zell am Ziller	165
Zauchenseehof Familotel ****	Wellness	10	5541	Altenmarkt	102
Zedern Klang ****S	Wellness	12	9961	Hopfgarten	216
Zentral Kirchberg ****S	Wellness	10	6365	Kirchberg	181
Zenzerwirt Landhotel ****	Wellness	11	6283	Hippach	167
Zhero *****	Wellness	11	6555	Kappl	200
Ziegler Panoramahof garni ***	Wellness	10	8271	Bad Waltersdorf	249

RAUM FÜR NOTIZEN